版本目錄學研究
Bibliographical Studies of Traditional Chinese Texts

北京大學國學研究院主辦

學術顧問（依生年爲序）

宿　白	田餘慶	丁　瑜	白化文	李學勤
傅璇琮	傅熹年	袁行霈	李致忠	安平秋

尾崎康	藤本幸夫	長澤孝三

編　委（依姓名拼音爲序）

陳紅彦	陳　捷	陳　力	陳先行	程有慶	杜偉生
杜澤遜	方廣錩	郭立暄	李際寧	林　明	劉　薔
劉玉才	羅　琳	馬辛民	潘建國	沈乃文	史　梅
宋平生	王　菡	王明舟	吴冰妮	吴　格	嚴佐之
楊光輝	張麗娟	張志清	趙　前		

艾思仁	高津孝	高橋智	馬泰來	朴現圭	橋本秀美
梶浦晋					

主　　編：沈乃文
執行主編：王菡
編輯部：橋本秀美　張麗娟　史睿　劉薔　馬月華　欒偉平　湯燕

版本目錄學研究

袁行霈題

Bibliographical Studies of Traditional Chinese Texts

第四輯

北京大學出版社
PEKING UNIVERSITY PRESS

圖書在版編目(CIP)數據

版本目録學研究.第四輯/沈乃文主編.—北京:北京大學出版社,2013.8
ISBN 978-7-301-22948-4

Ⅰ.①版…　Ⅱ.①沈…　Ⅲ.①版本目録學—中國—文集　Ⅳ.①G256.22-53

中國版本圖書館 CIP 數據核字(2013)第 179579 號

書　　　　名：版本目録學研究(第四輯)
著作責任者：沈乃文　主編
責 任 編 輯：吴冰妮
標 準 書 號：ISBN 978-7-301-22948-4 /G・3679
出 版 發 行：北京大學出版社
地　　　　址：北京市海淀區成府路 205 號　100871
網　　　　址：http://www.pup.cn　新浪官方微博:@北京大學出版社
電 子 信 箱：dianjiwenhua@163.com
電　　　　話：郵購部 62752015　發行部 62750672　編輯部 62756694　出版部 62754962
印　刷　者：北京大學印刷廠
經　銷　者：新華書店
787 毫米×1092 毫米　16 開本　35 印張　2 插頁　460 千字
2013 年 8 月第 1 版　2013 年 8 月第 1 次印刷
定　　　　價：128.00 圓

未經許可,不得以任何方式複製或抄襲本書之部分或全部内容。
版權所有,侵權必究
舉報電話: 010 – 62752024　　電子信箱: fd@pup.pku.edu.cn

目　録

祝賀宿白先生九十華誕

編者按 ………………………………………………………………………… 2
我從宿白師學版本　張玉範 …………………………………………………… 3
宿白先生教我辨佛經　羅炤 …………………………………………………… 9
《木經》內容與文獻價值考辨
　　——兼論其對北宋建築實踐之實際影響　馮繼仁 ……………………… 13
宿白先生九十壽辰感懷　王然 ………………………………………………… 29

典籍

明別集發凡
　　——《明別集叢刊》序言　沈乃文 …………………………………… 35
清刊本《百香詩》小考　楊鑄 ………………………………………………… 45

目録

《西堂餘集》初印本所收《明藝文志》考　王宣標 ………………………… 53
輯今弄古非同事　天祿文淵故別藏
　　——論《天祿琳琅書目》的編纂體例及特點　劉薔 …………………… 65
袁克文集部善本書題跋輯録　李紅英 ………………………………………… 83

國家圖書館藏《資治通鑒稿》殘卷淺述　趙前 …………………………………… 179

吉林大學圖書館藏東北三省稀見方志叙録　朱永惠　董潤麗 …………… 187

版本

關於過雲樓舊藏《錦繡萬花谷》　張麗娟 ………………………………… 199

《錦繡萬花谷續集》"別本"及其文獻價值
　——以"拾遺"諸卷爲中心　李更 ……………………………………… 217

宋本《東觀餘論》考　史睿 …………………………………………………… 237

試論八行本《孟子注疏解經》的校勘價值　王耐剛 ……………………… 249

明洪武蜀藩刻書三種　郭立暄 ………………………………………………… 261

金履祥詩文集版本源流考　王豐先 …………………………………………… 271

汪元量集之傳本系統及相關問題雜考　蔡淵迪 …………………………… 279

校勘

村本文庫藏王校本《白氏長慶集》
　——走向宋刊本　平岡武夫撰　葉純芳　喬秀岩翻譯 ………………… 297

《春秋公羊傳注疏》校讀賸義　刁小龍 ……………………………………… 325

元刻本《道園學古録》的探討及校釋　范邦瑾 …………………………… 339

活字本

對中國古代活字印刷技術的認識　劉向東 …………………………………… 353

活字本鑒别與著録的幾個問題及思考　姚伯岳 …………………………… 369

上海著易堂書局鉛雕版印本《聊齋志異》　唐驚生 ……………………… 383

版畫

漫話巨幅版畫傑作《萬壽盛典圖》　宋平生 ……………………………… 391

收藏

傅增湘與顧鶴逸交往事略舉隅　王菡 ……………………………………… 401

藏園書魂永不散
——傅增湘先生與國家圖書館及館藏善本書之淵源考略　向輝 ………… 407

人物

燕國長公主小考　劉金業 ……………………………………………… 425
日本新出《徑山佛鑒禪師行狀》考論　定源 …………………………… 429
《王文成公年譜》訂補　永富青地 ………………………………………… 447
《笠澤堂書目》撰人小識　王天然 ………………………………………… 457
俞曲園致繆筱珊手札六通考實　柳向春 ………………………………… 461
王欣夫先生編年事輯稿　李軍 …………………………………………… 471

形制與裝潢

版框尺寸：描述與記錄的歷史　石祥 …………………………………… 521
瓜州東千佛洞泥壽桃洞出土一件西夏文獻的裝幀　高輝 ……………… 535

感言

文獻學的具體與概念　橋本秀美 ………………………………………… 545

《版本目錄學研究》（第五輯）徵稿啓事 …………………………………… 549
Contents（英文目錄）……………………………………………………… 551

《版本目録學研究》啓事

　　《版本目録學研究》第一輯和第二輯由國家圖書館出版社主辦並出版。自第三輯起,轉由北京大學國學研究院主辦,國家圖書館出版社出版。自第四輯起,轉由北京大學出版社繼續出版。

　　耑此敬告。並向辛勤的作者和熱情的讀者問好!

祝賀宿白先生九十華誕　版本目錄學研究第四輯

編者按

2012年8月3日，是著名考古學家宿白先生九十華誕。

宿白先生又是版本目録學家。1998年北京大學出版社出版《北京大學圖書館藏善本書録》，是宿白先生親自確定的選目並为之作序，指出延聘有真才實學的教授和廣泛搜集學術研究所需要的文獻資料，是北京大學百年辦學的兩大重點，並深情地説，瀏覽一百年來所積聚的總量達一百五十萬册的古代典籍，心中漾溢着對爲此作出貢獻的前人的感激之情。1999年文物出版社出版《唐宋時期的雕版印刷》，是宿白先生的代表作之一，舉凡唐、五代、北宋、南宋，官府私家，南北各地，文獻記載，存世實物，幾乎鈎稽殆盡，既是考古學，也是版本目録學領域久負盛譽的經典之作。

宿白先生所秉持的中國傳統優秀知識分子的那種耿介、清廉的操守，更在今天的社會中具有特殊的聲望和感召力。

特此編發張玉範先生的《我從宿白師學版本》、羅炤先生的《宿白先生教我辨佛經》、馮繼仁先生的《〈木經〉内容與文獻價值考辨——兼論其對北宋建築實踐之實際影響》、王然先生的《宿白先生九十壽辰感懷》四篇文章，以慶賀宿白先生的九十華誕。

衷心祝願宿白先生健康長壽！

九十歲的宿白先生　2012年 4月 8日攝

宿白先生和夫人朱明瑞先生　　1996年攝

宿白先生在工作　　2010年 9月 3日攝

宿白先生在家中　1995年攝

我從宿白師學版本

張玉範

　　宿白先生是我國著名考古學家，先生長期從事歷史考古學的教學和研究工作，研究範圍既廣且博，專長魏晉南北朝隋唐考古、宋元考古和佛教考古，對于古代建築也造詣很深，是當今我國在歷史考古學上的一位集大成者，名符其實的大師。先生既重視考古學的實踐，又重視歷史文獻的研究和兩者結合，學術成果甚豐，著作等身，享譽中外。對于文獻的研究，先生常説，對于出土文物而言，歷史文獻可以幫助你找到解决疑難問題的綫索和根據。先生在中國古代印刷術和古籍版本學上也頗有成就，1999年文物出版社出版先生的《唐宋時期的雕版印刷》，是先生在版本學及古籍目録學的代表著作。先生是德高望重的學者，他的道德文章爲我所敬仰，我雖是考古專業畢業，但我跟先生真正學習的却是版本學。在北大圖書館工作的幾十年間，一直受到先生的教導，1978年先生招研究生，我也去聽先生的佛教目録學課程。我的研究題目許多都是先生指導。

　　先生的版本目録學水平很高，這是和他曾在圖書館工作分不開的。1944年先生在北大歷史系畢業，後在北大的文科研究所考古組做研究生，這期間先生學習多門課程，包括哲學、中西交通、民族學、中國古代神話、卜辭研究、金石學，還有版本目録學。1940年北京大學圖書館收得我國著名藏書家李盛鐸木樨軒的藏書9000多種。這些書一直没有編目。抗戰勝利以後，宿白先生被分配到北大圖書館，參加李盛鐸藏書編目。多年的編目工作，使得先生對李氏書十分熟悉。在1948年紀念北京大學五十周年出版的《北京大學圖書館善本書録》

中，收録先生撰寫的朝鮮、日本版部分，就可以看出先生的版本目録學水平之高。不僅如此，先生對原老北大和老燕大所藏古籍也都很熟悉。

一、初學版本

　　1973年我從鄭州市博物館調回北大，在圖書館善本室工作。當時由于原來負責善本室的蔡成英老師去勞動鍛煉，就我一個人負責，既管庫取書，又借閲。那時文革尚未結束，整天還是搞運動，開會，到圖書館讀書的人不多，但先生却是善本室的常客，他爲教學和研究經常查閲古籍，于是我有了請教先生的機會。我是考古專業畢業，對圖書館並不熟悉，先生給我訂了學習計劃，讓我先讀幾本書，如葉德輝的《書林清話》，劉國均先生的《中國書史簡編》，張秀民先生的《印刷術的發明及其影響》等等。我認真地讀並仔細做筆記。1976年的一天，先生到圖書館，手裏拿着一個很破舊的筆記本對我説，這是30年代趙萬里先生在清華大學講課時，孫作雲先生的聽課筆記，你把它抄一遍。我翻看了一下，雖是聽課筆記，字迹比較潦草，但基本上可以看懂。有版本學、目録學，還有關于戲曲的内容，其中也有孫先生的按語。于是，我利用工作之餘，仔細地抄寫，到1978年我把筆記全部抄完，還給先生。先生説，孫先生已作古，啥時候給他的家人寄回去。先生還看了我抄的筆記，中間有我不懂畫問號的地方，先生用鉛筆注出，並改正其中的錯別字。這些書籍的學習，爲我奠定了版本目録學的基礎知識。先生告我説，北大的善本藏書都很重要，尤其是李氏書，要研究。

　　1981年，我從原北大藏的善本書中找到《李盛鐸藏書書目提要》，此書是李盛鐸手稿，全書24册，黄緑格紙書寫，行草，其中勾畫塗抹處不少，大都記述原書序跋、卷帙編次、行格字數、版心題字、刻工姓名、諱字、牌記等等。我把書拿給先生看，我問先生，李氏的手稿爲什麽在老北大的書中，而不在李氏書中？先生説，李氏書也有少量散出，此書新中國成立初期由科學院圖書館購得，因李氏書藏在北大，承科學院圖書館轉讓給北大圖書館。又説很重要，要把它整理出來，另外還有一部分内容也要加進去，那就是把李氏的題記也要輯録出來。先生説，"提要"之名不正確，是圖書館編目時自定的，稱"書録"比較恰當；如再加入"題記"，可稱作《木犀軒藏書題記及書録》。于是，我利用工作之餘，一邊核對書籍一邊整理，有問題便請教先生，1983年完成，1985年由北京大學出版社出版。此書的整理對我來説是業務上的一次很大提高。

二、先生指導我研究版本

　　1983 年的一天，先生拿來《文物》1964 年第 4 期，其中一篇是先生撰《居庸關過街塔考稿》。先生說，"居庸關過街塔塔銘"原是《永樂大典·順天府》記載的，李氏書中的抄本《順天府志》是繆荃孫從《永樂大典》中抄出的，孤本，僅存八卷，很重要，讓我好好看看。我仔細讀了先生的文章。居庸關過街塔，即"居庸關雲台"，1961 年 3 月列爲第一批全國文物保護單位，是元代的重要建築物，現只存塔基。在元亡塔毀之後，其原來的情況亦不可知。先生搜集史料，發現元代熊夢祥記錄此塔有關資料四則，其中繆抄《順天府志》中竟發現已佚的歐陽玄撰《居庸關過街塔塔銘》全文。先生旁徵史料，考證事迹，叙過街塔的興建沿革，形制意義及券壁雕飾等，並繪出該塔形狀示意圖，加圖說。文章考證極詳，尤其是注文的考證，大有學問在，引用大量文獻，好像許多文獻先生都爛熟于心，就連繆荃孫的日記手稿有關抄寫《順天府志》內容先生也查到了。另"大金西京武周山重修大石窟寺碑"的碑文也是順天府中記載的，先生也作了詳細的校注，文章發表在 1956 年《北京大學學報》第 1 期。我仔細地研究了繆抄本《順天府志》，並在先生研究的基礎上撰文一篇，考證了繆氏抄校《永樂大典·順天府》的由來，又根據現存《大典》中的志書，推測《順天府志》的缺卷子目和其他各府志撰修的時間，説明其是現存北京最早的志書，記錄許多已佚的事迹，是研究北京歷史的重要參考書。文章寫好後，先生提了修改意見，又爲我改了標題，説，就作爲讀書筆記吧，可名爲《讀繆荃孫抄校本〈永樂大典·順天府〉》，並推薦到《北京大學學報》（哲學社會科學版）發表。因爲此書的重要性，先生説，可推薦出版。我與北大出版社聯繫，北大出版社王世厚和李一華老師十分重視，我又向他們推介了繆荃孫的《藝風老人日記》手稿，出版社將兩書先後進行了影印。我還參加了《藝風老人日記》書名索引的整理。

　　1987 年，北大購買臺灣商務印書館影印本《文淵閣四庫全書》一部，先生對我説，北大圖書館藏四庫底本不少，有時間寫寫文章。又説，《四庫全書》中收有宋樓鑰《攻媿先生文集》，可用館藏宋本對照一下。我館藏本原爲燕京大學圖書館舊藏，缺第一册目錄第一卷，1961 年經中國書店幫助從天津購歸。全書歐體大字，印製精美。作者樓鑰，字大防，浙江鄞縣人，宋隆興元年（1163）進士。歷官參知政事、資政殿大學士，逝于嘉定六年（1213）。鑰學識淵博，文章淹雅。爲官時，政府之制誥多出其手。在南宋詞臣中，也是很有名的。樓鑰不僅是一個文學家，又是政治家，是著名詞臣，他的許多文章都涉及國家大事，因此《攻媿集》的史學價值也是很重要的。此書自宋代刻版以來，從未刻過。乾隆年間修文淵閣《四庫全書》時，是用了"兩淮鹽政采進"的一個舊抄本，當時並未看到宋刻本。一開始時，我有空就把書從庫中取出核對，先核對類目，發現四庫本幾乎將類目編次全部改變。全集30多個類目，只有兩類順序與宋本基本相同，其餘均有改變。我數了一下，共有2700多篇文字，四庫本幾乎全部打散重編，要想搞清楚，必須做成卡片一篇篇地去核對（那時電腦尚未普及），再加上文字部分，也要進行核對，工作量是相當大的。每次取書核對不了多少就要還庫，進展十分緩慢，真不知何時能完成。後來因王永興先生讓我整理館藏敦煌卷子，就把這事耽誤了。直到2002年北大購買了文淵閣四庫全書電子版以後，我才把這件事做完，寫成《〈攻媿集〉宋本、武英殿聚珍本、文淵閣四庫全書本之比較》一文。將宋刻本、文淵閣《四庫全書》本以及據《四庫全書》排印的武英殿聚珍本作了全面的比較，發現不僅館臣對底本的改易刪削或增改很多，文淵閣本的錯誤也很多。在核對武英殿聚珍本時，發現聚珍本雖然是依據《四庫全書》刊印，與四庫本的編次類目均相同，但在文字校勘上，實際上比《四庫全書》要好得多，四庫本的許多錯誤，聚珍本都有改正。由于四庫本使用的底本爲舊抄本，流傳既久，多所佚誤，再加上館臣的刪削妄改，四庫本、聚珍本已改變了原書的面貌，惟賴宋本之存在才得以還其本來。在比較過程中，發現三者還可以互補。宋本所缺11卷，可以以四庫本、聚珍本補充之。宋本的一些缺葉，部分也可以補上。同時發現宋本的錯誤，四庫本也有校改者。如果以宋本爲主，用聚珍本補充宋本，就可以得到一部比較完整（實際只缺六卷）的《攻媿集》。初稿完成後，我請先生看，先生說，這篇文章你怎麼寫了這麼多年？我笑而不答，心想，已經跨世紀了。先生看後說，還缺少檔案中的史料，《纂修四庫全書檔案》已出版，可以查一下。我又查了檔案史料，補充了有關修四庫時"秉承聖訓"掣毀、銷毀、抽毀、改易、刪削和增改圖書的內容，從而對《四庫全書》有了更明確的認識。我真佩服先生對史料的熟悉，不僅是古代文獻，而且，他總能在繁多的出版史料中發現新的資料。文章改好後，先生將此文推薦到《國學研究》，發表在第11期。

　　1998年是北京大學建校100周年，我和沈乃文老師商量出一本我館藏善本書圖錄，我請先生幫助選書，並爲此書寫序。先生共選出宋元本90種，明刻本20種，抄本、稿本、校本31種，古代日本朝鮮本19種，只有活字本、套印本和彩繪本12種是我選的。先生問我爲什麼選這些書，我說是爲了增加一些色彩，先生笑了。由于在拍照時，有一種書放錯架，沒有找到，只好換了另一種，所以出版時與先生所選目錄略有出入。書名也是先生建議的，稱《北京大學圖書館藏善本書錄》，所收圖書均爲精品，代表北大圖書館的藏書水平。

三、我讀先生的《唐宋時期的雕版印刷》

雕版印刷術是我國的四大發明之一，對于雕版印刷術的起源和發展國內不乏研究者，而先生的研究則是內容最爲全面，資料最爲豐富，也是最能讓人信服的。

《唐宋時期的雕版印刷》由文物出版社於 1999 年 3 月出版，先生送給我一本，説"看着玩吧"。我認真地讀了先生的書。這本書是一個考古學家和歷史學家研究的唐宋時期的雕版印刷史，是一部研究雕版印刷史最高水平的著作。在第一章《唐五代時期雕版印刷手工業的發展》中，有關印刷術的發明，先生總結之前學者的研究，説明自己的認識。在"五代十國時期雕版印刷的發展"一節，先生一方面據敦煌發現的印刷品和歷史文獻，一方面結合近年新增的考古發現，豐富了五代刻書的內容。王國維先生的《五代兩宋監本考》對北宋國子監刻書作了較爲詳細的考證，先生在此基礎上，又根據新發表的史料重輯相關資料，研究又有較大擴展，并更爲詳細，進一步全面地研究北宋汴梁雕版印刷術的發展，不僅有官府印書，還包括私人刻書和書坊刻書。對宋代印刷史的論述，將北宋從太祖、太宗、真宗，及神宗、哲宗和徽宗六個時期雕版印刷，根據各個時期政治需求，經濟狀況，史書所記載的官私印書機構所刻印的圖書種類，特點，按年代順序一一用圖表列出。分析考證極爲詳盡。南宋部分，先生在 1960 年出版的《宋元考古學·南宋的手工業》一文中已有論述，這裏先生利用現存宋版書和版畫，幾乎使用了國家圖書館所藏全部宋版書，一一記錄刻書地點、刻工姓名、版刻特點，進行全面探索，認爲"雕版印刷業在南宋是一個全面發展的時期，中央和地方官府、學宮、寺院、私家和書坊都從事雕版印刷，雕版數量多，技藝高，印本流傳範圍廣，不僅是空前的，甚至有些方面明清兩代也很難與之相比"。對經濟文化發達，又盛產紙張的兩浙、福建、四川，以及發展較遲的江淮湖廣，通過實例分析探究，將雕版印刷的地方特徵和刊工的活動情況一一考證，並用了 8 個表格，列出各地區刻工互見情況。先生還根據現存的南宋四部私家目錄的著錄，分甲、乙、丙、丁（經、史、子、集）四類，按着書籍的刊刻地列表統計，以説明刻書類別、數量和刻印地點逐漸增加的情況。

通觀全書，所用資料十分豐富，不僅有大量的史書，還有類書，古代目錄學書籍，以及宋人的文集和新出土的考古材料等等。初步統計，全書引述的書名、篇名、論文和印刷品名稱就達 1370 多種。先生對很多問題的論述，都是在文字叙述基礎上再加分類列表，總共用了 20 多個表格詳加分析，用功之深可見一斑。先生對史料的熟悉和運用達到令人驚嘆的地步，可以看出先生廣博的知識，一絲不苟的嚴謹的治學態度，和深厚的文化功底。此書獲得 2003 年第五屆國家圖書獎（國家獎）是當之無愧的。

在先生九十大壽之際，寫此文以感謝先生對我多年的教誨。

張玉範：北京大學圖書館研究館員

宿白先生教我辨佛經

羅炤

1978年，我考上中國社會科學院研究生院宗教系佛教專業的研究生，師從任繼愈先生。10月入學不久，丁明夷學兄告訴我，宿白先生在北大爲佛教考古學的研究生開設"佛籍版本目錄"課程，可以去旁聽。1962—1968年在北大歷史系學習期間，我就知道宿先生以石窟寺考古著稱，但因爲我是歷史專業的學生，沒有和宿先生接觸過，現在有機會親炙，當然不能放過這個機會。

記得第一堂課是在文史樓2層東頭的教室上的，聽課的除了宿先生自己的三位研究生馬世長、晁華山、徐琬音之外，還有社科院的研究生丁明夷、業露華、吳受琚（道教專業）和我，以及山西省來北大進修的曲存瑞（後在國家文物局任職）。宿先生講課極其認真，事先寫好講稿，上課時一字一句按照講稿講授，幾乎沒有一句閑話。這對我這種寫字比較慢的人來說，是一個很大的負擔，因爲宿先生講的全部是"乾貨"，都是實打實的基本知識，沒有一點水分，而且很多是他個人尚未發表的研究成果，漏掉一句可能都是損失。特別是對於我這樣在反右派、大躍進、反右傾之後進大學，在校期間又連續下鄉搞"四清"、接着就是"文化大革命"的學生，從來沒有機會直接接觸過佛經，現在却要研究佛教，宿先生講授的，正是最需要掌握的真知識、真本領，以前全不知道，當時聽課的狀態，真正是如饑似渴。我一輩子都要感謝丁明夷學兄，是他讓我知道宿先生開的這門課、能夠有機會旁聽。三十四年來，在"佛籍版本目錄"課上得到的知識，成爲我的看家本領，至今仍然在解決重要的學術問題時成爲"萬能鑰匙"。

宿先生首先介紹這門課的主要參考書。日文文獻他非常熟悉，不過重點介紹的是兩位中國學者的書：一本是呂澂先生的《佛典泛論》，一本是陳垣先生的《中國佛教史籍概論》。分別說明這兩本書的主要特點之後，宿先生開始講授道安的《綜理眾經目錄》和僧祐的《出三藏記集》。雖然《綜理眾經目錄》久已失傳，但宿先生引用古籍中的相關記載，詳細地說明道安此書的内容和特點，以及對于後世佛籍目錄書的影響。《出三藏記集》是現存最早的佛籍目錄，宿先生更加詳細地講解、分析，並且特別舉出此書記載的南朝佛教造像的具體事例，讓我們認識到佛籍目錄不僅是一般的目錄性質的書籍，而且記載了有關佛經翻譯和譯者的詳細史實，以及佛經版本變遷、佛教與佛教藝術發展的相關事件，研究中國佛教史和佛教考古的學者應當作爲最基本和最重要的文獻熟練掌握和使用。現在回顧起來，《出三藏記集》以及隋唐、宋遼、元明的中國歷代佛籍目錄，乃至高麗和日本的佛籍目錄，在我三十幾年來的學術研究中占據了舉足輕重的地位，從中找出的史料讓我認識到中國佛教史以至中國歷史上若干重要的、一千餘年來未被人瞭解的問題。飲水思源，如果没有聽宿白先生的課，我根本不知道佛籍目錄是重要的史書，想不到其中會有這麼多珍貴的史料，更談不上取得現在的研究成果了。

佛籍目錄一項，宿先生從《出三藏記集》一直講到明末的《閱藏知津》，其中重中之重講《開元釋教錄》，不僅詳細講解它的各個組成部分，而且尤其認真地指出《開元釋教錄略出》中的千字文編號問題，要求我們一定要特別注意。宿先生的這一提示，成爲我後來研究應縣木塔佛像中發現的遼代經卷和《契丹藏》以及房山石經的關鍵性"法門"，由於得到宿先生的真傳，我注意到了被國内外學者忽略的一些問題。

宿先生的課，不僅重視課堂講授，而且尤其重視實習。講到佛經版本的時候，他特別安排兩次實習。一次是到北大圖書館善本室看敦煌寫經和宋版大藏經原件，面對實物給我們講解佛經的版式；一次是帶我們去房山雲居寺和石經山參觀房山石經。這兩次實習，讓我對佛經、特别是官版大藏經的版式有了真切的瞭解，後來在《開寶藏》—《趙城藏》和《契丹藏》的比較研究中發揮了重要作用。赴雲居寺和石經山的實習，更讓我與房山石經結下了終生的不解之緣，在國内外爲研究和保護房山石經盡力，並且爲雲居寺的文化復興做了一點貢獻。如今我能夠在房山石經的研究領域占一席之地，皆因宿先生的指引。

在不到一年的時間裏，宿先生傳授給我們的不僅有佛籍的版本目錄知識，還有包括《一切經音義》、《龍龕手鑒》、《隨函錄》等語言文字學和佛教考古學等領域的知識，成爲我研究生學習期間收穫最大的一門課。在馬列主義、毛澤東思想和階級分析、階級鬥爭環境中成長起來的我，第一次從宿先生的課中學到如何認識第一手資料，領悟到書本之外實物資料的重要性。尤其是，宿先生的課沒有講任何"理論",從頭至尾全部是幹幹的、實打實的、真真切切的知識,實際上是給了我們一雙認識實物資料、特別是新出土的前所未見資料的"慧眼"。我有幸在1978年旁聽到宿先生的這門課,隨即趕上了不斷有新發現的時代,有機會不斷實際應用從宿先生那裏學到的本領。我能有今天,靠宿先生之賜。但是,這只是對我個人的,不是最重要的。最重要的是,在宿先生的研究和教學中,二十世紀四十年代的中國學術傳統和規範不僅一直未曾中斷,而且在極其惡劣的政治環境中得到完整地保持並輝煌地發揚光大了。這是學術領域的一個奇迹。學者們應當重視它,珍惜它,將它進一步發展。我覺得,這是對宿白先生九十華誕最好的紀念。

羅炤:中國社會科學院宗教所研究員

《木經》內容與文獻價值考辨

——兼論其對北宋建築實踐之實際影響

馮繼仁

引言：謹以此文恭祝宿白先生九十華誕。先生師德無量，恩德惠我。學生才疏學淺，承蒙先生錯愛，悉心指教，終生没齒難忘。深恐辜負先生厚望，必當苦心致志，不懈耕耘。衷心祝願先生身體安康，壽與天齊。

《木經》是一部非官修木工建築技術專書，寫于十世紀。

在中國建築歷史上，實用建築技術方法通常是由師徒口傳，而且常常是私傳，這種私密性也在一定程度上造成不同地區不同工匠群所使用的技術方法的多樣化。隨着中國建築技術在唐末得到顯著發展，對于恰當確切的建築方法之權威性指導的需求亦當日益增加。富有經驗的匠師或曾試圖將實用建築方法作書面概括以便爲不同地區的一般匠人提供一個可在工作中遵循的標準。然而，整理這樣的專門技術知識並將其記錄下來，並非易事，不僅要有建築實踐上的豐富經驗，而且要有充足的文字能力。對于缺乏充足教育的普通工匠，有效地記錄他們所知道的或創造的建築技術當有一定難度。對于有識字能力者，譬如對建築給予關注的學者，挑戰又會來自建築技術知識是否充足。這些因素應是中國歷史上關于建築技術專書長期缺乏的部分緣由。

結束這一短缺的正是十世紀末的三卷建築專書《木經》。雖爲一部非官修建築書，它却對北宋建造實踐産生過重要影響。此書流行百餘年之後，宋代編寫了以大型建築專著爲形式的綜合性官修建築標準，即《營造法式》（1103年頒布）。技術性建築手册在宋代之誕生是中國古代建築文獻的一大重要發展。隨着這兩部建築手册的出現，書面上的建築知識開始在公衆間傳播，普及到工匠、官員及學者群。這些專書保存着何等建築技術知識以及這一書面化的知識對于當時社會意味着什麽，是很值得考察的。本文以《木經》爲例，探討其内容及文獻價值，並論述其對北宋建築實踐以及工匠與文人群體的切實影響。①

一、《木經》的作者：匠人還是學者？

自北宋伊始，《木經》的作者即被認爲是"喻皓"，又作"喻浩"或"預浩"（活躍于965—989年），② 據稱是北宋初期一位極富經驗、技能嫻熟的著名匠師，既是建築設計者又是建造工程的監工（"都料匠"）。北宋文獻上稱其（下文且稱"喻皓"）于宋太宗（976—997年在位）年間積極參與了北宋都城汴梁（今河南開封）的諸多重要建築工程。太宗造開寶寺木塔（築于989年）時，喻皓即爲設計者並負責修造。③ 此外，北宋文獻還將喻皓稱作"浙匠"或"浙東匠人"。④ 有一條史料記載吳越國（904—978）末主錢俶（947—978年在位）在杭州造木塔時負責建塔的匠人私下裏得到過喻皓的指教。⑤ 在這一史料中，喻皓是否曾爲吳越國人不甚明朗，不過，考慮到吳越修塔及喻皓在汴梁活

---

① 以往的研究中，英國李約瑟（Joseph Needham, 1900—1995）博士對《木經》給予了高度評價並對現存《木經》全文做了英譯。此後，夏鼐（1910—1985）先生又對《木經》現存文字做了校注與分析。二者一中一外，對《木經》的研究皆做出了建設性的工作，亦皆有可商榷之處（見本文分析）。見 Joseph Needham, *Science and Civilisation in China*, v.4, part 3, Civil Engineering and Nautics (Cambridge: Cambridge University Press, 1971), 第 82、84 頁。夏鼐，《夢溪筆談中的喻皓木經》，《考古》1982 年第 1 期，第 73、74—78 頁。

② 有關史料舉例：歐陽修《歸田録》卷一，1a—1b："世傳浩……撰成《木經》三卷，今行於世者，是也。"《叢書集成新編》83，臺北：新文豐出版公司，1985年，第428頁。沈括《夢溪筆談》卷十八，1b，"技藝"條："營舍之法謂之《木經》。或云喻皓所撰。"《四部叢刊廣編》（據上海涵芬樓影印明刻版本重印）28，臺北：臺灣商務印書館，1981年，第76頁。

③ 《歸田録》卷一，1a—1b："開寶寺塔在京師諸塔中最高，而制度甚精。都料匠預浩所造也。"其他史料包括楊億口述、與其同時代的黄鑒抄録、宋庠（996—1066）整理的《楊文公談苑》，"喻皓造塔"條，宋元筆記叢書版，上海古籍出版社，1993年，第107—108頁。

④ 見《楊文公談苑》，第107—108頁。釋文瑩《玉壺清話》（著于1078年），卷二，唐宋史料筆記叢刊，北京：中華書局，1984年，第21頁。

⑤ 《夢溪筆談》卷十八，9a："錢氏據兩浙時，於杭州梵天寺建一木塔……密使其妻見喻皓之妻，貽以金釵，問塔動之因。"從整條上下文看，應是主持修建該塔的匠師"密使其妻"去問喻皓塔動之因。

動的時間，這是有可能的。① 宋以後也有文獻將喻皓歸于吳越。② 故此，喻皓可能原是吳越國的匠師而後在北宋京城繼續在建築業活躍而負盛名。雖然在宋都官方建築實踐中有着重要的作爲，但是並無史料明確記載喻皓是宋代皇家建築機構將作監的官員。確實，《木經》中含有專爲"宮中"即皇家宮殿所用的建築做法（見下文），但此"宮中"所指是宋朝還是吳越國的皇家建築尚未可知。

頗有旨趣的是，北宋許多學者在著作中或在口述中對于喻皓及其《木經》津津樂道。這些學者和記述包括楊億（974—1020）口述、同時代學者黃鑒抄錄、宋庠（996—1066）整理的《楊文公談苑》，歐陽修（1007—1072）著《歸田錄》（約著于1067），沈括（1031—1095）著《夢溪筆談》（著于1086—1093），僧人學者釋文瑩（活躍于十一世紀）記述時人逸事的《玉壺清話》（著于1078年）等。值得注意的是，當身爲政治家及學者的沈括提到《木經》時，他寫道："營舍之法謂之《木經》。或云喻皓所撰。"③ 可見《木經》作者歸屬在當時即已不明。在當代研究成果中，夏鼐先生（1910—1985）曾指出《木經》可能由他人所著而托名于因匠造技藝嫻熟所聞名的喻皓；此外，喻皓本人還可能並不識字。④ 若如此，即可能是由一位識字的人——某位學者——爲喻皓代筆，錄下喻皓關於實用建築方法的口述。如此，亦將是中國古代工匠與學者之間互動的一個例證。北宋既有衆多學者對喻皓及其《木經》頗感興趣，表明自十世紀以降有學問的群體對於諸如建築之類技術實踐已變得相當關注。當我們對《木經》的技術內容從其與當時建築技術發展的實際狀況間之關係以及在工匠與學者群間的反響來進行考察，可以瞭解其作爲一部技術專書對於整個宋代社會的特殊意義。

二、《木經》的内容

宋代文人所記三卷《木經》之書久已不存。其書內容得以保存至今的僅見沈括《夢溪筆談》所錄一段文字。⑤ 夏鼐先生推測，這段文字可能只是原文的

---

① 李約瑟博士在其《Science and Civilisation in China》第141頁中誤將本條所記之事發生的時間說成是宋太宗在汴梁建造開寶寺塔之後大約十年。實際上正相反，開寶寺塔於989年建造，即吳越國末主錢俶（947—978年在位）在杭州造木塔並向喻皓諮詢在先，喻皓負責建汴梁宋都開寶寺塔在後，前後相差大約十年。
② 吳任臣（約1628—1689）《十國春秋》卷八十八，吳越，"喻皓"條。北京：中華書局，1983年。此書將喻皓歸爲吳越臣民。
③ 《夢溪筆談》，卷十八，1b–2a，《四部叢刊廣編》28，第76頁。
④ 夏鼐，《夢溪筆談中的喻皓木經》，第74頁。
⑤ 《夢溪筆談》，卷十八，1b–2a，《四部叢刊廣編》28，第76—77頁。

一段摘録，並非一字不差反映原文。① 除此以外，這段文字亦可能是從原文概括出來的一個提要。儘管如此，其仍是對瞭解中國建築技術由唐至宋發展狀況甚爲重要的參考文獻。這段文字清楚表明了十世紀前後木構建築設計中模數概念的存在，其建築模數體系處于戰國時期《考工記》所記初級的模數單位②與宋代官修《營造法式》所體現的更高級的建築標準化體系之間。此外，無論《木經》寫于五代末或宋初，書中所録建築方法體現了自唐入十世紀建築技術的傳播與嬗變。

作爲一部非官修建築術書，《木經》的重要性還在于其對當時建築實踐的影響。北宋中期的史料稱其自宋初至十一世紀六十年代極爲流行，流行期跨越百年（詳見下文討論）。如此長的影響力對研究中國建築史及增進我們對宋代建築的認識皆很重要。基于這一重要性，將這段文字全部引述如下（據《四部叢刊廣編》重印上海涵芬樓影印明刻版本）：

> 凡屋有三分（[注] 去聲）：自梁以上爲上分，地以上爲中分，階爲下分。凡梁長幾何，則配極幾何，以爲榱[衰]等。如梁長八尺，配極三尺五寸，則應法堂也。此謂之上分。榲若干尺，則配堂基若干尺，以爲榱[衰]等。若榲一丈一尺，則階基四尺五寸之類。以至承栱、榱桷，皆有定法。謂之中分。階級有峻、平、慢三等。宮中則以御輦爲法：凡自下而登，前竿垂盡臂，後竿展盡臂爲峻道（[注] 荷輦十二人：前二人曰前竿，次二人曰前絆，又次曰前脅；後二人曰後脅，又後曰後絆，末後曰後竿。輦前隊長一人，曰傳倡；後一人，曰報賽）；前竿平肘，後竿平肩爲慢道；前竿垂手，後竿平肩爲平道。此之爲下分。

文中兩次出現的"以爲榱等"，夏鼐先生指出應是"以爲等衰"之誤；"等衰"意爲"依比例增減"。③ 古漢語中，"榱"與"衰"在表示等級次第時二者通用（且皆音"崔"）。④ 故此，在《木經》這段文字中，同一個"榱"字，有三次使用，含義有二：一爲"榱等"，一爲"榱桷"即屋椽。此外，文中的"則廳法堂也"，各本不一，或作"則廳堂法也"。夏鼐先生認爲"廳法堂"乃"廳堂法"之誤，並質疑英國李約瑟博士在其《Science and Civilisation in China》

---

① 《夢溪筆談中的喻皓木經》，第74頁。
② 戰國時期的《考工記》約爲齊國官修手工業技術標準。其中有一段簡短的文字述及周代明堂以堂上席筵之長度量堂室高廣，以小桌几尺寸度量室內寬窄等等。
③ 夏鼐先生指出，《夢溪筆談》現存各版本這段《木經》文字中皆將原文"等衰"誤作"榱等"。見《夢溪筆談中的喻皓木經》，第75頁。如夏鼐先生指出，李約瑟博士誤將"以爲榱等"中的"榱"理解爲"rafters"（即屋椽）。
④ 參陳复華主編《古代漢語詞典》，北京：商務印書館，2002年，第259頁。

中將"廳堂法"中的"廳堂"譯作"larger and smaller halls"（大廳堂與小廳堂）欠妥。① 實際上，就五代至宋初建築技術與方法的實際情形而言，無論是"廳法堂"抑或是"廳堂法"，兩種文本皆可講通，亦皆有可能（見下文討論）。

此文開宗明義，指出任何建築物均有上、中、下三"分"。沈括特地注釋此"分"爲去聲。夏鼐先生指出，這是指"材分"，"泛指建築物的幾個主要部分之間的比例"，又言"可能還指某一構件的廣、厚或高、廣之間的一定比例"。② "材分"實爲《營造法式》中推出的模數概念："凡構屋之制，皆以材爲祖……各以其材之廣，分爲十五分，以十分爲其厚。凡屋宇之高深，名物之短長，曲直舉折之勢，規矩繩墨之宜，皆以所用材之分，以爲制度焉。"③ 在此，其作者李誡（1035？—1110）亦特地注釋："材分之'分'，音符問切"④，亦即去聲。但是，《營造法式》用作"材分"的"分"與《木經》三"分"之"分"並非一物。《營造法式》的"分"是標準栱材斷面之寬的十分之一，或斷面之高的十五分之一。《木經》的"分"，最早已有英國李約瑟博士將其理解爲一種"比例的基本單位"。⑤ 從上述所引《木經》的這段文字看，梁架、屋檁爲上"分"，堂基以上包括柱子、科栱與屋椽爲中"分"，階基爲下"分"。⑥ 上"分"涉及屬于該"分"中的兩個構件之間的尺寸比例。而中"分"則涉及屬于不同"分"的、建築物的不同部分之間的尺寸比例。但夏鼐先生所假設的或指某一構件高、廣之間比例的"分"，即如《營造法式》中的"材"模數，則在這段文字中並未體現。

以上"分"來説，"凡梁長幾何，則配極幾何"，即主梁之長決定屋頂最高處的脊檁（"極"）之高。這一原則與《營造法式》中所述"舉折"之法一致。"舉折"之法是以承托主梁的前後檐柱上部的檐檁之間距離爲準，衡以固定比例（四分之一或三分之一）來決定脊檁之高，並逐次決定檐檁與脊檁之間其他諸檁之高度，故此形成屋面曲折。在《木經》中，主梁與脊檁這兩個構件之間的尺寸關係亦形成一個固定比例，3.5尺（脊檁之高）：8尺（主梁之長），即

---

① 見《夢溪筆談中的喻皓木經》，第75、76頁。Joseph Needham, *Science and Civilisation in China*, 第82、84頁。
② 見《夢溪筆談中的喻皓木經》，第74、78頁。
③ 李誡（字明仲，1035？—1110）《營造法式》卷四，大木作制度一，1a及2a，"材"條。南京：江南圖書館，1925年；北京：中國書店，1989年。
④ 同上。
⑤ Joseph Needham, *Science and Civilisation in China*, 第82、84頁。
⑥ 文中説"地以上爲中分"。此"地"指堂基上的地面還是堂基下的地面不明。李約瑟博士與夏鼐先生皆以堂基以上爲中"分"，而堂基與臺階爲下"分"。夏鼐先生認爲，中"分"除了涉及柱高與基高的比例以外，還涉及中部與上部交界處的科栱與屋椽等各件的比例。

《木經》内容與文獻價值考辨　17

1：2.28。李約瑟博士認爲此即整個上"分"的基本模數單位。① 這並不確切。《木經》的這段文字應是將這一比率與一種特殊建築方法關聯起來，即"廳法堂"，抑或爲"廳堂法"。如是"廳法堂"，即指較小型的廳室建築（"廳"）卻按較大型堂室建築（"堂"）的原則設計；如是"廳堂法"，則直言此一比率乃適用一般"廳堂"建築，而非更大型的殿堂建築。無論哪種情形，此一比率皆非適用于所有梁架的統一性比率。這段文字並未明述主梁與脊檩尺寸間具體的固定比率，而僅僅舉例説明梁架體系中一個特殊情況下的比例關係。退一步說，即使這段文字給出主梁與脊檩尺寸的固定比率，亦應只是用以確定脊檩高度或按舉折之法折算其他屋檩高度而已，而非用以確定構架中其他所有構件尺寸，比如屋檩的直徑及其他承重構件（諸如承托屋脊的倒 V 形支架——"叉手"）的長度與寬度。故此，主梁與脊檩尺寸間的比率不能作爲整個上"分"的設計模數。從《木經》文字看，似以主梁之長作爲上"分"的基本模數，這在夏鼐先生的研究中也已提到。② 而以梁長爲基數，這在建築學上則更講得通，即以主梁長度爲基準按某種"定法"（應爲當時通行的衡定之法，比如固定的比例）可以確定其他構件尺度。

　　在中"分"，柱子（"檻"）的尺寸決定堂基尺寸，但是，兩者之間尺度（很可能是高度）的比率，4.5 尺（堂基）：11 尺（檻柱），即1：2.44，顯然亦非整個中"分"統一使用的比例關係。③《木經》這段文字講述中"分"，除了檻柱與堂基的比例關係外，還特地説到"以至承栱、檩桷，皆有定法。謂之中分"。堂基與檻柱的比例關係，對于諸如枓、栱、椽之類小構件不可能適用。這裏的"定法"應當是指這些小構件各自與檻柱在尺寸上的比例關係。像上"分"一樣，這些"定法"或比例關係在這段文字中未予詳述。這或許有兩個原因。一是沈括在摘要或對原文做提要時可能有所省略。二是《木經》著者或困于文字能力而從簡記述，或囿于缺乏實踐知識而未能言之精詳。不管怎樣，所有這些中"分"的所謂"定法"應當都是基于檻柱尺寸（比如高度），正如上"分"諸"定法"應是基于主梁之長。

　　《木經》這段文字最後講述下"分"，其將臺階按坡度分爲三類：陡峻者、平緩者和低緩者（"峻道"、"平道"、"慢道"）。這裏並未提及在一般建築實踐中應用這幾種臺階的細節，卻只是詳述在皇家宮殿建造上，這幾種臺階的坡度是"以御輦爲法"，即根據抬御轎（"御輦"）者一隊十二人在走上臺階時爲使

---

① 見 Needham, *Science and Civilisation in China*, 第 82 頁："This (2. 28) is the Upper Unit."
② 見《夢溪筆談中的喻皓木經》，第 78 頁。
③ Needham 在翻譯這段文字時，認爲中"分"所有構件的尺寸，包括枓栱與椽子，皆遵從這一柱高與基高的比例（1：2.44）。見 *Science and Civilisation in China*, 第 82 頁。

御轎保持水平"前竿"（最前二人）是手臂垂盡還是前臂與轎杠持平（"平肘"）而"後竿"（最後二人）是手臂高舉還是轎杠與兩肩持平（"平肩"）而定。現代學者曾試圖根據古書所記一般人的臂長與肩高以及宋畫宫廷禦轎的情況來推測這三種臺階具體的坡度。① 無論如何，以轎夫抬舉御轎的方式來確定臺階坡度，這在臺階設計與建造中恐非高效原則。建造臺階更爲實用有效的方法在《營造法式》中則有體現。此書在石作與磚作制度中均包括"造踏道之制"，石踏道與磚踏道雖稍有不同，但皆明確規定其坡度。譬如，石臺階中，"每階高一尺作二踏，每踏厚五寸，廣一尺"。② 一尺爲十寸，作兩踏，每踏長十寸，則石階坡度爲1∶2，直截了當。與《木經》中衡量臺階三種坡度的方法相比，《營造法式》這種以臺階之高定踏步之數，以踏步高寬尺寸説明坡度的法則顯然更直接，更有效，更易于施工設計操作，也更有統一性。

《木經》中的三"分"各有其"定法"，即構件間的某種比例關係，但這些"定法"在三"分"之間看起來並無内在關聯。上"分"，以主梁之長爲準，這只限于屋頂梁架部分，這裏構件並非以檐柱尺寸確定。同樣，主梁尺寸不能確定中"分"任何構件的大小，譬如柱子、墻體、門窗，柱子上部的科栱、檐、椽，以及柱子以下的部分（如台基）。這裏没有一個對于整座建築各部分均適用的統一的模數制度。與此迥異，《營造法式》制定了以一個木構件爲準的統一性的模數，即"材"，標準栱材的斷面尺寸，其高寬比爲3∶2。這一模數不僅適用于科栱、梁柱，而且適用于門窗、屋檐、以及整個木構架。由于栱的斷面含有高、寬兩個尺度，"材"模數實際上是一個兩維模數系統。以其衡量高度時，"材"即指以栱斷面之高爲模數；以其衡量寬度時，"材"則指以栱斷面之寬爲模數。此外，爲便于衡量小構件或標明極小的尺寸，"材"的寬度又劃分爲十小份，每份記作"分"，"材"的高度亦相應分爲十五"分"。

相較之下，可以看到"材"（或"材分"）模數系統優于《木經》的以多種比例關係構成的上、中、下"分"這種初級的模數制度。對于衡量建築構件與各部分，"材"無疑更精確更便利。《木經》的上"分"如果其"定法"確基于梁長，中"分"如果其"定法"確基于柱高，則意味着那些小構件，比如由衆多小構件組成的科栱，便由一個較大的構件尺度來衡量。建築學上，這没有反過來以較小構件來衡量較大構件（正如《營造法式》的"材分"）的原則

---

① 李約瑟博士根據《黄帝内經太素》（678年編成）等古代醫書所記常人肩高與臂長，推算抬轎者最前二人與最後二人之間在三種坡度的臺階上水準轎杠離地的高度差。他承認由於不知古時標準御轎的長度，這三種臺階的絕對坡度不能確定。見 Needham, *Science and Civilisation in China*, 第82頁，注（e）。夏鼐先生據南宋繪畫中的御轎並參考《營造法式》石階制度推算出三種臺階的坡度分別爲1∶2（峻道），1∶4（平道），及1∶7.8（慢道）; 見《夢溪筆談中的喻皓木經》，第77—78頁。

② 《營造法式》卷三，7a，石作制度，"踏道"條。

來得合理。在完善發展的模數體系中，一個基本原則是該模數來自一個相對較小的建築構件尺寸，譬如《營造法式》的"材"和清代官修建築標準《工程做法》（頒布于1734年）中的"科口"（即由科承托的標準栱材的斷面之寬）。雖然清代建築還有以柱高爲模數的情況，但這樣一個"大"模數是爲那些本身沒有科栱的普通的"小式"建築而設計的。所有官式、華麗顯要或有科栱的"大式"建築，均以"科口"作爲建築各部分統一的模數。這樣的模數體系優勢在于其可以有效而精確地衡量較大構件，這些大構件的尺寸可以很容易地用該模數乘以數倍來衡量。反之，若以一個較大的構件尺寸爲模數，則小構件的某些尺寸，比如科的下半部（"歆"）所做弧綫的弧曲度，數值微小，會無法有效地衡量，因爲這一數值會是該模數的一個極小的分值，且有可能是 1/7，1/9，甚或 1/15 這等無理數。

雖然如此，在《木經》這部十世紀非官修建築手冊中體現的模數概念，具有非凡的歷史意義。當代對中國建築的研究顯示標準化的建築模數在中唐時期大約已經出現。然而這只是基于對現存唐代木構建築的測繪調查而得出的結論。迄今爲止尚無文獻依據，況且現存唐代木構數量極其有限，可供參考的調查資料受到限制。二十世紀九十年代在日本九州大學發現的一份敦煌文書應是可以顯示這種標準建築模數已在實踐中得到應用的現存最早文獻。據分析屬于五代末、北宋初的這份文書是敦煌石窟某窟木構窟檐的一份建築料單，上具所需構件材料及其尺寸。[①] 其中，幾乎所有建築構件的尺寸皆有一個顯著特點，即這些構件均只給出長度及斷面的一個尺度，譬如：（1）門額方子（門上部的額枋）僅給出長度與"闊"（即寬或高），構件斷面的另一個尺度隻字不提；（2）所有其他構件均只提到長度與"徑"，無論構件斷面是否圓形。建築尺度如此這般而描述，極有可能是由于在當時的實踐中建築構件斷面已有一個固定的比率，換言之，即有一個以某個構件（很可能是栱）斷面高、寬之間已然慣用的比率爲特點的標準模數。正如在《營造法式》中，以栱的斷面爲標準模數，而這一斷面的高、寬之比是15"分"：10"分"，即3:2。隨著這樣的固定比率或模數概念爲建築工匠們普遍接受，一個長方構件只要知道斷面高、寬尺寸中的一個，即可確定另一個。同樣，由一根圓木做長方形斷面的構件，只要知道直徑，則由圓徑取矩形，其斷面尺度亦清晰可定。故此，至少到五代末、北宋初年，即喻皓的時代，與一個構件斷面的固定比率相關的標準建築模數已在使用之中。而《木經》清楚地表明了模數概念的應用，儘管仍只是諸多比例關係而尚未形成一個統一的標準模數系統。《木經》的模數概念體現了模數制度從初級的多

---

① 見拙作《日本九州大學藏敦煌文書所記窟檐的復原與分析》，《文物》1993年第12期，第54—68頁。

重模數的水平向成熟的統一模數過渡的過程。

《木經》在中國建築文獻上的價值並非只限於此。同樣重要的是，它還清晰表明十世紀末木構梁架類型已經有了分類，且可能是已知最早的明確記錄構架分類的中國建築文獻資料。它提到"如梁長八尺，配極三尺五寸，則廳法堂也"（或"廳堂法也"）。如果原文是"廳法堂"，則表明在同屬"廳堂"型的構架中，尚有專屬"廳"和專屬"堂"的不同構架做法。如果原文是"廳堂法"，亦是旨在將"廳堂"型構架方法與其他種類的構架方法區分開來。現存唐代木構建築亦已體現出兩種類型梁架之間的明顯差異，即"殿閣"型與"廳堂"型構架，[1] 這種構架形制的劃分與盛唐以來形成的斗栱等級差相應，[2] 標定着不同的建築等級。《營造法式》亦包含這樣兩種主要的梁架形制，並且將它們清晰劃分開來。以建築等級而言，廳堂型低於殿閣型，因而，二者亦相應地給予不同的屋面坡度，即《木經》所云脊檩之高與主梁之長的比率，《營造法式》所記爲脊檩之高與前後檐下撩檐枋的間距的比率：殿閣型爲1:3，廳堂型大抵爲1:4，且有"筒瓦廳堂"作1:4外加8分（8%尺）而"板瓦廳堂"作1:4外加5分（5%尺）之別。[3]《木經》中舉出的比率却爲1:2.28。由于這一比率比《營造法式》兩種類型構架的坡度都"過于陡峻"，夏鼐先生推測"配極三尺五寸"爲訛誤，"三尺"應爲"二尺"，該比率遂爲1:3.2。[4] 然而，即使假定原文作此比率，其仍比《營造法式》規定的廳堂型構架的屋面坡度（1:4）高了很多，幾近殿閣型（1:3）。意味着比宋代官修標準所規定的屋面坡度更爲陡峻的這一較大比率，却有可能反映着五代末至北宋初建築構架的實際風格與建造手法。考察這一時期的現存木構建築，着實可以看到廳堂型構架却以比之等級更高的構架方法而建造的實例，譬如福建福州華林寺大殿（建于964年，吳越國）即爲廳堂型建築"僭越制度"，混用殿閣型構架方法。這種殿閣與廳堂混合型構架在唐代建築中不曾見到，代表着構架發展的一種新趨勢。五代十國的構架出現很多新特點，不僅打破了此前唐代建築構架均爲前後對稱的規律，構架細部出現諸多變化（比如脊檩下出現以蜀柱分擔甚至代替唐代通行的粗壯大叉手來支撑脊檩等等），而且將唐代已經嚴格劃分開來的殿閣與廳堂型兩種標定着建築等級高低的構架摻和起來。[5] 這種做法衝破了等級界定，而以近乎殿

---

[1] 現存唐代木構建築中，山西五臺山佛光寺東大殿（建于857年）展示了殿閣型構架特點，而五臺山南禪寺大殿（建于782年）、平順天臺庵大殿、芮城五龍廟大殿等則展示了較明顯的廳堂型構架特點。
[2] 參拙作《中國古代木構建築的考古學斷代》，《文物》1995年第10期，第44、51頁。
[3] 《營造法式》卷五，大木作制度二，10a，"舉折"條。
[4] 見《夢溪筆談中的喻皓木經》，第75—76頁。
[5] 參拙作《中國古代木構建築的考古學斷代》，第55、57頁。

閣構架的方法來做本屬性質低小的廳堂型構架，譬如施以一般屬于殿閣型建築的碩大而形制高極的科栱，而屋面坡度亦自唐代多見的1∶5與晚唐的1∶4升高至四分舉一強。《木經》中原文如果是"廳堂法也"，則應是反映了五代十國構架的新的流行做法：即"廳堂"之法却有較高的屋頂及混用較高級的殿閣構架做法。

此外，雖然《營造法式》大木作制度總體上使用"廳堂"之名作爲與"殿閣"型構架區分爲二的構架方法，在該書其他方面的論述中，却又見到對構架類型更爲細緻的劃分，且有"廳"與"堂"的構架劃分。比如瓦作制度中，在叙述造屋脊之制時，《營造法式》把建築分爲七類，對應七個等級：最高等級爲殿閣型，而緊隨其後者爲"堂屋"、"廳屋"，而非"廳堂"。此外，"廳屋"之制有如下叙述："廳屋：若間、椽與堂等者，正脊減堂脊兩層。"① 即是説，如果"廳屋"具有與"堂（屋）"一樣的開間數、一樣的椽架數，則其正脊（至高的屋脊）之高應比"堂"的屋脊少壘兩層。緊隨此句，著者做有一個注釋，曰："餘同堂法。"即其屋脊的其他部分做法與"堂"一致。同樣，對于排在第四等的建築類型"門樓屋"，著者再次注釋："其高不得過廳。"② 可見，雖然在北宋期間以"廳堂"泛指低于殿閣的近于堂室的構架類型，但實際上還有"堂"與"廳"之分，"堂"形制上比"廳"稍大，即比"廳"等級稍高。故此，如果《木經》原文作"廳法堂也"，則仍是反映了五代十國時期構架僭越制度的做法，即較低級的"廳"型建築却以較高級的"堂"型建築的構架做法爲之，"廳"屋遵從"堂"屋之"法"。

可見，無論原文是哪種情況，《木經》的這段文字都反映了十世紀廳堂型建築用比之原有等級更高的構架來建造是一個常見現象。或者是廳堂型構架却施以介于殿閣與廳堂之間的構架和屋頂坡度，或者是較小型的廳堂建築，稱作"廳"，常常用較大型的廳堂建築（稱作"堂"）的設計原則在建造。建築形制上的這種背離或衝破一般慣用的或官方認定的等級限制的現象，大約是因爲五代十國時期社會動蕩，儒家體系下的建築秩序受到衝擊，一時間出現很多僭越制度的做法。同時，從五代到北宋初年，特別是在北宋試圖統一中原與南方過程中，南方諸國（譬如吳越國）亦會試圖以各種形式顯現自己政權的合法性，而在建築規格上以超越本身形制等級的各種建築手法（譬如碩大的科栱、使用昂件並做多層昂頭出跳以及抬高構架做法等級等等）來昭顯更高等級的身份。《木經》應是反映了這一特殊社會現象，這對增進我們對五代宋初建築及歷史的理解，有其特殊的文獻價值。

---

① 《營造法式》卷十三，瓦作制度，3b，"壘屋脊"條。
② 同上書，4a。

三、《木經》對宋代建築實踐的所謂"百年"影響

根據宋代史料所述，自《木經》成書到北宋中期，其書中的建築方法一直流傳並在建築實踐中得到廣泛接受與遵從。有着卓越學問的學者歐陽修在其記錄宮廷軼事及正史不予記載之雜事的兩卷筆記《歸田錄》中，如此評論喻皓的專門技能及其《木經》：

> 國朝以來，木工一人而已。至今木工皆以預都料爲法。有《木經》三卷，行于世。"①

歐陽修所云自北宋開國以來"至今"——即直到歐陽修的時代，所有木工在建築實踐中都遵從喻（這裏作"預"）皓大師的建造方法，而其建造方法又以《木經》之書而流傳于世。這一記述對理解《木經》影響宋代建築實踐的持續時間十分重要。

清代有學者認爲《歸田錄》的內容係歐陽修的"平時劄記"。② 而書中歐陽修所著序言的時間爲宋英宗（1063—1067 年在位）的治平四年（1067）。書中所記軼事有具體的發生時間者最晚是治平二年（1065）。③ 歐陽修卒于 1072 年。從宋代史料看，在將此書呈交宋神宗（1067—1085 年在位）時，歐陽修對一些早前已經錄入的內容做了修改，並加入了一些新內容。④ 因此，要斷定上文所云"至今"的確切日期似乎確有一定難度。不過，此書關于宋仁宗（1023—1063 年在位）的軼事中有如下記述："仁宗初，立今上爲皇子，令中書召學士草詔。"⑤ 顯然，這裏的"今上"（當今皇上）即指英宗。這與序言落款時間一致。事實上，《歸田錄》通篇未曾見有在稱呼上、朝代上、人物上的混亂或矛盾之處，說明該書在編寫上是經過統籌安排、縝密思考的。此外，此書所記另一件軼事有如下叙述："國朝百有餘年，年號無過九年者……嘉祐（1056—1064）九年改爲治平（1064—1067）。惟天聖（1023—1032）盡九年，而十年改爲明道（1032—1033）。"⑥ 此處明言"國朝百有餘年"，即 1060 年以後數載

---

① 《歸田錄》卷一，1b。
② 見紀昀等，《欽定四庫全書總目》，"歸田錄提要"，收於《歸田錄》附錄，1a—2a。
③ 《歸田錄》卷二，16a，記"治平二年八月三日，大雨一夕，都城水深數尺，上［英宗］降詔責躬求直言……"
④ 陳振孫（約 1190—1249 年以後），《直齋書錄解題》（約於 1230 年成書），影印清代武英殿聚珍本，臺北：廣文書局，1968 年。
⑤ 《歸田錄》卷二，10a。
⑥ 同上書，11b。

《木經》內容與文獻價值考辨　23

("百有餘年"的"餘"當指整數後的零數，即在十年之內），並且提到的年號最晚者仍是英宗治平。英宗之後，神宗年號熙寧（1068—1077）雖過九年，但歐陽修已在熙寧中辭世。可見，縱使書中所記諸軼事可能賴以平時收集記錄，歐陽修最終將資料整編而寫作《歸田錄》主要是在宋朝建立以來百年有餘的英宗時期。

特別是，《歸田錄》在首卷伊始錄"太祖皇帝初幸相國寺"一條，記太祖至佛像前燒香而不拜，"遂以爲定制"，而後歐陽修評論道："至今行幸焚香，皆不拜也。"此條之後即錄喻皓所造北宋都城開寶寺塔並贊其技術高超嫻熟與所著《木經》影響"至今"。緊隨其後的第三條軼事寫道："國朝之制，知制誥必先試而後命。有國以來百年，不試而命者，纔三人。"① 首卷三條記事以內即提"有國以來百年"，亦即1060年前後，亦可見歐陽修此書中的多處"至今"或"國朝百年"之類，均指1060—1070年間。這即是說，按歐陽修所言，喻皓及其《木經》對宋代建築有着長達100年的影響。

約在二十至三十年後（1086—1093），沈括將《木經》以摘錄或提要的形式寫入《夢溪筆談》，並作如下評論：

> 近歲土木之工，益爲嚴善，舊《木經》多不用。未有人重爲之。亦良工之一業也！②

與歐陽修先前所述《木經》至1060年前後尚流行于世不同，沈括在此指出"近歲"（即沈括的時代）建築技術發展得更加嚴密，建築系統更爲完善，舊有的《木經》已經幾乎不再使用了（"多不用"）。這裏有如下幾個方面極爲重要。第一，既言《木經》已"多不用"，則無疑證明了歐陽修此前表述的《木經》與喻皓的建造技術的確一直到歐陽修時代在實踐中廣爲"用"之。第二，雖然《木經》已被認爲技術方法變"舊"，但是，到沈括寫《夢溪筆談》的1080年至1090年間，仍無人能重新編寫一部新的專書。可見，將建築技術知識更新而再次以文字形式記錄下來，具有何等挑戰性。因之，沈括對編寫這樣的建築專書予以高度贊譽，稱之爲木工大師的一個偉大功績（"良工之一業"）。第三，究竟宋代建築工匠對《木經》如何"用"之，則值得討論。結合歐陽修、沈括以及其他記述喻皓或《木經》的宋代史料，可以得出一個結論，即經過一段相當長的"用"的階段，《木經》到十一世紀晚期已經徹底失去其在建築實踐中的影響。如果將《木經》最初完成著書的時間歸屬于喻皓的年代，即大約950—980年，則《木經》對宋代建築實踐的影響跨越了幾乎一個世紀。

---

① 《歸田錄》卷一，1b。
② 《夢溪筆談》卷十八，2a。《四部叢刊廣編》28，第77頁。

然而,《木經》所體現的建築技術與《營造法式》中所記錄的建築系統雖有一些關聯,但在總體上說二者有着巨大鴻溝,將喻皓《木經》與北宋前一百年的建築實踐對等起來是不妥當的。《木經》中的技術方法亦不應看作是北宋由960年到1060(或1070)年前後建築發展的全部。如前所述,《木經》中的模數體系尚在較爲初級的階段,甚至未能反映出至少從五代以來(甚至是唐以來)即已在實踐中存在的更爲先進的模數制度。即使是在敦煌這樣的較偏遠地區,即使是要修造建築規模並不很大的木構窟檐建築,那裏的工匠及施工管理者亦在運用更加高級而全面的建築模數。這些模數制度均比《木經》中的多重比例關係優越,而均與《營造法式》中的模數系統相似。故此,說《木經》的建築技術影響了當時建築實踐如此之多且如此之久,是有懸疑的。沈括所云"土木之工,益爲嚴善",不會是突發性的發展變化,應當是漸次發生的。很難想象一百年間宋代建築業一直是"至今木工皆以預都料爲法",工匠們總是遵循喻皓《木經》,而不思改進建築技術和嘗試新的建築做法。同時,亦很難想象他們對業已存在的有着先進性優勢的模數方法不聞不曉。既如此,究竟在這"百年"間喻皓《木經》對于宋代建築匠人乃至宋代社會意味着什麼?

四、公開的、書面的建築知識:工匠與文人群體的理想

在我看來,《木經》對于北宋建築實踐的影響在很大程度上乃是在于其作爲一部建築技術專書在中國建築漫長發展歷史中的罕見性。戰國時期雖有作爲一國手工藝技術標準的《考工記》[1],但並非建築專書,其中關于都城與建築做法,也沒有專章,而只是"匠人建國"、"匠人營國"、"匠人爲溝洫"幾段文字而已。這幾段文字在歷史上雖然十分重要,涉及建造活動中最初勘查地勢、確定方位等基本原則,但關于建築結構體系、單體設計與實用技術方法則未有記述。而其中所記以席筵之長度量堂室高廣,以桌几尺寸度量室內寬窄,以常人展開雙臂之長度量宫中庭院寬廣等等,爲先秦時代明堂建造中使用的初級的模數系統,經漢、魏、隋、唐九百年的建築發展,必久已過時。此後,唐代開元(713—741)年間頒布的《營繕令》[2],只是對官員及民衆宅居制定了與社會身份等級制緊密相關的建築法律,亦非建築技術專書,其中亦幾乎沒有關于木構

---

[1] 自宋代(林希逸[1235年進士]《鬳齋考工記解》)以降,《考工記》即已被認爲是戰國時期齊國之書。參張静嫻,《〈考工記·匠人篇〉淺析》,《建築史論文集》7(1985),第48頁注一。聞人軍,《考工記譯注》,附録四與六,上海:上海古籍出版社,1993年,第138—139頁。

[2] 見張九齡(678—740)編,李林甫注(762年注),《唐六典》(735),卷二十三,"將作都水監",11b—12a,臺北:臺灣商務出版社,1983年,第217—218頁。

體系、結構做法等具體的技術内容。此後,直到十世紀,《木經》以外没有任何更早的建築技術專著寫成或流傳于世。《木經》恰恰是于北宋開國之時或不久(包含在五代十國末期的吴越時期,從時間上實爲北宋初年)即已誕生,而且是三卷專書。如前所述,一般工匠缺少足夠文字水平,難以將其從實踐中獲得的技術知識以書面形式系統地整理出來。一般的學者如果缺乏充足的建築技術知識,亦無以貢獻這類專業性極强的寫作。正如後來《營造法式》的作者李誡(1035?—1110)在將其書進呈于宫廷時所稱:"非有治三宫之精識,豈能新一代之成規。"[1] 的確,若無精深的建築學識,豈能擔當梳理各種建築做法、制定一個朝代新的建築規則的重任。

在這樣的背景下,《木經》不管是由一個木工大師(喻皓或者與之同時代的某位匠師)自己還是由一個學者爲其捉筆,都是史無前例的。它打破了自古以來建築技術方法只爲師徒口傳的傳統桎梏。中國歷史上首次有這樣的以文字形式提供的公開的、關于木構建築體系的詳細技術方法。這樣的文字又是具有極强實用性的,文字所體現的知識可以在單體建築的設計與建造中直接而具體地應用。换言之,這樣的文字正是一般建築工匠在其專業實踐中長期渴盼而求之不得的東西。他們迫切需要這樣一個有用的技術專書來作爲指導他們設計與建造實踐的參考手册。尤其是經五代十國數十年間諸國各地木構體系與具體建築做法都出現了諸多變化,且打破此前規律的、自由的做法(諸如混用殿閣與廳堂型構架)越來越多,匠人們亦急需一個代表權威性建築技術做法的專書。因此,當這部專書面世,其罕見性、專業性及實用性使之受到北宋工匠的廣泛歡迎,並且尊奉其爲木造建築之"經"。儘管隨着宋代建築技術的不斷發展、完善,他們自己一定也在創造新的、更好的方法,他們却依舊將《木經》視爲圭臬。在那一百年建築實踐中,工匠們依賴《木經》標準的程度不會是恒久不變的。當《木經》中的方法在日益嚴善的建築體系中越來越過時,工匠們依賴它的程度肯定也越來越低。而這一過程發生得一定遠比一百年要早得多。現存宋代這一時期的建築也確實體現出了較之《木經》所記更爲發達的建築技術體系。然而,即使《木經》的技術方法越來越不實用,在新的建築技術專書問世以前,它依然作爲同類著書的一個偶像而保持着其影響力,繼續受到尊重,繼續被宋代工匠參考。即使在實際建造活動中,他們使用了新的手法,却會依舊聲稱他們的設計是"遵從"喻皓《木經》,或通過"遵照"與"用"《木經》中的方法或理論而從中受到啓迪。因爲他們需要向同行、更要向顧主顯示自己的設計或建造方法是有權威依據的,自己懂得設計之"法度",因之自己的設計一定會使顧主滿意。這應當是歐陽修在北宋開國一百年

---

[1] 《營造法式》1a,李誡《進新修營造法式序》。梁思成(1901—1972)解釋"三宫"通指建築,見梁思成《營造法式注釋》,北京:中國建築工業出版社,1983年,第3頁。

之時仍舊耳聞目睹工匠群體"皆以預都料爲法"的實際背景。

而另一方面，宋代文人學者群亦同樣對《木經》這部著作表示出特殊的敬意。這一敬意通過他們對喻皓的超凡技能及其《木經》充滿熱情的評價而表達出來。從歐陽修的"國朝以來，木工一人而已"到沈括所云《木經》這樣的專書之編寫乃是"良工之一業"，喻皓及其《木經》在宋代文人心目中的特別地位可見一斑。尤爲重要的是，宋代文人常常津津樂道地把見到的設計優良的建築物同《木經》所含的建築原則聯繫起來。譬如，與沈括同時代的學者李格非（活躍于11世紀後半葉）在其所著《洛陽名園記》（約寫于1087年）中，對"劉氏園"中的木構建築作有如下評議：

> 凉堂高卑，制度適愜，可人意。有知《木經》者，見之且云："近世建造，率務峻立，故居者不便而易壞，唯此堂，正與法合。"①

在此，李格非稱贊園中的凉堂設計合理，高低大小恰到好處，構造方法亦十分妥切，令人愉悅，滿足居者方便、舒適的需求。李格非還特地加上一筆，把懂得《木經》的人對此凉堂的評價寫了進來。這裏的《木經》專家可能是有經驗的匠師，但也很有可能是一位熟讀《木經》的學者。據其所言，凉堂的設計"正與法合"，即其設計符合《木經》裏的建築原則。值得一提的是，李格非寫此筆記已是沈括所説《木經》已"舊"而"多不用"的年代，但是，仍有人推崇《木經》，《木經》仍有其市場。在新的建築專書尚未問世的情況下，還是有人把陡峻的屋頂和相應的構架設計所造成的居住不便而且極易塌毀的缺點歸之于不遵從《木經》、不遵從標準的緣故。李格非應是予以認同的。

顯然，當時的社會，不僅是工匠團體，而且是文人群體，都迫切盼望一個將日益發展的建築技術重新以文字的形式總結出來的新的建築專書，就像後來的《營造法式》那樣。而在這樣的新書于十二世紀初出現之前，諸如李格非之類對建築予以關注的宋代學者仍對《木經》頂禮膜拜，在判斷與評介建築設計優劣之時仍以《木經》爲最權威、最重要的標準。《木經》在文人間的持續影響力是顯而易見的。

正是由于宋代建築工匠及文人學者對《木經》如此這般地崇拜才使得其在建築實踐中的影響得以持久，遠遠超出了其本身的內容所在。一部把建築知識徹底地、手法嫻熟地整理出來的專門著作已成爲工匠及文人的理想。這一理想代表着宋代社會總體上認同與追求經典之法，凡事必有經法所依的思想觀念。認識到《木經》對宋代建築實踐所謂"一百年"的持續影響是何種情況，對于瞭解在中世紀的中國，書面形式的建築實用知識的社會效應甚爲重要。同樣，

---

① 李格非《洛陽名園記》，"劉氏園"條，北京：文學古籍刊行社，1955年，第4頁。

在閱讀與梳理中國古代科學技術其他領域的專門書籍時，將其所記技術內容與其成書背景、社會與知識環境聯繫起來，還原其對于當時社會技術與知識群體的特殊意義，是極其必要的。

馮繼仁：夏威夷大学希洛分校教授

宿白先生九十壽辰感懷

王 然

　　宿白先生九十大壽，作爲他的學生，深爲老人家健康長壽感到高興！雖爲考古圈外人，但近些年拜訪先生的次數越發多了起來，因爲每一次拜訪，猶如心靈的洗禮，先生身上所放射出的人文光芒和中國知識分子的優秀品德，照耀着我，溫暖着我。同時，多年與學界的交往，目睹學術環境的變遷，使我深感先生幾十年學術良知與做人理念持之以恒的堅守之不易，在平凡而浮躁的歲月他恪守着自己作爲教員和學者的責任與品行，用求真務實的耕耘捍衛着中國知識分子的聲望和榮光！實在令人感佩！借此，談點感想，以表達對先生的敬意！

　　先生治學嚴謹，學養豐厚，學術地位、學術影響力在考古界無人企及，博物館學、版本學、古建築學、佛學等多領域廣博的知識，深厚的功力，成就了他學術大家的美譽！在 2001 年第五屆國家圖書獎評選上，我有幸目睹了文史學界著名學者對先生的評價。古籍整理類正式獎名額兩個，經過層層遴選，參加終評的有二百多種，百裏挑一，優中選優，先生的《唐宋時期的雕版印刷》也在其中。來自全國的古典文學、文獻整理、史學研究、科技史、中醫古籍等學科的著名學者爲此頗費斟酌。時任評委會副主任、古籍組組長的袁行霈先生從書叢中拿出先生的著作放到一邊説：這本書我看了，非常好，宿白先生著書一向嚴謹求實，現在能見這麼高水準的獨立之作實爲難得，肯定推爲正式獎，下面重點是推另一個正式獎。大家對先生的學問有目共睹，於是紛紛響應，一致通過！這種情況在我參加的歷屆國家圖書獎評選中是僅有的一次。來自各學科的學者對先生的交口稱讚和充分肯定，説明先生在多學科領域的學術建樹和影響力已贏得廣泛的尊重和讚譽!

　　先生學術的成就源于他治學的嚴謹。他寫講義、備課、著書從不要助手，更不會讓學生代筆捉刀，從不主編書，一切親力親爲，每本著作拿出來都經得住時間的檢驗。他的學術成就來自於永不停歇的獨立思考，心靈篤定的信念追求，漫漫學術長路的不懈求索，常年往返於書房、課堂、圖書館三點一綫的堅持，還有那不管颱風下雨的每天散步思考。與其說他不放心別人，不如說是他長年克己自律的堅守，對知識、學術、真理的敬畏，對教員這個神聖職業的敬重。這是一種治學的態度，是一種文化的自覺，更是一位學術大家必備的素養。作爲老師，先生在教學上關注每位學生的學術成長，每有重要文物展出都欣然前往，對送上的文章都給予明確的意見，對他們的學術認知不通融、不變通，更不寬容，對學生的"邪門歪道"更是毫不客氣。許多學生到他家看他，他常問人在搞什麼研究，讀什麼書，並給予有益的教導，對於不着邊際和漏洞百出的回答，他總是不留情面。他希望學生們都如他一樣靜下心來腳踏實地的做學問，能够事業有成，使考古事業興旺發達。在上世紀八九十年代的大學校園和學術圈裏，這是求之不得的教誨和點化，但是在今天，這種嚴肅的治學和求學早已被輕易獲得的稀鬆平庸的學問所替代。環顧當今學林，世風日下，教學和科研夾雜了太多的金錢和權利的腐臭氣，學者的身影不再是過去的課堂、圖書館、老先生家、實驗室這些讀書、求學的場所，而是更多地出現在評審會場上、穿梭的飛機上、交易的飯桌上。多數學術才俊陷入津貼、課題、專案、基金、基地的爭奪中，靈氣、靈感甚至靈魂泯滅在表格和潛規則中，哪來的時間和心思搞學問。不習慣獨立思考、盲目跟風、抄襲已成爲學術界多年的陳規陋習。當先生的學生的學生的學生都已成爲博導在學界展翅翱翔時，先生落入了孤寂，這也許就是他今天門可羅雀的原因吧。這種狀態，更深層次的原因是社會生態的墮落在文化領域發酵的結果，傳統清苦、持之以恒的學風已不再是文化生態中的主流形態，那種反覆推敲的高品質學術耕耘讓位于高速度高産量低品質的産業化學術方式。孰不知學術道德需要引領、浸潤、熏陶，没有了道德標杆，失去優良的學風、良性土壤的培育，文化生態嚴重失衡自然不可避免。一個具有豐富學識的國寶級學者和他一生追求、秉持的嚴謹的治學理念受到異常的冷落，實爲這個時代教育的不幸，民族的悲哀!

　　第一流的人才對時代和歷史的貢獻，除其具有才智成就外，更大的貢獻是在才智之上的崇高品格，這種品格引領後人。先生就是這樣的人，他把一生獻給了考古學的教學和研究，七十多歲仍站在講臺上上課，八十多歲甚至到現在仍筆耕不輟。他常說，教員上課教書育人是本。他對教書、科研、考古文博事業有一種特殊的執著和虔誠，這已成爲他生命的全部。憑他在多領域的地位，請他參加學術評審、文物、古籍鑒定的事很多，請他做顧問的事也不少，他一般會拒絕，如他同意，必然一絲不苟對待，但從不收取報酬。現在靠參加評審會發財的人屢見不鮮，不拿錢實屬罕見。説起先生，國家圖書館的李致忠先生總是豎起大拇指。他講一次國圖請先生看了一個版本，事後送兩千元錢過去表示感謝，也是正常的勞動報酬，先生不要。初次與先生接觸的李致忠先生以爲這麼大學問家是不是嫌少，趕緊解釋。宿先生笑着説，這是給了他學習的機會，應該表示感謝的是他。這事讓李致忠先生在欽佩宿先生學問的同時，更折服於他的做人！全國古籍整理出版規劃領導小組成員，根據國家規定，每人一個月二百元的諮詢費，先生是古籍小組1958年成立以來唯一健在的成員。某日他發現一摞來自新聞出版總署的匯款收據，早上5點半打電話質問我是怎麼回事，並堅決要求退回。先生是一個擺脱内外各種束縛，内心寧靜，在心靈自由的田野裏寂寞地追求真理的人。他有自己做人的原則，對錢看得很淡，他從不拿學問和學術地位作爲名利的敲門磚，更不會用學者的良知獲取錢財。憑他的學術地位、學術影響力，以及桃李滿天下，振臂一揮，聚集一批學術精英，做個大項目，攬筆大錢，對他不是難事，但他不恥於此！當我與他説起，現在有些所謂的"學術泰斗"搞一些大而無當的大項目，利用高官的無知聚斂錢財。先生會輕緩地搖着頭，擺着手，表現出一種不屑的態度，不僅是對他們學術能力的輕視，也是對他們品行的蔑視，更是對國家錢財不經科學論證輕易揮霍的無奈！從他不屑的眼神中，我能看到先生所具有的那種不流俗、不苟且、不遷就的風骨，那種豁達的境界，那種超凡脱俗的大家風範，令人仰慕！

先生所具有的中國知識分子的優秀品德不僅屬於他自己，更屬於我們中華民族，在當今實屬瀕危！希望有關部門採取措施，積極保護整理先生的學術資料、學術思想，留下更多的影像資料，嘉惠後人，使優秀的民族文化精神傳承下去，發揚光大！

衷心祝福宿白先生健康快樂！

王然：新聞出版廣電總局出版管理司副司長

典籍 版本目錄學研究第四輯

明别集發凡
——《明别集叢刊》序言

沈乃文

明代是中國歷史上的一個重要朝代。前面有大唐興盛至極三百餘年，終因內亂而衰亡。隨後的大宋始終陷於民族戰爭之中，北南支撐三百餘年，終爲蒙古族建立的大元所取代。元代不到一百年，被民族農民戰爭推翻。而民族農民戰爭所建立起來的大明，維持了二百七十餘年，又被農民戰爭所摧毁。滿族漁翁得利，乘勢建立了大清。清代歷經二百六十餘年，終結於辛亥革命。此後進入現當代，雖然對於今天的中國來説，影響最大的是清代，但是清代出於明代，所以明代同樣是今天需要重點研究的朝代之一。

研究明代的歷史、文化、社會生活，首選資料是官史私乘。官史有《明史》，但是《明史》是清廷所修。雖然爲了總結歷史經驗，吸取教訓，許多記載是符合事實的，但是編寫人在清初的環境之下，對於明代的貶低和抹黑，也是不能否認的。私乘雖然不是故意抹黑，但是也存在着相當數量的傳聞和隱諱。因此在研究資料中，明代人的著作占有極其重要的地位，其中數量最大的是明代的詩文集。

明代的詩文集究竟有多少？可能永遠無法獲知。除了自然損耗之外，明末的農民戰爭和清兵南下的烽火，造成的破壞和毁滅是今天難以想象的。能夠藉以略窺一斑的，是清初黄虞稷的《千頃堂書目》，著録明代别集作者四千七百多人，以及同時朱彝尊的《明詩綜》，著録作者三千四百多人。可以相信這是清初幸存的明代詩文集作者的大致規模，然而祇是明代全部作者的數分之一而已。

保存到今天的明代詩文集作者祇有三千人了，茲搜集其中的一千九百十位作者的二千來部著作影印出版。所謂二千來部著作是籠統而言，大量同一作者的不同著作，少量不同作者的不同著作，因爲當年被匯合在一起刻印行世，傳統上被合視爲一書，故未一一拆開計算。但已經可以說是迄今爲止最大規模的明代詩文集影印叢書，大致呈現了今存明代詩文集的面貌。擇要說來：

明初人物都是元代知識分子，弃食元禄，投奔朱元璋，形成了開國文臣集體。

按齒序打頭的是朱升，元至正元年舉人，辭官隱居。在朱元璋請他出山時，陳高築墙、廣積糧、緩稱王三策，對大明的建立有重要貢獻。洪武建元進翰林學士，無其他封賜，二年即退隱，三年去世，眼光進退都不一般。著作傳說很多，流傳很少，今收《楓林集》的萬曆歙邑朱氏刻本，是今存最早刊本。朱升以辭封早退，避免了身後滿門抄斬的慘禍，但是獨子朱同不甘平庸，於洪武十年舉明經，官至禮部右侍郎，即坐事被賜自縊。"歸魂不逐東流水，直上長江訴汨羅"的結局，使族中後代皆鄉居務農，以致《楓林集》的朱氏刻本實爲同鄉范涞編刊。朱同的《覆瓿集》也予收錄，排在稍後。

劉基是元元統元年進士，在大明的建立中，密議帷幄，有張良之譽，功成不就相位，告老還鄉，傳說被胡惟庸毒死。今收《覆瓿集》明初刻本，雖然僅存三分之二，却是海内孤本。同時收《誠意伯劉先生文集》正德十四年林富處州刻本、《太師誠意伯劉文成公集》嘉靖三十五年樊獻科德昌刻本，及《劉誠意伯集》之《盛明百家詩》本。宋濂當年文名甚高，編完《元史》，以翰林侍講致仕，受胡惟庸案牽連，兩個兒子被殺，他也死在流放途中。今收《潛溪集》嘉靖十五年徐嵩溫秀刻本和《宋學士文集》正德九年刻本。李善長是開國之相，當年其之於朱元璋，被喻爲蕭何之於劉邦，因牽扯胡惟庸案，和家族七十餘人一起被殺，惜無文集傳世。

明初民間有吳中四傑，皆死於非命。第一位是高啓，祇有他是蘇州人，三十七歲遭朱元璋腰斬，詩歌爲明代文學的豐碑。因《高太史大全集》景泰刻本已爲《四部叢刊》所收，今收《青邱高季迪先生詩集》清雍正文瑞樓刻本和《槎軒集》清抄本。楊基祖籍四川，官至山西按察使，被讒奪官，死於勞役之所，今收《重刻楊孟載眉庵集》萬曆汪汝淳刻本和《楊孟載手錄眉菴集》清光緒上虞羅氏影印本。張羽在洪武初年爲太常寺丞，因事流放嶺南，中途被召回，投水而死。其《靜居集》最重要的版本，是弘治四年張習刻四卷本，其中誤編入釋英《白雲集》詩作一百四十四首（其中三首是附錄他人詩作），考證見楊鑄先生《明初詩人張羽〈靜居集〉版本考辨》（《文學遺產》2004年第5期）。

因弘治本已收入《四部叢刊》，今收萬曆新都汪汝淳據弘治本翻刻的《重刻張來儀靜居集》六卷本。徐賁也是四川人，善詩善畫，洪武被薦入朝，以犒師不周下獄死，今收《北郭集》的民國影印明刻本。

建文永樂間的方孝孺被殺十族達八百七十餘人，直爲千古慘案，今收《遜志齋集》正德十五年顧璘刻本，時在洪熙平反近百年之後，爲今存最早刊本。道衍和尚姚廣孝收《逃虛子詩集》臥雲山房曬印本、《諸上善人咏》日本文明三年抄本，及《姚少師集》之《盛明百家詩》本。在永樂朝值文淵閣參與機務的七人之中，解縉收《解學士文集》嘉靖四十一年刻本，是今存最早刊本。胡廣收《胡文穆公文集》清乾隆十五年刻本。楊榮收《楊文敏公集》正德十年刻本，是今存最早刊本。黃淮收《黃文簡公介菴集》和《省愆集》，皆《敬鄉樓叢書》本。楊士奇收《東里文集》萬曆刻本，爲今存最早刊本。金幼孜收《金文靖集》清寫本。胡儼收《胡祭酒集》隆慶四年李遷刻本，亦爲今存最早刊本。

洪熙朝一年，宣德朝十年，仁宗、宣宗名聲頗好，倚重臺閣三楊。三楊肇興了平正典雅的臺閣體詩派。楊榮、楊士奇已前叙，楊溥收《楊文定公詩集》明抄本。洪武至宣德五朝名臣夏原吉，曾掌永樂財政，兩袖清風，收《夏忠靖公集》弘治十三年袁經刻本。

明代前期發生了不應有的先外後內大動亂。正統十四年土木堡之變，英宗朱祁鎮率三十萬大軍征伐蒙古瓦剌部落，全軍覆没，自己被太師也先俘虜，瓦剌兵臨北京城下。以于謙、王文爲首的官民立景泰帝朱祁鈺，奮起打退瓦剌的進攻，迎回了英宗。景泰七年英宗以奪門之變復辟，慘殺于謙、王文，忠臣碧血，彪炳青史。于謙收《于肅湣公集》清刻本和《李卓吾評于節闇集》明刻本。可惜王文没有集子傳世。當時的賢臣，王直收《西昌王抑菴集》清刻本。陳循收《芳洲文集》《詩集》清刻本。高穀收《石門集》清刻本。李賢收《古穰集》之《四庫全書》本。彭時收《彭文憲公文集》清康熙五年刻本。商輅曾經連中三元，收《商文毅公集》隆慶六年刻十一卷本和民國木活字印六卷本。蕭鎡收《尚約文鈔》清刻本。

成化朝二十三年，憲宗朱見深昏庸。總督兩廣的韓雍收《襄毅文集》之《四庫全書》本。總制三邊的王越收《黎陽王襄敏公集》萬曆十三年但貴元刻本。可惜三上三下退休後除名死後再追復官銜的馬文升，除三記外無傳世詩文。

弘治朝十八年，孝宗朱祐樘勵精圖治，朝政比較清明。首輔中，徐溥收《徐文靖公謙齋文錄》明徐垚刻徐啓釗徐紹淹重修本。丘濬收《瓊臺會稿》萬曆四十一年丘爾毅刻本、《重編瓊臺會稿詩文集》清光緒五年刻本，及"丘濬詩選"之《滇南詩選》卷一本。謝遷收《歸田稿》清寫本。六部堂官中，王恕收《王端毅公文集》嘉靖三十一年喬世寧刻本，是今存最早刊本。倪嶽收《青谿漫藁》之《武林往哲遺箸》本。韓文收《韓忠定公集》萬曆八年喬因羽刻本，是今存最早刊本。張升收《張文僖公詩集》二十二卷存卷一至五本，爲存世孤本，以及《張文僖公文集》嘉靖刻本。劉大夏收《劉忠宣公文集詩集》清光緒元年刻本和《劉忠宣公集》之《盛明百家詩》本。何喬新收《椒丘文集外集》嘉靖元年余瑩刻本。彭韶收《彭惠安集》清寫本。閔珪收《閔莊懿公詩集》萬曆十年閔一範刻本。徐貫收《徐康懿公餘力稿》明徐健刻本。正統至弘治間廣東新會白沙鄉的教育家陳獻章，收《白沙先生文編》萬曆十一年郭惟賢汪應蛟等刻六卷本，及《白沙先生全集》天啓元年王安舜刻十二卷本。

弘治間茶陵人李東陽任太子太保禮部尚書兼文淵閣大學士，是當時的文壇領袖，反對臺閣，推崇李杜，興起了茶陵詩派。收《擬古樂府》嘉靖三十一年唐堯臣刻本和《懷麓堂集》清抄本。茶陵詩人中，謝鐸收《謝文肅公集》之《盛明百家詩》本。張泰收《滄洲詩集》弘治刻本。李門六君子中，邵寶收《容春堂前集》《後集》《續集》《別集》正德十二年刻本。何孟春收《何文簡公文集》萬曆二年郭崇嗣邵城刻本和《燕泉何先生遺藁》清乾隆二十四年刻本。石珤收《石閣老集》，顧清收《顧東江集》，皆《盛明百家詩》本。羅玘收《圭峰集》之《四庫全書》本。魯鐸收《魯文恪公集》民國十一年潛江甘鵬雲崇雅堂刻本。

茶陵派之後，前七子出，皆進士。爲首李夢陽小李東陽二十幾歲，號空同子。提倡文必秦漢，詩必盛唐。收《空同集》嘉靖十一年刻三十一年增修六十三卷本和《崆峒集》明刻二十一卷本。另六人，何景明收《何氏集》嘉靖野竹齋刻本和《何大復先生集》明刻本。王九思收《渼陂集》嘉靖十二年王獻刻本、《渼陂續集》嘉靖二十四年翁萬達刻本，及《王渼陂集》之《盛明百家詩》本。邊貢收《華泉詩集》嘉靖十七年蘇祐刻本、《邊華泉集稿》清康熙刻本，及《邊華泉集》之《盛明百家詩》本。康海是狀元，收《康對山先生集》萬曆十年潘允哲刻本和《康狀元集》之《盛明百家詩》本。徐禎卿收《徐昌穀全集》萬曆四十七年松濤閣刻本、《徐迪功集》清乾隆二十五年刻本，及《徐迪功集》之《盛明百家詩》本。王廷相收《內臺集》嘉靖刻本和《王濬川集》之《盛明百家詩》本。

正德朝十六年，武宗朱厚照荒唐不堪，李夢陽混迹於內閣。除掉劉瑾的楊一清收《石淙詩鈔》之《雲南叢書》本，及《楊文襄公文集詩集》之《明滇南五名臣遺集》本。除掉江彬的楊廷和傳說有《石齋集》，未見存世。

大儒王守仁字伯安，因在陽明洞讀書，通稱陽明先生，弘治十二年進士。正德十四年平定寧王朱宸濠叛亂，嘉靖六年官至南京兵部尚書總督兩廣兼巡撫。收《陽明先生文錄》嘉靖十四年聞人詮刻本和《王陽明集》之《盛明百家詩》本。

嘉靖朝達四十五年，世宗朱厚熜不理朝政。首輔中，費宏收《明太保費文憲公文集選要》崇禎刻《明費文憲公文通公合集》本。夏言收《夏桂洲先生文集》崇禎十一年吳氏刻本。奸相嚴嵩收《鈐山堂集》和《直廬稿》，皆嘉靖刻本。搬倒嚴嵩給嘉靖一朝善後的徐階收《世經堂集》萬曆刻本、《世經堂續集》萬曆徐肇惠刻本，及《徐相公集》之《盛明百家詩》本。當年彈劾嚴嵩被慘殺的楊繼盛，收《楊忠湣公集》隆慶四年孫克弘刻本。抗倭名將俞大猷，收《正氣堂全集五種》清道光孫氏味古書室刻本。嘉靖末年的忠臣海瑞，收《海忠介公文集》萬曆四十六年蔡鍾有刻十卷本和《海忠介公集》清康熙刻六卷本。

前七子之後六十年，嘉靖年間後七子出，以祖籍山東的李攀龍和王世貞爲首，在主張復古的同時，強調真性情。李攀龍收《白雪樓詩集》嘉靖四十二年魏裳刻本和《滄溟先生集》隆慶六年王元美刻本。王世貞收《弇州山人四部稿》萬曆五年世經堂刻本、《弇州山人續稿》萬曆刻本、《弇州山人讀書後》天啟崇禎刻本、《遊太湖稿》明刻本，以及《廬山遊稿》明刻本。另外五人，謝榛收《四溟山人全集》萬曆二十四年趙府冰玉堂刻本、《四溟山人集選》和《謝茂秦集》皆《盛明百家詩》本。宗臣收《宗子相先生集》明常郡葉孟瞻刻本。梁有譽收《蘭汀存稿》清康熙二十四年嶺南梁氏詒燕堂刻本和《梁比部集》之《盛明百家詩》本。徐中行收《青蘿館詩》隆慶五年汪時元刻本、《天目先生集》萬曆刻本、《徐龍灣集》和《續徐龍灣集》皆《盛明百家詩》本。吳國倫收《甔甀洞稿》萬曆刻本、《甔甀洞續稿》萬曆三十一年吳士良刻本，以及《吳川樓集》和《續吳川樓集》皆《盛明百家詩》本。

嘉靖間又出唐宋派，一併打破前後七子的局限，代表人物唐順之，號荊川，能文能武，與茅坤先後提倡唐宋八大家，影響深遠。唐順之收《重刊荊川先生文集》萬曆元年純白齋刻本和《唐中丞集》之《盛明百家詩》本。茅坤收《茅鹿門先生集》萬曆刻本和《茅副使集》之《盛明百家詩》本。同派散文大家，歸有光收《歸先生文集》萬曆四年翁良瑜雨金堂刻本、《震川先生集》清康熙歸莊歸玠等刻本、《震川先生全集補編》清道光二十三年廬陵王氏抄本，以及《歸熙甫文鈔》清末唐炯校抄本。王慎中收《遵巖先生文集》隆慶五年邵廉刻本和《王遵巖家居集》民國影印明嘉靖句吳書院刻本。

明代三大才子中，解縉已前敘，在嘉靖年間的兩位，楊慎收《升庵南中集》嘉靖十六年南充王氏刻本、《太史升庵文集》萬曆十年張士佩等刻本，及《太史升庵遺集》萬曆三十四年刻本。徐渭收《徐文長三集》《文長雜紀》萬曆二十八年商維濬刻本。

著名的江南四才子又稱吳中四子，文徵明收《甫田集》明末刻本和《文翰詔集》之《盛明百家詩》本。"但願老死花酒間，不願鞠躬車馬前"的唐寅收《唐伯虎集》萬曆四十年曹元亮翠竺山房刻本、《唐伯虎先生集》和《六如唐先生畫譜》均萬曆刻本，以及《唐伯虎集》之《盛明百家詩》本。祝允明收《祝氏集畧》嘉靖三十六年張景賢刻本、《枝山文集》清同治光緒間仁和祝氏刻本，及《祝枝山集》之《盛明百家詩》本。徐禎卿已叙於前七子之中。順便説，文徵明家風垂遠，長子文彭收《明文博士詩集》，次子文嘉收《文和州詩》，皆萬曆十六年長洲文肇祉刻《文氏家藏詩集》本。文彭之孫文震孟是天啓二年狀元，收《藥園文集》民國十九年長洲王氏曬印本。震孟之弟文震亨富藏書，明亡絕食死，收《文生小草》崇禎刻本。

隆慶朝僅六年。穆宗朱載垕之首輔，除徐階外三人，李春芳收《李文定公貽安堂集》萬曆李戴刻本。郭樸收《郭文簡公文集》清康熙思齊軒刻本。高拱收《高文襄公文集十五種》清康熙籠春堂刻本。

萬曆朝神宗朱翊鈞在位長達四十八年。第一能臣張居正，收《新刻張太岳先生集》清刻本。張居正之後首輔九人，申時行收《賜閒堂集》萬曆四十四年申用懋等刻本和《綸扉簡牘》萬曆二十四年刻本。許國收《許文穆公集》萬曆三十九年許立言刻本和《許文穆公全集》天啓五年刻本。王家屏收《復宿山房集》萬曆魏養蒙徐中元等刻本，及《王文端公詩集》《奏疏》《尺牘》萬曆王氏家刻本。王錫爵收《王文肅公文集》萬曆王時敏刻本。趙志皋收《趙文懿公文集》崇禎趙世溥刻本。沈一貫收《喙鳴文集》《詩集》明刻本。朱賡收《朱文懿公文集》天啓刻本。葉向高收《蒼霞草》、《蒼霞草詩》、《蒼霞續草》、《蒼霞餘草》，及《綸扉奏草》、《續綸扉奏草》、《後綸扉尺牘》，皆萬曆天啓間刻本。唯李廷機之《李文節集》崇禎四年刻本今藏日本公文書館，未得收入。當年四次治河的潘季馴，收《留餘堂集》萬曆二十六年吳興潘氏家刻本。萬曆十七年狀元焦竑，收《澹園集》之《金陵叢書》本和《焦氏澹園續集》萬曆三十九年金勵朱汝鼇刻本。博通天文、曆算、農學、水利、兵器的徐光啓，收《增訂徐文定公集》清宣統元年上海慈母堂鉛印本。守邊名將中，戚繼光收《止止堂集》清光緒十四年山東書局刻本。王崇古收《王督撫集》之《盛明百家詩》本。方逢時收《大隱樓集》之《崇雅堂叢書初編》本。熊廷弼收《熊襄湣公集》清同治三年刻本和《熊襄湣公尺牘》清光緒三十四年武昌璞園刻本。孫承宗收《高陽集》清順治十二年刻本。茅元儀收《石民江村集》崇禎刻本。

萬曆間湖北公安袁氏三兄弟，反前後七子之擬古而提倡性靈，號稱公安派。袁宗道收《白蘇齋類集》明刻本。袁宏道收《錦帆集》、《解脱集》、《瓶花齋集》、《瀟碧堂集》、《敝篋集》、《去吳七牘》皆萬曆袁氏書種堂刻本，以及《袁中郎全集》崇禎二年武林佩蘭居刻本。袁中道收《珂雪齋前集》萬曆四十六年刻本和《珂雪齋近集》明書林唐振吾刻本。袁氏兄弟的密友李贄，非聖無法，推崇個性解放，收《李溫陵集》明顧大韶刻本和《李氏焚餘》明刻本。

公安派後，竟陵派起，以湖北竟陵譚元春、鍾惺爲代表，求孤懷孤詣，反淺薄直露。譚元春收《鄒菴訂定譚子詩歸》明末嶽歸堂刻本、《鵠灣未刻古文》民國北平燕京大學圖書館抄本,及《新刻譚友夏合集》崇禎六年張澤刻本。鍾惺收《隱秀軒集》天啓二年沈春澤刻本和《鍾伯敬先生遺稿》天啓七年徐波刻本。

萬曆間又有中興五子,再繼七子流風。其中,邢侗收《來禽館集》萬曆四十六年刻本。馮時可是張居正門生,却不攀附張居正,收《超然樓集》萬曆二十五年刻本、《重刻馮玄岳巖栖稿》明刻本,以及《西徵集》、《馮文所詩稿》、《黔中語錄》《續語錄》、《黔中程式》皆萬曆馮曾可刻本。李維楨收《新刻楚郢大泌山人四遊集》萬曆徐善生刻本和《大泌山房集》萬曆刻本。王穉登收《王百穀集二十一種》萬曆四十七年金陵葉氏刻本、《謀野集》萬曆江陰郁氏玉樹堂刻本、《謀野乙集》萬曆十九年刻本,以及《王上舍集》之《盛明百家詩》本。董其昌收《容臺詩集》《文集》《別集》崇禎三年刻本。

明代後期小品文、小説、戲曲大興,人之個性和感情需求得以伸張。《陶庵夢憶》作者張岱收《琅嬛文集》清光緒刻本。《牡丹亭》作者湯顯祖收《玉茗堂全集》天啓刻本、《湯海若問棘郵草》明刻本,以及《刻湯海若玉茗堂集選》明刻本。《元曲選》的編刊者臧懋循收《負苞堂詩選》《文選》天啓元年臧爾炳刻本。藏書家中,寧波天一閣主人范欽收《天一閣集》萬曆十九年四明范氏家刻本。福州紅雨樓主人徐𤊹收《鼇峰集》天啓刻本。金陵千頃齋主人黃居中收《千頃齋初集》明刻本。

明末社會逐步偏離正常狀態。萬曆四十八年七月神宗大行,八月光宗即位,九月光宗大行,十月熹宗即位,只好以當年爲泰昌元年,次年爲天啓元年。

天啓朝七年。熹宗十六歲即位,只是兒童,喜玩木工,不理國事,任憑魏忠賢亂政,二十三歲駕崩。首輔葉向高係自萬曆朝繼任,葉去韓爌繼,韓罷朱國禎繼。朱國禎收《朱文肅公集》抄本。

當年所謂的東林黨始於萬曆年間,最初的人物中,顧憲成收《涇皋藏稿》明刻本。鄒元標收《鄒子願學集》萬曆四十七年郭一鶚龍遇奇刻本,及《鄒公存真集》清乾隆十二年特恩堂刻本。趙南星收《趙忠毅公集》崇禎十一年范景文姜大受刻本,及《味檗齋文集》之《畿輔叢書》本。至天啓時,士大夫之間的政見門派之爭,轉化爲與魏黨的鬥爭,所謂東林黨遭到血腥殘害和殺戮。天啓四年因彈劾魏忠賢被廷杖打死的萬燝,收《萬忠貞公遺集》清道光十七年萬醇春暉樓刻本。天啓五年七月死難的前六君子中,楊漣收《楊忠烈公文集》清道光十三年刻本。左光斗收《左忠毅公集》清康熙刻本。魏大中收《藏密齋集》崇禎刻本和《魏廓園先生尺牘》清抄本。天啓六年五、六月死難的後七君子中,高攀龍收《高子遺書》崇禎五年刻本。黃遵素收《餘姚黃忠端公集》清光緒刻本。周順昌收《周忠介公燼餘集》清光緒二十九年唐文治刻本。

崇禎朝十七年。思宗十七歲登基,又是兒童,剷除魏忠賢時人心振奮,然而仍然重用宦官,引發復社抗爭。復社領袖張溥收《七錄齋集》崇禎吳門童潤吾刻本。張采收《知畏堂文存》《詩存》清康熙刻本。

大廈將傾，風雨飄搖。李自成、張獻忠帶領的從大飢荒中殺出來的農民軍屢剿屢興，秣馬厲兵的女真八旗屢屢突越長城。思宗剛愎多疑，決策反復，屢遭失敗，頻繁換相，濫殺大臣。與農民軍戰敗自殺的楊嗣昌收《楊文弱先生集》清初刻本。與農民軍戰死的孫傳庭收《孫忠靖公遺集》清咸豐六年代州孫氏刻本。被農民軍所殺的名儒呂維祺收《明德先生文集》清康熙二年呂兆璜呂兆琳等刻本。與清軍戰死的盧象升收《明大司馬盧公集》清光緒元年施惠刻本。督師薊遼被思宗冤殺的袁崇煥收《袁督師遺集》之《滄海叢書》本。

崇禎十七年思宗自盡。殉國者中，倪元璐收《鴻寶應本》崇禎刻本、《倪文貞公文集》清乾隆三十七年倪安世刻本，及《倪文貞公詩集》民國二十四年裏社影印本。范景文收《范文忠公初集》清康熙十二年范毓秀范繩祖等刻本。申佳胤收《申端湣公文集》《詩集》清康熙刻本。

是年也即順治元年，神宗孫子福王朱由崧在南京即皇帝位，年號弘光，次年揚州十日後，被清軍俘獲，逾年被殺。烈士中，史可法收《史忠正公集》清刻本。高弘圖收《太古堂詩稿》《遺文》《遺編》清乾隆高敬業得真堂抄本。劉宗周收《劉子全書》清道光會稽吳氏刻本和《劉子全書遺編》清道光三十年刻本。楊文驄收《洵美堂詩集》民國二十五年貴陽陳氏金陵刻本。黃淳耀收《陶菴文集》《詩集》《吾師錄》《自監錄》清乾隆二十六年刻本。祁彪佳收《祁忠惠公遺集》清道光十五年刻本。陳子龍收《陳忠裕全集》清嘉慶八年簳山草堂刻本和《陳忠裕集續編》清抄本。左懋第收《左懋第全集》清乾隆左光昴刻左彤九續刻本。至於阮大鋮，則收《詠懷堂詩集》《外集》《丙子詩》《戊寅詩》《辛巳詩》《詠懷堂詩補遺》民國中央大學國學圖書館鉛印本。

順治二年唐王朱聿鍵在福州即皇帝位，年號隆武，次年被殺於汀州。烈士中，黃道周收《黃漳浦集》清道光十年福州陳氏刻本和《駢枝別集》明末大來堂刻本。夫人蔡潤石收《蔡夫人未刻槀》之影印《玄覽堂叢書續集》本。張煌言收《張蒼水集》之《四明叢書》本。

是年魯王朱以海在紹興用弘光年號稱監國，次年紹興城破，逃亡海上。烈士中，夏完淳收《夏節湣全集》清嘉慶刻本。王思任收《王季重九種集》明末刻本。

順治三年神宗七子桂端王朱常瀛之子，思宗堂弟，桂王朱由榔在肇慶即皇帝位，年號永曆，至順治十六年流亡緬甸，十八年被俘，康熙元年在昆明被殺。烈士中，瞿式耜收《瞿忠宣公集》清道光十五年刻本。陳邦彥收《陳巖野先生全集》清嘉慶十年聽松閣刻本。至此南明落幕。

明清之際曾經降清的錢謙益、王鐸等人，與明遺民林古度、孫奇逢等人，結集已為《清代詩文集彙編》收入，故此不予重復。

以上述及的一百六十餘位作者和著作，只是撮取當年較著名者約略言之而已，不及所收作者和著作的十分之一。若就材料而言，非著名作者的詩文亦是材料的海洋，價值並不遜於著名者。

　　一九六四年五月毛主席在讀過《明史》之後説，除太祖、成祖兩朝之外，明代的歷史最讓他生氣。確實，明代帝王昏庸，政治晦暗的持續時期過長，社會文化也不能不受影響。即使以太祖、成祖兩朝來説，雖然一面力承宋制，恢復文化，但是另一面卻屢興大獄，血腥誅戮，禁忌甚多，文人只能擬古自保，延續至明代後期方得若干解放。後代議論明代，享祚不短，詩歌亦多，但是没有李白、杜甫一級的巨匠。其中原因，值得今天深入研究。總的説，明初比較高的成就，出自成長於元代的知識分子，明初的管制雖然有效，但是文化蕭瑟，成長於明代的知識分子長期擬古，看似熱鬧，實際成就不可能高。反倒是明末的荒淫統治，文化出現多樣發展，普及和繁榮俱爲明代之冠。這究竟是怎樣的因果？就文化來説，終明一代呈現復古和從俗兩種趨向，雖然儒家文化就是復古的文化，也幾次出現文化復古的高潮，但是終明一代，文化發展的方向是從俗。這又説明了什麽規律？歷史是人的歷史，古人云：士以忠義顯，類不幸矣。然而比較負面的歷史環境，既窒息人才，也能激發人才放出别樣光芒。那麽明代文人曾經怎樣地思想和生活？這些都免不了要從明代的詩文集中去尋找答案。

　　本叢刊定名爲《明别集叢刊》，故不收單獨的奏議、奏疏、奏章、奏稿、奏牘、疏稿、疏草、諫草、奏對録，以及公牘、存牘、日録、書札等。全部按别集作者的生年排列。爲了盡可能多地提供一些資料，特將《閩中十子詩》、《潮州耆舊集》、《詩慰》、《滇南詩選》、《盛明百家詩》五種總集作爲附録，列於全部别集之後。總集子目則在全書索引中與别集混合排列，便於查找。

　　清乾隆年間的《欽定四庫全書》是收編古籍最多的巨型叢書，對於古籍的保存流傳發揮了巨大的作用，更經當代影印出版以後，大大方便了今天對於古籍的閱讀、研究和利用。但是還有大量的古籍未收入《欽定四庫全書》，其中數量最大的兩類，即明别集和清别集。目前，《清代詩文集彙編》四千種已經由上海古籍出版社影印出版，尚待影印出版的就是明代詩文集的叢刊。

　　希望本叢刊的出版，能夠對於明代歷史、文化、社會的研究，對於明代詩文的閱讀和欣賞，提供方便。希望叢刊能夠在弘揚和傳承中國的傳統文化中，起到積極的作用。

　　謹對影印出版本叢刊的黄山書社表示敬意和由衷的感謝。

2012 年 4 月

沈乃文：北京大學圖書館研究館員

清刊本《百香詩》小考

楊 鑄

　　研究古籍，重視宋版元槧，本是理所當然的事情。宋元刊本，歷史久遠，本身已屬珍貴文物，無論就版本傳承還是內容校勘而言，其價值都是無可替代的。不過，有的清代刻本，雖出現較晚，但亦有值得研究之處。清刊本郭居敬《百香詩》就是一例。

　　郭居敬，字儀祖，福建尤溪人，大致生活於元代中後期。在中國綿長而輝煌的文化史上，郭居敬本算不上舉足輕重的大家。成書於明代嘉靖年間的《延平府志》，僅稱其"博學好吟詠"，至於"時虞集、歐陽玄諸名公，欲薦于朝，居敬牢讓不起"之説，已難確考。郭居敬在明清兩朝的廣泛知名度，主要得益於童蒙讀物《二十四孝詩》的家喻户曉。然而，明代萬曆年間編纂的《大田縣志》還提到，郭居敬另"有《百香詩》，行於世"。

　　遍查明代的諸種書目，僅官修的《文淵閣書目》[①]卷二著録："郭居敬《百香詩》一部一册。"《文淵閣書目》所載書籍，一般皆未標注版本。據郭居敬乃一介鄉野布衣以及他種書目皆未提及此書這一事實來推測，在元末明初《百香詩》大約僅經抄録，未曾刊行。進入清代以後，新撰的各家書目衆多，不過卻難覓郭居敬《百香詩》的蹤跡。於是，人們不免推測，自明清易代之際起，《百香詩》已經佚失了。

　　到二十世紀後期，人們忽然發現，在東傳日本的漢籍之中，竟然存有郭居

[①] 《文淵閣書目》成書於明正統（1436—1449）年間，由楊士奇等編纂。

敬的《百香詩》。日本抄本《百香詩》，現入藏於古都京都的龍谷大學圖書館，與同出於宋元間且同爲"百詠詩"的張逢辰《菊花百詠》、韋珏《梅花百詠》、佚名《百花詩集》①合裝一册。《龍谷大學大宫圖書館和漢古典籍分類目録》定其爲室町②抄本。這一抄本，前有尤恪慎撰寫於元代至治三年（1323）的《百香詩序》，後附蔡文卿、盧可及、黄文仲的《題百香詩稿》詩三首，正文部分則存録了郭居敬以"香"字收韻的詠物七言絶句共一百零一首。

筆者一直以爲，日本抄本乃是郭居敬《百香詩》海内外僅存的唯一孤本。直到因一次偶然的機會得見清刊本《百香詩》，才改變了看法。

清刊本《百香詩》薄薄的一册，僅二十八葉，印工與用紙亦屬下乘，很不起眼。

書的前二葉，載序二篇。前一序，署"歲康熙丁丑③夏月木天學人劉植題于杉陽爐峰之北樓"。最值得注意的是，序中稱："元處士郭居敬《百香詩》，寓香山遺老意也。居敬遠孫二洋君復刊問世，寓一派書香意也。"據此可知，此書乃是郭居敬裔胄郭二洋主持刊刻的。後一序，則是"尤邑萬足竹軒逸人王經生"所撰。劉植與王經生，有待詳考。序後二葉，爲"諸公品題《百香詩》"，存録了大致與郭居敬同時的八位元代文人的九首題詩。《百香詩》正文共十七葉。始於《琴》、《棋》、《書》、《畫》，終於《風》、《花》、《雪》、《月》，共列詩一百首。半葉九行，行二十二字，行間無界格。接續正文的，又是"諸公品題《百香詩》題詞"。此處的三十八位"諸公"，與前不同，主要是本書刊行時福建泰寧一帶的地方官員與文人。

依據書序及字體、紙張等綜合判斷，此書應爲康熙年間福建泰寧的地方刻本。然而，其作爲目前中國大陸僅見的郭居敬《百香詩》刻本，文獻價值卻不容小覷。

清刊本《百香詩》爲我們了解郭居敬詩作的流傳情況，提供了一定的綫索。首先，《百香詩》一集由郭居敬吟成後，應未獲刊版印行，一直僅以抄寫的形式傳佈，直至三百餘年後，方得以由其後人付諸棗梨。王經生短序在言及郭居敬《二十四孝詩》時，明確講到："其詩傳諸書林，鋟梓以行於世久矣。"但關於《百香詩》，則僅稱"其妙如聯珠綴玉，其奇如怪石枯松"，"誠傑作也"。如果《百香詩》亦曾"鋟梓"，應不會不置一詞吧。其次，《百香詩》於康熙中雖經郭氏後裔刊刻，但郭氏非當地豪門望族，印刷數量可能不多，而泰寧又地處偏遠，故未能廣泛傳播，較爲稀見。再次，日本抄本《百香詩》卷端

---

① 據筆者考證，《百花詩集》的作者是南宋時的楊巽齋。
② 室町（1336—1572）爲日本歷史上的一個時代，因幕府設於京都室町而得名。
③ 即清康熙三十六年（1697）。

的元代尤恪慎序，未見於清刊本；而清刊本《百香詩》所收元代文人題詩，較日本抄本多出六首。可見日本室町抄本與康熙福建刊本，依據的底本有所差別。大約日本抄本所據爲較早即流佈於外的寫本，而清刊本所據則爲郭氏家傳。

　　更爲重要的是，清刊本《百香詩》可以與日本抄本對勘，使我們得以更準確地把握《百香詩》的原初面貌。如詩集前八首的次序，日本抄本爲《琴》、《棋》、《書》、《筆》、《畫》、《墨》、《硯》、《紙》，而清刊本爲《琴》、《棋》、《書》、《畫》、《筆》、《墨》、《硯》、《紙》。《書》詩尾句，日本抄本爲"暖日濃薰氣墨香"，清刊本作"暖日濃薰墨氣香"。《剪刀》詩第三句"曉庭剪斷梨花朵"之"朵"字，日本抄本因蠹蝕缺損，難以辨識，而清刊本此字清晰。《粉》詩第三句"鏡裏妝成花妒豔"之"妒"字，日本抄本蠹損難認，清刊本可爲補正。《龍》詩第二句，日本抄本爲"歲旱爲霜澤八荒"，清刊本作"元旱爲霖澤八方"。《燕》詩首句，日本抄本爲"陰落東風又海棠"，清刊本作"院落東風又海棠"；第三句，日本抄本爲"小池水漲芹芽知"，清刊本作"小池水漲芹芽長"。《瓜》詩首句，日本抄本爲"西城星槎遠取將"，清刊本作"西域星槎遠取將"。《芍藥》詩第二句，日本抄本爲"綠葉團團近畫廊"，清刊本作"綠葉團團近畫廊"。《海棠》詩之詩題，日本抄本錯爲《海堂》，清刊本則不誤。《木香》詩首句，日本抄本爲"細細鱗鱗引蔓長"，清刊本作"細葉鱗鱗引蔓長"。《柳眉》詩首句，日本抄本爲"東風蘊藉學張良"，清刊本作"東風蘊藉學張郎"。"問酒村中酣雨意，題詩園裏鬧晴光。綠紗撚作柔條細，絳蠟融成豔蕾香"一詩，日本抄本題爲《酴醿》，而清刊本題爲《杏花》；於《杏花》詩後，清刊本則多出一首《荼蘼》"藉甚芳名隸酒鄉，日烘萬蕊餞春光。時人莫謂渠開晚，個是東君晚節香"，日本抄本失載。《芙蓉》詩第三句，日本抄本爲"真妃酒因胭脂重"，清刊本作"真妃酒困胭脂重"。《松》詩尾句，日本抄本爲"肯授秦封雨露香"，其"授"字清刊本作"受"。《竹》詩第二句，日本抄本爲"平生高臥傲風霜"，其"臥"字清刊本作"節"。《水》詩第二句，日本抄本爲"日夜朝來有底忙"，其"來"字清刊本作"東"。日本抄本"一規蟾魄出天漢，萬里山河一色光。笑飲西樓清不寐，玉杯影裏桂花香"一詩失題，清刊本錄此詩文字稍異，題爲《玩月》。《夜雨》詩尾句，日本抄本爲"零落燕胎滿地香"，清刊本作"零落胭脂滿地香"。《秋》詩第二句，日本抄本爲"幾信微風合嫩涼"，清刊本作"幾陣微風送嫩涼"。《冬暖》詩第二句"欹枕山樓客憶鄉"，"客"後一字日本抄本無法辨識，而清刊本作"憶"。《山行》詩首句，日本抄本爲"一徑透迤碧草長"，"透迤"清刊本作"逶迤"。《詩》之第三句，日本抄本爲"他年會遇君王顔"，"顔"字清刊本作"顧"。《風》詩第二句，日本抄本爲"意氣飄飄遠奉揚"，"奉"字清刊本作"舉"。《花》詩一首，日本抄本與清刊本題同而詩異。日本抄本爲："花底經論孰主張，千紅萬紫競低

清刊本《百香詩》小考　　47

昂。洛陽城裏春三月，薰透東風處處香。"清刊本作："沅蘭湘芷不尋常，卻傍宮梅列衆芳。得到錦城驚撲鼻，海棠誰復恨無香。"由上舉可見，清刊本雖刊行較晚，但因所遵從的底本乃郭氏家傳，未經輾轉抄録，自有其優勢。此外，日本抄本與清刊本之間，文字差異但非屬正誤者，尚有多處，個别詩作的排列次序，亦有不同。當然，清刊本《百香詩》並非毫無瑕疵。其收詩較日本抄本少《白牡丹》一首，其他文字錯訛，亦有數處。最明顯的一處問題，是竟將兩首詩竄爲了一首。日本抄本有《雁》詩："萬里雲衢羽□①長，寒潭影落兩三行。江南滿目煙波闊，處處西風菰米香。"緊接其後爲《鶯》詩："宛轉歌喉春晝長，高遷喬木占風光。朝來飛入花深處，露滴金衣點點香。"清刊本則僅存《鶯》詩一首："萬里雲衢羽翼長，高遷喬木占風光。朝來飛入花深處，露滴金衣點點香。"顯然，這首《鶯》詩，是原《雁》《鶯》二詩的合二爲一。

　　清刊本《百香詩》還存留了少量郭居敬詩作之外的元代佚詩。日本抄本卷尾僅録蔡文卿、盧可及、黄文仲三人的題詩三首；而清刊本則於《百香詩》前排列了出自八人的九首題詩②，其中三首同於日本抄本③，另有六首爲日本抄本所未載。此六首依次爲：郭貫一首："花滿山城春晝長，鄉民無訟樂農桑。一簾榕影文書静，坐對東風看《百香》。"陳天錫④一首："百篇錦繡出胸中，句句新奇字字工。明月滿天清似水，廣寒宫裏桂花風。"黄性觀一首："古桐一曲瀉塵襟，坐對梅花□⑤水沉。好客不來清夜永，挑燈細讀《百香》吟。"陳鼎一首："騷壇一字一思量，撚盡吟須鬢易霜。天意於君有成就，要留千古姓名香。"黄文仲一首："咀嚼冰霜滌肺肝，唾成珠玉看芝蘭。夜來開卷山窗晚，移向梅邊就月看。"郭復寶⑥一首："吾弟詩狂欲上天，老兄只得助吟箋。碧波深處驪龍睡，採得明珠帶玉涎。"六首題詩的作者，在詩歌史上並無顯赫地位，但終究是約七百年前的歷史人物；其詩篇賴清刊本《百香詩》而得以傳至今日，免於被歷史的層層沉積所湮没，無論如何也是值得慶幸的事情。

　　至於書後所附三十八首清人題詩，詩多頌贊之詞，意味平平，且所出晚近。可是，作者中有"泰寧令"、"泰寧城守"、"泰寧諭"、"泰寧尉"、"州司馬"

---

　　①　此字原闕。
　　②　黄文仲一人存詩二首。
　　③　日本抄本署"蔡文卿"者，清刊本署"弋陽蔡文真卿"，未知孰是。日本抄本署"盧可及"者，清刊本署"晉陵端智可"，有誤。據《興化府志》：盧端智，字可及，常州人，元泰定四年（1327）進士，至順（1330—1332）時曾任福建興化路知事。
　　④　清刊本署"晉齋陳載之"。陳天錫，字載之，號晉齋，有《鳴琴集》。
　　⑤　原書此字難以辨認。
　　⑥　清刊本署"伯氏郭復寶秀峰"，其題詩中亦稱"吾弟詩狂欲上天，老兄只得助吟箋"。可知郭復寶乃郭居敬兄長。

一類當地官員，亦有"歲進士"、"翰林待詔"一類地方名流，並有郭氏"裔孫"側身其間。如若從中尋覓一些清代初期福建泰寧歷史、社會、文化等方面的蛛絲馬跡，應該不會一無所獲吧。

中國地域廣闊，各處公藏與私藏的古籍，精確統計難度很大，因此，做"某書已亡佚"或"某書乃孤本"一類的判斷，必須慎重。這也是清刊本郭居敬《百香詩》帶給我們的警示之一。

楊鑄：北京大學中文系教授

目錄
版本目錄學研究第四輯

《西堂餘集》初印本所收《明藝文志》考

王宣標

《明史》的編纂，從康熙十八年正式開館，到乾隆四年欽定《明史》頒行，前後歷時六十年。期間，史館人事頻繁變換，相關文獻多隱而不顯，甚至散失無存。是故，《明史》編纂的一些具體情況，清中葉以降學者就已不甚瞭解，而後世復多以訛傳訛。關於尤侗所撰《明藝文志》五卷及其在《明史·藝文志》編纂中的地位問題，就是其中的一個例子。

尤侗（1618—1704），字同人，更字展成，號悔庵、艮齋，江蘇長洲人。順治間拔貢。康熙十八年三月，尤侗年六十二，應召博學鴻詞，授翰林院檢討，纂修《明史》。其列第五班，分纂弘正諸臣列傳。尤侗在史局三載，纂寫了《列朝諸臣傳》及《外國傳》凡三百餘篇，又《藝文志》五卷。二十二年四月乞假歸里①，未再赴館。康熙三十年，尤侗據《列朝諸臣傳》校刻成《明史擬稿》六卷。其後又陸續整理了《外國傳》八卷、《明藝文志》五卷②，皆收入《西堂餘集》中。可見尤侗在參與《明史》編纂上投入的心血，以及對所作工作的珍視。

---

① 李晉華：《明史纂修考》，《民國叢書》第四編，第74冊，1933年，第67頁。
② 尤侗所撰《藝文志》五卷，歷代文獻中有多種稱謂，如"藝文志五卷"、"明史藝文志五卷"、"明藝文志五卷"、"尤氏志"、"尤志"等，本文取《四庫全書總目》的"明藝文志五卷"之說。

值得注意的是，今世通行本《西堂餘集》中，有《明史擬稿》六卷、《外國傳》八卷，卻未見《明藝文志》五卷。其間緣由，耐人尋味。然《明藝文志》五卷流傳不廣，並非近代之事。考諸乾嘉以降學者所論，可知《四庫全書總目》之後，學者其實都未得見《明藝文志》，所說皆從《總目》而來。今據新發現的《西堂餘集》初印本所收《明藝文志》五卷，可知《總目》之說頗存錯誤，特別是關於《明藝文志》在《明史·藝文志》編纂中的地位問題，尚有加以解說的必要。

一

《四庫全書總目》卷八十六"明藝文志五卷"條，注"兵部侍郎紀昀家藏"，署"國朝尤侗撰"。提要略云："是編即其初入翰林纂修《明史》之志稿也……所摭拾既多挂漏，又往往不載卷數及撰人姓名。其例惟載有明一代著作，而前史所載則不錄，蓋用劉知幾之說……是某人所刊即署某人，恐有明一代之書版，志不勝收矣。諸史之志，惟《宋史》蕪雜荒謬，不足爲憑，此志又出《宋志》之下。後來欽定《明史》，削侗此稿，重加編定，固至允之鑒也。"[①]又卷一百四十三"談藪一卷"條云："尤侗《明史藝文志》作於康熙己未。"[②]

《總目》所述文字稍長，茲不具引。歸納其主要觀點如下：

第一，《明藝文志》成於康熙十八年己未，"即其初入翰林纂修《明史》之志稿"。

第二，《明藝文志》五卷的分類，爲經部十類，史部六類，子部九類，集部三類；并詳列各類收錄圖籍的總數。

第三，《明藝文志》體例特異，只載有明一代著作，"而前史所載則不錄"。

第四，《明藝文志》錯誤甚多，尚在"蕪雜荒謬"的《宋志》之下，所以後來欽定《明史》削去此稿而重加編定。

以上數點是當時對尤志的定論。乾嘉以降，學者凡論及尤氏《明藝文志》，都取《總目》之說。如錢大昕《十駕齋養新錄》卷十四"元藝文志"末條云："尤侗撰《明史藝文志稿》，收朱公遷、史伯璿、程端禮、王惲、楊允孚、王楨、張養浩、李冶、范梈、周伯琦、陸輔之、李存、吳海，皆以爲明人，潘昂霄《河源志》誤作潘昂。"[③] 按，《總目》曾摘尤志之疵云："朱公遷《詩傳疏

---

① 《四庫全書總目》，北京：中華書局，1965年，卷八十七，第746頁。
② 《四庫全書總目》卷一百四十三，第1217頁。
③ 《十駕齋養新錄》，上海：上海書店出版社，2011年，卷十四，第293頁。

義》、《四書通旨》,史伯璿《四書管窺》,毛應龍《周禮集傳》,程端禮《程氏家塾讀書分年日程》,陸輔之《吳中舊事》,王惲《中堂紀事》、《玉堂嘉話》,潘昂霄《河源志》[原注:案原本誤作潘昂],王禎《農書》,張養浩《三事忠告》,盛如梓《老學叢談》,李冶《測圓海鏡》,危亦林《得效方》,范梈《木天禁語》,以及周伯琦、楊允孚、李存、吳海、陳基諸集,皆灼然元人。"① 可知錢説從《總目》而來。

周中孚《鄭堂讀書記》卷三十二"明史藝文志稿五卷"條,云所據乃"原稿本":"凡經、史、子每部各一卷,集部二卷,即其在明史館時分纂之底稿。添注塗改,頗費苦心。然於古書爲明人所刻,即署其人爲之收入,恐明一代之刊本,不勝其收矣。又往往不著撰人、卷數,則討論亦未周到也。後刻《西堂全集》,止載分纂列傳及《外國傳》,而不及是志,則悔菴亦自知其不堪矣。所以欽定《明史》不用此稿,重加編定也。又按當日派修藝文志,既有倪闇公撰志稿,何以復派西堂別成是志?余蓄疑久矣,無從證明之。"② 周氏所謂"原稿本",又云"添注塗改,頗費苦心",則他所見應是一種尤氏改筆的稿本,但此處所述評價内容,又大都出自《總目》,很令人懷疑他是否看到過原志。至於"後刻《西堂全集》,止載分纂列傳及《外國傳》"的説法,可知周氏所見的《西堂全集》,有《明史擬稿》和《外國傳》而無《明藝文志》,無疑就是現今的通行本。

莫伯驥《五十萬卷樓群書跋文》史部卷三"千頃堂書目三十二卷"條云:"修《明史》時倪燦闇公有《明史藝文志稿》,與《千頃堂書目》相出入。當時長洲尤侗亦有述作,黄氏、倪氏以《宋志》自咸淳後缺略不具,而遼金元三史又無《藝文志》,頗欲補述於《明史》,惟尤氏則堅持斷至朱明。史館諸公韙其説,傅以黄、倪所著,就西堂五卷之稿,重爲編修,今《明史·藝文志》是也。尤氏撰志稿,收朱公遷、史伯璿、程端禮、王惲、楊元孚、王禎、張養浩、李冶、范梈、周伯琦、陸輔之、李存、吳海諸作,皆以爲明人;潘昂霄《河源志》誤作潘昂。其後經館臣舉誤焉。"③ 所謂"倪燦暗公有《明史藝文志稿》,與《千頃堂書目》相出入"的説法,與前引周中孚"蓄疑久矣"的倪燦撰志稿事相類,均因盧文弨《題明史藝文志稿》中將倪氏作序的黄虞稷《明史藝文志

---

① 《四庫全書總目》卷八十七,第746頁。
② 周中孚:《鄭堂讀書記》,上海:商務印書館,1940年,第595頁。
③ 莫伯驥:《五十萬卷樓群書跋文》,史部卷三,見《國家圖書館藏古籍題跋叢刊》,北京:北京圖書館出版社,2002年,第27册,第659頁。

稿》歸爲倪燦所撰的緣故①。盧氏之説實誤，筆者另有專文討論，此不贅述。而"尤氏則堅持斷至朱明"之説，顯然源自《總目》；至於"尤氏撰志稿，收朱公遷……"，又直接轉録自錢氏《十駕齋養新録》。

可見，《總目》而後，學者所論多據之以成。又如近人李晋華《明史纂修考》列舉"尤侗明史擬稿"，有《明史擬稿》六卷及《明史外國傳》八卷，於"《明史藝文志》五卷"則注曰"缺"②；謝國楨《增訂晚明史籍考》列舉所見"分纂諸人之稿"，亦未提及是書。則關注這一問題的學者，都未能得見尤氏《明史藝文志》。

也因爲尤志不可得見，近人王重民甚至對其書的真實性產生了懷疑。他在《〈明史·藝文志〉與補史藝文志的興起》一文中説："《四庫全書總目》卷87、《鄭堂讀書記》卷32都著録過尤侗的《明史藝文志》稿五卷，但據他們所記的内容，我猜疑不可能是尤侗的稿子，應該是黄虞稷以後的一部稿本。"③王氏並未説明猜疑的依據，但這種猜疑實際上否定了尤氏志稿在《明史·藝文志》編纂過程中的地位。

臺灣學者周彥文撰寫的《千頃堂書目研究》中，在討論《千頃堂書目》與《明史·藝文志》的淵源關係時，涉及尤侗《明藝文志》，多次言明"尤志今不得見"、"今已不傳"，并説："我們檢過好幾部康熙刻本，都在目録上挖去'明史藝文志五卷'字樣，則初印本並未印入，當是後來的續刊。"④又説："尤志今雖不得見，然《四庫全書總目》録有其分類情形……今取《明志》之分類法與之相較，雖經部完全相合，然史、子、集部無論在類名、分類之多寡及次第上，差距均極大。不若《千頃目》及俞邰志稿之分類，與《明志》有明顯之傳承關係。以此推之，云明志承尤志而來，實不可信。"⑤周氏根據二者分類情形的差異，認定《明史·藝文志》的成書與尤志没有關係，故斷言"《四庫總目》之説當可采信"。這種觀點至今仍具代表性。可以説，尤侗所撰《明藝文志》五卷在《明史·藝文志》編纂過程中的影響與貢獻，在今天學者的眼中，完全

---

① 《抱經堂文集》，北京：中華書局，1990年，卷七，第96頁。盧文弨認爲《明史藝文志稿》爲倪燦所撰，其説有誤。對此，前人已有辯證，如王重民《千頃堂書目考》云："倪燦僅作過一篇《明史藝文志序》，並没有分纂或正式參加纂修《藝文志》。盧文弨借到的《明史藝文志稿》，序文下題著倪燦的名字是對的，因而誤以全部《藝文志》是倪燦作的就錯了。"見《中國目録學史論叢》，北京：中華書局，1984年，第195頁。又，周彥文云："除此三家（筆者注：指盧文弨、周中孚、莫伯驥）之外，各史傳均僅云倪氏撰《藝文志序》而已，並未言倪氏有志稿，今各家書目亦未有言及倪氏有志稿者。則倪氏應僅有序文之作，盧氏、周氏及莫氏誤也。"見《千頃堂書目研究》，第199頁。
② 《明史纂修考》，第67—68頁。
③ 《中國目録學史論叢》，第224頁。
④ 《千頃堂書目研究》，私立東吳大學中國文學研究所博士論文，1985年，第99頁。
⑤ 《千頃堂書目研究》，第216頁。

被抹殺了。

二

尤侗全集曾經多次刊刻。《清人詩文集總目提要》"《西堂全集》六十一卷《餘集》六十六卷《鶴栖堂稿》十卷"條云："《西堂全集》，順治至康熙間凡數刻，著録卷數多異……《餘集》六十六卷，爲《年譜圖詩》一卷、《小影圖贊》一卷、《年譜》二卷、《艮齋倦稿詩》十一卷、《文》十五卷、《性理吟》二卷、《續論語詩》一卷、《雜説》七卷、《續説》二卷、《看鑒偶評》五卷、《明史擬傳》五卷[①]、《明史外國志》八卷、《宫闈小名録》五卷。《全集》、《餘集》自順治十一年至康熙間陸續付刊。"[②]《提要》所録之《西堂全集》，其中并無"明藝文志五卷"；今人所輯尤侗與《明史》相關的文獻，也未涉及此志。[③] 可證，《明藝文志》流傳之不廣。

圖1　通行本《西堂餘集》總目[④]　　圖2　上海圖書館藏《西堂餘集》總目

實則《明藝文志》五卷，今尚有傳世版本。筆者在上海圖書館訪得尤侗《西堂餘集》一種，附於《西堂全集》（索書號：綫普長326128—47）内。此集全二十册（175×268），框廓（143×186），左右雙邊。版心細黑口，單魚尾。館藏目録著録爲"清康熙間刻本"。其中第十八、十九册即《明藝文志》五卷。卷端首二行題："藝文志［卷一］／史官尤侗纂。"計卷一（經部）三十一葉，卷二（史部）四十葉，卷三（子部）三十五葉，卷四（集部"奏議類"、

---

① 應作六卷，如果僅是五卷，則不合"餘集六十六卷"之數。又，今通行本正是"六卷"。
② 柯愈春：《清人詩文集總目提要》，北京：北京古籍出版社，2001年，第119頁。
③ 《明史訂補文獻彙編》，北京：北京圖書館出版社，2004年，據國家圖書館藏本影印，僅有《明史擬稿》六卷、《外國傳》八卷。
④ 採自《北京圖書館藏珍本年譜叢刊》，第73册，第624頁。

"詩文類")三十九葉，卷五（集部"詩文類"①、"選纂類"）四十三葉，凡百八十八葉。

此集第一册第三葉爲"《西堂餘集》總目"，版式與通行本《西堂餘集》全同，總目葉下第三行題"藝文志五卷"，而通行本此行闕。

據此本，可以發現《總目》所作評説，存在兩處明顯的錯誤：

第一，《總目》稱《明藝文志》子部"釋家類二百二十部"，實則"釋家類共一百二十部"②，故"二百"係"一百"之訛。

第二，《總目》稱《明藝文志》集部收録"詩文類一千六百四十五部"，但據刻本可知，"詩文類"實際上分爲兩部分：卷四從"太祖《文集》五十卷《詩集》五卷"開始爲"詩文類"，至"嚴時泰《衍山稿》"止，卷四末行云"右詩文類共一千六百二十一部"；卷五始於"高拱《玉堂公草》十二卷"，至"《會稽女子詩》一卷[已上閨秀]"止，次行云："右詩文類共一千六百四十五部"，則集部"詩文類"總數應爲三千二百六十六部。可見，尤侗爲了平衡卷四、卷五的篇幅，將"詩文類"析爲兩部分，分别置於卷四的後半部與卷五的前半部，並且分别計算總數。"一千六百四十五部"只是卷五中"詩文類"的部數，而《總目》將此誤作集部"詩文類"的總數，導致總部數相差將近一半。

按，尤侗《艮齋雜説》卷四云："予修《明史》，纂《藝文志》，經史子無論，即集部至三千餘種。"③ 如果"詩文類"總數僅爲"一千六百四十五部"的話，則和奏議類、選纂類共二千三百二十一種，與"三千餘種"之説尚差千餘，亦可證《總目》之説有誤。

如果説第一個問題還可能只是抄録時偶誤的話，那麽，第二問題可以説明館臣在翻檢《明藝文志》五卷時極爲粗心，似未細審尤氏全稿的内容。《總目》又説"後來欽定《明史》削侗此稿，重加編定"，即欽定《明史·藝文志》的成書與尤氏志稿没有關係。這一結論也下得過於草率。實際上，作爲康熙十八年開局纂修《明史》以來的首部《藝文志》稿本，尤氏志稿在《明史·藝文志》的發展中，具有發凡起例的重要地位。這從尤氏所撰《明藝文志序》就可見一斑。

以往學者多認爲《明史·藝文志》的序文共有兩篇。一篇正文開頭作"歷代史之志藝文也尚矣。以之經緯天地，則足以宏建樹而致治功……"，爲倪燦所撰，原載於黄虞稷《明史藝文志稿》（今佚）卷首。另一篇是欽定《明史·藝

---

① 集部"詩文類"一分爲二，分置於卷四、卷五中。見後文。
② 《明藝文志》卷三，葉十五下。
③ 《艮齋雜説》，北京：中華書局，1992年，第85頁。

文志》前所載序文，正文開頭作"明太祖定元都，大將軍收圖籍致之南京……"，王鴻緒原撰，後經張廷玉略加修訂而成。王鴻緒的原稿見於《橫雲山人集》本《明史稿藝文志》卷首，原北平圖書館藏清雍正間內府清寫稿本王鴻緒等撰《敕修明史稿藝文志》前亦載之（今藏臺北故宮博物院）。①

這兩篇序文，倪燦所撰在前，王鴻緒所撰在後；而王鴻緒《明史稿藝文志》正文從黃虞稷《明史藝文志稿》發展而來，所以合乎邏輯的推論就是，倪氏序文經過王鴻緒的"刪改"，便成了王鴻緒的《明史稿藝文志序》，而欽定《明史·藝文志序》由此定型。王重民就極力主張此說，他認爲王鴻緒"爲了說明這一次改編的內容，把原來倪燦代作的《明史藝文志總序》刪成五百多字"。②

倪燦《明史藝文志序》今存，附於盧文弨抱經堂本《明史藝文志》二卷的卷首，③全文二千餘字。但與王鴻緒《明史稿藝文志序》相比較，兩者差異很大。事實上，倪序只是王鴻緒參考的文本之一；另一重要的文本，便是尤侗的《明藝文志序》。

《西堂餘集》初印本《明藝文志》五卷，卷首附有尤侗自序一篇，這是現今發現的第三篇《明史藝文志序》，應屬康熙十八年開館修史以來最早的一篇《藝文志序》。全文凡八二三字，據其文意，可分作四段。首段論先秦至宋代關於經籍藏書的典章制度，第二段論古今焚書之厄。第三、四段與王鴻緒《明史稿藝文志序》有直接關係，今節錄如下：

> 明初伐燕，首命大將軍收秘書圖籍，及太常法服、祭器、儀象、版籍。既定天下，復詔求四方遺書。永樂移都北平，命修撰陳循取文淵閣書百櫃，運以十艘，又遣官四出購買，故閣中積書近百萬卷。藏弆之富，古所未有……及遭流寇之禍，而金匱石室，委棄兵燹，靡有遺者，可爲一慨也……蓋有明諸君，皆篤好風雅，自太祖而下，御製詩文，斐然可觀。而敕命儒臣修纂之書，實繁有辭。至于名公鉅卿，高議巖廊之上；騷人墨客，詠歌蓬屋之下，莫不揚光蜚聲，著書滿家，未可更僕數也。較之漢唐，何多讓焉？

---

① 參見《千頃堂書目研究》，第210—211頁。

② 《論〈明史·藝文志〉與補史藝文志的興起》，見《中國目錄學史論叢》，第218頁。又，王重民認爲，王鴻緒根據黃虞稷《明史藝文志稿》改編成《明史稿藝文志》，其更改主要表現在三個方面："1. 把黃虞稷所補宋、遼、金、元四朝的藝文都刪去。2. 如杭世駿、盧文弨所指的，把黃虞稷所載'無卷帙氏裏可考'和'書不甚著'者都刪去。3. 他還作了一點小小補充工作，前人沒有注意，就是經部曾參用了朱彝尊的《經義考》。"見《千頃堂書目考》，收入《中國目錄學史論叢》，第198頁。

③ 筆者另撰《盧文弨校刻本〈明史藝文志〉二卷考》，對盧文弨校刻《明史藝文志》二卷的始末，以及盧氏本《明史藝文志》與黃虞稷《明史藝文志稿》的關係，有詳細論述。

经史子集，昉自荀勗，唐因之，定爲例。前史兼録古今載籍，蓋按内府書目而然。若明季秘書已亡，奚取子虛烏有云云者爲？且斷明一代自足成志，前史所録勿贅可也。其中搜羅遺佚，多失卷目，亦闕之。

而王鴻緒《明史稿藝文志》略云：

明太祖定元都，大將軍收圖籍羅致南京，詔復購求四方遺書……迨定鼎於燕，詔修撰陳循取文淵閣書一部以至百部，各擇其一，得百櫃，連艫運京……是時，閣内約貯書二萬餘部，近百萬卷，刻本十三，抄本十七……迨賊烽犯闕，宋刻元鐫蕩然靡遺……是金匱石室之儲，無可得而考矣。若夫明御製詩文，内府鋟板，而儒臣奉敕修纂之書及象魏布告之訓，卷帙既夥，文藻復優，當時頒行天下。至於名公卿之論撰，騷人墨客一家之言，其工者深醇大雅，卓卓可傳……挹其華實，無讓前徽，可不謂文運之盛歟！

經史子集，昉自荀勗，唐因之，定爲例。前史兼録古今載籍，以爲皆其時柱下之所有也。明季秘書已亡，則前代陳編，無憑記載。第就二百七十年各家著述，斐然足成一志。爰取士大夫家藏目録，稍爲厘次，凡卷數莫考，疑信未定者，寧闕而不詳云。

對讀可知，尤氏序文的末二段與王氏序文之間存在明顯的承襲關係。其末段如"經史子集，昉自荀勗，唐因之，定爲例"云云，係直接迻録。可見，從序文來看，王鴻緒不取爲時人稱道的倪燦序文[1]，而改用强調"以簡爲貴"[2]的尤侗序文以爲底本，再行删改，足以證明王鴻緒編訂《藝文志》時，並非僅憑黄虞稷《明史藝文志稿》，而尤侗《明藝文志》同樣是王鴻緒重要的取材來源。

三

《四庫全書總目》對尤侗《明藝文志》五卷的批評，最爲重要的結語是："諸史之志，惟《宋史》蕪雜荒謬，不足爲憑，此志又出《宋志》之下。後來欽定《明史》，削侗此稿，重加編定，固至允之鑒也。"結合《四庫全書總目》對《千頃堂書目》的評價："尤侗《明史藝文志稿》尤冗雜無緒，考明一代著作者，終以是書爲可據，所以欽定《明史藝文志》頗採録之。"[3] 一抑一揚，更

---

[1]《清史列傳》云："燦爲諸生，以淹雅著名。既官檢討，與修《明史》，所爲《藝文志序》，窮流溯源，與姜宸英《刑法志序》並稱杰作。"見《清史列傳》，北京：中華書局，1987年，卷七十，第5727頁。
[2] 尤侗論文章之道，推崇"以簡爲貴"，説見《艮齋雜説》，第359頁。
[3] 同上。

可以看出《四庫全書總目》對尤侗《明藝文志》的貶低。這裏其實還涉及一樁重要的學術公案，就是欽定《明史·藝文志》的淵源問題。

目前學術界基本認爲，《明史·藝文志》係根據《千頃堂書目》删改而成，而尤侗《明藝文志》因《四庫全書總目》"削侗此稿，重加編定"的説法，已基本被排除在討論範圍之外。更何況《明艺文志》五卷流傳不廣，後世學者不易得見，所論只能以《總目》之説爲據。但正如前文已經指出，《四庫全書總目》對尤侗《明藝文志》的著録存在問題，今將《明藝文志》正文與欽定《明史·藝文志》相比較，便可發現，"削侗此稿"的斷語需要重新加以考慮，而尤侗《明藝文志》對欽定《明史·藝文志》編纂的影響與貢獻理應得到彰顯。

（一）《明史·藝文志》經部分類與尤侗《明藝文志》完全相同，[①]而與《千頃堂書目》經部存在差異，這主要體現在以下兩個方面。

第一，從經部"四書類"的設置來看，尤氏《明藝文志》與《千頃堂書目》都有此類，但有所不同。《千頃堂書目》經部在"四書類"之外，又另立"論語"、"孟子"二類，《四庫全書總目》對此提出批評："既以'四書'爲一類，又以'論語'、'孟子'各爲一類；又以説《大學》、《中庸》者入於'三禮類'中，蓋欲略存古例，用意頗深。然明人所説《大學》、《中庸》皆爲'四書'而解，非爲《禮記》而解。即《論語》、《孟子》亦因'四書'而説，非若古人之別爲一經，專門授受。其分合殊爲不當。"[②]《四庫全書總目》又在"四書類"小序中説："黄虞稷《千頃堂書目》，凡説《大學》、《中庸》者，皆附於禮類，蓋欲以不去餼羊，略存古義。然朱子書行五百載矣，趙岐、何晏以下，古籍存者寥寥；梁武帝《義疏》以下，且散佚並盡。元、明以來之所解，皆自《四書》分出者耳。《明史》併入'四書'，蓋循其實。今亦不復强析其名焉。"[③]實際上，欽定《明史·藝文志》將解説《四書》的著作，無論是總論《四書》還是闡發單篇之作，都併入"四書類"的做法，正是從尤侗《明藝文志》借鑒而來的。

尤氏《明藝文志》著録"四書類一百七十七部"，可知至明代《四書》的地位有了很大提升，且此類著作頗多，足以獨立。[④]至《明史·藝文志》僅得

[①]《明藝文志》經部分類與《明史稿藝文志》、《明史·藝文志》完全相同：易類；書類；詩類；禮類；樂類；春秋類；孝經類；諸經類；四書類；小學類。

[②]《四庫全書總目》，第732頁。

[③]《四庫全書總目》，第289頁。

[④]柳詒徵云："明人之崇心性之學，始於帝王之提倡及科舉之統一。蓋自宋尊崇《四書》，代有闡釋，然於學術尚未能統一也。自元仁宗皇慶中定制，專以宋儒《四書》注及《經》注試士。宋儒之説，始奪漢、唐諸儒之席而代之。明以制義試士，亦專主宋儒之書。而永樂所定之'三大全'，尤爲造成一代學術思想之根柢。"見《中國文化史》，長沙：岳麓書社，2010年，下册，第737頁。

五十九種，泰半刪削不存，甚至如《明藝文志》已收錄的"丘濬《大學衍義補》一百六十卷"亦被削去，則失之過簡。

第二，尤侗《明藝文志》經部"禮類"之外又有"樂類"，但《千頃堂書目》却未設此類。《四庫全書總目》對此批評《千頃堂書目》説："《樂經》雖亡，而不置此門，則律吕諸書無所附，其刪除亦未允也。"對於《四庫全書總目》的批評，或有學者依據今行本《千頃堂書目》提出異議。

事實上，黄虞稷在編撰《千頃堂書目》之初，確曾考慮過是否要立樂類，以及若立此類應當置於何處等問題，但最終並未作出明確的決定。直到康熙二十二年之後，黄虞稷依據《千頃堂書目》編訂成《明史藝文志稿》，才在"三禮類"之後復設置"禮樂書類"。就此筆者另有專文討論，此不贅述。

《明史·藝文志》經部設有"樂類"，收書五十四部，數量不多却也獨立成類。這種做法顯然與《千頃堂書目》不同，亦是借鑒尤侗《明藝文志》而來。

（二）《明藝文志》史部"正史類"的設置對《明史稿藝文志》的影響。

《千頃堂書目》史部首設"國史類"，廣收明代各朝《實録》、《寶訓》、《年表》、《聖政記》等，蓋沿祁氏《澹生堂藏書目》史部首列"國朝史"①之例。黄虞稷依據《千頃堂書目》修訂而成的《明史藝文志稿》，其史部總目於"國史類"有小注云："朝廷敕編當代史。"②略可窺見黄虞稷設立此類的用意。

《千頃堂書目》作爲私家目録，因循前例或無可議。但如果編纂《明史·藝文志》依舊襲用，且毫不忌諱直書此類爲"國史"，則必定引起清廷的不滿。因此，王鴻緒《明史稿藝文志》中巧妙地將"國史類"、"編年類"、③"通史類"④都併入"正史類"，並在史部總目中注明："史類十：一曰正史類［編年在内］……"⑤這種做法既達到了類目簡淨的目的，又較合理地爲數量不少的明代"朝廷敕編當代史"，如《實録》、《寶訓》等，找到了依附之所。值得注意的是，這種做法並非王鴻緒自創，實際上是從尤侗《明藝文志》史部承襲而來的。

最爲直接的證據，就是《明藝文志》史部總目云："史部六：一曰正史類［編年在内］……"這無疑正是《明史稿藝文志》"正史類［編年在内］"的由

---

① 《澹生堂藏書目》，光緒十八年會稽徐氏鑄學齋刻本，卷三。
② 附見於《宋史藝文志補》卷首，見盧文弨《群書拾補》，《續修四庫全書》第1149册，第581頁。按，《宋史藝文志補》卷首附有四部總目，實即盧文弨從朱文游所藏《明史藝文志稿》迻録而來。
③ 歷代采用四部分類法的正史藝文志，自《舊唐書·經籍志》以下，皆有"編年類"。
④ 熊賜履進呈本《明史·藝文志》五卷史部總目，於通史類有小注云："通輯列代之史。"見《明史》，《續修四庫全書》，第326册，第298頁。
⑤ 《明史》，北京：中華書局，1974年，第8册，第2377頁。

來。雖然《明藝文志》史部僅設有六類，其分類過於簡單，與《明史稿藝文志》史部十類有很大不同，但可以肯定的是，二者正史類的設置原理以及著錄方式完全相同。

第一，尤侗《明藝文志》正史類共著錄"四百七十一部"，下分"明史"與"古文"兩個屬目；而《明史稿藝文志》正史類著錄"一百十部"，下分"明史"與"通史"兩個屬目。所謂"通史"，所收屬目多與前者之"古文"相合。可見，二者"正史類"的三級分類設置原理相同。

第二，尤侗《明藝文志》正史類"明史"之屬實際上可分成兩個部分：自"《太祖實錄》二百五十七卷"至"《宣德年表》"為一部分，而"鄧元錫《皇明書四十五卷》"以下可視為另一部分。前者即《千頃堂書目》所謂的明代"朝廷敕編當代史"，故專門設立"國史類"以著錄這類著作。《千頃堂書目》"國史類"的著錄體例是，列朝《實錄》在前，次曰列朝《寶訓》，再是《聖政記》、《年表》等，如永樂一朝，"《太宗文皇帝實錄》一百三十卷"在國史類第二條，而"《太宗文皇帝寶訓》十五卷"在國史類第二十條，"《永樂聖政記》三卷"在第三十四條，"《永樂年表》四卷"在第三十六條，這種排列方法頗顯雜亂。

尤侗《明藝文志》著錄體例則與《千頃堂書目》完全不同，是將同一朝的《實錄》與《寶訓》列在一起，而《聖政記》、《年表》等列在其後，如正史類第二條："《成祖實錄》一百三十卷《寶訓》十五卷，楊士奇等修"，而"《永樂聖政記》三卷"、"《永樂年表》四卷"在第十七、十八條。王鴻緒《明史稿藝文志》采用的正是這用體例，顯然是從尤侗《明藝文志》承襲而來。

（三）尤侗《明藝文志》子部將"醫書"之屬置於"藝術類"之下，與前代目錄通例不合，却為《明史稿藝文志》所襲用。

自《隋書·經籍志》子部始設"醫方類"，歷代正史《藝文志》及私撰目錄如《崇文總目》、《郡齋讀書志》、《直齋書錄解題》皆有此類，或稱"醫術"、"醫家"、"醫書"，其實一也。《千頃堂書目》子部亦設"醫家類"，共收醫書440種（其中明人著作307種），蓋沿襲舊例。

然《明史稿藝文志》一改前例，而在"藝術類"下分"雜藝"與"醫術"兩目，周彥文對此評論說："按《千頃目》於藝術類前有醫家類一門，《明志》刪去此類，而將醫書置於藝術醫術目下，此種部次法前代史志均未見，亦《明志》特異之處。"[①] 其實此特異之處，正是王鴻緒自《明藝文志》承襲而來。

尤侗《明藝文志》"藝術類"下"醫術"之屬，著錄"孝宗《類證本草》三十一卷"以下醫書共133部，占藝術類（213部）62.4%，尤侗為何不顧前

---

① 《千頃堂書目研究》，第167頁。

代史志的通例，而將數量頗大的醫書從傳統的類降級爲子目，附置於"藝術類"之下，其因尚待研究。至《明史稿藝文志》雖僅著録醫書65部，亦已占藝術類116部的56%，也將足以獨立成類的醫書屈居於藝術類之下，足以證明尤侗《明藝文志》"藝術類"的設置對王鴻緒編撰《明史稿藝文志》的影響。

再者，從"藝術類"著録的條目也可看出二者之間的關聯。尤侗《明藝文志》"藝術類"下著録有"楊慎《金石古文》《墨池瑣録》一卷《書品》一卷《斷碑集》四卷"，而《明史稿藝文志》"藝術類"著録"楊慎《墨池瑣録》一卷《書品》一卷《斷碑集》四卷"，可見王鴻緒省去《金石古文》一種，蓋依其"凡卷數莫考，疑信未定者，寧闕而不詳"的體例。王鴻緒删後的三條，無論書名還是次序都與《明藝文志》相同，則二者之間的承襲關係非常明顯。而檢索《千頃堂書目》，雖著録楊慎著作甚多，却只有卷三經部"小學類"下有"楊慎《墨池瑣録》五卷"，① 而"《書品》一卷"、"《斷碑集》四卷"都不見著録。據此也可以證明，《明史稿藝文志》著録此條，依據的應是尤侗《明藝文志》而非《千頃堂書目》。

綜上所述，尤侗《明藝文志》是康熙十八年開局纂修《明史》之後的首部《藝文志》稿本，但由於《四庫全書總目》評價甚低，乾嘉之後又流傳不廣，因此學者無法對此書展開討論。事實上，作爲首部稿本，《明藝文志》在史學與目録學上的價值不容忽視。本文依據新發現的《西堂餘集》所收《明藝文志》，指出《總目》之説的兩處錯誤；同時分析《明藝文志》對王鴻緒編纂《明史稿藝文志》的影響，藉以肯定尤侗對《明史藝文志》編纂的貢獻。

王宣標：中山大學中國古文獻研究所助理研究員

---

① 《千頃堂書目》，上海：上海古籍出版社，2001年，第102頁。此條下有校記云："《明史藝文志》：一卷。入子部藝術類。又有《書品》一卷、《斷碑集》四卷。"

輯今弄古非同事　天禄文淵故別藏
——論《天禄琳琅書目》的編纂體例及特點

劉 薔

有清一朝仿前代舊制，重視對歷代書籍的搜集、保存與整理，乾隆年間出現了中國歷史上第一個宫廷善本特藏——"天禄琳琅"，編成了第一部皇家善本書目《欽定天禄琳琅書目》。《天禄琳琅書目》前後兩編共著録了一千餘部善本書，均爲内廷藏書之精華。書目爲提要體，是我國第一部官修善本目録，沿襲漢代以來書目解題傳統，在著録、編排等體例方面多有創見，於清代藏書家講究版本鑒定、注重善本著録之風氣影響深遠，直接開啓近世版本目録學之興盛。作爲官修目録，更是極具導向性，主導了其後近三百年善本書目編纂風尚，其體例甚至遠播海外，近代美、日、韓等國所編漢籍書目亦深受其影響。

將善本書籍視同文物，以賞鑒爲旨趣，仿書畫著録之體例，是《天禄琳琅書目》最顯著特點。這一特點，使《天禄琳琅書目》與同一時期出現的另一部清代官修目録《四庫全書總目》在編纂宗旨上完全不同，《四庫全書》乃"輯今"，天禄琳琅則"弄古"，"輯今弄古非同事，天禄文淵故別藏"。[①]《天禄琳琅書目》無論編排次序，還是著録内容皆圍繞版本，對版刻源流的追溯與藏書印記的登載不厭其詳，此實大異於以評述書籍内容爲主的《四庫全書總目》，

---

① （清）于敏中、彭元瑞等撰，徐德明標點：《天禄琳琅書目》，上海：上海古籍出版社，2007年，"天禄琳琅鑒藏舊版書籍聯句"，第8頁。

這種體例奠定了後來善本目錄的基本程式，具有經典的垂範意義。

一部書目的體例包括兩個方面：一是對群書的組織，即如何編排；二是對單書的描述，即如何著錄，兩者結合即構成完備之書目。本文首先從編排和著錄方面論述《天禄琳琅書目》的編纂體例，繼而對其分類和收錄特點予以分析。

一、編排特點

《天禄琳琅書目》"凡例"第三則曰："宋、元、明版書各從其代，每代各以經、史、子、集爲次。"① 此語交待了該目編排上的特點，即以版本時代爲綱，同時代再依經、史、子、集分類排序。《天目前編》分爲宋版、金版、影宋鈔、元版、明版五大版本類别，其下再按四部分類釐析版本年代相同的書籍，如卷一宋版經部、卷九明版子部。彭元瑞於《天禄琳琅書目後編》"識語"云："體例記載，一依前帙。"知其體例基本依循《天目前編》，而且"《前編》宋、元、明外，僅金刻一種；《後編》則宋、遼、金、元、明五朝俱全"。② 《天目前編》凡例第六則云"諸書中有經御製題識者，尤爲藝林至寶，珍逾琬琰，敬登鑒藏之首。"實際並未嚴格做到，反倒是《後編》繼承了這一編例，將9種乾隆御題書集中於一卷，置於全書卷首，稱"宋版首部"，故清人傅以禮云："體例悉仍《前編》，唯以曾經御題者入第一卷，標題'宋版首部'，爲少異耳。"③ 將御題書放在卷首，凌駕於其他版本之上，更加强了宮廷鑒藏書目的特點：唯皇帝是尊，唯皇權是準，但也在圖書目錄中開了一個惡劣的特例。

《天禄琳琅書目》之前的藏書目錄，不論是官藏，還是私藏，編排上都遵循以書籍内容類分次序的原則。從漢代《七略》的"六分法"，到東晉秘書監荀勖編《中經新簿》，創立以甲、乙、丙、丁四部總括群書的"四分法"，再到乾隆中期《欽定四庫全書總目》，將全部書籍分在四部、四十四大類下，成爲四分法的集大成者，按書籍内容分類一直是傳統目錄學的主流。作爲提要式目錄頂峰的《四庫全書總目》，其《凡例》第二則曰："是書以經、史、子、集提綱列目，經部分十類，史部分十五類，子部分十四類，集部分五類。或流别繁碎者，又各析子目，使條理分明。所錄諸書，各以時代爲次。"④ 而與其對應的版本書目，則以版本編次，體例頗爲不同。

---

① 《天禄琳琅書目》，"凡例"，第2頁。
② 《天禄琳琅書目》，彭元瑞"識語"，第810頁。
③ （清）傅以禮撰，主父志波標點：《華延年室題跋》，上海：上海古籍出版社，2009年，卷上"敕撰天禄琳琅後編"條，第95頁。
④ （清）紀昀著：《四庫全書總目》，北京：中華書局，1965年，卷首，"凡例"，第16頁。

目録中加記版本，自宋人尤袤（1127—1202）《遂初堂書目》始，最初極爲簡單，近似簿録，一書下兼載數本，如正史類《前漢書》下有川本、吉州本、越州本、湖北本等，并無版本描述。專重宋元版則自明代嘉靖年間始，趙用賢（1535—1596）編《趙定宇書目》，分二十九類，其中有"宋板大字"、"元板書"、"内府板書"三類，開創了後代單設宋、元版類目之先河。趙琦美（1563—1624）《脈望館書目》中，"餘"字號著録"舊板不全書"，"律"字號著録"舊板書"，更是將宋元殘本也納入分類著録體系，顯示了明人對前代版本的重視。清初錢曾（1629—1701）《述古堂宋板書目》首次"把宋板書集中、單獨編目，既包含善本書目的意義，也包含版本書目（以版本類別爲圖書分類法的書目）的意義"。[①] 同時期江南大藏書家季振宜（1630—1674）的《季滄葦藏書目》分爲四個部分：《延令宋板書目》、《宋元雜板書》、《崇禎曆書總目》、《經解目録》，別出宋本編目，以强調對宋版書的珍好。稍後孫從添（1692—1767）的《上善堂宋元版精抄舊抄書目》，分宋版、元版、名人抄本、影宋抄本、舊抄本和校本六大類，開創了藏書目録按版本類別編次的先例。孫從添卒於乾隆三十二年，[②] 這部書目的編成早於《天禄琳琅書目》，基本格局也與之相近，雖然于敏中等人並未言明官修《天禄琳琅書目》是否受到其直接或間接影響，但至少可以看出，當時藏書家對宋元善本的賞鑒更加熱衷，對版本的研究也進一步深化，這些都促進了版本目録的發展，勢必出現體例更爲成熟、版本特點更爲突出的藏書目録，在這種背景下，《天禄琳琅書目》應運而生。相比孫從添的宋元版、精抄舊校之分類，《天禄琳琅書目》所收皆内廷善本，版本類型更爲豐富，不僅宋、元版，還有民間難能獲見的金刻本、遼刻本[③]，抄本中除影宋抄本外，還有影遼抄、明抄，因此在以版本時代、版本類型編次時，可以更爲系統，版本目録的體例也更臻完善。

二、著録特點

《天禄琳琅書目》"凡例"第五則曰："卷中於每書首舉篇目，次詳考證，次訂鑒藏，次臚闕補。至考證，於鋟刻加詳，與向來志書目者少異，則是編體

[①] 严佐之著：《近三百年古籍目録舉要》，上海：華東師範大學出版社2008年第2版，第22頁。

[②] 劉按，孫從添生卒年説法不一，筆者採信江慶柏先生所編《清代人物生卒年表》，北京：人民文學出版社，2005年，第221頁，據《江蘇藝文志·蘇州志》之説，孫從添生於康熙三十一年（1692），卒於乾隆三十二年（1767）。

[③] 儘管《天目後編》卷八之遼版、影遼抄《龍龕手鑑》，經審定實爲南宋嘉興府刻本、影宋抄本，但仍可見宮廷藏書相較民間私藏之犖犖大者。

例宜然爾。"① 即每一書之著錄皆有定式，其提要文字可分爲四個方面：

一曰"首舉篇目"。包括書名、函册、撰者、卷數、篇目、序跋。每著錄一書，先頂格書寫書名，《天目前編》"凡例"第七則曰"書名悉依本書首行及版心標目"，② 照依原書卷端或版心題名，這與《四庫全書總目》的做法頗不同。《四庫總目》多以省稱、古稱取作書名，而《天禄琳琅書目》完全保留了書名前綴"纂圖互註"、"監本重言"、"新刊"、"標題句解"、"太學新編"、"增廣註釋音辯"、"增刊校正"、"重廣分門"等冠詞，尊重書籍原貌，也爲後人據此辨識版本提供了首要依據。書名下以雙行小字書寫該書函册，此舉亦爲以往各書目所無。（圖1）提要文字低二格書寫，首起撰者朝代、姓名和撰著方式，然後詳記卷數及各篇目，並記原書前序後跋。

二曰"次詳考證"。所考證者，包括撰者、成書、刊刻源流諸方面，特別強調要"於鋟刻加詳"，稱這一點"與向來志書目者少異，則是編體例宜然爾"，③ 突出了版本目録的特點。

不常見的撰著人，除姓名外，還詳其字號、時代、籍貫、爵里、生平事蹟、傳記出處等。對所收書籍之内容大要，也時有著録，或引原書作者、序跋者所言，或以己意推之。引序跋中涉及刻書之文字，以及歷代史志、政書及公私藏書目録記載，略述該書版本源流，這部分内容最爲翔實。引用書目有《漢書·藝文志》、《隋書·經籍志》、陸德明《經典釋文》、《崇文總目》、晁公武《郡齋讀書志》、陳振孫《直齋書録解題》、王應麟《玉海》、《宋史·藝文志》、馬端臨《文獻通考》、《明史·藝文志》、朱彝尊《經義考》等。此外編纂者還檢視書中紙墨、字體、木記、避諱、剞劂、裝幀等情况，以爲辨析版本之依據。

三曰"次訂鑒藏"。既是皇家鑒賞目録，記一書之前代典藏、題記情况，也成爲提要組成部分，這也是與歷來書目不同之處。書上凡有

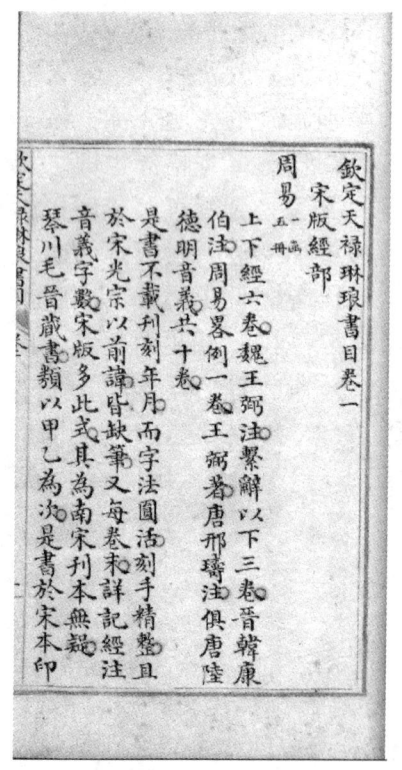

圖1 清乾隆内府寫本《天禄琳琅書目前編》卷一首頁書影（北京故宫博物院藏）

---

① 《天禄琳琅書目》，"凡例"，第10頁。
② 同上書，第11頁。
③ 同上書，第10頁。

前人手書題記，則逐字載錄，若此書曾經乾隆皇帝御筆題識，必是首先登錄，然後再按時代前後一一備錄他人。這種於解題中附錄題記文字的做法，仿自書畫鑒賞，迻用至版本著錄可謂創舉。書上凡有入宮前藏印，皆一一記載印記文字種類、形狀、印色及所鈐位置，印文以真書摹寫，從中可見一書之授受遞藏軌蹟。注明該書曾爲何人所藏，首次出現的藏書家、鑒賞家，據他書考訂其時代、爵里、生平事略等。如此詳記藏書印，實爲版本書目中絕無僅有者。

四曰"次臚闕補"。一書如有闕頁、補抄情形，即將闕補情況記錄在藏書印後，詳記闕補卷次及頁碼，是提要的最後一項。此需將每部書所有頁數都一一翻過，工程浩大且繁瑣，亦可具見書目編撰之用心。

《天禄琳琅書目》提要內容自成體例，以固定格式，將書名、函冊、提要、印章和闕補等款目組織起來，已大致涵蓋了現代古籍編目中書名項、著者項、版本項、稽核項、附注項、提要項等基本著錄項，形制幾稱完備。提要篇幅不一，有話則長，無話則短，最長者如《天目前編》宋版《漢書》、《六臣注文選》，幾達3000字，短者僅十數字。通常，評價一部古書的價值不外乎三個參數，即內容的文獻價值、外觀的版本、形制價值和傳世的收藏價值，作爲官方善本書目，《天禄琳琅書目》既體現了舊書的鑒賞價值，也兼顧了文獻內容，因此後人多讚其著錄之詳、考訂之精，超逸前代書目。如《欽定四庫全書總目》云：

> 每書各有解題，詳其鋟梓年月及收藏家題識印記，並一一考其時代爵里，著授受之源流。案張彥遠《歷代名畫記》有論十六篇，其十一記鑒識、收藏、閱玩，十二記自古跋尾押署，十三記自古公私印記，自後賞鑒諸家，遞相祖述。至《鐵網珊瑚》所載書畫，始於是事特詳，然藏書著錄，則未有辨訂及此者。即錢曾於《也是園書目》之外別出《讀書敏求記》，述所藏舊刻舊鈔亦粗具梗概，不能如是之條析也。①

《簡明四庫提要》亦誇云："蓋自來藏書譜錄，未有美富精詳若斯之盛者也。"② 王先謙稱其"於刊印流傳之時地，鑒賞採擇之源流，並收藏家生平事略，圖記真僞，研討無遺"。③

分析提要內容可知，《天禄琳琅書目》在著錄上新意迭出，有如下特點：

---

① 《四庫全書總目》，卷八十五，史部目錄類一，《欽定天禄琳琅書目》十卷，第732頁。
② 《天禄琳琅書目》，"提要"，第12頁。
③ 《天禄琳琅書目》，王先謙"後跋"，第813頁。

輯今弄古非同事　天禄文淵故別藏　69

（一）解題内容突出版本

與傳統解題目錄以圖書内容的考訂批評爲中心不同，《天禄琳琅書目》突出了善本古籍的版本價值，提要文字皆圍繞版本鑒賞方面，即凡例所稱"至考證，於鋟刻加詳，與向來志書目者少異，則是編體例宜然爾"。① 以之與解題目錄代表作《四庫全書總目》相比，《四庫全書總目》"凡例"第九則曰："每書先列作者之爵里，以論世知人；次考本書之得失，權衆説之異同，以及文字增删，篇帙分合，皆詳爲訂辨，巨細不遺。而人品學術之醇疵，國紀朝章之法戒，亦未嘗不各昭彰癉，用著勸懲。其體例悉承聖斷，亦古來之所未有也。"② 兩者是截然不同的目錄體系。試將兩部書目對同一部書的提要做一對比，便可發現它們的區别。如宋人張栻所撰《孟子説》，在《四庫全書總目》卷三五經部四書類有《癸巳孟子説》，提要300餘字，概述此書的書名、卷數、底本來源、著者、成書過程、内容得失，通篇於版本不著一字。《天禄琳琅書目》卷一宋版經部有《南軒先生張侍講孟子詳説》，提要亦300餘字，雖同樣有書名、著者、卷數的介紹，但用力更多的是版本源流的考訂，由序文確定成書時代，旁引《宋史·藝文志》、《文獻通考》證書之内容，然書名仍保留標題原貌。登録宋人、明人題識各一，其後還詳列印章，説明此本舊藏誰家。整個提要段落有序，條目清晰，寥寥數語，交待了此本不同尋常的鑒賞價值。

有學者説"《後編》是《前編》的續貂，一切辦法都是蕭規曹隨"，③ 此言大體上不差，但值得注意的是，相比《天目前編》突出的版本目錄特點，《天目後編》的著録風格有明顯改變，即加大了作者生平、書籍内容方面的評述，版本考訂愈發簡略，甚至只字不提。有些提要還對篇目、卷數開列甚詳，幾乎通篇只此一項内容，根本無法辨明是何版本。造成這種差異的原因，其一蓋爲《四庫全書總目》的影響。乾隆四十六年《四庫全書總目》纂成，同是官修目錄，《四庫總目》堪稱集傳統解題式書目之大成，其"辨章學術、考鏡源流"的功用更爲突出，對學術界的影響也更爲廣泛，官藏及私家書目多有完全照搬《四庫》體例者，如阮元的《四庫未收書提要》。《天禄琳琅書目前編》成書早於《四庫總目》，而《天目後編》成於嘉慶三年，多少受到一定影響。其二便是《天目後編》主事者彭元瑞的思想。前述他對"拳拳於板本抄法"頗有微詞，斥爲"骨董家習氣"④，因此在編寫提要時重考訂而輕版本，使得《天目後

---

① 《天禄琳琅書目》，"凡例"，第10頁。
② 《四庫全書總目》，卷首，"凡例"，第17—18頁。
③ 錢亞新著：《略論天禄琳琅書目》，《河南圖書館學刊》1989年第1期，第25頁。
④ （清）彭元瑞撰：《知聖道齋讀書跋尾》，清刻本，卷一，"《讀書敏求記》跋"，第30頁。

編》在版本方面的内容相應減少。其三編纂時間所限，未遑細考版本。《天目後編》664 篇提要在短短 7 個月内寫就，編纂諸臣對書籍内容、作者生平的評述相對駕輕就熟，而且記錄篇目、卷帙，也遠比考訂版本更爲省時省力。《天禄琳琅書目》前後編體例的這種差異如此明顯，以致有後人評爲"名雖後編，實則別創"。①

（二）真書摹入印記

《天禄琳琅書目》"凡例"第六則規定："其印記，則仿《清河書畫舫》之例，皆用真書摹入，以資考據。"② 即以正楷字將印文描摹下來，仿印章格式，記錄於書目提要中。《四庫全書總目》稱此延續了唐張彦遠的《歷代名畫記》記"鑒識收藏閲玩"、"自古公私印記"的做法，《四庫全書簡明目録》云"詳其題跋姓名、收藏印記，兼用《鐵網珊瑚》例"。③

在書目中記錄藏書印，標明藏書印的文字種類、形狀、印色和位置諸項，是借鑒了書畫目録的做法，不僅以前書目未見有如此記載，其後亦未有如此詳盡，堪稱《天禄琳琅書目》編製體例上的一大創舉。我國記書畫之賞鑒，始自唐人張彦遠《歷代名畫記》。其書有論十五篇，其十記鑒識、收藏、購求、閲玩，十一記自古跋尾押署，十二記自古公私印記，印章作爲賞鑒之重要標誌被首次著録。所列印記，數量不多，官家印記如"貞觀"、"開元"、"集賢印"、"秘閣印"、"翰林之印"、"元和之印"，私人印記如"河東張氏"、"劉氏書印"、"寶蒙審定"等，均以小字標出，略示區別。至明代弘治、正德間朱存理輯錄《鐵網珊瑚》，始於鑒賞特詳，所載書畫中印記成爲必要條目，然並非以真書摹入。此後明人張丑所著《清河書畫舫》，"其書用張彦遠《法書要録》例，於題識印記，所載亦詳，故百餘年來收藏之家，多資以辨驗真僞"。④ 此書創舉在於印記用真書摹入，形狀、大小皆依原式，楷化印文也依原式排列，印下注明所鈐位置"引首"、"隔水"等處，使人如見真蹟。《清河書畫舫》成書於萬曆四十四年（1616），内容豐富，影響很大，是收藏家、鑒賞家辨驗書畫真僞的重要參考書。

《天禄琳琅書目》仿《清河書畫舫》之例，用楷體書寫印文填入，并描摹舊有印記之形制款式，保留原印特徵，如明項元汴之葫蘆狀"子京"印、橢圓形"法蔭"印，清初毛晉之腰圓形"宋本"印，皆依樣摹寫。對於印文相同，

---

① 張允亮編：《故宫善本書目》，民國二十三年（1934）北平故宫博物院鉛印本，"識"，第 1 頁。
② 《天禄琳琅書目》，"凡例"，第 11 頁。
③ 《天禄琳琅書目》，"提要"，第 13 頁。
④ 《四庫全書總目》，卷一一三，子部藝術類二，"《清河書畫舫》十二卷"條，第 965—966 頁。

但朱白文不同、大小不同的印章，如《天目前編》宋版《九家集注杜詩》中有三方不同的"劉炳圖印"，皆如實照錄，於細微處俱見差別。統計下來，《天禄琳琅書目》所記藏印，印章外形上有方、圓、器物、博古各形，方分正方、長方；圓有正圓、橢圓、腰圓；器物又分葫蘆、壺、瓶、爐形；博古分錢、鼎、鐘、爵、瓦當形。體制上有單印，也有連珠印。製作上有朱文、白文、朱白相間，可謂豐富多彩，各式具備。甚至印色，還記錄了頗爲稀見的墨色印記，如宋版《童溪王先生易傳》上所鈐"少保秦端敏公仲子"，記爲"朱文，墨印，卷三十"①，爲古人居喪時所鈐。檢視《天禄琳琅書目》，明代大收藏家項篤壽、項元汴兄弟的印記，如"項子京家珍藏"、"項元汴印"、"墨林珍玩"、"桃花園裏人家"等，與《清河書畫舫》丑集"王羲之"條下印記一模一樣，可知《天禄琳琅書目》摹刻藏印，確是循書畫賞鑒一脈。

　　流傳至今的古籍，特別是曾經名家遞藏者，大多鈐印纍纍，朱墨燦然，古雅別致。鈐在書上的印章，大體可分爲四類：①名章，②鑒賞章，③訓誡章，④閒章。名章中除姓名字號外，還包括齋館樓號，和鑒賞章一樣，是最爲常見的兩大類，表明了書之歸屬與歷代藏家的寶愛，如明人邵寶"錫山二泉邵氏家藏"、安國"大明錫山桂坡安國民太氏書畫印"②、清人朱彝尊"秀水朱氏潛采堂圖書"③ 等，從這些印記可見一書輾轉遞藏之歷程，在書目中記錄它們確實有裨於版本鑒別。訓誡章，往往是對後世子孫永保其書的期望，如"子孫永保"、"鬻及借人爲不孝"等，《天禄琳琅書目》中還記錄了一些文字較多的訓誡章，如前編卷四影宋抄《宋張時舉弟子職等五書》上有一印，共七行，每行八字，計五十六字："趙文敏公書卷末云/五家業儒辛勤置書/以遺子孫其志何如/後人不讀將至於鬻/頹其家聲不如禽犢/苟歸他室當念斯言/取非其有無寧舍旃。"④ 此是毛晉之印。所謂閒章，只是抒發一下個人心蹟，對圖書收藏、版本鑒定並無實際意義，如徐乾學的"黃金滿籝/不如一經"⑤，還有些如"美酒飲教微醉後/好花看到半開時"⑥、"杏花春雨江南"⑦ 之類的閒章，就其寓意來說，亦難說不閒雅，但鈐在書上可有可無，記於書目中也是徒增篇幅。《天禄琳琅書目》的做法，是將一書上所有印記，巨細無遺地全部摹寫下來，並詳注鈐於書卷何處，一一開列，即使無法辨識的也加以說明，加之考出這些藏印的主

---

① 《天禄琳琅書目》，後編卷二，宋版《童溪王先生易傳》條，第404頁。
② 《天禄琳琅書目》，前編卷五，宋版《史記》條，第138頁。
③ 《天禄琳琅書目》，前編卷三，宋版《蘭亭考》條，第95頁。
④ 《天禄琳琅書目》，前編卷四，影宋鈔《宋張時舉弟子職等五書》條，第104頁。
⑤ 《天禄琳琅書目》，後編卷五，宋版《漢官儀》條，第516頁。
⑥ 《天禄琳琅書目》，前編卷一，宋版《春秋經傳集解》條，第7頁。
⑦ 《天禄琳琅書目》，前編卷二，宋版《容齋三筆》條，第52頁。

人，更需深具考證功夫。此項工程浩大煩瑣，在鑒賞書目中絕無僅有。

《天禄琳琅書目》首次詳載藏書印記，這種將印章形象化的著錄方式，是善本書目發展到一定階段的產物。當書籍被賦予與書畫同樣的文物價值時，書上的藏印也成爲衡量其價值高低的一個參數，如果僅僅爲了"以資考據"，善本書目似無需如此展示印章特徵，僅記下印文内容即可，大可省卻"真書摹入"、加注所鈐位置之功，這也是後來各家書目罕有完全繼承的主要原因。

（三）詳記函册、闕補

詳細記每書之"函册"和"闕補"，也是《天禄琳琅書目》的創新之處。函册數可反映外觀的裝幀和藏本的完整性，在現代編目中是必不可少的著錄項，而宋元明以來的藏書目録都是只記册數，或僅稱"一本"，相當疏簡。《天禄琳琅書目》册數之外，還記函數，不僅方便宫廷藏書的點檢稽核，也容易區分同書同本間的差異。

天禄琳琅藏書，皆宋元明善本，歷久流傳，難免書頁有所缺佚。有些書入藏清宫前，已經補抄完整，如《天目後編》卷六宋版《寒山子詩集》，毛晉汲古閣舊藏，首末兩葉闕失，係毛氏影宋摹抄補全。再如《天目前編》卷三宋版《新刊五百家注音辨昌黎先生文集》，闕補卷九之卷十四，提要云："按：卷九之卷十一，後一部亦係鈔補。而此本所鈔之注較少，且此本卷十二之卷十四所鈔與後部刊本亦異，則此係從他本採録，非得於原書也。"①《天目後編》卷十九明版《圭齋文集》："流傳甚少，雖闕補卷四至卷八，然不害爲古本。常熟毛氏、泰興季氏遞珍藏之。補亦舊鈔。"②但相當多的缺頁則是入宫後，内廷翰林據别本所抄補，有缺必補，顯示了皇家藏書的珍重。編輯目録時，再將補抄之卷葉詳細著録於書目中，耗時費力，可謂空前，之後的藏書目録縱有記録闕補，亦少見能下如此功夫者。

事實上，對書籍的函册、闕補等外在特徵進行著録，與記録藏印、題跋一樣，都是將書畫著録的思路移植到古籍善本目録之中。清初對書畫的鑒賞更爲流行，章法也愈發細密，吴其貞（約1609—1681）《書畫記》六卷，記録唐宋元明書畫，所録皆先列紙卷氣色，再述筆墨畫意，至於尺寸、款識、印記、裝潢皆一一備録。其後高士奇（1645—1704）的《江邨消夏録》三卷，記其自藏或親見之書畫，每幅皆記録尺寸、質地、印鑒、題跋及畫面内容。皇家善本目録借鑒了這些做法，詳述書籍外部特徵，頗具查驗鑒賞的實用價值。

---

① 《天禄琳琅書目》，前編卷三，宋版《新刊五百家注音辨昌黎先生文集》條，第70頁。
② 《天禄琳琅書目》，後編卷十九，明版《圭齋文集》條，第783頁。

（四）互見別出，各有源流

《天禄琳琅書目》仿《遂初堂書目》例，在一書下兼記數本，同書的不同版本被集中著録，已記録過的内容，後一部書提要用"篇目同前"、"同前"、"同上"、"同前首部"、"已見"等；版本用"同上，係一版摹印"；藏印、藏書家情况用"諸印見前"、"印記見前"、"某某，見前"等一語帶過，簡省了篇幅，也體現出目録編製手段的成熟。尤其是《天禄琳琅書目》中衆多的同書同版情况，用此法著録，更顯精要。這一點在《天目後編》中非常普遍，往往短短幾字，即將一書情况言明。

雖《天目後編》多仿《前編》體例而纂，然亦有其獨到之處。彭元瑞識語稱"互見别出，各有源流，而規橅有拓而愈大，析而彌精者"。① 這裏看似在説編纂《天目後編》使用了"互見别出"之法。所謂"互見别出"之法，是古代書目著録的兩種方法，② 又稱"互著"、"别裁"。"互見"是當一種書之内容涉及兩個以上學科分類時，在不同類目中重複著録；"别出"是將同一書的個别篇章在相關類目中重複著録。這兩種方法既便於檢閱文獻，又可考辨學術源流。章學誠（1738—1801）在講"史家部次條别之法"時，從理論上探討互見别出的意義，曰："夫篇次可以别出，則學術源流，無闕間不全之患也。部目可以互見，則分綱别紀，無兩歧牽掣之患也。"③ 然而翻檢《天目後編》，真正運用此法並不多，只是在既收叢刻、合刻之本，又收單行本時，堪可稱爲互見别出。如《後編》卷五宋版子部既收《纂圖互注六子全書》，隨即又收《老子荀子揚子文中子》一部、《沖虛至德真經》三部、《纂圖互注南華真經》三部、《纂圖互注荀子》二部、《纂圖互注揚子法言》二部，提要均注明"見前《六子全書》内某某書，係一版摹印"。再如卷五宋版史部既收《麗澤論説集録》，卷七宋版集部又收《東萊吕太史集》，並云："書五十卷。凡詩文之類爲《文集》十五卷，家範尺牘之類爲《别集》十六卷，程文之類爲《外集》五卷，麗澤論説集録十卷，見前。"④ 對這種重複收録，編者的解釋是："原各成書，無妨兩美

---

① 《天禄琳琅書目》，彭元瑞"識語"，第810頁。

② 此法至今仍是圖書編目的重要輔助手段，如國立中央圖書館編：《國立中央圖書館中文圖書編目規則》，上海：商務印書館，1946年，其中甲編"中文圖書編目規則"中第七章"互見及别出"，就專論此法，見第53頁。

③ （清）章學誠撰，葉瑛校注：《文史通義校注》，北京：中華書局，1985年，卷六，外篇一，"和州志藝文書序例"，第653頁。

④ 《天禄琳琅書目》，後編卷七，宋版《東萊吕太史集》條，第542頁。

耳。"①"諸子各自成書，無嫌專行也。"② 似乎只是在爲廣收博採、兼收並蓄尋找藉口，其實尚未上升到理論自覺的程度。據上下文看，彭元瑞所說的"互見別出，各有源流"，應是指前、後編收書而言，與傳統編目理論中的"互著"、"別裁"仍有一定差距。

三、分類特點

《天禄琳琅書目》凸顯宮廷藏書之版本價值，在編次上突破了傳統藏書目錄的分類格局，首先以版本時代爲綱，同時代者再按經、史、子、集四部分類排序，明確標示如"宋版經部"、"宋版史部"等，既有四部之名，又行四分法之實。同一時代下，因書立類，比如《天目前編》金版只《貞觀政要》一種，設類只有"金版史部"；《天目後編》有遼版和影遼抄《龍龕手鑑》各一部，於是另立"遼版經部"、"影遼鈔經部"。各部下，雖無二級子目名而仍有分類，並次序排書。既是藏書目錄，編者根據所藏書的種類和數量多寡，分門別類，聊備尋檢而已，基本上墨守四部成規，名目上並無新創。筆者據《欽定四庫全書總目》之四部、四十四大類，分別統計《天禄琳琅書目》前後編各類藏書數量，藉此可對這批皇家藏書在內容上的特點略作分析：

首先是正經正史類書數量大，經部達總數的四分之一，史部"正史"、"編年"、"紀事本末體"三類超過百部，體現了宮廷收藏尊崇儒家經典，重資政實用的鮮明特色。其次天禄琳琅書中無一部"曲類"等俚淺之作，無奇技淫巧、世俗之書，顯是以闡聖學、明王道者爲主，不以百氏雜學爲重。子部下無"釋家類"，皆因這一類書已單獨編入《秘殿珠林》及其續編、三編之中。第三，《天目前編》卷十明版集部僅收入2部明人別集，一是王世貞《弇州山人四部稿》，一是賀逢聖《代囊子集》，而《天目後編》別集下限至元人止，無一部明人別集，不僅在甄選版本，連書籍內容上，都顯示出編者厚古薄今的思想。

乾隆皇帝曾謂："從來四庫書目以經、史、子、集爲綱領，裒輯分儲，實古今不易之法。"③ 儘管《天禄琳琅書目》版本下亦按"四部分類法"編次排序，但並不嚴整，甚至偶有混亂，表現在如下三個方面：

（一）部類不盡與《四庫總目》相合

比較《四庫全書總目》，《天禄琳琅書目》分類頗有不同之處，因此有學者

---

① 《天禄琳琅書目》，後編卷四，宋版《諸儒校正兩漢詳節》條，第475頁。
② 《天禄琳琅書目》，後編卷五，宋版《老子荀子揚子文中子》條，第486頁。
③ 《四庫全書總目》，卷首，乾隆三十八年二月十一日上諭，第1頁下欄。

謂：" 天禄琳琅部類不盡與《四庫全書》相合。"① 例如《國語》，在《天目前編》經部，在《四庫全書總目》史部雜史類；《歷代君鑑》在《天目前編》史部，在《四庫全書總目》子部雜家類；《哲匠金桴》在《天目後編》集部，在《四庫全書總目》子部類書類，等等。究其原因，一是由於《天目前編》成於《四庫全書總目》之前，無範式可依，對於圖書分類的認識多承襲傳統，這種情況在《天目前編》較多，而在《天目後編》只3部書分類與《四庫全書總目》不同，當係受到《四庫總目》影響所致；二是很多子部書被提升地位，置於經部、史部之下，這或許是編纂諸臣的特別用意，即充實經史二類，以加大《天禄琳琅書目》中正統書籍的比例。

（二）分類認識不盡統一

同一部書，在《天禄琳琅書目》前後編竟出現在不同的部類下，這種情況屢見不鮮，例如《童蒙訓》在《天目前編》經部，在《天目後編》子部；《戰國策》在《天目前編》子部，在《天目後編》史部；《唐詩紀事》在《天目前編》史部，在《天目後編》集部，等等。這些表面看是前、後編的不統一，而《天目後編》分類往往與《四庫全書總目》相符，實則是依據《四庫》對《天目前編》圖書分類的修正。《四庫全書總目》對以往類目的分併改隸，" 務求典據 "，" 擇善而從 "，創立了更爲完善、系統的四部分類體系。" 自從1793—1795年《四庫全書總目》開始向讀書人和藏書家流通以後，一個最顯著的影響，就是在目録分類的類目上和每類之中所著録書籍的編排上，很快的就按照《四庫全書總目》的分類體系去做了。"② 不只私人藏書家，顯然同是 " 欽定 "、" 官修 " 目録的《天目後編》的編者們也接受了《四庫全書總目》的分類思想，尤可見《四庫全書總目》在目録體系中的主導地位。

但是，彭元瑞等人並沒有完全遵照《四庫總目》的分類，如《詳注東萊先生左氏博議》，《天目前編》在卷六元版子部下，《天目後編》則在卷七宋版集部下，都與《四庫總目》置於經部春秋類的做法不同。《天目後編》卷十有2部元版《晏子春秋》，入子部儒家類，而《四庫總目》入史部傳記類，提要曰：" 案，《晏子》一書，由後人撫其軼事爲之，雖無傳記之名，實傳記之祖也。舊列子部，今移入於此。"③ 四庫館臣對《晏子春秋》類分的改易，就沒有得到《天目後編》編者的認可，仍是照依傳統認識分類。

---

① 《故宮善本書目》，" 凡例 "，第1頁。
② 王重民著：《中國目録學史論叢》，北京：中華書局，1984年，第246頁。
③ 《四庫全書總目》，卷五七，史部傳記類一，《晏子春秋》條，第514頁上欄。

（三）竄亂次序、誤入他類

這種情況均出現於《天目前編》某一部類的最後，如《天目前編》卷二宋版子部最後一書《太學新編排韻字類》，上有乾隆御題，本應入經部小學類；卷七明版經部的最後三部書《童蒙訓》和二部《養正圖解》，前者入子部儒家類、後者入史部傳記類更爲適宜；卷八明版史部最後一書《班馬字類》，亦應入經部小學類；這一卷倒數第四部書《大事記》，按照《四庫總目》的分類次序，本應置於《通鑑紀事本末》諸書後，在《天目前編》卻中間隔列《山海經》、《古今游名山記》等地理書、《泊如齋重修考古圖》、《寶古堂重修宣和博古圖》等金石目錄之書，夾在《寶古堂重修宣和博古圖》與《秦漢印統》兩部金石目錄書之間，顯係錯排於此。《天目》書分類與《四庫》不合之處，大多尚能以認識不同加以解釋，而以上情況有些突兀，自所在位置推測，蓋因目錄完稿、後添書只得措於部類最末所致。

宋代鄭樵提出"編次必謹類例"，"類例既分，學術自明，以其先後本末具在"。① 《天禄琳琅書目》不以辨章學術爲旨歸，只重敘錄，不重分類，因此我們不能苛責它在目錄分類上的毫無建樹。《天目前編》編排之不嚴謹，與其提要質量，實在不堪相提並論；反之，《天目後編》提要質量，無論完備程度還是鑒定水平之高下，都遠不如《天目前編》，但分類上少有明顯錯排、歧義發生，這也可從一個側面看到《四庫全書總目》對其後藏書目錄的巨大影響。

四、收錄特點

（一）重在鑒藏，不嫌博採

《天禄琳琅書目》"凡例"第四則曰："同一書而兩槧均工，同一刻而兩印各妙者，俱從並收，以重在鑒藏，不嫌博採也。"② 即同一書而兩刻皆工緻，從宋人尤袤《遂初堂書目》之例而並收；同一版而兩印皆精好，亦兩本並存。《天禄琳琅書目》同書異本的情況非常多，如《朱文公校昌黎先生集》收3種宋版：大字本、麻沙小字本、中字本；《禮記》收3種宋版：余仁仲本、中字本、大字本；《節孝先生文集》收1部宋本，1部明本；《古史》收大字本、小字本2種不同宋版以及1種元本；《戰國策》收2種宋版：大字本、小字本；《國語》收2種明版，一爲張一鯤所刻，一爲許宗魯所刻；《增廣注釋音辨唐柳

---

① （宋）鄭樵撰：《通志二十略》，北京：中華書局，1995年，"校讎略"，第1806頁。
② 《天禄琳琅書目》，"凡例"，第10頁。

先生集》收3種不同的麻沙小字本；《五倫書》收2種明版，官刊頒行本和坊刻小字本，等等。同書異本情況，據筆者統計，《天祿琳琅書目》前後編總計131種書，552部不同版本。而同書同版本者更多，《天目前編》屬於一版多印者有50種130部複本，《天目後編》有76種184部。《天目前編》宋本《六臣注文選》、《史記》，明本《詩緝》，《天目後編》宋本《春秋經傳集解》、《六家文選》，明本《六經圖》、《白孔六帖》、《昌黎先生集》、《集千家注杜工部詩集》各收4部；《天目前編》明本《文獻通考》、《五倫書》、《六子全書》，《天目後編》宋本《班馬字類》各收5部，而《天目前編》明本《六家文選》竟收了10部之多。即便是同出一刻，被判明"紙墨在前二部之下，雖出一版，實遠遜之"①、"此書即前板，樅印之時亦不相遠，惟紙墨稍差耳"② 之書，仍被一併收入。

《天目前編》同時將10部明嘉靖間袁褧嘉趣堂刻本《六家文選》收入，10部中有9部因樅印精良而被書賈僞作宋本。在最後一部《六家文選》提要中，文臣對內府藏書之富頗有誇耀之意：

> ……合計此書共成十部，而作僞者居其九，其間變易之計狡獪多端，或假爲汴京所傳，或託之南渡之末，雖由書賈謀利欺人，亦足見袁氏此書樅印精良，實爲一時不易得之本。今登册府者至十部之多，且袁氏所藏宋槧原本已入前宋版書中，七百餘年後先輝映，猗歟盛矣！③

一部明版，同時收錄複本竟達10部，洵屬繁複！10部書版本既完全相同，唯一差別在於所鈐藏印不同，曾分藏不同藏家，除第一部無藏家印記外，其他9部各不相同：第二部鈐"楚府圖書"、"水村陸氏珍藏"、"雲間潘氏仲履父圖書"等藏印，曾經明楚王、陸完、潘允端遞藏；第三部鈐"寶峰主人"、"業在二西"印，曾經姜紹書、智瑄收藏；第四部鈐"季振宜藏書"、"御史之章"等印，曾經季振宜收藏；第五部鈐"煙條館印"、"世美堂"、"滄浪漁隱"等印，曾經文徵明、袁忠徹、徐孟岳等人遞藏；第六部鈐"尚寶司卿"、"王偉"、"華亭朱氏珍藏"等印，曾經袁忠徹、王偉、朱大韶等人遞藏；第七部鈐"太子太保傅文穆公家藏圖書"、"馮氏開之"、"曲阿孫氏七峰山房圖籍私篆"等印，曾經傅瀚、馮夢禎、孫育珍等人遞藏；第八部鈐"水村陸氏畫史珍玩圖書"、"毛氏九疇珍玩"、"聚星堂藏書"印，曾經陸完、毛九疇、陳犖收藏；第九部鈐"六江朱孔兆印"、"蔡珣私印"等印，曾經朱孔兆、蔡珣等人收藏；第十部鈐

---

① 《天祿琳琅書目》，前編卷七，明版《重刊許氏説文解字五音韻譜》條，第236頁。
② 《天祿琳琅書目》，前編卷七，明版《改併五音集韻》條，第239頁。
③ 《天祿琳琅書目》，前編卷十，明版《六家文選》條，第365頁。

"南昌袁氏家藏珍玩子孫永保"、"武陵華伯子圖書"印,曾經袁忠徹、卞榮收藏。① 因名家舊藏,有各款精妙之藏印,於是入選昭仁殿,以供皇家賞鑒,這就是凡例所云"同一刻而兩印各妙者,俱從並收"。

《天禄琳琅書目》對一書的去取往往因其鑒藏價值而定,即"重在鑒藏",從收藏的角度對某一版本加以考量。曾經名家收藏,錦上添花,自當收入;版刻罕見流傳,藏家多予重視,也應一併收錄。如《天目前編》明版《野客叢書》,據郭紹彭撰王楙《壙銘》,知此書在宋時未刊,故《文獻通考》等各家目錄不載,明時始有刊本,而王圻《續通考》仍未採入,"則固收藏希有之書也"。②《天目前編》明版《隸釋》,據陳振孫"年來北方舊刻不可復得,覽此猶可概想",遂認爲"此書雖非宋槧,橅印不精,而其書則固足重也"。③《天目後編》元版《劉賓客外集》:"明時曾刻其集,爲雜文二十卷,詩十卷,今行於世。獨《外集》罕所流傳,藏書家珍爲秘笈,毛氏汲古閣嘗影抄之,此刻本真稀見者。"④ 爲了"鑒藏",《天禄琳琅書目》甚至不顧內容的粗劣或坊間所爲,而專重版本價值,如《天目後編》元版《選詩補注》:"其注僅以己意,敷演大意,規竊《楚辭注》而去取鮮當,陳腐不倫,殊無足取,特以舊槧收之。"⑤ 元版《增刊校正王狀元集注分類東坡先生詩》:"其間篇章之割裂,名目之犯複,殆有甚焉。而乃於標題下署十朋之名,抑何妄耶?……特以其書規仿宋槧,橅印清朗,尚屬元刻之善者,故存之。"⑥ 明版《五侯鯖字海附五經難字》:"其書龎淺不倫,八體諸篆多出杜撰,至有蒼頡、伏羲之字。又鈔禮部譯字生所習之書,自詡異聞,彌形荒鄙。……後附《五經難字》一卷,經注不分,字多習見,標《五經》而有《四書》,標《春秋》而實《左傳》,皆坊賈倩不學人所爲。……而鐫刻極精雅,故存之。"⑦ 明版《南唐書》:"此書雖係坊間刻梓,而字畫清朗,紙墨精潔,亦足爲插架之珍也。"⑧ 可見,"重在鑒藏,不嫌博採"是將善本視爲文物的集中體現。

---

① 此處藏家姓氏,多據賴福順《清代天禄琳琅藏書印記研究》一書,臺北:中國文化大學出版部,1991 年,見"一、天禄琳琅初編藏書印考",第 3—68 頁。
② 《天禄琳琅書目》,前編卷九,明版《野客叢書》條,第 307 頁。
③ 《天禄琳琅書目》,前編卷七,明版《隸釋》條,第 236 頁。
④ 《天禄琳琅書目》,後編卷十一,元版《劉賓客外集》條,第 623 頁。
⑤ 《天禄琳琅書目》,後編卷十一,元版《選詩補注》條,第 636 頁。
⑥ 《天禄琳琅書目》,前編卷六,元版《增刊校正王狀元集注分類東坡先生詩》條,第 192 頁。
⑦ 《天禄琳琅書目》,後編卷十三,明版《五侯鯖字海附五經難字》條,第 669 頁。
⑧ 《天禄琳琅書目》,前編卷九,明版《南唐書》條,第 257 頁。

（二）殘缺多，闕頁亦夥

有學者統計僅"闕補"一項，在《天目前編》中就有126部，佔了近三分之一，其中宋版最多，60%；元版第二，54%；明版第三，21%；影宋版最少，24部中僅3部有闕補，佔12%。[1] 推其原因，自是宋元版年代久遠，流傳時間長，因此殘缺較重，而年代較晚的明版、影宋鈔相對完整。筆者統計《天目後編》664部書中，有闕補頁者97部，僅占七分之一。

一書闕補少則一頁、數頁，多則整卷、數卷，甚至數冊殘缺，如《天目前編》卷二宋版《春秋經傳集解》，二函十五冊，其中"闕補卷十三、卷十四、卷十七之卷二十二，計四冊"。[2] 15冊的一部書，竟然有4冊係闕補，不禁令人質疑宮廷藏書的品質，何以眾多殘缺之本能入選昭仁殿善本特藏？若以宋元本珍貴稀有，收入殘缺本尚可理解，而殘本明刊亦收，實在有虛應、濫收之嫌。

《天禄琳琅書目》編排上以版本時代為綱，著錄內容突出版本，此外這部書目還體現出"編纂方法理性化"[3]的特徵。與以往將"凡例"隱括在書目本身或序跋中的做法不同，《天禄琳琅書目》在"乾隆御製題昭仁殿詩"、"天禄琳琅鑒藏舊版書籍聯句"後即開列凡例八則，明確交待了書目的編纂體例，後人贊其"極見精裁"[4]。首則言明編纂初衷，曰"爰以舊藏續入諸種編輯書目，以合於古者秘書分中外之義"，其後具體闡述了書目編製方法。另外，最後兩則中說："套籤於舊藏者添識'乙未重訂'，續入者則識'乾隆乙未重裝'，用志裒集次第。""諸書每冊前後皆鈐用御璽二：曰'乾隆御覽之寶'，曰'天禄琳琅'。其宋、金版及影宋鈔皆函以錦，元板以藍色綈，明板以褐色綈，用示差等。"可知它不只是書目之凡例，也是當時整理內府藏書之章程。綜上所述，《天禄琳琅書目》是一部體例成熟、條目清晰的版本目錄。

《天禄琳琅書目》雖著錄詳略不一，但體例堪稱嚴格，特別是挾皇家特權，對當時的禁書旨意多有突破，試舉隅說明之。《天禄琳琅書目》中公然收錄了

---

[1] 錢亞新著：《略論天禄琳琅書目》，《河南圖書館學刊》1989年第1期，第29—30頁。
[2] 《天禄琳琅書目》，前編卷二，宋版《春秋經傳集解》條，第8頁。
[3] 嚴佐之先生在《近三百年古籍目錄舉要》前"清代私家藏書目錄瑣論（代前言）"中，將出現詳盡具體的正規化書目編纂體例，總結為清代私家藏書目錄的特點之一，即編纂方法的理性化，第2頁。
[4] 梁啟超著：《圖書大辭典・簿錄之部・官錄及史志》，《飲冰室合集》專集第十八冊，《飲冰室專集》八十七，上海：中華書局鉛印本，1936年，第38頁。

被禁大臣的文字，最多的是錢謙益，不僅 14 部書上記其藏書印記①，如宋版《玉臺新詠》記其"錢謙益印"、"牧齋"二白文印，並稱"錢謙益藏本"②；宋版《呂氏家塾讀詩記》記"宗伯"白文印，並稱"其'宗伯'一印，則錢謙益自誌其官閥也"③，等等，還全文錄其題識，如宋版《漢書》下有錢謙益三則題跋、一則題記，合計 700 餘字；宋版《古列女傳》下也有錢跋一則，凡 234 字。早在乾隆三十四年（1769），錢謙益的書就被禁毀，編纂《四庫全書》時，四庫館臣對錢氏文字誅絕爬剔，無微不至，甚至他人之書有錢氏及與其往來的文字都會遭禁，④ 而皇家敕編書目卻不受禁書影響，照錄無遺，這只能以皇家特權加以解釋。編《四庫》是朝廷文治的重要內容，將垂型世人，其中必要體現嚴格的政治標準；宮廷藏書目錄面向皇帝，皇帝德範生民，俯臨天下，自是無需迴避"貳臣"、"奸佞"之說。其他人如王鐸，亦是與錢謙益一樣大節有虧之人，編纂《四庫全書》時書及雕版均遭全毀，但《天祿琳琅書目》中有二部書的提要對他做了簡介：《天目前編》元版《大廣益會玉篇》記其"王鐸"朱文印，并云："王鐸字覺斯，河南孟津人，明天啓二年進士，本朝官禮部尚書。"⑤《天目後編》宋版《御題唐陸宣公集》記"王鐸之印"白文印及"覺斯"朱文印，並云："王鐸，字覺斯，孟津人。本朝大學士。"⑥ 再如與錢謙益同被乾隆皇帝作爲禁毀典型的金堡，《天目前編》的明版《路史》下也有記載："書前載明金堡序文，稱'吳子伯持，妙年好古，有《路史》之役，較譌訂訛，斯已精矣'云云。考金堡，仁和人，登崇禎庚辰進士。"⑦《天目前編》被收錄到《四庫全書》中，卻未按《四庫》慣例，將被禁毀之人的名字改易他人，試想，若不記或改易錢謙益等人的名字、藏書印記，一書的遞藏源流就會有所中斷，甚至混亂。錢謙益是明末清初江左藏書第一大家，他收藏過或題跋的書，不僅被文臣、後世藏家看重，連乾隆皇帝也寶愛有加，前述有錢氏多處題跋的宋版

---

① 計有《天目前編》之宋版《漢書》、《後漢書》、《古列女傳》、《玉臺新詠》，元版《大廣益會玉篇》、《唐國史補》，明版《重刊許氏説文解字五音韻譜》；《天目後編》宋版《呂氏家塾讀詩記》、《史記》、《夏侯陽算經》，元版《南唐書》，明版《東萊先生音註唐鑑》、《韋蘇州集》、《通志》共 14 處。

② 《天祿琳琅書目》，前編卷三，宋版《玉臺新詠》條，第 86 頁。此五字，王先謙本脱，據《四庫全書》本補。

③ 《天祿琳琅書目》，後編卷二，宋版《呂氏家塾讀詩記》條，第 410 頁。

④ 如直隸清河道魯之裕所撰《經史提綱》、《式馨堂文集》、《書法彀》三書内，有錢謙益姓名，遂被安徽巡撫閔鶚元奏請禁毀，版片亦被燬。筆者曾撰《魯之裕其人其書》一文予以詳考，見《四庫禁毀書研究》，北京：北京出版社，1999 年。

⑤ 《天祿琳琅書目》，前編卷五，元版《大廣益會玉篇》條，第 134 頁。

⑥ 《天祿琳琅書目》，後編卷一，宋版《御題唐陸宣公集》條，第 392 頁。

⑦ 《天祿琳琅書目》，前編卷八，明版《路史》條，第 268 頁。

《漢書》前有御題，允爲內府藏宋版之冠，并云："覽前人跋語，知舊爲吳興趙孟頫家物，輾轉流傳，一歸之王世貞，再歸之錢謙益。王、錢輩皆精於賞鑒而愛惜珍貴，至比之寶玉大弓，良非虛語。"① 按照《天禄琳琅書目》體例，當某位藏書家首次出現時都要對其生平有所介紹，文臣雖然在《漢書》提要中評道："謙益人品不足稱，而長於鑒古，故於是書三致意。"② 終是全文保留了錢氏題跋，尊重了鑒賞書目的特殊體例。

《天禄琳琅書目》是我國第一部官修版本目錄，是一部完整意義的善本書目。它和《四庫全書總目》一樣，都繼承了此前同類目錄之長，又加以創新，顯示出相當的學術功力；況且皆出於"敕撰"，上行下傚。在宏觀上，它影響了其後數百年的善本書目編纂風尚，對後世目錄著作產生了廣泛持久的示範效應，出現了衆多受其影響的成果；在微觀上，其編排系統，著錄細密，這些著錄項目大多沿襲至今，僅作局部的擴充和規範，對善本書這一重要目錄類型，確實有開先創制的意義。儘管它"部次簡單，不足以言分類也"③、"辨別未精，版本多誤，未可悉採信也"④、"過於煩瑣，考證疏忽"⑤，但瑕不掩瑜，《天禄琳琅書目》於目錄學之高度並不因此而減退，它在中國目錄學史上仍然佔有相當重要的地位，係中國目錄學史上經典之作。

劉薔：清華大學圖書館副研究館員

---

① 《天禄琳琅書目》，前編卷二，宋版《漢書》條，第21頁。
② 同上書，第22頁。
③ 同上書，第222頁。
④ 同上書，第78頁。
⑤ 錢亞新著：《略論天禄琳琅書目》，《河南圖書館學刊》1989年第1期，第30頁。

袁克文集部善本書題跋輯錄

李紅英

袁克文（1890—1931），字豹岑，又作抱存，或曰豹丞①。出生於朝鮮漢城，生母爲朝鮮金氏，祖籍河南項城，袁世凱第二子。後袁克文得宋人王詵（字晋卿）《蜀道寒雲圖》，得物志喜，因自號"寒雲"。孫揆均有詩云"萬山蜀道畫中身，一片寒雲悟浄目"②。

袁克文從小聰明好學，其父曾延請天津碩儒嚴修、揚州才子方爾謙等名師教授袁克文兄弟讀書。在袁克文的老師當中，對袁克文影響最大的要數方爾謙，其"收藏之啓機，緣民初時師於方爾謙"③。方爾謙（1872—1936），字地山，號無隅，別署大方，江蘇江都（今揚州）人，出生於書香世家，家學淵源深厚，擅長書法和楹聯，號稱"聯聖大方"。方氏喜好收藏字畫善本，通曉古籍版本之學。袁克文日常讀書之暇，經常向方爾謙求教古籍版本之學。方爾謙曾告誡袁克文"板本之學，豈易言哉！倘欲習之，第一當得師承"④。於是，袁克

---

① 袁克文：《洹上私乘·自述》，民國史料筆記叢刊《辛丙秘苑》，上海：上海書店出版社，2000年6月，第39頁。
② 1916年10月孫揆均題宋刊《詳注周美成詞片玉集》詩。
③ 李滂：《近世藏書家概略》，載《進德月刊》第二卷第十期，1937年5月1日出版，第125頁。
④ 同上書，第125頁。

文便拜版本目録學家、藏書家李盛鐸爲師①，專修版本目録之學。

李、袁兩家本是舊交，加之袁克文聰穎好學，李盛鐸更是循循善誘，悉心教導。數月之後，袁克文版本之學大有長進。李盛鐸之子李滂，在《近世藏書家概略》一文中記載此事説②：

> 抱存乃奉贄家君，從而受學。家君與袁氏舊有年誼，且悦其聰穎，誨之不倦。曾鈔瞿、楊、丁、陸四家書目貽之。半載後，學大進，試舉一書，抱存皆能淵淵道其始末。抱存由此致力收藏，而物聚所好，不數年中，宋元名槧，萃集百數十種。

大凡述及近百年藏書文化的文章、專著，都會提到袁克文及其藏書③。其中，倫明所撰《辛亥以來藏書紀事詩》中云："一時俊物走權家，容易歸他又叛他。開卷赫然皇二子，世間何時不曇花。"④ 描繪了袁克文傳奇、短暫的古籍善本收藏經歷，字裏行間流露出對善本佳槧聚散無常的感慨。

袁克文每得一書，或題書名，或手書題記，以識因緣。書中諸家琳琅滿目的題識、鈐印，亦述説着每一部善本昔日顛沛流離的命運，從中亦可見藏書家所歷經的無奈與苦悶。

筆者曾輯録袁克文舊藏經、史、子、集四部善本題跋⑤，涉及古籍百餘部。從其題寫的藏書題識，我們可以體味其淘書之快樂，覓書之辛苦，愛書之懇切，購書之狂熱，得書之欣喜，鬻書之悲戚。從中我們可感悟到袁克文內心所遭遇的人間冷暖、世事滄桑，正所謂"日溺書城，不復問人間歲月矣"⑥。

現將集部善本題跋整理刊布於此，以饗讀者。

---

① 李盛鐸（1858—1935）字椒微，號木齋，別號師子庵舊主人、師庵居士等，晚號麐嘉居士。德化（今江西九江市）東鄉譚家田人，民國時期著名藏書家。其家藏書始於祖父李恕，並建"木犀軒"，藏書數萬卷。至李盛鐸時，已逾十萬卷。有數處藏書室，如"古欣閣"、"蜚英館"、"凡將閣"等。

② 李滂：《近世藏書家概略》，載《進德月刊》第二卷第十期，第125頁。

③ 參見李玉安、陳傳藝：《中國藏書家辭典》，武漢：湖北教育出版社，1989年9月，第336頁。鄭偉章：《文獻家通考》，北京：中華書局，1999年6月，第1598—1601頁。柳向春：《袁克文藏書概略》，《藏書家》第十三輯，濟南：齊魯書社，2008年1月，第62—70頁。

④ 倫明：《辛亥以來藏書紀事詩》，北京：北京燕山出版社，1999年12月，第92頁。

⑤ 詳見拙文《袁克文經部善本藏書題識》，《文獻》2011年第4期、2012年第1期；《袁克文史部善本藏書題識》，《文獻》2013年第1期。《袁克文子部善本藏書題識》，《北京大學中國古文獻研究中心集刊》第十二輯，北京：北京大學出版社，2012年12月。

⑥ 詳見國家圖書館藏宋刻《纂圖互注周禮》冊末1914年袁克文跋語。另見拙文《袁克文經部善本藏書題識》（上），《文獻》2011年第4期，第131—132頁。

一、明刊《盛世新聲》跋

明刊《盛世新聲》僅存子、辰、巳、未、戌，凡五集。惟此未集目錄，每曲下注小題及撰者年代、姓字。向藏尚有大字本全書十二集，未集目錄無注。斯雖殘帙，獨可貴已。丁巳（1917）初春寒雲。

袁克文前後曾得三部《盛世新聲》。先得大字本，全書十二集，今藏上海圖書館。1916年2月，又得《盛世新聲》殘本①，"存卷一之二、卷六、八、十一，凡五卷，較前所藏完本，板心寬大，曲牌名皆非墨釘白文"②，而此曲牌名爲墨釘白文的明正德十二年刻本，當是袁氏舊藏此書之第三部。

此書現存子（正宮、黃鐘）、寅（第二、三、四三册，分大石、仙呂、中呂、南呂）、午（雙調）、未（越調）、申（第七、八、九三册，分商調、南曲、南呂）、亥（折桂令）六集十册，與扉頁袁克文跋中所言"明刊《盛世新聲》僅存子、辰、巳、未、戌，凡五集"不合，疑此本現存十册並非全是袁氏舊藏，抑或是手書跋文之後又續得配全。

此本較前所藏全本，版心寬大，曲牌名皆非墨釘白文③。其卷首有"盛世新聲引"，述及此書輯錄之由：

夫樂府之行之來遠矣。有南曲、北曲之分。南曲傳自漢唐宋，北曲由遼金元，至我朝大備焉。皆出詩人之口，非桑間濮上之音，與風雅比興相表裏。至於村歌里唱，無過勸善懲惡、寄懷寫怨。予嘗留意詞曲，間有文鄙句俗，其傷風雅，使人厭觀而惡聽。予於暇日逐一檢閱，刪繁去冗。存其膾炙人口者四百餘章，小令五百餘闋，題曰"盛世新聲"，命工鋟梓，以廣其傳。庶使人歌而善反和之際，無聲律之病焉。時正德十二年歲在疆圉赤奮若上元日書。

序末未署纂輯人姓氏。此書後世刊刻頗多，傅增湘曾經眼三部《盛世新聲》④。其第一部爲其1917年在文德堂所見，題明刻本，僅存子集，有正德十二年序，

---

① 半葉十二行，行二十四字，黑口，左右雙邊。版心上鐫"盛世新聲卷之一"等卷次，卷端僅題"盛世新聲"，無卷次。其下題"正宮"，之下鐫"校正"、"刊行"；再下墨圍"子集"等集次。卷十二"亥集"無墨圍。

② 《王子霖古籍版本學文集》第二册《古籍善本經眼錄附錄·寒雲日記》，上海：上海古籍出版社，2006年10月，第159頁。

③ 《王子霖古籍版本學文集》第二册《古籍善本經眼錄附錄·寒雲日記》，第159頁。

④ 傅增湘：《藏園群書經眼錄》卷十九·集部八·曲類，北京：中華書局，2009年4月，第1354—1355頁。

袁克文集部善本書題跋輯錄　85

稱詞曲四百餘章，小令五百餘闋，命工鋟梓云云。其序文、行款與袁氏舊藏本同，疑即袁氏藏本。

第二部爲嘉靖刊本，云：

> ……十行二十字，黑口，四周雙欄。有東吳張祿序，言正德間輯《盛世新聲》，余不揣陋鄙，正其魚魯，增以新調，不減於前謂之"林"，少加於後謂之"艷"，更名曰《詞林摘艷》，鋟梓以行。據此，則張氏已增補改名。今此書仍題"盛世新聲"，殊不可解，俟更考之。每卷標題下注"正宮大南呂"等字，次標"新增題目姓氏"六字，次題"子集"、"丑集"等，以十二支分十二卷。次行"吳江元俸校正"，三行"金台張氏刊行"。鈐有"宛平王氏家藏"、"薈齋鑒定"、"曾在王鹿鳴處"、"金台王瓊宴鹿鳴藏書記"諸印。（徐梧生遺書。戊辰十二月。）

上文《盛世新聲引》末未署纂輯人姓氏，然據傅氏所見此書序，知《盛世新聲》爲東吳張祿所輯。傅氏著錄第三部《盛世新聲》僅存酉集一卷，爲其1939年12月所見：

> 明刊本，九行二十一字，（上空一格，只二十字。）白口，四周雙欄，版心題"南曲"二字。目錄缺首葉，卷首題"南曲三十腔"。按：此本刻工疏率，字體生硬，似萬曆刊。或云正德，恐非。沅叔。

傅增湘懷疑此本即萬曆刻本，其在《藏園訂補邵亭知見傳本書目》中所言《盛世新聲》第三部"明萬曆刻本，九行二十一字，白口，四周雙欄"者[①]，當即此本。

據上文所言可知，明正德年間，張祿輯録自漢唐以來的南曲、北曲，刪繁去冗，存其膾炙人口者四百餘章、小令五百餘闋，題名曰"盛世新聲"，以子至亥十二地支爲次分集。明正德十二年命工鋟梓，以廣其傳。嘉靖年間，張祿又加以校正、增删，其序云"正其魚魯，增以新調"，因其"不減於前謂之林，少加於後謂之艷"，故而"更名曰《詞林摘艷》，鋟梓以行"。此當是嘉靖初年刻本，有兩部。一部是未更名初刻本，即上文《藏園群書經眼録》卷十九著錄第二部"金台張氏刊行"，題名仍爲《盛世新聲》，如上文。另一部即已更名爲《詞林摘艷》之本，如國家圖書館藏明嘉靖三十年徽藩重刻本《詞林摘艷》，其卷首有"嘉靖乙酉歲仲秋上吉野舟劉楫"所撰"詞林摘艷序"，另有張祿自序云：

> ……正德間裒而輯之爲卷，名之曰《盛世新聲》。……但只其貪收之廣者，或不能擇其精粹，……或不能暇考其訛舛，見之者往往病焉。余不

[①] 傅增湘：《藏園訂補邵亭知見傳本書目》卷十六下·集部十·詞曲類，北京：中華書局，2009年4月，第1628頁。

> 揣陋鄙，正其魚魯，增以新調，不減於前謂之"林"，少加於後謂之"艷"，更名曰《詞林摘艷》，鋟梓以行。

末署"嘉靖乙酉仲秋上吉東吳張祿謹識"。其卷端題"詞林摘艷卷之一"，下題"甲集"，次行下署"吳江張祿詳校刊行"；其卷末"詞林摘艷後跋"，末署"皇明嘉靖乙酉中秋前一日康衢道人吳子明書於南華軒中"。每集前均有小序，末署"嘉靖乙酉歲中秋前三日東吳張祿書於浦東書室"，或題"嘉靖乙酉歲中秋日吳郡蒲東山人書於污隱軒中"等，均爲"嘉靖乙酉"（四年，1525）。吳梅舊藏亦有嘉靖三十年徽藩刻本《詞林摘艷》，書中曹元忠跋云①：

> 明刊《詞林摘艷》殘本六卷，本天一閣故物。其書目子部類書類有刊本十卷，明張祿撰，劉楫序是也。據《百川書志·詞曲類》，亦稱嘉靖乙酉吳江張祿校集，以《盛世新聲》博取欠精，速成多誤，復正魯魚，損益新舊小令九百，南調百七十有七，北調、南九宮五十三，北八宮兼別調二百七十八，詞林之精備者。今缺南北小令一卷二百三十調，爲甲集。北八宮三卷一百七調，爲丙集。庚集、辛集，就其書見存者，每卷首有"吳江張祿詳校刊行"八字，而目錄每調前小引，及卷末康衢道人吳子明跋均題嘉靖乙酉中秋前後，知刊於嘉靖四年乙酉。又壬集後有"嘉靖辛亥歲仲秋吉旦徽藩月軒道人重刊"兩行十七字，知重刊於嘉靖三十年辛亥。考《明史·諸王表》，徽王載埨嘉靖三十年襲封，則刊是書時，正其襲封之年也。前歲天一閣所藏散佚，是書遂殘，以歸吳君瞿安，因爲跋尾。宣統戊午（1918）五月五日辛卯同郡曹元忠。

書中另有吳梅跋語云：

> 越十三年庚午，取江南圖書館藏本補鈔甲、丙、庚、辛四集。是書遂完足。惜君直作古五年，不及見此完帙矣。霜厓吳梅書，時庚午（1930）七月朔。（下鈐"霜厓"白方印。）

1914年，傅增湘曾寓目"明吳江張祿詳校刊行"之《詞林摘艷》十卷，卷首有嘉靖四年劉楫序云②：

> 明刊本，分甲至癸集，十行廿字，黑口，四周雙欄。有嘉靖乙酉劉楫序。（每集均有序。）

此嘉靖本之《詞林摘艷》今藏國家圖書館。書中鈐有"瞿安"、"吳某之印"、"霜崖手校"、"瞿安讀藏記"、"長洲吳氏藏書"諸印記。此本當以徽藩本

---

① 詳見國家圖書館藏4163號明嘉靖三十年徽藩刻本《詞林摘艷》。
② 《藏園群書經眼錄》卷十九·集部八·曲類，第1355頁。

校勘，其壬集卷九目錄後有朱筆小字校語云"徽藩本此下尚有兩套：滿腹內陰似刀攪，日月長明興社稷"。

表一 《盛世新聲》與《詞林摘艷》篇目對照表

	盛世新聲				詞林摘艷		
	正德刻本①	嘉靖刻本②	萬曆刻本③		嘉靖初年刻本④	嘉靖三十年徽藩刻本	萬曆二十五年內府刻本
行款	12行24字，黑口，左右雙邊	10行20字，黑口，四周雙邊	9行21字，白口，四周雙邊	行款	10行20字，黑口，四周雙邊	8行18字，白口，四周單邊	9行21字，白口，四周雙邊
集次	篇 名			集次	篇 名		
子集	正宮、黃鐘	（未知）		甲集	南北小令	南北小令	黃鐘（醉花陰）
丑集				乙集	南九宮	南九宮（越調山桃紅）	正宮（端正好）
寅集	大石、仙呂、中呂、南呂			丙集	中呂	中呂（粉蝶兒）	仙呂（點絳唇）
卯集				丁集	仙呂	仙呂（點絳唇）	中呂（粉蝶兒）
辰集				戊集	雙調	雙調（風入松）	南呂（一枝花）
巳集				辛集	正宮	正宮端正好	商調（集賢賓）
午集	雙調			庚集	商調	商調河西後庭花	越調（鬥鵪鶉）
未集	越調			己集	南呂	南呂（占春魁即一枝花）	雙調（新水令）
申集	商調、南曲、南呂			壬集	黃鐘附大石調	黃鐘（願成雙），卷端"詞林摘艷"下題"黃鐘附大石調"。	南曲（青納襖）

① 即此袁克文舊藏正德本《盛世新聲》。
② 即上文所言傅增湘《藏園群書經眼錄》著錄之第二部《盛世新聲》。
③ 即上文所言傅增湘《藏園群書經眼錄》著錄之第三部《盛世新聲》，疑爲萬曆本。《藏園訂補邵亭知見傳本書目》卷十六下·集部十·詞曲類已著錄爲萬曆刻本，第1628頁。
④ 疑即明嘉靖四年（1525）張祿自刻本，或至少源於此本。

(續表)

盛世新聲			詞林摘艷			
酉集		南曲三十腔	癸集	越調	越調（鬥鵪鶉）	南小令
戌集						
亥集	折桂令					

由上文可知，明嘉靖三十年（辛亥，1551）徽藩重刻本之底本爲嘉靖初年刻本，疑即嘉靖四年張祿自刻本，卷十末鎸"嘉靖辛亥歲仲秋吉旦徽藩月軒道人重刊"二行。以甲至癸十天干爲序分集，與《盛世新聲》以子至亥十二地支分集不同。徽藩重刻本略有增加，其中，壬集卷九卷端未題卷次，僅題"詞林摘艷"，下題"黃鐘附大石調"。卷前無"黃鐘附大石調引"小序，然無大石調細目，疑脱落。目錄後有"滿腹内陰似刀攪，日月長明興社稷"一行，與嘉靖初年本《詞林摘艷》校語相合。其行款爲半葉八行十八字，白口，四周單邊，與嘉靖初年刻本不同。

嘉靖初年刻本《詞林摘艷》與傅氏所見第二部嘉靖本《盛世新聲》行款相同，疑即以之爲底本重刻，並更名《詞林摘艷》。

明萬曆二十五年（1597）内府再次重刻《詞林摘艷》，卷首有"重刊詞林摘艷序"，末署"萬曆二十五年歲次丁酉季冬之吉謹序"，次爲"詞林摘艷"目錄，首即甲集"黃鐘醉花陰目錄"，分甲、乙、丙以至癸，總十集，卷端無卷次，其目次與兩部嘉靖本《詞林摘艷》不同；其行款與萬曆本《盛世新聲》相同，却與徽藩本《詞林摘艷》相距較遠。故疑萬曆二十五年本《詞林摘艷》之底本與徽藩刻本關係不甚密切，而與傅增湘《藏園群書經眼錄》著錄第三部《盛世新聲》有關。

二、舊抄本《巴西文集》跋

予所見知不足齋抄本《巴西集》並此已有三部，以此爲最精，且有鮑氏手跋，尤足增重，洵善本也。庚申（1920）五月廿五日記於泉堂。寒雲。（下鈐"袁克文"朱白小方印。）

此書爲元鄧文原撰。《四庫全書總目》著錄江西巡撫采進本《巴西文集》一卷云：

……文原字善之，一字匪石，綿州人，隨其父流寓錢塘，自稱"巴西"，不忘本也。生於宋理宗寶祐六年（1258）。宋末應浙西轉運司試，中魁選。至元間行中書省辟爲杭州路儒學正，官至集賢直學士，兼國子監祭酒，致仕。致和元年（1328）卒於家，謚文肅。事迹見《元史》本傳。文原學有本原，所作皆溫醇典雅。當大德、延祐之世，獨以詞林耆舊主持風氣。袁桷、貢奎左右之，操觚之士響附景從。元之文章，於是時爲極盛，文原實有獨導之功。所著有《內制集》、《素履齋稿》，今並未見傳本。此本不知何人所編，僅錄其碑志記序等文七十餘篇。即顧嗣立《元詩選》中所錄諸詩，亦無一首。蓋出後人摘選，非其完帙。然黄虞稷《千頃堂書目》僅列二集之名，而無其卷數，蓋亦未見。近時藏書家所有，皆與此本相同，則其全集之存否，蓋未可知。或好事者蒐采遺篇，以補亡佚，亦未可知。然吉光片羽，雖少彌珍，固當以幸存寶之，不當以不完廢之矣。

四庫提要所言"《素履齋稿》"，疑爲《履素齋稿》，國家圖書館藏有鐵琴銅劍樓舊藏《履素齋稿》二卷①，此本爲清鮑廷博、鮑正言輯錄，並校勘。卷端原抄寫爲"素履齋稿"，後用墨筆勾乙爲"履素"，即"履素齋稿"；次行下題"知不足齋輯錄"。天頭紅筆校語云"重寫時中縫當改'履素齋稿'"，"素履"二字亦墨筆勾乙爲"履素"。

《四庫全書》所收鄧文原《巴西集》釐爲卷上、下二卷，收入鄧氏文章近八十篇。而此袁克文舊藏本《巴西文集》②，收入鄧氏文章八十九篇，較《四庫》本多。

1914年，傅增湘爲友人董康收得此書，認爲此書爲知不足齋寫本，鮑以文手校③。書中鮑氏手跋云"乾隆四十年乙未夏四月以文鮑廷博並志"，下鈐"以文"朱文長方印，書中另鈐"知不足齋鈔傳秘冊"白文朱方印、"遺稿天留"朱文長方印。《藏園群書經眼錄》、《藏園訂補郘亭知見傳本書目》均著錄此本，然未述及鮑氏手跋之僞。1915年4月28日，此書爲袁克文所得④。

1927年，傅增湘曾見李禮南舊藏不分卷寫本《巴西鄧先生文集》⑤。1928年2月至5月間，傅增湘據李禮南藏舊寫本、劉氏嘉業堂新刻本等校定此書。

---

① 其行款半葉十行，行十九字，細黑口，左右雙邊。書中天頭間有墨筆注明每篇文章收入何處，如《元文類》、《珊瑚網》、《寶繪錄》等。文中有朱墨筆校語，並題有"嘉慶壬申七月晦八十五叟識"。書中鈐有"鐵琴銅劍樓"一印記。

② 其行款半葉十行，行十九字，細黑口，左右雙邊。

③ 詳見《藏園訂補郘亭知見傳本書目》卷十四·集部五·別集類四，第1296頁。《藏園群書經眼錄》卷十五·集部四·別集類，第1090頁。

④ 《王子霖古籍版本學文集》第二冊《古籍善本經眼錄附錄·寒雲日記》，第138頁。

⑤ 《藏園群書經眼錄》卷十五·集部四·元別集類，第1090頁。

册末間有傅增湘朱筆校記、題跋，如第一册末云：

> 戊辰（1928）二月初三日據李禮南藏抄本校沅叔記。

第六册末云：

> 戊辰五月十一日依李禮南藏舊寫本勘定。原本十一行二十四字，假自朱君翼庵。留置案頭，已四月矣。聞劉氏嘉業堂有新雕本竣，索取更校之，爲刊入蜀賢叢書之張本焉。

末署"江安傅增湘記"。或是經過此次細緻校勘，傅增湘認爲此本乃杭州書估傳抄之本，僞造鮑以文手跋，袁克文跋中所云誤。此書中鮑氏手跋之下有傅增湘題識云：

> 此爲杭估傳抄本，以文手跋亦僞迹，抱存誤矣。沅叔志。

此本後入藏涵芬樓，《涵芬樓燼餘書録》著録，書中亦指出此本卷末鮑以文跋及知不足齋藏印均屬僞造[1]。今書中鈐有"寒雲小印"、"袁克文"、"海鹽張元濟經收"、"涵芬樓"、"涵芬樓藏"諸印鑒。

現存《巴西文集》多爲抄本，主要有十行本與十一行本。國家圖書館藏有明末毛氏汲古閣舊藏明抄本，半葉十一行，行二十四字，無格。此本爲明朱性父舊藏，書中明弘治二年（1489）楊循吉跋云：

> 性父以此集與王止仲《褚園稿》同見示，鄧公何得比擬止仲？略讀一二，知其大略，因書。弘治二年二月廿四日楊循吉君謙父。

毛氏之後，此書又經清初季振宜收藏，後爲朱文游所得。《愛日精廬藏書志》卷三十二亦著録此書。乾隆四十一年（1776）錢大昕從朱文游處借得此書，倩人抄録。書中錢氏跋云[2]：

> 予從吳門朱文游借得《巴西集》，乃明人抄本，汲古閣所藏。予募人抄其副，略校一過。舊抄潦草，多訛字，如"餘"作"余"、"釋"作"什"之類。予所顧寫手字拙而不讀書，儲之篋中，姑備一家，未可謂善本也。巴西所著曰《内制集》，曰《素履齋稿》，今皆不可尋見。此本殆後人搜羅綴緝成之，故無卷次。然藏書家著於録者，亦罕矣。乾隆丙申（1776）冬十月十三日辛亥錢大昕及之甫書於屛守齋。

---

[1] 《張元濟古籍善本序跋·涵芬樓燼餘書録》，第711頁。
[2] 詳見國家圖書館藏3945號《巴西鄭先生文集》。

嘉慶九年（1804），錢氏將此抄本贈予其婿瞿中溶（號木夫）①。次年六月，黃丕烈從瞿氏借得此錢大昕抄本，與家藏舊本校勘一過，並手書跋語云：

  嘉慶乙丑六月，從嘉定瞿木夫借得伊外舅錢辛楣先生所抄朱文游家藏毛汲古藏明人鈔本，手校一過。行款大略相同，訛舛亦復不少。辛楣校正外，尚有此善於彼者，余爲校於上方，而錢本一二佳處即錄於此。書經三寫魯魚亥豕，有同慨也。得此二本參之，略可讀矣。中脱一葉，復賴錢本足之。蕘翁丕烈識。

黃氏藏本流入坊肆，爲常熟翁氏所得。書中鈐有"白堤錢聽默經眼"、"翁斌孫印"等印記。常熟翁氏另藏有劉喜海味經書屋抄本《巴西鄧先生文集》一卷，半葉十一行，行二十二字，白口，四周雙邊，綠格，單綠魚尾，版心下鐫"東武劉氏味經書屋校鈔書籍"。翁同龢曾以南昌彭氏舊抄本校勘，其父翁心存跋云：

  咸豐庚申（1860）得東武劉氏此本，訛脱幾不可讀。其明年復得南昌彭氏舊鈔本，亦訛脱不少。兒子同龢取兩本互勘。誤者正之，闕者補之，較舊差善，而舛落處尚多，安得有善本從而是正耶。拙叟翁心存記，時年七十有一。

毛氏舊藏明抄本後入藏瞿氏鐵琴銅劍樓，《鐵琴銅劍樓藏書目録》卷二十二著録，並録楊循吉跋②。今書中鈐有"子晋氏"、"毛鳳苞印"、"汲古閣主人正本"、"毛氏藏書子孫永寶"、"滄葦"、"季印振宜"、"鐵琴銅劍樓"諸印記。今藏國家圖書館。

三、明銅活字印本《劉隨州集》跋

  《劉隨州集》十卷，古活字本。編次與宋明刊本俱異，復無末卷雜文。此本首五古，終七絕，明弘治李士修翻宋棚本。卷一之七爲五言，首絕句，次律體，又次古體；卷八之十，首六言，次七言，次第與五言同，卷十一爲文。予藏明寫本與李刊同。寒雲。（下鈐"百宋書藏"朱文方印。）

劉長卿，字文房，唐河間人。開元二十一年（733）進士。官至隨州刺史，故人稱"劉隨州"。其詩文集，在唐代已經成書，流傳後世，通常有三種題名。

---

  ① 國家圖書館藏3945號《巴西鄧先生文集》一書中瞿中溶題款云"嘉慶甲子九月廿日外舅潛守齋翁以此書見贈，莨生中溶謹識"。
  ② 詳見清人書目題跋叢刊三瞿鏞《鐵琴銅劍樓藏書目録》卷二十二，北京：中華書局，1990年3月，第337頁。

其一，題云"劉長卿集"，如《新唐書・藝文志》著錄爲《劉長卿集》十卷。宋晁公武《郡齋讀書志》著錄《劉長卿集》十卷，其中詩集九卷，雜文一卷，陳振孫《直齋書錄解題》著錄云"建昌本十卷，別一卷爲雜著"。可知《劉長卿集》宋時即有十卷本與十一卷本。《宋史・藝文志》著錄爲二十卷，蓋析十卷本而成①。

其二，題爲"劉文房集"，如宋蜀刻本《劉文房集》②。常熟瞿氏鐵琴銅劍樓藏有殘本五卷，存卷五至卷十，爲黃丕烈舊藏，傅增湘曾經借校此本③。另有南宋書棚本，何焯曾經寓目④。

其三，或曰"劉隨州集"，如明刻銅活字《唐人集》本即題爲《劉隨州集》⑤。另有明弘治年刻本、明嘉靖二十九年（1550）蔣孝刻《中唐十二家詩集》本、清康熙席氏琴川書屋席啓寓刻《唐人百家詩》本等。其中，明銅活字印本《唐人集》民國間存四十九種，袁克文曾得到三十七種，其餘數種，爲蔣汝藻所得⑥。《劉隨州集》即袁氏所得諸部善本之一。

從上文袁跋中可知，袁克文舊藏有三部《劉隨州集》，即明銅活字本、"明寫本與李刊"。1915 年 7 月，袁克文購得此明銅活字印本⑦，今書中鈐有"寒雲秘笈珍藏之印"、"三琴趣齋"等印。高世異曾借閱此書，鈐有"德啓借觀"白文方印一枚。

明寫本即明抄《劉隨州集》十卷，《文集》一卷，《外集》一卷，現藏臺灣⑧。此本卷首有袁克文題字云"劉隨州詩集"，次行題"郁華閣藏古鈔本"，次行署"寒雲"。卷端題"劉隨州文集卷第一"，前十卷雖題"文集"，實爲詩集。卷首目錄末題"劉隨州詩集目錄"。目錄中有卷十一的目錄，是爲文集，

---

① 關於劉長卿文集的版本流傳，請參見高橋良行撰蔣寅譯《劉長卿傳本考》，《揚州大學學報（人文社會科學版）》1988 年第 1 期；陳順智《劉長卿集版本考述》，《文獻》2001 年第 1 期；任曉輝《劉長卿集版本源流試說》，《吉林師範大學學報（人文社會科學版）》2005 年第 1 期。

② 半葉十二行，行二十一字，白口，左右雙邊。

③ 《藏園群書題記》卷十一・集部一・唐別集類一，上海：上海古籍出版社，2008 年 6 月，第 586 頁。今藏國家圖書館。

④ 《藏園訂補郘亭知見傳本書目》卷十二上・集部二上・別集類一上，第 998 頁。參見《藏園群書題記》卷十一・集部一・唐別集類一，第 586—587 頁。

⑤ 其行款半葉九行，行十七字，細黑口，左右雙邊。卷端題"劉隨州集卷第一"。

⑥ 詳見傅增湘《藏園群書經眼錄》卷十七・集部六・總集類一，第 1217—1218 頁。

⑦ 《王子霖古籍版本學文集》第二冊《古籍善本經眼錄附錄・寒雲日記》，第 142—143 頁。1914 年，傅增湘曾寓目《唐人集》明銅活字印本四十九家。傅增湘《藏園群書經眼錄》卷十七・集部六・總集類一，第 1217—1218 頁。

⑧ 《"國立中央圖書館"典藏國立北平圖書館善本書目》，臺北："中央圖書館"編印，1969 年 12 月，第 180 頁。

其卷首葉題爲"劉隨州文集卷第十一"。卷十一末之後，即"劉隨州外集"，收有"酬劉員外月下見呈"、"重送"、"恩敕重推使牒追赴蘇州次前溪館作"、"劉展平後"、"送裴二十七端公使嶺南"、"雙峰下故人李宥"、"雲秋嶺"、"同山陽（浮立團曰隱處）"、"橫龍渡"、"赤沙湖"、"至德三年春五月時謬蒙差攝海監令聞王師收二京因書事寄上浙西節度李侍郎中丞行營五十韵"等文章。書中袁克文跋，述及此書遞藏：

　　《劉隨州文集》十一卷，明人寫本。字甚拙古，惟間有脱誤。歷經葉文莊、周松靄、盛伯兮諸家藏，其珍貴可知。編次與宋本及弘治繙棚本悉合，惟古活字本以五古居首爲獨異，詩次亦不同。此册皆宋紙，頗足翫賞。客京師時所得。己未二月寒雲。（下鈐"百宋書藏"。）

高世異曾借閱此書。今書中鈐有"葉文莊公家世藏"、"葉印子寅"、"松靄藏書"、"伯羲父"、"盛昱之印"、"宗室文愨公家藏"、"寒雲小印"、"寒雲秘笈珍藏之印"、"德啟借觀"、"世異之印"諸印。卷末有盛昱題款云"光緒己丑宗室伯兮郁華閣藏"。1912年，傅增湘經眼此書①。

"李刊"即指明弘治十三年（1500）李充嗣（字士修）刻《劉隨州文集》②，書中袁氏跋云③：

　　《劉隨州文集》十一卷，明弘治庚申（1500）李士修刊本。半葉十行，行十八字。宋諱多缺避，當是遵宋棚本覆刻。黃蕘翁藏宋建本，標曰《劉文房集》，予藏明活字本無末卷；又明抄本標末卷文爲《外集》。己未（1919）二月，寒雲。

跋中所云"又明抄本標末卷文爲《外集》"，即上文明抄《劉隨州集》。袁跋中以李充嗣本"半葉十行，行十八字，宋諱多缺避"，認爲是遵宋棚本覆刻。當是袁氏舊藏本有脱頁，未見卷首末刻書識語。

明弘治十三年刻本卷首原有弘治十三年宗彝序④，言"西蜀内江李公士修田秋官作判岳陽，來知隨州，好古穎敏，勞心苦節，……雖嘗刻之臨洮守李君，

---

① 《藏園群書經眼録》卷十二·集部一·唐五代別集類，第851頁。
② 《明史》卷二百零一《列傳》八十九云："李充嗣，字士修，内江人。給事中蕃孫也。登成化二十三年進士，改庶吉士。弘治初，授户部主事。以從父臨安爲郎中，改刑部。坐累，謫岳州通判。久之，移隨州知州，擢陜西僉事，歷雲南按察使……"北京：中華書局，1974年，第5307頁。李充嗣，或作李克嗣。
③ 詳見《文禄堂訪書記》卷四，上海：上海古籍出版社，2007年6月，第252頁。
④ 末鎸"宗氏子孝"、"百吉室清暇"墨記。《藏園群書經眼録》著録四部《劉隨州文集》，第二部即明弘治十三年（1500）李充嗣刊本。半葉十行，行十八字，黑口，四周雙欄。傅增湘《藏園群書經眼録》卷十二·集部一·唐五代別集類，第850—851頁。

而所傳不廣,好詩者每每惜之。庸是捐資壽梓,俾人知劉詩盛,可頡頏李杜……"。卷末另有明弘治十一年(1498)陝西按察司副使餘姚韓明識語云:

予同寅提舉邃庵楊先生應寧嘗爲予言:詩莫盛於唐,學詩者必法諸唐,而唐詩自李杜韓柳以降,如王孟韋劉諸名家,其全集不數,數見知言者有遺憾焉。予聞而識之,遂從邃庵假所藏善本各錄一過,將有所圖,而力不能也。比明年,則孟、韋諸集邃庵已梓行之,而王右丞詩亦刻諸西蜀矣。獨《劉隨州集》尚爲闕典,乃謀諸臨洮守李君紀僦工市林,刻之郡齋。嗚呼!昔人評品隨州詩爲中唐第一,其風格上逼曹劉徐庾,而下弗論也。學詩者並孟韋諸家而熟復之,久而有得,以窺風雅。此其筌蹄耳。是集之傳,顧非人間一快事邪。弘治戊午春二月朔中順大夫陝西按察司副使餘姚韓明識。

據此知弘治十三年李充嗣刊本是以弘治十一年李紀刊本爲底本覆刻①。

據弘治十一年韓明序知,楊應寧曾刊刻孟浩然、韋應物諸集②,王維詩亦刻於西蜀,當時僅《劉隨州集》尚未梓行於世。因此,韓明從楊應寧處借得善本,屬臨洮太守李紀與"與孟、韋諸集同刻"於郡齋③。傅增湘舊藏即有此弘治十一年李紀刻本④。據書中諱字及行款,此李紀刊本疑出自南宋書棚本。如此,則袁克文舊藏李充嗣刊本間接源自書棚本。

四、明刊《朝野新聲太平樂府》跋

元刊《朝野新聲太平樂府》九卷,歷來爲朱之赤、黄蕘翁所珍賞,兼有蕘翁精跋,洵乙部之上乘。蕘翁藏元曲頗多。聞羅某藏有三十種,合裝一櫝,猶黄氏舊制,題曰"乙編"。乃某竟斷謂尚有"甲編",不知"乙編"者乃黄氏判别次第。蓋宋本及元本、元人集皆列甲編,元刻元曲亦極罕秘之籍,故列乙編,是述古毛氏之例。若作其一、其二觀,則誤。《元曲三十種》已在倭島覆刊,前序即繆,執有"甲編"之説,殊未詳審,而流

---

① 《藏園訂補郘亭知見傳本書目》卷十二上·集部二上·别集類一,第998—999頁。《藏園群書經眼錄》卷十二·集部一·唐五代别集類,第851頁。
② 楊一清(1454—1530),字應寧,號邃庵,祖籍雲南安寧。晚年居鎮江。楊一清歷侍成化、弘治、正德、嘉靖四朝,爲明代名臣,多有建樹。事迹詳見《明史》卷一百九十八。
③ 《藏園訂補郘亭知見傳本書目》卷十二上·集部二上·别集類一,第998頁。
④ 《藏園群書經眼錄》卷十二·集部一·唐五代别集類著錄第一部《劉隨州集》,第850頁。書中並鈐有"江安傅氏藏園鑒定書籍之記"、"忠謨讀書"等印鑒,此本今藏國家圖書館,館藏目錄誤爲明弘治十一年(1498)韓明刻本。

布之功尚足多。此書初歸董授經大理，亦已覆刻。内舉原本與明嘉靖刊《雜劇十段錦》，以七百金售於予，可謂奢矣。予最癖詞曲，尤嗜舊本。至銘心者有宋刊兩《片玉集注》、《中興詞選》，明洪武刊本《草堂詩餘》，舊鈔《小山小令》、《北曲拾遺》，明正德刊本《盛世新聲》，汲古影抄宋本《酒邊集》、《可齋詞》、《閑齋琴趣》，曹楝亭影抄宋本《醉翁》、《晁氏》兩琴趣，汲古抄本《唐宋詞選》，元刊《鳴鶴餘音》，舊鈔《唐人詞選》、《金奩集》，及《于湖居士集》中《樂府》、開慶《四明續志》中《履齋詩餘》、《後村居士集》中《詩餘》三宋刊，《雲山集》中詞一元刊，比又獲明刊元喬夢符《李太白金錢記》、《杜子美沽酒游春》（明王九思撰）、明賈仲名《金童玉女》三雜劇，皆孤本秘籍，他家罕有著錄者。他時匯爲叢刊，步吳印丞詞人之後，拾其所弃，庶無偏缺之憾。蓋吳氏專取宋元明刊，或影抄宋本。若舊鈔之佳者，亦均不錄，未免過執一見也。丁巳（1917）正月初十日晨起記於上海橫橋北塊雲合樓中百宋書藏，寒雲，時年二十又八。（下鈐"克""文"白文朱文聯珠小方印。）

楊朝英，號淡齋，元代文學家，青城人。其與酸齋貫雲石交往密切。鄧子晋《太平樂府序》中云："昔酸齋貫公與淡齋游，曰：'我酸則子當淡。'遂以號之，常相評今日詞手。"① 楊朝英輯選元人散曲，編成《樂府新編陽春白雪》、《朝野新聲太平樂府》二集，人稱"楊氏二選"。然《樂府新編陽春白雪》幾乎不見諸家著錄，《千頃堂書目》卷二僅著錄"楊朝英《太平樂府》九卷"。

此袁藏明刻本《朝野新聲太平樂府》曾爲黃丕烈舊藏②，黃氏誤題元刻，袁克文、張元濟等人同誤③。第一册扉頁袁克文1918年墨筆題簽云"元刊《朝野新聲太平樂府》九卷"，末署"戊午（1918）重陽寒雲"。

此本爲朱之赤舊藏。朱之赤，字臥庵，其藏書印有"臥庵道士"白文朱方印、"臥庵所藏"朱文方印等。朱氏書散，爲黃丕烈所收，曾以此本校勘所藏抄本，稱之爲"元刻細字本"，並手書跋語，甚爲珍祕④。後又經陳寶晋、董康收藏⑤。書中鈐有"休寧朱之赤珍藏圖書"、"臥菴所藏"、"寒士精神"、"蕘圃"、"黃印丕烈"、"平江黃氏圖書"、"曾藏海陵陳寶晋家"、"陳印寶晋"、

---

① 詳見《四部叢刊初編·朝野新聲太平樂府》卷首鄧序（電子版）。
② 半葉十四行，行約二十三至二十五字不等，黑口，四周單邊。卷端題"朝野新聲太平樂府卷之一"，下鐫墨圍白文"小令一"，次行署"青城淡齋楊朝英集"。書中有朱筆圈點。
③ 《涵芬樓燼餘書錄》亦題爲元刻。《張元濟古籍書目序跋彙編》中册，北京：商務印書館，2003年9月，第761頁。
④ 清人書目題跋叢刊六《黃丕烈書目題跋·蕘圃藏書題識》卷十，北京：中華書局，1993年1月，第255—256頁。
⑤ 《王子霖古籍版本學文集》第二册《古籍善本經眼錄附錄·寒雲日記》，第160頁。

"守吾"、"守吾過眼"、"守吾鑒賞"、"陳守吾經眼記"諸印記①。

1913年，傅增湘曾經寓目此書②。1916年3月董康轉讓給袁克文。袁克文得此書後重裝，並題簽云"丙辰（1915）三月後百宋一廛重裝"，鈐有"臣印克文"、"袁二藏書"、"上第二子"、"侍兒文雲掌記"、"惟庚寅吾以降"、"雙蓮華盦"諸印。袁克文很喜歡詞曲，於此書更是鍾愛有加，稱此本"洵乙部之上乘"。時常賞玩，手書跋語、題簽等。袁氏書散，爲張元濟所收，入藏涵芬樓，鈐有"海鹽張元濟經收"、"涵芬樓"等印。新中國成立後，入藏今國家圖書館。

黃氏舊藏尚有兩部③。其一爲明抄本④，其卷前有鄧序，末署"至正辛卯春巴西鄧子晋書"，此書爲袁芳瑛五硯樓舊藏。黃氏書散，此書又經汪士鐘、潘叔潤諸家遞藏，民國時爲張元濟收入涵芬樓。書中鈐有"壽階"、"袁印廷檮"、"黃丕烈印"、"丕烈之印"、"復翁"、"汪士鐘藏"、"楳泉"、"汪印振勳"、"潘印介祉"、"玉笋"、"潘叔潤圖書記"、"叔潤藏書"、"古吳潘念慈收藏印記"、"古吳潘介祉叔潤氏收藏印記"、"海鹽張元濟經收"、"涵芬樓"諸印鑒。

其二即清抄本，其行款與明寫本同，缺卷九，卷端題"朝野新聲太平樂府卷之一"。此本爲黃丕烈據其書友所携抄本，令門僕影抄補全，每卷鈐有"門僕鈔書"朱文小方印。其第九卷以周氏舊藏抄本補配，黃氏又據其所藏明刻本校勘⑤。

天頭間有黃丕烈朱筆校語，如云"元刻小字本，前有目錄二葉，姓氏一葉。每葉二十八行，每行二十四字"。黃氏幸得此書"元刻"與五硯樓舊藏有鄧序之精抄本，甚爲欣喜，贊爲學山海居之"雙璧"⑥。

---

① 據《秘殿珠林》、《天禄琳琅書目後編》、《石渠寶笈》諸書，朱之赤藏書印有"朱印之赤"、"卧庵"、"朱卧庵收藏印"等印記，未見提及"守吾"及"守吾……"諸印。鄭偉章《文獻家通考》以"守吾過眼"白文方印、"守吾鑒賞"白文長方、"守吾"朱文橢圓諸印爲朱之赤之印，疑誤。《文獻家通考》上·卷一，第20頁。此本中"守吾"諸印當是陳寶晋之印。陳寶晋，字守吾，又字康甫，清道光咸豐年間江蘇泰縣人，其藏書印另有"海陵陳寶晋康甫氏鑒藏經籍金石文字書畫之印章"白文朱方印、"陳守吾文房印"白文長方朱印、"康父"朱文方印、"康甫讀本"白文朱方印、"守吾畫印"白文朱長方印、"守吾此識"朱文方印、"守吾小印"朱文方印、"康甫詞翰"白文方印、"康甫"白文長方朱印、"寶晋印信"朱方印、"海陵陳氏康父畫記"白文長方朱印等。

② 傅增湘：《藏園群書經眼錄》卷十九·集部八·曲類，第1351頁。《藏園訂補郘亭知見傳本書目》卷十六下·集部十·詞曲類，第1627頁。

③ 清人書目題跋叢刊六《黃丕烈書目題跋·蕘圃藏書題識》卷十，第256—257頁。

④ 其行款半葉十行，行二十字。

⑤ 詳見《涵芬樓燼餘書錄》，《張元濟古籍書目序跋彙編》中册，第761—763頁。

⑥ 詳見此書中"朝野新聲太平樂府卷之九"末黃丕烈跋語。清人書目題跋叢刊六《黃丕烈書目題跋·蕘圃藏書題識》卷十，第256—257頁。

袁克文集部善本書題跋輯錄　97

傅增湘認爲此本乃黃丕烈據"前本抄補"①，其"前本"當包括"遞藏袁漱六、黃堯圃、汪閬源（士鐘）、潘淑潤諸家"之五硯樓舊藏本、瞿氏舊藏"卷末有孫伏伽手跋"之明刻本，以及黃丕烈稱之爲"元刻細字本"之明刻本。然根據黃丕烈跋文，三者均非黃氏影抄底本，而是"以周抄本足之"②，傅氏所言疑誤。

黃氏舊藏三部《朝野新聲太平樂府》最後均歸涵芬樓③，並且幸免於難。其中一部抄本因卷首鄧序罕見而爲黃丕烈所珍視。1921年，傅增湘曾經眼明寫本，並云"前有至正辛卯春巴西鄧子晉序，爲他本所無"④。殊不知，早在1915年，傅氏曾經寓目另一部有鄧序之本⑤，經孫伏伽校勘並手書識語。此即《鐵琴銅劍樓藏書目錄》題爲《太平樂府》之明刻本，瞿目誤題"活字本"⑥。此本字體點劃不整齊，正如傅氏所言"刻工殊草草"。卷首刻有鄧序，末署"至正辛卯春巴西鄧子晉書"。此書卷末"朝野新聲太平樂府卷之九終"孫氏跋云：

> 辛丑孟秋日偶得元刻不全本對過一次，稍爲改正魚魯，中落一葉，餘小令三枝無從補也。其本乃爲趙仲朗取去。癸卯夏日攜此册至金陵，復假得焦弱侯太史家藏元刻，校讎一過，盡正魚魯，並録所失一葉，餘三枝者補訂册中，方成完本。太史本失套數，第九卷賴是册亦成全書，乃知完本之艱如此。首冠北腔韻類，他本俱未有，當是是刻在前。但重版陋耳。周德清音韻惟分陰陽，已稱精妙，而卓君乃能別可陰可陽者，則大奇矣。大便作者，恨未能廣傳，耻獨爲帳中之秘。癸卯中秋後二日伏生胤伽識御營西寓。（下鈐"唐卿"白文方印。）

---

① 《藏園群書經眼録》卷十九·集部八·曲類，第1351頁。
② 清人書目題跋叢刊六《黃丕烈書目題跋·蕘圃藏書題識》卷十，第256—257頁。
③ 黃氏舊藏三部《朝野新聲太平樂府》均爲九卷，《四庫全書總目》卷二百《集部五十三·詞曲類存目》著録兩淮馬裕家藏本則爲八卷："元楊朝英撰，朝英自稱青城人，始末未詳。是集前五卷爲小令，後三卷爲套數，凡當時士大夫所撰及院本之佳者，皆選録之，亦技藝之一種，中多殘缺，蓋傳寫所脱也。"
④ 《藏園群書經眼録》卷十九·集部八·曲類，第1351頁。《藏園訂補郘亭知見傳本書目》卷十六下·集部十·詞曲類，第1627頁。
⑤ 《藏園群書經眼録》卷十九·集部八·曲類，第1351頁。《藏園訂補郘亭知見傳本書目》卷十六下·集部十·詞曲類，第1627頁。
⑥ 半葉十一行，行二十字，白口，左右雙邊。瞿氏《鐵琴銅劍樓藏書目録》著録兩部，另一部爲元刊本云："題'青城淡齋楊朝英集'。皆采元人新制《樂府》，按宮調編次。舊爲朱竹垞藏本，而中如貫酸齋、關漢卿、姚牧庵諸人，《詞綜》俱未録入，蓋纂輯時猶未獲此書也。（卷首有'梅會里朱氏潛采堂藏書'、'竹垞收藏'二朱記）"。此元刊本現存八卷，半葉十六行，行二十八字，黑口，左右雙邊。此元本爲清朱彝尊舊藏，後經揆叙謙牧堂、瞿氏鐵琴銅劍樓遞藏，書中鈐有"梅會里朱氏潛采堂藏書"、"竹垞收藏"、"兼牧堂書畫記"、"謙牧堂藏書記"、"鐵琴銅劍樓"諸印。後爲丁福保捐獻入藏北京圖書館，即今國家圖書館。《鐵琴銅劍樓藏書目録》卷二十四，第381—382頁。

孫伏伽即孫胤伽，又名孫允伽，字唐卿，一字伏生，號生洲居士，明末清初藏書家，常熟（今屬江蘇）人。好異書，更名"丌册度"，藏書樓爲"春雪樓"，藏書多奇本秘籍，如宋版葛洪《神仙傳》十卷，極爲珍貴，初爲袁陶齋藏書，後歸秦四麟①。藏書印有"孫唐卿氏"等。著有《艷雪齋集》、《談觚》、《玉台外史》等。

上文袁克文跋中云其"最癖詞曲，尤嗜舊本"，並舉數部詞曲舊本，如明嘉靖刊《雜劇十段錦》、宋刊兩《片玉集注》、《中興以來絶妙詞選》，汲古影抄宋本《酒邊集》、《可齋詞》、《閑齋琴趣》、《唐宋諸賢絶妙詞選》，曹棟亭影抄宋本《醉翁》、《晁氏》兩琴趣，宋刊開慶《四明續志》中《履齋詩餘》、《後村居士集》，元刻《雲山集》等，現均藏國家圖書館。

其中，明嘉靖刊朱有燉撰《雜劇十段錦》十集十卷，即明嘉靖三十七年（1558）紹陶室刻本，卷末鐫有牌記"嘉靖戊午仲夏紹陶室刊"。半葉九行，行十九字，小字雙行同，白口，四周單邊。1916年3月19日，袁克文從董康處以五百金購得②，書中袁跋云：

  《雜劇十段錦》十集，皆明誠齋藩邸所制，尚有《誠齋樂府》。傳世刊本都不易覯。董授經大理得此書於倭島，予以五百金易之。董尚藏有《誠齋樂府》，求價尤巨，不可遽獲。而拳拳之懷，終不能遣耳。丙辰（1916）二月二十九日識於後百宋一廛中。寒雲主人。（下鈐"惟庚寅吾以降"、"雙蓮華菴"朱方印。）

明誠齋藩邸即朱有燉，號誠齋，朱橚長子，尤工詞曲，著《誠齋録》、《誠齋新録》、《誠齋樂府傳奇》若干種。此書即爲其藩邸所制，流傳稀少，經錢曾、朱彝尊、郁松年、袁克文、周叔弢等人收藏。書中鈐有"虞山錢曾遵王藏書"、"竹垞珍藏"、"郁松年印"、"田耕堂藏"、"臣克文印"、"上第二子"、"雙蓮華菴"、"曾在周叔弢處"諸印記。

朱氏誠齋所著傳奇、雜劇傳世尚多，國家圖書館藏有兩部明永樂宣德間朱有燉自刻本《誠齋雜劇》，分別爲二十二卷本與二十五卷本。至於樂府散套，明清兩代藏書家極少著録，甚爲罕見。如國家圖書館藏《誠齋樂府》堪稱第一部中國戲曲別集，戲曲家吴梅嘆爲"孤本"，視爲瑰寶③：

---

  ① 袁表，字邦正，自號陶齋，明代詩文家。清人題跋叢刊四《錢遵王讀書敏求記校證》卷二中，北京：中華書局，1990年4月，第92頁。葉昌熾：《藏書紀事詩》，上海：上海古籍出版社，1989年9月，第216頁。
  ② 《王子霖古籍版本學文集》第二册《古籍善本經眼録附録·寒雲日記》，第159頁。
  ③ 詳見此書中吴梅跋語。

此爲孤本，往王君孝慈假吾《秦樓月》二卷去，以此爲質。今孝慈墓木已拱，《秦樓月》又爲陶蘭泉印石行世，獨此書尚存篋中。江潭避寇，展對凄然矣。丁丑祀灶日書。霜厓癯叟。

袁克文跋中亦提及元刻"《雲山集》"，即元姬志真所撰《知常先生雲山集》五卷①，元延祐六年（己未，1319）李懷素刻本。此本卷末有延祐己未朱象先後序，當即刊書之年。刊印者李懷素，即王鶚序所言之"李君提舉"。

姬志真（1194—1269），本名翼，字輔之，澤州高平（今屬山西）人。其著作除此書外，尚有《道德經總章》、《周易直解》、《南華解義》、《沖虛斷章》等。事見《甘水仙源錄》卷八《知常姬真人事迹》。

明正統《道藏》"太平部"收錄《雲山集》八卷。分卷與此本不同。白雲霽《道藏目錄詳注》卷四著錄"《雲山集》卷一之十"，其所記卷數疑誤，《雲山集》無十卷本②。

此元刻殘本，是現存傳世諸本中刊刻最早的本子，並且有不少爲別本所不及之處。例如道藏本《雲山集》所收詩文僅止於此本卷四《開州神清觀記》；其後三篇，即《滑州務真觀記》、《濱都重建太虛觀記》、《榮陽修建黃籙大醮記》，以及卷五全部、卷末朱象先序及《知常真人行實》，道藏本均未收錄。另外，此本所錄詩文內容與道藏本亦有差異。如此本卷三《雨中花·其三》有小引云："僕自騷屑東游，舲艛宛轉，十有餘年，杳絶山陽。一日，表弟不厭披榛，垂顧蓬華，就審舅氏，兼庇玉屬無恙，惘然猶疑夢間。於是亂道《雨中花》詞奉寄。"道藏本則無之。如此等等。由此可見，此本在一定程度上保存了原書舊貌，彌足珍貴③。

此本卷末有一籤條，其上墨筆題記云"一部五本，洪武三十五年正月十九日朝天宮道士姚孤雲進到"。其云三十五年者（1402），實爲建文四年。是年六月十七日，明成祖即位，詔革除建文年號，仍稱洪武。由此籤條可知此書明初曾進呈內府。對此，卷末章鈺跋有論述：

……壬子冬間，殘本三、四、五三卷流轉都門廠肆。以明人墨書一行考之，知此書明初先入南京，後歸北京。顧起元《客座贅語》云："永樂辛丑，勅南內文淵閣所藏書籍，各取一部，送至北京修撰。陳循如數檢得百匱，督一舟載之。"此集即百匱中一種，蓋沈霾五百餘年矣。墨書舊粘卷

---

① 此本半葉九行，行二十字，白口，左右雙邊。現存三卷，即卷三至卷五；卷前諸序，以及卷一、卷二散佚。《藏園訂補郘亭知見傳本書目》卷十四·集部五·別集類四著錄，第1288頁。
② 詳見《中華再造善本》汪桂海所撰此書提要。
③ 詳見《張元濟古籍書目序跋彙編》上冊《寶禮堂宋本書錄》，第338頁。

尾。錢遵王藏《列女傳》、黃蕘夫藏《山谷詩注》，及今京師圖書館藏《南史》均有"永樂二年七月蘇叔敬買到"題記，與此略同。可見明代采進書籍程式。洪武三十五年實爲建文四年。壬午六月十七日太宗即位，詔革除建文年號，仍稱"洪武"，此行必系其時改書。錢謙益《列朝詩集·高侍郎遜志小傳》引周元初《鶴林集》云："遜志作《周尊師傳》，後題洪武三十五年，歲次壬午春正月初吉，前吏部侍郎高遜志。"與此書法一律，足爲佳證。朝天宮今爲江寧府學，楊吳時就宋總明觀舊址建紫極宮。歷宋及元，皆爲道觀。逮明，乃有朝天宮之名。釋蒲菴有"同朝天宮道士朝回"口號，李昌祺有"駕幸朝天宮祭星"詩，知宮道士爲當時羽流領袖。通籍禁門，歲首進書，足備南都雅故。姚孤雲事無考。袁海叟《在野集》有"觀朝天宮方道士畫三山圖"詩，則知主管其地者，必非凡流也。仁和吳氏雙照樓剌取詞集影刊，爲疏記大概於後。昭陽赤奮若夏至節。長洲章鈺識於津門僑寓。

此類題簽於傳世善本中尚有數例，章跋已述及數部。另如國家圖書館藏元刻宋毛晃增注《文場備用排字禮部韻注》五卷，其卷末亦有一簽，上書墨筆題記云"永樂九年十二月二十八日承奉司送到"。據此簽條可見明代采進書籍程式，其與清代采進書籍程式略有差別。

清修《四庫全書》時，曾在全國範圍内徵求善本。各地進呈的書籍即四庫采進本，或稱四庫進呈本，通常在采進善本書衣鈐有朱文長方木記，而非題簽，木記基本格式通常是"乾隆三十×年×月×××送到×××家藏××××部計書×本"，或"乾隆三十×年×月××××××家藏×××計書×本"等格式。尺寸一般爲9.9×6.3厘米，間有9.7×6.4厘米、9.8×6.3厘米、9.9×6.4厘米，亦有10.2×6.3厘米者。誤差0.1至0.2厘米。外廓四邊基本上寬0.5厘米。清代四庫采進書籍除此特點之外，尚有其他標識，如在卷首鈐"翰林院印"朱文大方印等①。

由上文知，此元刻《雲山集》明初采進，入藏明應天府（今南京）皇宮内，永樂十九年（1421），隨文淵閣檢出圖書一起裝櫃，轉運北京。明清兩代一直深藏内閣大庫，近代始散出，流轉至廠肆，已爲殘圭斷璧。1913年，仁和吳昌綬雙照樓將此本之卷三影刊，收入《景刊宋金元明本詞四十種》。1915年8

---

① 詳請參見劉薔《"翰林院印"與四庫進呈本真偽之判定》，《圖書館工作與研究》2006年第1期。另請參見拙文《袁克文子部善本藏書題識》中"明弘治碧雲館活字印本《鶡冠子解》跋"相關部分。載《北京大學中國古文獻研究中心集刊》第十二輯，北京：北京大學出版社，2012年12月。

月8日，袁克文收得此書①，並於書中鈐有"侍兒文雲掌記"、"人間孤本"、"雲合樓"、"寒雲主人"、"克文之鉨"、"寒雲秘笈珍藏之印"諸印鑒。袁氏書散後，此書爲潘宗周寶禮堂所收②。1951年，潘氏後人將其藏書捐獻國家，入藏今國家圖書館。

五、宋紹興明州本《文選》跋

按《天禄琳琅後編目録》所載末有識云："右《文選》版歲久漫滅殆甚，紹興二十八年冬十月，直閣趙公來鎮此邦，下車之初，以儒雅飾吏事，首加修正，字畫爲之一新，俾學者開卷免魯魚三豕之訛，且欲垂斯文於無窮云。右迪功郎、明州司法參軍兼監盧欽謹書。"據跋，乃四明刻，當時尚存全書，此四卷不知何時流出，爲盛伯今祭酒所得。予得自盛戚景氏。乙卯（1915）三月望日，寒雲識於倦綉室。（下鈐"袁克文"朱文白文小方印、"寒雲"白文小方印。）

《文選》是我國現存最早的一部詩文總集，由南朝梁武帝長子蕭統等人輯選。蕭統卒後謚號"昭明"，故此書又稱《昭明文選》。《文選》一書流傳後世，注本頗多，其中以李善注、五臣注影響最大，其版刻甚多③。今國家圖書館藏宋元時期付梓行世的《文選》注本大致可分爲三類：

第一類，李善注本，館藏有三種版本。

首先，北宋刻遞修本，此即"世傳所謂天聖明道本"④，半葉十行，行十七字，小字雙行二十五、二十六字不等，細黑口，左右雙邊。版心題"李善注文選第幾"，下記葉數，無魚尾，而以橫綫隔斷。卷端題"文選卷第幾"，次行低兩格半題"梁昭明太子撰"，三行低三格小字題"文林郎守太子右内率府録事參軍事崇賢館直學士臣李善注上"。現存二十一卷。

其次，南宋淳熙八年（1181）池陽郡齋刻本及其遞修本，即世傳所謂尤延之本⑤，半葉十行，行二十一字，小字雙行同，白口，左右雙邊。卷端題"文選卷第幾"，次行低兩格題"梁昭明太子撰"，三行低三格題"文林郎守太子右内率府録事參軍事崇賢館直學士臣李善注上"。

---

① 《王子霖古籍版本學文集》第二册《古籍善本經眼録附録·寒雲日記》，第146頁。
② 《張元濟古籍書目序跋彙編》上册《寶禮堂宋本書録》，第338—339頁。
③ 關於《文選》版本具體情況，詳見傅剛《文選版本研究》，北京：北京大學出版社，2000年9月。
④ 《藏園群書經眼録》卷十七·集部六·總集類一，第1224頁。
⑤ 《藏園訂補郘亭知見傳本書目》卷十六上·集部八·總集類，第1505頁。

再次，元池州路張伯顏刻本重修本，半葉十行，行二十一字，小字雙行同，白口間有黑口，左右雙邊。卷端題"文選卷第幾"，次行低一格半題"梁昭明太子撰"，三行低二格題"唐文林郎守太子右內率府錄事參軍事崇賢館直學士臣李善注上"，四行低二格題"奉政大夫同知池州路總管府事張伯顏助率重刊"。卷末題有一行"監造路吏劉晋英、郡人葉誠"。

第二類，五臣注本，指唐玄宗開元時人呂延祚組織呂延濟、劉良、張銑、呂向和李周翰諸人所作注。國家圖書館藏有宋杭州開箋紙馬鋪鐘家刻本，僅殘存一卷。半葉十二行，行十八字至二十字不等，小字雙行二十七字，白口，左右雙邊。其卷端題"文選卷第一"，次行低七格題"梁昭明太子撰"，下空兩格題"五臣注"，下接正文。卷前有篇目，卷三十末鐫"錢塘鮑洵書字"，另鐫牌記"杭州猫兒橋河東岸開箋紙馬鋪鍾家印行"一行。

第三類，六家合注本，即李善與五臣合注本。根據李善注與五臣注行文的先後，又可分爲兩個版本系統。

其一，李善注在前，五臣注在後[①]，如宋贛州州學刻宋元遞修本，其卷端題"文選卷第一"，次行低五格題"梁昭明太子撰"，三行低六格題"唐李善注"，四行低六格題"唐五臣呂延濟、劉良、張銑、呂向、李周翰注"，下接正文。半葉九行，行十四至十六字，小字雙行二十字，白口，左右雙邊。

國家圖書館藏有宋刻本與贛州州學刻本題名不同，其卷端題"六臣注文選卷第一"，次行低六格題"梁昭明太子撰"，三行低六格題"唐李善並五臣注"，下接正文。半葉十行，行十八字，小字雙行二十三字，細黑口，左右雙邊。版心上記字數，不分大小字，上魚尾下記"文選幾"，左欄外上方記篇名。此本即《四部叢刊》影印底本，其刊工棱角峭厲，"墨色如漆，字畫中猶見木板紋，是建本初印之最精者"[②]。

其二，以五臣本爲底本，五臣注在前，李善注在後[③]。如南宋紹興明州刻遞修本[④]，即此袁氏舊藏殘本。其卷端題"文選卷第幾"。次行低四格題"梁昭明太子撰"，三行又低一格題"五臣並李善注"，四行篇目，後接正文，版心刻

[①] 傅剛稱之爲"六臣本"，詳見《文選版本研究》，第179頁。
[②] 《藏園群書經眼錄》卷十七·集部六·總集類一，第1232頁。
[③] 傅剛稱之爲"六家本"，詳見《文選版本研究》，第176頁。國家圖書館另藏有元大德十三年（1309）陳仁子古迂書院刻《增補六臣注文選》殘本，現存九卷，半葉十行，行十八字或十九字，小字雙行二十三字，黑口，左右雙邊間有四周單邊。
[④] 半葉十行，行二十至二十二字不等，小字雙行三十字，白口，左右雙邊。

工頗多①。

此本明代曾爲楊慈湖、文徵明、毛氏汲古閣舊藏,清代初爲季振宜所得,後入清宮天禄琳琅。光緒年間爲人盜出宮外,宗室盛昱郁華閣收得八册,即卷二十至二十八。1912年,盛氏書散,流入完顏景賢小如庵。書中藏書印鑒琳琅滿目,如鈐有"慈溪楊氏"、"文述"、"古粤世家"、"玉蘭堂"、"竹塢"、"小山戀齋"、"宋本"、"戊戌毛晋"、"毛姓祕玩"、"毛表"、"毛氏藏書子孫永寶"、"毛表印信"、"毛氏奏卡"、"字奏卡"、"御史振宜之印"、"季振宜讀書"、"五福五代堂古稀天子之寶"、"八徵耄念之寶"、"太上皇帝之寶"、"天禄琳琅"、"乾隆御覽之寶"、"天禄繼鑒"、"宗室文慤公家世藏"、"聖清宗室盛昱伯義之印"、"景行維賢"、"小如庵祕笈"等印記。之後,各册分藏諸家,故每册鈐印又略有不同。1915年3月,袁克文從完顏景賢處購得四卷,即卷二十二、二十三、二十四、二十六。1915年6月23日,袁克文析出卷二十六,與傅增湘交换宋刊巾箱殘本《京本點校附音重言重意互注禮記》卷八②。是月25日,徐森玉以宋紹興修補本《文選》卷二十五贈予袁克文③。故此五卷又鈐有"佞宋"、"克文"、"寒雲鑒賞之鈢"、"後百宋一廛"、"與身俱存亡"、"寒雲子子孫孫永保"、"寒雲秘笈珍藏之印"諸印。餘下諸卷,即卷二十、二十一、二十七、二十八爲李盛鐸、李滂父子收藏④,後爲周叔弢所得;此四卷又鈐有

---

① 如蔡正重刊、蔡政、蔡忠重刊、陳才、陳才重刊、陳高重刀、陳亢重刊、陳文刊、陳文重刊、陳真重刀、陳忠、陳忠重刊、丁文重刊、方成、方樣重刊、方祐重刀、顧宥重刊、洪昌、洪昌重刊、洪乘重刀、洪茂、洪茂重刀、洪明重刀、洪先、胡正、黄輝、江政、蔣春、蔣椿重刊、金敦、金敦重刊、李珪、李涓重刀、李良、李顯重刊、李忠、梁垂重刀、劉伸、劉文重刊、劉信、劉仲、駱晟、毛昌、毛昌重刊、毛章、毛章重刊、潘與權重刊、晟、施端、施端重刊、施俊重刊、施章重刀、宋道、宋宥、王椿、王進重刊、王舉、王舉重刊、王諒重刊、王伸、王時、王受、王雄、王乙、王因、王允重刊、王臻重刊、吴圭、吴浩、吴浩重刊、吴正、吴政、吴政重刊、徐亮、徐亮重刊、徐彦、徐宥、徐宥重刊、許中、楊昌重刊、楊永、葉達、葉明、張謹、張舉重刊、張由、重刀陳高、重刀施藴、重刀施章、重刊陳辛、周彦、周彦重刊、朱苇重刊、朱諒重刀、朱文貴、朱文貴重刊、朱因、朱宥重刊等。諱字有殷、玄(有不諱)、敬、泫、驚、弦等缺末筆。

② 《王子霖古籍版本學文集》第二册《古籍善本經眼録附録·寒雲日記》,第141頁。

③ 同上書,第142頁。

④ 《藏園群書經眼録》卷十七·集部六·總集類一,第1229頁。李盛鐸另藏有南宋淳熙八年尤袤池陽郡齋刻紹熙計衡修補本,爲楊守敬從日本所得。《木犀軒藏書題記及書録》著録,北京:北京大學出版社,1985年12月,第341頁。此本即《文禄堂訪書記》著録爲"宋紹熙尤延之刻本"。書中有淳熙八年(1181)尤袤序,另有計衡紹熙壬子(三年,1192)刊書跋云:"池頖《文選》,歲久多漫滅不可讀。衡到□,屬校官胡君思誠率諸生校仇,董工□而新之,亡慮三百二十二板、二十萬□□九十二字,閲三時始訖工,今遂爲全書。書成,以其板移置郡齋,而以新本藏昭文廟文選閣云。"版心另有"戊申重刊"(淳熙十五年,1188)、"壬子重刊"(紹熙三年,1192)、"乙丑重刊"(開禧元年,1205)、"辛巳重刊"(嘉定十四年,1221)等重刊印記。《文禄堂訪書記》卷五,上海:上海古籍出版社,2007年6月,第361—364頁。

"木齋"、"李印盛鐸"、"木犀軒藏書"、"少微"、"李滂"、"周遑"諸印記。

袁氏晚年，其舊藏《文選》殘卷轉讓潘宗周寶禮堂①。新中國成立後，各家先後捐獻舊藏，均入藏今國家圖書館，《文選》有幸在國家圖書館得以合璧，而成現存九卷②，疑即1926年傅增湘清點故宮舊藏時所發現佚去的九卷③。

1921年，傅增湘從寶應劉啓瑞家亦收得內閣大庫舊藏南宋紹興明州刻遞修本《文選》二十四卷，即卷三至五、卷九至十一，卷十五至十七、卷二十一至二十三、卷二十七至三十五、卷四十五至四十七。原裝蝶裝八册，因蟲蛀嚴重而改裝二十四册④。此本爲明晉藩朱鐘鉉舊藏，書中鈐有"晉府書畫之印"、"敬德堂圖書印"、"子子孫孫永寶用"諸印。此傅增湘舊藏內閣大庫二十四卷本與上文所言盛氏舊藏九卷是爲同版兩部書，今亦藏國家圖書館。

袁克文贈予傅增湘的卷二十六，傅增湘曾以此册邀沈曾植共賞，沈曾植題詩於卷末云：

> 排門客入攜槧櫝，筆如秋隼健如鶻。
> 朝儐觀乎校讎略，明州文選十行二十（大或二十一、二十二）三十（小）字。
> 板心亦有重刊氏，喜甚清明不昏瞢。（昭文張氏亦有殘本，已漫漶）。
> 君來我聞所未聞，君歸我且何云云，善保册府爲長恩。
> 沅叔以此見示，留置齋中十日，漫賦小詩記其行款。寐叟。

傅增湘亦曾以此內閣大庫二十四卷本請諸友賦詩題識，沈曾植亦在其中。今此本卷三扉頁沈氏題詩云：

> 闇淡春陰不速客，異書啣袖發縅縢。微吟上巳接寒食，刻歲明州紀紹興。
> 鬼作長恩應不餞，印成寶篋或相憑。他年會是茅亭客，話我南干白髮僧。
> 上巳日沅叔自杭看桃花歸，促題詩於諸公題名後⑤，以爲紀念，口占應之。寐叟。

卷二十六與內閣大庫二十四卷本爲同一版本的不同印本，《藏園群書經眼錄》將故宮舊藏本與內閣大庫本合而爲一，並以沈氏二詩均題於內閣大庫二十

---

① 《張元濟古籍書目序跋彙編》上册，第319—320頁。
② 此本現存九卷，即卷二十至卷二十八。
③ 《藏園訂補郘亭知見傳本書目》卷十六上·集部八·總集類，第1506頁。
④ 《藏園群書經眼錄》卷十七·集部六·總集類一，第1229頁。
⑤ 《藏園群書經眼錄》卷十七錄此句爲"上巳日沅叔自杭州看桃花歸，促題於諸公題名後"。

四卷本①。而《藏園訂補邵亭知見傳本書目》則明確著錄故宮舊藏本與內閣大庫二十四卷本爲兩部書②。

1929年11月,傅增湘曾在日本圖書寮寓目此宋紹興明州刻遞修本全本,卷末有盧欽紹興二十八年跋,與《天禄琳琅書目後編》所載相同③。故此,上文所及傅增湘、袁克文舊藏《文選》之南宋紹興明州刻遞修本似可著錄爲南宋明州刊紹興二十八年(1158)遞修本④。

六、明刊《極玄集》跋

《極玄集》二卷,《邵亭知見聞書目》謂"收得元刊本",即此册也。右紙及書衣題字皆邵亭手迹⑤。書中莫棠小印,即其後裔,舉所藏書盡付柳佶蓉邨,鬻諸市上。宋永州刊《柳州集》殘本爲沅叔所獲。予購得宋刊《集古文韵》、《大藏音》,元刊《滋溪文稿》與此册。此書獨完,餘皆殘圭斷璧耳。寒雲。

《極玄集》二卷,此元刊絕精之本。校訂尤佳,而傳世獨罕。持此校汲古閣刻之唐人選唐詩,頗多是正,洵善本也。抱存。(下鈐"無垢"朱文方印。)

丁巳春日雜興之一
百首選詩姚諫議,千年爭誦《極玄》編。握珠懷璧驚奇邁,珍重元朝蔣氏鐫。
中和節後二日録於百宋書藏,寒雲時年二十又八。

"極玄",即最精妙之意。姚合《極玄集自序》云:"此皆詩家射雕手也,合於衆集中更選其極玄者,庶免後來之非。凡廿一人,共百首。"此集收入二十一人之作,然宋計有功《唐詩紀事·姚合》云"合有《極玄集》,取王維等二十六人詩百篇,曰:此詩中射雕手也",明彭大翼撰《山堂肆考》卷一百二十三則云"唐姚合選唐詩二十三家爲《極玄集》",並與姚序所言人數不合,疑後世或有增刪。

《極玄集》爲唐人選唐詩之一。陳振孫《直齋書録解題》著録唐人選唐詩

---

① 《藏園群書經眼録》卷十七·集部六·總集類一,第1228—1230頁。
② 《藏園訂補邵亭知見傳本書目》卷十六上·集部八·總集類,第1506頁。
③ 《藏園群書經眼録》卷十七·集部六·總集類一,第1230—1231頁。
④ 同上書,第1228—1229頁。
⑤ "右紙",指書中夾葉。

數種,如《搜玉小集》、令狐楚輯《御覽詩》、姚合輯《極玄集》、元結輯《篋中集》、(後蜀)韋縠輯《才調集》、芮挺章輯《國秀集》、殷璠輯《河岳英靈集》、高仲武輯《中興間氣集》等。其中"《極玄集》"云:

> 唐姚合集王維至戴叔倫二十一人詩一百首,曰:"此詩家射雕手也。"

《姚氏殘語》云:"殷璠爲《河岳英靈集》,不載杜甫詩。高仲武爲《中興間氣集》,不取李白詩。顧陶爲《唐詩類選》,如元、白、劉、柳、杜牧、李賀、張祐、趙嘏皆不收。姚合作《極玄集》,亦不收杜甫李白。彼必各有意也。"

傅增湘曾經寓目宋刻唐人選唐詩殘本《才調集》,據其字體雕工,傅氏認爲當是南宋臨安書籍鋪刊本①。鄭振鐸題明萬曆本《唐人選唐詩》跋亦云:"……選刻唐人諸選,其風亦自南宋書棚創之。"② 另外還有影宋抄本《中興間氣集》、《極玄集》、《才調集》等,其行款均爲半葉十行,行十八字,白口,左右雙邊。

綜上所述,《唐詩極玄集》南宋時有刻本行世。至明末清初,影宋抄本有毛氏汲古閣、錢曾述古堂影宋抄本,十行十八字,白口,左右雙邊;因知宋刻《極玄集》爲十行十八字,乃棚本舊式③。

然此書宋刻"世久不傳"④,目前所知傳世較早的本子有元至元五年(1339)建陽蔣易刊本,分爲上、下卷,文中有宋姜夔評點。卷首有蔣易《極玄集序》,末署"時重紀至元之五年三月既望建陽蔣易題"。

此袁克文舊藏明刻本目錄後亦有至元五年建陽蔣易刊書題記,當從蔣易本出,莫友芝、袁克文、張元濟等人皆誤題元刻。此本九行十八字,細黑口,四周雙欄,卷端題"極玄集卷上"。莫友芝之侄莫棠篆書題寫書衣。莫棠跋云:

> 《愛日精廬志》六載較詳,瞿氏《藏書志》載明抄本,此書之最舊本也。然即從此出。此元刊精雅,白石評點,尤世所未同。

莫氏跋中所言"《愛日精廬志》六載",不詳是何版本。今僅見《愛日精廬藏書續志》卷四著錄"唐詩極元二卷",疑即莫氏所言之本⑤。此本後入瞿氏鐵

---

① 傅增湘:《藏園訂補邵亭知見傳本書目》卷十六上·集部八·總集類,第1514—1515頁。
② 《鄭振鐸全集》第十七卷《西諦題跋》,石家莊:花山文藝出版社,1998年11月,第624頁。
③ 傅增湘:《藏園群書題記》卷十九·集部九·總集類·斷代,《校唐人選唐詩八種跋》,第934—946頁。
④ 同上書,第940頁。
⑤ 清人書目題跋叢刊四張金吾《愛日精廬藏書續志》卷四,北京:中華書局,1990年4月,第698頁。

琴銅劍樓①，即莫友芝《郘亭知見傳本書目》中所言"張氏志有秦酉岩手抄本，題'唐詩極玄'"之本，傅增湘訂補云②：

> 明秦四麟又玄齋寫本，有蔣易跋，自蔣易刊本出。海虞瞿氏藏，即莫氏據張金吾《藏書志》著錄之秦酉岩抄本。

蔣易刻《極玄集》於白鶴書院，並附姜夔評點及跋語。至明萬曆丁亥（1587）有武林邵重生刻本。明天啓七年（1627）毛晉重刊《極玄集》③，未言明所據何本。然據"其手跋，則姜白石點本，子晉實未曾見，其所稱近刻"，或即武林邵氏本④。

此明刻本爲莫友芝舊藏，《藏園訂補郘亭知見傳本書目》著錄⑤。1917年2月17日，袁克文購自博古齋書賈柳蓉村處⑥。卷末有袁克文墨筆篆文"寒雲文雲同鑒賞"一行⑦。袁克文曾以此本與明初活字本唐人小集讎校一過，並於卷末題識云："取向藏明初活字本《唐人小集》粗校一過，舉其異同如下。二月二十六日寒雲。"下錄王維、祖咏等人詩句，行間雙行小字即其異同。如王維詩"送晁監歸日本"，旁有雙行小字云"作'送秘書晁監還日本國'"等。1918年年末，其好友高世異以汲古閣本點校，末有其藍筆題款云"戊午（1918）歲暮假與汲古閣本點校一遍"，下署"華陽高世異題記"。後爲周叔弢所得，鈐有"曾在周叔弢處"朱長方印。周叔弢《自莊嚴堪書目》著錄"《極玄集》元本，一本"，即此本⑧。新中國成立後，周叔弢捐獻舊藏給國家，入藏今國家圖書館。

袁克文跋中提及"宋永州刊《柳州集》殘本"，即宋乾道元年（1165）零

---

① 清人書目題跋叢刊三瞿鏞《鐵琴銅劍樓藏書目錄》卷二十三著錄，第355頁，現藏國家圖書館。《鐵琴銅劍樓藏書目錄》著錄云："唐姚合選。有至元五年蔣易跋。每葉板心有'又玄齋'三字。卷末有題記四行云：'此系吾鄉秦酉岩手錄，庚寅上元月遵王見贈。弗乘。''庚申九月九日得於虞城肆中。超然。'卷中有'五嶺山人'、'又玄齋校閱過'二朱記'。"

② 傅增湘：《藏園訂補郘亭知見傳本書目》卷十六上·集部八·總集類，第1513頁。

③ 毛晉《姚少監詩集》刻書序云"天啓丁卯（1627）余梓《極玄集》，乃姚武功取王維至戴叔倫二十餘人詩百首，曰：此詩家射雕手也"。

④ 此段叙述詳見傅增湘《藏園群書題記》卷十九·集部九·總集類·斷代，第940頁。

⑤ 參見傅增湘《藏園訂補郘亭知見傳本書目》卷十六上·集部八·總集類，第1513頁。

⑥ 《王子霖古籍版本學文集》第二册《古籍善本經眼錄附錄·寒雲日記》，第170—171頁。王氏書中"瘦藕初人淡如菊"、"春水船胥江長宜子"，句讀有誤。據原善本書中鈐印，當爲'瘦'、'藕初'、'人淡如菊'、'春水船'、'胥江'、'長宜子孫'；楊守敬墨筆題款"壬子四月鄰蘇老人觀於滬上"，王氏書中脫"月"字。

⑦ 文雲乃袁克文侍妾。

⑧ 《周叔弢古書經眼錄》下册《自莊嚴堪書目·善二》，北京：國家圖書館出版社，2009年7月，第615頁。楊守敬《日本訪書志》卷十二著錄元刻《唐詩極玄集》二卷，疑亦爲明刻本。

陵郡庠刻本《唐柳先生外集》一卷①，零陵縣郡治在永州，故稱"永州郡庠"。卷首有乾道元年葉桯"重刊柳文後叙"②。

永州本《柳州集》爲清曹寅舊藏。曹氏書散，此《外集》殘卷爲莫繩孫所得，扉頁有莫繩孫跋③。1913年冬，張元濟爲傅增湘收得此書④。扉頁有藏園先生七十歲小像一幅。書中鈐有"楝亭曹氏藏書"、"莫氏秘籍之印"、"莫氏圖書之印"、"影山草堂"、"獨山莫繩孫字仲武印"、"莫經農字筱農"、"莫俊農字德保"、"藏園秘籍孤本"、"沅叔審定"、"忠謨繼鑒"諸印。新中國成立後，傅氏將此書捐獻國家，現藏國家圖書館。

七、元刻《增廣注釋音辯唐柳先生集》跋

《柳先生集》，此宋麻沙刊本，亦罕見之品。各家著録多元刊本，若皕宋樓、平津館所謂宋本，半葉皆十三行，亦元本也。菽微師藏有宋刊《韓文》，與此行字、板本皆同，又有殘宋本《柳集》一卷，即此刻也。丙辰（1916）十月寒雲。

1917年袁克文跋《唐詩極玄集》中云，因宋永州刻《柳州集》殘本已"爲沅叔所獲"而頗感遺憾。其實，在此之前，即1916年10月，袁克文已得《柳集》一部，即此《增廣注釋音辯唐柳先生集》，雖不如永州本《柳州集》珍稀，亦可謂"罕見之品"。

據《寒雲日記》，袁克文曾先後三次得到《增廣注釋音辯唐柳先生集》⑤。

---

① 每半葉九行，行十八字，白口，左右雙邊。書中有莫繩孫跋、張允亮等題款。
② 詳見傅增湘《藏園群書題記》卷十二·集部二·唐別集類二，第614頁。另見《藏園群書經眼録》卷十二·集部一·唐五代別集類，第891—893頁。
③ 詳見傅增湘《藏園群書題記》卷十二·集部二·唐別集類二，第615頁。另見《藏園群書經眼録》卷十二·集部一·唐五代別集類，第892—893頁。
④ 《藏園群書經眼録》卷十二·集部一·唐五代別集類，第893頁。
⑤ 其一，《寒雲日記·乙卯日記（1915）》："（七月十四日）向某易回元刊《增廣注釋音辯唐柳先生文集》四十三卷，《別集》二卷，《外集》二卷，《附録》一卷，半葉十一行，行二十三字。"《王子霖古籍版本學文集》第二册《古籍善本經眼録附録·寒雲日記》，第143頁。其二，《寒雲日記·洪憲日記（1916）》："（二月一日）得元麻沙本《朱文公校昌黎先生文集》四十卷，半葉十三行，行二十三字。較昔所得汲古閣藏元刊精過十倍。又元刊《增廣注釋音辯唐柳先生集》四十二卷，與韓文同出一源，其刻工雋潔則不逮遠甚。"《王子霖古籍版本學文集》第二册《古籍善本經眼録附録·寒雲日記》，第157—158頁。其三，《寒雲日記·洪憲日記（1916）》："（十月初二日）得宋刊《增刊增廣注釋音辯唐柳先生集》四十三卷，《別集》二卷，《外集》二卷，《附録》一卷，半葉十三行，行二十一字。卷首陸三淵序，半葉八行十六字；次潘緯序，半葉六行十二字，皆行楷，刻極精。次諸賢姓名，次劉禹錫序，次世系圖，次年譜，次目録。（元刊半葉十三行）。此即麻沙祖本，真宋刊宋印之精品也。"《王子霖古籍版本學文集》第二册《古籍善本經眼録附録·寒雲日記》，第166頁。

根據日記與書中跋語時間，此本當是袁克文1916年10月所得。書名略有出入，此本卷端題爲《增廣注釋音辯唐柳先生集》，而《寒雲日記》則謂"《增刊增廣注釋音辯唐柳先生集》"①，疑爲筆誤。

根據此本版刻風格，當爲元刊，袁克文誤爲宋刻麻沙本。其行款半葉十二行，行二十一字，小字雙行同，細黑口，四周雙邊。書中避諱不甚嚴格，諱字如貞、懲、敦、偵、講、匡、弘、恒等字。其中，貞、玄、弘等亦有不缺筆處。另有俗字，如學、舉等。版心無刻工，目録葉有黑色魚尾提行。卷端題"增廣注釋音辯唐柳先生集卷之一"。以下三行依次題"南城先生童宗説注釋，新安先生張敦頤音辯，雲間先生潘緯音義"。每册首鈐"友蘭書室"白方印、"陳氏珍藏"朱方印。書中鈐有"寒雲主人"、"克文之鉢"、"佞宋"、"三琴趣齋"、"抱存"諸印記。袁克文晚年，將此書轉讓潘宗周寶禮堂，張元濟《寶禮堂宋本書録》著録，亦誤題宋刻②。新中國成立後，潘氏後人潘世兹捐獻國家，入藏今國家圖書館。

國家圖書館另藏有此書同版兩部，均爲天禄琳琅舊藏。其中，第一部爲全本，其中卷三至卷四、卷三十二至三十八配補明初刻本。書中鈐有"古吳蔣氏收藏"、"思彦"、"供奉名家"、"浮清堂珍藏"、"乾隆御覽之寶"、"天禄琳琅"、"天禄繼鑒"、"五福五代堂寶"、"八徵耄念之寶"、"太上皇帝之寶"諸印，清蔣香洲舊藏，後入藏清宮天禄琳琅。清末流出宮外。新中國成立後，凌志斌捐獻北京圖書館，即今國家圖書館。

第二部則爲殘本，僅存《增廣注釋音辯唐柳先生別集》二卷，卷端題"增廣注釋音辯唐柳先生集卷之別上"。今書中鈐有"西厓諸氏家藏"、"朱氏珍秘"、"乾隆御覽之寶"、"天禄琳琅"、"天禄繼鑒"、"五福五代堂寶"、"八徵耄念之寶"、"太上皇帝之寶"、"補蘿藏書"、"曾經山陰張致和補蘿盦藏"諸印，知此本曾經諸西崖、朱家賓舊藏，後入清宮天禄琳琅。民國間爲張致和所得，現藏中國國家圖書館。

八、宋慶元刻本《新刊國朝二百家名賢文粹》跋

《國朝二百家名賢文粹》殘本五卷，海源楊氏藏有全帙，都一百九十七卷，不著編輯姓名。首載慶元丙辰眉山王稱序，末有慶元丁巳咸陽書隱齋跋，凡一百九十九人。分爲六類，曰論著，曰策，曰書，曰記，曰序，曰雜文，每類又分子目。此殘本雖僅數十葉，而海源閣外，他家尚無藏者，

---

① 《王子霖古籍版本學文集》第二册《古籍善本經眼録附録·寒雲日記》，第166頁。
② 《張元濟古籍書目序跋彙編》上册，第292—294頁。

在宋刊中亦幾若星鳳矣。況蝶裝之存於今者，尤爲罕覯。乙卯（1915）冬月皇二子。（下鈐"惟庚寅吾以降"朱文小方印。）

宋趙希弁《郡齋讀書志・附志》卷五下著録"《國朝二百家名臣文粹》三百卷"，"名賢"作"名臣"。傅增湘曾以勞格《讀書雜識》所載二百家與此相校，二者人名、次第相同，認爲"名賢"作"名臣"爲小異，《附志》所載當即此本。另有宋尤袤《遂初堂書目》著録"《本朝二百家文粹》"，又明《文淵閣書目》卷二著録"《二百家文粹》一部六十册"，疑即此書。明代葉盛《菉竹堂書目》、清代焦竑《國史經籍志》亦有著録。

此宋慶元本《新刊國朝二百家名賢文粹》三百卷①，卷端題"新刊國朝二百家名賢文粹卷第一"，"新刊"之下空一格。原書卷末"新刊國朝二百家名賢文粹後序"末署慶元丁巳（1197）"咸陽書隱齋"，故此本定爲宋慶元三年（1197）咸陽書隱齋刻本，版心題"文粹"。此本爲宋蜀刻小字本，目前尚未見後代翻刻。書隱齋爲四川眉山書坊齋名，咸陽乃其齋主籍貫。刻工王朝等人是南宋中期四川眉山地區刻工名匠，曾先後參與《蘇文定公文集》、《太平寰宇記》、《太平御覽》等書的刊刻②。

此書爲清内閣大庫舊藏，清末流入廠肆。1915 年 9 月，袁克文購得此書③，蝴蝶裝，尚存宋代書籍裝幀舊貌。書衣袁克文題簽云"新刊國朝二百家名賢文粹卷六十八之七十二"，次行云"宋刊宋印"，下署"乙卯九日寒雲"。此册後爲南海潘宗周寶禮堂所得，張元濟《寶禮堂宋本書録》著録④。書中鈐有"寒雲秘笈珍藏之印"、"佞宋"、"後百宋一廛"（大小兩枚方印）、"與身俱存亡"、"寒雲鑒賞之鈢"等印記。當時李盛鐸亦收得六卷，今藏北京大學圖書館⑤。國圖現存十九卷本，即卷六十八至七十二（蝶裝）、卷一百六十五至一百六十六（蝶裝）、卷一百六十七至一百六十八（蝶裝）、卷一百七十至一百七十六、卷一百八十八至一百九十，爲袁、傅、周、國圖四者合璧而成。海源閣舊藏此書同版⑥，今亦藏國家圖書館。其卷首有王稱慶元丙辰（1196）"新刊國朝二百家名賢文粹序"，次行低一格小字題"朝散大夫直秘閣知邛州軍州兼管内勸農事王稱撰"，次爲"二百家名賢世次"。

1922 年，傅增湘曾寓目此書，並收得七卷，即卷一百七十至卷一百七十

---

① 半葉十四行，行二十四字，白口，左右雙邊。
② 詳見《中華再造善本》丁世良所撰此書題要。
③ 《寒雲日記》所記卷次爲"卷七十八至卷八十四"，與書中所題卷次"六十八之七十二"不同。《王子霖古籍版本學文集》第二册《古籍善本經眼録附録・寒雲日記》，第 149 頁。
④ 《張元濟古籍書目序跋彙編》上册，第 326 頁。
⑤ 詳見《中華再造善本》丁世良所撰此書題要。
⑥ 清人書目題跋叢刊三《楹書隅録初編》卷五，北京：中華書局，1990 年 3 月，第 560 頁。

袁克文集部善本書題跋輯録 *111*

六，現已經改裝。書中鈐有"藏園祕籍孤本"、"雙鑑樓藏書記"、"沅叔審訂宋本"、"江安傅增湘沅叔珍藏"諸印。此即《雙鑑樓善本書目》卷四所著錄"《新刊國朝二百家名賢文粹》七卷"，亦即《藏園羣書經眼錄》卷十八所云"内卷一百七十至七十六計七卷，余藏（壬戌）"①。傅增湘曾云"存卷十五、十八至二十、九十至九十三、一百六十四至一百六十八、一百七十至一百七十六、一百八十四至一百九十、二百五至二百八、二百七十二至二百七十七、二百八十五至二百八十六，計存四十一卷。……各卷鈐有甖社書院文籍楷書朱記。内卷一百七十至七十六，計七卷，余藏"②。傅氏此處所列諸卷實爲三十九卷，其所題"計存四十一卷"者，疑誤；抑或原文有脫落，暫存疑待考。傅氏又云"此書近年内閣大庫流散出殘本，頻年閱肆見四十七卷，余收得七卷，李木齋師有六卷，餘卷分藏各家"③，其所云"四十七卷"者，較其所列三十九卷多出八卷，其卷次不詳，待考。而今，李木齋師之六卷爲北京大學圖書館收藏，亦鈐有"甖社書院文籍"④。

此書爲宋文淵藪，所存宋代蜀賢佚文甚多，當年傅增湘輯宋代蜀文，曾以重價購求海源閣舊藏宋刻殘本，因議價未諧而失之交臂，引爲平生憾事⑤，並於册中手書題跋。此跋《藏園羣書題記》未著錄，抄錄於此，以饗同好：

  宋刊殘本，自卷一百七十至一百七十六，凡七卷。存者爲書門，前六卷，皆上宰相書，末一卷，則上執政書。版式半葉十四行，每行二十四字，白口雙欄，版心上魚尾下記文萃幾，或文幾。各卷撰文人不記姓名，或稱官名，或標别字，或舉謚號，爲例不一。卷首鈐有"甖社書院文籍"大字楷書朱文印。按《郡齋讀書志‧附志》卷五載："《國朝二百家名臣文粹》三百卷，右論著二十二門，策四門，書十門，碑記十二門，序六門，雜文八門，總目六，分門六十二。所謂二百家者，始趙普、柳開，終於王十朋、趙雄，凡一百九十九人。"余以勞格《讀書雜識》所載二百家世次核之，人名、次第一一皆合，是所載即此書也。惟"名賢"作"名臣"，爲小異耳。其後焦氏《經籍志》、葉氏《菉竹堂書目》皆載之。而刊本訖不可得。光緒之季，余在正文齋見一册，爲袁抱存所得。後十餘年，復於文友堂得見三册，存十餘卷。余分得一册，即此七卷也。考近世藏書家，惟海源閣

---

① 傅增湘：《藏園羣書經眼錄》卷十八‧集部七‧總集二，第 1275 頁。《藏園訂補邵亭知見傳本書目》卷十六上‧集部八‧總集類亦著錄此本，第 1530 頁。
② 《藏園羣書經眼錄》卷十八‧集部七‧總集二，第 1275 頁。
③ 《藏園訂補邵亭知見傳本書目》卷十六上‧集部八‧總集類，第 1530 頁。
④ 參見《楮墨芸香——國家珍貴古籍特展圖錄》，國家圖書館出版社，2010 年 6 月，第 60 頁，名錄號 07237。
⑤ 傅增湘：《藏園訂補邵亭知見傳本書目》卷十六上‧集部八‧總集類，第 1530 頁。

楊氏有此書，載入《楬書隅錄》中，所存爲一百九十七卷，亦不著編輯人姓名。其後，余從楊氏後裔得見其書，首冊前有慶元丙辰眉山王稱序，言鄉人有輯國朝蜀人勝士之文爲一集，屬余爲序云云。末有慶元丁巳咸陽書隱齋跋，始知是書不特爲蜀中所刻，且爲蜀人所編。其名賢世次中，蜀賢人入錄者至五十三人。時余方有蜀文輯存之役，願斥巨資易得此本，以供蒐討。而往返商論，終於不諧。後復再申情疑，披誠相告，乃更枝梧其辭，匿而不出，使人憤悒無已。不得已，就余所見殘本採入遺文數十首，而此叕叕七卷中，又抄出二十七首，如王庠、劉涇、馮獬、彭俊民、韓駒、程敦厚、劉望之、趙逵之文咸他書所未見。摭遺補墜，爲功已閎。設得全書而綜攬之，網羅放失，寧可量耶？昔人言刊傳前賢遺著，其事與埋骴掩骼同功。若祕惜自私而不肯出者，殆顯與古人爲仇，其存心至不可解。爰詳識原委以告後人。倘異時搜訪得人，使三百卷奇書重出於世。區區素願得以竟償，豈非幸哉。歲在甲申（1944）二月初八日江安傅增湘識於抱蜀廬。

卷一百七十前扉頁有傅增湘小像，云"藏園先生七十歲小像"，小像右上題云"藏園老人七十壽賜念卅年十二月。永和"，下鈐"永龢"小印。傅氏舊藏善本中有此小像尚有別本，如國家圖書館藏宋刻《册府元龜》、元刻《周禮》等①。

文禄堂書賈王文進（字晋卿）亦曾收有慶元書隱齋刻《新刊國朝二百家名賢文粹》數卷，即卷一百八十八至卷一百九十。《文禄堂訪書記》云②：

《新刊國朝二百家名賢文粹》三百卷，不著編輯名氏。宋蜀刻本。存卷一百六十四至一百六十八、卷一百八十四至一百九十。半葉十四行，行二十四字。白口。有"覺社書院文籍"印。

1930年，周叔弢曾致書王文進，請他來天津觀看自己從青島帶來的書，索閲《二百家文粹》，並囑購朱君藏《韓文》。周叔弢致王晋卿書云③：

近日有暇來看青島帶來之書否？《二百家文粹》能携來一看爲盼。朱君處《韓文》可商量否？

繼而又致書王文進，談購《二百家文粹》及《雁門集》等事。書云④：

今日返津，有人欲購《二百家文粹》，望示一最低之價爲盼。《雁門

---

① 《藏園群書經眼錄》題"宋相台岳氏家塾刊本"，下文又云"……雖號稱宋刊，終不無疑意……"，可見傅氏已對此書宋刻之説提出質疑。《藏園群書經眼錄》卷一·經部一·禮類，第37—38頁。
② 王文進：《文禄堂訪書記》卷五，第373頁。
③ 《弢翁藏書年譜》，合肥：黄山書社，2000年9月，第45、60頁。
④ 同上書，第45、60頁。

集》既須七十元,即請由前售百元内代付,亦友人所購也。

信函中《二百家文粹》,即《新刊二百家名賢文粹》。文禄堂舊藏此三卷最終爲周叔弢購藏。今此三卷已經改爲綫裝,卷中鈐有"周暹"白文小方印。册末鈐有"甓社書院文籍"大字楷書朱文印。

1941年6月,"趙萬里代收宋版《二百家名賢文粹》二卷,書價二百二十元",即卷九十一、卷九十二①。此兩卷與王文進舊藏是否同一部書,目前尚無資料證實,暫存疑待考。據《辛巳新收書目》②,此二卷後貽贈其子周珏良。周叔弢當時曾手書識語云③:

> 壬午(1942)三月,珏良受室,檢此本授之。珏良小字斾孫,此書標題有二百字,亦吉羊意,蓋六書之假借也。若周子《通書》、張子《正蒙書》爲宋儒不朽之作,苟能熟讀而深思,其有益於身心豈淺顯哉!弢翁記。

1935年3月,周叔弢又購得楊氏海源閣舊藏宋刻本一百九十七卷④,此即袁跋中所言"海源楊氏藏有全帙",即殘存一百九十七卷之本。此本爲明王世貞舊藏,入清迭經汪士鐘、楊氏海源閣遞藏。楊氏書散,此書爲周叔弢購藏。今書中鈐有"普福常住藏書之記"、"伯雅"、"貞元"、"汪士鐘曾讀"、"宋本"、"筠生"、"東郡海源閣藏書印"、"古東郡海源閣楊氏珍藏"、"關西節度系關西"、"海源閣"、"海源閣藏"、"四經四史之齋"、"宋存書室"、"宋存書室珍藏"、"楊氏海源閣藏"、"楊印以增"、"楊東樵讀過"、"楊以增字益之又字至堂晚號東樵"、"至堂"、"益之手校"、"瀛海仙班"、"臣紹和印"、"紹和"、"紹和彦合"、"紹和築岩"、"紹龢"、"楊二協卿"、"楊紹和"、"楊紹和藏書"、"楊紹和讀過"、"楊紹和鑒定"、"楊氏協卿平生真賞"、"楊氏仲子"、"協卿"、"協卿讀過"、"協卿珍賞"、"彦合讀書"、"彦合珍存"、"東郡楊紹和彦合珍藏"、"東郡楊紹和鑒藏金石書畫印"、"墓田丙舍退思廬主人"、"道光秀才咸豐舉人同治進士"、"秘閣校理"、"先都御史公遺藏金石書畫印"、"海源殘閣"、"楊印承訓"、"周暹"諸印記。

周叔弢《自莊嚴堪書目》著録兩部《二百家名賢文粹》⑤。其一,"二百家名賢文粹,宋蜀本,六匣",即海源閣舊藏本。其二,"二百家名賢文粹,宋蜀本,存三卷",即周叔弢曾從文禄堂所購殘卷,鈐有"甓社書院文籍"大字楷

---

① 同上書,第137、140頁。
② 《周叔弢古書經眼録·辛巳新收書目》六月"《二百家名賢文粹》宋本二卷,付珏良。(斐雲)一本二百廿元",第700頁。
③ 《弢翁藏書年譜》,第140頁。
④ 同上書,第49、51、53、55、94頁。
⑤ 《周叔弢古書經眼録·自莊嚴堪書目》,第609、614頁。

書朱文印。新中國成立後，周氏將其舊藏捐獻國家，此兩部宋刻《新刊國朝二百家名賢文粹》亦在其中，入藏今中國國家圖書館。

國家圖書館藏此部書中另有卷一百六十五與卷一百六十六、卷一百六十七與卷一百六十八，計四卷二册，原爲清內閣大庫舊藏，仍爲蝶裝。清末撥交京師圖書館，即今國家圖書館典藏。

由上文諸家叙述可推測"甓社書院文籍"之印當在入清內閣之前已有，疑爲元代高郵甓社書院①，而非從清內閣流散之後近人所鈐。今國家圖書館所藏此部諸家合璧本中傅氏、周氏舊藏綫裝四册中，有三册卷首、或卷末鈐有"甓社書院文籍"大字楷書朱文印，袁克文、國圖所藏蝶裝三册均無此印。再者，傅增湘、王文進等人著録此書時均未言及其裝幀形式爲蝴蝶裝。蝴蝶裝爲宋代裝幀原貌，歷經元、明、清三代，尚未改裝者，洵爲可貴。通常情況下，一部善本若可見其原爲蝴蝶裝，又經改成綫裝者，都會述及。如傅增湘《宋刊南齊書跋》云②：

>……此書每卷首尾有"禮部官書"朱文大長印，其印間有跨在陰陽葉之間者，可知當時固系蝴蝶裝矣。余因疑此書必舊爲內閣大庫所藏，不知何時流出，改爲綫裝，而入穆相之家。

再如《百衲宋本資治通鑒書後》云"……陸氏之大字殘本、北京館之大庫蝶裝殘本皆是"③。《校宋江州刊淳祐重修本輿地廣記殘卷跋》云"各卷末有'淳祐庚戌郡守朱申重修'一行，與方本全同，即江州覆刻淳祐重修本，唯蝶裝廣幅猶存宋裝耳"④，諸如此類。而此數册若可知其原爲蝶裝後經改裝，傅增湘不會在行文中一字不提的。因此，根據此書裝幀形式，傅氏、周氏所藏諸卷應爲同一部書，袁氏與內閣大庫舊藏疑爲同版的另一部書，亦即國家圖書館藏這部合璧本，並非同版同部書，而是同版的兩部書合而爲一。傅、周兩家舊藏與李盛鐸舊藏是爲同一部書，書中皆鈐有"甓社書院文籍"朱文大字楷書印。上海圖書館藏十卷⑤，即卷二十、卷二百六至卷二百七、卷二百七十二至卷二百七十七、卷二百八十五，其中卷二百七十七末亦鈐有"甓社書院文籍"之印，疑即

---

① 高郵舊有甓社湖，通常認爲"甓社書院文籍"指元代高郵甓社書院，然目前尚未見確切文獻可資考證。
② 《藏園群書題記》卷二·史部一·紀傳類，第83頁。
③ 同上書，第105頁。
④ 《藏園群書題記》卷四·史部三·地理類，第195頁。又，卷五《校宋紹興刊唐六典殘本跋》"麻紙，廣幅，蝴蝶裝。紙背鈐有"國子監崇文閣"朱文大印"，第246頁；《校宋本通典跋》，第254頁；卷六《校宋本説苑跋》，第290頁，等等。
⑤ 《中國古籍善本書目》集部中，第1687頁。

傅增湘《藏園群書經眼錄》著録之本中數卷①。

九、宋刻《韋蘇州集》跋②

千秋歲

　　道入經籍，二酉臨安宅。聯蝶翼，蒐狐腋。十門工剞劂，四部同行格。存百一，蘇州十卷千金易。

　　獨愛旋風冊③，蒐矣連城璧，唐小集。茲爲伯，羅書眞古趣。佞宋原癡癖。籤帕裏，雄觀未減琳琅迹。丙辰（1916）四月十一日寒雲倚聲。（下鈐"袁克文"朱文白文小印。）

　　明刊韋集至夥，以嘉靖翻棚本爲最精。序後增入宋沈明遠補傳。字畫微異，藏家自天禄以降，如海源楊氏，皆誤識爲宋刻。其精直可亂眞。若持此相較，便覺奄奄無神采矣。翻本雖未改易行字，而卷中多所增損，皆以意爲之，尤覺失當。此本缺諱，如貞、恒、玄、樹、絃、徵、恨、朗、殷、敦、桓、禎、慎、筐、完、廓、構、泓、搆、暾諸字④，惟曙字數見無缺者。翻本則止恒、桓數字缺筆耳。棘人克文。

　　《韋蘇州集》十卷，宋臨安書棚本。明多覆刊，此其祖也。《天禄書目》載有五部，兩宋一元兩明。考其藏印，皆與此不合。此當在著録以前賜出，故《書目》無之。書中藏印雖多無可考，如戴氏長印、周琬諸印，古色蒼鬱，至近亦明初藏家。棚本《韋集》明翻極夥，幾可亂眞。近世藏家多誤識爲宋。眞者版心有字數及刻工姓名，無沈明遠補傳，且字畫瘦健，神姿幽逸，非覆本所能仿佛。存於今者，惟聞江寧圖書館所得泉唐丁氏書中有之，餘者俱未敢斷。此則棚本之絶精者，況首尾完好，了無殘缺，尤足爲希世之珍。予藏宋槧雖已盈百，尚無棚本，今首即獲此，益自喜也。丙辰（1916）上巳寒雲。（下鈐"雲合樓"朱文長方印。）

　　頃見蒻微師所藏《百宋一廛賦》中之《密秀集》殘本，亦書棚本也。

---

　　①《藏園群書經眼錄》卷十八・集部七・總集二，第1274—1275頁。

　　② 袁克文另撰有提要，詳見《宋版書考錄・寒雲手寫所藏宋本提要廿九種》，北京：北京圖書館出版社，2003年4月，第135—137頁。

　　③ "冊"，原文初寫作"葉"，後改爲"冊"。

　　④ 以上諸字原文皆缺末筆。

與此板式、字畫皆相同，尚遜此帙之精。聞鄧氏《三李》①、吳氏《英靈》及《魚玄機》都不能及②。而丁氏之《韋集》亦非完帙。予之獲此，真可豪矣。丙辰（1916）三月二十夜又識於玉泉山下旅舍。寒雲。（下鈐"無塵"朱文長方小印。）

有唐詩歌承漢魏之緒，接六朝之風，律格厥備，爲百世宗法盛矣。而五言古體殊寡其人焉。雖唐初諸傑，暨杜陵之博，皆未極善美。獨韋蘇州秉不世之豪，恣跌宕之奇；納雄曠於沈逸，收譎怪於平淡；縱以情，嚴以律；捶枚乘之骨，吸淵明之魄；屏靡麗之旨，盡天籟之音，三唐作者一人而已。予初解吟諷，即酷嗜韋詩。每讀《過楊開府》一章，輒流連忘倦，忠壯之詞，洋溢騰躍，若哀梨並剪，快語聳人。噫嘻！曠達矯健，氣挾雲雷，視杜陵之酸寒拘守，雖同抱忠悃，豈足方也！況余子哉！丁巳歲（1917）暮寒雲記，梅真書。（下鈐"袁克文"朱文白文小方印、"克文與梅真夫人同賞"朱文方印、"劉"朱文方印。跋首鈐"惟庚寅吾以降"朱文方印、"璧琊主人"白文方印等印鑒。）

（鈐有"雲合樓"朱文橢圓印）《唐書》無傳史官誤，宋槧驚時雕技高。五百篇餘集嘉祐，一千年後仰功曹。禁中秘籍聯雙璧，篋底精函抵萬瑫。碧海蒼天吟未勒，只驚佳句不驚濤。丙辰（1916）八月十六夜題於安平舟中。（下鈐"袁抱存"紫色方印。）

---

① 鄧氏《三李》指鄧邦述舊藏宋刻唐朝三李之書。其一，《李群玉詩集》前後集五卷，其二，李中《碧雲集》三卷，二書均爲南宋臨安府陳宅書籍鋪刊行，書中鈐有文徵明、徐乾學、張雋、季滄葦、安岐、黃丕烈等人印記，且黃丕烈題跋皆滿。其叙述收此兩書經過云："光緒乙巳，余應端忠敏之約，將游歐美。書友柳蓉村持此兩集同來，謂蕘翁重視二李過於他書，讀其題跋語，良信。時方戒裝，不及議價，還之。明年四月歸國至滬，而蓉村又以書要於客邸云，特留以餉我。余感其意，如價收之。實余收宋刻之初桄也。"鄧氏得此二書，似有因緣，亦一段佳話。黃丕烈曾以二集名樓曰"碧雲群玉居"，且刻一印。鄧氏考群玉先於晚唐，碧雲已入南唐，亦仿黃氏，遂名其樓爲"群碧樓"。此又一段佳話也。三爲唐李咸用《披沙集》六卷，係楊守敬自日本帶回，亦南宋臨安府陳宅書籍鋪刊行本，先歸傅增湘，後歸張元濟，鄧氏堅欲得之，張元濟慨然相許。鄧氏因此名其藏書處爲"三李盦"。鄧氏晚年經濟窘迫，將此宋刻"三李"轉讓臺灣"中央研究院"史語所。書目續編《群碧樓善本書錄》卷一，臺北：廣文書局，1967年12月，第53—71頁。書衣題作"書目"，本文依照正文題"書錄"，下同。

② 莫友芝舊藏宋刻《河岳英靈集》，後歸袁克文。《藏園訂補邵亭知見傳本書目》卷十六上·集部八·總集類云："宋刊本，十行十八字，白口，左右雙邊，審其版式似棚本。鈐莫友芝印，即莫目著錄之本，余得諸莫棠，袁寒雲堅求相讓，遂以歸之，今又輾轉入粵人潘宗周篋中。"第1512頁。《張元濟古籍書目序跋彙編》上册《寶禮堂宋本書錄》著錄，第320—321頁。此處作"吳氏《英靈》"，不詳何故。

袁克文集部善本書題跋輯錄　117

袁克文酷愛唐代詩人韋應物之詩，如其跋中所云"予初解吟諷，即酷嗜韋詩"，先後曾得四部韋詩①，即宋刻《韋蘇州集》十卷，後附《拾遺》一卷；元刻《須溪先生校本韋蘇州集》十卷，《拾遺》一卷；兩部明刻《韋蘇州集》。

宋刻韋詩即此本②，卷末附有拾遺一卷，有目記，熙寧九年（1076）校本添四首，紹興二年（1132）校本添二首、乾道七年（1171）校本添一首。卷六第一葉紙背有墨書"二十七日准升縣冀萬才所關爲前事"、朱書"當日行下象山縣並下台州寧海縣"各一行，疑爲當時官紙，惜其年月不可考。據書中諱字，"是書刊於寧宗時，距乾道辛卯不過二十餘年，則此或爲最後校添之第一刊本"，書中間有訛奪誤字，然後來刊本多從此本出，故仍不失爲珍本佳槧③。好友京劇名家汪笑儂於書中贊云"抱存藏宋刊《韋蘇州集》第一本"④。

袁克文得此書後，曾展讀數次，並於書中題跋賦詩，"酷嗜韋詩"之情溢於言表。書中其弟袁克權亦題詩云：

> 悶籍何如對畫瞭，他年策府定昆侖。芸編舊飾梁王壁，玉檢今參衆妙門。
>
> 兩漢還延三篋底，孤舟聊伴大江奔。寒窗把讀依冰影，差喜琳琅密印存。
>
> 丙辰冬季獲讀二兄寶藏宋槧諸冊及煙客手抄經本。克權敬題。

1918年，姚朋圖獲觀此書，書中有其墨筆小字題款云"戊午上巳三弇姚朋圖獲觀題名"。是年，姚朋圖可謂是賞遍袁克文舊藏宋本佳槧，大飽眼福，並題

---

① 《王子霖古籍版本學文集》第二冊《古籍善本經眼錄附錄·寒雲日記》，第135、160、161頁。傅增湘：《藏園訂補郘亭知見傳本書目》卷十二上·集部二·別集類一著錄袁克文舊藏明銅活字印本《韋蘇州集》，第1000頁。

② 半葉十行，行十八字，白口，左右雙邊，版心魚尾上記字數，下記刻工姓一字，有余、何、應等字，第二卷首記"余同甫刁"四字。弦、殷、貞、禎、恒、徵、構、完、樹、屬、慎、敦等字缺筆避宋諱。卷首嘉祐元年（1056）太原王欽臣"韋蘇州集序"，次"韋蘇州集目錄"，卷端題"韋蘇州集卷第一"，次行空八格題"蘇州刺史韋應物"。

③ 此段敘述詳見《張元濟古籍書目序跋彙編》上冊《寶禮堂宋本書錄》，第290—291頁。

④ 汪笑儂（1858—1918），又名孝農，號竹天農人。本名德克金，字仲天，滿族，生於北京。中國京劇作家、表演藝術家，汪派創始人。他出身官宦之家，自幼聰穎好學，喜好戲曲。清光緒五年（1879）中舉，但他無意仕途。其父爲其捐一河南太康知縣，因性情剛直，被劾罷職。轉而投身戲曲界。以擅長演唱表達悲憤慷慨情感的《戰長沙》、《文昭關》、《取成都》等劇目而著稱。

款、題跋以志書緣①。

此本爲明代周琬舊藏，清代又經張用禮、戴光曾等人收藏。後入藏清宮天禄琳琅。每册首尾皆鈐有"天禄琳琅"朱文小方印，"乾隆御覽之寶"朱文闊邊大璽，此與袁克文"歷來所見聞天禄琳琅藏書不同"②。《天禄琳琅書目》卷六著録有元刻本；《天禄琳琅書目後編》卷六著録兩部宋版《韋蘇州集》，一爲巾箱本，一爲大字本，均爲明末汲古閣舊藏；另《後編》卷十八著録明刻兩部，分別爲錢謙益、季振宜舊藏；然均非此部宋刻《韋蘇州集》，或如袁克文所言"此書之流出當在著録之前"③。

1916年3月，袁克文以二千五百元從旗人貴族購得此宋刻《韋蘇州集》與宋刊《中興以來絶妙詞選》④，故疑此書當是入藏天禄琳琅後，皇帝又賞賜滿人貴族。今書中鈐有"鄞人周琬"、"周氏子重"、"濂溪後裔"、"張印用禮"、"嘉興雙湖戴氏家藏書畫印記"、"光溪草堂"、"青瑣仙郎"、"清白傳家"、"庭草交翠"、"乾隆御覽之寶"、"天禄琳琅"、"寒雲如意"、"佞宋"、"臣印克文"、"上第二子"、"流水音"、"八經閣"、"百宋書藏"、"三琴趣齋珍藏"、"惟庚寅吾以降"、"袁鈵克文"、"寒雲小印"、"豹岑"、"皕宋書藏主人廿八歲小景"、"瓶盦"、"劉姌之印"、"袁劉姌"、"姌"、"梅真侍觀"、"無塵"、"侍兒文雲掌記"諸印鑒。袁克文晚年，將此書轉讓南海潘宗周寶禮堂，張元濟《寶禮堂宋本書録》著録⑤。新中國成立後，潘氏後人將此書捐獻國家，入藏今國家圖書館。

上文袁克文跋中以其行款與南宋書棚本同，而定爲書棚本。書棚本通常在卷首目録後或卷末鐫有刊書木記，如《朱慶餘詩集》卷末有"臨安府睦親坊陳宅經籍鋪印"，《甲乙集》目録後刊"臨安府棚北睦親坊南陳宅經籍鋪印"一行，《唐女郎魚玄機詩》册末鐫"臨安府棚北睦親坊南陳宅書籍鋪印"一行，等等；而此本未見。傅增湘"曾取校明翻宋書棚本，行款雖同，目録及卷中行

---

① 如宋婺州市門巷唐宅刻本《周禮》、宋刻八卷本《妙法蓮華經》、宋刻《迂齋標注諸家文集》、宋臨安府陳宅書籍鋪刻本《唐女郎魚玄機詩》、宋淳祐九年（1249）劉誠甫刻本《中興以來絶妙詞選》等善本均有姚氏題跋、題款。再如，上海圖書館藏隋開皇十七年（597）寫本《大方廣佛華嚴經》卷第十四卷末姚朋圖跋云："此寫經與後款識非一時一手所書，出資題名者爲開皇時人，寫經者恐尚在北齊之世，可以字體辨之，寒雲先生屬記此説於卷尾，以諗來者。朋圖。"其下鈐"寒雲秘笈珍藏之印"朱文長方印。
② 《王子霖古籍版本學文集》第二册《古籍善本經眼録附録·寒雲日記》，第161頁。
③ 《王子霖古籍版本學文集》第二册《古籍善本經眼録附録·寒雲日記》，第161頁。
④ 《王子霖古籍版本學文集》第二册《古籍善本經眼録附録·寒雲日記》，第160—161頁。
⑤ 《張元濟古籍書目序跋彙編》上册，第290—291頁。

次均有異,文字亦有異處"①。

《周叔弢古書經眼録·宋刻工姓名録》亦著録袁克文舊藏此本,其版本題爲書棚本,版心刻工有余、何、余同甫刀、同甫刀、應等人②。周叔弢亦藏有此書宋刻,其版式與書棚本相同,亦無牌記。其版心刻工有鄒良臣、江孫、范崇、劉尚、余士等人。其中,范崇、劉尚、余士等刻工姓名,與鄧邦述舊藏宋書棚本《碧雲集》刻工相同。宋棚本《碧雲集》爲黃丕烈舊藏,目録後刻有"臨安府棚北睦親坊南陳宅書籍鋪印"木記一行,書中刻工有虞才、陳才、劉生、黃堅、丁明、劉宗、蔡化、范宗、劉文、蔡應、吳才、余士、劉尚、范崇、范仁、俞生、蔡明等人③。故此,周叔弢舊藏《韋蘇州集》本疑爲書棚本。

袁氏舊藏《韋集》"棚本"之説,其師李盛鐸亦曾有過疑問。在李盛鐸得到《唐僧弘秀集》殘本之後,袁克文曾以其此宋刻《韋蘇州集》與之比勘,認爲"其刻工與此書版心有姓名之葉若出一手,始知真棚本亦不必定有陳解元刊記一行也"④,即袁氏舊藏《韋集》亦疑爲書棚本。

1918年2月,袁克文又得到《須溪先生校本韋蘇州集》十卷⑤,《拾遺》一卷,此即汪笑儂(字仰天)所云"雲合樓主人藏宋刊《韋蘇州集》第二本"⑥。扉頁有袁克文題簽,云"宋德祐刊本須溪先生校點韋蘇州集十卷拾遺一卷",下署"寒雲",鈐有"惟庚寅吾以降"朱文方印、"寒雲主人"朱文方印、"佰宋書藏主人廿八歲小景"朱文長方印諸印鑒。卷首有劉辰翁行書序,半葉五行,行十至十二字不等。次王欽臣序。次目録,目録每卷之幾之上加墨圍。卷端題"須溪先生校本韋蘇州集卷第一"。行間有圈有點,異字注於本字之下,評語小字雙行,或在本句之下,或每首詩末。卷末附有《須溪先生校點韋蘇州集拾遺》詩八首,其後有南宋恭宗德祐初年須溪題記七行,云:

> 韋應物居官,自愧閔閔,有恤人之心。其詩如深山採藥,飲泉坐石,日晏忘歸。孟浩然如訪梅問柳,偏入幽寺,二人趣意相似,然入處不同。
> 韋詩潤者如石;孟詩如雪,雖淡無采色,不免有輕盈之意。德祐初初秋看

---

① 《藏園訂補邵亭知見傳本書目》卷十二上·集部二上·別集類一上,第1000頁。詳見《藏園群書經眼録》卷十二·集部一·唐五代別集類,第866—867頁。
② 詳見《周叔弢古書經眼録·宋刻工姓名録》,第449頁。
③ 詳見《周叔弢古書經眼録·宋刻工姓名録》,第438、456頁。
④ 詳見下文《宋刻〈唐僧弘秀集〉跋》。
⑤ 《王子霖古籍版本學文集》第二册《古籍善本經眼録附録·寒雲日記》,第176頁。其行款半葉十行,行十六字。現爲楊氏楓江書屋收藏。
⑥ 書中汪笑儂題款云"雲合樓主人藏宋刊《韋蘇州集》第二本",下屬"仰天題",並鈐"安居長年"白方印。"仰天"即其字。詳見上文汪氏小注。此頁背面有姚朋圖題款云"戊午(1918)上巳三弇姚朋圖觀題名册首"。

二集並記。須溪。

　　跋後又刊"孟浩然詩陸續刊行"二行八字，知當時韋應物、孟浩然二人之詩集先後刊行。

　　此本袁克文、汪笑儂均題爲"宋刊"。羅振常《善本書所見錄》著録此本①，亦爲宋槧。丁丙《善本書室藏書志》②、王文進《文禄堂訪書記》、傅增湘《藏園群書經眼録》等則著録爲元刻本。今據卷首劉辰翁序云"丁亥正月爲康紹宗刻此本，復書其後"，疑此本爲元至元二十四年（1287）刊本③。傅增湘曾經借校此本，用緑筆批於清康熙四十一年席啓寓琴川書屋刊唐詩百名家全集本之上④。

　　此書爲清初季振宜舊藏，後又經張奎、王澤、吳石湖、袁克文等人收藏，書中鈐印累累，有"季振宜印"、"滄葦"、"御史之章"、"振宜珍藏"、"神""品"朱文聯珠方印、"王澤私印"、"子卿"、"惟庚寅吾以降"、"瓶盦"（白文長方、朱文橢圓二印）、"瓶盦之鉢"、"三琴趣齋"、"克文與梅真夫人同賞"、"漢尊唐壺宋瓶之室"、"寒雲心賞"、"寒雲"、"寒雲藏書"、"寒雲鑒賞之鈢"、"豹岑"、"璧珊主人"、"抱存"、"百宋書藏"、"八經閣"、"雲合樓"、"後百宋一廛"、"與身俱存亡"、"相對展玩"、"袁克文"、"袁克文長壽"、"袁鉢克文"、"牧齋"、"雪莊張氏鑒藏"、"張奎"、"秋槎"、"青雲山房"、"清河郡圖書記"、"胡氏所藏宋本"、"吳石湖珍藏印"、"山南私印"、"新安吳氏"諸印記。

　　1914年，傅增湘曾見袁克文舊藏明弘治、正德間銅活字印唐人集本《韋蘇州集》一帙，半葉九行，行十七字，細黑口，左右雙欄，存八卷。然傅氏著録其存卷有異，如《藏園群書經眼録》著録袁氏舊藏明銅活字印本"《韋蘇州集》十卷，缺卷一、二，存八卷"⑤，而《藏園訂補郘亭知見傳本書目》則云"存卷一至八"⑥，當有一處爲筆誤。1915年2月，袁克文又得明仿宋書棚本《韋蘇州集》⑦。此即袁克文舊藏兩部明刻韋集。

---

① 羅振常：《善本書所見録》卷四，上海：商務印書館，1958年4月，第139—140頁。
② 清人書目題跋叢刊二《善本書室藏書志》卷二十四，第684頁。
③ 詳見《中華再造善本》范景中所撰此本提要。
④ 《藏園訂補郘亭知見傳本書目》卷十二上·集部二上·別集類一上，第1000頁。
⑤ 《藏園群書經眼録》卷十七·集部六·總集類一，第1217—1218頁。
⑥ 《藏園訂補郘亭知見傳本書目》卷十二上·集部二上·別集類一上，第1000頁。
⑦ 《王子霖古籍版本學文集》第二册《古籍善本經眼録附録·寒雲日記》，第135頁。

十、元刻《唐陸宣公集》跋

《翰苑集》二十二卷，以楮墨審之，且構字不缺，當在南渡之前。椒微近以所藏北宋本《說苑》見示①，惟字體略小，而刊刻楮墨與此無稍異，尤足證也。嘉道時有覆本亦不易覯。乙卯（1915）冬月皇二子。（首鈐有"上第二子"白文長方印，下鈐"後百宋一廛"朱文方印。）

《讀書敏求記》云："《陸宣公翰苑集》二十二卷，制誥十卷，奏章六卷，中書奏議六卷。權載之序，大字，宋槧本。"當即此刻。《百宋一廛書錄》亦述其言。惟系小字殘本。《平津館鑒藏書籍記》云：有新刊《唐陸宣公集》二十二卷，分卷同。惟有唐陸宣公像。又云：黑口板、板心俱題"奏議"，每葉廿行，行廿字。《皕宋樓藏書志》有元至大刊本《唐陸宣公集》二十二卷，每葉廿行，行十七字。權德輿序，蘇軾進奏議札子外，又有淳熙講筵札子。及至大辛亥季秋，嘉興郡博士屬一鶚序。明刻則附會權序，所謂奏章七卷、中書奏議七卷，而妄加改竄篇目。則未稍增也。《翰苑集》以此刻爲最先，"構"字未諱，當出北宋後。此有蕭燧淳熙講筵札子，則是淳熙覆本，元刻遵之。紹熙郎曄有注本十五卷，明宣德、天順刻本，尚是二十二卷。弘治、萬曆及不負堂諸刊本，則皆更爲二十四卷矣。弘治後惟嘉慶春煇堂翻宋本仍二十二卷之舊。此刻爲諸本之祖。藏家之見於著錄者，惟錢氏有之。後歸錢大芹，今已不知所在。此本爲梁蕉林舊物。楮墨雅純，洵是北宋佳本，天壤有數物也。時余病腰，兼患肝氣舊疾，痛不能起，臥床者累日矣。杞人步章五來爲余診脈，並出示此書，謂爲余覓得於海王邨。披覽數四，驚喜欲狂，躍起檢諸家藏目載考載述。病餘弱腕，猶戰戰不能成字，而宿疴霍然，雖藥餌無是速也。丁卯（1927）四月初十日，寒雲記於倦綉室。（下鈐"寒雲"白文小方印、"袁克文"朱文白文小印。）

---

① 此即李盛鐸舊藏宋刻《說苑》，書中袁克文跋云："《說苑》殘本十卷，北宋末刊本。題下有'鴻嘉四年'一行，即絳雲所謂'此古人修書經進之體式'，今本皆削去之者。士禮居所藏《新序》與此同種。《說苑》惟海源閣有之，湘潭袁氏亦有殘本，殆即此耶？蓋袁氏故物多歸於椒微師也。病中師遣伻持此見示，謹綴數言以記眼福。乙卯（1915）冬日克文。"詳見王文進《文禄堂訪書記》卷三，第157頁。另見《木犀軒藏書題記及書錄》，第155頁。翁同龢舊藏宋咸淳元年（1265）鎮江府學刻本《說苑》卷端"說苑卷第一"之次行低一格題"鴻嘉四年三月己亥左都水使者光禄大夫臣劉向上"。袁克文跋云"惟海源閣有之"，當是未見翁同龢藏本。黄丕烈士禮居舊藏《新序》卷端"新序卷第一"之次行低兩格題"陽朔元年二月癸卯護左都水使者光禄大夫臣劉向上"。

抄補者一卷之四葉至七葉，又十二葉，及二十二卷。覯字體，審楮墨，似乾嘉時自元刻十行十七字本影出者。

陸宣公，即陸贄（754—805），字敬輿，唐蘇州嘉興（今浙江嘉興南）人。唐代宗大曆八年（773）登進士第，又中博學弘詞科。授鄭縣尉，歷渭南主簿、監察御史。建中四年（783），以祠部員外郎充翰林學士，扈從奉天，參決機謀，時號"内相"。唐貞元七年（791），拜兵部侍郎；貞元八年（792），知貢舉，遷中書侍郎、同中書門下平章事。陸贄爲相時，指陳弊政，廢除苛税。貞元十年（794），爲户部侍郎裴延齡所劾，罷相；貞元十一年，貶忠州别駕。唐順宗即位（805），下詔召回，詔書未至而贄已卒，贈兵部尚書，謚曰"宣"。事迹詳《舊唐書》卷一百三十九本傳。

陸贄一生著述頗豐，唐權德輿撰《翰苑集序》云：

> 考校醫方，撰《集驗方》五十卷，行於世。……公之秉筆内署也，權古揚今，雄文藻思，敷之爲文誥，伸之爲典謨，俾儒狹向風，懦夫增氣，則有《制誥集》一十卷。覽公之作，則知公之爲文也，潤色之餘，論思獻納，軍國利害，巨細必陳，則有《奏草》七卷。覽公之奏，則知公之爲臣也。其在相位也，推賢與能，舉直錯枉，將斡璣衡而揭日月，清氛沴而平泰階，敷其道也，與伊説爭衡。考其文也，與典謨接軫，則有《中書奏議》七卷。覽公之奏議，則知公之事君也。……公之《文集》有詩文、賦集、表狀，爲《别集》十五卷。其關乎時政，昭然與金石不朽者，惟《制誥》、《奏議》乎！雖已流行，多謬編次，今以類相從，冠於編首，兼略書其官氏景行，以爲序引，俾後之君子覽公制作，效之爲文爲臣事君之道，不其偉歟。

陸氏所作制誥、奏議百餘篇，最爲後世重視。文中譏陳時病，論辯明晰，尤以奏議懇切動人，正如權德輿所言"昭然與金石不朽"。司馬光作《資治通鑒》，尤其重視陸贄議論，采用其奏疏三十九篇。北宋元祐八年（1093）蘇軾等朝臣撰《乞校正陸贄奏議上進札子》[①]，聯名上書宋哲宗，建議將陸氏奏議加以繕寫進呈，"願陛下置之坐隅，如見贄面；反復熟讀，如與贄言，必能發聖性之高明，成治功於歲月"。至南宋紹熙二年（1191）八月初七日，郎曄上《經進唐陸宣公奏議表》，"迪功郎紹興府嵊縣主簿臣曄言，臣所注唐陸宣公贄《奏議》十五卷繕寫成帙，謹詣登聞"。

可見陸宣公奏議，其在宋代的借鑒意義仍不容忽視。故此，四庫館臣云陸

---

① 詳見《東坡全集》卷六十四。

文雖"多出於一時匡救規切之語，而於古今來政治得失之故，無不深切著明，有足爲萬世龜鑒者"①，爲歷代所珍視，傳抄、刊刻不絶。官私目録均有著録，如《新唐書·藝文志》載陸贄《議論表疏集》十二卷。又《翰苑集》十卷，韋處厚纂②。晁公武《郡齋讀書志》卷四載《陸贄奏議》十二卷，云：

> 舊《翰苑集》外，有《榜子集》五卷，《議論集》三卷。《翰苑集》，蘇子瞻乞校正進呈，改從今名。疑是裒諸集成云。

宋趙希弁《郡齋讀書志·附志下》著録《陸宣公文集》二十二卷，並云：

> 《讀書志》云："贄《奏議》十二卷。"希弁所藏《制誥》十卷、《奏草》六卷、《奏議》六卷，凡二十二卷。

《直齋書録解題》卷十六載《陸宣公集》二十二卷，中分《翰苑集》十卷、《榜子集》十二卷；卷二十二載《陸宣公奏議》二十卷，又名《榜子集》：

> 權德輿爲序，稱《制誥集》十三卷、《奏草》七卷、《中書奏議》七卷。今所存者，《翰苑集》十卷、《榜子集》十二卷。序又稱别集文、賦、表、狀十五卷，今不傳。

榜子，即奏摺，宋孔平仲《孔氏談苑·奏事非表狀謂之榜子》："唐人奏事非表非狀者，謂之榜子，亦曰録子，今謂之札子。"

由此可見，陸贄著述涉及廣泛，舉凡制誥、奏議、詩詞、文賦、表狀等，在當時即已纂輯成書。如《陸氏集驗方》五十卷③、《制誥集》十卷、《奏草》七卷、《中書奏議》七卷、《别集》十五卷等。宋代以後，陸氏《别集》已久佚不傳，其詩詞、文賦流傳後世者很少，散見唐人文集之中。清董誥等編《全唐文》輯録其文賦七首，如《聖人苑中射落飛雁賦》、《東郊朝日賦》、《冬至日陪位聽太和樂賦》等。清彭定求等編《全唐詩》僅收録其詩三首，如《賦得御園芳草》、《曉過南宫聞太常清樂》等。

據權德輿《翰苑集序》，知陸氏《翰苑集》中分《制誥》十卷、《奏草》七卷、《中書奏議》七卷，凡二十四卷。然此卷數與後世史志目録著録不同。

---

① 《四庫全書總目》卷一百五十·集部三·别集類三。
② 《四庫全書總目》誤爲"常處厚"，其正文不誤，作"韋處厚"。
③ 《舊唐書·陸贄》本傳云"……乃抄撮方書，爲《陸氏集驗方》五十卷行於代"，《新唐書·陸贄》本傳亦云"祇爲今古集驗方五十篇示鄉人云"。然《新唐書·藝文志》著録《陸氏集驗方》十五卷，其卷數，與其本傳不同。

根據卷數，流傳後世的有十卷本、十二卷本、十五卷本、二十二卷本等①。據晁、陳兩家著錄，二十二卷本《陸宣公文集》，在宋代流傳普遍。二十二卷本《陸宣公文集》現存最早的刻本，當推宋蜀刻唐人文集本②。明代弘治以後，附會權序，改竄篇目，湊成二十四卷本。

袁克文舊藏元刻《唐陸宣公集》亦爲二十二卷本③，前十卷《制誥》版心題名云"苑幾"，次《奏草》六卷；《中書奏議》六卷題云"奏幾"。上方間記字數，下記刻工姓名，有子明、允仁、何津、何源、徐文、徐戌、徐成、張中、遇春、元、拱、高、曹、諒、趙等。卷二十二抄配。文中有朱筆圈點，扉頁陸宣公像，有袁克文題簽云"唐陸宣公像，鮑惠人摹"，末署"寒雲題"，下鈐"寒雲小印"朱文小方印。卷首有唐權德輿"唐陸宣公翰苑集序"，次爲北宋元祐八年（1093）蘇軾等人"本朝名臣進奏議札子"。卷端題"唐陸宣公集卷第一制誥卷第一"。1915 年，袁克文曾以此本校嘉慶影宋刻本，文中有其朱筆校語，並有朱筆題款云"乙卯端午日校嘉慶影宋刊本"，末署"寒雲"。

此本爲梁清標舊藏，每册首鈐有"蕉林藏書"朱文方印。梁清標（1620—1691），字玉立，號蒼岩，又號棠村，又號蕉林，直隸正定（今屬河北）人。其藏書處爲蕉林書屋、秋碧堂、悠然齋。藏印有"蒼岩山人書屋記"、"蕉林藏書"、"蕉林梁氏書畫之印"、"蕉林收藏"、"河北棠村"、"蕉林玉立氏圖書"等④。張元濟《寶禮堂宋本書錄》誤爲福建梁章鉅藏書，並誤"蕉林藏書"爲"茝林藏書"⑤。《藏園訂補郘亭知見傳本書目》亦誤稱"梁茝林印"⑥。梁章鉅（1775—1849），字閎中，一字茝林，號茝鄰，晚年自號"退庵"，祖籍福建長樂，清初遷居福州，自稱福州人。其精心設計、刻制的藏書印鑒多達二十餘方。其中藏書印主要有"梁章鉅鑒賞印"、"茝林真賞"、"退庵居士"、"閎中"、"茝林曾觀"、"茝林審定"、"梁氏茝林"、"吳中方伯"、"退庵"、"難進易退學者"、"提兵嶺後籌海江東"等。藏書樓印鑒有"藤花吟館"、"黃樓"、"東園"、"北東園"、"亦東園"、"花舫"、"觀變軒"、"懷清堂"、"池上草堂"、

---

① 關於陸贄文集版本流傳請參見首都師範大學2004年碩士學位論文劉京《陸宣公集研究》。唱春蓮：《宋蜀刻本〈陸宣公文集〉再探》，《文津流觴》第十期，國家圖書館古籍館善本特藏部主辦，2003 年 7 月。
② 詳見《中華再造善本》李致忠先生所撰宋刻二十二卷本《陸宣公文集》。
③ 其行款半葉十行，行十七字，白口，左右雙邊，單魚尾。
④ 詳見鄭偉章《文獻家通考》上·卷一，第49頁。
⑤ 《張元濟古籍書目序跋彙編》上册，第 292 頁。
⑥ 傅增湘《藏園訂補郘亭知見傳本書目》卷十二下·集部二下·別集類一下，第1012頁。

"二思堂"、"古瓦研齋"、"戲彩亭"、"小滄浪"、"粵西開府"等印鑒①。

1915年4月，袁克文購得此本②，書中鈐有"佞宋"、"克文"、"後百宋一廛"、"寒雲秘笈珍藏之印"諸印記。袁克文晚年因經濟窘迫，將此書轉讓潘宗周寶禮堂，張元濟《寶禮堂宋本書錄》著錄③。新中國成立後，潘氏後人潘世兹捐獻國家，入藏今國家圖書館。

袁氏舊藏本與涵芬樓舊藏爲同一版本，張元濟《寶禮堂宋本書錄》、《涵芬樓燼餘書錄》等皆誤題宋刻。陸心源《皕宋樓藏書志》著錄"元嘉興路學刊本"④。其《儀顧堂續跋》云⑤：

……次蘇軾等進奏議札子，次至大辛亥厲一鶚序。……目錄後記有云"至大辛亥秋，教官屬心齋奉總管王公子中命重新綉梓，詳加校訂。任其責者，學正四明陳沆，學錄毗陵蔣臘、孫路，掾廬陵易偉也。監督直學張天祐、馬天祺，學吏程泰孫、施去非"七行。按：是集宋時嘉興學有版，歲久漫漶。至大辛亥，盱眙王子中來守，以推官胡德修家藏善本重刊。此其初印本也。每葉二十行，每行十七字。一至卷十版心刊"苑幾"，十一至廿二版心刻"奏幾"，皆有字數、刊工姓名。卷中有朱文"石氏"朱文方印、"華亭朱氏"白文方印、……蘇東坡所進札子題曰"本朝名臣"，此從宋本翻雕之證也。

張元濟以涵芬樓舊藏與陸心源皕宋樓舊藏本對照⑥，誤認爲涵芬樓舊藏可能是宋嘉興刻本⑦。

傅增湘《藏園群書經眼錄》著錄涵芬樓舊藏爲元刻，却誤以袁氏舊藏爲宋刻⑧。而《藏園訂補邵亭知見傳本書目》則著錄二者均爲元刊本⑨。傅氏書中提及劉啓瑞（字翰臣）舊藏元刻本，即1920年張元濟收入涵芬樓之本，今此本中另鈐有"涵芬樓"、"海鹽張元濟庚申歲經收"、"海鹽張元濟經收"諸印記，並有張元濟1920年校記、題識。

---

① 詳見王長英《筆著千秋文　櫥藏萬卷典——清代著名著述家、藏書家梁章鉅》，《福建師範大學學報（哲學社會科學版）》1996年第1期，第108—114頁。
② 《王子霖古籍版本學文集》第二册《古籍善本經眼錄附錄·寒雲日記》，第136—137頁。
③ 《張元濟古籍書目序跋彙編》上册，第291—292頁。
④ 詳見《儀顧堂書目題跋彙編·皕宋樓藏書志按語摘錄》，北京：中華書局，2009年9月，第625頁。
⑤ 《儀顧堂續跋》卷十二，《儀顧堂書目題跋彙編》，第414—415頁。
⑥ 續修四庫本《皕宋樓藏書志》卷六十九著錄，第101—102頁。
⑦ 詳見《張元濟古籍書目序跋彙編》中册《涵芬樓燼餘書錄》，第658—659頁。
⑧ 《藏園群書經眼錄》卷十二·集部一·唐五代別集類，第872—873頁。
⑨ 傅增湘：《藏園訂補邵亭知見傳本書目》卷十二下·集部二下·別集類一下，第1012頁。

一一、宋刊《皇甫持正文集》跋

（鈐"袁劉姍"白文方印）宋槧《皇甫持正文集》六卷，百宋書藏珍翫中虎揭欒。戊午（1918）七月二十三日得於海王村。（下鈐"寒雲小印"。）

《皇甫持正文集》六卷，世鮮刊本，舊鈔亦不易得。讀諸家藏目，以錢遵王校寫明文淵閣鈔本爲最善，汲古亦遵鈔本付刊，僞脫尤甚。此宋刊審爲南宋所刊唐人文集之一。黃蕘翁藏宋刊劉文房、孟東野諸集，與此刊正同。予同時得權文公、元微之二集殘帙，亦同一刊本，俱有明"翰林國史院官書"印。此刊雖系建坊間刊刻，而皇甫集已成孤本，視他集尤足寶貴。况元明皆無重刊，賴此庶糾傳鈔之謬。予何幸，獨獲邁此耶。丙辰（1916）日寒雲。

戊午（1918）七月寒雲重裝，都五十二葉。"克"（白文小方印）"文"（朱文小方印）。

且斷羈羅翫八區，騎龍泛覽一長籲。弄珠摩鏡凌天闕，絕海經山指帝居。宛宛仙姝翻玉露，嘈嘈鳳鳴桀金輿。人間下顧蠅蛆瓦，入世當爲大丈夫。

無隅師以《入世》一篇衍四絕句見示。因索題此集册首。予偶學步，更成一律，拜錄於尾，不免蛇足之誚耳。己未（1919）七月二十七日寒雲。（上鈐"百宋書藏"朱文方印。）

此本爲南宋蜀刻唐人集之一，袁克文跋中誤題爲建陽坊刻。目前所知，傳世蜀刻唐人集可分爲三個系統：

其一，十一行本，行二十字，白口，左右雙邊。約刻於南北宋之際，現存《駱賓王文集》、《李太白文集》、《王摩詰文集》三集。

其二，即十二行本，行二十一字，白口，左右雙邊。約刻於南宋中葉。目前尚存《孟浩然詩集》、《李長吉文集》、《鄭守愚文集》、《張承吉文集》、《歐陽行周文集》、《許用晦文集》、《孫可之文集》、《司空表聖文集》、《皇甫持正文集》、《杜荀鶴文集》十種全本；《孟東野文集》、《劉文房文集》、《韓昌黎先生文集》、《張文昌文集》、《劉夢得文集》、《姚少監文集》、《陸宣公文集》、《新刊權載之文集》、《新刊元微之文集》九種殘本。其中，權載之、元微之、皇甫持正三集曾經袁克文收藏①。

其三，十行本，即南宋中期大字本，半葉十行，行十八字，白口，左右雙邊。現存《新刊經進詳注昌黎先生文》、《新刊增廣百家詳補注唐柳先生文》兩種②。

十二行本蜀刻唐人集中，除上海圖書館藏的《杜荀鶴文集》之外，其餘十八種唐人集卷首均鈐有"翰林國史院官書"朱文長方印，知其元、明時爲官府藏書。其中，《陸宣公文集》、《新刊權載之文集》、《新刊元微之文集》、《皇甫持正文集》等十一種書中鈐有"劉印體仁"、"潁川鎦考功藏書印"等印記，知此數種清初曾經潁川劉體仁收藏，相傳當時劉家藏有唐詩三十家③。其餘《孟浩然文集》、《孟東野文集》、《姚少監文集》、《劉文房文集》、《劉夢得文集》、《韓昌黎先生文集》、《歐陽行周文集》七種沒有劉體仁印鑒，當不是劉體仁舊藏。根據書中鈐印，分別爲黃丕烈士禮居、楊氏海源閣、瞿氏鐵琴銅劍樓等諸家舊藏④。

1908年至1909年間，述古堂書商于瑞臣曾於山東得到數種唐人集，有全本《司空表聖文集》、《李長吉文集》、《許用晦文集》、《鄭守愚文集》、《孫可之文集》、《張文昌文集》六種；殘卷二種，即《新刊權載之文集》二冊十三卷，即卷一至卷五、卷四十三至卷五十；《新刊元微之文集》二冊十六卷，即卷一至卷六、卷五十一至卷六十。其中，六種唐人集全本爲傅增湘友人朱文鈞所得，因名其書齋曰"六唐人齋"。《新刊權載之文集》卷四十三至卷五十、《新刊元微之文集》首末兩冊二殘帙爲袁克文所得⑤。

1928年，朱氏藏書散出，傅增湘收入《司空表聖文集》，周叔弢購得《許用晦文集》，其餘四種爲邢之襄（贊庭）所購。袁克文藏書散出後，《新刊元微之文集》首冊歸蔣汝藻，後入藏上海涵芬樓。《新刊元微之文集》末冊即卷五

---

① 參見傅增湘《藏園群書題記》卷十二·集部二·唐別集類二，第619頁。
② 以上關於蜀刻唐人集的相關考證，詳見張麗娟、程有慶撰：《中國版本文化叢書·宋本》，南京：江蘇古籍出版社，2002年12月，第62—68頁。另見《宋蜀刻唐人集叢刊》第一冊卷首《宋蜀刻本唐人集叢刊影印說明》，上海：上海古籍出版社，1994年1月。《中國版刻圖錄·鄭守愚文集》，第46頁。
③ 《張元濟古籍書目序跋彙編》上冊，第295頁。傅增湘《藏園群書題記》卷十二·集部二·唐別集類二，第635頁。
④ 詳見張麗娟、程有慶撰：《中國版本文化叢書·宋本》，第67—68頁。另見傅增湘《藏園群書題記》卷十二·集部二·唐別集類二，《校宋蜀本新刊元微之文集殘卷跋》，第618—621頁。
⑤ 關於蜀刻唐人集的遞藏源流，詳見傅增湘《藏園群書題記》卷十二·集部二·唐別集類二，《抄本新刊權載之文集跋》，第598—600頁；《校宋蜀本新刊元微之文集殘卷跋》，第618—621頁。

十一至卷六十與《新刊權載之文集》末册殘卷則抵押給慈溪李思浩（字贊侯）①。

1929年，李氏書散，又歸入廬州劉體智篋中②。其後，《新刊元微之文集》卷五十一至卷六十輾轉爲張元濟收入涵芬樓③。今此書另有卷三十，僅存殘葉，曾爲劉喜海舊藏，其卷首葉鈐有"劉喜海印"白文方印。"元微之文集卷第六十"末有傅增湘朱筆校書題識，《藏園群書題記》未收，抄録於此，可與《藏園群書題記·校宋蜀本新刊元微之文集殘卷跋》互參：

> 己巳（1929）十一月，假慈溪李氏殘宋刻，取校董本，訂正凡數百字，且有出盧抱經《拾補》之外者。蓋抱經所據爲浙本。此則蜀本，雖斷珪零璧，殊可寶玩。後之得者宜珍視之。傅增湘記於藏園。

而《新刊權載之文集》殘卷四十三至五十爲南京中央圖書館收藏，現藏臺灣④。祁陽陳澄中購得《新刊權載之文集》卷一至卷八、卷二十一至卷三十一，20世紀五十年代轉歸北京圖書館即今國家圖書館皮藏⑤。

此蜀刻唐人集中《皇甫持正文集》六卷⑥，亦爲此書現存最早的版本。其版心書名題"正幾"。卷端題"皇甫持正文集卷第一"。1918年7月，袁克文從海王村購得，今書中鈐有"八經閣"、"寒雲鑒賞之鈢"、"寒雲藏書"、"後百宋一廬"、"瓶盦"、"克文之鉢"、"寒雲主人"、"劉姍之印"諸印記。書中另有袁克文之師方爾謙題詩。詩云：

> 羈羅自斷出泥塗，泛覽騎龍游八區。經過泰山絶大海，手摩日月一長籲。

---

① 傅增湘：《藏園群書題記》卷十二·集部二·唐別集類二，第618—619頁。《藏園群書經眼録》云《元微之文集》"存卷一至十四，五十一至六十，計二十四卷"，《藏園訂補邵亭知見傳本書目》著録卷數與之相同。而傅增湘《藏園群書題記》則云袁克文僅得《新刊元微之文集》卷一至六及卷五十一至六十，與《藏園群書經眼録》著録卷數略有差異。今此書卷首"元微之文集序"鈐"八經閣"白文方印、"寒雲鑒賞之鈢"朱文橢圓印。次頁"元微之文集目録"鈐有"寒雲主人"朱方印、"克文之鈢"白文方印。卷端"新刊元微之文集卷第一"天頭鈐有"寒雲"白文長方印。"元微之文集卷第十四"末鈐有"寒雲藏書"朱文方印、"後百宋一廬"朱文方印、"瓶盦"朱文橢圓印。因之，此書卷一至卷十四均爲袁克文舊藏，後爲張元濟收入涵芬樓。而卷五十一至卷六十中無袁克文鈐印，是否確經袁氏收藏，待考。《藏園群書經眼録》卷十二·集部一·唐五代別集類，第900頁。《藏園訂補邵亭知見傳本書目》卷十二下·集部三·別集類一下，第1045頁。

② 傅增湘：《藏園群書題記》卷十二·集部二·唐別集類二，第598—599頁，第618—619頁。

③ 《張元濟古籍書目序跋彙編》中册《涵芬樓燼餘書録·集部》，第664—666頁。今書中鈐有"海鹽張元濟經收"朱文方印、"涵芬樓"朱文長方印、"涵芬樓藏"白文小方印諸印記。

④ 臺灣"國立中央圖書館"特藏組編《"國立中央圖書館"善本書目》增訂二版第三册，臺北："國立中央圖書館"，1967年12月增訂初版，1986年12月增訂二版，第893頁。

⑤ 《宋蜀刻唐人集叢刊》第十四册《新刊權載之文集》卷末拓曉堂《新刊權載之文集跋》。

⑥ 此書傅增湘曾影印行世，《藏園群書經眼録》卷十二·集部一·唐五代別集類，第902頁。

直指天門帝所居，群仙迎笑塞天衢。依然食飲謀甘旨，鸞鳳嘈嘈滿太虛。玉皇許我御天姝，千百爲翻氣宛舒。忽不自知支體化，俄然散漫久而蘇。與天終始漫爲娛，顏色芙蓉玉不如。下視人間真混糞，說來何物不蠅蛆。

右從皇甫持正《出世》一篇衍爲四詩，偶以語寒雲，乃出宋槧孤本，屬寫卷首，已是點金成鐵，又復佛頭著糞，可笑人也。大方。

《皇甫持正文集》中《出世》一文云：

生當爲大丈夫，斷羈羅，出泥塗。四散號呶，傲擾無隅。埋之深淵，飄然上浮。騎龍披青雲，泛覽游八區。經泰山，絕大海，一長吁。西摩月鏡，東弄日珠。上括天之門，直指帝所居。群仙來迎塞天衢，鳳凰鸞鳥粲金輿。音聲嘈嘈滿太虛，旨飲食分照庖厨。食之不飫飫不盡，使人不陋復不愚。旦旦狎玉皇，夜夜御天姝。當御者幾人，百千爲翻，宛宛舒舒，忽不自知。支消體化膏露明，湛湛無色茵席濡。俄而散漫，斐然虛無。翕然復搏搏，久而蘇。精神如太陽，霍然照清都。四支爲琅玕，五臟爲璠璵。顏如芙蓉，頂爲醍醐。與天地相終始，浩漫爲娛。下顧人間，涸糞蠅蛆。

《皇甫持正文集》有《出世》一文，却無《入世》一篇。袁跋中"無隅師以《入世》一篇衍四絕句見示"，與之相左，疑爲袁克文筆誤。此書後歸潘宗周寶禮堂，張元濟《寶禮堂宋本書錄》著錄①。新中國成立後，潘氏後人捐獻國家，入藏今國家圖書館。

十二、元建安虞平齋務本書堂刻本《增刊校正王狀元集注分類東坡先生詩》跋

書友王錫生自湘南歸，携《蘇詩》目錄一册，詩卷一之四，凡三册，云購自黄氏。展讀即前所缺者。裝潢未稍損，經年完合。微神物獲持，曷能泯兹大憾？書索四百圓，適歲暮窮途，無從籌措，而王賈復迫，不能待，幾不獲作延津之合。幸梅真出其盒餘，始償所索，乃成全璧。因快而書。此時丙辰（1916）臘月十八日晨記於横橋寓樓，寒雲。

東坡生日合蘇詩，定有神靈呵護之。一篋黄（建安黄善夫刊《王注蘇詩》二十五卷）虞雙建本，兩賢王（十朋）趙（堯卿）百家辭。黄州（黄州刊《東坡後集》大字殘本）後集原孤罕，郎瞱（郎瞱注《經進東坡文集事略》殘本）殘編況秘奇。獻果攤書吟思苦，便持石鼓（東坡石鼓小研）洗水池。

---

① 《張元濟古籍書目序跋彙編》上册，第295—296頁。

越日爲東坡生日，設位於百宋廬中，陳時果及宋刊東坡詩文集，以爲供養。展誠拜祭，敬紀以詩。棘人袁克文並書。

袁克文題詩中述及四部蘇詩①，現均藏國家圖書館。首先，第一句詩云"一篋黃（建安黃善夫刊《王注蘇詩》三十五卷）虞雙建本，兩賢王（十朋）趙（堯卿）百家辭"，其中"黃虞雙建本"指兩部建安坊刻本。

"黃建本"即宋建安黃善夫家塾刻本《王狀元集百家注分類東坡先生詩》②，卷首有"百家注東坡先生詩序"二篇，第一篇署"西蜀趙公夔堯卿撰"、後篇署"狀元王公十朋龜齡撰"二序，故詩云"兩賢王趙百家辭"。序後爲"百家注分類東坡先生詩姓氏"，末鐫"建安黃善夫刊於家塾之敬室"牌記二行。

此本爲清方功惠舊藏，後經張之洞、盛昱、完顏景賢收藏。1915 年 6 月，徐森玉爲袁克文購得此方功惠碧琳琅館舊裝本③。後爲張元濟收入涵芬樓，現藏國家圖書館。書中鈐有"魯望氏"、"張之洞審定舊槧經鈔書籍記"、"萬物過眼即爲我有"、"壺公"、"盛清宗室盛昱伯羲之印"、"宗室文慤公家世藏"、"完顏景賢精鑒"、"完顏景賢字享父號樸孫一字任齋別號小如盦印"、"景賢曾觀"、"景行維賢"、"景賢"、"任齋銘心之品"、"咸熙堂鑒定"、"小如庵祕笈"、"克文"、"佞宋"、"寒雲鑒賞之鈴"、"惟庚寅吾以降"、"璧瑂主人"、"八經閣"、"百宋書藏"、"寒雲秘笈珍藏之印"、"寒雲心賞"、"後百宋一廛"、"與身居存亡"、"海鹽張元濟經收"、"涵芬樓"、"涵芬樓藏"諸印記。

王注蘇詩，《四庫全書》所收有近三十類。趙夔序中稱五十類。建安萬卷堂本增爲七十二類，虞平齋務本書堂又增爲七十八類，此本則爲七十九類④。

"虞建本"即此宋王十朋纂集本《增刊校正王狀元集注分類東坡先生詩》二十五卷⑤。卷首"增刊校正王狀元集注分類東坡先生詩姓氏"末鐫"建安虞平齋務本書堂刊"篆文牌記二行。後附宋傅藻編纂《東坡紀年錄》一卷。

---

① 此四部善本今藏國家圖書館。
② 全書二十五卷，卷一至四、九至十二配另一印本。卷首王、趙序後爲"百家注分類東坡先生詩姓氏"次行低九格題"狀元王公十朋龜齡纂集"，次爲仙溪傅藻編纂"東坡紀年錄"，次爲"百家注分類東坡先生詩門類"，再次爲"王狀元集百家注分類東坡先生詩目錄"，次行題"前禮部尚書端明殿學士兼侍讀學士贈太師謚文忠公蘇軾"。卷端"王狀元集百家注分類東坡先生詩卷之一"之下題"前禮部尚書端明殿學士兼侍讀學士贈太師謚文忠公蘇軾"。每半葉十三行，行二十二、二十三字不等，小字雙行二十七至二十九字，細黑口，左右雙邊。文中語涉宋帝均空格，諱字不嚴格。
③ 《王子霖古籍版本學文集》第二冊《古籍善本經眼錄附錄・寒雲日記》，第 141 頁。
④ 《張元濟古籍書目跋彙編》中冊《涵芬樓燼餘書錄・集部》，第 684 頁。
⑤ 半葉十一行，行十九字，小字雙行二十五字，細黑口，左右雙邊。版心上方記字數。卷端題"增刊校正王狀元集注分類東坡先生詩卷之一"、次行署"宋禮部尚書端明殿學士兼侍讀學士贈太師謚文忠公蘇軾"。卷首有二序，其一"增刊校正百家注東坡先生詩序"，次行題"狀元王公十朋龜齡撰"，其二題西蜀趙公夔堯卿撰。

書中鈐有"函雅堂藏書印"，疑爲光緒時王咏霓舊藏[1]。後爲貴築黄彭年所得，鈐有"彭年"、"戴經堂藏書"、"子壽"、"彭年之印"、"黄十二"等印記。1916年元月，袁克文從黄彭年購得此書卷五至二十五，缺卷一至四[2]。是年十二月底，袁克文又從書估王錫生處以四百元輾轉購得此書卷一之四[3]。如此先後兩次，終使此書合成全璧。書中鈐有"後百宋一廛"、"與身俱存亡"、"佞宋"、"克文"、"寒雲鑒賞之鈢"、"抱存歡喜"、"寒雲如意"、"侍兒文雲掌記"、"克文與梅真夫人同賞"、"皇二子"、"寒雲秘笈珍藏之印"諸印鑒。袁克文晚年，將此書與部分舊藏轉讓南海潘宗周寶禮堂，張元濟《寶禮堂宋本書錄》著録[4]。新中國成立後，潘氏後人捐獻入藏今國家圖書館。此本字體雋麗，堪稱建本之至精者。《四部叢刊》即以此書爲底本影印[5]。然書中黄彭年題識以其與宋刻《施注蘇詩》相媲美，難免溢美之嫌[6]。

　　據《書林清話·元時書坊刻書之盛》，虞氏務本堂爲元時建安名肆，刻書甚多[7]。傅增湘誤題"宋虞平齋"[8]。此本之外，另有元泰定四年（1327）刻《新編四書待問》二十二卷、至元辛巳刻《趙子昂詩集》七卷、至正六年（1346）刻《周易程朱傳義音訓》十卷《易圖》一卷等。虞氏刻書或題"建安虞平齋務本書堂"，或題"建安虞氏務本堂"、"虞氏務本堂"等，平齋疑爲該書坊主人之字號。

　　國家圖書館藏《趙子昂詩集》目録後有"至元辛巳春和建安虞氏務本堂編刊"陰文木記一行。前至元辛巳爲十八年（1281），其時趙子昂年方二十八歲，又五年，程巨夫薦於世祖乃得進用，與集中往還諸人年代不相符，則非前至元可知。其後至元六年（1340）爲庚辰，次年辛巳正月朔改元，爲至正元年（1341）。今此云"至元辛巳春和"，蓋地僻未奉詔書，故仍然使用舊年號[9]。葉德輝誤以"至元辛巳"爲前至元十八年，故云虞氏務本堂"由至元辛巳下至明

---

[1] 王咏霓有《函雅堂集》，此印疑爲王氏之印。
[2] 《王子霖古籍版本學文集》第二册《古籍善本經眼録附録·寒雲日記》，第155頁。
[3] 同上書，第166頁。
[4] 《張元濟古籍書目序跋彙編》上册，第308—310頁。
[5] 傅增湘：《藏園訂補邵亭知見傳本書目》卷十三上·集部三·別集類二上，第1133頁。《藏園群書題記》卷十三·集部三·宋別集類一，第682頁。
[6] 《張元濟古籍書目序跋彙編》上册，第309—310頁。
[7] 葉德輝：《書林清話》，上海：上海古籍出版社，2008年2月，第81頁。
[8] 《藏園群書題記》卷十三·集部三·宋別集類一，《宋虞平齋刊本集注分類東坡先生詩跋》，第678頁。《藏園群書經眼録》卷十三·集部二·北宋別集類，第978—979頁。《藏園訂補邵亭知見傳本書目》卷十三上·集部三·別集類二上亦題"宋建安虞平齋務本書堂刊本"，第1133頁。
[9] 詳見《中華再造善本》汪桂海所撰此書提要。

洪武二十一年戊辰，凡百有餘年矣"①。若以現存虞氏務本堂刻本中有明確紀年計，當是"泰定四年以下……"數十年云云。

楊氏海源閣舊藏亦有虞平齋務本書堂刻本②，即著錄"虞平齋本"者③。此本爲明濮陽李廷相雙檜堂舊藏，入清又經汪士鐘、汪憲奎、徐遵禮、楊氏海源閣遞藏。民國間爲周叔弢收入自莊嚴堪④。1937年12月，周叔弢欲得傅增湘舊藏金俊明校黃丕烈跋明抄《席上輔談》、葉奕校孫江跋明抄《賓退錄》、陳鱣校並跋明抄《邵氏聞見錄》，便以此書酬謝，轉贈傅增湘⑤。書中鈐有"濮陽李廷相雙檜堂書畫私印"、"君明孫子鑒賞"、"汪印士鐘"、"汪士鐘曾讀"、"藝芸主人"、"平陽汪氏藏書印"，"平江汪憲奎秋浦印記"、"憲奎"、"秋浦"、"徐遵禮字以文別號虛涵子識"、"東郡楊氏鑒藏金石書畫印"、"東郡楊氏宋存書室珍藏"、"海源閣"、"宋存書室"、"聊攝楊氏宋存書室珍藏"、"楊以增字益之又字至堂晚號冬樵行式"、"以增私印"、"關西節度系關西"、"臣紹和印"、"東郡楊紹和字彥合藏書之印"、"楊氏彥合"、"協卿珍賞"、"周暹"、"傅印增湘"、"江安傅增湘沅叔珍藏"、"沅叔"、"沅叔審定"、"雙鑒樓珍藏印"、"藏園"諸印。此本現藏國家圖書館。

傅增湘舊藏另有元建安熊氏刻本，書中傅增湘跋誤題宋刻，然收入《藏園群書題記》時則題爲"元建安熊氏"⑥。關於蘇詩刊刻大略，傅跋中已詳述其源流，此處不贅⑦。

熊氏刻本與建安虞平齋刻本大同，其卷首"增刊校正王狀元集注分類東坡先生詩姓氏"末亦鐫篆文牌記"建安熊氏鼎新綉梓"二行。建安熊氏是刻書世家中的名家之一，起於南宋，歷元、明兩朝。元代刻書可考者有四家，如"熊氏萬卷書堂"、"熊氏博雅堂"、"熊氏衛生堂"和"建安熊氏"⑧。

袁詩中所云第三部蘇詩，即"黃州（黃州刊《東坡後集》大字殘本）《後

---

① 葉德輝《書林清話》卷四，第82頁。
② 傅增湘：《藏園群書題記》卷十三·集部三·宋別集類一，第678—680頁，亦誤題宋刻。
③ 清人書目題跋叢刊三《楹書隅錄初編》卷五，1990年3月，第541頁。
④ 《周叔弢古書經眼錄·自莊嚴堪書目》，第609頁。
⑤ 傅增湘：《藏園群書經眼錄》卷十三·集部二·北宋別集類，第978頁。
⑥ 傅增湘：《藏園群書題記》卷十三·集部三·宋別集類一，第686—688頁。《藏園群書經眼錄》卷十三亦題"元建安熊氏刊本"，並云："此書號爲宋刻，而細審字體雕工，實元槧之佳者。"第977頁。
⑦ 傅增湘：《藏園群書題記》卷十三·集部三·宋別集類一，第687—693頁。關於《百家注分類東坡詩集》相關版本源流考，可參見劉尚榮《蘇軾著作版本論叢》，成都：巴蜀書社，1988年3月，第54—56頁。
⑧ 詳請參見《中華再造善本》汪桂海所撰此書提要。

集》原孤罕"之宋刻遞修本《東坡先生後集》二十卷①，版心雙魚尾上記字數，下記刻工姓名，如堯善、五用、吳捕、吉父、彥才、王九、白文等。中縫題"東坡後集幾"，間有"乙卯刊"、"庚子重刊"字樣，間有陰文。書中諱字如慎、敦等缺末筆。卷十第二十八、二十九葉魚尾上有"黃州"，故傅增湘②、袁克文等人稱其爲"黃州刊本"。書中袁克文跋云：

> 《東坡先生後集》殘本二十三葉，起二十五，迄四十二，凡十八葉，爲卷十後半，其十八至二十二五葉，乃另一卷。版心雖已剝殘，十一二字尚可仿佛辨識，則應是卷十一也。繆藝風曾得數卷，觀者皆不審爲何地所刊。予得此卷，適版心上端有"黃州"兩字，故斷爲黃州刊本。木師、印丞、沅叔、森玉皆深韙此言。惜未能假繆氏所藏一較證耳。寒雲。（下鈐"克文之鉢"白文方印。）

卷末吳昌綬1915年朱筆跋語亦云"黃州刊本"：

> 寒雲主人新收宋槧《東坡後集》卷十殘本，半葉十行，行十六字。自十八至四十二，中缺廿三、四，凡存二十三葉，中縫題"庚子重刊"者十一葉，題"乙卯刊"者六葉，惟廿八、九葉魚尾上有"黃州"二字，皆庚子刊。庚子、乙卯相距十五年，乙卯版新于庚子，云重刊者，蓋原刻遠在庚子以前也。繆氏藝風堂亦有殘本數卷，未詳。爲黃州刻，此說實自主人發之，爲著錄家增一掌故。乙卯十月，仁和吳昌綬謹志。（"伯宛"朱文方印。）

袁跋與吳跋均提及繆荃孫所藏殘本數卷，即卷四、五、六，半葉十行，行十六字，白口，左右雙邊。版心魚尾上記字數，中縫鐫"東坡後集卷幾"，間有"乙卯刊"、"庚子重刊"等字樣，"庚子重刊"間有陰文，下記刊工姓名，有王九、阮圭、吉父、元、仁等。後歸南潯劉承幹嘉業堂，與此殘本當爲同一版本③。

1912年，此殘本曾在正文齋中出售④。1915年9月11日，爲袁克文購藏⑤。袁氏書散，轉讓南海潘宗周寶禮堂，《寶禮堂宋本書錄》著錄此殘本⑥，云"存卷十起第二十六至四十二，計十七葉。卷十一起第十八至二十二、第二十五，存六

---

① 現存二卷，即卷十、卷十一。半葉十行，行十六字，白口，左右雙邊。
② 《藏園群書經眼錄》卷十三·集部二·北宋別集類，第973頁。
③ 詳見傅增湘《藏園群書經眼錄》卷十三·集部二·北宋別集類，第973頁。
④ 傅增湘：《藏園群書經眼錄》卷十三·集部二·北宋別集類，第973頁。
⑤ 袁克文跋《東坡先生後集》中已辨其所得殘本二十三葉所屬卷次，因知《寒雲日記》云"自十八葉至四十二葉"，當是概括言之。《王子霖古籍版本學文集》第二冊《古籍善本經眼錄附錄·寒雲日記》，第149頁。
⑥ 《張元濟古籍書目序跋彙編》上冊，第308頁。

葉"，張元濟以卷十之第二十五葉，記入卷十一，疑誤。今著錄存卷十起第二十五至四十二葉，存二十三葉；卷十一起第十八至二十二葉，存五葉。書中鈐有"寒雲秘笈珍藏之印"、"後百宋一廛"、"與身俱存亡"、"佞宋"、"寒雲鑒賞之鈐"。新中國成立後，潘氏後人潘世茲將此殘卷捐獻國家，入藏今國家圖書館。《東坡先生外制集》三卷爲周叔弢舊藏，卷首"東坡先生外制集目錄"鈐"周暹"白方小印，卷端"東坡先生外制集卷上"亦鈐此印。新中國成立後，周叔弢將此書捐獻國家，入藏今國家圖書館。兩家舊藏在國圖合璧而成是本。

上海圖書館藏亦有此書殘卷，其行款格式、刻工姓名、均與國家圖書館藏此本相同。且卷十、十一殘葉相互銜接，故二本疑爲同一刻本而散出者①。

第四部蘇詩，即袁詩中"郎曄（郎曄注《經進東坡文集事略》殘本）殘編況秘奇"之宋刻郎曄選注《經進東坡文集事略》六十卷②，曾爲日本人島田重禮舊藏，甚爲珍視，其子島田翰目爲"刻之精善者"，並對此書版本做進一步考證，認爲此書爲《三蘇文注》合刻之本③。後以維持生計，將此書售與田吳炤④。書中田氏跋云：

> 右見島田翰所著《古文舊書考》卷第二。翰又言："此書爲其先人所藏精本中之最善本。"以生計艱難，爲予所得。彼之忍痛可知也。特錄以志之。宣統元年（1909）十一月潛山記。（鈐"炤印"白文長方小印。）

1915年7月29日，袁克文購得此書⑤。袁氏晚年書散，轉讓南海潘宗周寶禮堂收藏⑥。書中鈐有"篁村島田氏家藏圖書"、"敬甫"、"島田重禮"、"島田重禮敬甫氏"、"雙桂書樓"、"島田重禮讀書記"、"島田翰字彥楨精力所聚"、"景偉樓"、"田偉後裔"、"潛山所藏"、"荊州田氏藏書之印"、"穀孫"、"蔣祖詒"、"烏程蔣穀孫平生真賞"、"蔣祖詒讀書記"、"密韵樓"、"穀孫祕笈"、"烏程蔣祖詒藏"、"佞宋"、"克文"、"人間孤本"、"三琴趣齋"、"寒雲秘笈珍藏之印"。新中國成立後五十年代，潘氏後人捐獻國家，入藏今國家圖書館。劉啓瑞抱殘守缺齋亦藏有此本，存四十卷，四十卷以後目錄挖改。後歸董康。

---

① 參見楊忠師《蘇軾全集版本源流考辨》，《中國典籍與文化論叢》第一輯，北京：中華書局，1993年9月，第216—217頁。
② 現存卷一至二十五，卷三十四至三十九，卷四十六，計三十二卷。半葉十二行，行二十一字，小字雙行同，細黑口，左右雙邊。書衣有袁克文題簽，文中有朱筆圈點。
③ 日本島田翰：《漢籍善本考》，北京：北京圖書館出版社，2003年1月，第345—356頁。《漢籍善本考》原名《古文舊書考》。
④ 鄭偉章：《文獻家通考》下·卷二十三，第1344頁。
⑤ 《王子霖古籍版本學文集》第二冊《古籍善本經眼錄附錄·寒雲日記》，第145頁。
⑥ 《張元濟古籍書目序跋彙編》上冊《寶禮堂宋本書錄》，第305—306頁。

1914年7月傅增湘曾經寓目①。此本已印入《四部叢刊》②。

十三、元刻《晦庵先生朱文公文集》跋

　　《晦庵文集》，存卷第三十。宋刊宋印，精好無倫。按：朱公集，宋刊傳世有二：一浙本，字體方整，余藏有明印，四十餘卷；一建本，即此册。春間獲於滬市蟫隱廬。丁巳（1917）歲暮，夜寒手僵，提筆爲書，幾難成字。百宋書藏主人。（下鈐"克文"朱文印。）

　　朱熹文集宋元刻本傳世頗多，其生前曾三次編刻。其一，淳熙十五年，編定並刊刻前集，刻於建陽麻沙。其二，南宋紹熙三年，編成後集，並與前集合刻於建陽麻沙，即現存之南宋淳熙、紹熙刻《晦庵先生文集》前集十一卷、後集十八卷。此本是目前所知現存最早的朱熹文集刊本，也是唯一在朱熹生前刊刻行世且流傳至今的本子。此本爲毛氏汲古閣舊藏，後入清宮天祿琳琅，《天祿琳琅書目後編》卷七著錄③，現存臺灣故宮博物院④。其三，南宋慶元四年（1198），其弟子王峴（晋輔）爲其文集編次鋟木，此即廣南刻本。

　　朱熹身後，其季子朱在着手纂輯朱熹詩文全集，趙希弁《郡齋讀書志·附志》著錄嘉熙三年（1239）王埜刻於建安書院《晦庵先生文集》一百卷，即百卷本朱熹全集。百卷本在傳世過程中，又有浙本、閩本之別⑤。

　　朱熹文集編輯成書後，宋元刊本頗多，此袁克文舊藏殘本，即元代福建刻本，袁克文誤題宋刊。書衣有袁克文題款，右邊題曰"宋建本"，下署"丙辰（1916）冬獲於上海，後百宋一廛藏題"。左題"晦庵先生朱文公文集存卷第三十"。此本爲羅振常蟫隱廬舊藏，鈐有"蟫隱廬祕籍印"，1916年10月24日，袁克文購得此殘册卷三十⑥，書中鈐有"寒雲主人"、"克文之鉢"、"三琴趣

---

① 《藏園群書經眼錄》卷十三·集部二·北宋別集類，第979頁。
② 《藏園訂補郘亭知見傳本書目》卷十三上·集部三·別集類二，第1135頁。
③ 《中國歷代書目題跋叢書》第二輯，《天祿琳琅書目·天祿琳琅書目後編》，第544—545頁。1922年8月，溥儀將此本賞賜溥杰，《賞溥杰書畫目》著錄。抗戰初期，沈仲濤購此本於滬上，晚年將之捐獻臺北故宮博物院。詳見郭齊、尹波《論宋淳熙、紹熙槧本〈晦庵先生文集〉》，《文獻》1998年第3期，第163頁。
④ 《"國立"故宮博物院善本舊籍總目》下册著錄，臺北：臺北故宮博物院，1983年4月初版，第1077頁。
⑤ 有關朱熹文集的版刻源流等相關考證，詳請參見束景南《宋槧〈晦庵先生文集〉考》，《古籍整理研究學刊》1992年第1期，第20—21、48頁；郭齊、尹波《論宋淳熙、紹熙槧本〈晦庵先生文集〉》，《文獻》1998年第3期，第162—180頁；馬德鴻、陳莉《〈朱文公集〉版本源流考》，《圖書情報知識》2005年第1期，第56—60頁。
⑥ 《王子霖古籍版本學文集》第二册《古籍善本經眼錄附錄·寒雲日記》，第166頁。

齋"、"後百宋一廛"、"佞宋"、"抱道人"諸印。

袁克文另藏有此書宋刻元明遞修本,僅存卷三,二者行款相同,此殘卷補版間有黑口。兩本相校,此本錯把二十葉作十九葉,十九葉當二十葉。各葉刻工亦與原本不符,因疑此爲明初翻刻本。袁克文晚年書散,此兩殘卷均入藏南海潘宗周寶禮堂①。《寒雲日記》另記1915年7月中旬曾得宋浙刻本《晦庵文集》殘卷,存卷五十五、卷六十二至八十一、卷八十五至一百,計三十七卷②,不知今藏何處。

國家圖書館藏有數部浙本③,多爲殘本,並經元明遞修。半葉十行,行十九字,白口,左右雙邊。其卷端題名"晦庵先生文集"。閩刻本行字十八,補版爲黑口,卷端題名云"晦庵先生朱文公文集",與浙刻本略有不同。《藏園訂補郘亭知見傳本書目》著錄有宋咸淳元年建寧府刻元明遞修本④:

> 宋咸淳元年建寧府刊本,十行十八字,白口,左右雙欄,版心上記字數,下魚尾下記朱文公集卷幾,下魚尾上記葉數,最下記刊工人名。劉承幹嘉業堂藏一帙,有明代補版。……

據《中國古籍善本書目》集部著錄⑤,雲南省圖書館藏有此本。

另有江西刻本,《文禄堂訪書記》著錄⑥,題"朱文公文集",存卷三十五至五十九,半葉十行,行十八字,白口,版心上記字數,下魚尾下記"朱文公集卷第幾",下記刊工名一字。傅增湘曾經眼此殘卷⑦。《中國古籍善本書目》未見著錄,不知是否尚存世間。

十四、宋嘉泰呂喬年刻本《東萊呂太史別集》跋

此宋刊《東萊全集》之一,《皕宋樓藏書志》云:"《東萊呂太史外集》四卷,宋刊宋印本。卷中有'建安楊氏傳家圖書'朱文長印、'晉安徐興公家藏書'朱文長印、'晉安蔣絢臣家藏書'朱文長印。"觀此,則此本與

---

① 《張元濟古籍書目序跋彙編》上册,第311頁。
② 《王子霖古籍版本學文集》第二册《古籍善本經眼錄附錄·寒雲日記》,第143頁。
③ 陳振孫《直齋書錄解題》著錄《晦庵集》一百卷,並附《紫陽年譜》三卷。
④ 傅增湘:《藏園訂補郘亭知見傳本書目》卷十三下·集部四·別集類三,第1200頁。
⑤ 《中國古籍善本書目》集部上册,上海:上海古籍出版社,1989年10月,第329頁,第3873號。
⑥ 王文進:《文禄堂訪書記》卷四,第304頁。《文禄堂訪書記》亦著錄浙刻本,存卷七十五至八十,宋諱避至"擴"字。版心刻工有張允、張榮、陳伸、陳晃、陳彬、李琪、李培、劉昭、劉海、余旼、余政、項文、范元、丁之才、呂信、黃邵、秦昌、石昌、翁定、何澄、曹鼎、朱祖等人。
⑦ 傅增湘:《藏園訂補郘亭知見傳本書目》卷十三下·集部四·別集類三,第1200頁。

陸氏所藏同爲一部而散落人間矣。卷中寬簾棉紙，皆爲宋印；微薄而黄者，則元印補葉；其抄補者，紙尤脆薄，則出自明人矣。乙卯（1915）七月寒雲。（下鈐"惟庚寅吾以降"朱文方印。）

呂祖謙，字伯恭，世稱東萊先生。事迹詳《宋史》本傳。據陳振孫《直齋書録解題》，其遺集分《文集》十五卷、《別集》十六卷、《外集》五卷、《附録》三卷，皆是呂祖謙歿後其弟祖儉及從子喬年先後輯刻行世。現存南宋嘉泰四年（1204）呂喬年刻本，是呂氏文集存世較早的傳本。

國家圖書館藏南宋嘉泰四年呂喬年刻《東萊呂太史文集》數部，分別爲清宮天禄琳琅、鐵琴銅劍樓、楊氏海源閣等諸家舊藏。宋嘉泰四年本呂氏文集，除《直齋書録解題》著録各集之外，另有《拾遺》一卷，《麗澤論説集録》十卷。《直齋書録解題》卷三"經解類"著録《麗澤論説集録》十卷云：

> 呂祖謙門人所録平日説經之語，末三卷則爲《史説》、《雜説》。東萊於諸經，亦惟《讀詩記》及《書説》成書，而皆未終也。

由此可知，當時呂氏文集與《麗澤論説集録》各自流傳於世。至嘉泰四年時，與《東萊呂太史文集》、《別集》等合刻行世。

天禄琳琅舊藏本《東萊呂太史文集》卷十五後附有一葉①，書口題"録後"，其文曰：

> 右《太史文集》十五卷，先君太府寺丞所次輯也。喬年聞之先君曰："太史之於文也，有不得已而作。故今所傳詩多挽章，文多銘志，餘皆因事涉筆，未嘗有意於立言也。"……國論傳諸庠序，不待文字之摹刻而可見矣。而自太史之没，不知何人刻所謂《東萊先生集》者，真贋錯糅，殆不可讀。而又假托門人名氏，以實其傳。流布日廣，疑信相半。先君病之。乃始於一二友收拾整比，將付之鋟木者。以易舊本之失。會言事貶不果就。喬年追惟先緒之不可墜，因遂刊補是正，以定此本。凡家範、尺牘、讀書雜記之類，皆總之別集；策問、宏辭之類，爲世所傳者，皆總之外集；年譜、遺事與凡可參考者，皆總之附録，大凡四十卷。其他成書已傳草具之未定者，皆不著。著其目於附録之末。雖或年月之失次，訪求之未備，未可謂無遺恨。至於絶舊傳之繆，以終先君之志，則不敢緩，且不敢隱焉。既以質諸先友，因輒記於目録之後。太史諱祖謙，字伯恭，天下稱爲東萊先生云。嘉泰四年秋從子喬年謹記。

---

① 《天禄琳琅書目後編》卷七著録，其卷五另著録《麗澤論説集録》十卷，中國歷代書目題跋叢書第二輯《天禄琳琅書目·天禄琳琅書目後編》，上海：上海古籍出版社，2007年8月，第542、494—495頁。

因知此書之成曾經吕祖儉、吕喬年父子多方蒐求，至宋嘉泰四年吕喬年方始刻成。書中宋代刻工有丁明、丁亮、史永、吕拱、李信、李彬、李嚴、李思賢、周文、宋琚、思義、張世忠、張彦忠、張仲辰、吴志、吴春、楊先、孫顯、姚彦、趙中、劉昭、韓公輔等人。

此袁克文舊藏《東萊吕太史别集》十六卷，卷一至六家範，子目分宗法、昏禮、葬儀、祭禮、學規、官箴，卷七至十一尺牘，卷十二至十五讀書雜記，卷十六師友問答，與陳氏所言相合。半葉十行，行二十字，間或二十一字，白口，左右雙邊。卷二、卷五配明抄本。其卷首有嘉泰四年吕喬年撰《東萊吕太史文集序》，宋諱避至寧宗嫌名，當是初刊之本[1]。卷端題"東萊吕太史别集卷第一"。天禄琳琅舊藏《東萊吕太史文集》中的刻工，如李信、吴志、李思賢、周文、丁明、史永、李嚴、吴春、丁亮、張彦忠等人，亦見於《東萊吕太史别集》之中。[2]

此本明代爲建安楊氏家藏，又經晋安徐氏、蔣氏收藏。清乾隆、嘉慶間爲鄭杰所得。書中鈐有"建安楊氏傳家圖書"、"晋安蔣絢臣家藏書"、"晋安徐興公家藏書"、"鄭氏注韓居珍藏記"、"一名人杰字昌英"、"鄭杰之印"等印鑒。1915年7月23日，傅增湘爲袁克文購得此本[3]，鈐有"寒雲秘笈珍藏之印"、"克文"、"佞宋"諸印。傅增湘《藏園群書經眼録》卷十四著録，並云"余藏"[4]，然書中未見傅氏藏書印鑒，《雙鑒樓善本書目》亦未見著録。傅氏所言"余藏"者，疑指此書購買之後至轉給袁克文之前這段時間。袁克文晚年，其所藏宋元善本多數轉讓海南潘宗周寶禮堂[5]。新中國成立後，潘氏後人捐贈入藏今國家圖書館。

陸心源舊藏有兩部吕氏文集，一部爲馬玉堂（笏齋）舊藏，有《文集》、《别集》等，無《麗澤論説集録》十卷；另一部爲"楊文敏公舊藏"，僅存《外集》四卷[6]。《皕宋樓藏書志》卷八十五著録云：

> 宋刊本，楊文敏公舊藏。案：此宋刊宋印本，行款同前，卷中有"建安楊氏傳家圖書"朱文長印、"晋安徐興公家藏書"朱文長印、"晋安蔣絢臣家藏書"朱文長印。

此殘本與袁氏舊藏《别集》藏印俱同，當同爲一部書而散出者。至其餘半部，如今則不知飄墜何處。

---

[1] 《張元濟古籍書目序跋彙編》上册《寶禮堂宋本書録》，第312頁。
[2] 詳見《中華再造善本》張燕嬰所撰此書提要。
[3] 《王子霖古籍版本學文集》第二册《古籍善本經眼録附録·寒雲日記》，第145頁。
[4] 傅增湘：《藏園群書經眼録》卷十四·集部三·南宋别集類，第1030頁。
[5] 《張元濟古籍書目序跋彙編》上册，第311—312頁。
[6] 《續修四庫全書》史部·目録類《皕宋樓藏書志》，第283—284頁。

吕祖儉輯《麗澤論説集録》十卷，爲吕祖謙與其友人論説學問之集録。袁克文舊藏亦有此書宋嘉泰四年（1204）吕喬年刻本，間有元明補版。書中宋代刻工有李信、張仲辰、張彦忠、吴志、李思賢、丁亮、李彬、李思義、姚彦、韓公輔等人，見於嘉泰四年本《東萊吕太史文集》。卷首目録後有吕祖謙從子吕喬年題記云"伯父講説所及而門人記録之"；又云"先君嘗所裒輯，今仍據舊録，頗附益比次之，不敢輒有刪改"。知此書初爲吕祖謙門人記録吕氏論説，其弟吕祖儉搜集，其從子吕喬年補綴。此本現存卷一至五，卷五配清影宋抄本。
　　此殘本曾爲吕留良舊藏①，之後又經蔣重光②、沈廷芳③、楊紹和等人收藏④。1915年8月，袁克文購自天津王氏書商⑤。書中鈐有"光輪印"、"南陽講習堂"、"辛齋"、"重光"、"曾在蔣辛齋處"、"沈印廷芳"、"椒園"、"楊紹和讀過"、"儲端華重"、"東郡宋存書室珍藏"、"克文"、"佞宋"、"寒雲秘笈珍藏之印"諸印記⑥。後入潘宗周寶禮堂⑦。新中國成立後，潘氏後人世兹捐獻國家，入藏今國家圖書館。

十五、元刻《後村居士集》跋

　　《劉後村集》二十卷，宋刊最初之本。審其板式，當是陸續刊成，故《詩話》、《詩餘》四卷，略有不同。書中如"胡虜"諸字，皆經刪去。蓋元時印本也。瞿氏書目有宋刊殘本三十八卷，無《詩餘》，而瞿記則謂缺《詩話》。書牘卷次亦與此異，行字雖同，豈另一刻本也？皕宋樓所藏宋本五十卷，半葉十行，行二十字。無"林秀發"款字一行，其它抄本亦皆五十卷，無二十卷自成一集者。此刻之罕有可知已。丙辰（1916）五月棘人克文。
　　宋劉克莊《後村居士集》，存世宋元刻本頗多，國家圖書館藏有數部，分別爲瞿氏鐵琴銅劍樓、楊氏海源閣、清宮天禄琳琅、鄭振鐸等諸家舊藏。陸心

---

① 吕留良（1629—1683），詳見鄭偉章《文獻家通考》上·卷二，第60—62頁。
② 蔣重光（1708—1760），詳見鄭偉章《文獻家通考》上·卷五，第255—256頁。
③ 沈廷芳（1711—1772），詳見鄭偉章《文獻家通考》上·卷五，第263—264頁。
④ 楊紹和（1830—1876），詳見鄭偉章《文獻家通考》中·卷十八，第1006—1008頁。
⑤ 《王子霖古籍版本學文集》第二册《古籍善本經眼録附録·寒雲日記》，第146頁。
⑥ 書中另有"潘麐"之印，疑爲潘麐生，即潘鐘瑞（1822—1890），長洲人。原名振先，字圉雲，又字麐生、麟生，號近僧、瘦羊、香禪、晚號香禪居士、瘦羊居士。室名香禪精舍、百不如人室。諸生。太常寺博士。少孤力學，精篆隸，工詞章，長於金石考證，究心文獻，熟諸掌故。嗜愛山水，所游諸名勝皆有記考，所交皆當世名士。著作甚多，如《百不如人室詩文草》稿本，不分卷，蘇州博物館藏善本。另有葉廷管輯《劫餘所見詩録》録《百不如人室詩稿》一卷，蘇州市圖書館藏善本。
⑦ 《張元濟古籍書目序跋彙編》上册《寶禮堂宋本書録》，第246—247頁。

源亦藏有此書,《皕宋樓藏書志》卷九十著録①,現藏日本静嘉堂文庫②。1929年11月,傅增湘曾借閲静嘉堂本,並以之與瞿氏鐵琴銅劍樓舊藏本相較(簡稱"瞿本"),對二者版刻之異同,提出質疑③:

>……按:據《後村大全集》本前咸淳六年林希逸序稱,淳祐八年守莆田時曾刻前集於郡庠,咸淳八年劉希仁序又言前集刊於莆,既而後、續、新三集復刊於玉融,後板爲書坊翻刻云云。静嘉本與瞿本均爲前集,而一本左右雙欄,一本四周雙欄,判然兩刻,然孰爲莆田初刻,孰爲書坊翻刻,非並幾而校之,殆難决也。

静嘉堂本即五十卷本,與傅氏舊藏殘本五卷爲同一版,卷末有"門人迪功郎新差昭州司法參軍林秀發編次"一行④,與瞿本不同。

五十卷本一直被認爲是宋刻宋印本而倍受矚目,瞿本則鮮爲人知。據程有慶考證,瞿氏舊藏本與五十卷本不同。瞿本以前十六卷詩爲上卷,以十七卷以後文爲下卷。五十卷本則以前二十卷爲上卷,稱《後村居士詩集》;以後三十卷爲下卷,稱《後村居士文集》。詩文集目録後有"門人迪功郎新差昭州司法參軍林秀發編次"一行。五十卷本文集目録後"後村先生文集目録卷終"十字的字體風格與原書不一致。瞿本與五十卷本部分版刻字體相同之處,瞿本版刻清晰,五十卷本則字迹模糊。詩話與詩歌是兩種文體,而五十卷本把詩話列入詩集之中,這在宋以前的詩集中甚爲罕見;其詩集題名有"後村居士詩"、"後村居士集"等,各不相同。五十卷本之卷十九第二葉《賀新郎》上闕"休作尋常看"前被鏟去"胡兒"二字,當是元印本。故此,瞿本與五十卷本並非同一版本系統,五十卷本是利用宋版重新編排過的本子,不是宋刻原本,而是宋刻元修本,爲元代印本;而瞿本則刷印較早,堪稱海内孤本,其版本價值遠高於五十卷本⑤。

袁克文舊藏此殘本爲五十卷本系統,半葉十行,行二十一字,細黑口,左右雙邊。現存卷一至二十。據此本中"胡虜"、"以金陵降虜"等此類字詞⑥,或剔、或存的現象可知,疑是宋刻元修本。上文袁克文晚年所撰此書提要中亦云"宋諱多缺筆","遇'胡'、'虜'諸字皆鏟去,蓋元時印本也",對此本版

---

① 《續修四庫全書》史部·目録類·《皕宋樓藏書志》卷九十,第329—331頁。
② 賈貴榮輯:《日本藏漢籍善本書志書目集成》第四册《静嘉堂秘籍志》,北京:北京圖書館出版社,2003年6月,第744—748頁。
③ 傅增湘:《藏園訂補邵亭知見傳本書目》卷十三下·集部四·别集類三,第1249頁。
④ 傅增湘:《藏園群書經眼録》卷十四·集部三·南宋别集類,第1059—1060頁。
⑤ 此段考證詳見程有慶《〈後村居士集〉鐵琴銅劍樓舊藏宋本》,《文獻》1987年第3期,第204—209頁。
⑥ 詳見《張元濟古籍書目序跋彙編》上册《寳禮堂宋本書録》,第317—318頁。

刻刷印時間作出判斷。

此殘本曾經清初孫承澤、揆叙等收藏。1916年5月，此本爲袁克文購得①。書中鈐有"孫氏萬卷樓印"、"孫印承澤"、"謙牧堂藏書記"、"兼牧堂書畫記"、"後百宋一廛"、"侍兒文雲掌記"、"臣印克文"、"八經閣"、"上第二子"、"佞宋"、"三琴趣齋"、"惟庚寅吾以降"、"甾宋書藏主人廿八歲小景"。袁克文晚年，此書轉讓南海潘宗周寶禮堂②。新中國成立後，潘氏後人潘世兹捐獻國家，入藏今國家圖書館。

十六、宋刻《友林乙稿》跋③

"躋友林之逸品，儷聲價於吉光"，此《百宋一廛賦》中語也。黃蕘翁注謂"真本流麗娟秀，兼饒古雅之趣，在宋槧中別有風神，未容後來摹仿也。余跋之，目爲逸品"④云云。《百宋一廛書錄》又謂：序文似不全，並多描寫字。目首尾多抄補半葉。以詩證之，當是全本。《登雁峰》一首，割去九字，以素紙補空，未知何故。卷端有'天賜收藏'印，卷末有'學古'一印，審是元人圖章云云⑤。觀此，則此書雖無蕘翁跋印，其爲士禮居舊物無疑矣。他惟甾宋陸氏有此書，已歸海外，惜哉。乙卯（1915）七月十三日寒雲。（鈐有"袁克文"朱方印。）

《甘泉鄉人稿》云⑥："《友林乙稿》余舊藏明刻摹宋本，甚精，聞吴門黃氏有宋版，惜未得寓目。今在汪閬源家。"蓋士禮居秘籍歸藝芸，此其

---

① 《王子霖古籍版本學文集》第二册《古籍善本經眼錄附錄·寒雲日記》，第163頁。
② 《張元濟古籍書目序跋彙編》上册，第317—318頁。
③ 此本前人疑爲清影宋刻本，然目前尚無確鑿證據，故仍沿舊題，作"宋刻"。
④ 《百宋一廛賦注》云："史彌寧《友林乙稿》一卷，每半葉八行，每行十六字。予又有覆本，行字相同，《潛研堂題跋》中在都門所見，即覆本耳。真本流麗娟秀，兼饒古雅之趣，在宋槧中別有風神，未容後來摹仿也。予跋之，目爲逸品。又考趙希弁《讀書附志》云：《友林詩稿》二卷，有黃景説、曾豐序。今詩即一卷，又無此序，佚其甲稿無疑矣。"《清人書目題跋叢刊》六《黃丕烈書目題跋·顧廣圻書目題跋》，北京：中華書局，1993年1月，第403頁。
⑤ 此段文字爲節選。《百宋一廛書錄·友林乙稿》云："《友林乙稿》，四明史彌寧著，前有序一首，其文似不全，並多描寫字。作序之人僅有域以序庠諸生，云云。可證其名爲域，而究未知其人。中云：掇拾《友林詩稿》，而本書又名《友林乙稿》，不知先有甲稿否。目首尾多抄補半葉，以詩證之，當是全本。字體華麗，有娟秀之態。又爲宋刻中之逸品，不多見也。《登雁峰》一首，割去九字。以素紙補空，未知何故。嘗見翻刻本於割補處皆墨釘，蓋有自也。卷端有'天賜收藏'印，卷末有'學古'一印。審是元人圖章。（元有兩天賜，一爲薩，一爲郭虞集有《道園學古錄》。）"《清人書目題跋叢刊》六《黃丕烈書目題跋·顧廣圻書目題跋》，第437頁。
⑥ 《甘泉鄉人稿》，清錢泰吉撰。

一也。同日寒雲又記。("鈐有"惟庚寅吾以降"朱文方印。)

曾讀《儀顧題跋》,以其《友林乙稿》即黃氏故物,深爲惋惜。比得此册,頗疑之。及觀此序,至"掇拾《友林詩稿》"云云,其"百七十首"四字,系鏟去補填,原刊當是與《甲稿》同序。後因佚去,故改其序字,以就《乙稿》。覆刻者即據以付梓可知。而宋刻之傳世,入明即已無多,至清則恐人間無第二本矣。《皕宋書目》所錄序文,與此本同,想亦覆刻本也。《結一廬書目》亦有此書,注爲宋刊,亦覆刻無疑。蓋覆刻精匹,若未見真本,遽莫辨其真僞。況陸氏、朱氏皆耳食者流,已墮晚近藏家之風,爲其眩也。宜哉。二十六日又記於清凉山下寒雲。(下鈐"上第二子"白文長方印、"袁克文"朱文方小印、"寒雲"白文方小印。)

《百宋一廛賦》中書,予所藏惟此一帙。今又於吴縣顧氏家得《揮麈錄》三卷。首有孫子瀟繪蕘翁小像,亦稀世寶也。今已溢百宋,將作《後百宋賦》,以記古緣。近世幾經劫火,舊籍僅存。歲餘搜集,精力交疲,較之前人難易實殊。而嗜之深、求之切,此志當不讓前人。丙辰(1916)三月十九日重游玉泉,信宿山舍,挑燈展讀,信手題記,寒雲。(鈐有"克文之鉢"白文方印。)

《百宋賦》中書,比於湘南又獲棚本《魚玄機詩》一册,題咏琳琅,爲予藏百宋廛遺書之冠。晁氏《讀書志》有《友林詩稿》二卷,卷首有黃景説、曾豐序二首,雖未信有棫跋,菜微師謂移跋作序,信可徵也。丁巳(1917)元旦寒雲記於上海後百宋一廛,時年二十又八。(鈐有"袁克文"朱文白方印、"寒雲"白文小方印。)

史彌寧,字安卿,嘉定中,以國子舍生之望,莅春坊事帶閤門宣贊舍人,知邵陽。此書爲史氏家刻,故"寧"字缺末筆。詩稿首葉有"三男"朱文方印,疑是安卿之子,即刊此書者。此印較"天賜"印尤古,必宋人無疑。尾葉題詩,與何藏郭天賜仿米山水軸題字正同,則"天賜收藏"印,必郭氏,非撒氏也。予因慕蕘翁爲人,兼獲其遺藏,故名藏書之室曰"後百宋一廛"。近王子父鐵見而陋之,爲予刻印影,且題其額曰"皕宋書藏"。予藏宋本書雖已逾百,却未盈皕,曷敢妄自張誇。然多王子之厚情,乃易名曰"百宋書藏",以紀不忘,已覺忝顏之甚者矣。元旦後一日寒雲又記。("寒雲"上鈐"寒雲小印"朱文方印;"寒雲又記"下鈐"皕宋書藏"朱文長方印。)

《友林乙稿》是袁克文所得第一部黄丕烈"百宋一廛"舊藏①，從書中琳琅滿目的跋文識語，可想見袁克文對此書的鍾愛之情。此即《百宋一廛賦》中所云"躋《友林》之逸品，儷聲價於吉光"者。趙希弁《郡齋讀書志·附志》卷五下著録"《友林詩稿》二卷，右史彌寧安卿之詩也。集有黄景説、曾豐序。安卿，嘉定中，以國子舍生之望苾春坊事，帶閣門宣贊舍人，知邵陽"②，故疑《友林詩稿》爲甲、乙各一卷。

　　今《甲稿》久佚，只存《乙稿》一卷，故《附志》中所記録的黄景説、曾豐二序也不復存在，只存以"域"爲名的序文一篇。清潘祖蔭《滂喜齋藏書記》卷三云："序中自稱其名曰'域'，厲樊榭雲集有《鄭中卿蜻蛚》詩，《文獻通考》鄭域字中卿，當即其人也。"③ 故序中署名"域"者，疑爲鄭域，淳熙十一年（1184）進士。李致忠先生進一步考證此書之初刻當爲南宋嘉定七年（1214）鄭域湖南邵陽刻本④。卷首序中"百七十首"有剜改填補痕迹，當是作僞者欲以殘帙充當全本⑤。袁克文師李盛鐸跋云：

> 《史安卿詩集》，《宋·藝文志》不著録，意當時必甲、乙稿合刻，不止百七十首，以乙稿僅存，賈人乃刮去跋中數目字，僞作損狀，墨筆改填"百七十首"，冀充完帙。又移跋作序，遂不得不撤弃末葉，致跋者姓氏、年月都不得傳。此故賈人之過，亦自來聚書者斤斤較量完缺、有序無序之過也。自覆本據填字上板，顧賦黄注又未聲言其謬。四庫而下，如皕宋、滂喜、結一諸藏書家，遂人人自以爲得隋侯之珠。其實二百年來，曾不見有與此填字歧異之本。覆刻與黄藏先後同此一帙，恐海内更無第二本矣。第覆本亦虎賁中郎，精整可愛。願吾抱存慎勿揚言此事，令錢聽默、侯駝子之流聞之，又損却無數美書也。乙卯（1915）白露後五日德化李盛鐸。

　　綜上所述，知此本中剜補、填補痕迹宛然，黄丕烈、李盛鐸等人已對此本提出疑點，然並未深究。1965年，國家購進陳清華所藏的一批善本，入藏今國家圖書館，此部《友林乙稿》即在其中。當時善本部陳恩惠先生清點時提出此本紙墨不像宋刻，並以清康熙翻刻本對比，證明二者相同⑥。李致忠先生亦認

---

　　① 其行款半葉八行，行十六字，白口，左右雙邊。版心上計字數，下記刻工如李春、楫、晟、之先等。卷首有乾道九年（1173）域序。卷端下題"四明史彌寧"。
　　② 《郡齋讀書志校證》，上海：上海古籍出版社，1990年10月第1版，2005年10月第2次印刷，第1202頁。
　　③ 清人書目題跋叢刊三《滂喜齋藏書記》，第715頁。
　　④ 詳見《中華再造善本》李致忠先生所撰此本提要。
　　⑤ 《張元濟古籍書目序跋彙編》上册《寶禮堂宋本書録》，第316—317頁。
　　⑥ 詳見王玉良《紀念與隨想——懷念國家圖書館善本特藏部三位已故專家》，《文津學志》第四輯，北京：國家圖書館出版社，2011年11月，第10頁。

爲此本中有很多可疑之處，如版刻用紙，天頭地脚與版心並不一致，書眉用紙是找的舊紙接補上去的，以示陳舊，試圖遮人耳目。今以國家圖書館藏三部清影宋刻本，與之比勘，便可看出黃氏舊藏這部所謂宋嘉定刻本，也是清影宋刻本，只不過被人動了手脚，以假充真，遮蔽了黃氏的眼目，定成了宋本。由於自黃丕烈以來一直都定此本爲宋刻本，故沿襲至今始終未曾生疑，今經反復核對，破綻百出，前人造僞無疑，故應將其改爲"清影宋刻本"①。

今此本書衣有袁克文題簽"後百宋一廛續裝"，扉頁題名"後百宋一廛鑒藏宋刊孤本《友林乙稿》一卷丙辰（1916）十月朔日"。末署"寒雲"，下鈐"寒雲小印"朱文方印、"克文"朱文方印。左上鈐"䀹宋書藏主人廿八歲小景"朱文長方印，下署"丁巳元日吳下王大炘製"雙行小字，内有袁克文小像。

黃氏書散，爲汪士鐘所得，書中鈐"汪印文琛"、"三十五峰園主人"、"閬源父"、"宋本"、"士鐘"、"汪士鐘讀書"諸印鑒。1915年7月，傅增湘爲袁克文從英古齋購得此本②。今書中另鈐有"佞宋"、"人間孤本"、"蓮華精舍"、"寒雲子子孫孫永保"、"無塵"、"抱存小印"、"後百宋一廛"、"三琴趣齋"、"侍兒文雲掌記"、"孤本書室"、"寒雲秘笈珍藏之印"等。爲嘉惠學林，民國年間此本已影印行世③。袁氏晚年，將此書轉讓潘宗周寶禮堂④。新中國成立後，潘氏後人潘世兹捐獻國家，入藏今中國國家圖書館。

在得到此部"宋刻本"之前，袁克文曾得清影宋抄本《友林乙稿》一卷一册，是袁克文早年從海王邨購得。其師李盛鐸題跋云⑤：

> 《友林乙稿》宋刊原本由士禮居轉從歸藝芸書舍，散出後不知流落何所，迨光緒庚子（1900）後忽見於廠肆，爲合肥龔比部心銘所得，藏之數年，今歲夏售之袁抱存。跋中"百七十"等字系刮去用墨筆填寫，翻刻本據以上板，大足貽誤後人，蓋合《甲稿》斷不止百七十首也。此本系新抄，其出於原刻或翻刻亦不可考，姑收此以借宋人小集中之一種耳。乙卯（1915）大雪日，盛鐸記。

1915年7月，袁克文得到"宋刻本"之後，便將影宋抄本送給其師方爾

---

① 詳見《中華再造善本》李致忠先生所撰此本提要。
② 傅增湘：《藏園群書經眼録》卷十四·集部三·南宋別集類，第1057頁。《寒雲日記·乙卯日記（1915）》："（七月十三日）又宋刊《友林乙稿》一卷，《百宋一廛賦》中之一，顧南雅題簽。半葉八行，行十六字。有'三男'、'一真子'、'王錫（天賜）'、汪士鐘諸藏印。仲索□□元人手筆。"《王子霖古籍版本學文集》第二册《古籍善本經眼録附録·寒雲日記》，第143頁。
③ 傅增湘：《藏園群書經眼録》卷十四·集部三·南宋別集類，第1056—1057頁。
④ 《張元濟古籍書目序跋彙編》上册，第316—317頁。
⑤ 《木犀軒藏書題記及書録》，第42頁。

謙。1929年10月,周叔弢又從方爾謙處得此影宋鈔本,並請袁克文題端,以識此書遞藏源流:

> 《友林乙稿》,此明覆宋本。昔歲得於海王村。既得宋刊原本,即舉此以貽大方師。今師又歸諸叔弢。時己巳(1929)冬月洹上袁克文。(下鈐"袁克文"白文小方印。)

勞健書識語於其後,略述"宋刻"與覆本之異同,亦述及此書之授受關係,云:

> 《友林乙稿》宋本舊藏士禮居,前數年為項城袁抱存所得。曾用西法影印行世。序中"百七十首"四字乃墨筆改填。當時或甲、乙稿合刻,不止百七十首。缺佚後,賈人挽改,以充完帙。明人覆刻,即據填字之本。各家皆著錄為宋刊,蓋其雕槧精審,極影摹能事,益以楮墨之美,幾可亂真也。己巳十月叔弢得此冊於江都方無隅,既乞抱存題端,以明授受源流。余復為記宋本與覆本之異同於後云。廊厂勞篤文。("勞健"白文小方印。)

書中鈐有"克文私印"、"百宋書藏"、"梅真侍觀"、"八經閣","周暹"等印鑒。袁跋、勞跋皆以此書為明覆宋本,今據其版式、風格,定為清影宋本。清代有覆宋本行世,陸心源舊藏曾有一部,亦誤題宋刻,可見翻刻之精美。此陸氏舊藏影宋本現藏日本靜嘉堂文庫,承陸氏之誤,題作"宋刊宋印本"[1],1929年傅增湘曾經眼[2]。翁同龢舊藏亦有翻宋本,並於書中手書跋語,亦誤稱宋刻[3]。

十七、宋臨安府陳宅書籍鋪刻本《唐女郎魚玄機詩》跋

> 一角眉山淡入微,鴛鴦曾綉五雲衣。白頭未許紅顏到,綠鬢翻隨碧血飛。詠絮有才原不忝,姞花無意漫相譏。詩篇五十多哀怨,黛墨香毫預禍機。和蕘翁分韵詩前篇。寒雲題於上海後百宋一廛時冬月朔夕。

> 裁紅染素比薔薇,棚本精奇況更稀。香辟蠹魚珍錦帙,裝聯蝴蝶祕書幃。一廛曾寓長洲苑,千里今歸燕子磯。神物護持隨處處,琳琅坐覺遣塵機。越夕和後篇均,後宋廛主人。(下鈐"八經閣"朱文方印。)

---

[1] 賈貴榮輯:《日本藏漢籍善本書志書目集成》第四冊《靜嘉堂秘籍志》,北京:北京圖書館出版社,2003年6月,第748頁。
[2] 傅增湘:《藏園群書經眼錄》卷十四·集部三·南宋別集類,第1057頁。
[3] 傅增湘:《藏園訂補郘亭知見傳本書目》卷十三下·集部四·別集類三,第1243頁。

美人一代推秋室，詩史千秋說幼微。不許黃絁真入道，悲歡一夢兆先機。（人世悲歡一夢，集中句也。）已恐相將不到頭，還傷驚夢復添愁。蘼蕪持對斜輝泣，應向銀床恨早秋。（此詩皆用集中語意。）

忽獲奇珍，歡喜踴躍，與無塵、文雲展玩竟夕，冊已片片離解。文雲手自膠聯，可無折損之虞矣。漫題二絕，正東方之既白。時十月朔日，克文。（下鈐"寒雲如意"朱文方印、"文"紫文小方印、"惟庚寅吾以降"朱文大方印、"璧琊主人"白文大方印。）

《魚玄機詩》一卷，即《百宋賦》所謂"幼微咸宜女郎"。南渡後，浙有棚本，刻工字畫首尾每殊。余藏之《韋蘇州集》及蒐微師所藏《宏秀集》皆然。惟此冊摹印最先。首四葉尤極精整，後雖稍近荒率，然皆出於一時。若判為兩代，則誤矣。抱奇師為余搜得於長沙，歷十閱月，辛苦艱難，始入余篋，亦云幸矣。丙辰（1916）九月二十九日寒雲記於上海寓樓。

吟身艷女郎，小集秘巾箱。檇李曾依項平江，更事黃幽魂。埋宛委倩影，壓縹緗十二，烏欄側長留字字香。同日又題。

冊尾有黃逢元跋謂："前四葉為北宋，後為南宋。"謬妄可哂。因剔去之。恐觀余跋者不知所指，爰附記於此。十月二十二日寒雲。（鈐"寒雲主人"藍色長方印。）

香沉春歇了，莨弘血，萬古咽詩魂。看剪脂搓粉，韻含幽怨，斷梨雕棗，編重瑤琨。十二曲，陸離陳麝影，輕薄束羅紋。天籟剩囊，宋廛餘帙，越江前夢，湘水新痕。黃逃憐眉黛，亭亭處，愁意苦吊真真。何況錦詞驚醉，繁思傷神。有玉井摩挲，曹娥題玩，佩珊珍護，倦繡殷勤。應更柱藏室秘，芸染蘭熏。調寄《風流子》，丙辰（1916）十月晦夕寒雲。（下鈐"抱道人"朱文小方印。）

今古雙廛百宋奇，就中尤愛女郎詩。坊南秘槧精嚴甚，況是千秋絕妙辭。丙辰（1916）十月梅真劉姍。（下鈐"劉"朱文方印。）

茲歲初夏，從道如姊北游。比至都下，而姊遽仙逝。適近畿災，水阻不獲南。寓津兼旬，客囊忽罄，乃持篋中所攜《魚女郎詩》及兩《周官》，皆宋刊之尤，質於吾戚旌德周家。頻頻轉徙，質約忽失。比持值求贖，周氏以無據見拒。予恐惶不安寢食者累日。方無隅師聞之，出貲周氏，兼以婉諷，遂得完璧以歸。感激欣幸，爰志顛末，時丁巳（1917）十月寒雲。（鈐"克文"朱文小方印。）

黃丕烈"百宋一廛"舊藏中，《友林乙稿》是袁克文所得第一部。一年之後，即 1916 年 9 月，袁克文師錢葆奇從湖南長沙周海珊處以八百金爲他購得南宋臨安府陳宅書籍鋪刻本《唐女郎魚玄機詩》①，堪稱袁克文舊藏黃丕烈百宋一廛遺書之冠②，此即《百宋一廛賦》中"幼微咸宜女郎"所指之本。如果説《友林乙稿》在懷疑中承載了藏書家太多的青睞與寵愛，或許有些不堪重負，而宋臨安府陳宅書籍鋪刻本《唐女郎魚玄機詩》則無愧於藏書名家、文人雅士的仰慕與垂憐。"百宋一廛"主人黃丕烈曾經先後兩次倩人於書中題贊賦詩，共賞佳椠③。吳嘉泰稱之爲"尤物"，書中有其題詩云：

　　　　女郎入道太匆匆，勝墨殘香也自工。故紙數番猶宋椠，小詩一卷尚唐風。縹囊鄭重思元汴，朱印周遭仰木公。尤物世間知不少，主人難得遇涪翁。吳嘉泰分得翁字。

對於"此人間之尤物"④，"後百宋一廛"主人袁二公子亦情有獨鍾，於書中頻頻題跋、賦詩、填詞。

　　此本半葉十行，行十八字。單魚尾，版心上魚尾下題"魚玄機"，下魚尾處記葉數，白口。卷末鐫"臨安府棚北睦親坊南陳宅書籍鋪印"條記一行⑤。其鐫刻秀麗工整，爲陳氏書籍鋪本中的代表之作。一般認爲，前四葉雕工精美，爲棚本本色。後四葉粗劣，非出一人之手⑥。

　　此本爲明朱承爵舊藏，後經項元汴、項禹揆等藏，入清經沈榕、何焯、蘭陵繆氏、黃丕烈士禮居遞藏⑦，至民國初年歸湘中黃鶴汀所藏，後轉至周海珊處⑧。當時，詞學家吳梅爲之譜《無價寶》雜劇，葉德輝題詩諷云"聞道佳人嫁廝養，請君重譜鳳隨鴉"。張伯駒甚爲此事忿忿不平："試問藏書者誰非廝養？……此宋本《玄機詩》歸寒雲，不惟非'鳳隨鴉'，而直'鳳隨

---

① 《王子霖古籍版本學文集》第二册《古籍善本經眼録附録·寒雲日記》，第 165—166 頁。
② 詳見上文宋刻《友林乙稿》1917 年元月袁克文跋。
③ 詳見丁延峰、李波《袁克文與宋陳氏書棚本〈唐女郎魚玄機詩〉》《古典文學知識》2009 年第 3 期，第 147—153 頁。張秀玉《黃丕烈與南宋書棚本〈唐女郎魚玄機詩〉》，《現代出版》2011 年第 1 期，第 76—78 頁。
④ 《王子霖古籍版本學文集》第二册《古籍善本經眼録附録·寒雲日記》，第 165—166 頁。
⑤ 關於陳氏刻書，詳見葉德輝《書林清話》卷二"南宋臨安陳氏刻書"，第 35—43 頁。
⑥ 傅增湘：《藏園群書經眼録》卷十二·集部一·唐五代別集類，第 922 頁。《藏園訂補邵亭知見傳本書目》卷十二下·集部二下·別集類一下，第 1067 頁。
⑦ 清人書目題跋叢刊六《黃丕烈書目題跋·百宋一廛書録》，北京：中華書局，1993 年 1 月，第 436 頁。
⑧ 參見雷夢水《宋本〈魚玄機集〉》，《讀書》1989 年第 12 期，第 144 頁。

凰'也。"①

今書中鈐有"子儋"、"西舜城居士"、"項墨林鑒賞章"、"子京父印"、"項元汴印"、"子孫世昌"、"項墨林父祕笈之印"、"項子京家珍藏"、"墨林秘玩"、"項元汴印"、"檇李項氏世家寶玩"、"項子毗真賞章"、"海野堂圖書記"、"木公"、"池灣沈氏"、"沈木公氏藏書"、"木公珍玩"、"沈窠之印"、"麟湖沈氏世家"、"沈木公氏圖書"、"北山草堂"、"休文後人"、"勁寒松書畫記"、"檇李駱天游鑒賞章"、"茶傑"②、"平江黃氏圖書"、"蕘圃"、"百宋一廛"、"黃印丕烈"、"士禮居藏"、"潘印曾綬"、"三松過眼"、"審定珍玩"、"小雅堂"朱橢圓印、"惕甫經眼"、"海珊氏收藏金石書畫"、"克文之鉢"、"抱存"、"臣印克文"、"無塵"、"抱存歡喜"、"克文與梅真夫人同賞"、"後百宋一廛"朱方印、"上第二子"、"抱道人"、"雲合樓"、"惟庚寅吾以降"、"雙玉主人"、"寒雲主人"、"佞宋"、"雙蓮華庵"、"寒雲心賞"、"流水音"、"袁劉梅真"、"倦綉室"、"侍兒文雲掌記"諸印記。這琳琅滿目的鈐印，足以令人想見此書曾經擁有的繁華與厚重。

書中卷端右下角欄外鈐有"業濤所得銘心真品"朱文方印，林申清《中國藏書家印鑒》收入袁克文印鑒之中。袁克文在《寒雲日記·洪憲日記（1916）》中云："……葆奇師為自湖南以千金購得宋書棚本《唐女郎魚玄機詩》一卷，……書端有'百宋一廛'、'惕甫經眼'、'業濤所得銘心真品'……諸藏印。"③據此可知，"業濤所得銘心珍品"朱文方印並非袁克文之印；此本卷末另有"周氏家藏"、"周遇吉印"，疑非明末之周遇吉，或為黃丕烈之後的收藏家④，此兩位印主生平暫存疑待考。

又，此本卷端"唐女郎魚玄機詩"右上角欄外鈐有"賜畫堂"白文橢圓印，印文兩邊有龍形圖紋。目前所知國家圖書館藏善本中鈐有此印的尚有二部，亦曾為袁克文舊藏。其一為宋刻《册府元龜》第二百九十五卷末，其二即明弘治間碧雲館活字印本《鶡冠子》扉頁袁克文跋文右上角，故疑"賜畫堂"一印為袁克文所有。

1919年，袁克文將宋刊本、清抄本等善本以及古泉一箱，以三千元抵押在丁福保處。其中，抄本以毛抄《酒邊詞》、黃抄《皇元通雅集》為上品，宋刻則以《唐女郎魚玄機詩》為最佳。之後，《唐女郎魚玄機詩》又以一千六百元轉售南海

---

① 同上書，第144頁。
② 黃丕烈《士禮居藏書題跋記》卷五集類云，此印為何焯之印。北京：書目文獻出版社，1989年8月，第221頁。
③ 《王子霖古籍版本學文集》第二册《古籍善本經眼錄附錄·寒雲日記》，第165—166頁。
④ 詳見下文《詳注周美成片玉集》的相關內容。

潘宗周寶禮堂①，其餘諸書以三千元售與傅增湘，古泉則以一千五百元轉讓丁福保②。新中國成立後，潘氏後人潘世兹將此書捐獻國家，入藏今國家圖書館。

十八、宋刻《迂齋標注諸家文集》跋

此編即《崇古文訣》之初稿，《文訣》本之排編、修益而成，不若此之簡當精確矣。姚珤序《文訣》云：廣文陳君鋟諸梓，時寶慶丁亥。此編陳振孫序爲"寶慶丙戌"，蓋先成《文訣》一年。明正德二年，《文訣》重刊於廣西，未述先有此編。天祿、四庫亦莫蒐及，後世幾無聞焉。獨《直齋書録》傳之，《延令書目》收之。今供吾摩挲誦讀、獲見原來面目者，幸存此耳。予藏有宋刊《崇古文訣》，已竄易次第，變更體格，非迂齋編集之初例，矧爲明以後刻，尤竄易而又竄易、變更而復變者也。則此編巍然，爲書林之星鳳矣。寒雲記於上海廎廬。（下鈐"寒雲"白文小方印。）

韓柳文章爲有唐大家之冠，兹選盡其菁華，無冗漏之嫌，斯學者之良鑒，二氏之功臣。《崇古文訣·昌黎文》視此增多三首，《河東文》則無損益，河東後加李習之一家。（"寒雲"白文小方印。"抱存"朱文方印。）

《迂齋標注諸家文集》，不分卷次，以版心葉數測之，則爲三卷。《直齋書録解題》曰："《迂齋古文標注》五卷，宗正寺簿四明樓昉暘叔撰。大略如呂氏《關鍵》，而所取自史漢而下，至於本朝。篇目增多，發明尤精當，學者便之。"《延令書目》曰："宋板宋人樓昉《標注諸家文集選》十本。"據兩家所記，則此書佚去後半帙明矣。此書卷首有季滄葦藏印，即《延令書目》所載。餘自四庫、天祿而降無一收者，迂齋選文傳世者，惟《崇古文訣》。此書除此帙外，渺無聞焉，真希世之孤本，況刊印雋鈔，爲浙本之絕精者。雖殘，庸何傷耶？戊午（1918）正月寒雲。（下鈐"袁克文"朱文白文小印。）

迂齋，即樓昉，字暘叔，"迂齋"是其號，鄞縣（今浙江寧波）人。曾師從呂祖謙，南宋光宗紹熙四年（1193）進士，授從事郎，遷宗正簿，爲人正直。後以朝奉郎守興化軍，卒贈直龍圖閣。樓昉爲文汪洋浩博，從學者凡數百人，人稱"迂齋先生"。著有《中興小傳》、《宋十朝綱目》、《東漢詔令》、《崇古文

---

① 《張元濟古籍書目序跋彙編》上册，第296—297頁。
② 詳見雷夢水《宋本〈魚玄機集〉》，《讀書》1989年第12期，第144頁。

訣》等①。

袁跋中所云《崇古文訣》，即《迂齋先生標注崇古文訣》②。此書曾爲明代周良金舊藏，後爲鄧邦述群碧樓所得，每冊首有鄧邦述朱筆鈔補各冊存目，書中有鄧邦述宣統元年（1909）朱筆跋文云③：

> 此《崇古文訣》四卷至十一卷，又十九、二十兩卷，共十卷。凡裝三冊，乃宋刻宋印本。黃蕘圃有此書，亦殘宋，存十四卷，鈔補四卷，仍缺二卷。比余所得差多四卷耳。余書九至十一三卷，並爲黃氏所無，黃書不知散歸何許，他日能冀延津之合，則孟子之所謂大欲也。己酉八月付工裝成書此。正闇學人。
>
> 頃都中寄一本來，乃明嘉靖刻本，前有聞人詮序，凡三十五卷，多於宋刻十五卷。文目前後淆亂，就宋本所存之十卷校之，多出者已復不少，謂明刻有增輯耶？則散入於各卷之中，不似後人補選。謂宋刻本苟蘭耶？則本朝人刻本朝選本，似更不應若是，此真不能索解者矣。他日歸鷄林時，當通考諸家著錄藏本，以釋吾疑。己酉十月大雪寒甚剪燭記此，漏下三刻矣。正闇。（"待價而沽"白文方印、"從吾所好"朱文方印。）

1915年10月，袁克文獲藏此宋刻殘本④。今書中另鈐有"周良金印"、"毗陵周氏九松迂叟藏書記"、"正闇審定"、"群碧樓"、"寒雲如意"、"寒雲秘笈珍藏之印"、"寒雲鑒賞之鉥"、"三琴趣齋"、"後百宋一廛"、"與身居存亡"、"侍兒文雲掌記"諸印記。

1918年正月，袁克文又以明刊雜書易得宋刊《迂齋標注諸家文集》三卷⑤，半葉九行，行十九字，白口，左右雙邊。其卷前有宋寶慶二年（1226）陳振孫"迂齋古文編序"，行書大字，卷端題"迂齋標注諸家文集"。行間有墨綫圈點，偶有評點之語小字在行之右，間有墨綫剜去者。每篇題下有總評數行。每冊扉頁有袁克文墨筆鈔補篇目標題。此本不分卷次，根據版心葉數推知，現存當爲三卷。此書編纂意在方便士人學習爲文之法，體例仿照呂祖謙《古文關鍵》，其於文章的選取、注釋則有所增廣、發明。陳振孫《直齋書錄解題》卷十五著錄《迂齋古文標注》五卷，云"宗正寺簿四明樓昉暘叔撰。大略如呂氏《關鍵》，而所取自《史》、《漢》而下至於本朝，篇目增多，發明尤精當，學者便

---

① 事見元袁桷《延祐四明志》卷五。
② 半葉十二行，行二十三字，細黑口，左右雙邊，現存十卷，即卷四至卷十一、卷十九至卷二十。
③ 詳見書目續編《群碧樓善本書錄》卷一，第79—81頁。
④ 《王子霖古籍版本學文集》第二冊《古籍善本經眼錄附錄·寒雲日記》，第152頁。
⑤ 同上書，第175—176頁。

之",當即此本。扉頁有袁克文題款云"宋槧孤本《迂齋標注諸家文集》,雙片玉龕鑒藏",末署"戊午(1918)正月寒雲"。下鈐"克文"朱文方印。文中另有1918年袁克文題詩,由夫人劉梅真書寫。詩云:"浙刻精嚴秘本孤,迂齋妙選冠吾廬。端知呵護憑神物,教合延令舊璧無。"末署"戊午(1918)正月杪寒雲題,梅真書",署名之下鈐"劉姍"白文長方小印①。

此本爲明代項藥師舊藏。清代爲季振宜所得。鈐有"檇李項藥師藏"、"寶墨齋記"、"滄葦"、"季印振宜"、"御史之章"諸印。季氏書散,流入廠肆。清末爲袁克文所得。另鈐有"佰宋書藏主人廿八歲小景"、"寒雲藏書"、"百宋書藏"、"克文"、"寒雲主人"、"克文之鉢"、"璧珊主人"、"寒雲鑒賞之鉨"、"八經閣"、"寒雲心賞"、"佞宋"、"瓶盦之鉨"、"寒雲"、"克文與梅真夫人同賞"、"三琴趣齋"、"袁二"、"寒雲小印"、"後百宋一廛"、"與身居存亡"、"相對展玩"、"瓶盦"等印鑒。袁克文晚年,將此二書轉讓南海潘宗周寶禮堂②。新中國成立後,潘氏後人潘世兹捐獻國家,入藏今國家圖書館。

《迂齋先生標注崇古文訣》與《迂齋標注諸家文集》二者文體相似,從現存殘卷中的篇章,《迂齋先生標注崇古文訣》對《迂齋標注諸家文集》篇章有增益,故袁克文認爲《迂齋標注諸家文集》五卷爲初稿,而《迂齋先生標注崇古文訣》二十卷則爲修改稿。

黄丕烈舊藏亦有宋刻《迂齋先生標注崇古文訣》,即《百宋一廛賦》中"《文訣》變其從同"之《文訣》。黄丕烈注云:

> 殘本《迂齋先生標注崇古文訣》,半葉十二行,每行廿三字,所存首至卷八,又卷十五至末,又鈔補四卷,元二十卷之中,仍少十二、十四兩卷。有一印文曰"吳郡西崦朱尗榮書畫印",又有"尗榮"、"西崦"各一印,吾郡明初之藏書者也,頗不經見,《文訣》藉此增重矣。予嘗欲搜訪藏書家,起元、明之交,終於所聞見,各撰小傳,合編一集,然後如尗榮者,或不致有名氏翳如之嘆,此亦好古者之責也。

黄氏此書是爲朱良育(叔英、尗英)舊藏。朱良育,明吳縣(今屬江蘇)人,正德年間貢生③。黄注誤作"尗榮",《百宋一廛書録》同誤④:

> 《迂齋先生標注崇古文訣》,此書爲迂齋先生樓昉叔暘標注,共二十

---

① 卷末另有題款云"戊午仲春寒雲梅真同欣賞,昭雲侍觀",下鈐"劉姍"白文長方印。並有袁克文友人姚朋圖1918年經眼識語。
② 《張元濟古籍書目序跋彙編》上册《寶禮堂宋本書録》,第323—325頁。
③ 參見葉昌熾《藏書紀事詩》卷二,第157—158頁。
④ 清人書目題跋叢刊六《黄丕烈書目題跋·百宋一廛書録》,第438頁。

卷。目全,卷存一至八、十五至二十,餘抄補。而仍缺十二、十四。此書亦爲毛褒華伯藏書,而其中有三印,一曰"吳郡西崦朱朩榮書畫印",一曰"朩榮",一曰"西崦"。此書之得於京師,蓋爲西崦藏書也。余好藏書,而於吾郡藏書家思輯一小傳,每恨不能悉知其人。向見一《楊誠齋易傳》爲西崦朱朩榮藏書,始知吾郡有其人,並看其題識,知爲明初人。其書未之得,故於心耿耿焉。後見此本藏書之圖記恰合,因急收之所以存藏書之人也。

由此知黃氏舊藏宋刻殘本存卷一至卷八,卷十五至卷二十,卷九、十、十一、十三抄配,缺卷十二、十四兩卷。此殘本曾是朱朩英舊藏,後得葉萬舊藏殘本,二者相配遂成全璧①:

《迂齋標注崇古文訣》非世間不經見之書也。即舊刻亦非希有。余辛酉游京師,見殘宋刻而補鈔者。卷有吳郡西崦朱朩英圖記,因遂收之,入諸《百宋一廛賦》中,其所存宋刻卷數,注載瞭然也。適書友又携一宋刻殘本來,系葉石君舊藏,中可配前缺卷,因遂命工重裝,竟成全璧,始嘆物之會合有緣,此兩宋刻之殘而復完,實爲難得。矧經吾郡諸名家所藏,而一歸余手,兩美頓合,豈不幸與?嘉慶丁卯夏至日復翁黃丕烈識。

黃丕烈友人夏承熹家中亦有宋刻"百衲本"《崇古文訣》,其中有周九松舊藏殘本,黃丕烈跋云②:

丁卯,余友夏方米之尊人容庵丈出其舊藏宋本《崇古文訣》③,屬爲裝潢。檢視之,知亦系諸宋本湊合而成。卷端有序無目,因從宋本原有序之存者影寫,置余本首。其中更有奇者,多與葉石君舊藏本合。而周九松舊藏本間有失葉,在余本內即如卷十六末葉是也。彼所錯出,又系余本之失葉,顛倒錯亂,雖遇之而不能仍正之,是可嘆已。夏丈寶愛其書,思裝潢。辛因費不資,索書去,又遠館洞庭,踪迹不常晤,未及將兩書原委告之。戊辰正月下弦日復翁又識。

由上文可知,黃丕烈舊藏本爲朱良育、葉萬(石君)兩家舊藏合璧而成,無周九松舊藏本。

黃氏藏本後入藏陸心源皕宋樓,陸心源《皕宋樓藏書志》卷一百十四著錄

---

① 清人書目題跋叢刊六《黃丕烈書目題跋·蕘圃藏書題識》卷十,第230頁。
② 同上。
③ 夏方米,即夏文熹,方米是其字,江蘇吳縣人。

宋刻本《迂齋先生標注崇古文訣》二十卷，誤題周九松、朱永英舊藏①。《寶禮堂宋本書錄》中亦云"黄氏所得殘本爲周九松舊藏"，不知何據②。據陸心源按語，書中並無周九松印鑒。陸氏按語云③：

  案：此宋刻宋印本，每葉二十四行，每行二十三字。卷中有"吴郡西崦朱永英書畫印"正文長印，"西崦"朱文長印，"叔英"朱文方印、"士禮居"朱文方印、"黄丕烈"、"蕘夫"朱文二方印。（卷一百十四葉二）

此本現藏日本静嘉堂文庫④，1929年11月傅增湘在日本静嘉堂文庫曾經眼此本⑤。據《皕宋樓藏書志》著録，此本卷首有寶慶二年（1226）陳振孫序、寶慶三年（1227）姚珤跋、寶慶三年莆田陳森刊版跋。陳序較《迂齋標注諸家文集》之陳序内容、篇幅有所不同，當是增訂者，而所署時間則沿用舊序。此陳序云樓昉"間嘗采集先□□以來，迄於今世之文，得一百六十有八篇，爲之標注，以詒學者"⑥，知二十卷本選録文章一百六十八篇。

此書流傳後世，又有三十五卷本。國家圖書館藏元刻《迂齋先生標注崇古文訣》收録文章一百九十三篇，即已分爲三十五卷，包括先秦三家、兩漢十家、三國一家、六朝二家、唐四家、宋二十九家，而韓、歐之文爲多⑦。行間有夾注，點綫。較宋刻本《迂齋先生標注崇古文訣》又增加了二十五篇，編次亦有不同。或是樓昉生前每次刻印此書，均作篇章上的增選、評點，同時對卷次亦作調整，三十五卷本最終成爲定本，故元以後刻本皆保持三十五卷規制。明刻本據此本以大字重新雕印⑧。《四庫全書總目》著録此本爲内府藏本，疑即《天禄琳琅書目後編》"元版集部"著録之"麻沙袖珍本"⑨。

---

  ① 《續修四庫全書·史部·目録類》《皕宋樓藏書志》卷一百十四，第597—599頁。周九松，即周良金，明毗陵（今江蘇武進）人。《皕宋樓藏書志》誤作"周九峰"。
  ② 《張元濟古籍書目序跋彙編》上册《寶禮堂宋本書錄》，第325頁。
  ③ 《續修四庫全書·史部·目録類》《皕宋樓藏書志》卷一百十四，第599頁。另見《儀顧堂書目題跋彙編》，第648頁。
  ④ 賈貴榮輯：《日本藏漢籍善本書志書目集成》第五册《静嘉堂秘籍志》，第75—79頁。
  ⑤ 《藏園群書經眼録》卷十七·集部六·總集類一，第1250頁。《藏園訂補邵亭知見傳本書目》卷十六上·集部八·總集類，第1529頁。
  ⑥ 《續修四庫全書·史部·目録類》《皕宋樓藏書志》卷一百十四，第597頁。
  ⑦ 文淵閣《四庫全書》三十五卷本收文一百九十一篇，較元刻本少王安石《韓琦制》、陳宛丘（即張耒）《送李端叔赴定州序》。
  ⑧ 關於元刻《迂齋先生標注崇古文訣》三十五卷本的有關考證詳見中華再造善本汪桂海所撰此書提要。
  ⑨ 《中國歷代書目題跋叢書》第二輯《天禄琳琅書目·天禄琳琅書目後編》卷十一，第638頁。

十九、宋刊《聖宋文選全集》跋

　　《聖宋文選》殘帙，存目録及一、二兩卷；又影寫八、九兩卷，即黄蕘翁所藏之殘本。黄氏藏有二部，後皆歸汪閬源。一初印完好者，後爲薛某得，與余仁仲《公羊》同寶一室。《公羊》今已歸予，《文選》由盛氏入蔣某手。一殘帙鈔配者，自汪氏出，即分折大半，歸藝風丈，缺者惟此二册。予獲於京市，延津劍合當有日矣。丙辰（1916）七月二十五日棘人克文識於雲合樓。

　　跋中所云《聖宋文選》，即《聖宋文選全集》三十二卷。1916 年 5 月，袁克文於北京書肆購得此殘帙二册①，存卷一至二、卷七至九，計五卷。卷七至九配清影宋抄本。此本爲黄丕烈舊藏②。清嘉慶四年（1799）秋，黄丕烈購自常熟蘇姓書賈。另缺卷七至十一，黄丕烈以趙懷玉家藏全本抄配補齊③。黄氏書散，此殘本爲汪士鐘所得。汪氏之後，此書大部分爲繆荃孫所得。卷首鈐印有"汪士鐘印"、"宋本"、"民部尚書郎"、"汪厚齋藏書"等印。袁克文僅得五卷。

　　袁克文晚年，將此書轉讓潘宗周寶禮堂，張元濟《寶禮堂宋本書録》著録④。1954 年 5 月，潘氏後人潘世兹承父命捐獻國家，入藏今中國國家圖書館。

　　黄丕烈舊藏有兩部，另一部爲全本⑤，曾是吕留良舊藏，後爲趙懷玉所收。清嘉慶六年（1801）秋，黄丕烈購自武進趙懷玉處。清嘉慶八年（1803），黄丕烈於此本卷末題識，追述其得書之顛末⑥。後黄氏家道中落，嘉慶十九年（1814），此書爲英龢購得，書中有其夫妻印記。後爲薛次生所得。光緒二十一年（1895），繆荃孫在武昌修《湖北通志》，曾在薛處獲觀此書⑦。之後，此全本又經武進盛宣懷、蔣汝藻、張鈞衡等人遞藏。書中鈐有"士禮居"、"蕘圃"、

---

　　①《王子霖古籍版本學文集》第二册《古籍善本經眼録附録·寒雲日記》，第 163 頁。其行款半葉十六行，行二十八字，白口，左右雙邊。版心鐫刻工有李昌、李珍、周彥、楊昌、沖等人。卷端題"聖宋文選全集卷第一"。

　　② 詳見《國家圖書館藏古籍題跋叢刊》第八册，《蕘圃藏書題識》卷十，北京圖書館出版社，2002 年 5 月，第 226—230、230—231 頁。第一部爲殘本，曾爲江陰繆荃孫舊藏，第 792—793 頁；第二部爲全本，曾爲武進盛宣懷舊藏，第 794 頁。屠友祥校注《蕘圃藏書題識》卷首目録誤記第一部爲"武進盛氏"、第二部爲"江陰繆氏"。上海：上海遠東出版社，1999 年 10 月。

　　③ 趙懷玉（1747—1823），字億孫，號味辛，又字印川，江蘇武進人。

　　④《張元濟古籍書目序跋彙編》上册，第 322 頁。

　　⑤ 傅增湘：《藏園群書經眼録》卷十八·集部七·總集二，第 1274 頁。

　　⑥ 詳見清人書目題跋叢刊六《黄丕烈書目題跋·蕘圃藏書題識》卷十，第 230—231 頁。

　　⑦ 繆荃孫：《藝風藏書記》，第 486 頁。

"恩福堂藏書印"、"煦齋藏弄"、"介文珍藏"①、"曾在張石銘處"、"吳興張氏適園考藏" 諸印記②，書衣有 "愚齋圖書館藏"，1941 年 12 月，傅增湘曾在文祿堂借閱此書③。

如今，黃丕烈舊藏此書全本與殘本餘卷，現皆藏臺北"央圖"。《"國立中央圖書館"善本書目》著錄云"《聖宋文選》三十二卷，十六冊，宋不著編人，宋乾道間刊巾箱本，清嘉慶八年黃丕烈手跋"④，此即黃氏舊藏第一部全本。第二部著錄云"宋乾道間刊抄補本，清黃丕烈及近人繆荃孫各手跋"，即袁跋中所云大部分爲繆荃孫所得者，《藝風藏書再續記》著錄⑤。

二十、宋刊《詳注周美成詞片玉集》跋

毛氏汲古閣舊藏本：

陳元龍注《片玉集》十卷，阮元曾以進呈，傳於世間。宋刻惟藝芸汪氏有之。散後渺不可知。此確爲南宋坊刻，雖少缺諱，而字體之規度存焉。當不可因之而目爲元本也。《汲古閣秘本書目》有元板《片玉詞》，故王半塘據以指爲元刻，則謬甚矣。乙卯（1915）九月寒雲得於廠市。

病中強起，取影元本《清真詞》校填缺字，俾無不能卒讀之憾。惟注無他本可校，姑仍其缺爾。十月十二日燈下寒雲記。

汲古秘目所藏元板《片玉詞》二卷，無注，曾歸結一廬。今已散出，不知何屬矣。丁巳（1917）春寒雲。（下鈐"後百宋一廛"朱文大方印、"與身居存亡"朱文大方印。）

予得此書時，曾作跋，深以藝芸所藏一本渺不可知爲憾。比獲黃氏藏本，每卷前除"士禮居"、"丕烈"、"蕘夫"三印外，尚有"汪士鐘印"、"閬源真賞"兩印，當即藝芸一本，蓋蕘翁藏弄多鬻諸汪氏也。前之興嘆，

---

① 傅增湘：《藏園群書經眼錄》卷十八·集部七·總集二，第 1274 頁。介文（1767—1827），英龢之妻，姓薩克達，自號觀生閣主人，滿洲正白旗人。
② 王文進：《文祿堂訪書記》卷五，第 374 頁。
③ 傅增湘：《藏園群書經眼錄》卷十八·集部七·總集二，第 1274 頁。
④ 《"國立中央圖書館"善本書目》中冊甲編卷四·集部總集類，臺北：《中華叢書》委員會，1958 年 2 月，第 258 頁。
⑤ 《中國歷代書目題跋叢書》第二輯繆荃孫《藝風藏書記·藝風藏書再續記（原題〈藝風堂新收書目〉）》，上海：上海古籍出版社，2007 年 6 月，第 484—487 頁。

今則驚且喜矣。此本原藏孫駕航家，展轉流入廠市，爭購者頗夥。予辛以重金得之，過於得黃本之値，可謂狂且癡者。此較黃本序尾集云下缺"少章名元龍，時嘉定辛未杪臘"十二字。以此定之，則黃本似是原刻也。乙卯（1915）冬月十八日寒雲。（下鈐"寒雲小印"朱文小方印。）

黃丕烈舊藏本：

煩君山水雲烟筆，寫此瞻聞博學人（博學瞻聞，《百宋一廛賦》中語。）四海八荒空弔影，一廛百宋易成塵。兩朝小集留魚（棚本魚玄機詩）史（史彌寧《友林乙稿》），十卷清詞（《詳注周美成詞片玉集》）考蔡（慶之）陳（元龍）。更有第三《揮塵錄》，鬚眉得識畫中真（宋刊《揮塵》第三錄冊首有孫子瀟畫蕘翁像）。

吳觀岱畫師爲摹蕘翁小象，賦此寄之，即題畫端。寒雲並記於雲合樓。（下鈐"袁二"朱文小方印、"寒雲"白文小方印。）

消寒聊借篋中奇，兩得清真十卷詞。舊喜毛家鈐"甲"字，斯驚黃叟落雙題。孝宗諱缺鐫堪證，嘉定年標序獨歧。瘦燕肥環爭妙態，莫嘲佞宋盡顛癡。乙卯（1915）冬月寒雲和蕘翁詞。（"寒雲"上鈐"臣印克文"朱文方印。）

兩得（舊藏《片玉集注》，與此行格略同，字體較肥，皆單闌，曾歷毛子晋、宋蘭輝、孫駕航諸家）；甲字（目錄前有汲古閣、甲字小方印）；諱缺（兩本皆獨一慎字缺筆）；年標（毛藏一本，序尾集云：下缺少章名元龍，時嘉定辛未杪臘十二字）。（下鈐"寒雲廬"白文長方印。）

芳菲躅爭道，霧裭冰華，夢迷春樹。無端塵鎖幽欄，影搖暗柳，朝簾捲處。試凝竚，空怨雨凄廡榭，月昏庭戶。歡筵獨撥哀絃，激喉弄曲，斜眉送語。輕度黃昏微約，昨宵擎醉，今宵窺舞。腸斷五更鳴笳，回首傷故。新詞繾綣，應數蘇台句。經年事，飛雲照影，流波尋步。一瞥驚鴻去，臨春密遣閒愁緒，憔悴垂楊縷。金屋側，零風吹收殘雨。結巢繫燕，倩簷粘絮。《瑞龍吟》次清真均，以遣舊思。即示次姬文雲。丙辰（1916）十一月九日書於橫橋北廬。抱存。

記雙星暗渡，萬鵲高橫，歡疊霜宵。正繫章台馬，聽寒嘶測測，墜葉瀟瀟。獨憐淺笑輕睞，簾底鳳釵搖。到錦幕垂香，蘭波弄浴，夢轉魂銷。

匆匆黯離別，看泪墮風筘，腸斷塵鑣。一霎秋期怨，便銀鈎濃寄，金屋重招。趁潮泛入瓊液，春駐上林橋。試共卜長生，三偷已醉仙苑桃。夜坐百宋書藏，與無塵話舊事，用清真均，譜《憶舊游》以紀之。時丙辰（1916）歲暮。宋藏主人。（下鈐"惟庚寅吾以降"朱文大方印。）

既據別一宋本校改鈔補之葉，而第六葉脱繆尤甚。乃屬梅真影寫一葉附存於尾。時丁巳（1917）後二月初九日寒雲記於百宋書藏。（下鈐"寒雲"白文小方印、"袁二"朱文小方印。）

現代書畫名家兼詩人陳延韡曾爲袁克文繪製《雙片玉龕填詞圖》①，此圖之作即源於袁克文舊藏兩部宋刻《詳注周美成詞片玉集》。1915 年 10 月，袁克文以重金從書肆購得毛晋舊藏《詳注周美成詞片玉集》②。綠色書衣有袁克文題簽"片玉集上，汲古閣舊藏三琴趣齋重裝"，扉頁便是陳延韡所繪《雙片玉龕填詞圖》一幅，並題字云"《雙片玉龕填詞圖》，寒雲主人教作"，下署"陳延韡恭寫"，鈐有"陳二"朱文長方小印。

此本明代曾藏張翼（南伯）家，後入藏毛晋汲古閣。清初爲宋筠所得，清末又轉入孫楫架上。孫氏書散，流入書肆。黃丕烈舊藏本曾入吳興蔣汝藻密韵樓，此毛氏藏本亦有蔣氏父子藏印，然其《傳書堂藏善本書志》未載此本，或已先歸袁克文③。民國間葉恭綽曾經眼此書。今書中題跋累累，鈐印琳琅滿目，如鈐有"華韵書堂"、"張南伯書畫印"、"張氏南伯"、"毛""晋"朱文聯珠、"毛氏子晋"、"宋本"、"甲"、"雪苑宋氏蘭揮藏書記"、"臣筠"、"三晋提刑"、"宋履素書畫記印"、"孫楫"、"駕航"、"密韵樓"、"蔣祖詒"、"蔣祖詒讀書記"、"穀孫祕笈"、"烏程蔣祖詒藏"、"祖詒審定"、"佞宋"、"皇二子"、"與身居存亡"、"後百宋一廛"、"寒雲"、"寒雲鑒賞之鈐"、"寒雲廬倦綉室溫雪齋同鑒賞"、"流水音"、"寒雲秘笈珍藏之印"、"梅真借觀"、"人間孤本"、"三琴趣齋"、"侍兒文雲掌記"、"雙玉龕"、"惟庚寅吾以降"、"博明經眼"、"博""明"、"懷辛齋"、"懷辛主人"、"許"、"中華國寶人珍保之"、"恭綽長壽"、"遐庵經眼"、"遐庵眼福"諸印鑒。

袁克文得到毛氏藏本的一個多月之後，即 1915 年 11 月，其師錢葆奇從上

---

① 陳延韡（1879—1957），即陳含光，初字栘孫，又字含光，以字行，別號淮海客，江蘇儀征人。清光緒二十八年（1902）舉人，擅長書畫。

② 據書中跋語，1915 年 9 月，袁克文從廠市購得毛晋舊藏《詳注周美成詞片玉集》。然《寒雲日記·乙卯日記（1915）》云："十月初六日，得宋刊《詳注周美成詞片玉集》十卷，半葉十七行，行十七字，有毛子晋、朱筠諸藏印。"兩處所言得書時間略有差異，疑有誤記。《王子霖古籍版本學文集》第二册《古籍善本經眼錄附錄·寒雲日記》，第 151 頁。

③ 詳見《中華再造善本》楊成凱先生所撰此本提要。

海又爲其購得黄丕烈舊藏《詳注周美成詞片玉集》①。扉頁有黄丕烈題詩《秋日雜興詩》之一云"秋來差喜得書奇，李賀《歌詩》《片玉詞》"，末句又云"集部新收雙祕本，囊空一任笑余痴"，從中可體會黄丕烈喜得奇書的興奮。如果説黄丕烈得此一本，即可值得爲之"囊空"，那麽，袁克文兼得兩本，該是何等的欣喜若狂。從袁克文爲兩"片玉"所題詩賦識語中，字裏行間，我們可感悟其中的"顛痴"之味。

黄氏藏本卷首序末比毛氏藏本多"少章名元龍時嘉定辛未杪臘"十二字。1917年2月，袁克文曾據毛氏藏本校勘，此本卷末有袁克文泥金字題款"丁巳（1917）二月據汲古閣藏宋本校改"，下署"寒雲"。一個多月之中，兩得珍本，袁克文欣喜異常，並稱"雙玉"，或署"雙片玉龕"，並制"雙玉龕"朱文長方印、"雙玉主人"白文大方印等印鑒。宋刻《揮麈三録》册首有孫原湘所繪黄丕烈小像，畫師吳觀岱據其臨摹，繪於此書卷首。

此黄氏藏本爲清代吳郡陸紹曾舊藏。陸紹曾，字貫夫，號白齋，江蘇蘇州人。精於鑒賞，收藏古籍善本甚多。後爲陸氏親戚顧氏所得。1809年7月，黄丕烈經其友王小梧從顧氏以白銀二十兩購得②。黄氏書散，此本爲吳興蔣汝藻密韵樓插架之寶。今書中鈐有"黄丕烈"、"蕘夫"、"士禮居"、"密韵樓"、"閬源真賞"、"汪士鐘印"、"佰宋書藏主人廿八歲小景"、"抱存"、"三琴趣齋"、"寒雲鑒賞之鉨"、"後百宋一廛"、"與身居存亡"、"滿足清净"、"梅真侍觀"、"皇二子"、"寒雲如意"、"侍兒文雲掌記"、"寒雲小印"、"雙玉龕"、"惟庚寅吾以降"、"流水音"、"佞宋"、"八經閣"、"百宋書藏"諸印記。之後，袁克文將此本轉讓南海潘宗周寶禮堂。1919年春，毛氏舊藏本亦爲潘氏所收③，至此，袁克文舊藏兩部《片玉集》先後入藏潘宗周寶禮堂④。新中國成立後，潘氏後人世兹捐獻國家，入藏今國家圖書館。

潘宗周得到毛氏藏本後，曾請朱孝臧賞玩。朱氏勘校毛、黄兩家舊藏本，並於書中以墨筆夾簽校改。朱氏以此本與黄氏舊藏本比勘，認爲毛氏藏本注語較黄丕烈跋本詳明，且遠勝黄本⑤。

上文毛氏藏本中袁克文跋云"阮元曾以進呈，傳於世間"，即指刊入《宛委別藏》之抄本。其卷首序末署"時嘉定辛未杪臘廬陵劉肅必欽序"，與黄氏

---

① 《王子霖古籍版本學文集》第二册《古籍善本經眼録附録·寒雲日記》，第153—154頁。
② 詳見書中黄丕烈跋語，《寶禮堂宋本書録》亦收録。詳見《張元濟古籍書目序跋彙編》上册，第329—330頁。
③ 據此書1919年朱孝臧跋語。詳見《張元濟古籍書目序跋彙編》上册《寶禮堂宋本書録》，第331頁。
④ 《張元濟古籍書目序跋彙編》上册，第328—335頁。
⑤ 詳見《張元濟古籍書目序跋彙編》上册《寶禮堂宋本書録》，第331—335頁。

藏本同。正文内容亦與黃氏藏本同，而與毛氏藏本相異，如其卷四末 "不言不語，一段傷春都在眉間" 之下有小注云 "《論語·鄉黨篇》'食不語寢不言'"，毛氏舊藏本無。知此抄本與黃丕烈舊藏本爲同一源，而與毛氏藏本不同。

黃氏藏本卷末黃丕烈跋云 "……此本裝潢甚舊，補綴亦雅，從無藏書家圖記，實不知其授受源流"。今此本卷三末葉鈐有 "周遇吉印" 朱文方印。此印亦見於黃丕烈舊藏宋臨安府陳宅書籍鋪刻本《唐女郎魚玄機詩》卷末，另鈐有 "周氏家藏" 朱文大方印。按，周遇吉，明末抗清名將，《明史》有傳①，以抵禦農民軍而戰死寧武關。善本古籍中鈐有前人印鑒，屢屢爲古書增色，況明末之周遇吉，並非無名小卒。黃丕烈得此書時，若已鈐有此武將之印，不會不提，更何況《唐女郎魚玄機詩》、《詳注周美成詞片玉集》兩部書中均有相同之印，又怎會不言片語。然黃氏跋兩部書的識語中均未提及此印，此印是黃丕烈以後收藏之人所有②，抑或後人僞造之印，暫存疑待考。

二十一、宋淳祐本《中興以來絕妙詞選》跋③

此書惟見於《敏求記》，餘無聞焉。況詞集之宋刊獨罕，而選詞尤鮮傳世者。今惟海源閣之《花間集》及此兩書耳。詞集之存者，瞿氏有《東山》、《蘆川》兩詞，半已缺殘。予以一歲之中竟獲兩《片玉詞注》，合此可以三絕豪矣。三月十九夜，於玉泉山舍寒雲。（"無塵" 朱文長方小印。）

《中興以來絕妙詞選》十卷，爲《花庵詞選》後集，故版心一 "後" 字。《讀書敏求記》云："萬曆二年龍丘桐源舒氏新雕本間有缺字，此則淳祐己酉所刻本也。" 所指當即此本。書尾木記後有劉氏木印，蓋即花庵自序所謂 "親友劉誠甫謀刊諸梓" 者是也。《天祿書目》有元刻一部，合前後集，凡五冊，無藏書家印記；且後集配抄一二兩卷，與此部皆不合。此與《韋蘇州集》同得自滿貴族某氏家，皆爲《天祿書目》未載之書，至可寶也。丙辰（1916）三月十一日。寒雲記於後百宋廔中。（下鈐 "寒雲主人" 朱文方印、"克文之鉢" 白文方印。）

---

① 詳見《明史》卷二百六十八《列傳》一百五十六。
② 張元濟《寶禮堂宋本書錄》云："……是本黃蕘圃、顧千里均定爲宋刻，蕘圃後跋謂'無藏書家圖記'，然卷三末頁有'周遇吉印'朱文方印，《明史·列傳》有此姓名，其人以禦流賊戰死於寧武關者。如爲其人，更可寶也。" 以黃丕烈失察此印，似有不妥。
③ 袁克文另撰有此書提要，詳見《宋版書考錄·寒雲手寫所藏宋本提要廿九種》，北京：北京圖書館出版社，2003年4月，第145—146頁。

黄昇（生卒年不詳），字叔暘，號玉林，又號花庵詞客，南宋福州閩縣（今福建福州）人。宋淳祐九年（1249）撰成《花庵詞選》二十卷，前十卷題曰《唐宋諸賢絶妙詞選》，收文始於唐李白，終於北宋王昴，後附方外、閨秀各爲一卷，總計唐五代二十六家，宋一百零八家。後十卷題爲《中興以來絶妙詞選》，收録從南宋康與之至洪瑹八十八家詞，末附黄昇自作詞三十八首。四庫館臣認爲其去取甚爲謹嚴，"每人名之下各注字號里貫，每篇題之下間附評語，俱足以資考核"，堪稱宋人詞選中之善本①。

　　宋刻《花庵詞選》久不見諸家書目著録。目前所知傳世宋刻僅《花庵詞選》後集，即此袁克文舊藏之本②。其卷首有宋淳祐九年黄昇自序，云其"親友劉誠甫謀刊諸梓"，末署"淳祐己酉百五玉林"。"百五"即指寒食日③。次爲"淳祐己酉上巳前進士胡德方季直序"。文中語涉宋帝空一格。册末有劉氏刻書條記三行云：

　　　　玉林此編亦姑據家藏文集之所有，朋游聞見之所傳，詞之妙者固不止此。嗣有所得當續刊之。若其序次，亦隨得本之先後，非固爲之高下也。其間體制不同，無非英妙杰特之作。觀者其詳之。

知此本源於宋淳祐九年（1249）劉誠甫刻本。半葉十三行，行二十三字，細黑口，左右雙邊，有書耳。卷端題"絶妙詞選卷之一"。每卷第二行有"宋詞"二字，上加墨圈。低一格爲詞家姓氏，大字雙行，下注此人小傳。文中有朱筆圈點。民國初年陶湘曾據此本影刻行世，爲《涉園景宋金元明本詞》二十三種之一。陶本影摹精美，爲人所稱道，可惜間有失真之處④。

　　袁克文跋云"《天禄書目》有元刻一部，合前後集，凡五册，無藏書家印記；且後集配抄一、二兩卷，與此部皆不合"，認爲自己所藏之本並非天禄書目著録之本。按，天禄琳琅書目著録二部《絶妙詞選》。

―――――――

　　① 詳見《四庫全書總目》提要。
　　② 有關此書的相關考證，詳見《中華再造善本》楊成凱先生所撰此書提要。
　　③ 百五，寒食節的别稱，因其在冬至後的一百零五日而得名。三國魏曹操《明罰令》："聞太原、上黨、西河、雁門，冬至後五日皆絶火寒食，云爲介之推……北方沍寒之地，老少羸弱將有不堪之患。令到，不得寒食。"南朝梁·宗懔《荆楚歲時記》記載："去冬至節一百五日，即有疾風甚雨，謂之寒食。禁火三日，造餳、大麥粥。"寒食日亦有在冬至後的一百零六天，故又稱"百六"。南朝梁宗懔《荆楚歲時記》云："〔寒食〕據曆合在清明前二日，亦有去冬至一百六日者。"唐元稹《連昌宫詞》："初過寒食一百六，店舍無烟宫樹緑。"傅增湘誤爲"淳祐己酉百王玉林序"，《藏園群書經眼録》卷十九·集部八·曲類，第1347頁。《藏園訂補郘亭知見傳本書目》卷十六下·集部十·詞曲類則誤爲"淳祐己酉王玉林序"，詳見第1620頁。
　　④ 詳見《中華再造善本》楊成凱先生所撰此書提要。

第一部，即《天禄琳琅書目後編》卷十一著録元刻《絶妙詞選》一函五册①，此本疑非袁氏舊藏之本②。其原因如下：

首先，配補與否。《天禄琳琅書目後編》著録未言及抄配，故是本疑爲全本。袁氏舊藏本卷五第十六葉下，有割裂痕迹。卷七第十四、十五兩葉爲明人抄配。

其次，鈐印之有無。《後編》中未著録書中鈐印，疑在入藏天禄琳琅之前書中無鈐印。袁氏舊藏本卷端"絶妙詞選卷之一"之下方欄内鈐有"陳淳之印"白文方印；卷十末葉有"陳道復氏"白文方印。另有數卷首、末鈐有"聽雨齋"朱文方印。按，陳道復，名淳，以字行，自號白陽山人，曾受業文徵明，明代著名書畫家，《明史》有傳③。

清乾隆四十年（1775），于敏中等人奉敕編纂《天禄琳琅書目》。嘉慶二年（1797），由彭元瑞等人奉敕撰成《天禄琳琅書目後編》。袁氏藏本中鈐有"天禄琳琅"、"乾隆御覽之寶"二印，而無"天禄繼鑒"之印；二次編纂書目均未著録，故推測此書當在乾隆四十年之前便已經流出宫外。袁氏云此書得自"旗族某故家"，《寒雲日記·洪憲日記（1916）》云④：

> （三月）三十日，得宋槧《韋蘇州集》十卷《拾遺》一卷……同時得宋刊《中興以來絶妙好詞選》十卷。……《韋集》裝三册，明黑箋衣，宋藏經箋簽，題字古秀，當是乾隆以前故裝。《詞選》裝四册，錦上添花，湖色綾衣，白素綾簽，爲天禄舊裝，題字出當時翰苑手筆。兩書以二千五百元得自旗族某故家，必其先世承賜物也。

知此書入藏天禄琳琅之後遞藏有序；也就是説，在入藏天禄琳琅之前此本即鈐有"陳淳之印"、"陳道復氏"諸印記⑤；陳道復印記在流出天禄琳琅之後鈐上、抑或僞造的可能性極小。

據楊成凱先生考證，民國初年故宫博物院出版《故宫已佚書籍書畫目録》記有溥儀賜書"元板《絶妙詞選》一套"，後收到"元板《絶妙詞選》全函"。

---

① 《中國歷代書目題跋叢書》第二輯《天禄琳琅書目·天禄琳琅書目後編》，第643頁。《清人書目題跋叢刊》十，第372頁。

② 楊成凱先生認爲：《天禄琳琅書目後編》著録第一本元刻之説是否可靠、其後集十卷是否即袁氏舊藏本，尚待考證；袁克文跋中認爲《天禄書目》著録元本非此本之説不可信。

③ 《明史》卷二百八十七·列傳第一百七十五《文苑三·文徵明》附傳。另見葉昌熾《藏書紀事詩》卷三"陳道復復甫"條，第197—198頁。《明清書畫家印鑒》，長春：吉林文史出版社，1987年12月（1993年印刷），第240頁。

④ 《王子霖古籍版本學文集》第二册《古籍善本經眼録附録·寒雲日記》，第160—161頁。

⑤ 國家圖書館藏宋刻《音注韓文公文集》、《六臣注文選》亦有陳淳（道復）之印。

溥儀賜書在民國十一年（1922），而此本民國五年（1916）已歸袁克文①。

綜上所述，知袁氏舊藏本非《天禄琳琅書目後編》著録之本，亦非溥儀賞賜之本。至於溥儀賞賜之本現存何處，暫存疑待考②。

天禄琳琅書目著録第二部，即《後編》卷二十著録明刻一部，一函四册，闕補《中興詞選》卷一之一、二兩葉③，其册數、配補之處與袁克文所言亦有出入。疑袁跋誤記明刻爲元刻，混淆元刻五册之數爲明刻，並誤明刻抄配卷一之一、二兩葉爲卷一、二。據楊成凱先生考證④，1934年出版《故宫善本書目》已確認此明刻本爲明萬曆二年舒伯明刻本。國家圖書館藏明舒氏刻本《中興以來絶妙詞選》，其卷後有萬曆二年（1574）刻書牌記。明萬曆四年又刻《唐宋諸賢絶妙詞選》。傅增湘舊藏亦有明萬曆四年舒氏刻《唐宋諸賢絶妙詞選》十卷⑤。據《中國古籍善本書目》集部著録，上海圖書館藏"《唐宋諸賢絶妙詞選》十卷，《中興以來絶妙詞選》十卷，明萬曆四年（1576）舒伯明刻本"，書中並有吴湖帆、趙萬里、蔣穀孫諸人跋⑥，當是合《唐宋諸賢絶妙詞選》、《中興以來絶妙詞選》二者爲一，並題萬曆四年刻本。此書另有明萬曆四十二年秦塏刻本。秦氏刻本與舒氏刻本行款、版式全同，疑秦氏刻本翻刻舒氏刻本。

宋刻《花庵詞選》前集即《唐宋絶妙詞選》，今已不見宋刻傳世。幸有毛氏汲古閣影宋刻尚存世間，從中可睹宋刻之一斑。此本明末毛氏汲古閣影宋鈔，清代爲汪士鐘藝芸書舍所得，後入藏文登于氏小謨觴館。1916年正月初，傅增湘從上海爲袁克文購得⑦，後爲張元濟收入涵芬樓⑧。

據國家圖書館藏毛氏汲古閣影宋鈔本《花庵詞選》前集《唐宋諸賢絶妙詞選》，其行款爲半葉十行，行十七字，白口，四周單邊。那麽，其後集《中興以來絶妙詞選》的行款應該與之相同，或接近。而袁氏舊藏本的行款爲半葉十三行，行二十三字，細黑口，左右雙邊，與毛氏影宋鈔前集相差甚遠。錢曾《讀書敏求記》著録《中興以來絶妙詞選》十卷，並云"萬曆二年，龍丘桐源舒氏新雕

---

① 詳見《中華再造善本》楊成凱先生所撰此書提要。
② 臺北"央圖"藏有明萬曆二年（1574）龍丘舒伯明刻本，未見著録宋元刻本。《"國立中央圖書館"善本書目》增訂二版第三册，第1366頁。
③ 《中國歷代書目題跋叢書》第二輯《天禄琳琅書目·天禄琳琅書目後編》，第805頁。《清人書目題跋叢刊》十，第459頁。
④ 詳見《中華再造善本》楊成凱先生所撰此書提要。
⑤ 傅增湘：《藏園訂補邵亭知見傳本書目》卷十六下·集部十·詞曲類，第1620頁。
⑥ 《中國古籍善本書目》集部下著録，第1995頁。
⑦ 《王子霖古籍版本學文集》第二册《古籍善本經眼録附録·寒雲日記》，第155頁。
⑧ 張人鳳編《張元濟古籍書目序跋彙編》中册《涵芬樓燼餘書録》，第760—761頁。

本。間有缺字。此則淳祐己酉所刻本也"①。因知萬曆二年舒氏翻刻宋淳祐原刻本，二者行款無疑是相同的，即淳祐原刻本行款爲半葉十行，行二十字。又《四部叢刊初編》以明刻《唐宋諸賢絕妙詞選》影印，《中興以來絕妙詞選》則選用無錫孫氏小淥天藏明翻宋本影印②。二者行款均爲半葉十行，行二十字。

因推知《中興以來絕妙詞選》初刻行款爲十行二十字，而袁克文舊藏本疑非淳祐九年初刻本，當是後刻本。

此本明代曾爲著名畫家陳淳（字道復）舊藏，清代入藏清宮天禄琳琅，後賞賜滿族貴族。1916年3月，袁克文從旗族故家以二千五百元購得此書與宋刻《韋蘇州集》③。袁氏書散，此書爲祁陽陳澄中所得。今書中鈐有"陳淳之印"、"陳道復氏"、"聽雨齋"、"乾隆御覽之寶"、"天禄琳琅"、"璧琱主人"、"百宋書藏""三琴趣齋珍藏"、"三琴趣齋"、"惟庚寅吾以降"、"八經閣"、"侍兒文雲掌記"、"臣印克文"、"上第二子"、"佞宋"、"袁鉌克文"、"梅真侍觀"、"雙玉龕"、"瓶盦"、"流水音"、"祁陽陳澄中藏書記"、"清華"、"郇齋"、"澄中"諸印。新中國成立初年，陳澄中出售舊藏，國家以重金購得，入藏今國家圖書館。

二十二、明正統刻本《書林外集》跋

《書林外稿》七卷，元袁士元撰。傳本至寡，四庫未曾搜及，他家書目亦鮮著録，惟帶經堂陳氏藏有舊抄本，未記明出自何本。此明正統刊，楮墨、字畫皆極精妙，當是此書原本，爲陳氏舊鈔所自出，豈可以尋常明本視之。戊午（1918）五月二十八日獲於海王村。寒雲。

《書林外集》七卷，元代袁士元撰。袁士元，字彥章，鄞縣（今屬浙江）人。仕元，爲鄉縣學官，後升任鄮山書院山長，再升翰林國史檢閱，人稱"菊村先生"。其子袁珙，字廷玉，永樂初授太常寺丞。其孫即袁忠徹，字公達，一字靜思，官至尚寶少卿④。家中藏書豐富，且多宋元佳椠流傳後世，如國家圖書館藏宋稿本《資治通鑒》殘稿、宋刻《十二先生詩宗集韵》、宋刻《京本增

---

① 錢曾：《讀書敏求記》卷四，北京：書目文獻出版社，1984年6月，第152—153頁。另見《清人書目題跋叢刊》四《錢遵王讀書敏求記校證》卷四下，章鈺校補按語云"補：勞權云當脫《唐宋諸賢絕妙詞選》十卷。鈺案：此書即《花庵詞選》二十卷之後十卷，故勞氏云然。瞿目有舒刻本"。第924頁。

② 傅增湘《藏園訂補邵亭知見傳本書目》卷十六下・集部十・詞曲類云：印入《四部叢刊初編》者爲"清翻宋本"，與《四部叢刊初編》中此書卷首所記"明翻宋本"不同。第1620頁。

③ 《王子霖古籍版本學文集》第二册《古籍善本經眼錄附錄・寒雲日記》，第160—161頁。

④ 詳見明正統刻本《書林外集》卷首序。

修五代史詳節》等。其藏書印鑒有"尚寶少卿袁氏忠徹印"、"尚寶少卿袁記"、"忠徹"、"南昌袁氏家藏珍玩"、"子孫永保"、"袁申儒印"、"忠徹"、"瞻袞堂"、"袁氏父子列卿"、"忠孝世家"、"袁氏忠徹"、"袁氏珍玩子孫寶之"、"尚寶司卿袁氏家藏"等①。

此明正統刻本,半葉十行,行二十字,黑口,四周雙邊。1918年4月底,袁克文購自海王村書肆②。書中卷六第二葉、卷七第十二至十六葉等,疑爲徐森玉抄配。其卷首有"正統三年戊午秋七月初吉朝列大夫國子祭酒同郡後學陳敬宗"序,叙述作者袁士元生平大略。

袁克文跋云此書"傳本至寡,四庫未曾搜及",有不察之失。據《四庫採進書目》,纂修《四庫全書》時,全國進呈至少有三種本子,即兩淮商人馬裕家藏本、浙江鮑士恭舊藏本、國子監學正汪家舊藏本③。《浙江採集遺書總錄簡目》著錄"知不足齋寫本"④,疑即鮑士恭舊藏本。《四庫全書總目》卷一百七十四·別集類存目一所收即"浙江鮑士恭家藏本"。

此外,清朱緒曾《開卷有益齋讀書志》卷五亦著錄《書林外集》七卷,惜未注明版本⑤,不知此本是否已毀於咸豐三年(1853)天平軍戰火⑥。帶經堂陳徵芝亦藏有舊抄本⑦。陳徵芝,字蘭鄰,清閩縣人(今屬福建)人,清嘉慶七年(1802)進士⑧。《帶經堂書目》卷四下集部著錄"《書林外集》七卷,抄本",惜未言明何人抄本。

另有朱彝尊舊藏本,《涵芬樓原存善本草目》集部著錄⑨,收入涵芬樓秘笈第五集影印行世,書中脱正統陳敬宗序⑩。其卷首"書林外集目録"末有朱彝尊跋云:

---

① 詳見陸心源《儀顧堂續跋·蜀大字殘本漢書跋》。《儀顧堂書目題跋彙編》,北京:中華書局,2009年9月,第313、579頁。另見葉昌熾《藏書紀事詩》卷二,第114—115頁。
② 《王子霖古籍版本學文集》第二册《古籍善本經眼録附録·寒雲日記》,第178頁。
③ 吳慰祖校訂《四庫採進書目》,北京:商務印書館,1960年3月:《兩淮商人馬裕家呈送書目》,第68頁;《浙江省第四次鮑士恭呈送書目》,第95頁;《國子監學正汪交出書目》,第183頁。
④ 吳慰祖校訂《四庫採進書目》附録二《浙江採集遺書總録簡目》,第285頁。
⑤ 清人書目題跋叢刊七《開卷有益齋讀書志》,北京:中華書局,1993年1月,第87—88頁。
⑥ 鄭偉章:《文獻家通考》中·卷十五,第833—835頁。
⑦ 傅增湘:《藏園群書經眼録》卷十五·集部四·元別集類,第1145頁。
⑧ 詳見葉昌熾《藏書紀事詩》卷六,第612—613頁。
⑨ 《張元濟古籍書目序跋彙編》中册,第823頁。
⑩ 傅增湘:《藏園訂補邵亭知見傳本書目》卷十四·集部五·別集類四,第1356頁。《藏園群書經眼録》卷十五·集部四·元別集類,第1145頁。

《書林外集》鄞人袁彥章士元所著。彥章，宋忠臣鏞之孫，元至正間以薦授翰林國史院檢閱官，引年不就。竹垞記。

卷端"書林外集卷之一"之下鈐"清華學校圖書館"。卷末孫氏"書林外集跋"云：

……其集罕見，四庫未收，阮文達亦未進呈，惟嘉慶本《天一閣書目》載正統三年鄞人陳敬宗刊本，亦已殘缺。茲獨完善，乃亟為影行，從此天壤間又多存元人集一種。戊午五月無錫孫毓修跋。

由此可知，乾隆年間纂修《四庫全書》時，至少有三四種本子傳世。或許珍本深藏，外人罕見，故孫毓修、袁克文如是說。

據《中國古籍善本書目》，國內現存《書林外集》六部①，有四部為明正統刻本，國家圖書館藏兩部，一部即上文所及袁克文舊藏，卷首有正統三年陳敬宗序；另一部為葉氏菉竹堂、汪氏振綺堂舊藏，卷首脫正統三年陳敬宗序。書中鈐有"葉氏菉竹堂藏書"、"振綺堂兵燹後收藏書"等印記。第三部正統本為南京圖書館藏殘本。福建圖書館亦藏有此正統本，書中有明徐延壽跋。另外兩部為抄本，其一即山東省博物館藏清乾隆三十五年知不足齋抄本，其二即上海圖書館藏清抄本。

二十三、明刻《玉台新詠》跋

郁華藏書辛亥間始流入廠市，最著如黃唐本《禮記》，已展轉歸予，其他宋元佳刻予得者，亦不下十數。今復獲此，且首尾完好，裝整若新。予求此書累年，所見十餘，從未如此本之精潔者，寧非後幸耶。乙卯（1915）九月寒雲。（下鈐"袁克文"朱白小方印、"寒雲"白文小方印二枚。）

《玉台新詠》一書為徐陵編纂，南朝梁中葉成書，收錄上起西漢，下迄南朝梁代的詩歌，堪稱繼《詩經》、《楚辭》之後的第三部詩歌總集②。《郡齋讀書志》著錄此書云"采西漢以來詞人所著樂府艷詩，以備諷覽"，將其收入

---

① 《中國古籍善本書目》集部上，上海：上海古籍出版社，1998年3月，第510頁。
② 關於此書的編者、版本等相關問題，詳見《玉台新詠箋注》，北京：中華書局，1985年6月；劉躍進《玉台新詠研究》，北京：中華書局，2000年7月；章培恒《〈玉台新詠〉為張麗華所"撰錄"考》，《文學評論》2004年第2期，第5—17頁；談蓓芳《〈玉台新詠〉版本考——兼論此書的編纂時間和編者問題》，《復旦學報（社會科學版）》2004年第4期，第2—16頁；牛繼清、紀健生《〈玉台新詠〉是張麗華所"撰錄"嗎？——從文獻學角度看〈玉台新詠為張麗華所"撰錄"考〉》，《淮北煤炭師範學院學報·哲學社會科學版》2006第4期，第21—29頁。

"樂類"。《直齋書錄解題》則於"總集類"著錄,"且爲之序"①。明代寒山趙靈均小宛堂舊藏有宋刻本,卷末有嘉定八年(1215)陳玉父《玉台新咏集後序》②,據此序知此書在宋代曾有"舊京本"、"豫章刻本"、石氏抄錄本等。

明崇禎二年(1629)早春,馮舒挈友携弟,一行六人,前往寒山趙靈均處抄錄宋本,"抄之四日夜而畢"③。其行款"凡七十三番,番三十行,行三十字"④。是年冬,馮班又借得趙氏宋本,"重錄之如右"。抄寫完成之後,又於崇禎五年(1632)從趙氏借來宋本,與何士龍重新校勘,兩日而畢。此即馮班抄本,其行款半葉九行,行十九字,黑口,左右雙邊。書中有馮班三段跋文⑤:

> 己巳之冬獲宋本於平原趙靈均,因重錄之如右。是書近世凡有三本。一爲華亭楊玄綸本,一爲歸安茅氏本,一爲袁宏道評本。茅、袁皆出於楊書,乃後人所刪益也。是本則其舊書。後人有得此者,其審之。□爲常熟馮班者也⑥。壬申春日識此。("班"朱文方印)

> 己巳冬方甚寒,燃燭錄此,不能無亥豕。壬申春重假原本,士龍與余共勘二日而畢。凡正定若干字,其宋板有誤,則仍之云。馮班再記於確庵之北窗。("班"朱文方印)

> (朱字)余十六歲時,嘗見五雲溪館活字本,於孫氏後有宋人一序,甚雅質。今年又見華氏活字本於趙靈均。華本視五雲溪館頗有改易,爲稍下矣。然較之揚、茅,則尚爲舊書也。聞湖廣李氏有别本,宋板甚精,交臂失之,殊爲悵恨也。班又識。("班"朱文方印)

明崇禎六年(1633),趙靈均小宛堂以其舊藏宋本,翻刻《玉台新咏》⑦,此即崇禎六年寒山趙氏小宛堂刻本,其行款與馮舒抄本相同。趙氏刻本宋諱缺末筆避諱,刊刻精美,傳爲影宋刻本,受到藏書家的喜愛。清順治六年(1649),馮班曾借得宋本校勘趙氏刻本,認爲"宋刻訛繆甚多,趙氏所改得失

---

① 《直齋書錄解題》,上海:上海古籍出版社,1987年12月,第437—438頁。
② 詳見宋嘉定八年(1215)陳玉父《玉台新咏集後序》,《玉台新咏箋注》,北京:中華書局,1985年6月,第531頁。另見《續修四庫全書·皕宋樓藏書志》卷112,第575頁。
③ 《玉台新咏箋注·原書序跋》,第533—534頁。
④ 詳見馮舒《默庵遺稿》卷九《重校玉台新咏序》。
⑤ 另見《玉台新咏箋注》,第541—542頁。
⑥ "爲"字前一字殘。
⑦ 關於趙氏刻本《玉台新咏》的相關版本考證,請參見楊成凱先生(林夕)《明寒山趙氏小宛堂刻〈玉台新咏〉版本之謎》,載《讀書》1997年第7期,第145—148頁。另見林夕《閑閑書室讀書記》,桂林:廣西師範大學出版社,2011年12月,第53—60頁。

相半，姑兩存之，不敢妄斷。至於行款，則宋刻參差不一，趙氏已整齊一番矣。宋刻是麻紗本，故不佳。舊趙靈均物，今歸錢遵王"①。

據錢大昕云："觀宋刻《玉台新詠》小字本，刻甚工，嘉定乙亥永嘉陳玉父刻，每葉三十行，每行三十字。"②知宋本《玉台新詠》的行款爲半葉十五行，行三十字，趙氏刻本行款雖有改動，却基本近似。而馮班刻本的行款却與其底本大相徑庭，相去甚遠。然馮班抄本後經以宋本重新校勘，文字上當更多的反映了宋本原貌。

馮班抄本後爲錢孫艾所得，並於崇禎十七年（1644）題寫跋文。至清中後期，此本又經阮元、翁同書收藏，書中另有翁同書跋③。鈐有"上党馮氏私印"、"班"、"二痴"、"錢孫艾印"、"忠孝世家"、"揚州阮氏琅嬛仙館藏書印"、"玉璧圖書"、"翁印同書"、"祖庚翰墨"、"長生安樂翁同書印"、"寶瓠齋藏書"、"文端文勤兩世手澤同龢敬守"、"祖庚曾讀"諸印記。

翁同書另藏有清影明抄本，其行款亦半葉十五行，行三十字。清咸豐九年（1859）臘月翁同書將此書寄給其父翁心存。

翁氏父子與《玉台新詠》頗有因緣。早在四五十年前，即嘉慶十六年（1811）夏，翁心存曾借得陳揆稽瑞樓藏馮知十影宋抄本，親自臨寫三個月，此即國家圖書館藏清嘉慶十六年（1811）翁心存影抄馮知十影宋抄本④。今書中有翁心存題跋，並鈐有"翁心存字二銘號遂庵"、"海虞翁氏陔華館圖書印"、"遂庵珍藏"、"陔華吟館"、"遂盦"、"臣印心存"等印記。

寒山趙氏舊藏宋刻《玉台新詠》後歸錢曾，今已失傳。幸趙氏小宛堂刻本流傳後世頗多，可睹宋刻舊貌之一斑。此袁克文舊藏本册末鐫有"崇禎六年歲次癸酉四月既望吴郡寒山趙均書於小宛堂"刻書跋語⑤。此本曾經汪士鐘收藏。1889年盛昱於廠肆中覓得此本，册末有盛昱跋文一行，云"己丑（1889）孟夏得於廠肆，寒山跋尾，贗宋者大半撤去。所見十數本皆然。伯義"。1911年前後，盛氏郁華閣藏書散出，流入廠肆。此本爲吴印臣所得。1915年9月24日，

---

① 清人書目題跋叢刊四《錢遵王讀書敏求記校證》卷四下，第215—216頁。另見北京愛如生數字化技術研究中心劉俊文總纂《全四庫》電子版清康熙間硯豐齋刻本卷首馮班跋，又《玉台新詠箋注》，第534頁。

② 中國歷代書目題跋叢書第三輯錢大昕《潛研堂序跋・竹汀先生日記・十駕齋養心録摘抄》，上海：上海古籍出版社，2010年12月，第220頁。

③ 參見《玉台新詠箋注》，第542、547頁。

④ 談蓓芳曾經比勘馮班抄本、翁心存影馮知十抄本諸本，此處不贅。談蓓芳《〈玉台新詠〉版本補考》，《上海師範大學學報》2006年第1期，第14—24頁。又馮知十即馮彥淵，馮舒、馮班之弟，參見陳望南《海虞二馮研究》，廣州：中山大學出版社，2011年1月。

⑤ 半葉十五行，行三十字，細黑口，左右雙邊。卷首有"玉台新詠集並序"，次行"陳尚書左僕射太子少傅東海徐陵字孝穆撰"。卷末後叙末署"（嘉定乙亥）……是歲十月旦日書其後永嘉陳玉父"。

吴印臣將此書轉讓給袁克文①。扉頁袁克文墨筆題簽云："明寒山堂刊本玉台新詠十卷，百宋書藏收藏。"下鈐"抱存"、"袁克文"二枚印鑒。之後爲天津劉明陽王靜宜夫婦寶靜簃收藏。今書中鈐有"汪印士鐘"、"民部尚書郎"、"盛昱之印"、"宗室文愨公家世藏"、"寒雲鑒賞之鈐"、"皇二子"、"寒雲廬倦繡室溫雪齋同鑒賞"、"三琴趣齋"、"寶靜簃主王靜宜所得祕笈記"、"研理樓劉氏藏"、"劉明陽王靜宜夫婦讀書之印"、"有書真富貴無病即神仙"、"研理樓劉氏倭劫餘藏"、"劉明陽"等印記。今藏國家圖書館。

二十四、明成化刻《姑蘇雜詠》跋

此卷青丘自刊，與《大全集》頗有異同，流傳絶罕。沅叔肅政得延令藏本，視此楮墨稍遜。惟多前序及三十五、四十兩葉。因假歸，屬梅真影寫補完，庶無憾焉。乙卯（1915）初秋寒雲。（下鈐"袁克文"朱文方印。）

《姑蘇雜詠》爲高啓晚年寓居蘇州時的吟詠之作，收詩一百二十三篇，於洪武四年（1371）薈萃成書，並刊刻行世，洪武三十一年（1398）又有蔡伯庸重刻本。

國家圖書館藏有五部，從卷端題名來看，大致有兩個版本系列：

其一，卷端題"高季迪姑蘇雜詠"者有兩部。第一部即明洪武三十一年蔡伯庸刻本，書中不分上下卷。卷端之次行鐫"郡人周傅叔訓編"。半葉十三行，行二十字，黑口，四周雙邊。卷末有《姑蘇雜詠》刻書跋，末署"洪武三十一年歲戊寅五月朔郡人周傅識"。此本曾爲明代項靖萬卷堂舊藏，後經朱氏潛采堂、吴騫拜經樓②、唐翰題、吴重熹（字仲懌）舊藏③，民國間爲周叔弢所收。書中鈐有"欈李項藥師藏"、"秀水朱氏潛采堂圖籍"、"臨安志百卷人家"、"嘉興新豐鄉人唐翰題收藏印"、"鷦安校勘祕籍"、"海豐吴重熹印"、"周暹"諸印記。今此書洪武四年初刻本未見諸家書目著録，蔡伯庸刻本疑爲此書現存最早刻本。

第二部，卷首"姑蘇雜詠目録"分上、下卷，卷端之次行題"古吴衛拱宸翼明父編輯"。版心鐫"上卷"或"下卷"，版心下間有字數。其行款爲半葉九行，行十八字，白口，左右雙邊。傅增湘曾以明成化張習刻本校刊，書中有其

---

① 《王子霖古籍版本學文集》第二册《古籍善本經眼録附録·寒雲日記》，第151頁。
② 吴壽暘《拜經樓藏書題跋記》卷五著録。清人書目題跋叢刊十，北京：中華書局，1995年8月，第676頁。
③ 吴重熹，參見鄭偉章《文獻家通考》中·卷十九，第1082—1084頁。

朱筆校語，多與上文明洪武三十一年刻本同，知張習刻本當源自洪武三十一年刻本。

國家圖書館藏有明萬曆三十六年（1608）衛拱宸刻《百花洲集》二卷《京華元夕詩》一卷①，其行款、版式與此部《姑蘇雜詠》全同。《百花洲集》卷下末鐫"萬曆戊申歲藍月＼門人衛拱宸翼明＼重校於碧梧庭院"三行。又鎮江市圖書館藏有明萬曆三十七年（1609）衛拱宸刻（其父衛勛輯）《兩漢文選》②。其卷端題"兩漢文選"，次行低三格題"古吳檢吾衛勛選　男拱宸翼明父校注"，半葉九行，行二十字，白口，左右雙邊。重慶圖書館亦藏有衛氏刻本，此即明萬曆五年（1577）衛拱宸刻《戰國策選》，與鎮江市圖書館藏衛氏刻本行款、字體亦相同。疑此九行十八字本《姑蘇雜詠》爲明萬曆年間衛拱宸刻本，或至少與衛拱宸有關係。

其二，卷端僅題"姑蘇雜詠"，現存有兩種版本。第一種爲明成化二十二年（1486）張習刻本，半葉十行，行二十字，黑口，四周雙邊。卷末"甫里即事"之後，即周傳識語。後附張習詩六首，即《讀書臺》、《郁林石》、《虞雍公墓》、《石湖》、《鶴山書院》、《瑞芝亭》，並有張習刻書識語。此本爲清嘉慶、道光鄂順安舊藏，後歸入傅增湘藏園，繼而轉贈周叔弢。書衣鈐"楞嚴室"白文方印，卷首另鈐有"仲鄂收藏書籍印"、"鄂氏順安珍藏"、"周暹"等印記。書中有傅增湘致周叔弢信函一通，略述原委：

　　《姑蘇雜詠》，歲杪有人持來。初擬存此復本，得藉以互補所缺。繼而思之，一人而據此二鈔，未免傷廉，不若與公分存之爲得計，故仍以奉告。但此本前缺隸書序二葉，又目錄半葉，異日可依敝藏本補之，而敝藏本末葉，乃嘉靖補刻，且增詩一首，又首葉添刻殷輊名，是爲嘉靖補印本矣。此本尚是洪武原刊早印，其附錄六詩爲成化張習補刻，爲敝藏本所無，即周傳序亦失去，則佳勝固遠出敝本之上，俟公收得後，有暇更假我補錄之，當蒙慨諾也。前途索值百六十金，適決計停止收書，乃從此書割愛始。所惜篇中缺字，恐世間無第二本可補也。藏園。

《自莊嚴堪書目》著錄《姑蘇雜詠》明洪武本及此成化張習刻本③。

第二種即明成化二十二年（1486）張習刻殷氏校刊重修本，即此袁克文舊藏本，半葉十行，行二十字，黑口，四周雙邊。扉頁袁克文丁巳十一月題簽誤

---

① 明鄧雲霄撰。鄧雲霄，字元度，東莞人，萬曆二十六年（戊戌）進士，廣西布政使參政。另鈐有"慈溪胡哲煊藏書印"、"哲煊珍藏"等印記。
② 2010年12月，此本入選第一批《鎮江市珍貴古籍名錄》，名錄號0098。
③ 《周叔弢古書經眼錄·自莊嚴堪書目》，第620頁。

題"明洪武刊本"。此本曾經爲鄭文焯、蔣祖詒舊藏。1915年5月，袁克文購得①，後入藏陳澄中郇齋。書中鈐有"叔問"、"叔問藏書"、"文焯私印"、"鄭記"、"石芝西堪校秘書記"、"江南退士"、"密韵樓"、"穀孫"、"蔣祖詒"、"密韵樓"、"穀孫祕笈"、"克文與梅真夫人同賞"、"漢尊唐壺宋瓶之室"、"袁劉梅真"、"陳清華字澄中號郇齋"等印鑒。2004年，此書現身中國嘉德國際拍賣有限公司秋季拍賣會，幾經周折，此書終爲國家圖書館購藏。書中有傅增湘題詩，《藏園群書題記》、《藏園群書經眼錄》等未收錄，現抄錄於此：

  洪武初雕，千墨瀋香，正嘉校補出殷輅。樵風詞客勤搜討，不識寒村是鄭梁。（雙行小字：小山前輩考大石山志，爲正嘉時人所作。）鳳台江館久飄零，百首新詩託汗青。賴有王希重入木，尚留字注發幽馨。（季迪詩單行者有《吹台》《江館》《婁江》《鳳台》等集，今皆不存。《姑蘇雜咏》有國初王希刊本，然亦不多見。）寫韵風流羨彩鸞，閑揮墨妙補從殘。玉台逸事差堪比，紙尾親題席佩蘭。（余藏此本，鈐印極多，有姚芙初、方若蘅、姚畹真女士諸印。末有道華、席佩蘭跋語，寒雲得此本，屬梅真夫人手抄四葉補之，景撫之精，汲古不逮。閨中清韵，先後輝映。）拜經遺籍化雲烟，海內何人覯此篇。我與君家剖雙璧，今情古艷鬥嬋娟。（此書自《拜經題跋》外，各家皆不著錄。今忽得此本，與寒雲各寶其一，亦近今書林佳話也。）寒雲主人屬題此集爲賦四章，即希桀正。乙卯（1915）十月傅增湘識。（下鈐"沅叔"朱文小方印。）

傅增湘舊藏亦有此張習刻殷氏補刊重修本②，即上文袁跋中所云"延令藏本"，後又經陳揆稽瑞樓、張蓉鏡等人遞藏。書中亦有袁氏題跋，可與上文袁跋相呼應：

  《姑蘇雜咏》，青丘自刊詩，與《大全集》頗有異同。予所藏本楮墨佳於此冊，惟缺前序二葉及三十五、四十一兩葉。因假於沅叔，屬梅真影寫補完。乙卯（1915）初秋寒雲記。（下鈐"抱存小印"朱文方印。）

---

① 《寒雲日記·乙卯日記（1915）》："（五月）初六日，得高青丘自刊《姑蘇雜咏》一卷，缺序又詩二葉，借沅叔藏本，囑梅真影寫補完。"《王子霖古籍版本學文集》第二冊《古籍善本經眼錄附錄·寒雲日記》，第138頁。

② 傅增湘舊藏三部《姑蘇雜咏》，即明刻九行十八字本、明成化二十二年張習刻本、明成化二十二年張習刻殷氏重修本。傅氏後將明成化二十二年張習刻本贈予周叔弢。此三部傅增湘《藏園群書經眼錄》卷十六·集部五·明別集類均未著錄，僅著錄周叔弢舊藏明洪武三十一年刻本，第1160—1161頁。《藏園訂補郘亭知見傳本書目》卷十五上·集部六·別集類五著錄三部，即明刻九行十八字本、周叔弢舊藏洪武刊本、傅氏贈予周叔弢之張習刻本，第1378頁。而張習刻殷氏重修本二書均未著錄。

今書中鈐有"滄葦"、"振宜珍藏"、"振宜"、"稽瑞樓"、"畹芳女士"、"芙初女士姚畹真印"、"蓉鏡收藏"、"姚印畹真"、"芙初女史"等印鑒。新中國成立後，傅氏後人捐贈國家，入藏今國家圖書館。

二十五、宋刻《唐僧弘秀集》跋[①]

《唐僧弘秀集》殘本，存一至八卷，陳氏書棚本也。唐人小集盛於棚本，明時覆刻尤夥，精者幾可亂真，而真本之存於今者，不過聊聊知名數種，此其一也。木老夫子以克文近得棚本《韋蘇州集》，因無題識，未敢自信，遂出此見示，其刻工與此書版心有姓名之葉若出一手，始知真棚本亦不必定有陳解元刊記一行也。丙辰三月克文謹識。（下鈐"臣印克文"朱小方印。）

此本爲袁克文之師李盛鐸舊藏，曾爲黃丕烈百宋一廛中之座上客，《百宋一廛賦》中稱之爲"衲子之宏秀"[②]。

傅增湘《藏園群書經眼錄》著錄兩部《唐僧弘秀集》：

宋陳宅書籍鋪刊本，十行十八字，白口，左右雙闌，版心下方間記刊工人名，有翁天祐、徐、林二等字。前有寶祐六年（1258）李龏和父序，序後空二行有牌子，如下式："臨安府棚北大街睦親坊南陳解元宅書籍鋪刊行。"

卷十後有牘式丹色木印記："嘉興崇德鳳鳴世醫蔡濟公惠家，無詹石之儲，惟好蓄書於藏，以爲子孫計，因書此，傳之不朽。"

鈐印有"蔡氏公惠"、"乾學"、"徐健庵"、"季振宜藏書"、"濮陽李廷相雙檜堂書畫私印"朱文大長印。第二卷第八葉原缺，新鈔補。

清宮舊藏，函帙仍內府原裝，內有原簽一紙。（凡六行。）

弘秀集原一套，四本，五十六年三月十六日暢春園發下去襯紙改插套，一本，系唐朝名僧之詩，宋寶祐年間人李龏纂錄並序。宋板。（壬申正月初六日見於文友堂。）

第一部爲全本[③]，現藏臺北"央圖"，著錄爲"宋寶祐六年臨安陳解元書籍鋪刻本"[④]。第二部爲殘本，即李盛鐸舊藏，書中貞、樹、匡、玄、構等字缺

[①] 此跋《木犀軒藏書題記及書錄》收錄，第353頁。
[②] 清人書目題跋叢刊六《黃丕烈書目題跋·百宋一廛賦注》，第405頁。
[③] 傅增湘：《藏園群書經眼錄》卷十八·集部七·總集二，第1268—1269頁。另見《藏園訂補郘亭知見傳本書目》卷十六上·集部八·總集類，第1533頁。
[④] 《"國立中央圖書館"善本書目》增訂二版第三冊，第1224頁。

筆，版心下間有刻工名，如翁天祐，或作翁、天祐①，與臺北所藏全本同，二者疑爲同一版本，即李盛鐸舊藏本亦宋臨安陳解元書籍鋪刻本②。

殘本後入汪士鐘藝芸書舍。汪氏書散，流入廠肆。清光緒十年（甲申，1884），書商賈仲仁收自金陵孫澄，李盛鐸以"番餅十六枚"購回，入藏木犀軒③。今書中鈐有"士禮居"、"復翁"、"丕烈之印"、"閬源真賞"、"汪印士鐘"、"木齋審定"、"木齋審定善本"、"木齋宋元祕笈"、"李印盛鐸"、"木齋真賞"、"木犀軒藏書"、"少微"、"李滂"等印鑒。書中另有黄丕烈、李盛鐸識語。1936年，經傅增湘介紹，李盛鐸之子李滂將其父遺書轉讓入藏北京大學圖書館。

此書卷首有南宋寶祐六年（1258）中和節李龏序。是年四月初八日，李龏又給毛珝《吾竹小稿》作序。之前，即寶祐五年（1257）冬至日，李龏曾撰《端平詩雋序》云：

> 伯弼十七八時，即博聞强記，侍乃翁晋仙，已好吟。洎長，而四十年間宦游吳楚江漢，足迹所到，……聲騰名振，江湖人皆爭先求市，但卷帙中有晚學未能曉者稍多。予恐有不行之弊，兹於古體歌詩……摘其坦然者，兼集外所得者，近二百首，目日《端平詩雋》，俾萬人海中續芸陳君書塾入梓流行，庶使同好者便於看誦……

其序後鐫"臨安府棚北大街陳解元書籍鋪印"一條記④。《四庫全書總目》收入浙江鮑士恭家藏本《汶陽端平詩雋》即爲影宋本。葉德輝因此認爲"……以稱陳解元書籍鋪、經籍鋪者，屬之起之子續芸。因推知單稱陳道人、陳宅書籍鋪、經籍鋪者屬之起"，葉德輝"以宋人書證宋時事，似乎不謬"⑤。

然國家圖書館藏毛氏汲古閣影宋抄《梅花衲》有寶慶三年（1227）劉宰序、淳祐二年（1242）李龏後序。卷首劉宰序後有"臨安府棚北大街睦親坊南陳宅書籍鋪印"一行。卷後另有"臨安府棚北大街睦親坊南陳解元書籍鋪刊行"條記一行。

宋刻《李群玉詩集》卷首鄭處約行表後有"臨安府棚前睦親坊南陳宅書籍鋪刊行"一行。卷五後另有"臨安府棚北大街睦親坊南陳解元書籍鋪印"條記一行⑥。清道光四年（1824）黄氏士禮居影宋抄本亦與此同。

據此可知，署"陳宅書籍鋪"者，可能是陳起，亦可能是陳起之子陳解元

---

① 王肇文編《古籍宋元刊工姓名索引》，上海：上海古籍出版社，1990年12月，第281頁。
② 詳見《中華再造善本》張麗娟所撰此書提要。
③ 詳見《木犀軒藏書題記及書録》，第30—31頁。
④ 清人書目題跋叢刊二《善本書室藏書志》卷三十二，第778頁。
⑤ 葉德輝：《書林清話》卷二，第41頁。
⑥ 詳見廣文書局印行書目續編《群碧樓善本書録》卷一，第55—56頁。

續芸，葉德輝所言①，有待商榷。

二十六、宋慶元黄汝嘉刻《倚松老人文集》跋

詩派江西幾輩傳，倚松遁世有殘編。慶元佳刻成孤本，並世《于湖》兩宋鑴。乙卯（1915）八月。寒雲。（下鈐"惟庚寅吾以降"朱文方印。）

暮春佳日，偕雲姬游頤和園。出城時得句曰：近城村市兩三家，桃李疏疏半著花。最是好春殘未老，長條細葉向人斜。詩成適覽此帙，即錄於册端。丙辰（1916）三月十八夜。寒雲。（下鈐"克文之鉢"白文方印。）

饒集從無刊本見於著錄，《四庫》所收亦影抄也。藏家所記抄本每卷尾皆有"慶元黄汝嘉重刊"一行，當即出於此本。此本傳爲西陂舊物，久非完帙。滿洲景氏得自正文譚估。後歸吴印臣。印臣知余有佞宋癖，舉以見貽，可與《于湖居士集》並珍篋中。宋刊宋印宋人集，得雙孤本矣。七夕喜不成寐，起而書此。（下鈐"抱存"朱文方印。）

饒節，字德操，撫州（今屬江西）人。曾爲曾布門客，後因與曾布辯論新法不合，便削髮爲僧，更名如璧，挂錫靈隱寺，晚年主持襄陽天寧寺。曾經作偈語云："閑携經卷倚松立，試問客從何處來？"遂號倚松道人②。今傳《倚松老人集》二卷中③，大多是其遁世之後所作。當年纂修《四庫全書》時，採進兩部，一爲兩淮商人馬裕呈送④，一爲浙江鮑士恭進呈⑤，惜均爲抄本。《四庫全書》所收爲兩淮馬裕家藏抄本，其卷末有"慶元己未校官黄汝嘉重刊"一行，當源自宋本⑥。

現存此書傳世最早刻本即此宋慶元五年（1199）黄汝嘉重修本⑦，現藏上海圖書館。書衣爲紅色箋紙，上有袁克文題簽云"倚松老人文集宋刊殘本寒雲藏"。扉頁袁克文題款云"後百宋一廛鑒藏宋慶元刊本《倚松老人文集》第二

---

① 詳見葉德輝《書林清話》卷二，第41—43頁。
② 詳見《四庫全書總目》。
③ 王文進《文禄堂訪書記》卷四著錄爲三卷，疑誤。第296—297頁。
④ 《四庫採進書目·兩淮商人馬裕家呈送書目》著錄"《倚松老人集》二卷，宋饒節，一本"，第68頁。附錄一《江蘇採輯遺書目錄簡目》著錄《倚松老人詩集》二卷"抄本"，第223頁。
⑤ 《四庫採進書目·浙江省第四次鮑士恭呈送書目》著錄"《倚松老人集》二卷，宋饒節撰，一本"，第92頁。附錄二《浙江採集遺書總錄簡目》著錄爲"寫本"，第281頁。
⑥ 詳見《四庫全書總目》。
⑦ 半葉十行，行二十字，白口，左右雙邊。

卷，凡存三十九葉。丙辰（1916）九月寒雲題於上海寓樓"。册末題"倚松老人文集第二卷終"，次行低六字鐫有"慶元己未校官黃汝嘉重刊"條記。上卷已經不全，袁克文以其師李盛鐸藏清抄本抄補①。卷二"倚松老人文集第二卷"爲袁克文補字。現存卷二第十葉下半葉至第四十八葉，前後字體似有不同。而真正屬於黃氏原刻者僅八葉，餘者均爲修版補刻，亦在宋代②。

　　相傳此本爲商丘宋犖舊藏。光緒年間宋氏遺書出售，爲清宗室盛昱郁華閣所收。盛氏書散，流入廠肆，爲琉璃廠正文齋書賈譚錫慶收購，完顏景賢又從譚氏購回③。後爲吴昌綬所得④。1915年7月，吴昌綬將此殘卷轉讓袁克文⑤。書中鈐有"譚錫慶學刊宋板書籍印"、"完顏景賢精鑒"、"小如庵祕笈"、"景行維賢"、"寒雲祕笈珍藏之印"、"後百宋一廛"、"與身俱存亡"、"克文"、"佞宋"、"寒雲鑒賞之鈢"、"上第二子"、"惟庚寅吾以降"、"劉姁"、"孤本書室"、"寒雲"、"三琴趣齋"、"人間孤本"、"寒雲子子孫孫永保"諸印。袁氏於書中頻頻題識賦詩，並請李盛鐸、傅增湘先後賞鑒、題跋，足見其對此書鍾愛之情。袁詩"慶元佳刻成孤本，並世《于湖》兩宋鐫"之"于湖"，即指宋嘉泰刻本《于湖居士文集》四十卷⑥，現藏臺北"央圖"⑦。

　　書中李盛鐸、傅增湘兩跋《木犀軒藏書題記及書錄》、《藏園群書題記》皆未載，並錄如下，以饗讀者。李跋云：

　　　　饒德操爲江西詩派廿五人之一。《宋志》《倚松集》十四卷，今行世抄本止存二卷，末題黃汝嘉重刊者，皆從此本抄出也。《四庫提要》謂與謝邁、韓駒二集傳本、行款相同，卷首標目俱題"江西詩派"四字。余藏景宋本《竹友集》，板式與此本相似，行款則爲十行十六字，而所見抄本《陵陽集》標題詩派者，行款確與此同。又明刻《具茨集》標目下亦題"江西詩派"，且卷末亦有"慶元己未校官黃汝嘉重刊"一行，是皆江西詩派一百三十七卷之存於今者。而詩派宋本則僅此書，與潘文勤師藏《竹友集》同爲海內孤本

---

① 詳見《木犀軒藏書題記及書錄》，第39頁。
② 詳見陳先行《打開金匱石室之門——古籍善本》，上海：上海文藝出版社，2003年8月，第90—91頁。
③ 李盛鐸跋清抄本《倚松老人詩集》云"……舊藏商丘宋氏，光緒中宋氏遺書售出，遂歸郁華閣。迨壬子年（1912）由郁華後人售於廠肆，爲書估韓姓所得，輾轉歸三琴趣齋……"，未及譚氏書賈，與此本中譚錫慶藏印不合，或因書在廠肆，流轉不定。詳見《木犀軒藏書題記及書錄》，第39頁。
④ 傅增湘《藏園群書經眼錄》卷十三·集部二·北宋別集類著錄云"仁和吴昌綬松鄰藏書"。第997頁。
⑤ 《王子霖古籍版本學文集》第二册《古籍善本經眼錄附錄·寒雲日記》，第143頁。
⑥ 詳見《周叔弢古書經眼錄·宋刻工姓名錄》，第447頁。
⑦ 《"國立中央圖書館"善本書目》增訂二版第三册，第951頁。

也。抱存其寶之。盛鐸。（下鈐"李氏木齋"朱文方印。）

傅跋云：

　　《倚松老人集》，宋慶元刊本，今存者三十八葉半，每葉二十行，每行二十字，原板只存八葉，高六寸六分，闊四寸八分，補板亦宋刊，第板匡略低四分耳。刊印皆精，雅古香鬱。然憶壬子夏初意園書方散出，余得見此，詫爲奇秘，留齋中數日，爲沈乙盦、張菊生及蒘微師諧價，皆未成。旋爲吳印臣以重值得之。乙盦刻《饒集》時，曾假校焉。抱存兄佞宋成癖，既得意園所藏三經三集，皆爲海內孤本。然猶皇皇四索如饑渴之思食飲，尺書商榷，殆無虛日。因爲作緣，以是集歸之。余既喜意園之書散而復聚，而抱存通懷樂善。它日俾同志得以從容勘寫，爲古人續命，爲尤足幸也。乙卯新秋傅增湘謹識。

李盛鐸跋中所云明刻《具茨集》，即明嘉靖刻本《具茨晁先生詩集》一卷，袁克文舊藏亦有此本，書中鈐有"項城袁氏抱存所藏"朱文長方界格印。此本卷首有南宋紹興十一年（1141）九月五日陵陽俞汝礪"具茨晁先生序"。卷端"具茨晁先生詩集"下題"江西詩派"四字，次行"澶淵晁沖之叔用"。版心鐫"晁氏寶文堂"，卷末鐫"慶元己未校官黃汝嘉刊"，次行抄配"嘉靖甲寅裔孫瑮"，次行下題"東吳重刊"，書中有諱字如"敦"字等，知其底本即宋慶元五年黃汝嘉刻本。鈔補處原有剜改痕迹，當是有意爲之，藉此冒充宋本。國家圖書館另藏此書嘉靖三十三年晁氏寶文堂刻本，其字體、版式皆與此本同，故此本當爲嘉靖三十三年（1554）晁氏寶文堂刻本。惟其筆劃略有不清，疑爲後印本。

"江西詩派"源自呂本中所作《江西詩社宗派圖》。南宋孝宗淳熙年間，江西提刑程書達，有感於江西詩派諸家詩作散逸，曾以"謝幼槃之孫源所刻石本"爲底本，彙集江西詩派，"自山谷外，凡二十有五家"，而成《江西詩派》，淳熙十一年（甲辰，1184），匯刻於豫章學官，並請楊萬里作序。《誠齋集》卷八十《江西宗派詩序》云：

　　秘閣修撰給事程公……江西宗派圖，呂居仁所譜，而豫章自出也。而是派之鼻祖云仍其詩，往往放逸非闕歟。於是以謝幼槃之孫源所刻石本，自山谷外凡二十有五家，匯而刻之於學宮，將以興發西山章江之秀，激揚江西人物之美，鼓動騷人國風之盛，移書謅予曰：子江西人也乎，序斯文者，不在子，其將焉在？予三辭不獲，則以所聞書之篇首云。淳熙甲辰十月三日廬陵楊萬里序。

楊萬里《答盧誼伯書》亦云"程帥來覓《江西詩派》詩序，蓋渠盡得派中二十六家全集刻之豫章學官"①。

《直齋書錄解題》卷十五"總集類"著錄"《江西詩派》一百三十七卷、《續派》十三卷：自黃山谷而下三十五家，又曾紘、曾思父子詩"。卷二十"詩集類下"收錄《江西詩派》二十餘家，其中包括目前所知《江西詩派》零本《東萊先生詩集》、《具茨集》、《倚松集》、《陵陽集》等。卷二十又著錄黃庭堅撰《山谷集》三十卷、《外集》十一卷、《別集》二卷，並注明"江西所刻《詩派》，即豫章前後集中詩也。《別集》者，慶元中莆田黃汝嘉增刻"。知當時已有《江西詩派》刻本行世，疑即程氏叔達刻本。至慶元五年（1199），黃汝嘉又有重刊、增刻本。

傅增湘舊藏亦有黃氏重刊增刻《江西詩派》零本，即《東萊先生詩集》二十卷，《外集》三卷②。日本內閣文庫亦藏有《東萊先生詩集》二十卷本，書中於"慎"字下注"御名"，卷末有乾道二年（1166）四月六日贛川曾幾題跋，知為乾道二年沈度（公雅）刻《江西詩派》於吳門郡齋。而傅增湘舊藏本則為慶元五年黃汝嘉重刻乾道二年沈本，後於沈本三十四年，二者詩題次第、篇中小注等文字差異極少。其避諱已至"敦"字，而"慎"字亦僅缺末筆③。傅增湘另藏有明寫本《東萊先生詩集》，後有南宋孝宗乾道二年（1166）曾幾跋，卷末亦有"慶元己未校官黃汝嘉重修"一行④。

綜上所述，知《東萊先生詩集》早在乾道二年已經刊刻行世，而《江西詩派》這一詩歌總集初刻於淳熙十一年豫章學官，慶元五年黃汝嘉又據沈本、程本"重修"，間或"增刊"、"增刻"，梓行於世。

據《［乾隆］興化府莆田縣志》記載，黃汝嘉為福建莆田人，宋淳熙五年（1178）進士，曾任廣州通判，堪稱宋代江西刻書的重要人物。不僅重修、增刻《江西詩派》叢集，還曾經主持經部典籍乾道四年（1168）刻本《春秋傳》的補版重修⑤。

李紅英：國家圖書館善本部副研究館員

---

① 此段詳見黃寶華《〈江西詩社宗派圖〉的寫定與〈江西詩派〉總集的刊行》，《文學遺產》1999年第6期，第66—73頁。
② 書中有沈曾植題詩。半葉十行，行二十字，白口，左右雙邊。現存六卷，即卷十八至二十。外集全。詳見《藏園群書題記》卷十四·集部四·宋別集類二，第722—730頁。《藏園群書經眼錄》卷十四·集部三·南宋別集類，第1020—1021頁。
③ 詳見傅增湘《藏園群書題記》卷十四·集部四·宋別集類二，第723頁。《藏園訂補邵亭知見傳本書目》卷十三下·集部四·別集類三，第1187—1188頁。
④ 《藏園群書經眼錄》卷十四·集部三·南宋別集類，第1021頁。
⑤ 此書今藏北京大學圖書館，詳見中華再造善本北京大學圖書館藏宋乾道四年（1168）刻慶元五年（1199）黃汝嘉重修本《春秋傳》張麗娟所撰此書提要。

國家圖書館藏《資治通鑒稿》殘卷淺述

趙 前

　　國家圖書館藏《資治通鑒稿》一卷，爲宋代司馬光手書原稿。此稿寬33.8 釐米，長130 釐米，共計二十九行，四百六十五字。記載了自東晋元帝永昌元年（322）正月王敦將作亂起，至同年十二月慕容廆遣子皝入令支而還止，一年的史實。每段史事寫開端數字或十幾字不等，以下接"云云"二字，爲今通行本第九十二卷内容，但有很多不同。草擬于范純仁致作者及其長兄司馬旦書劄上。有學者認爲，司馬光此稿可能是《通志》草稿或《通鑒》初稿。尾有司馬光"謝人惠物狀"。卷後又有宋人任希夷跋、趙汝述跋以及葛洪、程珌、趙崇龢三人合跋、元人柳貫、黄溍、宇文公諒、朱德潤、鄭元祐等人題跋。

　　司馬光（1019—1086），字君實，號迂叟，世稱涑水先生。北宋陝州夏縣涑水鄉（今山西運城）人，出生於河南省光山縣。仁宗寶元元年（1038）進士。仁宗朝任館閣校勘、知諫院等職，英宗朝進龍圖閣直學士。神宗即位，擢翰林學士、御史中丞。熙寧三年（1070），因反對王安石變法，出知永興軍。次年，判西京御史臺，居洛陽十五年，編撰《資治通鑒》。哲宗即位，還朝任職。元豐八年（1085），任尚書左僕射兼門下侍郎，主持朝政，罷黜新黨，廢除新法，起用舊黨。在相位八個月而卒。謚"文正"，贈太師、温國公。著作收在《司馬文正公集》中。《宋史》有傳。

　　《資治通鑒》爲司馬光等編纂的我國歷史上第一部編年史巨著。記述了從周烈王二十三年（前403）到五代後周顯德六年（959），共計一千三百六十二年的歷史。全書共計二百九十四卷，另目録三十卷，《考異》三十卷。這部書選材廣泛，除了有依據的正史外，還採用了野史雜書三百二十多種。宋英宗治平元年（1064），司馬光初撰《歷年圖》二十五卷進呈，越兩年又以《史記》爲主，編成《周紀》五卷、《秦紀》三卷，共八卷，取名《通志》進呈。英宗閱後大喜，下詔設置書局，並提供費用，增補人員，專門從事編寫工作。司馬光請劉攽撰寫兩漢部分長編、劉恕撰寫魏晉南北朝和五代史部分長編、范祖禹撰寫隋唐五代部分長編，最後由司馬光總成其書，其子司馬康負責校對。元豐七年（1084）書成，神宗賜書名《資治通鑒》，並親自爲書作序。司馬光自英宗治平三年（1066）奉敕編撰，至神宗元豐七年（1084）《資治通鑒》全書完竣，共費時十九年。

《資治通鑒稿》殘卷最後一段，其上有范純仁手劄殘存，這是范純仁致信司馬光及其兄司馬旦以親切問候，雖然已經墨筆劃刪，仍因范純仁、司馬光手跡受到歷朝收藏重視。這段文字還可見于明汪砢玉《珊瑚網》卷三，曰："純仁再拜：近人回曾上狀，計必通呈，伏惟尊候多福，伯康必更痊乎？純仁勉強苟祿，自取疲耗，無足（此處抹去）念者。日企軒馭之來，以釋傾渴。天氣計寒，必已倦出，應且盤桓過冬，況伯康初山，諒難離去，咫尺無由往見，豈勝思仰之情？更祈以時倍加保重，其他書不能盡。純仁頓首上，伯康、君寔二兄坐前。九月十一日。"而國家圖書館今所存《資治通鑒》殘卷上，僅"純仁再拜：近人回曾上狀，必計通呈，比來伏惟尊候多福，伯康必更痊乎？純仁勉強苟祿，自取疲耗"三十餘字[①]，後半七十九字不知何時散佚。若以鈐印觀之，當是乾隆以前已不存（書影）。由於此卷又被司馬光用來撰寫《資治通鑒》，説明信函寫于司馬光居住洛陽期間，彼時范純仁多在各地任職，大約緣此有"勉強苟祿，自取疲耗"之歎。

在《資治通鑒稿》後，還有司馬光《謝人惠物狀》，稱："右伏，蒙尊慈特有頒賜，感佩之至。但積下情，謹奉狀陳謝，伏惟照察謹狀。月日具位狀。"

司馬光《謝人惠物狀》後有宋代任希夷跋、趙汝述跋以及葛洪、程珌、趙崇龢三人合跋；元代柳貫、黃溍、宇文公諒、朱德潤、鄭元祐等人題跋。以下一一別述。

任希夷題跋稱：

> 溫公修《通監（鑒）》，起草於書牘間，可見當日用意之屢。至《答送物狀》亦自爲檢，前輩之不苟如此，可師也已。嘉定八年十二月十四日任希夷觀於玉堂夜直。

---

① 筆者根據手書殘卷，更正《珊瑚網》卷三著録文字。以上《珊瑚網》著録文字出自國家圖書館藏清抄本，書號6571。

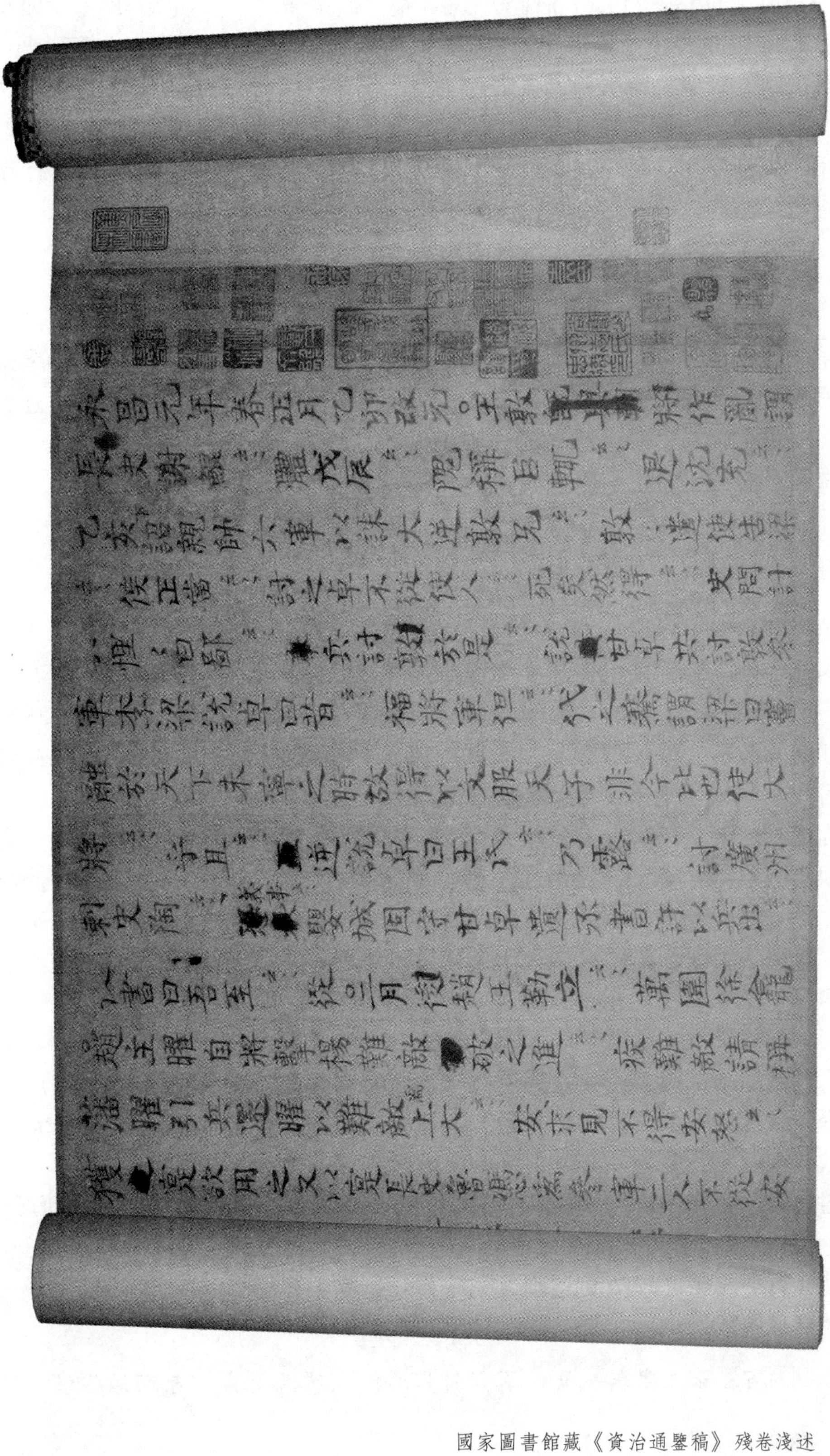

圖 1

任希夷（1156—?），字伯起，號斯庵。伯雨曾孫。其先眉州（今四川眉山）人，徙居邵武（今屬福建）。宋孝宗淳熙二年（1175）登進士第。調浦城簿、蕭山丞。宋寧宗開禧初爲太常寺主簿。嘉定四年（1211），以宗正丞兼太子舍人。累遷禮部尚書兼給事中。十二年，簽書樞密院事，十三年，兼參知政事。十四年，出知福州。卒謚宣獻。有《斯庵集》，已佚。《宋史》卷三九五有傳。

次趙汝述跋，稱：

> 溫公起《通鑒》，草于范忠宣公尺牘，其末又謝人惠物狀草也，幅紙之間三絕具焉，誠可寶哉。岐國汝述明可識。

趙汝述，字明可。宋太宗八世孫。淳熙十一年（1184）進士，調任南劍州順昌府尉（今安徽阜陽），後爲平江府知府，卒于任所。與胡榘、聶子述、薛極依附史彌遠，爲史彌遠死黨之一。

次葛洪、程珌、趙崇龢合跋：

> 此屬稿爾，而字畫無一欹傾，惟公不欺之學何往而不在哉。葛洪、程珌、趙崇龢同觀，因相與歎仰如此。

葛洪（1152—1237），初名伯虎，字容父。浙江省東陽市南馬鎮葛府人，後居城內葛宅園。師事呂祖謙。宋淳熙十一年（1184）進士，授崑山尉。歷任工部尚書兼侍讀，國子監酒，端明殿學士同簽書樞密院事。紹定元年（1228）十二月任參知政事，封東陽郡公。卒贈太師，封信國公，謚"端獻"。著有《奏議雜著文》、《蟠室老人文集》、《涉史隨筆》等。《宋史》卷四一五有傳。

程珌（1164—1242），字懷古，號洺水遺民，休寧（今屬安徽）人。光宗紹熙四年（1193）進士。授昌化主簿。寧宗嘉泰元年（1201）除建康府教授。嘉定二年（1209）改知富陽縣。七年除主管官誥院，歷宗正寺主簿，樞密院編修官，兼權右司郎官，秘書丞。十二年除浙西提舉常平。次年復除秘書丞，累遷守禮部侍郎兼直學士院、同修國史。理宗寶慶元年（1225）除試禮部尚書。二年，除翰林學士知制誥兼修玉牒官。紹定元年（1228），出知建寧府，尋除福建路招捕使節制軍馬。三年，提舉隆興府玉隆萬壽宮。淳祐二年（1242）以端明殿學士致仕，尋卒。有《洺水集》六十卷，已佚。明嘉靖三十五年程元晭刻二十六卷本《洺水集》。《宋史》卷四二二有傳。

趙崇龢（生卒不詳），嘉定十年（1217）進士，江西餘幹人（《江西通志》卷五十）。據宋人潛說友撰《咸淳臨安志》卷五十"秩官八・兩浙轉運"記載：趙崇龢，寶慶元年（1225）運副，三年再任，除工部侍郎。

次柳貫題跋：

> 四百五十三字無一筆作草，則其忠信誠慤根于其中者可知已。永昌元

年其歲壬午晋元帝即位之五年也。自正月王敦將作亂至十二月慕容皝入令支而還，每事苐書發端一二字或四五字，其下則以"云云"攝之。校今《通鑑》是年所書凡目，時有異同，此或初稿而後更刪定之歟。始公辟官置局，前後漢則劉貢父，自三國七朝而隋則劉道原，唐訖五代則范淳父。至於削繁舉要，必經公手乃定。此永昌一年事，公不以屬道原而手自起草何歟？然則文正、忠宣之手澤所存，猶足企想元祐一時際會之盛，豈固以翰墨爭長爲可傳哉。至順二年歲次辛未夏四月乙丑，東陽柳貫題。

跋末鈐：柳氏道傳。

柳貫（1270—1342），字道傳。婺州浦江（今屬浙江）人。曾任江山教諭。至正二年（1342）起爲翰林待制兼國史院編修，在官七月而卒。著有《柳待制文集》20卷。《元史》卷一八一有傳。

次黃溍題跋：

溫公於《通鑑》書晋永昌元年事，視此尤爲詳備。此特其初稿耳。而作字方整不爲縱逸之態，其敬慎無所苟如此，宜其十有九年始克成書歟。今之文人類以敏捷爲高，貴輕揚而賤持重，使溫公復生，未必能與之相追逐也。展玩之餘，惟有掩卷太息而已。至正元年夏四月二十三日後學黃溍書。

跋末鈐：黃溍。

黃溍（1277—1357），字晋卿。婺州義烏（今浙江省義烏）人，仁宗延祐間進士，任台州寧海縣丞，授侍講學士，知制誥，同修國史。一生著述豐富，有《日損齋稿》、《義烏志》、《日損齋筆記》等。卒，追封江夏郡公，謚曰"文獻"。《元史》卷一八一有傳。

次宇文公諒題跋：

張南軒跋荆公書，謂丞相平生何得有許忙事，此言深中其病。今觀溫公此稿，筆削顛倒記無一字作草，其謹重詳審乃如此，誠篤忠厚，氣象凜然，見於心畫之表。彼浮躁急迫者安能如是耶？後學宇文公諒書。

跋末鈐：京兆宇文公諒子貞章。

宇文公諒（生卒不詳）字子貞，其先爲成都人。後徙吳興。登至順四年（1333）進士。爲國子助教，日與諸生辨析諸經。調應奉翰林文字同知制誥，兼國史院編修。官至嶺南廉訪使僉事，以疾請老，卒，門人私謚曰"純節先生"。宇文公諒著作宏富，有《折桂集》、《觀光集》、《辟水集》、《以齋詩稿》、《玉堂漫稿》、《越中行稿》等，《元史》卷一九〇有傳。

次朱德潤題跋：

司馬公《通鑑》編年一變班、馬舊史之習，而國家興衰、生民休戚、善可爲法、惡可爲戒者備此書矣。故以事系月，以月系年，而不以日或以年不以月者，蓋周歲之中，記事之要，總爲一編。而君臣、父子、是非、得失之互見，使人得便觀覽，有《春秋》之義例焉。此稿標題晋永昌元年事，是年王敦還鎮、元帝崩，此江左立國之一變故，公不得不手書之。范忠宣與公繼居相位，今獲觀二公手筆於一紙，豈勝幸哉。至正三年十月朔旦後學朱德潤書。

朱德潤（1294—1365），字澤民，號睢陽山人。睢陽（今河南商丘）人，後居蘇州。曾任國史院編修、鎮東行中書省儒學提舉、江浙行中書省照磨。工書法、擅山水。著有《存復齋集》。

次鄭元祐題詩：

典午渡江後，盜臣接跡起。由其創業初，所事不以理。溫公成《通鑒》，善惡悉就紀。心畫既嚴正，形見在稿紙。稿蓋人所忽，敬慎不少弛。固宜公之心，天地同終始。鄭元祐。

跋末鈐：鄭元祐印、遂昌山樵。

鄭元祐（1292—1364）字明德，本遂昌人，後徙錢塘。至正間，除平江路儒學教授，移疾去，遂流寓平江。後擢浙江儒學提舉，卒於官。著有《僑吳集》、《遂昌雜錄》等。

據明人汪砢玉撰《珊瑚網》和清人卞永譽撰《式古堂書畫匯考》著錄，《資治通鑒稿》殘卷後除有以上諸跋外，尚有元代韓性、吳萊、甘立三人題跋。但在清乾隆年間編撰《石渠寶笈》時，韓性、吳萊、甘立三人題跋皆佚。

《資治通鑒稿》不僅鈐有題跋者的印章，前後還蓋有歷代收藏者的大量印章，《石渠寶笈》是這樣著錄的：

宋司馬光通鑒稿一卷

素箋本，楷書後附答送物狀稿一則，姓名見跋中。卷前有"長"字小號，又"神品"、"項元汴印"、"墨林項季子章"、"子京珍秘"、"子京父印"、"項墨林鑒賞章"、"明安國玩"、"寶峴樓"、"圖"、"瞻衮堂"、"墨林外史"、"桃莊"、"戴叔能印"、"岐國汝述明可圖籍"、"煮茶亭長"、"趙汝讀印"、"尚寶少卿袁氏忠徹印"、"長病仙"、"子京所藏"、"貞白子"、"後山珍玩"諸印；又"退密"、"世家"、"袁氏秘笈之印"諸半印，又半印不可識。卷後有"墨林山人"、"項子京家珍藏"、"子孫世昌"、"趙汝讀印"、"墨林子"、"廷玉"、"趙子昂氏"、"玉比德齋"、"忠徹"、"貞白子"、"梁清標印"、"無羔一鶴"諸印；卷中幅有"考古正今"、"忠徹"、"蘧廬"諸印；押縫有"墨林子"、"忠孝世家"、"墨林山人"、"子京父印"、"忠徹"諸印；

前隔水有"棠村審定"、"蕉林玉立氏圖書"、"蕉林書屋"三印；後隔水押縫有"冶溪漁隱"、"河北棠村"二印；拖尾任希夷跋語前有"明安國玩"、"無恙一鶴"二印，又"蘧廬"、"硯癖"、"齋記"半印三。

又趙汝述跋語前有"墨林"、"項叔子"二印；後有"玉比德齋"、"無恙一鶴"、"桃裏"、"墨林主人"、"子孫世昌"諸印。

又記語前有"蘧廬"、"墨林堂"、"項墨林鑒賞章"諸印；後有"赤松仙史"、"墨林項季子章"、"危素私印"、"程玱之印"、"紫雲溪翁"、"無恙一鶴"諸印。

又柳貫跋語後有"子京所藏"、"惠泉山樵"、"無恙一鶴"三印。

又黃潛跋語前有"墨林主人"一印。

又宇文公諒跋語前有"博雅堂寶玩印"一印；後有"項印元汴"一印。

又朱德潤跋語前有"子京"、"五公世家"、"虛朗齋"三印。

又鄭元祐題跋前有"墨林"、"子京父印"二印；後有"退密"、"項墨林鑒賞章"、"檇李項氏世家寶玩"、"明安國玩"、"無恙一鶴"、"項氏子京"、"隱居放言"諸印。又有"蒼巗子"、"蕉林秘玩"、"觀其大略"三印。諸跋中押縫有"雲中"印三，還有"考古正今"、"忠孝傳家"、"袁忠徹印"、"項墨林父秘笈之印"諸印。

卷高一尺零三分，廣三尺三寸。御筆題簽（筆者按：乾隆題簽"宋司馬光通鑒稿；内府鑒定真跡"），簽上有"乾隆宸翰"一璽。

由以上印鑒可知，《資治通鑒稿》宋代曾爲趙汝述、趙汝讜的插架之物，元代經趙孟頫、戴良收藏，元末明初由危素收藏，入明後由袁忠徹、王濟、項元汴收藏，清初爲梁清標所有。

《資治通鑒稿》入藏清宮後，備受歷代皇帝的青睞，乾隆皇帝不僅御筆題簽，而且加蓋了自己的寶璽："乾隆鑒賞"、"乾隆御覽之寶"、"石渠寶笈"、"三希堂精鑒璽"、"御書房鑒藏寶"、"宜子孫"；嘉慶皇帝鈐有："嘉慶御覽之寶"；宣統皇帝的寶璽有："宣統御覽之寶"、"宣統鑒賞"、"無逸齋精鑒璽"。

在《故宮已佚書籍書畫目錄四種·賞溥傑書畫目》中，有這樣一段文字："十一月十八日賞溥傑：……《司馬光通鑒稿》一卷二百八十四號……"由此可知，1922年11月18日溥儀以賞賜的名義，將《資治通鑒稿》以及《張先十詠圖》等共三十五件清宮珍藏字畫讓溥傑帶出宮去。

《資治通鑒稿》後有宋人葛洪等三人合跋。國家圖書館著錄爲葛洪、程玠、趙崇龢。筆者認爲，題跋者應是"程玱"，而非"程玠"。證據有二：

其一，在葛洪、程玠、趙崇龢三人合跋後鈐有"程玱之印"。

其二，明人汪砢玉著的《珊瑚網》、清人卞永譽著的《式古堂書畫匯考》

國家圖書館藏《資治通鑒稿》殘卷淺述　*185*

以及乾隆年間敕撰的《石渠寶笈》皆著錄爲"程佖",非"程玹"。

綜上所述,與葛洪、趙崇龢一同作跋的當是程佖,而不是程玹。

另外,《資治通鑒稿》後有元人朱德潤題跋,但是明人汪砢玉著的《珊瑚網》、清人卞永譽著的《式古堂書畫匯考》都著錄爲"朱瀾",直到乾隆年間敕撰的《石渠寶笈》才改爲"朱德潤"。究竟何原因使著錄變更,待日後進一步研究探討。

趙前:國家圖書館研究館員

吉林大學圖書館藏東北三省稀見方志叙録

朱永惠　董潤麗

　　吉林大學圖書館歷史悠久，館藏古籍文獻資源豐富，具有特色鮮明的藏書體系，是國務院公佈的"全國古籍重點保護單位"。方志，作爲館藏特色之一，共收録2700餘種，其中不乏善本和孤本。筆者在編選《吉林大學圖書館藏稀見方志叢刊》（即將由國家圖書館出版社出版）時，將館藏東北三省稀見方志精心遴選十五種，撰寫叙録，以備讀者披覽。

　　1.《[民國]東北縣治紀要》不分卷　熊崇煦編纂，民國二十二年（1933）北平立達書局鉛印本。每半葉十五行，行四十二字，一册。

　　熊崇煦（1873—1960），字知白，湖南南縣人。清附生，早年留學日本早稻田大學師範部。歷任湖南優級師範學堂、高等學堂、中路師範學堂教員，湖南教育司圖書科科長、圖書編譯局局長、北京政府教育部編審員、僉事。民國五年（1916）任湖北教育廳廳長。嗣任北京女子高等師範學校校長。譯《職業技師養成法》、《經濟學概論》等。

　　此志參考當時日俄兩國所出有關書籍，並依當局所有調查報告而成。原意以各縣爲分編，綜述東北各重要問題爲總編。因"九·一八"事變，删去總編，將原擬分編定名爲《東北縣治紀要》，凡四編，記述遼寧省五十六縣，吉林省四十縣、黑龍江省四十一縣、熱河省十五縣概況。

　　此志編纂於民國十四年（1925），成書於民國二十年（1931），次年由北平立達書局鉛印。《中國地方志聯合目錄》未著錄；《東北地區古籍綫裝書聯合目錄》，有民國二十二年（1933）北平立達書局鉛印本，有吉林大學圖書館珍藏；《中國方志學概論（附錄：東北地方志總目）》，有遼寧省圖書館藏。

2.《［民國］東北新省區之劃定》附《東北九省地理志》 傅角今著，民國三十六年（1947）行政院新聞局鉛印本。每半葉十五行，行四十二字，一册。

傅角今（1895—1965），長沙府醴陵人。畢業於北京師範大學，後留學德國萊不齊大學。曾任省立長沙一中、長沙長郡中學等校地理教員、湖南省政府統計室主任。民國二十五年（1936）赴德國萊比錫大學地理研究所進修。民國二十七年（1938）任復旦大學教授，後任國民政府方域司司長，領導中緬邊界綫勘測工作。中華人民共和國成立後，歷任西北師範學院、蘭州大學、西北大學地理系教授，系主任。有《中華民國行政區域圖［輿圖］》、《地理學導論》、《世界石油地理》、《湖南地理志》等著作。

此書爲察哈爾省三十六年第一次行政會議會刊。《東北新省區之劃定》前言稱："東北光復之初，即經政府明令劃爲九省，惟各該省所轄行政區域因接手工作之一再拖延。始終未經明白劃定，内政部鑒於事實之迫切需要，經就接收期間東北區原有基礎，並綜合國防及行政各要旨，於廣徵各方意見後，擬具東北新省區方案。"目次爲：一、前言，二、接收其間之省區，三、新省區方案之提出，四、新省區之幾點説明，五、東北之院轄市，六、新舊省區之比較，東北新省區劃分概況、接收期間東北九省區劃分概況表、僞滿時代東北省區（熱河省境部分除外）劃分概況表、"九·一八"前東北省區劃分概況表、新定之東北九省行政區域一覽表。

《東北九省地理志》目次爲：東北總説、遼寧地理志、安東地理志、遼北地理志、吉林地理志、松江地理志、合江地理志、嫩江地理志、黑龍江地理志、興安地理志。

《中國地方志聯合目錄》未著錄。《中國方志學概論（附錄：東北地方志總目）》，有民國三十六年（1947）行政院新聞局鉛印本，僅吉林大學圖書館珍藏。

3.《［光緒］遼中縣鄉土志》不分卷 （清）馬星衡修，（清）李植嘉等纂。1965年抄本。每半葉九行，行二十四字，綠格，白口，四周雙邊，一册。

馬星衡，字稷生，浙江山陰（紹興）人。監生。光緒三十四年（1908）官遼中知縣，後以昏庸荒謬被革職。李植嘉，字薇久，遼中人。優貢生。

遼中縣地名是光緒三十二年（1906）設縣時，以"遼郡以西、遼水以東，宛在中央"之意而命名。春秋戰國時期，屬燕國。秦時期，屬遼東郡。明時期屬遼東都指揮使司轄地。清時期先後爲新民、遼陽、承德（今瀋陽）、鎮安（今黑山）、海城各府、州、縣之屬地。清光緒三十二年（1906），建立遼中縣，並以清初時期所建韻阿司牛録鎮（今遼中鎮）作爲遼中縣府駐地。建縣之初，隸屬奉天府遼沈道所轄。民國時屬奉天省。一九四八年建立了人民政權"遼中縣人民政府"，隸屬遼西省。1954年劃歸遼寧省。爲瀋陽管轄。此志奉學部命修成。記事止於光緒三十三年（1908）。卷首有光緒戊申（1908）春三月遼中勸學所李植嘉《鄉土志序》，次頁題：署遼中縣馬星衡鑒定，優貢生李植嘉、恩貢生張錫齡、優貢生隋自成編輯。正文分歷史：政績錄、兵事錄、耆舊錄、人類、户口、氏族、宗教、實業；地理：山（無）、水、道路；物産：動物、植物、礦物（無）、動物製造、動物製造；商務等門類。本志敘事簡略，但也保存了遼河水溢、日俄交戰、義和團焚毀山、臺子天主教堂等史實。

據《中國地方志聯合目録》，有抄本，僅遼寧圖書館、瀋陽市圖書館、吉林大學圖書館三家收藏。《東北地區古籍綫裝書聯合目録》，有民國抄本，遼寧圖書館藏；1965年吉林大學圖書館抄本，吉林大學圖書館藏；複印本，遼寧圖書館藏。另有1985年《東北鄉土志叢編》鉛印本，2012年國家圖書館影印《遼寧省圖書館藏稀見方志叢刊》本。

4.《[光緒] 海城縣鄉土志》不分卷 （清）管鳳龢修，王壬林、趙中鵠、張文藻纂，1982年靜電複製抄本。每半葉十行，行字不等，二册。

是書未署修纂人，無序跋。《中國地方志聯合目録》署名"金衍海、張文藻編"，實誤。宣統元年（1909）《海城縣志》金衍海序云："丙午武進管公洛笙宰斯土，始詔鄉人士，各輯所聞，以備斟録。"《[民國]海城縣志》廷瑞序曰："光緒末葉，武進管公鳳龢宰是邑時，始奉部令編纂鄉土志。屬稿未定，而管公以膺薦去職。"此志當即管鳳龢知海城縣時所修。管鳳龢，字洛笙，江蘇武進人，光緒三十一年（1905）官海城縣知縣。《[民國]海城縣志·人物·王壬林傳》載："管邑侯鳳龢奉令修鄉土志，未就去任，壬林與邑庠生趙中鵠、歲貢生張文藻續成之。"僞康德《海城縣志·人物·張文藻傳》又言"光緒三十二年奉令編纂鄉土志，文藻與附生趙中鵠、王壬林編成鄉土志一册，爲海邑志書之嚆矢"。趙中鵠、王壬林二人傳記亦有如是記載，纂是志者，爲此三人無疑。

海城，戰國時期屬燕國遼東郡。漢屬玄菟郡。遼置臨溟縣。明爲海州衛，隸屬遼東都指揮使司統轄。清順治時改設海城縣，屬遼陽府。民國初期，劃屬奉天省遼沈道。1985年，撤縣建市，隸屬於鞍山市。此志記事止於光緒三十二年（1906），類目分爲：歷史、政績錄、兵事錄、耆舊錄、人類、氏族、宗教、户口、實業、地理（古跡、祠廟、坊表、橋梁、市鎮、學堂）、山脈、水道、道路、物産、商務等十五目。其中物産所占比重最大，記載了動物、植物、藥材、礦物、服用、器用、食用、鹽業、漁業、飼養品、食用品、製造品等，極其詳細。

據《中國地方志聯合目錄》，有抄本，僅遼寧圖書館珍藏。1982年吉林大學圖書館靜電複製抄本。

5.《[民國]長春縣志初稿》不分卷 啓彬、林世瀚纂修，民國稿本。每半葉八行，行字不等，一冊。

啓彬，字采儒，京兆宛平人。民國十年（1921）十一月任長春縣知事。林世瀚，民國六年至八年（1917—1919）任黑龍江省雙城縣知事。民國九年（1920）任吉林省長春縣知事。

長春古稱茶啊冲，嘉慶五年（1800）始設"長春廳"，光緒十五年（1889）升爲府，民國二年（1912）三月改爲長春縣，民國十八年（1929）廢道制，直屬吉林省，1952年撤縣，轄區併入長春市。此志無序跋，記事迄於民國十九年（1930）。凡十四門七十子目，目錄列有形勝、建置、鄉閭、賦役、學校、風俗、物產、職官、宗教、職業、封表、人物、拾遺、藝文。各門內容詳略相差甚大，所記以形勝門較爲豐富翔實，物產門則較簡略，但皆屬言之有物，如賦役門，即長春縣人口的統計數字及年齡表，雖未標明具體年代、年齡表，但爲後出的《長春縣志》所刪，其他各門亦保有許多原始資料，頗具史料價值。因爲是初稿，此志體例不夠完善，如：職官門中的武職，在目中題"兵事目"等。

此志封面鈐"包桂馨印"，爲包桂馨舊藏。據《中國地方志聯合目錄》，此志藏有民國稿本，僅吉林大學圖書館珍藏。

6.《[民國]長春縣志資料》不分卷附《吉林省長春縣鄉土娛樂狀況》 孫述唐等編，民國十八年（1929）稿本。每半葉十一行，行字不等，紅格，白口，四周單邊，一冊。

是書未署修纂人，據1989年吉林文史出版社《吉林方志大全》述："在《中國地方志聯合目錄》等書中，均將本書著錄爲包桂馨編，實誤。據包桂馨先生本人介紹，他只是本書及《長春縣志》（初稿）等資料的收藏者和保存者，而本資料都是孫述唐等人在編纂《長春縣志》時，搜集資料的過程中匯輯和編寫的。本書之所以著錄爲包桂馨編，只是由於包先生收藏、保管這部書時，在書的封面蓋上了自己的圖章。"孫述唐，廩生，清末民初名儒。任《[民國]長春縣志》編輯，曾撰《宋張氏貞孝坊及碑》等文。

此志編寫於民國十六年。目次爲：疆域志、食貨志、建置志、典制志、禮俗志、人物志、名宦志、武備志、藝文志、雜志、繪圖。內容僅存：鐵路、食貨志、實業志、風俗志、宗教，雖然與目錄不符，但編纂規範，另附調查資料包括：萬寶山鎮、商業調查表（民國十六年）、米家城子鎮、王護窩堡之宗教與學校（眉上批"未編"）、包家溝鎮（眉上批"已編"）、翁克鎮（眉上批"已編"）、新開河發源（眉上批"已編"）、富河（眉上批"已編"）、小八家之中宗教與學校（眉上批"未編"）、山嶺、關於縣署之建築。後附油印本《吉林省長春縣鄉土娛樂狀況》，兩書合訂一冊。由於是志爲《長春縣志》成書以前的稿本，它雖然有不少内容被《長春縣志》所採用，但也有一些資料未被採用。如"實業志"、"公園"等，"風俗"中内容也較《長春縣志》豐富；保留了《吉林省長春縣鄉土娛樂狀況》這本小冊子，使我們能對當時的農村娛樂狀況有較詳細的瞭解，因本志編撰较早，許多史实未被僞滿政權篡改，保存了長春发展历史的原貌。此本鈐"包桂馨印"，爲包桂馨舊藏。

據《中國地方志聯合目錄》，此書藏有民國十八年（1929）稿本，僅吉林大學圖書館珍藏。

7.《[光緒]農安縣丁未報告書》不分卷 （清）李澍恩編，清光緒三十四年（1908）吉林官書局鉛印本。每半頁十二行，行三十二字，黑口，四周雙邊，一冊。

李澍恩（1879—1916），字季康，江蘇無錫人。李金鏞之子。年少有志，曾就讀私塾，留學日本。對農林、礦產、畜牧、漁獵、蠶桑諸實業，凡有關生計，而爲民興利者，靡不研究。清光緒三十一年（1905）在河南賑捐案内報捐監提舉銜並花翎，清光緒三十二年（1906）委派船創辦吉林巡警學堂並委充該堂監督。清光緒三十三年（1907）委署農安縣知縣，在任期間，立志改革，推行新政，以明幹著稱。宣統元年（1909）升賓州府知府。在農安縣撰寫"丁未"、"戊申"二個報告書，籍資上報朝廷，時蒙農工商部通行全國。又纂修[宣統]《賓州府政書》。

農安縣黃龍古府，兩漢時曾是夫余國的都城，遼滅渤海後，改名爲黃龍府，並設黃龍縣。取用"農安"二字，爲"隆安"、"龍安"的諧音。俗名"龍灣"，曾名農安堡。清光緒十五年（1889），正式設農安縣，農安之名一直沿用至今，隸屬吉林省。編撰緣起，如李澍恩前言稱："安行政之方針，開通民智，維持公安，廣闢利源，下恤民隱……"目次：寫真類（著者小影）、圖表類（農安縣城關地圖、農安縣城鄉全圖、農安縣改良監獄圖、農安縣歷任知縣歷史一覽表等）、稟牘類（上督撫憲徐朱條陳推行農安新政稟等）、示諭類（招考師範生告示等）、章程類（推行農安縣新政條陳等）。是書編撰體例有別於縣志及鄉土志，與《農安縣誌》互有增補，頗具文獻價值，爲研究吉林省清末歷史的重要資料。農工商部對是書也有記載，稱："該守前在農安任内所呈丁未、戊申報告書，業經本部剳行各直省通飭仿辦在案。"

據《中國地方志聯合目錄》，此書藏有清光緒三十四年（1908）吉林官書局鉛印本，僅北京大學圖書館、北京師範大學圖書館、吉林大學圖書館三家收藏。

8. 僞《[康德]永吉縣鄉土資料》不分卷 僞永吉縣署編，民國二十七年（僞滿康德五年，1938）打字油印本。每半頁十四行，行三十二字，一冊。

永吉縣位於吉林省中東部，取"永遠吉祥"之意。兩漢至隋唐時期永吉地域均隸屬中原各王朝設置的軍事組織、地方政府所統轄。明萬曆四十一年（1613）建州女真滅烏拉部，永吉併入建州衛。清置吉林廳，後升府。民國二年（1913）改吉林縣，民國十八年（1929）改名永吉縣。現屬吉林市。本志是偽康德年間根據偽滿政府下達的"查報鄉土志資料要項"三十四章"標準目錄"進行編輯的。具體編纂者不詳。無序跋、凡例、後記，僅有目次和正文。目次為：①地勢及沿革，②城池之建修，③著名之山河，④氣象，⑤冰雪及霜雹，⑥風向及雨霧，⑦種族及户口，⑧風俗及習慣，⑨衛生，⑩由屯墾至現代之農耕情況，⑪名產、特產、土產等名稱及產量、用途，⑫土貢之考查，⑬政體，⑭軍政之沿革概略，⑮兵制之概要，⑯歷代之戰跡，⑰歷代救荒之實跡，⑱幣制之沿革，⑲教育，⑳人物，㉑職官之政績，㉒歌謠，㉓名勝、古跡、古物、天然紀念物，㉔壇廟，㉕祠廟，㉖宗教之沿革及現在之狀況，㉗類似宗教之團體，㉘其他足資觀感及堪作研究之特別事項。本志正文前冠"永吉縣史沿革"一文，詳細敘述了永吉縣"九·一八"事變前後的歷史沿革。本志雖然是按偽滿政府下達的"查報鄉土志資料要項"三十四章的"標準目錄"編纂，但僅有二十八項，缺：㉙漁業，㉚林業，㉛商業，㉜工業，㉝獵業，㉞葡筮星相。後附"烏拉鎮之名勝古跡"及"碑文（吉林賦）"，雖文字有許多訛錯，但內容豐富，鄉土氣息較濃，全面地反映了永吉的歷史面貌，具有一定的史料價值。

據《中國地方志聯合目錄》，有民國二十七年（偽滿康德五年，1938）打字油印本，僅吉林大學圖書館珍藏。另有1988年《長白叢書（二集）》鉛印本。

9. 偽《[康德] 伊通縣鄉土志》不分卷 馮志仁編，民國二十六年（偽滿康德四年，1937）油印本。每半頁十三行，行三十五字，一冊。

馮致仁，籍貫與生平不詳。偽滿康德年間任偽伊通縣公署內務局教育股科員。

伊通縣，地處吉林省中部，為滿族發祥地之一。清設伊通州，民國二年（1913）改伊通縣。1988年設自治縣。現屬四平市。志內分別記述本縣地勢及沿革、城池之建築、著名之山河、氣象、種族及户口、風俗及習慣、衛生、屯墾、名特土產、政體、軍政、兵制、歷代戰蹟、歷代救荒實蹟、幣制、教育、人物、職官之政績、歌謠、名勝古蹟、宗教等二十八目。另外，書中附"伊通縣行政區劃圖"一份，附偽康德三年（1936）度"氣溫"、"降雨、降雪量"、"工商業廠店"及"歷代職官"等統計表共十二份。是志為偽滿政府官修、涉獵較廣、記載較詳的伊通縣第一部地方志，亦是鄉土志中較為成功的一部。它完成於偽康德四年（1937），記事截止於1937年。本志所記述的大量內容，對於我們瞭解伊通的歷史和當時的現狀，有一定的參考作用。

據《中國地方志聯合目錄》，此志藏有民國二十六年（僞滿康德四年，1937）油印本，僅吉林大學圖書館、吉林市圖書館收藏。《吉林方志大全》，有1982年據僞滿康德四年（1937）油印本静電本，藏吉林省館。

10. 僞《[康德] 木蘭縣一般狀況》二十五章 僞濱江省木蘭縣公署編。民國二十六年（康德四年，1937）僞濱江省木蘭縣公署打字油印本。每半頁十五行，行三十二字，一册。

木蘭縣明哈阿哈衛地，清初呼蘭副都統管轄地。清光緒三十一年（1905）置縣，屬黑龍江呼蘭府，民國三年（1914）屬黑龍江綏蘭道，今隸屬哈爾濱市。有民國二十一年（1932）張春始纂《木蘭小志》，後又有《濱江省木蘭縣事情》、《濱江省東興縣一般狀況調查集》等。是書書名頁題：縣一般狀況，無序跋。卷首目錄二十五章，第一章縣沿革；第二章地積；第三章風俗；第四章縣署及附屬機關組織；第五章行政區劃；第六章主要都市；第七章區村制度；第八章户口；第九章財政；第十章金融；第十一章警察治安；第十二章司法；第十三章教育；第十四章衛生；第十五章交通；第十六章農業；第十七章林業；第十八章畜産業；第十九章商工業；第二十章礦業；第二十一章水産業；第二十二章度量衡；第二十三章社會事業；第二十四章其他在縣各機關；第二十五章結論。本書概述了縣内自然、人文及一般事務，内容真實，調查數據後，必附表格論證，是研究木蘭縣民國時期現狀不可或缺的寶貴歷史資料。

《中國地方志聯合目錄》未著録。《東北地區古籍綫裝書聯合目録》，有民國二十六年（康德四年，1937）僞濱江省木蘭縣公署打字油印本。僅吉林大學圖書館藏。

11. 僞《[康德] 阿城縣政一般概況》十一章 僞濱江省阿城縣公署總務科文書股編輯。民國二十六年（康德四年，1937）僞濱江省阿城縣公署總務科文書股鉛印本。每半頁二十一行，行六十字，一册。

阿城俗稱阿什河，古爲金朝發祥地。清光緒三十四年（1908）設阿城縣，1987年撤縣建市。阿城縣關於縣一般概況，業已兩次出版，民國二十四年（康德二年，1935）油印本，名爲《阿城縣政一般狀況》，民國二十五年（康德三年，1936）石印本，名爲《阿城全縣統計表》。因其一則過於簡略，另一則偏重統計，都不能完整概括縣政全貌。故才有民國二十六年（康德四年，1937）鉛印本，定名爲《阿城縣政一般概況》。是書版心題"阿城縣一般概況"，書前有本縣縣長蔡遇春、前任縣長周家壁等序，序中述編印此書緣起。又有寫真三十七幀，附圖二幅。書凡十一章，第一章總説：縣沿革歷史、縣行政機構、接收特區管轄權；第二章地志及禮俗；第三章地方行政；第四章財政：沿革概説、財政政策；第五章警察及治安：概説、治安狀況與肅清工作、保甲制度；第六章産業經濟：農業、金融、林業、水産業、礦業、畜産、商工業、商會、農會、產業開發實施並計畫案；第七章交通 通信：鐵路、道路、水運、通信事業；第八章文教：教育、學校教育、社會教育、宗教、古蹟、文教刷新計畫案、節孝；第九章社會衛生：社會事業、滿洲帝國協和會阿城分會、衛生行政；第十章司法：概說；第十一章結論。此志涉及方面廣，彙總內容完善，是研究阿城縣民國時期現狀不可或缺的寶貴歷史資料。

《中國地方志聯合目錄》未著錄。《東北地區古籍綫裝書聯合目錄》，有民國二十六年（康德四年，1937）阿城縣公署總務科文書股鉛印本，僅吉林大學圖書館藏。

12. 僞《[康德]方正縣一般狀況》二十四章 僞方正縣公署總務科文書股編纂，民國二十四年（康德二年，1935）僞方正縣中大印刷局鉛印本。每半頁十七行，行四十三字，一册。

僞方正縣公署總務科文書股，主辦本縣文稿表册、檔卷印信、校對繕寫、編纂書志等各事宜。

方正縣以縣城北門外方正泡得名，清宣統元年（1909）始設縣，以縣城北門外方正泡得名。現屬黑龍江省松花江地區。方正縣編史修志，時間晚數量少，僅民國八年（1919）楊步墀纂修《吉林方正縣志》。是書書名頁題：三江省方正縣一般狀況，無序跋，附圖二幅。卷首目錄二十四章，第一章縣沿革，第二章地積，第三章風俗，第四章縣公署及附屬機關組織，第五章行政區劃，第六章主要都市，第七章區村制度，第八章户口，第九章財政，第十章金融，第十一章員警治安，第十二章司法，第十三章教育，第十四章衛生，第十五章交通，第十六章農業，第十七章林業，第十八章畜產業，第十九章商工業，第二十章礦業，第二十一章水產業，第二十二章度量衡，第二十三章社會事業，第二十四章其他在縣各機關。其中部分資料内容詳盡，如：第十九章商工業《主要城市商業調查表》中分列主要都市名、工業名稱、營業種别、資本、年產額、開辦年月日、現況等項目，記載了民國十年至二十六年（1921—1937）縣城内有一定規模的店鋪情況，是研究本縣民國時期私人商業狀況不可多得的史料。

《中國地方志聯合目錄》未著錄。《中國方志學概論（附錄：東北地方志總目）》，有僞滿鉛印本，黑龍江檔案館藏，吉林大學圖書館藏爲民國二十六年（1935，康德二年）方正縣中大印書局鉛印本。

13.《[民國]依蘭縣報告書》不分卷 楊夢齡纂修，民國三年（1914）吉林印書館鉛印本。每半頁十四行，行三十四字，白口，四周雙邊，一册。

楊夢齡，字畦韭，號錫九，榆樹人。民國二年（1913）任吉林省依蘭縣知事。民國三年（1914）設依蘭道，楊夢齡升任爲道尹兼縣知事。據書前唐啓垚序"畦韭蒞任僅一年餘，於各項庶政均能策勵進行，極爲擴充"。饒昌齡序"畦韭既卸事，迺輯其一年餘往來公牘成報告書一册"。

依蘭原名三姓，是滿語"依蘭哈喇"之漢譯。清雍正十年（1732）設三姓副都統，光緒三十一年（1905）設依蘭府，民國二年（1913）改依蘭縣。現屬佳木斯市。書中附有照片七幅，其中有一幅爲作者楊夢齡半身肖像照片，還有一幅刻有"依蘭知事楊公畦韮紀念碑"碑文的紀念碑照片，另五幅爲記錄依蘭縣城水災的照片。書前有民國四年（1915）郭宗熙跋和樂駿聲序，還有楊夢齡自序。郭宗熙跋題"其輯存事蹟足"。是書分五門：內務、教育、財政、司法、荒務。據內容內務內分呈文二十四件、咨文八件、公函二十八件、祝詞和答詞各一件、指令六件、訓令七件、批答七件、布告二件，內務中反映民國二年（1913）依蘭縣水災災情的內容占了很大篇幅，附圖三幅；教育內分呈文四件、指令三件、公布和咨文各一件；財政內分呈文十六件、公函四件、咨文七件、公布二件、指令十四件；司法內分呈文八件、公函七件、通告六件、訓令三件、判詞三十一件；荒務內分呈文四十五件、公函十一件、令九件、宣示一件、佈告三件、訓令和批各一件、委任三件、咨四件，附圖一幅，是志內容分類規範，記錄詳實，收錄完整，是我們研究民國初年依蘭自然、人文、歷史等方面重要資料。

《中國地方志聯合目錄》未著錄。《東北地區古籍綫裝書聯合目錄》，有民國三年（1914）吉林印書館鉛印本，僅吉林大學圖書館珍藏。

14.《［民國］綏遠省河套調查記》 韓梅圃編，民國二十三（1934）年綏遠華北印書局鉛印本。二十一行，行四十五字，一冊。

韓梅圃，山西人。曾任私立河套中學教師兼圖書館主任，綏區囤墾督辦辦事處《邊聞通訊》編輯。民國二十二（1933）年開始撰寫此記，次年春成書刊行。

此記爲《綏遠省民衆教育館叢書》之一。凡九篇六十七目，較全面地記載了五原、臨河、安北三縣區域之地理、庶政、農業、工商、物産、水利、教育、墾務、蒙旗及風俗，詳今略古，內容豐富。尤其是以《綏遠概論》、《綏遠省分縣調查概要》等書，以及親身聞見和調查爲基礎，史料價值較高，其中農業、工商、水利、教育諸篇尤爲詳實切要。水利篇對管道記載細密，僅通濟渠所屬支渠便達百四十二條，是《綏遠省分縣調查概要》的四倍。農業篇詳載河套農業基本狀況與農民生活，還揭露了地主、官吏及苛捐雜稅對農民的剝削壓迫。此記遺憾之處爲缺少宗教篇，蒙旗及風俗篇亦過於簡略。

據《中國地方志聯合目錄》，有民國二十三年（1934）綏遠華北印書局鉛印本，有中共中央黨校圖書館、中央民族學院圖書館收藏、吉林大學圖書館珍藏，另有抄本，內蒙古自治區圖書館珍藏。

15.《［民國］逐河縣志》不分卷 逐河縣設治局編，1964年王幼安據南京大學圖書館藏抄本重抄。每半頁九行，行二十字，白口，四周雙邊，一冊。

遜河縣之名來源於遜必拉河。此地遠在周以前爲肅慎地。漢至三國時期屬挹婁地。清設畢拉爾路協領，後擬設車陸廳，隸屬興東道。民國五年（1916）設遜河稽墾局，把民開墾，由愛琿、龍鎮來的移民先後定居于遜河流域，由於移民日增，民國十七年（1928）稽墾局升置爲遜河設治局。民國十八年（1929）廢道置縣，直隸黑龍江省。僞滿大同二年（1933）由設治局升置遜河縣。1949年遜河、奇克、烏雲三縣合併爲沙克縣。

　　《遜河縣志》又名《遜河設治局志》，系民國十八年九月遜河設治局奉黑龍江省政府令，應南京金陵大學校長陳裕光函約撰寫的。是志列疆域、山嶽、河流、行政區域、官制、公□、財賦、交通、學務、民族、人民生計、風俗、民性、戶口、出産、商鋪十六目，例目尚詳，記載簡略。是志後附有校勘表。校勘人何宇銓附注："遜河僅成立設治局，並未成縣，即該局致前金陵大學函，亦稱'事紀略歷'，竟稱縣志，似有未妥。"

　　據《中國地方志聯合目錄》，抄本，有中國社會科學院考古研究所圖書館、黑龍江省圖書館、南京大學圖書館、吉林大學圖書館四家珍藏，其中吉林大學圖書館收藏的爲1964年王幼安據南京大學圖書館藏抄本重抄。

朱永惠：吉林大學圖書館副研究館員
董潤麗：吉林大學圖書館研究館員

版本 版本目錄學研究第四輯

關於過雲樓舊藏《錦繡萬花谷》

張麗娟

顧氏過雲樓舊藏宋刻《錦繡萬花谷》前集四十卷後集四十卷，2012年與其他一百多種過雲樓藏書一起亮相匡時春拍，終爲鳳凰集團及南京圖書館收得，掀起古籍市場一片熱潮，過雲樓本《錦繡萬花谷》已成家喻户曉之書。不過，坊間宣傳僅重其爲"部頭最大的宋版書"，究竟海内外《錦繡萬花谷》宋刻本傳存多少，今存各本間關係如何，過雲樓本在今存諸本中居何地位，有何獨特之處，這些問題還有待我們對《錦繡萬花谷》諸版本、特別是對過雲樓本《錦繡萬花谷》進行深入探討。筆者曾應邀參加匡時公司舉辦的過雲樓藏書研討會，有緣經眼過雲樓本《錦繡萬花谷》，並通過部分内容的比勘，考察過雲樓本與他本《錦繡萬花谷》之間的差異。因不揣淺陋，草成此文，略述今存宋刻《錦繡萬花谷》傳本源流及過雲樓本《錦繡萬花谷》的獨特價值，以利學界及大衆對過雲樓舊藏《錦繡萬花谷》的深入認識。

一、今存宋刻《錦繡萬花谷》諸傳本

《錦繡萬花谷》在宋代有多個刻本，今存傳本除過雲樓舊藏本外，中國國家圖書館、北京大學圖書館等亦有宋本收藏。此外，日本多家公私機構亦有宋刻《錦繡萬花谷》殘本傳存，阿部隆一《宋元版所在目録》、嚴紹璗《日藏漢籍善本書録》有著録。① 2007 年出版的日本學者芳村弘道《唐代の詩人と文獻研究》之《本邦傳來の宋版錦繡萬花谷》，②對今存宋刻《錦繡萬花谷》的版本、尤其是日本各機構收藏的傳本，進行了全面調查與研究。該文依收藏單位次序，著録了日本八家收藏單位及中國大陸、台灣所藏宋刻《錦繡萬花谷》傳本，並將各本區分爲十一行本、十二行本、卷首單行十三行本、卷首跨行十三行本等不同系統；重點論述了金澤文庫本的版本價值，及《續集》不同版本間的差異，是迄今爲止對宋刻《錦繡萬花谷》版本最爲全面系統的研究成果。另北京大學王嵐、李更分別有專論，對《錦繡萬花谷》之《別集》、《續集》編刻情況進行了深入探討，亦涉及對《錦繡萬花谷》版本源流的討論。③

要探討過雲樓本《錦繡萬花谷》在宋刻各本乃至整個《錦繡萬花谷》版本系統中居何地位，要瞭解過雲樓本《錦繡萬花谷》的價值所在，需要對今存宋刻《錦繡萬花谷》傳本及其版刻源流有一個全面認識。鑒於今存宋刻《錦繡萬花谷》傳本零散，且多飄零海外，而芳村弘道先生的調查研究尚未廣爲人知，今謹依芳村氏調查研究的成果，及筆者所見國圖、北大藏本情況，略述今存宋刻《錦繡萬花谷》諸傳本如下。

（一）十二行本

今存宋刻《錦繡萬花谷》十二行本包括兩種不同刻本，今存傳本如下：

1. 静嘉堂文庫藏《前集》，存卷 11—12。《静嘉堂宋元本圖録》著録。此本 12 行 19 字，單魚尾，白口，左右雙邊，版心上有大小字數。"惇"字避諱。有"金澤文庫"墨印。（圖1）

2. 龍潭寺藏《前集》，存目録上、卷 33、34、39、40。此本行款版式同静嘉堂本，亦有"金澤文庫"墨印。

3. 過雲樓舊藏《前集》四十卷《後集》四十卷。此本亦 12 行 19 字，單魚尾，白口，左右雙邊，版心上有大小字數，版心下偶見刻工。"敦"字避諱。前集卷七、卷十四以明秦汴本配補。鈐有"赵氏子善"、"周允元印"、"鮑如珍藏書籍私记"、"有竹庄图书印"、"季振宜印"、"兆洛审定"、"顾鹤逸藏书印"等印。（圖2）

---

① ［日］阿部隆一撰、斯道文庫編《阿部隆一遺稿集》，東京：汲古書院，1993 年，第 130 頁；嚴紹璗撰《日藏漢籍善本書録》，北京：中華書局，2007 年，第 1000 頁。

② ［日］芳村弘道撰《唐代の詩人と文獻研究》，（日本）中國藝文研究會，2007 年。

③ 王嵐《〈錦繡萬花谷・別集〉編刻考》，《文史》2009 年第三輯。李更《〈錦繡萬花谷〉續書與〈初學記〉——南宋坊賈纂書方式管窺》，《古典文獻研究》第十五輯，南京：鳳凰出版社，2012 年。李更《淵源與流變——從〈錦绣萬花谷續集〉看南宋坊賈之類書編刻》，《中國典籍與文化論叢》第十四輯，南京：鳳凰出版社，2012 年。

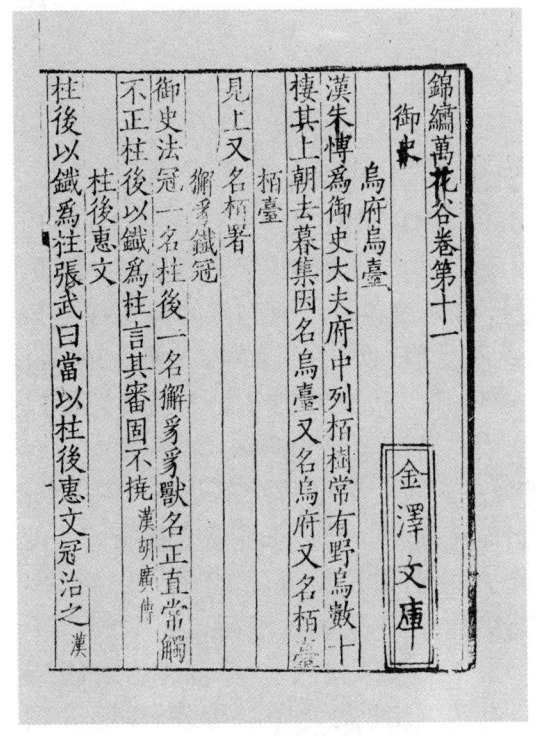

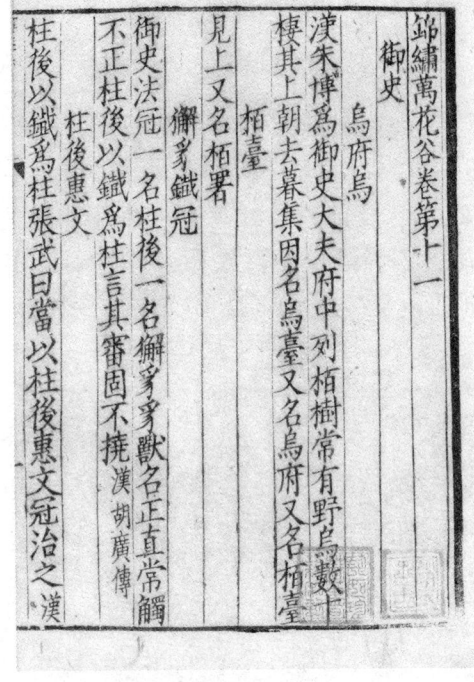

圖1　日本静嘉堂藏十二行本　　　　圖2　過雲樓舊藏十二行本

　　静嘉堂文庫本、龍潭寺本皆有"金澤文庫"墨印，爲一本散出者，《金澤文庫本圖録》著録，今列爲日本重要文化財。又《經籍訪古志》著録宋刊本《錦繡萬花谷》，求古樓舊藏，存卷3、4、21、22四卷，12行19字，其中3、4兩卷有"金澤文庫"墨印。從行款及藏印看，此四卷當與静嘉堂文庫本、龍潭寺本爲同本散出者。此爲《錦繡萬花谷》十二行本之第一種刻本（以下簡稱"金澤本"）。

　　《錦繡萬花谷》十二行本之另一種刻本，即過雲樓舊藏《前集》四十卷《後集》四十卷本。從《前集》卷十一首葉書影看，此本行款版式與金澤本同，版面安排完全一致，某些書葉字體也頗有神似之處，很顯然兩本有較密切的淵源關係。當然兩本之間也有一些文字差異，如研究者已指出的，《前集》卷十一首葉第三行，金澤本"烏府烏臺"，過雲樓本作"烏府烏"，無"臺"字。第四行金澤本"朱博"，過雲樓本"博"作"愽"。①按過雲樓本《前集》卷十一目録首列"烏府烏臺"，正文作"烏府烏"，"臺"字乃誤脱。"愽"與"博"則爲異體字。過雲樓本與金澤本在字體風格上也有一定差異。從書影看，金澤

---

① 《北京匡時2012春季藝術品拍賣會"過雲樓"藏古籍善本專場》圖録，北京匡時國際拍賣有限公司，2012年。

關於過雲樓舊藏《錦繡萬花谷》　201

本爲歐體字，字體方整，刻工精勁，具浙刻之風；過雲樓本的部分版葉字體頗近金澤本，但部分版葉的字體刀法則趨於圓活。

（二）十一行本

今存宋刻《錦繡萬花谷》十一行本，有如下兩個傳本：

1. 國家圖書館藏《前集》，存卷1—8，11—19，21—25，29，31—33，35—40及部分目錄。有《中華再造善本》影印本。11行19字，細黑口，雙魚尾，四周雙邊。書衣爲淡黃色灑金箋，瘦金書墨筆題簽"舊刊錦繡萬花谷　某册"。今存《前集》包括第2册，4—12册，14—21册，23—27册，30册，32—33册，35—40册。此本與《後集》、《別集》合印（或合裝），《後集》亦有瘦金書簽題"舊刊錦繡萬花谷　某册"；《別集》僅存一卷，未見書衣題簽。《後集》、《別集》行款爲13行23字，與《前集》十一行款式不同。此本鈐"千里"、"文氏家藏"、"學部圖書之印"、"京師圖書館收藏之印"等藏書印。（圖3）

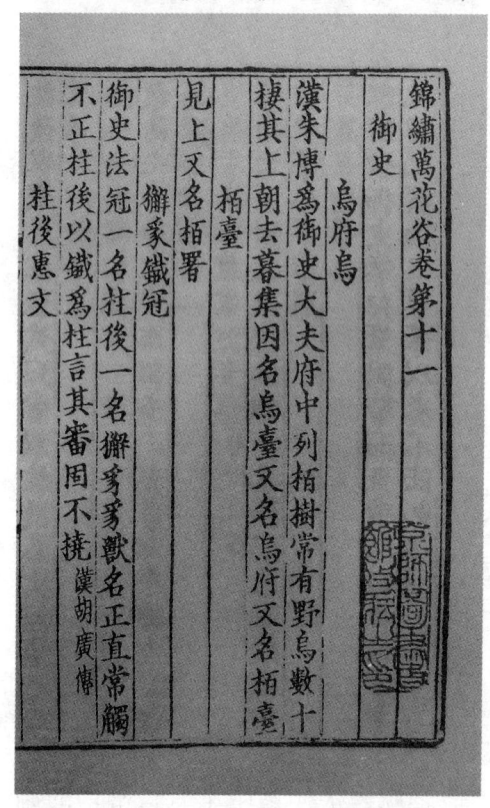

2. 日本大東急記念文庫藏《前集》，存卷26，正爲國圖本所缺之卷。此本行款亦11行19字，細黑口，雙魚尾，四周雙邊。據芳村文，此本亦淡黃色書衣，簽題"舊刊錦繡萬花谷　二十八册"。① 按國圖本卷25所在之册書衣簽題爲"二十七册"，此本內容爲卷26，書衣簽題"二十八册"，卷次與册次正相銜接，當即國圖本散出之卷。

圖3　國家圖書館藏十一行本

以上二傳本出自一本，實爲一刻，目前所見宋刻十一行本《錦繡萬花谷》僅此一刻，且僅限於《前集》。《後集》、《續集》、《別集》皆未見十一行者。此本字體爲典型的建刻風格，行款較十二行本少一行，而行字與十二行本相同。故此本每卷首葉各行起止字與十二行本完全相同，版面安排相似，只是少了末行文字。這似乎透露出十一行本與十二行本的隱約關係。此本卷十一首葉"烏府烏臺"同過雲樓本，皆誤脫"臺"

---

① 《唐代の詩人と文獻研究》，第626頁。

字,"朱博"亦同過雲樓本作"朱博",反映出十一行本與過雲樓本之間淵源更近。當然,由於改變了每葉行數,各卷首葉以下的版面面貌,已與十二行本不同。較之金澤本與過雲樓本,此本在內容上也有了新時代的新增益,這一點我們我們下文將談及。

(三)"卷端單行"十三行本

所謂"卷端單行",芳村弘道稱爲"卷首單行",指各卷卷端題名與正文文字大小一致,占一行。實際上上述十二行本、十一行本皆爲"卷端單行",只因今存十三行本《錦繡萬花谷》中另有一種"卷端跨行"類型,故有此稱,以區別兩種不同的十三行本。"卷端單行"十三行本傳本如下:

1. 國圖藏《後集》,存卷2—37。有《中華再造善本》影印本。13 行 23 字,細黑口,雙魚尾,四周雙邊。卷端單行,正文類目上或刻魚尾。如上所述,此《後集》與《前集》(十一行本)、《別集》("卷端跨行"十三行本)合印(或合裝),同樣爲淡黃色灑金箋書衣,同樣有瘦金書簽題"舊刊錦繡萬花谷某冊"字樣,《後集》各冊分別題"四十三冊"至"五十三冊"。

2. 上海博古齋1998年秋季拍賣會《續集》,存目錄上。此本 13 行 23 字,卷端單行,書衣題"舊刊錦繡萬花谷 五十五冊"。從書衣簽題看,此本當與上述國圖藏《前集》、《後集》、《別集》合印(合裝)本源出一本。此爲《續集》之第一冊,接於《後集》之後,故列爲第五十五冊。國圖本《後集》所缺之末三卷,當爲第五十四冊。

3. 日本東洋文庫藏《續集》,存卷5—10。據芳村文,此本13 行 23 字,細黑口,雙黑魚尾,四周雙邊,爲卷端單行本。淡黃色灑金箋書衣,墨筆題簽"舊刊錦繡萬花谷 五十八冊",爲日本文求堂主人田中慶太郎從中國攜回之本。[①] 此當與國圖藏《前集》、《後集》、《別集》合印(合裝)本源出一本,內容爲卷5—10,冊次爲第五十八冊。上述博古齋拍賣本內容爲目錄上,冊次爲第五十五冊,中間所缺之第五十六、五十七兩冊,內容當爲《續集》目錄下及卷1—4。

4. 日本御茶之水大學圖書館藏《續集》,存卷14—16。一冊。川瀨一馬編《新修成簣堂文庫善本書目》有此本書影,行款版式同上。[②](圖4)據芳村文,此本書衣簽題"舊刊錦繡萬花谷 六十一冊",爲田中慶太郎從中國攜回之本。[③] 此亦當與國圖藏《前集》、《後集》、《別集》合印(合裝)本源出一本。上述東洋文庫本爲第五十八冊,此本爲第六十一冊,所缺之第五十九、六十冊,

---

① 《唐代の詩人と文獻研究》,第625頁。
② [日]川瀨一馬《新修成簣堂文庫善本書目》,第940頁。
③ 《唐代の詩人と文獻研究》,第627頁。

內容當《續集》卷 11—13。

5. 日本立命館大學西園寺文庫藏《續集》，存卷 17—19。據芳村文，此本亦"卷端單行"十三行本，1 冊。淡黃色書衣破損。① 按此本不詳是否有簽題，但其存卷緊接御茶之水圖書館藏本之卷 14—16，亦具淡黃色書衣，很可能亦爲國圖本散出者。若是，則此本當爲第六十二冊。

6. 大東急記念文庫藏《續集》，存卷 23—26。據芳村文，此本行款版式與上述各本同，亦"卷端單行"十三行本，書衣簽題"舊刊錦繡萬花谷　六十□冊"。② 此亦當與國圖藏《前集》、《後集》、《別集》合印（合裝）本源出一本。從卷次內容上看，此冊與立命舘大學本卷 17—19 中間相差三卷，當一冊，則此本爲第六十四冊。

7. 北京大學圖書館藏《續集》，存卷 27—40。行款版式與上述各本同。有藏印：李盛鐸印、木犀軒藏書。共四冊，後三冊書衣簽題"舊刊錦繡萬花谷　六十六（六十七、六十八）冊"，與國圖藏本書衣顏色、樣式完全相同，簽題出自同一人手筆。卷 27 所在一冊題簽已失，當爲第六十五冊，由此亦可證前列大東急記念文庫

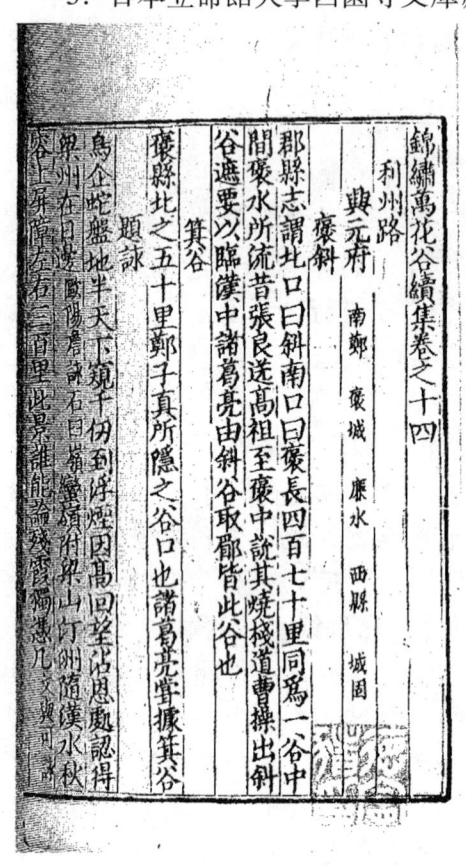

圖 4　日本御茶之水大學圖書館藏"卷端單行"十三行本《續集》

藏卷 23—26，當爲第六十四冊。

8. 臺灣省立臺北圖書館藏《續集》，存首四卷。據阿部隆一《中國訪書志》著錄，此本 13 行 23 字，細黑口，雙黑魚尾，四周雙邊。爲內田嘉吉寄贈本。其正文卷端題"錦繡萬花谷續集卷之一"，次行低一格題"浙西路"。③ 按此本書衣不詳是否有題簽，但從行款版式及卷一內容看，此本實爲"卷端單行"十三行本，且其存卷與上列各本恰可互補，懷疑其亦國圖本同書散出者。若是，則此本按卷次當爲第五十七冊。

---

① 《唐代の詩人と文獻研究》，第 628 頁。
② 同上書，第 626 頁。
③ ［日］阿部隆一《中國訪書志》（增訂本），東京：汲古書院，1983 年，第 661 頁。

綜上所述，今存"卷端單行"十三行本包括《後集》與《續集》，藏本看似繁多，實際上皆源出一本。各本相合，共得《後集》三十六卷、《續集》三十四卷並目錄一卷。"卷端單行"十三行本《後集》與《續集》，字體風格與十一行本《前集》相似，也是典型的建刻本風格，只是十三行本行字較緊密而已。另外，正文中部分類目名上刻有魚尾，爲十一行本《前集》所未見。

（四）"卷端跨行"十三行本

今存宋刻《錦繡萬花谷》十三行本傳本中，除上述"卷端單行"本外，還有另一種版本，即所謂"卷端跨行"本。"卷端跨行"本各卷卷端題名爲大字，跨兩行，目錄及正文中類目名之上刻有魚尾，又板框爲左右雙邊，與"卷端單行"本的四周雙邊不同。此類型傳本今存如下：

1. 日本東洋文庫藏《前集》、《後集》，存《前集》卷32，33，38 及目錄、《後集》卷10—15。此本13行23字，細黑口，雙黑魚尾，左右雙邊。卷端題名"錦繡萬花谷卷之三十二"（跨行），次行類目名"筆"上刻有黑魚尾。各冊首頁有"芳春常住"墨書。[①]

2. 日本宮內廳藏《前集》，存卷39—40。《圖書寮典籍解題》著錄，《圖書寮宋本書影》有書影。此本13行23字，細黑口，左右雙邊，卷端題名大字跨行。有"芳春常住"墨識、"仁正侯長昭黃雪書屋鑒藏圖書之印"、"昌平坂學問所"、"淺草文庫"印。[②] 此本與東洋文庫藏《前集》卷32，33，38恰好卷數相接，均有"芳春常住"墨識，當源出一本。（圖5）

3. 京都大學附屬圖書館谷村文庫藏《前集》，存卷27—31。此本與上二本版刻形式一致，皆13行23字，細黑

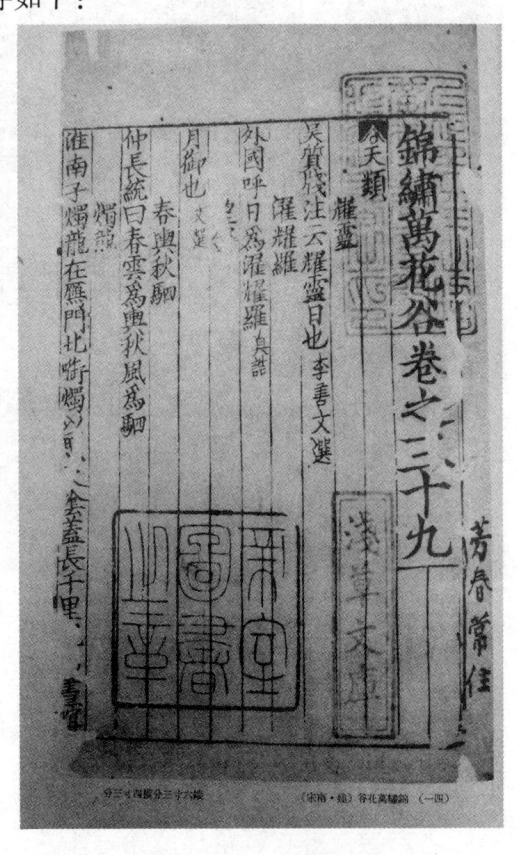

圖5 日本宮內廳藏
"卷端跨行"十三行本《前集》

---

① 《唐代の詩人と文獻研究》，第625頁。
② ［日］圖書寮編《圖書寮典籍解題》（漢籍篇），東京：日本大藏省印刷局，1960年，第165頁。

口，左右雙邊。卷端題名大字跨二行，類目名上有黑魚尾。其存卷與上二本恰可互補，雖無"芳春常住"墨書，或可能爲同書早期分離之本。①

4. 中國國家圖書館藏《續集》，存40卷全。有《中華再造善本》影印本。13行23字，細黑口，雙魚尾，左右雙邊。卷端題名爲大字，占二行，目錄及正文類目上刻有魚尾。藏印有"墨林子"、"檇李"、"桐軒主人藏書印"等。（圖6）

5. 中國國家圖書館藏《別集》本，存卷24。與前文所述十一行本《前集》、"卷端單行"十三行本《後集》合印（或合裝），有《中華再造善本》影印本。13行23字，細黑口，雙魚尾，左右雙邊。卷端題名爲大字，占二行，類目上刻有魚尾。此册未見書衣題簽，或已遺失。據下文所述北大藏《別集》册次推算，此本當屬全書之第七十九册。

6. 北京大學圖書館藏《別集》，存卷1—23，卷27—30。有《續修四庫全書》影印本。13行23字，細黑口，雙魚尾，左右雙邊。卷端題名爲大字，占二行，目錄及正文類目上有魚尾。李盛鐸藏書，有"周暹"小印。此本書衣顏色樣

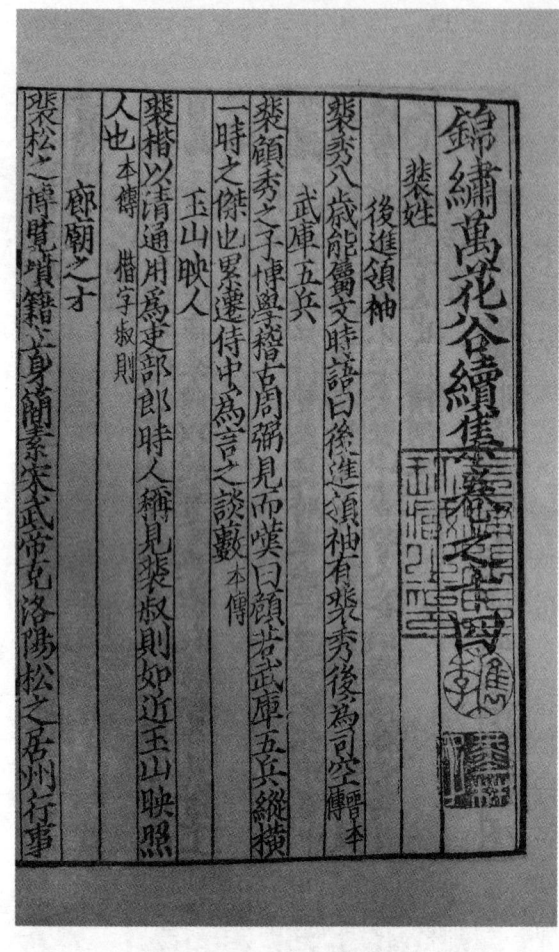

圖6　國家圖書館藏
"卷端跨行"十三行本《續集》

式與國圖藏《前集》、《後集》、《別集》合印（合裝）本同，同樣有瘦金書題簽"舊刊錦繡萬花谷　某册"，題簽出自同一人手筆。又上文所述北京大學圖書館藏"卷端單行"十三行本《續集》亦有同樣的書衣題簽，其卷四十爲《續集》之末卷，書衣簽題爲"第六十八册"。此《別集》所題册次爲"六十九册"至"七十八册"，及"八十册"，正與北大藏《續集》相接，説明其皆同本散出者。國圖所藏《別集》卷24，正北大此《別集》之缺卷，則其本當屬全書之第七十九册。

---

①《唐代の詩人と文獻研究》，第628頁。

7. 上海圖書館藏《別集》，存卷25。此本《中國古籍善本書目》著録爲元刻本，行款爲13行23字，細黑口，左右雙邊。北大藏《別集》存卷1—23，卷27—30，國圖藏《別集》存卷24，此正爲卷25，恰爲兩本缺卷，懷疑其亦一本散出者。

今存"卷端跨行"十三行本《錦繡萬花谷》，涉及《前集》、《後集》、《續集》、《別集》，四集皆具。從《錦繡萬花谷》各系統傳本看，金澤本（十二行本）僅見《前集》；過雲樓本（十二行本）包括《前集》與《後集》；十一行本僅見《前集》；"卷端單行"十三行本可見《後集》與《續集》；唯"卷端跨行"十三行本《前集》、《後集》、《續集》、《別集》皆見傳本。

以上按不同行款版式，略述今存宋版《錦繡萬花谷》傳存情況。雖然今存各本紛繁雜亂，散藏各處，從以上各本的版刻、遞藏源流來看，各藏本實際上可追溯至有限的幾個傳本：

A. 金澤文庫舊藏十二行本《前集》，包括静嘉堂文庫本、龍潭寺本。僅存《前集》目録上、卷11、12、33、34、39、40。

B. 過雲樓舊藏十二行本《前集》、《後集》，全，《前集》卷7、14配補明秦汴本。

C. 十一行本《前集》、"卷端單行"十三行本《後集》、"卷端單行"十三行本《續集》、"卷端跨行"十三行本《別集》合印（或合裝）本，有同一人手筆題簽"舊刊錦繡萬花谷 某册"，原本當總爲八十册。以國圖、北大藏本爲主體、多館有零星收藏。

D. 日藏"卷端跨行"十三行本《前集》、《後集》，包括東洋文庫藏本、宫内廳藏本等，有"芳春常住"墨識。

E. 國圖藏"卷端跨行"十三行本《續集》。

此外，楊守敬《日本訪書志》卷十一著録《錦繡萬花谷》前集四十卷後集四十卷續集四十卷別集三十卷，宋槧明印本，云"每半板十二行，行二十一字"，小字注云："明刊本同，蓋即以此翻雕者。"[①] 按楊氏著録本不知今存何處，今諸家著録皆未見十二行二十一字之宋本。明秦汴本行款爲十二行二十一字，楊氏小注"明刊本同"者，或指秦本。芳村弘道認爲楊氏著録本或即阿部隆一《中國訪書志》"楊氏觀海堂善本解題"著録的"（明嘉靖）刊 覆明嘉靖十五年錫山秦氏繡石書堂刻本"，楊氏定爲"宋槧"者難信。[②] 楊氏所見究爲何本，是否另外存在一種十二行二十一字之宋刻本，尚需進一步探討。

---

① 清楊守敬《日本訪書志》卷十一，《日本藏漢籍善本書志書目集成》第10册，北京：北京圖書館出版社影印本，2003年，第63頁。
② 《唐代の詩人と文獻研究》，第649頁。

二、過雲樓舊藏《錦繡萬花谷》的獨特價值

關於《錦繡萬花谷》四集的編刻時間與編者，前人有不同的意見。《四庫全書總目》著録此書云："不著撰人名氏。前有自序題淳熙十五年十月一日，蓋宋孝宗時人。陳振孫《書録解題》載此書作《錦繡萬花谷》四十卷續四十卷，而無《後集》。黄虞稷《千頃堂書目》所載則《前集》、《後集》、《續集》外，又有《别集》三十卷。今案序中明言'自九華之歸，粗編成爲三集，每集析爲四十卷，可知《後集》爲陳氏偶遺。《别集》爲後人所續增，不在原編之數，故明人刊本亦袛三集也。……又其書既成於淳熙中，而紀年類載理宗紹定端平年號，帝后誕節類載寧宗瑞慶節、理宗天基節諸名，並稱理宗爲'今上'。是當時書肆已有所附益，並非淳熙原本之舊矣。"① 楊守敬云："余意其人初成此書，只《前集》四十卷，厥後屢增屢續，遂有四集。初集之成在淳熙，至續、别集之成，已至端平之代。"② 按明秦汴刻本《錦繡萬花谷》卷前淳熙十五年自序稱："自九華之歸，編粗成，爲三集，每集析爲四十卷。"故《四庫全書總目》認爲原編三集，《别集》爲後人續增；楊守敬則認爲原編僅《前集》四十卷，《後集》、《續集》、《别集》皆其後增益。

芳村弘道文通過對金澤文庫舊藏、今藏静嘉堂文庫及龍潭寺的十二行本《錦繡萬花谷》的考察，對《錦繡萬花谷》原編及續編各集的編刻情况進行了深入探討。文中指出，龍潭寺藏《錦繡萬花谷》存淳熙十五年序，其文字與秦汴本有異，作"自九華之歸，粗編成，凡二百二十八門，析爲四十卷"，與秦汴本"爲三集，每集析爲四十卷"不同。宋刻原序説明淳熙原編本僅四十卷，《後集》、《續集》、《别集》皆後人增補，秦汴本"爲三集，每集析爲三十卷"乃經後人改竄。又金澤本《前集》卷四十"帝皇誕節名"下"聖朝"一則，"孝宗"之後列"光宗"、"寧宗"，至"寧宗"止；而國圖藏宋刻《錦繡萬花谷》此處，"寧宗"之後加入"今上"一條。"聖朝后"（金澤本無"后"字）一則，金澤本止於"宣仁聖烈皇后"；國圖本則在"宣仁聖烈皇后"後增列"寶慶太皇太后"一條。宫内廳書陵部藏宋刻"卷端跨行"十三行本及明秦汴本同國圖本，皆有"今上"及"寶慶太皇太后"條。"今上"爲宋理宗，"寶慶太皇太后"爲寧宗皇后、理宗朝太后。國圖本等增入理宗朝內容，説明其皆理宗以後增益之本。金澤本

---

① 《四庫全書總目》卷一百三十五，北京：中華書局影印本，1965年，第1148頁。
② 《日本訪書志》卷十一，北京：北京圖書館出版社影印本，2003年，第64頁。

內容至"寧宗"止,雖非淳熙原本,但在今存各本中形成最早,文字上更多保存舊貌,多可補正後來版本之處。①

我們亦據此檢核過雲樓本《錦繡萬花谷》,其卷前淳熙十五年自序作"自九華之歸,粗編成,凡二百二十八門,析爲四十卷",與金澤本同。《前集》卷四十"帝皇誕節名"下"聖朝"一則止於"寧宗",無"今上"內容;"聖朝后"一則止於"宣仁聖烈皇后",無"寶慶太皇太后"內容,此皆與金澤本同,而與國圖本等不同。又據芳村弘道文,國圖本"聖朝"一則中"光宗"下爲空白,無月日節名,書陵部本同;而金澤本"光宗"下有"九月四日爲重明節"八字。檢過雲樓本此處,"光宗"下有"九月四日爲重明節"八字,與金澤本同。又國圖本"聖朝后"一則,金澤本作"聖朝",無"后"字;檢過雲樓本此處,亦無"后"字。②(圖7、圖8)上文我們已論過雲樓舊藏《錦繡萬花谷》與金澤本之間行款版式全同,某些書葉字體亦頗有神似之處,兩本有頗密切的淵源關係。從卷四十"帝皇誕節名"的文本比較來看,過雲樓本與金澤本之間的確文本更爲接近,而與國圖藏十一行本《前集》、宮內廳藏"卷端跨行"十三行本《前集》差距較大。同爲宋刻本《前集》,國圖藏十一行本、宮內廳藏"卷端跨行"十三行本均有增入的理宗以後內容,爲理宗或理宗以後編刻而成;金澤本與過雲樓本未增入理宗以後內容,其編刻時間較其他各本爲早,可以反映《錦繡萬花谷》的較早形態。

金澤本《錦繡萬花谷》僅存《前集》數卷,而過雲樓本《前集》、《後集》全本存世,對於瞭解《錦繡萬花谷》的早期形態及各集編刻形成過程,對於《錦繡萬花谷》的研究與利用,過雲樓本無疑具有重要價值。

以下僅以過雲樓舊藏宋刻《錦繡萬花谷》的少量書影,與國圖藏宋刻本(以下簡稱"國圖本",包括十一行本《前集》、"卷端單行"十三行本《後集》,據《中華再造善本》影印本)、國圖藏明弘治會通館銅活字本(以下簡稱"會通館本")、北大藏明嘉靖秦汴刻本(以下簡稱"秦汴本")及影印文淵閣《四庫全書》本(以下簡稱"四庫本")比勘,以考察過雲樓本《錦繡萬花谷》與各本文字異同,並見過雲樓本獨特之處。

---

① 《唐代の詩人と文獻研究》,第642頁。
② 此處資料承蒙匡時公司劉鵬先生協助核查,深表謝忱。

圖7（左）　過雲樓本《前集》
卷四十第十二葉，止於"寧宗"

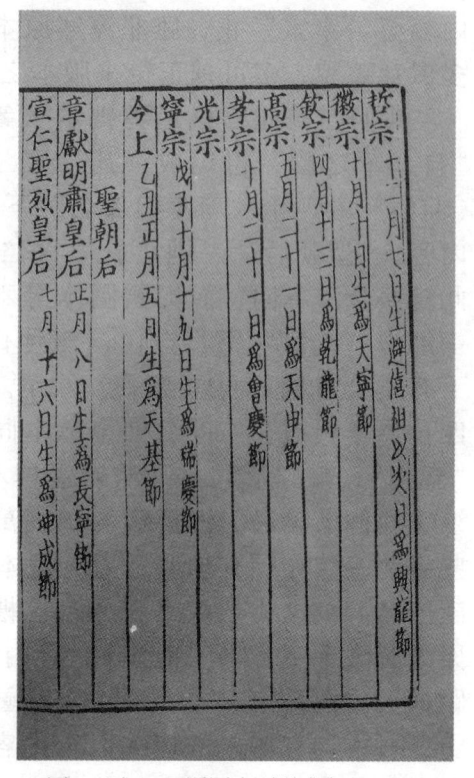

圖8（右）　國圖本《前集》
卷四十第十三葉，增入"今上"

（一）《前集》

如上文所述，《前集》卷四十"帝皇誕節名"，過雲樓本止於"寧宗"、"宣仁聖烈皇后"，國圖本、秦汴本、四庫本增入"今上"、"寶慶太皇太后"條。會通館本此處底本有殘缺，從行字判斷，所缺處當有"今上"及"寶慶太皇太后"條，"寶慶太皇太后"條中小字"月二十二日生爲壽慶節"尚存。又過雲樓本"光宗"下有"九月四日爲重明節"八字，國圖本、會通館本、秦汴本、四庫本皆無此八字；過雲樓本"聖朝后"無"后"字，國圖本、會通館本、秦汴本、四庫本皆有。除此之外，過雲樓本與各本還可見不少異文，如：

卷13第7葉上"中和樂職"條：[1]"漢王襄爲益州刺史，命王褒爲中和樂職。"國圖本、會通館本"王襄"誤爲"王褒"。秦汴本、四庫本不誤。

卷31第4葉上"八分"條："上谷王次中所作。《佩觿集》云：八分篆法，二分隸文。又云：勢如八字，有偃波之文。二説皆非也。書有八體，蔡伯喈於八體之後，又分此法，故云八分。書斷。"國圖本"上谷"前有"書斷"二字，

---

[1] 此爲過雲樓本葉次，下同。

"佩觿集"前有"又"字。"二說"之前有"又云"二字。會通館本、秦汴本、四庫本同國圖本。

卷31第4葉上"行書"條:"從簡易相間流行,故曰行書。"國圖本無"故曰行書"四字。會通館本、秦汴本、四庫本同國圖本。

卷32第12葉上"涵星石硯"條:"坡以月石硯贈范子功,以涵星硯贈范純父。云:月次於房歷三星,斗牛不神箕獨靈。……"國圖本"涵星"下脱"硯"字,"月次"之"月"字亦脱,遂至詩不成句。會通館本、秦汴本、四庫本與國圖本同誤。

同葉"黯淡灘石"條"出北苑鳳山",國圖本"鳳"下多出一"城"字。會通館本、秦汴本、四庫本同國圖本。

卷38首葉下"魚龍發際四道已成",條目名"魚龍"之"龍"字國圖本無。按正文云"君魚龍髮際上四道已成",有"龍"字爲是。會通館本、秦汴本、四庫本皆脱"龍"字。

卷38第2頁上"鷗目虎吻":"王莽爲人侈口蹙顪。"國圖本脱"人"字。會通館本、秦汴本、四庫本與國圖本同。

國圖本等《前集》增入少量理宗以後内容,可能爲理宗以後書賈之增益;除此類增益外,國圖本等与過雲樓本《前集》的差異,應該主要是傳刻過程中造成的文字異同。這些異文,明代的會通館本、秦汴本,清代的四庫本,多與國圖藏宋刻本同,而不同於過雲樓本。特別是幾處國圖本的訛誤,會通館本、秦汴本、四庫本等皆沿襲,顯示出明清諸本與國圖本的版本淵源。從這些異文看,過雲樓本文字顯然勝於國圖藏宋刻本及明清諸本,這一點也可證明過雲樓本淵源較早,更接近於淳熙原本的面貌。

(二)《後集》

《前集》各本間的差異,主要是傳刻過程中形成的異文。至於《後集》,過雲樓本與國圖本及明清諸本的差別,就不僅是少數文字異同而已。通過部分書影比勘可以發現,過雲樓本《後集》各卷編次與國圖藏宋刻本及會通館本、秦汴本、四庫本完全不同。如《後集》卷27首葉,過雲樓本爲"寺"類,包括"方丈室"、"白馬繞塔"、"二梵之福""神龍佛祠"諸條;而國圖本及會通館本、秦汴本、四庫本卷27爲"宫觀"類,包括"蕊珠殿"、"藍天瓊室"、"壇級"、"紫臺"等條,内容完全不同。(圖9、圖10)又如過雲樓本《後集》卷21第8—9葉,依次爲"頸當受人一刀"、"叱六舘士"、"剖心明皇嗣"三條。而在國圖藏宋刻本中,此三條列在卷20,且次序與過雲樓本不同,"叱六舘士"下依次爲"惟知事一人"、"忠臣不事二君"、"丈夫斷于心"、"項豈頑奴砥石"四條,下接"頸當受人一刀"、"剖心明皇嗣"二條。以上編次,會通館本、秦汴本、四庫本皆同國圖本，獨過雲樓本與衆本有異。

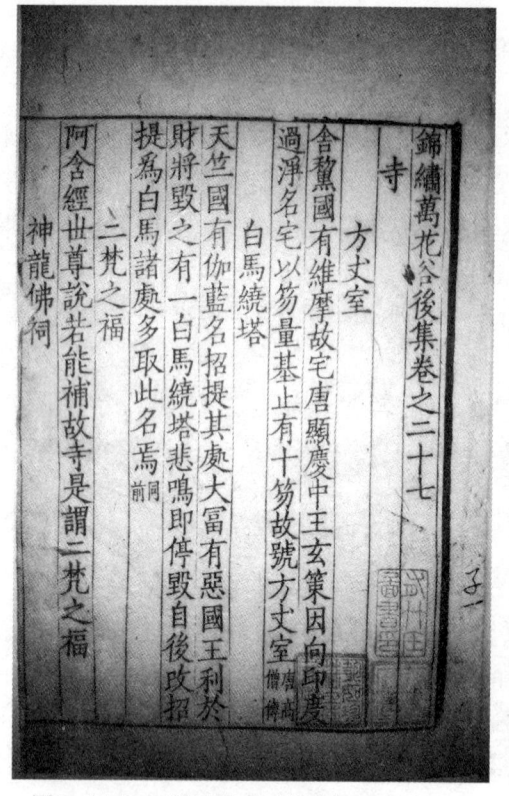

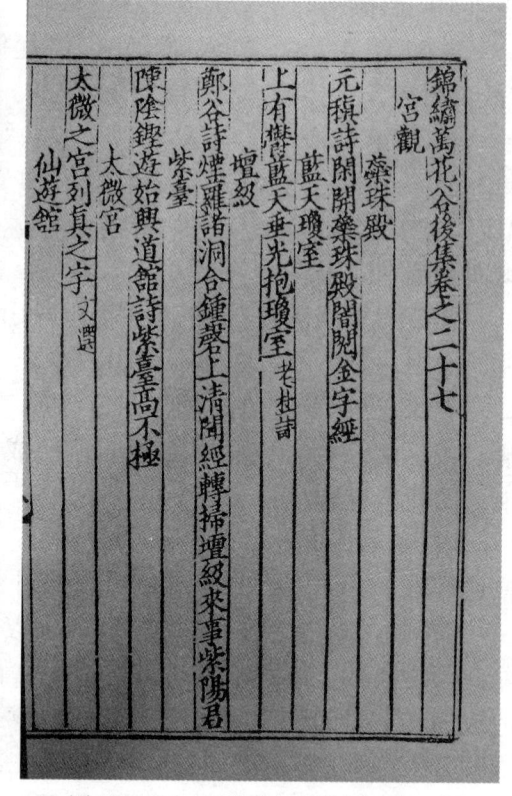

圖9（左） 過雲樓本《後集》卷二十七　　圖10（右） 國圖本《後集》卷二十七

按過雲樓本《後集》卷二十七條目依次爲：

> 寺：方丈室、白馬繞塔、二梵之福、神龍佛祠、天雨花、青鴛伽藍、詩
> 佛祖：金棺内現雙足、五百仙人飛空而至、性十七身十七、三屍化華鬘、寶山涌泉、愿霑甘露味、處胎六十歲、龍魔隨滅、蟒住石窟、夢通（"通"字朱筆校改爲"吞"字）明珠而孕、開手奉珠、百鳥銜花
> 浮圖名議：涌金蓮花、安心偈、卧輪偈、飢來喫飯困來眠、枯木偈、兩虎侍者、師唱誰家曲、選佛場、雲在青天水在瓶、日遺十餅、切忌道着、辦愚癡齋、路逢猛虎、汝不是我同流
> 僧：六法、四道、五門、三輩、船子和尚、和尚家風、杖荷布囊、臨刑偈、取蓮花勿取臭泥、乘木杯渡河、心若死灰、呪水生蓮、食針、請捨家爲桑門、日夜誦經九函、詩、梵語

檢國圖藏宋刻本，此部分内容在《後集》卷二十八，其條目編排、文字内容與過雲樓本有很大差異。國圖本卷二十八條目依次爲：

212　版本目録學研究　第四輯

寺院：三百六十寺、大衆出家寺、天竺寺、山谷寺、翠微寺、慈恩寺、清涼寺、金山寺、招提寺、伽藍、總持門、金田、禪龕、花龕、金刹、梵刹、雁塔、雁堂、飯後鍾、石甕寺、方丈室、白馬繞塔、二梵之福、天雨花、詩

佛祖：金棺内現雙足、五百仙人至、性十七身十七、三屍化華鬘、寶山涌泉、愿霑甘露味、處胎六十歲、龍魔隨滅、蟒住石窟、夢吞明珠而孕、開手奉珠、百鳥銜花

浮圖名議：涌金蓮花、安心偈、臥輪偈、飢來喫飯困來眠、枯木偈、兩虎侍者、師唱誰家曲、選佛場、雲在青天水在瓶、日遺十餅、切忌道着、辦愚癡齋、路逢猛虎、汝不是我同流

僧：船子和尚、和尚家風、杖荷布囊、臨刑偈、取蓮花勿取臭泥、乘木杯渡河、心若死灰、呪水生蓮、食針、日夜誦經九函、詩、梵語

過雲樓本有、國圖本無的條目，包括"神龍佛祠"、"青鴛伽藍"、"六法"、"四道"、"五門"、"三輩"、"請捨家爲桑門"七條。過雲樓本無、國圖本有的條目，包括三百六十寺、大衆出家寺、天竺寺、山谷寺、翠微寺、慈恩寺、清涼寺、金山寺、招提寺、伽藍、總持門、金田、禪龕、花龕、金刹、梵刹、雁塔、雁堂、飯後鍾、石甕寺諸條。

過雲樓本與國圖本皆有的條目，其文字内容上也有不少差别。如過雲樓本類目名"寺"，國圖本爲"寺院"。過雲樓本條目名"五百仙人飛空而至"，國圖本作"五百仙人至"。"寺"類"詩"一條，過雲樓本文字如下（在卷二十七）：

宿雨初收草木濃，群鴉飛散下堂鍾。長廊無事僧歸院，盡日門前獨看松。李涉。寺門高開洞庭野，殿脚插入赤沙壺。五月寒風冷佛骨，六時天樂朝香爐。地靈步步雪山草，僧寶人人滄海珠。塔劫宮牆壯麗敵，香廚松道清涼俱。蓮花交響共命鳥，金榜雙迴三足烏。傳燈無白日，布地有黄金。杜甫。名山極歷覽，勝地殊留連。幽崖聳絶壁，洞穴瀉飛泉。金河知證果，石室乃安禪。夜梵聞三界，朝香徹九天。山階步皎月，澗户聽涼蟬。江總。雲表金輪見，巖端畫拱明。塔疑從地涌，蓋似積香成。蕭慤。曾臺聳靈鷲，高殿迴陽烏。暫同游閬苑，還類入仙都。三休開碧題，萬户洞金鋪。攝心罄前禮，訪道把中虛。遥瞻盡地軸，長望極天隅。白雲起梁棟，丹霞映拱櫨。孔德紹。

國圖本"寺院"類"詩"條，内容與過雲樓本完全不同（在卷二十八）：

竹徑通幽處，禪房花木深。常建。野寺江天豁，山扉花竹幽。老杜。野

寺殘僧少，山園細路高。　雲薄翠微寺，天青皇子陂。　寺憶曾游處，橋憐再渡時。並同上。汲水僧歸林下寺，待船人立渡頭沙。唐詩。亂飄僧舍茶煙濕，密灑高樓酒力微。鄭谷。花濃春寺静，竹掃野池幽。老杜。佛香時入院，僧飯屢過門。同上。扁舟又截平湖去，欲訪孤山支遁林。東坡。南朝古寺幾僧在，北嶺空林惟鳥歸。莎徑晚煙凝竹塢，石池春色染苔衣。劉滄。樹影中流見，鍾聲兩岸聞。張祜金山寺。欲窮風月三千界，願化天人百億軀。東坡。……薄暮緣西峽，停橈一訪僧。鷺巢橫卧柳，猿飲到垂藤。水曲巖千疊，雲重樹百層。山風寒殿磬，溪雨夜船燈。許渾。

　　過雲樓本此條"詩"兩百多字，國圖本篇幅在九百字以上。除"李涉"詩兩本皆有外，其他內容兩本完全不同。過雲樓本《後集》與國圖藏宋刻本的差異，顯示《後集》在宋代已有卷次編排完全不同、文字内容差異極大的兩種版本。兩種版本之間，不僅條目有增删，卷次有異動，某些條目内容也經過了重新搜集資料、重新編寫的過程。

　　以上卷次條目編排，會通館本與國圖本完全相同；秦汴本、四庫本大體同國圖本，而稍有變化，無"翠微寺"一條，有"神龍佛祠"一條。"寺院"類"詩"條內容，會通館本同國圖本；秦汴本則以國圖本爲主，雜糅了過雲樓本的內容。秦汴本此條"詩"前半部分大體包含了國圖本內容，而將諸詩次序做了調整。如將"竹徑通幽處"一聯删去（因下文常建詩已包含此聯）；將"花濃春寺静"一聯移至"寺憶曾游處，橋憐再渡時"下，"欲窮風月三千界"一聯移至"扁舟又截平湖去，欲訪孤山支遁林"下，使同一作者詩列於一處。其後半部分，在許渾詩之後，增入了過雲樓本此條"詩"中"寺門高開洞庭野"以下的全部内容。"寺門高開洞庭野"之上的李涉詩，因國圖本亦收，前文已有，故不重復收入。四庫本自秦汴本出，此條"詩"內容與秦汴本同。

　　按芳村弘道曾詳細比較《錦繡萬花谷》各本《續集》，發現"卷端單行"本、"卷端跨行"本及明秦汴本三本《續集》編次內容有極大差異。[1] 如圖四、圖五所示，"卷端跨行"本《續集》卷14首葉內容爲裴姓，而"卷端單行"本《續集》卷14首葉內容爲"利州路"，兩本卷次、內容完全不對應。李更進一步對三本《續集》內容、編次、文獻來源等深入探索，指出"卷端單行"本《續集》較"卷端跨行"本《續集》晚出，秦汴本則剪截糅合了跨行本與單行本兩個系統。[2] 今過雲樓本《後集》現身，其不同版本不同編次的情況，與《續集》如出一轍，使我們對《錦繡萬花谷》後續各集編次的"多樣性"、"多

---

[1]《唐代の詩人と文獻研究》，第639頁。
[2]《淵源與流變——從《錦綉萬花谷續集》看南宋坊賈之類書編刻》，《中國典籍與文化論叢》第十四輯，第190、198頁。

變性",有了更進一步認識。

從《後集》卷二十七各本比較可見,過雲樓本《後集》有而國圖本、會通館本無的條目,包括"神龍佛祠"、"青鴛伽藍"、"六法"、"四道"、"五門"、"三輩"、"請捨家爲桑門"七條。秦汴本、四庫本補入"神龍佛祠"一條,其他六條諸本皆無。可見過雲樓本包含了國圖本及明清諸本所無的獨特內容。同時,更爲重要的是,過雲樓本《後集》爲我們展示了此前學者不曾瞭解的《後集》的另一種面貌,或許也是《後集》較早期的面貌。對於研究《錦繡萬花谷》後續各集的編刻,及《後集》的形成過程,過雲樓本無疑提供了非常重要的信息。

條件所限,以上筆者僅據少量書影,管中窺豹,略考過雲樓本《錦繡萬花谷》與國圖本及明清各本之異同。至於過雲樓本《後集》整體的卷次編排,與他本《後集》的關係,有哪些他本不具的內容,等等,還有待更多資料的公佈。衷心希望過雲樓本《錦繡萬花谷》早日爲海內外廣大研究者利用,充分發揮其獨特的版本與文獻價值。

　　　　張麗娟:北京大學《儒藏》編纂與研究中心副研究員

《錦繡萬花谷續集》"別本"及其文獻價值

——以"拾遺"諸卷爲中心

李 更

南宋類書《錦繡萬花谷》，今可見者計有前、後、續集各四十卷、別集三十卷，除"前集"外，其他均出自書商之手①。而其《續集》存在内容、編次各異的三個版本系統，情況更爲特殊。關於這三個系統在内容、門類上的出入，日本學者芳村弘道已有考察②；其間淵源關係及堪稱坊間類書運作之典型的取材、編纂特點，亦見拙稿《淵源與流變——從〈錦繡萬花谷續集〉看南宋坊賈之類書編刻》③，兹不重複。近年，隨古籍整理出版的興盛，三個系統當中，剪截糅合兩種宋本而成的明秦汴繡石書堂刊本系統（以下簡稱秦汴本），既有廣陵書社影印本，更隨着影印文淵閣《四庫全書》及《四庫類書叢刊》的面世，得到廣泛傳播和普遍使用；成書最早的"宋版卷首跨行十三行本"系統（以下簡稱跨行本），也因《北京圖書館藏珍本古籍叢刊》及《中華再造善本》的影印，爲學術界所瞭解。而"宋版卷首單行十三行本"系統（以下簡稱單行本），

---

① 參（清）楊守敬《日本訪書志》卷一一、[日] 芳村弘道《唐代の詩人と文獻研究》第三部第五章《本邦傳來の宋版〈錦繡萬花谷〉》，[日] 中國藝文研究會，2007 年，第 644—645 頁。

② 《本邦傳來の宋版〈錦繡萬花谷〉》，《唐代の詩人と文獻研究》第 639—641 頁。本文所用相關版本名稱及簡稱，亦沿用此文。

③ 見《中國典籍與文化論叢》第十四輯，南京：鳳凰出版社，2012 年，第 167—202 頁。

却因宋本收藏分散、明本少人問津而罕有關注,其特點、影響及所存古籍資料,亦未獲學界注意。本文即就此稍作探討。

一、現存版本

據芳村氏考察,傳世宋刊《錦繡萬花谷續集》"單行本"計三十四卷,分藏於日本、中國多家藏書機構,其中卷一至四藏於臺灣省立臺北圖書館,卷五至一〇藏日本東洋文庫,卷一四至一六藏日本御茶之水圖書館成簣堂文庫,卷一七至一九藏日本立命館大學西園寺文庫,卷二三至二六藏日本大東急紀念文庫,卷二七至四〇藏北京大學圖書館。所闕者爲卷一一至一三、二〇至二二[1]。

明弘治五年(1492)、七年,無錫華燧會通館兩次用銅活字排印《錦繡萬花谷》,其《續集》亦屬這一系統。至嘉靖十四年(1535),又有徽藩崇古書院依據會通館本重刊。通過上述三種明本,尚可獲知其全貌。

關於會通館所據底本,芳村氏曾以日本國立公文書館內閣文庫所藏弘治七年本與日本各家所藏宋刊本對勘,因其缺文、缺頁往往相合,提出"會通館本所用底本即該宋刊本的可能性很高"[2]。今以中國國家圖書館所藏弘治五年本(以下簡稱會通館本)與北京大學圖書館所藏宋刊卷二七至四〇相校,也呈現同樣規律。如卷三二,宋刊本至"狄姓"止,該姓僅存三行:

> 狄姓
> 　斗南一人
> 　　狄仁傑,并州人。爲兒時,門人有被害者,吏就詰,衆争辯對,仁

以下自"傑誦書不置……"至"折姓"之"真將種"一則卷終,皆抄配,且文字内容與"跨行本"卷三四相應部分完全一致。而會通館本該卷文字即至"狄姓"終,且亦僅"斗南一人"之殘文至"衆争辯對,仁"止。其卷首目録則存有"狄姓"至"折姓"諸條目,但其中"薛姓"無"善士"一則,正與此系統《續集》"類姓"部分襲用跨行本內容並有所删削的總體規律相吻合[3]。則會通館本目録或仍存底本之舊,而傳世宋本的抄配已是另有所據。再如宋刊本卷四〇至"若木"止,該類僅存條目名稱曰"在西",以下缺。會通館本亦於"在西"一行之後接一空白頁,頁末云"錦繡萬花谷續集卷之四十終"。與前例不同的是,該處卷首目録亦至"在西"止,當因正文缺失明顯而作相應删截。

---

[1] 《本邦傳來の宋版〈錦繡萬花谷〉》,《唐代の詩人と文獻研究》,第634頁。
[2] 同上書,第636頁。
[3] 參拙稿《淵源與流變——從〈錦繡萬花谷續集〉看南宋坊賈之類書編刻》,《中國典籍與文化論叢》第十四輯,第182—184頁。

因此，推斷此宋刊爲會通館之底本，當可成立。

由此亦可推知，此本由宋至明一直存留於國內，明代雖略有缺頁或殘損，尚大體完整。其抄配，則當在弘治以後，且抄配的依據很可能屬"跨行本"系統。阿部隆一《（增訂）中國訪書志》著録臺北圖書館所藏時，有"この本は、往年文求堂主人田中慶太郎翁が北京で殘本を入手し、東洋文庫……等に分贈せる類の一つと思われる"① 之説，則其分散、外流或在清末乃至民國。

這是目前可見此《續集》的最早版本，各家著録多作"宋刊"，而《北京大學圖書館藏古籍善本書目》著録爲"宋元間刊本"。其中魚魯豕亥之訛觸目皆是，且不乏承用此書之古籍不誤者，是否初刻，尚可探究。

二、内容構成與纂録方式

此種《續集》大體可分爲三部分：卷一至一六，以路爲統領，按州、府載地方掌故及詩文，其州縣建置與基本内容來自《方輿勝覽》，並拼合了跨行本"留題門"的部分内容；卷一七至三三爲"類姓門"，完全脱胎自跨行本，在編次上改頭換面，並稍加删略而成②；最後七卷則爲"拾遺"，内容構成如下：

卷三四、三五：天文拾遺門
卷三六、三七：時令拾遺門
卷三八：地理拾遺門、花品拾遺門
卷三九：花品拾遺門、草門
卷四〇：竹木拾遺門

這部分不僅在門類名稱上以"拾遺"爲標榜，所涉門類均爲"前集"曾經出現者，在某些類目之下，還可以看到諸如卷三七"時令拾遺門·重陽"——"事悉見前集"，僅設"詩"之一目，補詩八則；卷三八"花品拾遺門·梅花"——"紅梅·蜀郡有紅梅數株，有二婦人高髻大袖，倚欄而觀，且題詩於壁。（詩見前集）"這樣明顯與"前集"相配合的處方式理，呈現出鮮明的"續書"意識③。而且，不僅編纂思路與前三十三卷迥異，其資料來源及抄撮方式，也有明顯不同，這正是本文討論的重點。

---

① 汲古書院，1983年，第661頁。
② 相關考證見拙稿《淵源與流變——從〈錦繡萬花谷續集〉看南宋坊賈之類書編刻》，《中國典籍與文化論叢》第十四輯，第182—190頁。
③ 相關門類亦見《後集》，然此《續集》並無提及《後集》之處，而具體内容上，與"前集"的重複僅偶一見之，《後集》則相對較多，是編纂時尚未見到《後集》、所據之書偶同，抑或曾據"後集"增補，尚待考證。

在材料搜集、使用方面，並未發現類似於前三十三卷那種"全範圍"對應的書籍，但從其中蛛絲馬跡，亦可看到一些規律。首先是對前代或稍早之類書的摘抄，如在天文、地理、時令的多數門類，可以看到對《海錄碎事》的明顯承襲，不僅內容相同，文字節略甚至訛誤亦一脈相承。如卷三四"月・詩"共六則：

> 三五明月滿，四五蟾兔缺。（《文選》古詩）始出西南樓，纖纖如玉鉤。末映東北墀，娟娟似娥眉。三五二八時，千里與君同。（鮑明遠）照他幾許人腸斷，玉兔金蟾遠不知。（白樂天）蓬萊池上望秋月，萬里無雲懸清暉。上皇夜半月中去，三十六宮愁不歸。（《津陽門詩》）明月入我牖，照之有餘輝。（陸士衡）可憐天上桂華孤，爲問姮娥更要無。月中幸有閒田地，何不中央種兩株。（《古桂華書》）①

其中一、二、三、六計四則亦見於《海錄碎事》卷一"天部上・月門"，且文字及出處標注均同。

> ……
> 　　四五
> 三五明月滿，四五蟾兔缺。（《選》古詩）
> ……
> 　　二八
> 始出西南樓，纖纖如玉鉤。末映東北墀，娟娟似娥眉。三五二八時，千里與君同。（鮑明遠《翫月詩》）
> ……
> 　　桂華孤
> 《古桂華曲》：可憐天上桂華孤，爲問嫦娥更要無。月中幸有閒田地，何不中央種兩株。
> ……
> 　　玉兔金蟾
> 照他幾許人腸斷，玉兔金蟾遠不知。（白居易《月》詩）
> ……②

再如同卷"日"類"登光"一則：

---

① 據北京大學圖書館藏本。本文所引《錦繡萬花谷續集》卷三四至四〇皆據此本，下不一一注明。

② （宋）葉廷珪《海錄碎事》，北京：中華書局，2002年，第5頁。本文所引《海錄碎事》皆據此本，下不一一注明。

  登光辨色，謂日上也。（《文選》）

按"登光辨色"四字見王融《三月三日曲水詩序》，該文《文選》有録，然"謂日上也"並非該篇文字，也不見於《文選》其他篇章。近之者，即《三月三日曲水詩序》李善注"登光辨色，謂日光初上始辨曉色也"。① 固然引用注文時僅標稱原書的現象于古書中時或有之，但就此例而言，於《海録碎事》卷一"天部上·日門"可見：

  登光
  登光辨色，謂日上也。（《選》注）②

條目、文字删節均與此書同，然出處確切。《海録碎事》以彙集可用于詩文寫作之文辭爲宗旨，側重交待典故來源，未必盡録原書文字，類似删節是其常態。則此書或即沿用《海録碎事》之節略文字，而于標注出處時發生了偏差。"星"類"鯨魚爲彗"一則亦與此相似，此書作：

  鯨魚死而彗星出。鯨魚死，其自精疾出而爲生星。（《淮南子》）

其中僅"鯨魚死而彗星出"七字可見於今本《淮南子·天文訓》，其餘皆不然。而在《海録碎事》卷一"天部上·星門"亦可見：

  鯨魚爲彗
  《淮南子》曰：鯨魚死而彗星出。《文選注》：鯨魚死，其目精疾出而爲此星。③

則後半部分另有出處。核之《文選》注，相關内容見於唐李周翰爲左思《吳都賦》"攙搶暴出而相屬"一句所作注文：

  攙搶，妖星也。暴，疾也。鯨魚死，其目精疾出而爲此星以相連。④

以此注解《淮南子》"鯨魚死而彗星出"，是否始自《海録碎事》，今不可知。但此《續集》雖有"目"作"自"、"此"作"生"兩處形訛，並缺失"《文選注》"之出處，仍可謂與《海録碎事》文字全同，據《海録碎事》轉録的可能性極大。

  諸多現象疊加在一起，《海録碎事》屬此《續集》重要材料來源之一，當無可疑。除《海録碎事》外，在部分門類還可看到唐韓鄂《歲華紀麗》等類書的影

---

① 《六臣注文選》卷四六，北京：中華書局影印《四部叢刊》本，1987年，第873頁。
② 《海録碎事》，第4頁。
③ 同上書，第11、12頁。
④ 《六臣注文選》卷五，第114頁。

子。而與此《續集》彙集掌故的同時也彙集詩歌資料的特點相關，類似規律性現象還涉及總集和別集，如卷三七"時令拾遺門"設"元日"至"歲除"諸類，其"詩"所錄作品見於《古今歲時雜詠》者近80%。當然，這並不意味着這些作品必定錄自該書，但編纂過程中使用過該書的可能性也很大；而從所涉詩人的角度，則可以看到對某些作者的收錄相對集中，如"李嶠"十四見，"張南軒"（張栻）九見，"盧溪"（王庭珪）、"徐師道"等亦多次出現，與其人文壇地位似不相應。雖然也有如卷三九"草門·萱·詩"將作者"李嶠"誤作"李矯"、卷四〇"竹木拾遺門·柳"將他人作品署爲"李嶠"等信息錯亂現象，或屬編纂、傳錄過程中不經心所致，直接或間接地依據了相關別集的可能性是存在的。

認識此《續集》的材料來源，也有助於認識其中的某些問題，如信息的訛變。以卷三五"風·詩"之"浙浙就衰林，飀飀入谷飈（謝靈運）"一則爲例：查檢傳世古籍，其前半句確爲謝靈運《鄰里相送方山詩》散句，《文選》、《謝康樂集》、《藝文類聚》、《初學記》等書均有收錄，"析析"或作"淅淅"，此處"浙浙"顯爲"淅淅"之訛；然後半句並不見於該詩，亦不見於其人其他作品，是其佚作，或引錄有誤？查《文選》所載謝惠連《泛湖歸出樓中玩月》有"瀏瀏出谷飈"一句，"瀏瀏"二字或作風旁，與此相近。而《海錄碎事》卷一"天部上·風門"有：

　　析析
　析析就衰林，皎皎明秋月。風吹木聲。（謝靈運詩）
　　惠風
　惠風蕩繁囿，白雲屯層阿。謂春風施惠萬物也。（謝叔源詩）
　　飀飀
　亭亭映江月，飀飀出谷飈。注：風聲也。（謝惠連詩）
　　……

"浙浙就衰林"即此處"析析"一條前半句，"飀飀入谷飈"則與"飀飀"一條後半句相近，"飀飀"當即"飀飀"之訛，此外僅"出"、"入"一字之差。結合此《續集》錄於此則之前的"南風吹歸心，飛墜酒樓前（李白）"、"朔風吹飛雨，蕭條江上來（謝元暉）"亦見於《海錄碎事》該門，署名方式無別，很可能均來自《海錄碎事》。此處或因兩句在《海錄碎事》位置相近、作者姓氏相同，在傳錄中發生錯亂，將作者混爲一譚并誤連。這樣，系於謝靈運名下的"飀飀入谷飈"一句的資料價值，可以基本排除。

從編次上的細節處理看，"拾遺"諸卷並不完全一致。如絕大多數門類的內容編排，採取與"前集"同樣的做法，單立"詩"一目，集中收錄相關詩句，雖不免有誤錄賦、駢文之文句的烏龍現象，但體例尚屬清晰。然卷三四"天文拾遺門"前兩類"天"、"日",却未立此目,而是以詩句中的辭藻各自立爲條目,如"碧深·秋高天碧深(後主詩)"、"青池·天宇開青池(韓昌黎詩)"、"火輪·火輪飛出客心驚(韓昌黎詩)"之類。同樣情況還見於卷三四"雨"、卷三九"瑞香花"、"玉簪花"、"牽牛花"、"杜鵑花"、"槐花"、"山礬"、卷四〇"冬青"、"梧桐"、"檀木"等門類。由此看來,這七卷的編纂人員,也不是單一的。

因此,就纂録操作而言,這部分顯然亦抄撮雜湊而來,無外當時坊間的普遍做法,或者説較前三十三卷更"常規",且粗疏草率,質量不高。然而正因其材料基礎不是那麼單一,也表現出相對較强的"獨立性"。甚至我們不免懷疑,是否這七卷才是這部"續集"最初的"爐灶"。

三、影　響

雖非嚴謹可靠的上乘之作,作爲歷史上的實際存在,這部《續集》也不例外地成爲古代典籍及文化學術信息傳承序列中的一個環節。它面世之後的流傳與影響,雖因在歷代著録中不易識別,難以通過直接記載準確獲知,但在其後數百年間的古籍當中,亦不時可以分辨出它的影子。换言之,這部今天少人關注的《續集》,曾被相當數量的書籍乃至學者所使用,在歷史上產生了相應的影響。它的特點和面貌,也因此不容忽視。

首先,其中內容曾被其後、甚至幾乎同時的類書所承用。如南宋陳景沂《全芳備祖》前集卷二十二"蒼蔔花·事實祖·紀要"、卷二七"錦帶花·事實祖·雜著"有如下兩則:

> 蜀有紅梔花,其形六出。孟知祥召百官於芳林園賞之。(萬花谷)
> 貢士舉院本廣勇故營,有花初開白,次緑,次緋,次紫,故名爲文官花。(萬花谷)[①]

其前者亦即《古今合璧事類備要》別集卷三十二"花卉門·蒼蔔花·事類"之"百官與賞"一則,文字、出處標注均同[②]。而在現存《錦繡萬花谷》四集中,相關內容僅見於此《續集》,均在卷三九"花品拾遺門",前者爲"紅梔花"之"六出"一則,文字全同,無出處標注。後者爲"瑞香花"之"文官"一則,文作:

> 貢士舉院本廣勇故營,有花初開白,次緑,次緋,次紫,故名爲文官花。枯瘁經年,及更爲舉院,再生。今欄檻尤爲茂盛。

[①] (宋)陳景沂《全芳備祖》,《日本宫内廳書陵部藏宋元版漢籍影印叢書》,北京:綫裝書局,2001年,第71、107頁。

[②] 據影印文淵閣《四庫全書》本,本文引用此書皆據此本,下不一一注明。

內容稍詳，亦無出處。考前者，相關記載今尚可見于北宋張唐英《蜀檮杌》，文字差異雖大而內容俱在，南宋初曾慥《類說》亦錄有相似內容，此《續集》所據伊何，已不可知。後者則可見於《苕溪漁隱叢話》後集卷三五，文作：

> 《上庠錄》云：貢士舉院，其地本廣勇故營也。有文官花一株，花初開白，次綠，次緋，次紫，故名文官花。花枯經年，及更爲舉院，花再生。今欄檻當庭，尤爲茂盛。①

則該說實出《上庠錄》。陳振孫《直齋書錄解題》著錄該書云"光州助教呂榮義撰，雜記京師太學故事"②，此《續集》是直接、間接，抑或輾轉抄錄，固不可知，但未標出處，是客觀事實。也正因爲如此，《全芳備祖》轉錄時只好標注爲"萬花谷"，而《古今合璧事類備要》別集草木諸卷承《全芳備祖》而來③，也沿襲了這種標注方式。

在《全芳備祖》，明確稱引僅此兩處，但其實際承用，似非僅限於此。例如，此《續集》卷三八"桃花·詩"有：

> 未展輕苞豔已濃，前綃裁錦一重重。若當宋玉臨牆日，必詣東鄰謾有容。（白居易）

其中"前綃裁錦"顯爲"剪綃裁錦"之訛文。此詩不見於《白氏長慶集》，亦未見更早引錄，今可見者，南宋祝穆《古今事文類聚》後集卷三一錄有第二句，署"樂天千葉桃"，作"剪綃裁錦一重重"，"剪"字不誤④。而《全芳備祖》前集卷八"桃花·七言散句"亦作"前綃裁錦一重重"⑤，正與此《續集》同。

此《續集》所錄詩句，有相當數量亦見於《全芳備祖》，且多有類似前例、此《續集》收有全詩或散聯而《全芳備祖》爲散聯或單句的情形。這當中，不乏相關作品或"信息"僅見於此二書者。例如此《續集》"拾遺"諸門共存有"李迪"詩四則：

> 已推天下無雙豔，更占人間第一香。（卷三八"花品拾遺門·牡丹花·詩"）
>
> 日烘麗萼紅縈火，雨過倡條綠噴煙。（卷三九"花品拾遺門·榴花·詩"）
>
> 盡日看流萍，誰原造化情。可憐無用物，偏解及時生。泥濘根萌淺，風波性質輕。晚來惟岸曲，猶得護蛙鳴。

---

① （宋）胡仔《苕溪漁隱叢話》，北京：人民文學出版社，1962年，第277、278頁。
② （宋）陳振孫《直齋書錄解題》卷七，上海：上海古籍出版社，1987年，第222頁。
③ 參楊寶霖《〈古今合璧事類備要〉別集草木卷與〈全芳備祖〉》，《文獻》1985年第1期。
④ 據北京大學圖書館藏元刊黑口本。
⑤ 本卷宋刊本不存，此據明毛氏汲古閣抄本。

片片隨波去，紛紛逐水流。（以上卷三九"草門·浮萍草·詩"）

其中，第一則可見于宋韓琦《安陽集》卷六《牡丹二首》之二，其全詩作：

> 青帝恩偏壓衆芳，獨將奇色寵花王。已推天下無雙豔，更占人間第一香。欲比世終難類取，待開心始覺春長。不教四季呈妖麗，造化如何是主張。

傳世之《安陽集》源自宋本，卷數與《宋史》本傳所載《安陽集類》相同，似淵源有自。第三則可見于（宋）李覯《直講李先生文集》卷三六，題作《萍》，"漳"作"滓"，"惟"作"堆"，該集亦源自宋本，可靠性相對較高。此《續集》四誤其二，大體可定。然而，在《全芳備祖》前集卷二四、後集卷一二亦收錄有第二則及第三則後兩聯，雖然《全芳備祖》於第二則"倡"作"菖"，第三則"漳"作"滓"，"惟"作"堆"，均不誤，是否承用此書資料未可遽定，然二者署名相同甚至存在同樣的疑誤，至少存在同源關係。而從《全芳備祖》錄李迪詩僅此二則來看，出自此書的可能性亦不在小。頗疑此《續集》尚有更早版本，訛誤較今存宋刊本爲少。

儘管上述情形是否來自此《續集》尚不能完全確定，但此書中信息曾進入《全芳備祖》，並繼而獲得更廣泛的傳播是不爭的事實。較之《全芳備祖》，《古今合璧事類備要》對此《續集》的承用更爲突出，不僅《別集》草木諸卷有通過《全芳備祖》的轉錄，其《前集》"天文"、"災異"、"節序"諸門，更是大量採錄了此《續集》的內容。如此《續集》卷三五"風"類，"詩"共錄九則，前四首均進入《古今合璧事類備要》，見表一。

表一

《錦繡萬花谷續集》卷三五"天文拾遺門·風·詩"	《古今合璧事類備要》前集卷二"天文門·風·詩集"
<u>落日生蘋末，搖揚遍遠林。帶花疑鳳舞，向竹似龍吟。月動臨秋扇，松清入夜琴。蘭台宮殿峻，還拂楚王襟。（李嶠）</u>①<u>搖搖歌扇舉，悄悄舞衣輕。引笛秋臨塞，吹沙夜繞城。向峰回雁影，出峽送猿聲。何似琴中奏，依依別帶情。（同）</u>②<u>吹鬢風拘小雨來，殘紅掃盡綠蒼苔。稻田綠遍無邊幅，更欲煩君爲剪裁。（僧惠洪春風詩）</u>③<u>摯斂亦何饕，天機亦自勞。牆隈小翻動，屋角盛呼號。漠漠驚沙密，紛紛斷柳高。江湖豈在眼，昨夜夢波濤。（王安石秋風詩）</u>④春風太多情，村村花柳好。（文選）南風吹歸心，飛墜酒樓前。（李白）春風不相識，何事入羅幃。（李白）朔風吹飛雨，蕭條江上來。（謝元暉）淅淅就衰林，颼颼入谷飈。（謝靈運）	春風（吹鬢風拘小雨來，殘紅掃盡綠蒼苔。稻田綠遍無邊幅，更欲煩君爲剪裁。僧惠洪）③夏風（三旬已過黃梅雨，萬里初來舶趠風。幾度縈回渡山曲，一時清駛滿江東。驚回簌簌先秋葉，喚醒昏昏du睡翁。欲作蘭台快復賦，却嫌分別問雌雄。東坡）秋風（摯斂一何饕，天機亦自勞。牆隈小翻動，屋角盛呼號。漠漠驚沙密，紛紛斷柳高。江湖豈在眼，昨夜夢波濤。王安石）④晚風（落日生蘋末，搖揚遍遠林。帶花疑鳳舞，向竹似龍吟。月動臨秋扇，松寒入夜琴。蘭台宮殿峻，還拂楚王襟。李嶠）①涼風（搖搖歌扇舉，悄悄舞衣輕。引笛秋臨塞，吹沙夜繞城。向風回雁影，出峽送猿聲。何似琴中奏，依依帶別情。同上）②……

其中第一首，此二者文字相同，與南宋周必大等校《文苑英華》所引"集"基本一致，而不同于《文苑英華》一五六及傳世本《李嶠雜詠》所載之：

> 落日正沉沉，微風生北林。帶花疑鳳舞，向竹似龍吟。月影臨秋扇，松聲入夜琴。若至蘭臺下，還拂楚王襟。

第二首《文苑英華》卷一五六作張祜詩，傳世宋刊本《張承吉文集》卷一亦有之，題做《詠風》，《古今合璧事類備要》所署作者亦與此《續集》同。而第三首"僧惠洪春風詩"，與《石門文字禪》卷一六《次韻春風》相校，亦有"俱"作"拘"、"露"作"緑"之異，而《古今合璧事類備要》全同此書。

卷三七"時令拾遺門·上巳·詩"亦非常典型，見表二。

表二

《錦繡萬花谷續集》卷三七"時令拾遺門·上巳·詩"	《古今合璧事類備要》前集卷一六"節序門·上巳·詩集"
清晨戲伊水，薄暮宿蘭池。(《文選》) 禊飲豈吾事，聊將倒俗塵。(宋之問) 握蘭惟是旦，采艾亦今朝。(梁文帝) 上巳年光促，中川興緒遙。(王勃) 蕙艾有芳醴，任激水推移。(王序)清歌有闋，羽觴無算。閱水環階，引池入席。(王序)	……年光促(上巳｜｜｜，中川興緒遙。王勃)……祓俗塵(禊飲豈吾事，聊將｜｜｜。宋之問)移芳醴(蕙肴芳醴，任激水以推移。王序)閱水環階(清歌有闋，羽觴無算。｜｜｜｜，引池入席。王序)握蘭采艾(｜｜惟是旦，｜｜亦今朝。梁文帝)

六則散句中五則可見於《古今合璧事類備要》，位置相當集中，其中問題亦相一致。如"禊飲豈吾事，聊將倒俗塵"一句，可見于張九齡《曲江張先生文集》卷三，題作《三月三日登龍山》，"倒"作"偶"；《古今歲時雜詠》卷一六、一七重出，前者署張九齡，文字同《曲江張先生文集》，後者署張説，"倒俗塵"作"偶俗人"；而《古今合璧事類備要》不僅與此《續集》同署宋之問，"偶"、"倒"之誤亦同。再如"蕙艾有芳醴，任激水推移"當是王元長《三月三日曲水詩序》中"蕙肴芳醴，任激水以推移"的變形，本是駢文，而非詩句；"清歌有闋，羽觴無算。閱水環階，引池入席"出自同篇，亦然，在此《續集》，一者經變形，一者仍其舊，均作詩句收錄，作者（或出處）署爲"王序"；於《古今合璧事類備要》，前者已改回四六之本來面目①，後者則與此書同，但不論如何，"王序"之署名未變，也同樣置於"詩集"。而"握蘭惟是旦，采艾亦今朝"一句，則《藝文類聚》、《古今歲時雜詠》等書皆作"梁簡文帝"詩，而此二者亦均作"梁文帝"。由上述情況，判定《古今合璧事類備要》抄自此《續集》當不爲過。

---

① 所據爲影印文淵閣《四庫全書》本，是否明清人所改，尚待考證。

通過大致考察，可以看到，在卷三六、三七"時令拾遺門"，幾乎所有的作品都進入了《古今合璧事類備要》。如卷三六"春·詩"共30則，被承用者29則，且署名及裁剪情況一致。相關統計如表三（此《續集》收散句而《古今合璧事類備要》據他書錄有全詩者不計在內）。

表三

《錦繡萬花谷續集》卷次、門目	類名	錄詩數	《古今合璧事類備要前集》卷次、門目	類名	錄詩數	合計
卷三六：時令拾遺門	春	30	卷一三：時令門	春	12	29
				孟春	1	
				季春	14	
			卷一五：節序門	立春	2	
	夏	10	卷一三：時令門	夏	5	7
				孟夏	2	
	秋	16	卷十四：時令門	秋	8	12
				孟秋	1	
				仲秋	1	
			卷十七：節序門	立秋	2	
	冬	2	卷十四：時令門	冬	1	1
卷三七：時令拾遺門	元日	4	卷十五：節序門	元旦	2	2
	人日	10	卷十五：節序門	人日	8	8
	上元	10	卷十五：節序門	元宵	10	10
	社日	5	卷十六：節序門	社日	3	3
	上巳	6	卷十六：節序門	上巳	5	5
	寒食	13	卷十六：節序門	寒食	11	11
	清明	9	卷十六：節序門	清明	8	8
	七夕	8	卷十七：節序門	七夕	7	7
	中秋	10	卷十七：節序門	中秋	10	10
	重陽	8	卷十七：節序門	重九	8	8
	冬至	4	卷十八：節序門	冬至	3	4
				臘日	1	
	歲除	8	卷十六：節序門	除夕	4	4

可以看到，此《續集》所收詩作進入《古今合璧事類備要》前集"時令門"、

"節序門"的比例約在85%。即使就《古今合璧事類備要》相應門類所存詩作而言，也占到相當比重。雖然《古今合璧事類備要》前集的成書時間可能僅稍晚數年①，但此《續集》無疑是其相關門類的重要資料來源之一，而且近於不加刪汰地使用。

在明人所修《山堂肆考》、清人所修《淵鑒類函》、《廣群芳譜》、《佩文韻府》等書中，依然可以看到大量與此書及《古今合璧事類備要》、《全芳備祖》雷同的信息、乃至訛謬，亦當屬直接或間接來自此書。兹不多述。

除後世類書的承用之外，學者整理、輯錄古人著作時的使用也同樣值得注意，這是此《續集》作爲學術資料進入文獻傳承序列的另一種方式。

例如，在清初王琦《李太白詩集注》卷三〇"詩文拾遺"之末，有如下跋語：

> 類書中多摘引太白詩句，然不能無錯繆。《海錄碎事》、《錦繡萬花谷》二編，學士家以其出自宋人，尤珍尚之。其所引太白斷句甚多，亦有誤者。如"雨吟春破碎，貧飲客雕零"、"山含紅樹隨時老，天帶黄昏一例愁"、"荼褐園林新柳色，鹿胎田地落梅香"、"江邊石上誰知處，綠戰紅酣别是春"、"只有人間閑婦女，一枚煎餅補天穿"，皆是李覯詩。（因覯字太伯，遂訛作太白。）"上有萬仞山，下有千丈水。蒼蒼兩崖間，闊狹各一葦"，是白樂天詩；"晚花紅豔静，高樹綠陰初。亭午清無比，溪山畫不如"，是杜牧詩；"蚪須憔悴羽林郎，曾入甘泉侍武皇。雕没夜雲知御苑，馬隨仙仗識天香"，是李郢詩，而皆以爲太白詩矣。又若"霜結梅稍玉，陰凝竹幹銀"、"竹粉千腰白，桃皮半頰紅"、"心爲殺人劍，淚是報恩珠"、"綺樓何氤氲，朝日正杲杲"、"玉顏上哀囀，絶耳非世有"、"佳人微醉玉顏酡，笑倚妝樓澹小蛾"、"借問單樓與同穴，可能銀漢勝重泉"、"露暗煙濃草色新，一番流水滿溪春。可憐漁父重來訪，只見桃花不見人"、"昔日狂秦事可嗟，直驅雞犬入桃花。至今不出煙巒口，萬古潺湲一水斜"、"庭中繁樹乍含芳，紅錦重重翦作囊。還合炎蒸留爍景，題來消得好篇章"諸句，未詳爲誰氏之作，其句法皆與太白不相似，亦皆以爲太白詩矣。羅鄂州《新安郡志》謂南唐時另有一翰林學士李白，《姑熟十詠》是其所作，然則後人所傳李白諸逸詩及斷句之爲諸書所誤引而其名莫可考者，烏知非斯人之作耶？昔人論杜詩真僞，謂"人才之不同如其面焉，耳目口鼻相去亦無幾，諦視之，未有不差殊者。詩至少陵，固不可得而亂也"，斯言良是。夫學力如少陵，其詩不可得而亂，天才若

---

① 此《續集》承用了嘉熙年間面世的《方輿勝覽》，故成書時間當不早於此。參拙稿《淵源與流變——從〈錦繡萬花谷續集〉看南宋坊賈之類書編刻》，《中國典籍與文化論叢》第十四輯。

青蓮，其詩固可得而亂耶？然知其不可亂而猶彙之編之而附之於本集之後，豈曰務博？良欲存此以爲後人辨其眞贋而知所取法焉耳。①

"學士家以其出自宋人，尤珍尚之"一語，體現了《錦繡萬花谷》等宋代類書在當時學者心目中的地位和普遍應用。而其中所涉"霜結梅稍玉"、"庭中繁樹乍含芳"云云，分別出自此《續集》卷三五"天文門拾遺·霜·詩"、卷三九"花品拾遺門·石榴花·詩"，而不見於《錦繡萬花谷》他集、他本。其"詩文拾遺"之《釣台》、《小桃源》二詩考證中所涉《錦繡萬花谷》的情況，亦見於此《續集》卷四"江東路·徽州·題詠"。這些情況均表明，王琦所用《錦繡萬花谷》正屬這一版本。其《李長吉歌詩彙解》"補遺"後跋文"二詩見郭茂倩所編《樂府詩集》，而元人所選《唐音遺響》亦載其《少年樂》一首，似皆後人擬作，非長吉錦囊中所貯者。至《錦繡萬花谷》、《海錄碎事》所引斷句數則尤不類，故棄而不錄"，無疑亦指此本。

較之王琦的審慎，清馮浩《玉谿生詩詳注》則給與更多信據。如卷二《昭郡》以"此篇見《萬花谷續集》'廣西路·昭州·題詠'"輔助地理考證；同卷《詠三學山》一首即據此《續集》補入，並有按云：

> 見《萬花谷續集》"潼川路·懷安軍·題詠"，云"出李義山，在金堂縣"。余昔閱此書，忽而不察。今以大兒應榴錄得，因加審定，必本集所遺無疑也，補編年詩後當附《題僧壁》下。②

二詩及相關信息分別見於此《續集》卷一六、一三，他本不載③，馮氏的態度則可謂信之鑿鑿。其卷三《題劍閣詩》"峭壁橫空限一隅"云云，亦爲馮氏輯補，且經反復斟酌考訂：

> 【浩曰】此刻劍閣石壁者，詩後一行上題"劍閣詩"，下"李商隱"。乾隆壬辰歲，余長子應榴視學四川，次子省槐偕行，劍門登眺，搜錄得之，喜以呈余，矜爲妙蹟。余以辭意平淺，不類義山，棄而弗錄。及檢薛逢集《題劍門先寄上西蜀杜司徒》詩，即此篇也。體格於薛極類，但全篇只詠劍門形勝，何嘗有一字旁及，則其先寄云云，必爲誤贅。因此轉思義山頻經劍州，或有此平易之作，本集舊雖不收，然既有石刻，且徐箋本曾據蜀中名勝收之，而薛又有《送西川杜公赴鎮赴闕》詩，亦有《送義山在徐幕》詩，似其間錯雜，亦可藉以互考，故聊爲附錄。 【又曰】細閱《萬

---

① 據《李太白全集》，北京：中華書局，1977年，第1436、1437頁，標點有改動。
② 據清乾隆德聚堂刻本，下同。
③ 按《詠三學山》一首亦見秦汴本卷一三，然僅署"李義山詠三學山"，删去此本"在金堂縣東北"六字，故不完全。

《錦繡萬花谷續集》"別本"及其文獻價值　229

花谷續集》，"利州路·題詠"有此詩，云"出李商隱題劍門"似更可據。所謂"利州路·題詠"，亦見此《續集》卷一四。劍閣石刻的年代、依據已不可知，馮氏並未輕信，而在矛盾糾結的分析考證中，此《續集》的收錄顯然被視作一項有力證據。

同樣，清孫之騄《玉川子詩集注》卷三《寄蕭二十三慶中》注："《錦繡萬花谷□集》'封溪有猩猩似黃狗，人面善言，音如女子。或以爲太古民也。'"卷五《除夜》注："'殷勤惜此夜'一首《萬花谷續集》作方干詩。"所涉內容分別見於此《續集》一六"廣西路·鬱林州"、卷三七"時令拾遺門·歲除"，可知其所用亦屬此《續集》。

以上所舉僅爲偶然發現，實際使用當不止於此。但至少可以肯定，在清人、特別是清前期的古籍整理輯佚及研究考證中，此系統《續集》使用得並不少，其中的信息也隨之進入各種相關學術著作，在更大的範圍裏影響着人們所接受的學術信息。而這些清人整理、研究成果不乏影響深遠者，往往成爲後人進一步工作的基礎，或至今仍爲我們所使用。

四、價值與局限

（一）存佚

作爲一部宋代類書，在經歷漫長的歷史時期之後，其所據之書不能盡存，吉光片羽借此得留，便足以受人矚目。前文所引清代學者對此書的使用，不論信據或質疑，均體現了這一特點。

客觀而言，因其特殊的資料採集方式，此《續集》前三十三卷在文獻存留方面並不具備獨特意義，而本文所討論的"拾遺"諸卷，雖"參考文獻"之全貌已無法確考，但也正因爲如此，存留了一些今天不見於他書、或他書不完整的資料和信息。儘管經過輾轉傳錄，加之編纂不精，可能存在節略變形，也埋藏了相當嚴重的信息錯亂，即如筆者在《淵源與流變——從〈錦繡萬花谷續集〉看南宋坊賈之類書編刻》一文中曾經討論的，不宜輕易取信。但在紛繁錯雜的信息當中，仍可提取到一些不可多得的寶貴資料：

例如，卷三七"時令拾遺門·寒食·詩"錄有：

> 雲濃雲淡半陰春，禁火天時欲灑塵。花豔有枝還怕雨，柳煙無賴尚熏人。畫毬輕蹴壺中地，彩索高飛掌上身。一路綠莎東郭外，也寬情袍也傷神。（裴說）

《全唐詩》卷七二〇據《古今事文類聚》收有"畫毬輕蹴壺中地，彩索高飛掌上身"一句，全詩今僅可見於此《續集》及《古今合璧事類備要》前集卷十六"節序門·寒食"，且後者當據此書而來。而卷三八"花品拾遺門·梨花·詩"所收周朴詩散聯：

> 臨風千點雪，帶雨一枝春。

不見於《全唐詩》周朴卷，今人陳耀東《全唐詩拾遺》據《全芳備祖》補"臨風千點雪"單句①，此《續集》亦可稍補其闕。

再如同載於卷三八"花品拾遺門·梨花·詩"的：

> 鶯棲清豔魂應爽，蝶醉濃香舞欲顛。疑似隔牆窺宋玉，巧如施粉妒何郎。

一首，署"白樂天"。而《錦繡萬花谷》前集卷七收斷句"疑是隔牆窺宋玉，巧如施粉妒何郎"，（元）郭豫亨《梅花字字香》亦有"疑是隔牆窺宋玉"一句，均署"徐師川"。《全宋詩》册二四卷一三八〇徐俯卷即據《錦繡萬花谷》前集收錄。兩種作者題署，孰是孰非未可遽定，但這裏所錄全詩，無疑是一種有益的資料補充。

與此相似，卷三九"草門·草·詩·春草"：

> 春盡江南茂草深，遶池縈榭碧岑岑。長安客舍孤根地，一寸幽芳萬里心。

署"林逋"，而《全宋詩》册三卷一七一據《全芳備祖》後集卷十收于晏殊名下②，《全芳備祖》的刊刻尚在此《續集》行世之後，在未獲其他有力證據之前，此書所載亦不失爲一種可備考證的異說。

此《續集》所存宋代佚詩相當多，且有很大一部分因《古今合璧事類備要》等書的承用，已爲《全宋詩》所收錄。如卷三五"霜·詩"之王宏"青女橫霜夜，神爐盛凍天"，《全宋詩》即據《古今合璧事類備要》前集卷三收入册七二卷三七四三，同卷"雹·詩"之呂殊"遊子驚車破，農人念稼傷"，見《全宋詩》册五六卷二九四四，亦出《古今合璧事類備要》前集卷二〇。卷三七"寒食·詩"之"至後百五日，春光無火晨。金鈿沽酒妾，羅襪弄毬人。鶯語如留意，花枝不賣貧。東園舊桃李，紅白盡成塵。（陳元老）"、"中秋·詩"之"桂影中秋特地員，况當餘閏魄澄鮮。因懷勝賞初經月，免使詩人歎來年。

---

① 陳耀東《唐代文史考辨錄》，北京：團結出版社，1990年，第180頁。
② 《全芳備祖》作"遶池縈榭碧涔涔"，"遶"字是，《日本宮內廳書陵部藏宋元版漢籍影印叢書》，北京：綫裝書局，2001年，第262頁；《全宋詩》册三第1946頁據影印文淵閣《四庫全書》本作"繞池縈樹碧岑岑"。

萬象斂光增浩蕩，四溟收夜助嬋娟。鮮雲清廓心田豫，乘興能無賦詠篇。（趙大成《閏月中秋》）"亦依據《古今合璧事類備要》前集卷一六、一七分別收入《全宋詩》冊二二卷一二八三與冊七二卷三七五五。前文所舉"李迪"詩四則中，見於《全芳備祖》的兩則，《全宋詩》亦均據該書收於冊六二卷三二九五李迪名下，與此相似。

除此之外，其中尚有相當數量未被他書轉錄，或未爲後人所注意的資料，僅就宋詩而言，筆者即曾據"拾遺"諸卷輯得《全宋詩》所未載或可備考異的詩句55則，涉作者30人，其中有黃庭堅、僧惠洪等名家，也有毛泂、盧元贊等《全宋詩》失收作者。

因此，不論此《續集》所載詩文信息是否完全準確，其存佚之功未可盡否，這也正是"拾遺"諸卷值得注意、以及此種《續集》仍不失資料價值的一個重要原因。而真僞錯雜、謬種流傳亦是不可迴避的事實，因此，審慎考辨、甄別使用，無疑是使用此書不可或缺的前提。

（二）校勘、考證

作爲資料彙編，即使採集資料不甚講究、甚至以同時代書籍抄撮雜湊，因所據版本較早，仍不無校勘價值，此《續集》也不例外。如《海錄碎事》一書，宋元本已不存，傳世版本以明萬曆刊本爲最早。然此《續集》沿用該書之處頗多，亦可資考證。

如卷三五"雷·暝樹"：

> 對面雷暝樹，當街雨趁人。（劉昭禹夏雨詩）

此句可見於《文苑英華》卷一五三裴度《夏日對雨》詩，其全詩爲：

> 登樓逃盛夏，萬象正埃塵。對面雷嗔樹，當街雨趁人。簷疏蛛網重，池濕燕泥新。吟罷清風起，荷香滿四鄰。

宋方回《瀛奎律髓》卷一七據《文苑英華》收錄，且有"句句清切，嗔字、趁字尤見夏雨之快"的點評。《全唐詩》兩見於卷三三五裴度、卷七六二劉昭禹名下，其後者亦僅散句，作"對面雷瞋樹，當街雨趁人"，出處即《海錄碎事》，與此《續集》雖有"瞋"、"暝"一字之別，而來源相同。然在《海錄碎事》卷一"天部上·雷電門"，不同版本却存在異文，明萬曆刊本文字同《全唐詩》、署"劉昭禹"；影印文淵閣《四庫全書》本則署爲"裴度"，"瞋"作"嗔"。顯然，《全唐詩》所據者爲萬曆本一系，四庫底本爲"內府藏本"，存有萬曆年間劉鳳刻書序，當亦源出萬曆本，但很可能據《文苑英華》之類典籍、或人們對此詩的常規瞭解做了校改。但《海錄碎事》的原貌究竟如何？四庫本的校改是否妥善呢？此《續集》恰可成爲佐證。其"暝"與"瞑"字形相近，"劉昭禹"之署名亦同，雖未明言據《海録碎事》，但從前文考證可知，二者之間存在承用關係，則南宋後期確有如萬曆本之版本行世，四庫本的校改雖然更符合通行說法或此詩的真實情況，却很可能背離了《海録碎事》的本來面貌。

再如前文所舉同卷"風"類所收李嶠"落日生蘋末"一首，與《文苑英華》卷一五六所載有明顯差異，傳世本《李嶠雜詠》"乾象部·風"亦同《文苑英華》，而《文苑英華》宋周必大等校勘記所引"集"，正與此書同。則南宋時期之《李嶠雜詠》單行本，確有如此者。此《續集》所收李嶠詩，存在類似現象者頗多，如卷三八"花品拾遺門·桃花"所載散句"春風凝笑臉，朝露泣啼妝"、卷三九"草門·萱草"之"屣步尋芳日"一首、"浮萍草"之"二月初虹見"一首，均不同於《文苑英華》及今本《李嶠雜詠》，而分別與《文苑英華》周必大等校記所引"集"、"一作"、"单题诗"略同。不論此《續集》是否直接録自《李嶠雜詠》或其別集，都從一個側面，傳遞了當時《李嶠雜詠》的文本狀況。

對於承用了此書的古籍而言，此書的文字情況也同樣是識別相關問題屬自身欠缺或手民之誤的重要參照，可仍以《古今合璧事類備要》爲例。

此《續集》卷三五"天文門拾遺·雨"有：

雨師
霍山，南嶽。山有雨師、雲師如蠶，長六寸，似兔。雨師似蛹，長七八寸，似蛭。雨雲之時，出在石上。肉甘，可熟而食之。（《開山圖》）

文意似有缺失，然《古今合璧事類備要》前集"天文門·雨"，有名稱、內容完全相同之條目。經核，此則當自《海録碎事》轉録而來，其原文作：

《開山圖》曰：霍山，南嶽。山有雨師、雲師。注：雲師如蠶，長六寸，似兔；雨師似蛹，長七八寸，似蛭。雨雲之時，出在石上。肉甘，可熟而食。蛹音勇，老蠶。

此《續集》脱"注雲師"三字，不僅將注文的內容混同于正文，也造成了邏輯上的缺失。而《古今合璧事類備要》抄自此書，毫不客氣地沿訛踵謬，純屬先天不足。

同卷"霜"類亦頗有相似之處，如表四。

表四

《海録碎事》卷一"天部上·霜門"	《錦繡萬花谷續集》卷三五"天文拾遺門·霜"	《古今合璧事類備要》前集卷三"天文門·霜"
露爲霜 秋風蕭瑟天氣涼，草木搖落露爲霜。（魏文帝詩） 折綿 風力能承酒，霜威欲折綿。（黃山谷詩） 霜花如錢 李賀《北中寒》詩：霜花草上大如錢。 嶱山霜雪 王子年《拾遺記》：周穆王時，西王母貢嶱山甜霜雪。 霜鬍 許洞《早朝》詩：霜鬍清九衢，霞光照雙闕。 紺霜 《拾遺記》：唐延國霜色皆紺碧。 封條 張緫《七命》曰：霏霜封其條。（緫音協）①	嶱山 周穆王時，西王母貢嶱山甜霜雪。（王子年《拾遺》） 紺碧 唐延國霜色皆紺碧。（王子年《拾遺記》） 封條 霏霜封其條。（張葉《七命》） 凝條 霜凝條兮瓘璀。（何謹《悲秋》） 詩 霜鬍清□九衢，霞光照雙闕。（許洞《早朝》）青女橫霜夜，神爐盛凍天。（王宏）綴條宜屑玉，壓葉訝惟鹽。（嗣青）始因宵露結，終值曉陽晞。（僧潛）露結梅梢玉，陰凝竹幹銀。（李白）瓦凍銀成疊，林凝玉作圍。（鄭谷）	事類……甜霜（周穆王時，西王母貢嶱山∥雪。王子年《拾遺》）紺碧（唐延國霜色皆∥。同上）…… 詩集……霜鬍（∥∥清九衢，霞光照雙闕。許洞《早朝》）橫夜（青女∥霜∥，神爐盛凍天。王宏詩）……壓葉（綴條疑屑玉，∥∥訝堆鹽。嗣青）……折綿（霜威朝∥∥，風力夜冰酒。山谷）迭銀（瓦凍銀成迭，林凝玉作團。鄭谷）結玉（露∥梅梢∥，霜凝竹幹銀。李白）

（加下劃綫部分爲此《續集》與《海録碎事》重合之條目，陰影部分爲《古今合璧事類備要》與此《續集》重合者）

《海録碎事》卷一"霜門"，共有"露爲霜"、"折綿"、"霜花如錢"、"嶱山霜雪"、"霜鬍"、"紺霜"、"封條"七個條目，後四者均爲此《續集》所採用，此《續集》記事僅有一條據他書增補，而"詩"的部分有五條溢出於《海録碎事》；《古今合璧事類備要》之"事類"有兩條與《海録碎事》重，均爲此《續集》所採用者，其"詩集"，則不僅有前二書均有收錄的"許洞早朝"，也有後者署名爲王宏、嗣青、李白、鄭谷的四則，就後者而言，是六用其五，雖其間插入了其他作品，但出現的順序未變②。資料在《海録碎事》——此《續

---

① 《海録碎事》，第22頁。
② "折綿"一則，是此《續集》未錄而《海録碎事》與《古今合璧事類備要》均有者，然從文字看，《海録碎事》與《山谷外集》卷一四所收黃庭堅原詩《次韻和魏主簿》"風力能冰酒，霜威欲折綿"相一致，僅"冰"字訛爲"承"，《古今合璧事類備要》則不僅前後兩句次序顛倒，且"能"作"夜"、"欲"作"朝"，與宋祝穆《古今事文類聚》前集卷五"天道部·冰"及明彭大翼《山堂肆考》卷五"天文·霜"所引《潘子真詩話》同，似另有所據，並非直接承用《海録碎事》。

234　版本目録學研究　第四輯

集》——《古今合璧事類備要》之間的傳遞相當清晰。而此三書共同的"許洞《早朝》"散句"霜靄清九衢，霞光照雙闕"，在《初學記》、《文苑英華》等書中，均作張文琮《同潘屯田冬日早朝》詩，宋計有功《唐詩紀事》亦然。《海錄碎事》依據何書，今不可知，而此《續集》及《古今合璧事類備要》與之一脈相承，至少不具有更高證據意義。

在《古今合璧事類備要》前集卷十六"節序門"，可見署名"王唐珪"的斷句"慚愧四鄰教斷火，不知廚裏久無煙"，而此《續集》卷三七"寒食·詩"有同一詩句，署名作"五唐珪"，再追溯上去，《古今歲時雜詠》卷一一錄有全詩，題作《寒食日獻郡守衛使君》，作者爲"伍唐珪"。《萬首唐人絕句》、《唐詩紀事》、《全唐詩》同，且《唐詩紀事》稱其人爲"唐末進士"，《全唐詩》則云"袁州宜春人"，當是。則在《古今歲時雜詠》（或其他相關典籍）——此《續集》——《古今合璧事類備要》的傳遞過程中，文字發生了"伍"——"五"——"王"的訛變，如果沒有此書作爲中間環節，訛變過程便很難看得如此清晰。

對於來源可考者，可以借助這一中間環節考察其流傳、演變。而對於來源不可考者，厘清這層關係，則可知此書才是"較早出處"。亦可助分析其信息的"實效性"。

如《古今合璧事類備要》前集卷一四"時令門·秋"有：

> 秋思（一從雲水住，曾不下西岑。落水故園在，秋庭積葉新。泉流通井脈，蟲響出牆陰。盡夜更深徹，寒燈獨向吟。僧齊己）

而此詩唐釋靈澈所編《唐四僧詩》列於卷四"清塞詩上"，宋計有功《唐詩紀事》亦載於"釋清塞"，還見於《周賀詩集》及《全唐詩》卷五〇三周賀卷（按釋清塞俗姓周，還俗後改名賀）。《古今合璧事類備要》之説是否別有依據呢？考此《續集》卷三六"時令拾遺門·秋·詩"有：

> 一從雲水住，曾不下西岑。洛水故園在，秋庭積葉新。泉流通井脈，蟲響出牆陰。静夜更深徹，寒燈獨向吟。（山舍秋思） 所見背時情，閒行亦獨行。晚涼思水石，危閣望崢嶸。雨外殘雲片，風中亂葉聲。舊山吟友在，相憶夢應清。（僧齊己）

該詩無署名，或屬編纂時粗心脱落。而《古今合璧事類備要》據此《續集》轉抄時，解讀爲承前省略，落實爲"僧齊己"，遂造成信息訛變。還可以看到，此《續集》列於上述詩作稍後的：

> 淒清臨晚景，疏索望寒階。濕庭凝墜露，搏風卷落槐。日氣斜還冷，雲峰晚更霾，可憐數行雁，點點遠空排。 病寄西城居帶城，倚門高柳一

蟬鳴。澄江月上見魚擲，荒徑葉幹聞犬行。越鳥夜無侵閣色，寺鍾涼有隔原聲。故園賣盡休歸去，湖水秋來空自平。（僧清塞《晚秋江館》）

其前者本爲庾信詩，《庾子山集》、《初學記》均有收錄，此處無署名，而《古今合璧事類備要》採取了與前例相同的解讀方式，亦錄爲"僧清塞"。

與此相似，此《續集》同卷"春·詩"：

幾家台榭鳳城東，野水準分處處通。眼見落花留不得。此時多少恨春風。晝靜簾疏燕語頻，雙雙鬥雀動階塵。柴扉日暮隨風掩，落盡閒花不見人。（元稹）

其後四句確爲元稹詩，可見於《元氏長慶集》卷一六，題做《晚春》。前四句《古今合璧事類備要》前集卷十三"時令門·季春"有收錄，亦稱元稹詩，似可助考證。然此詩不見於元稹集，他書亦不載，雖未見異說，但從此二書的關係看，亦當來自前述之解讀和使用方式。同樣情形的還有卷三七"冬至·詩"之"辛苦望丹枝"一首，此書錄於"杜荀鶴《冬末日友人泛瀟湘》"詩前而無署名，在《古今合璧事類備要》前集卷十八節序門"冬至"，即被署爲杜荀鶴。顯然，對這類信息須持審慎態度。

與此相關，以此《續集》與其他相關古籍共同進行考證時，也必須留意其間的關聯，以及是否構成有效的互證關係。前文所舉王琦對《釣台》、《小桃源》詩的考證，即是以此《續集》與《方輿勝覽》的記載相印證，而實際上，此《續集》相關部分大抵抄自《方輿勝覽》，由此形成的"衆口一詞"，當然也無法形成"證據支持"。

綜上所述，因編纂、傳刻不精，此《續集》存在種種先天不足，這是無法迴避的客觀事實。同時，作爲一部宋人編纂的類書，它所呈現的六百多年前社會文化的絲絲縷縷，亦不應忽視，其中信息已通過各種渠道進入學術視野，更是不爭的事實。客觀而言，作爲古代學術文化信息傳承序列中的一個環節，不僅其中載錄的佚文佚詩具有文獻價值，所存錯亂訛謬也同樣有助於我們考察、審視古書中的某些問題。瞭解和認識這一具有相當特殊性的版本，於古籍整理考證乃至相關學術研究不無裨益。

李更：北京大學中國古文獻研究中心、北京大學中文系副教授

宋本《東觀餘論》考

史 睿

《東觀餘論》是北宋學者黄伯思（1079—1118）唯一傳世的著作[1]，歷代都予以極高評價。此書版本衆多，正如傅增湘先生所云："宋時有紹興丁卯其子〔黄〕訒建安漕司本、川本、嘉定樓攻媿據川本參校刊本，唯樓本明時嘉禾項氏萬卷堂取以覆刻，其大略可知，餘均不可考。"其中尤以上海圖書館所藏嘉定三年（1210）溫陵莊夏刻本（即傅增湘所云嘉定樓攻媿據川本參校刊本）最爲著名，曾經明華夏（生卒年不詳，與文徵明［1470—1559］同時）、文徵明、王寵（1494—1533）、項篤壽（1521—1586）、項元汴（1525—1590）及清季振宜（1630—1674）、徐乾學（1631—1694）、惠兆壬、韓泰華、潘祖蔭（1830—1890）等收藏，流傳有緒，後世刻本多從此出。1961年，趙萬里主編《中國版刻圖録》最早發表此本書影，1988年中華書局收入《古逸叢書》三編（綫裝本

---

[1] 黄伯思與其友討論《太玄》的部分文字保存於許翰所注《玄解》中，今傳，然不能視作黄氏著作。《玄解》見李綱《黄伯思墓誌》（黄伯思《宋本東觀餘論》，北京：中華書局，第369頁），陳振孫《直齋書録解題》（上海：上海古籍出版社，1987年，第273—274頁）及瞿鏞《鐵琴銅劍樓藏書目録》卷十五子部數術類（上海：上海古籍出版社，2000年，第379頁）著録。明人所編《欣賞編》收録黄伯思《燕几图》（《北京圖書館藏珍本叢刊》第78册，北京：書目文獻出版社，1998年，第65—80頁），序署"紹熙甲寅歲（五年，1194）十二月丙午日雲林居士黄長睿伯思"，按，黄伯思卒於北宋政和三年（1118），爲能南宋紹熙年間編書？疑爲明人王仲遠、朱存理等偽託之作，不可盡信。此外，孫承澤《庚子銷夏記》卷一著録黄伯思書《黄庭内景經》墨蹟，然未經目驗，不敢定其真贋。

及平裝本），影印出版，名之曰《宋本東觀餘論》，較爲通行①。近年又有再造善本影印本，開本較古逸叢書三編更爲闊大，印製更爲清晰（尤其卷後）。此外，陳先行先生《打開金匱石室之門——古籍善本》及上海圖書館《琅函鴻寶——上海圖書館藏宋本圖錄》所公布的卷端、題跋等頁均爲彩色精印，較之以前單色影印本更爲清晰真確②。國家圖書館藏一宋刻殘本《東觀餘論》③，因未曾影印行世，亦未發表書影，故知之者較少。本文擬推究此宋刻殘本的遞藏源流，刊刻的時間與地點，以及與莊夏嘉定三年刻本有何關係，兩本優劣等等問題，兼論上海圖書館藏嘉定三年刻本的修補，以就教于方家。

　　國家圖書館藏宋刻殘本《東觀餘論》據傅增湘《藏園群書題記》著錄如下：

　　　　此宋刊本，合《法帖刊誤》上、下卷通爲一百四十六葉，不分卷。每半葉十行，行二十字，白口，左右雙闌，板心頗窄，上魚尾下記"東觀"二字或"東"字，下魚尾下記葉數，最下記刊工姓名，有魏罩、葉遷、葉雪、張回、張文、林厚、花耳、余闌、一奴、賓、盛、旬等人。又目錄十三葉，半葉九行，行二十字。④

經筆者目驗，全書現分裝四冊，前兩冊爲宋刊本，存七十三葉，後兩冊爲明人鈔配。書中夾有棕色籤紙，背有白紙襯裱，上頂格隸書"東觀餘論總目"一行，下端"東觀餘論（以上大字）二本（以上小字）"六字，分三行。其上又有朱筆橫書"北宋刻"三字。此籤條下端露於書外，歲久故顔色較深。由此推測，此本曾經分裝兩冊，目前分裝四冊，當是後人所改。據《延令宋板書目》所載《東觀餘論》分裝二冊，至少當是時尚未改裝⑤。書根裝訂綫以左墨書"東觀餘論"（四冊同），綢緞包角處分別墨書"文、行、忠、信"，作爲四冊編號。周叔弢（勞健抄寫）、勞權跋在書前。卷首補抄《法帖刊誤序》，係據毛氏汲古閣本。目錄自"法帖刊誤上"始，至"跋杜正獻公草書後"止，其後目錄

---

① 此書有上海圖書館陳先行先生所作《影印宋本東觀餘論說明》，著錄辨析縈詳，有益讀者。此說明又見《琅函鴻寶——上海圖書館藏宋本圖錄》，上海：上海古籍出版社，2010年，第91頁。《古逸叢書三編》綫裝本《宋本東觀餘論》豐坊題跋部分墨色黯淡，平裝本則開本太小，皆不及《中華再造善本》影印本清晰。

② 陳先行：《古籍善本——打開金匱石室之門》，上海：上海古籍出版社，2010年，第91頁。

③ 北京圖書館編《北京圖書館古籍善本書目》，北京：書目文獻出版社，1987年，第1437頁，索書號善本8245。

④ 傅增湘：《藏園群書題記》，上海：上海古籍出版社，1989年，第401頁。按，經筆者目驗原書，傅先生所云刻工"花耳"，當作"從耳"或者"聳"字；"葉遷"未見，或是"葉雪"而誤認作"葉遷"；"奴"未見；多"陳北"一人，北即丘之俗寫。

⑤ 季振宜：《季滄葦藏書目》，《叢書集成初編》本，上海：商務印書館，1935年，第5頁。

全係補抄。此當是書賈截取目錄，以殘本冒充全本的伎倆。惜此宋本目錄遭此劫難，給辨析版本增加了困難。正文亦自"法帖刊誤"始，至"跋幹祿字書"條止，其後爲明人補抄。宋刻殘本天頭欄外偶有墨筆，欄內正文相應文字位置亦有點記，是錢謙益校補文字。版刻常見斷版及漫漶之處，多有後人描潤。所描之字大多正確，但是也有不明宋刻避諱缺筆之字而誤描者，如"敦"字末筆原缺，後人描增一捺，等等。又有修補痕迹，如擠刻、補抄部分有朱筆、黃筆校定。

關於此書的遞藏，因爲此本鈐"番陽章甫印"，據勞健所考，此章甫係南宋詩人，字冠之，自號易足居士，鄱陽人，徙居真州①。按，章甫生卒年不詳，約宋孝宗淳熙（1174—1189）前後在世。少從張孝祥學，與陸游、呂祖謙、韓元吉等交游。著有《自鳴集》六卷傳於世。目前所知，《東觀餘論》初刻於南宋紹興十七年（1147），再刻於嘉定三年（1210），章甫正活躍於此兩刻的時代。又，卷首有"華夏"、"真賞"二印，知明代藏於華夏真賞齋，與上海圖書館所藏莊夏本同出一家。《真賞齋賦》收錄豐坊（1492—1563）莊夏本題跋②，但未及宋刻殘本，大約看重莊夏本"紙墨獨精，卷帙甚備"，而宋刻殘本與之相較不免遜色，故不令入《真賞齋賦》歟？其後華夏或將殘本出讓，明嘉靖十五年（1536）之前，黃櫺于范半醒家見此宋刻殘本，其題跋云：

> 右《東觀餘論》一書，博訪二十餘年，未獲善本，先于范半醒家借得不全宋刻本鈔半，終是怏怏。偶于烏溪王雨舟處或見全册大宋字刻本，欣然借歸，凡再閱歲鈔畢。嘉靖丙申（十五年，1536）四月廿又六日黃櫺識。③

黃櫺所謂借于范半醒家的"不全宋刻本"，疑即此本；而于烏溪王雨舟處所見全册大宋字本，或即莊夏本，蓋現存黃櫺抄本與莊夏本行格相同，書末又有莊夏跋④。所謂大宋字者，莊夏本每行二十字，宋刻殘本每行二十二字，較之宋刻殘

---

① 勞健《東觀餘論跋》，國家圖書館善本部藏宋刻殘本卷首。
② 豐坊《真賞齋賦》，繆荃孫《藕香零拾》本，北京：中華書局，1999年，第624—625頁。
③ 黃櫺，字懋甫，生平不詳。臺北故宮博物院《明人便面集錦册》有《明无款梨花白燕》扇面一幅，有黃櫺、文彭、文嘉等人題詩，文伯仁有《贈黃懋甫關山行旅圖》（上海鴻海商品拍賣有限公司2009年"古調今韻"中國傳統書畫专場拍品，圖上題記云：黃君懋甫來金陵，館於何元朗〔即何良俊〕翰林之弟，道舊論文，留連旬日，余亦與焉。間徵拙惡，意頗篤切，不知何所取也，因爲作此貽之，未果以爲何如也。嘉靖戊午年〔1558〕十月十日五峰山人文伯仁紀），可見黃櫺與文徵明子（文彭、文嘉）侄（文伯仁）及何良俊等頗有過從。范半醒，明代書畫收藏家，與文徵明友善，見文嘉《鈐山堂書畫記》（《叢書集成初編》本，7頁）。明董穀《碧里雜存》云："王雨舟，名濟，烏鎮市人也。官橫州別家，詞翰俱佳。無子，性坦夷有大度，窮極聲色，富樂終身，與余先君交善。"（《叢書集成初編》本，第98—99頁。）
④ 其時尚無項篤壽萬卷堂翻刻宋本，故非項氏本可知。

本，莊夏本可稱爲大字本①。再，鐵琴銅劍樓藏舊鈔本《東觀餘論》明顧飛卿題跋云：

> 《東觀餘論》，世無善本，往歲有書賈持宋刻一帙見示，余以殘缺不收，至今以爲悔也。癸酉（萬曆元年，1573）十月，從景陽秦君所假鈔本，天寒晷短，手自謄録，凡浹旬而畢。②

此宋本殘帙是否即華夏真賞齋舊藏，不得而知，然明代晚期宋本《東觀餘論》已難覓蹤跡，卻是實情，即殘本亦爲學人所貴。

又據此本卷端勞權（1818—1861）題跋，審定此書天頭校記爲錢謙益（1582—1664）親筆。錢謙益《絳雲樓書目》"雜藝類"著録此本，京都大學人文科學研究所藏抄本有清陳景雲（1670—1747）朱筆注記，云"三卷，黄伯思字長睿，邵武人，大觀戊子"。③陳氏無緣得見錢氏絳雲樓藏書，大約僅據通行本著録，所謂三卷未必準確。自錢氏絳雲樓散出後歸季振宜（1630—1674），見於《延令宋板書目》④。勞權謂"檢《延令宋板書目》所藏有二，其一不著卷數者即此本，但不注完缺耳"，大致可信。中間約兩百年不知藏於誰氏，後流入蘇州書肆，爲勞權所得，咸豐七年（1857）撰爲題跋，認定此本爲南宋紹興建刻本。傅增湘云"此書壬子歲（1912）得之友人魯君純伯，純伯得之塘棲（今浙江餘杭塘棲鎮）某氏，蓋勞氏之戚也。卷中所鈐勞禮印，即霽卿（即勞權）之女，勞氏世藏已五十餘年矣"⑤。1911年之後傅氏致力於善本古籍收藏⑥，此書1914年年初以前入藏傅增湘雙鑒樓，著録於《雙鑒樓善本書目》⑦，題記見於《藏園群書題記》及《藏園群書經眼録》⑧，又見於《藏園訂補邵亭知見傳

---

① 此係趙前老師賜教，特誌謝忱。

② 瞿良士輯《鐵琴銅劍樓藏書題跋集録》，上海：上海古籍出版社，1985年，第171頁。又瞿鏞《鐵青銅劍樓藏書目録》卷十六子部雜家類《東觀餘論》條云："此本爲萬曆間（1573—1620）酉陽山人顧飛卿氏校定。"（第412頁）

③ 京都大學人文科學研究所藏抄本，其中"大觀戊子"係指黄伯思《法帖刊誤序》的署年，因《法帖刊誤》爲全書之首，故陳景雲誤認作《東觀餘論》的成書年代。

④ 季振宜《季滄葦書目》，第5、13頁。此書著録《東觀餘論》一處作"二本"（第5頁），一處作"上下二卷，四本"（第13頁），勞權云無卷數者即此本。

⑤ 傅增湘：《藏園群書題記》，第402頁。

⑥ 傅增湘《雙鑒樓善本書目序》云："第四十歲以前，多緣求學所資，而吾家未有者爲急，以云善本，殆未遑也。逮辛亥（1911）解組，旅居滬瀆，得交沈寐叟、楊鄰蘇、繆藝風諸先輩，飫聞緒論，始知版本讎校之相資，而舊刻名鈔之足貴。遂乃刻意搜羅，思有以紹承先緒。"（臺北：廣文書局，1969年，第1頁），又《張元濟傅增湘論書尺牘》（商務印書館，1983年）所收討論善本古籍的書札均在1911年之後。

⑦ 傅增湘：《雙鑒樓善本書目序》，第111頁。

⑧ 傅增湘：《藏園群書題記》，第401—403頁；《藏園群書經眼録》，北京：中華書局，1983年，第734—735頁。

本書目》，廣爲人知①。此後傅增湘又相繼購得明萬曆十二年（1584）項篤壽萬卷堂刊本、明末汲古閣刊《津逮秘書》本（翁方綱校本及勞權校宋本）及清盧文弨手校舊抄本②。傅增湘不靳於將此宋本《東觀餘論》與友朋共同賞析、校勘，故在北京學術圈中常有學者談到此書。沈曾植（1850—1922）於1914年於滬上得見傅增湘所藏宋刻殘本，有題跋云：

> 癸丑臘月，傅沅叔以所得宋本殘帙見示，每半頁十行，行二十字，錢牧齋以墨筆校於眉間。勞季言跋云（以下抄勞跋，不錄）。書中宋諱闕筆至桓、構而止，北宋諱闕，孝宗諱不闕。訛字頗多，每半頁十行，行二十字。③

繆荃孫（1844—1919）亦曾從傅增湘借此本校勘自己所藏舊鈔本，有題記云：

> 從傅沅叔紹興丁卯其子黃訒刻本校過，世通行皆毛刻嘉定年樓攻媿刻本也，今照紹興本校改，似覺稍勝。④

所謂傅沅叔紹興本即此宋刻殘本。同爲藏書家的周叔弢也常常于傅氏雙鑒樓中摩挲宋本《東觀餘論》等珍貴典籍。1933年或稍前，傅增湘先生將此宋刻殘本出讓。不久復見於日本書賈田中慶太郎《文求堂書目》中，爲使孤本不淪於異域，周叔弢斥資購得，並以題跋記其事：

> 癸酉（1933）正月，獲見日本《文求堂書目》，著錄宋、元、明本凡百餘種，其中多沅丈舊藏，余嘗于雙鑒樓中得摩挲者，尤以北宋本《通典》、紹興本《東觀餘論》爲最罕秘，蓋海內孤本也。《通典》索價一萬五千圓，余力不能贖，乃以日金一千圓購此書歸國，聊慰我抱殘守缺之心。獨念今者邊氛益亟，日蹙地奚止百里，當國者且漠然視之而無動于中，余乃惜此故紙，不使淪於異域，書生之見亦淺矣。恐人將笑我癡絶而無以自解也。噫！二月十二日弢翁記。⑤

---

① 葉德輝《書林清話》云："建安漕司本：紹興癸酉（二十三年）黃訒刻其父伯思《東觀餘論》不分卷（每葉二十行，每行二十字），見傅沅叔增湘藏書。"（北京：中華書局，1959年，第62頁）葉氏將此宋刻殘本認作紹興黃訒刻本，且作爲宋代建安漕司的典型，皆誤。其注云"見傅沅叔增湘藏書"，故知葉氏曾目驗此本。
② 傅增湘：《藏園群書經眼錄》，第735—739頁；又見傅增湘《雙鑒樓善本書目》，第112頁。
③ 沈曾植：《海日樓題跋》，錢仲聯輯《海日樓札叢》，上海：上海古籍出版社，2009年，第20頁。
④ 繆荃孫：《藝風藏書再續記》，《藝風藏書記》，上海：上海古籍出版社，2007年，第515頁。
⑤ 國家圖書館藏宋刻殘本書端（勞健書），錄文見李國慶編著、周景良審定《弢翁藏書年譜》（合肥：黃山書社，2000年，第74—75頁），惜誤作借，據原跋墨蹟校正。

1952年,周叔弢先生將此本在內的宋元珍本捐獻北京圖書館(今國家圖書館),此國家圖書館宋刻殘本《東觀餘論》遞藏源流之大概也。

此國家圖書館藏宋刻殘本由勞權於咸豐七年定爲紹興初刻本,其跋云:

> 前帙宋刊,曾經以樓本勘校,係蒙叟手迹,審定爲初刻之本,今無訒跋,殆脱去之。訒跋所云十卷者,蓋指《東觀文集》中卷第而言之,而兩卷者則攻媿校定本也。①

又,勞權所校宋刻殘本跋與之相近,略云:

> 余向得宋槧本作一卷,雖無訒跋,要是紹興初刻之本,其分上下卷者,爲攻媿所校定。②

勞權這個判斷,很可能是受《天禄琳琅書目》的影響,其書卷九云"《東觀餘論》一函二册,此書在宋嘉定間樓鑰刻之建安漕司",是混紹興十七年黃訒本與嘉定三年莊夏本爲一。

所謂南宋高宗紹興十七年黃訒建安漕司刻本,最早記録見於莊夏本所附黃訒刊刻題跋,參考此跋及相關序跋,我們可以列出黃伯思著作的刊行歷程:

1. 北宋末,成書於大觀二年(1008)的《法帖刊誤》已經抄本或刻本流行,其子黃訒云"先君學士《法帖刊誤》盛行於世"。③

2. 紹興初黃訒寓居福州,刻其父黃伯思《校定杜工部集》二十二卷,李綱爲之作《校定杜工部集序》,署期爲紹興六年(1136),其刊刻大約於是年或稍晚④;

3. 紹興中黃訒任福建安撫司屬官,開刻黃伯思《校定楚詞》十卷,《翼騷》、《洛陽九詠》、《小楷黃庭内景經》、《摹勒索靖急就章》各一卷,葉夢得於紹興甲子(十四年,1144)得見福唐刻本《急就篇》,故其刊刻不晚於是年⑤;

4. 紹興十三年(1143),黃訒命筆史抄録黃伯思所録米芾《跋秘閣法帖》,附于《法帖刊誤》之後⑥。這很可能是黃訒爲編纂《東觀餘論》所做的準備。後至十七年(1147)黃訒任福建路轉運司主管文字,將其父所撰《法帖刊誤》、秘閣古器説、論辨、題跋編輯爲十卷,總名之爲《東觀餘論》,與《校定師春

---

① 國家圖書館藏宋刻殘本書端,又見於傅增湘《藏園群書題記》(第401頁)及《藏園群書經眼録》(第735頁)。

② 國家圖書館藏明毛氏汲古閣刻《津逮秘書》勞權校宋本,又見於傅增湘《藏園群書經眼録》,第736頁。

③ 黃訒《米芾跋秘閣法帖題識》,《宋本東觀餘論》,第99頁。

④ 黃訒跋,《宋本東觀餘論》,第377—378頁;李綱《校定杜工部集序》,同書第354—358頁。

⑤ 黃訒跋,《宋本東觀餘論》,第377—378頁;葉夢得《觀文節使葉公題跋章草急就篇》,同書第358—359頁。

⑥ 米芾《跋秘閣法帖》黃訒識語,《宋本東觀餘論》,第99—100頁。

書》同時刊刻於建安轉運使司①。

李綱所撰《黃伯思墓誌》云，黃伯思終年四十歲，可謂英年早逝，其時其兩子詔、訥年紀尚幼，"不克銘于墓"②，更無力整理乃父的著作。黃氏著作最早傳世者極有可能是《法帖刊誤》，按黃伯思《法帖刊誤序》的署年爲"大觀戊子"（二年，1108），大約結集於此時。大觀年間黃氏在洛陽任河南府戶曹參軍，王玠、許翰與之同官聯署，常常往復論學，《法帖刊誤》大概已在洛陽學人當中傳佈③；其後，大約政和（1111—1118）年間黃氏來到開封任九域圖志所編修官，與劉燾、董逌等學者互相切磋④，逐漸聲名藉甚。然黃氏著作終其一生亦未及刊刻，他卒於政和八年（1118），宣和五年（1123）入葬，紹興九年（1139）即葬後十七年方得李綱作墓誌以表其徽猷；而《東觀餘論》的編纂要到紹興十七年才由其次子黃訥完成，故《東觀餘論》最早版本即紹興十七年黃訥福建刻本，爲十卷本，所謂川本、三劉本等均晚於此本。另外，黃訥刊刻此書雖然在其福建路轉運司主管文字任上，但是仍然屬於家刻本，是由家人編輯並籌集經費刊刻的，並非福建路轉運司（或稱爲"福建漕司"）刻本。紹興十七年黃訥福建刻本雖爲初刻，然錯訛較多，讀者病之，莊夏曾云"建本訛閼不可讀"⑤。

爲了糾正舊本之誤，莊夏與樓鑰商議以樓氏家藏手校本爲底本，刊刻新本，於是就有了嘉定三年刻本。編校過程中，樓鑰與莊夏曾有重要的編輯原則的改變，最初，莊夏刪去了三十一篇重複的黃氏題跋，故跋云"既又得蜀本參校，而刪其重出者"，樓鑰也同意莊夏的想法，但是此後樓鑰的想法又有了變化，他在《東觀餘論》書末第一跋中指出：

> 川本去三十一篇，皆在可刪之域。若《跋師春書後》一篇，已有《校定師春書序》，又《跋幹祿碑後》及《跋鍾虞二帖後》，皆是重出，當刪。

---

① 黃訥跋，《宋本東觀餘論》，第377—378頁。
② 李綱《黃公墓誌銘》，《宋本東觀餘論》，第372頁。
③ 王玠《法帖刊誤題跋》，《宋本東觀餘論》，第89頁；許翰《法帖刊誤題跋》，同書第90頁；李綱《黃公墓誌銘》，同書第369頁。又陳振孫《直齋書錄解題》（徐小蠻、顧美華點校《直齋書錄解題》卷一四，上海：上海古籍出版社，1987年，第408頁）、《宋史藝文志》（上海：商務印書館，1957年，第33頁）均單獨著錄《法帖刊誤》，《直齋書錄解題》亦將米芾《跋秘閣法帖》單獨著錄（第408頁）。今傳本，如《百川學海》本，皆爲截取《東觀餘論》而單行者，非復宋代單行之本。國家圖書館藏宋本殘本《東觀餘論》中之《法帖刊誤》另起頁碼，值得注意。
④ 樓鑰題跋，《宋本東觀餘論》，第382頁。
⑤ 莊夏跋，見上海圖書館藏袁廷檮五硯樓抄本《東觀餘論》，錄文附見於《影印〈宋本東觀餘論〉說明》（《宋本東觀餘論》，第5頁），國家圖書館藏明影宋抄本（索書號13332）亦有此跋，惟壞字頗多，疑底本如此。《東觀餘論》嘉定三年經莊夏據樓鑰手校善本再刻之後，樓氏仍然校出一百五十五條錯訛或疑問，貼改四百四十二字，由此看來所據底本訛誤確實不少。

> 其餘二十八篇不若存之，以全其書。①

此跋係手書上板，極有可能是節録樓鑰致莊夏的一封書札，附刻於書後。嘉定三年刻本保留二十八篇題目相同或相似的篇目，這是它與川本的最大不同。這個編輯思想的變化應該在版成之前，因爲從現存的嘉定三年本來看，書中已經刻入了原計劃删除的二十八篇，若版成再補，勢必會重新刻版不可。據書末所附莊夏跋文，此本係用樓鑰家藏手校善本爲底本，参校川本和劉本及相關典籍，於浙江一帶刊刻新版，版成於嘉定三年。

然而我們今天所見上海圖書館藏莊夏刻本卻非嘉定三年版印本，而是經過嘉定四年重修之本。此書莊夏第二跋云：

> 是書刊於［嘉定］庚午（三年，1210年）之秋，明年（嘉定四年）正月得公（指樓鑰）書，又校示一百五十五條，塗者一百二十一，注者三百一十七，乙者四，凡貼改四百四十二字，並以邵資政考次《瘞鶴銘》文附于弓後云。

這表明在嘉定三年版成之後，樓鑰又補充了很多校勘意見，且附録邵資政考次《瘞鶴銘》文，因此就需要在原有書版上作很多挖改，以更正樓鑰新近貼改的四百四十二字。莊夏在嘉定三年舊版上加以修補，將樓鑰嘉定四年的校改經刻入此書。經過修版的《東觀餘論》印本與嘉定三年印本相比，幾乎是涣然一新的書籍。修版的痕跡，我們今天仍然能從上海圖書館藏本中找到。

現存兩種宋刻的刊刻過程考證如上，然今所見國家圖書館藏宋刻殘本究竟屬于哪一版本系統？我們當以前面總結的紹興十七年黃訥刻本和嘉定三年莊夏刻本的特徵予以衡量。

首先，國家圖書館藏宋刻殘本並非紹興十七年刻本。理由有如下兩點：其一，紹興本當爲十卷，兩者分卷不同。陸心源（1834—1894）云"紹興丁卯黃訥刊本十卷，今不得見"，是承認黃訥所云；而勞權則辯稱"訥跋所云十卷者，蓋指《東觀文集》中卷第而言之"。筆者認爲勞權的説法不能成立，《東觀文集》編成未刊，入南宋即已不傳，故不見于《郡齋讀書志》和《直齋書録解題》，其卷次究竟如何不得而知，且今《東觀餘論》所收各篇在《東觀文集》中的位置亦難有定論；且黃訥題跋云"以先人所著《法帖刊誤》、秘閣古器説、論辨、題跋共十卷，總名之爲《東觀餘論》"，言旨明確，難以另作解釋。宋刻殘本因書賈撤去部分總目（自"跋劉次莊《戲魚堂記》後摹本"條以下殘去，幾近一半目録），且正文亦佚失一半以上，故暫時無法斷定究竟係二卷本還是不分卷本。十卷本與二卷本在編次有何差異，我們不得而知，從今存二卷本、不分卷本看來，篇目排列大致相同，只是川本、嘉定三年本删去部分重複篇目而

---

① 《宋本東觀餘論》，第379頁。

已。其二，紹興本刻於福州，而宋刻殘本刻工皆爲浙人，且字體風格亦屬浙刻，兩者恐非一本。莊夏刻本所存黃訥刻書題跋與其他部分字體迥異，具有濃厚的顏體風格，疑爲模仿黃氏建安刻本舊樣，嘗鼎一臠，可知其味①。前引勞權的結論對于傅增湘曾有影響，故其早期《雙鑒樓善本書目》依照勞權的題跋將此本認作紹興建刻本②，而後來在《藏園群書題記》就有了重大的改變。他經與今藏上海圖書館的嘉定三年刻本比較之後，指出"此本（國家圖書館藏宋刻殘本）以雕工審之，當是浙中授梓，而又非樓本，則宋時浙中此書即有兩刻矣"，從而定爲浙刻本③。

其次，國家圖書館藏宋刻殘本亦與嘉定三年莊夏刻本不同，最重要差異即是樓鑰校記的有無。陸心源非常敏鋭地注意到今本《東觀餘論》中小注的差異，他説："書中小注有伯思自注者，有攻媿（樓鑰）校注者，莊跋所謂注三百一十七是也。毛子晉跋以爲出項篤壽者固謬，或以爲皆伯思自注者，亦非也。"④ 莊夏本《東觀餘論》各條多有雙行小注，這些注釋有的爲黃伯思自注，有些爲樓鑰校注。《東觀餘論》某些小注頗爲清晰，一望便知是黃氏自注，如"跋《寶篋經》後"題下注云："乃王晉玉所畜書，凡五軸，求予跋尾。"⑤ 按，王晉玉即王玠，與黃伯思過從甚密，曾爲其《法帖刊誤》作題識⑥；黃伯思曾爲王玠所藏《寶篋經》、《韋鷗馬圖》和《桓溫像》作跋⑦。而另外小注則很明顯是樓鑰、莊夏所作校注，如"跋開弟所藏張從申書慎律師碑後"末注云"既云從申有弟三人，又云季謂從申，不可曉"⑧，這是對於此條叙述矛盾之處的質疑；又如"跋黃庭經後"引《真誥》之後小注云"以《真誥》校"⑨，這是校核原書的説明；再如"跋秘閣第三卷法帖後"有小注云"川本作'府'"⑩，等等。從内容和語氣上，我們大致可以分析出部分黃伯思自注和樓鑰校注的不同，但是没有明確證據的我們仍然難以斷定。正是因爲宋刻殘本全無樓鑰校注，故

---

① 由莊夏刻本保存手書上板的莊氏、樓氏題跋看來，此本雕工長於摹勒，故仿刻黃氏舊樣亦屬可能。
② 傅增湘：《雙鑒樓善本書目》，第111頁。
③ 傅增湘游日之後，多從刻工入手考證古書版本，似是受當時日本書志學家影響。此係王天然提示，特誌謝忱。
④ 陸心源：《儀顧堂續跋》卷十《明仿宋槧東觀餘論跋》，《國家圖書館藏古籍題跋叢刊》，北京：國家圖書館出版社，2002年，第658頁。
⑤ 《宋本東觀餘論》，第239頁。
⑥ 同上書，第89頁。時在政和四年（1114）。
⑦ 同上書，第239、273—274、278頁。
⑧ 同上書，第283頁。
⑨ 同上書，第256頁。
⑩ 同上書，第233頁。

兩者相較的結果，黃氏自注和樓氏校注就能分得一清二楚了。宋刻殘本天頭欄外錢謙益墨筆所書，除極少數提示内文重要語彙之外，基本上都是對勘莊夏本所得的異同。

以宋刻殘本與莊夏本比較，我們可以看到宋刻殘本並無關于版本校勘和引書校勘方面的注釋，皆爲黃伯思自注。例如莊刻本《跋十七帖後》校注用張彥遠《法書要錄》校，《跋黃庭經後》用陶弘景《真誥》校，皆爲引書校勘，宋刻殘本無此注；又如《法帖刊誤》第三晋宋人書云："王著叙王坦之書，列于逸少諸子間，意以名皆從之，殊不知坦之自太原王耳，非琅耶族也。非通古甚那至爾。"原注云："非通古甚那至爾，川本去此七字。意非字下有不字。"此係版本校勘，末句更屬理教，宋刻殘本亦無此注。再如《法帖刊誤》第七王會稽書中，校注以劉次莊《法帖釋文》校勘，屬於莊夏題跋所云"質於它書而兩存之"之例，宋刻殘本亦無此注。又莊刻本《跋黃庭經後》條"字勢放歐率更"，"字勢"二字之間有一字的空格，當是樓鑰删去此字，故剜去；《銅戈辨》條有長達五字的墨丁，宋刻殘本作"名爲幹將亦得"六字，當是樓鑰認爲此六字當删，故修版時改爲墨丁。此皆爲莊刻本修補嘉定三年舊版的痕跡，而皆不見於宋刻殘本。

《法帖刊誤》第九王大令書上《静息帖》條云"礜石深是可疑事"，其後云："劉表在荆州，與王粲登障山，見一岡不生百草，粲曰：此必古冢，其人在世服生礜石，熱蒸出外，故草木焦滅。鑿看果墓，礜石滿瑩。"樓鑰附注作大字，並低兩格，云：

> 《異苑》魏武北征，逾頓升嶺，眺矖見山岡不生百草，王粲曰：是古冢，此人在世服礜石，而石生熱蒸出外，故卉木焦滅。即令發看，果得大墓，内有礜石滿瑩。　此段《本草》誤列在礜石部（以上六字莊本刻作雙行小字），此云劉表登障山，當別有出。①

此條初見不免令人生疑：若是黃氏自注，不應有"此云劉表登障山，當別有出"的商榷語氣，若是樓鑰校注，又不應作大字。然樓鑰題跋云："王大令《静息帖》礜石事，《異苑》謂曹公同王粲見此，而雲林謂劉表在荆州時，未知何據。（第385頁）"由此可知《異苑》條附注不是黃伯思原文，確是樓鑰校注②。洪邁（1123—1202）不及見莊夏刻本，故其《容齋隨筆》稱引黃伯思《東觀餘論》"静息帖"條並未引用《異苑》"礜石"條，而文字與宋刻殘本全同。筆者推測，大約是此注文字頗多，且注中有注，刻作小字不便閱讀，故低二

---

① 《宋本東觀餘論》，第77—78頁。
② 沈曾植最早發現此係樓注，見《海日樓題跋》，錢仲聯輯《海日樓札叢》，第20頁。

格刻作大字。總之，若無莊夏刻本，我們不能獲得樓鑰校勘之成果；而若無宋刻殘本，我們則不能得知黃伯思自注和樓鑰校注的分別。故兩本合之並美，分之兩傷。

據以上考證不難得出結論，此宋刻殘本刻於浙江一帶，刊刻時間應在紹興丁卯（十七年，1147）之後，開禧丁卯（三年，1207）莊夏與樓鑰籌畫刊刻新本之前。此本改變了黃訥刻本十卷的卷次，編爲三卷，又不見用川本和三劉本校勘，疑是最早的二卷本或不分卷本。

至此，我們可以梳理一下《東觀餘論》宋代刻印的概況，此書最早的刻本是紹興十七年（1147）黃訥福建刻本，此後是國家圖書館藏宋刻殘本（刻于1147—1207之間），其後又有川本和三劉本（刊刻年代不詳），然後是嘉定三年（1210）刻本及四年修補本。此外，根據國家圖書館藏兩種明影宋抄本推測，在嘉定三年本系統上，還有增添篇目的再刻本。又《景定（1260—1264）建康志·書板門》記載有一浙刻本，共二百一十板，陸心源推測爲嘉定三年本，但是今存諸宋本及影宋抄本葉數不合，所以可能是另外的刻本。

又，莊夏刊本中特別重視字體的正定。因此書往往談及古器、碑版、法帖、典籍中文字的正俗、訛誤問題，故《宋史·藝文志》將此書置于經部小學類，亦非不倫。正是因爲《東觀餘論》這個特徵，樓鑰卷末跋語強調云：

> 鍾王以來，多以意行筆，雲林（即黃伯思）耽玩古帖，與之俱化，如隱之爲"隱"，最之爲"冣"之類尚衆，此既爲小學而作，亦略爲正其點畫。①

取莊夏本與宋刻殘本相校，我們發現樓鑰確實是正了不少訛俗之字，例如宋刻殘本之"法"，莊夏本皆正作"灋"，"羑"正作"美"，"放"正作"倣"，等等。

黃伯思之子黃訥編校《東觀餘論》微有訛誤，其中最爲明顯者是"跋《真誥》書秦漢間事後"條。莊夏刻本此條標題之後有小字樓鑰校語云"此跋三十五字，乃《真誥》全文"，意謂此跋非黃伯思所作，而係全引《真誥》原文，故加校語以別之。《東觀余論》全是輯錄黃伯思論說題跋，唯此條與全書體例不合。筆者推測，此係黃訥將黃伯思父手錄《真誥》文字誤作乃父題跋。黃伯思曾多次抄錄陶弘景《真誥》（崇寧年間、大觀戊子八月十九日），並于其後題跋，今見于《東觀餘論》者有"跋崇寧所書《真誥》冊後"、"跋所書《真誥》數紙後"、"跋《真誥》'衆靈教戒'條後"諸跋，而"跋《真誥》書秦漢間事後"則是陶弘景原跋，想是黃伯思抄錄時較之正文低一二字抄寫，與黃氏自跋

---

① 《宋本東觀餘論》，第 387 頁。

格式無異，而黃訒輯録時遂不加分别，又未取原本《真誥》校勘，故誤以陶跋爲黃跋。這是黃訒疏誤之處，樓鑰雖知其誤，卻不知何以致誤，故不可不表出之。

　　　　　　　　　　　　　史睿：北京大學歷史系副研究館員

試論八行本《孟子注疏解經》的校勘價值

王耐剛

　　《孟子注疏解經》十四卷（每卷分上下），趙岐注，孫奭疏。自朱熹以來，世多以爲此乃僞託孫奭之名，故不甚重之。世所傳者有元刻明修十行本，再造善本影印者即是，此本而下有明李元陽刻本，是所謂閩本。又有明北監本，自閩本出；毛氏汲古閣本，自北監本出。武英殿本亦自北監本出。南昌府學本，以十行本爲底本，参校衆本。以上所説衆本皆源自十行本，可謂同出一源，而十行本乃源自宋福建書坊本。十行本而上之注疏合刻本，則當推八行本。本文就管見所及，略述八行本《孟子注疏解經》之存藏，其與十行本之關係及其價值，以供參考。

一、八行本《孟子注疏解經》概説

　　八行本《孟子注疏解經》是現存最早的《孟子注疏解經》的刻本，以其每半頁八行，故稱八行本，又以其刊於浙東，故又稱越州本，或越刊八行本。《孟子注疏解經》而外，又有《周易注疏》、《尚書注疏》、《毛詩注疏》、《周禮疏》、《禮記正義》、《春秋左傳正義》、《論語注疏解經》存於世。[1]

---

[1]　八行本存藏之概況可參汪紹楹《阮氏重刻宋本〈十三經注疏〉考》，載《文史》第三輯，第25—60頁，北京：中華書局，1963年。又參張麗娟《宋代經書注疏刊刻研究》，2010年北京大學中文系博士學位論文。

八行本《孟子注疏解經》每半頁八行，行16字，注文、疏文小字雙行，行22字。《第二批國家珍貴古籍名録圖録》著録作南宋兩浙東路庚司刻本。此八行本《孟子注疏解經》與南宋紹熙三年（1192）黄唐主持刻印的《禮記正義》，慶元六年（1200）紹興府所刊之《春秋左傳正義》風格一致，刻工亦彼此互見。以北京大學所藏八行本《孟子注疏解經》殘卷爲例，刻工許貴、毛俊、宋瑜等亦見於紹熙間所刻《禮記正義》與慶元間所刊《春秋左傳正義》，徐仁、許詠、李彥、李信等亦見於《禮記正義》，許成之、顧祐、吳宥、楊昌等亦見於《春秋左傳正義》。這種刻工彼此互見的情況可以説明，八行本《孟子注疏解經》與《禮記正義》、《春秋左傳正義》的刻板時代相近。袁克文《寒雲手寫所藏宋本提要廿九種》以爲：“《孟子注疏》殘本四卷，宋紹熙三山黄唐刊本也，予藏有黄刊《禮記正義》七十卷，與此無殊。”① 但八行本《禮記正義》之黄唐跋文及張金吾《愛日精廬藏書志》卷五所載《春秋左傳正義》沈作賓刻書後序，都没有提及《孟子注疏解經》之刊刻，且八行本《孟子注疏解經》中避諱字至"擴"、"廓"字止，則其刊刻時代不能早於寧宗時期，故袁克文所云非是。王國維《兩浙古刊本考》以爲此書“刊於慶元後”。② 日本學者阿部隆一《增訂中國訪書志》根據八行本《孟子注疏解經》與他書刻工互見以及書中避諱的情況，認爲八行本《孟子注疏解經》的刻板時代爲南宋寧宗至理宗前期。③

八行本《孟子注疏解經》傳於今者，主要存藏於以下四處：

（一）中國國家圖書館

存卷三、四，卷十三，卷十四，每卷分上下。《北京圖書館古籍善本書目》及《中國古籍善本書目》并著録作宋刻元修本，且皆言有繆荃孫跋。

然傅增湘先生在其《藏園群書經眼録》中著録其於文德堂所見八行本《孟子注疏解經》卷十三、卷十四後，又云：“余筦教育部時，清理大庫殘牘，得宋刻八行本《孟子注疏》八卷，已付圖書館收藏。兹於文德堂復見此二卷，爲館藏所無者，因併校於殿本上，文字粗有訂正。若館中能收此殘卷，則所缺只四卷，異時或有補完之望也。丙寅九月初四日沅叔記。”④ 傅增湘先生《藏園訂

---

① 袁克文：《寒雲手寫所藏宋本提要廿九種》，見《宋版書考録》，北京：北京圖書館出版社，2003年，第184頁。

② 王國維：《兩浙古刊本考》卷下，見《閩蜀浙粵刻書叢考》，北京圖書館出版社，2003年，第259頁。

③ 詳參阿部隆一《增訂中國訪書志》，東京：汲古書院，昭和五十八年（1983），第214—215頁。另外一點需要補充的是，今傳世諸八行本《孟子注疏解經》皆有補版，阿部隆一先生認爲其所見本的補版時代在明代初年。

④ 傅增湘：《藏園群書經眼録》，北京：中華書局，2009年，第80頁。

補邵亭知見傳本書目》亦云："北京圖書館有内閣大庫舊儲殘本八卷。"① 由此可知，當時北京圖書館藏有源自内閣大庫遺藏的八行本《孟子注疏解經》八卷，但此八卷之起訖則不得而知，唯一可以確知的是此八卷中無卷十三、卷十四。傅增湘先生在民國六年（1917）十二月至八年五月間出任教育總長②，則此八卷之收藏亦當在此一階段。《北平圖書館善本書目新舊二目異同表》中也説："本館善本書目，最早出版者，當推繆荃孫編之《學部圖書館善本書目》，印在《古學叢刻》中。民國五年夏曾佑重加修訂，成《京師圖書館善本書目》四册，即世所行鉛印本是也。其後張宗祥氏就任京師圖書館主任，又據《夏目》重編，改正《夏目》繆誤不少。其時午門歷史博物館整理内閣大庫遺藏，送來宋元以下舊槧舊抄，可補館藏之缺者，爲數甚多。"③ 這也可以説明這批書的入藏時間。而無論是繆荃孫所編的《學部圖書館善本書目》，還是夏曾佑所編的《京師圖書館善本書目》，甚至是成書於民國二十二年（1933）趙萬里先生撰集的《北平圖書館善本書目》中均没有提及八行本《孟子注疏解經》，那麽這可以説明在1933年以前，可能這批書已經不在當時的國圖了。

如前文所述，今日國家圖書館所收藏的八行本《孟子注疏解經》僅有四卷，而非八卷，且其中卷十三、卷十四并不在傅增湘先生所説的八卷之中。其中卷三、卷四兩卷，據目録著録，有繆荃孫跋，此跋見於繆氏《辛壬稿》，其文云："宋刊本，止存《公孫丑》上下四卷，每半頁八行，行大十六字，小二十二字。白口，有刻工姓名，'擴'、'廓'皆避諱，知其寧宗時本。佳處：'一豪'不作'一毫'，'塞于'不作'塞乎'，'吾聞之君子不以天下儉其親'無'也'字。而'泰山'、'惟恐'兩處已同今本矣。字大悦目，紙光玉潔，可寶之至，此本已無《章指》，可見宋本有無《章指》者，不盡由於明本脱落也。"④ 這段跋文中繆氏言"止存《公孫丑》上下四卷"，這可以證明如今存藏在國家圖書館的八行本《孟子注疏解經》中卷三、卷四，與傅增湘先生所説的"八卷"并無關係，另外也可以證明繆荃孫所見者也只有兩卷，而没有卷十三、卷十四。

除了目録著録所提及的繆荃孫跋之外，據李紅英《袁克文經部善本藏書題識（下）》載，國圖所藏八行本《孟子注疏解經》卷三、卷四後尚有袁克文跋，今録於此：

---

① 傅增湘：《藏園訂補邵亭知見傳本書目》，北京：中華書局，2009年，第141頁。
② 詳參蘇精《近代藏書三十家（增訂本）》，北京：中華書局，2009年，第99頁。
③ 《北平圖書館善本書目新舊二目異同表》，見《舊京書影》《北平圖書館善本書目》合刊本，北京：人民文學出版社，2011年，第913頁。
④ 繆荃孫：《藝風堂文漫存》，臺北：文史哲出版社，1973年，第87頁。

試論八行本《孟子注疏解經》的校勘價值 *251*

藝風於板本中號稱博識，寧於郁華閣之《禮記》、木齋師之《周禮》、鐵琴銅劍樓之《周易》，南皮張氏之《尚書》，俱未一見耶？何不知八行十六字者爲黃唐本耶？此殘本當出自內閣庫中，與宋刊《水經注》同得自曹君直，毛氏印即其僞制，蓋有所避也。（下鈐"克文"朱方印）

《孟子注疏》殘本，存卷三、卷四兩卷，與三山黃唐所刻《禮記》無殊，故斷爲黃氏刊本。黃氏刊書跋見於《禮記》卷尾紙，謂刻有《易》、《書》、《詩》、《周禮》、《禮記》、《春秋》六經。各家著録于《孟子注疏》從勘宋刊，矧爲黃唐本乎？《讀書敏求記》所録乃叢書堂鈔本，以監本、建本校對，監、建皆十行本也。可知《孟疏》之難得，不獨近今始耳。丙辰三月寒雲。（下鈐"克文之鉥"白方印）①

由袁氏跋文可知以下幾點：第一，袁克文見到了繆荃孫的跋語，所以才説"何不知八行十六字者爲黃唐本耶"，這是針對繆荃孫跋文没有提及其此本與八行本其他經疏之關係情況而言的；第二，丙辰是民國五年（1916），那麽袁克文得此八行本《孟子注疏解經》殘卷當在此前。據《寒雲日記·洪憲日記》三月十六日載："沅叔自滬歸，爲購到三山黃唐刻本《孟子》殘本，存卷三下下，卷四上下，凡二册。半葉八行，行十六字，注雙行二十二字。刀法與舊藏《禮記》同。惟用羅紋棉紙摹印爲稍異耳。又北宋刊本《水經注》殘本……上兩書爲曹君直所自內閣大庫攜出者，予以重值易之，曹且以元補蜀本《周書》一卷爲媵。"②據此可知，八行本《孟子注疏解經》卷三、卷四殘卷乃民國五年三月十六日由傅增湘自上海曹元忠處爲袁克文購得。

國圖現今所藏的八行本《孟子注疏解經》卷三、卷四其上鈐有"臣克文印"、"上第二子"、"佞宋"、"克文之璽"、"寒雲主人"等印，又有曹元忠"箋經室所藏宋槧"、"曹元忠印"、"君直手痕"等印，此數印恰可與上述文獻相互印證。曹氏、袁氏藏印而外，又鈐有"毛晋之印"。據此印，則此卷三、卷四又爲毛晋汲古閣舊藏，但實際情況並非如此。關於此點，袁克文曾有交代："《孟疏》雖有謂爲僞託而刊本絶罕，即十行本亦不易覯，自《朱注》流布，《趙注》本遂渺，斯雖殘帙，亦宜連城視之。清宣統間曹元忠理內閣大庫藏書，得此帙，懷之出，恐爲人詰難，因鈐以毛晋僞印，冀亂鑒考，蓋庫書皆自明初搜藏，不應有明末人藏印也。予得自曹氏，知之者爲予言其源。"③由此可知，此本並非由毛晋所藏，其出內閣大庫後歸曹元忠，後又歸袁克文。此二卷後與

---

① 李紅英《袁克文經部善本藏書題識（下）》，《文獻》2012年第1期，第60頁。
② 王雨：《古籍善本經眼録》附《寒雲日記》，《王子霖古籍版本學文集》第2册，上海：上海古籍出版社，2006年，第162頁。
③ 袁克文：《寒雲手寫所藏宋本提要廿九種》，《宋版書考録》第184頁。

八行本《禮記正義》并歸潘宗周寶禮堂，故亦見於《寶禮堂宋本書録》："是疏爲後人僞託，世不之重。此爲浙東所刻，尚是最初刊本，與余所藏黄唐刊本《禮記正義》行款相合，刻工姓名同者亦多。《禮記》刻於紹熙二年，成於三年，此避'擴'、'廓'等字，此爲寧宗繼位以後所刻。然余嘗見沈作賓所刊《春秋正義》，刻工亦有相同者，則不能定其爲誰氏所刻矣。惜僅存卷三、四，上下俱全。"① 其入藏年代與潘宗周後人捐書於國家是否同時，則有待進一步考察。

但是在1929年左近由日本學者倉石武四郎拍攝的《舊京書影》中已有八行本《孟子注疏解經》殘卷的書影，爲卷三上之第一頁、第二十五頁及卷三下第一頁。② 而書影中卷三上及卷三下首頁並無上述袁氏、曹氏藏書印鑒，就這一點來判斷，似乎《舊京書影》所載八行本《孟子注疏解經》之殘卷與現今國圖所藏之卷三、卷四殘卷應不是一種。另外，據橋本秀美等先生的意見，《舊京書影》的成書在1929年前後，而由張元濟先生編纂的《寶禮堂宋本書目》其成書則在1937年之後，因此從時間上來判斷二者也不應是同一種。那麼倉石武四郎先生所見爲何處藏書，此一問題有待進一步考證。

國圖所藏《孟子注疏解經》卷十三、卷十四，從膠片來看，此兩卷殘泐之處頗多，其應出自内閣大庫無疑，至於進入當時國圖前的直接來源是書肆或是藏家，則不得而知。但其與書肆可能有很大的聯繫，因爲除了傅增湘先生所提及的文德堂外（詳下文），王文進的《文禄堂訪書記》中亦言其見過卷十三、卷十四，其云："宋紹熙浙東庚司刻本。存卷三、卷四，卷十三、卷十四，均分上下。半葉八行，行十六字，注雙行二十二字。白口，板心上記大小字數，下記刊工姓名。"③ 王雨（藻玉堂主人）亦言曾經眼卷十三、卷十四，其《古籍善本經眼録》載宋刻本《孟子注疏解經》，云："存卷十三上十六葉，下十八葉，卷十四上十八葉，下十六葉。半葉八行，行十六字。字大悦目，似有北宋古意，惜首二篇糟朽。蝶裝，一册。"④ 當然，這只是一種推測，而是否與實際情況相符則需要進一步的證據。

（二）北京大學圖書館

與中國國家圖書館相同，北大圖書館亦藏卷三、卷四，卷十三、卷十四。

---

① 張元濟：《寶禮堂宋本書録》，《張元濟全集》第8卷，北京：商務印書館，2009年，第30頁。
② 詳參日本學者倉石武四郎編拍《舊京書影》，北京：人民文學出版社，2011年，第184—186頁。
③ 王文進：《文禄堂訪書記》，上海：上海古籍出版社，2007年，第45頁。
④ 王雨：《古籍善本經眼録》，《王子霖古籍版本學文集》第2册，第12頁。

此四卷爲李盛鐸舊藏。傅增湘先生《藏園訂補邵亭知見傳本書目》中著錄八行本《孟子注疏解經》，云："袁克文有二卷，文德堂見二卷，後均歸李木齋先生。"① 這裏傅氏所言袁克文所藏二卷歸李盛鐸，應當是記憶之誤，因爲通過上面的叙述，我們知道袁氏所藏後歸潘宗周，而後入藏國圖，與李盛鐸和北大圖書館並沒有任何關係。

卷十三、卷十四，由傅氏《藏園群書經眼錄》及《藏園訂補邵亭知見傳本書目》知其見於文德堂，此兩卷亦當爲内閣大庫舊藏。文德堂爲北京琉璃廠一書肆。孫殿起《琉璃廠小志》云："文德堂：韓逢源，字左泉，於光緒二十□年開設，在文昌館内。頗識版本。此人身長頭大，人呼爲韓大頭，民國十□年徙琉璃廠路南文貴堂舊址。經營三十餘年歇。"②

今按，北大所藏八行本《孟子注疏解經》卷十三、卷十四，曾爲周叔弢先生舊藏，其上鈐有"周暹"藏印。而在卷末又有李盛鐸"李印傳模"藏書印信。由此可以推知此卷先歸周叔弢，後歸李盛鐸，而後入藏北大。周叔弢先生在南昌府學本《孟子注疏解經》卷末有一段跋文，叙及其所藏宋刻八行本《孟子注疏解經》殘卷，云："丙寅十一月得宋刊《孟子注疏解經》殘本，存卷十三上下、卷十四上下，共四卷。每頁十六行，行大十六字，小廿二字。字體方整，與世所傳三山黃唐本《禮記正義》相類，更以刻工證之，知爲同時所刻。取校此本，其增損乙改處，可補阮氏《校勘記》所未及者極夥。至經文'君子不可以虛拘'句，多一'以'字，則益見宋刊之可貴矣。袁寒云文曾得卷三、四上下共四卷，今不知散失落何人手。幸得遇而續校之，是私心之所甚願也。廿五日未弢記。"③ 丙寅爲1926年，但此本又因何爲李盛鐸所有，從現有《弢翁藏書年譜》及相關資料看，則不甚清楚。而此本在歸周叔弢先生之前，如傅增湘先生所言，爲書肆所有，則大體不誤。

（三）南京博物院

存卷一至卷六，卷十一至卷十四，共十卷。見於《第二批國家珍貴古籍名錄圖錄》。此十卷亦當爲内閣大庫遺藏。此十卷中，除去卷十三、卷十四兩卷，計有八卷，不知是否是傅增湘先生所提及的"八卷"。

（四）臺北故宫博物院

此爲完帙。《"國立故宫博物院"善本舊籍總目》著錄云："宋嘉泰間兩浙

---

① 傅增湘：《藏園訂補邵亭知見傳本書目》，第141頁。
② 孫殿起輯：《琉璃廠小志》，北京：北京古籍出版社，1982年，第118頁。
③ 李國慶編：《弢翁藏書題跋》，北京：紫禁城出版社，2007年，第49頁。

東路茶鹽司刊,元明遞修本。五冊。"① 此書傅增湘先生亦見之,《藏園群書經眼錄》云:"宋刊本,八行十六字,注雙行二十二字,白口,左右雙闌。版心上記字數,下記人名。間有元刊之葉,與北京圖書館所藏同,此獨完全,極可珍貴。(丁卯七月見,故宮藏書)"②

二、八行本與十行本《孟子注疏解經》之比較及推論

關於八行本與十行本《孟子注疏解經》的關係,我們通過將再造善本中影印元刻明修十行本《孟子注疏解經》與北京大學所藏八行本殘卷對勘,根據異文的情況,大致認爲八行本與十行本《孟子注疏解經》並没有十分直接的淵源關係。

通過比較,我們發現,兩個版本的異文主要有以下兩個方面,一是注文的差異,一是疏文的差異。在數量上,疏文異文共計253條,注文異文有139條。但從異文差異的程度上看,疏文異文數量雖多,但是多是文字上的差異,不足以視爲版本系統的差異。而注文的差異更加明顯,可以視爲版本系統的差異,這主要表現在以下三個方面:

第一,注文多寡不同,往往是十行本較八行本多出一句或者數字。例如:

《孟子·公孫丑上》"天下之民皆悦而願爲之氓矣"之注,八行本作"……則人皆樂爲之民矣。氓,民也"。十行本作"……則人皆樂爲之氓矣。氓者謂其民也"。

又如:《公孫丑下》"是地利不如人和也"之注,八行本作"……衛懿公之民曰:君其使鶴戰,若是之類也"。十行本作"……衛懿公之民曰:君其使鶴戰,余焉能戰是也"。

又如《公孫丑下》"夫既或治之,予何言哉"注文,八行本作:"……不知諮於人也"。十行本作"……不知諮於人也。蓋言道不合者故不相與言,所以有是而言之也已"。

又如《公孫丑下》"辭十萬而受萬,是爲欲富乎"之注,八行本作:"……距時子之言也"。十行本作"……距時子所言,所以有是也"。

結合《孟子注疏校勘記》,不難發現,八行本注文的文字往往與經注本文字相同。例如上舉第一例,《校勘記》已出校,并涉及如下兩條校記:

卷三下第23條:"皆樂爲之氓矣",閩、監、毛三本同,孔本、韓本、

---

① 《國立故宮博物院善本舊籍總目》,臺北:臺北故宮博物院,1982年,第133頁。
② 傅增湘:《藏園群書經眼錄》,第79—80頁。

《考文》古本"泯"作"民"。①

卷三下第24條："泯者謂其民也"，閩、監、毛三本同，廖本、孔本、韓本、《考文》古本無"者謂其"三字。○按，尋"謂"字則經文當本作"萌"。

八行本注文的文字正與《孟子注疏校勘記》中所記錄的廖本、孔本、韓本文字相同，又《四部叢刊》影印《孟子章句》該處注文文字亦與八行本同。

由於再造善本中的十行本有許多並非原刻而是明代補版之葉，不能直接反映十行本原版與八行本原版的差別，然補版之葉應當源自原版葉，并結合《孟子注疏校勘記》所記錄的各本異文來考察，也會發現八行本的注文往往與經注本更爲接近。例如：

《校勘記》卷三上第35條："道無形而生於有形"，閩、監、毛三本同。廖本、孔本、《考文》古本"道"下有"謂陰陽大道"五字，無"於"字。韓本與廖本同，"大"作"天"。足利本亦與廖本同，"生有形"作"生於形"，非。○按，有"謂陰陽大道"五字，無"於"字者是也。漢人皆以陰陽五行爲天道，《易》曰"一陰一陽之謂道"，趙氏用此語以無形生有形者也。

此條校記之出文爲《孟子·公孫丑上》"其爲氣也，配義與道，無是餒也"之注，十行本此頁爲明代補版，文字與《校勘記》出文相同，八行本注文作"道謂陰陽大道無形而生有刑"②，可見八行本的注文文字與廖本、孔本以及《考文》古本最爲接近，《四部叢刊》本作"道謂陰陽大道，無形而生有形"。

第二，八行本與十行本注文分合不同。

《校勘記》卷四下第16條："陳賈齊大夫也問王曰自視何如周公仁智乎欲爲王解孟子意故曰王無患焉王歎曰是何言周公何可及也"，閩、監、毛三本同，廖本、孔本、韓本此注分二段，"陳賈"至"患焉"在經文"孰仁且志"下，"王歎"至"及也"在經文"是何言也"下。

十行本之文字以及注文分合與閩、監、毛三本同，而八行本之注文分合與廖本、孔本、韓本相同，《四部叢刊》本亦與八行本同。又如《孟子·盡心上》：

孟子曰：形色，天性也。惟聖人然後可以踐形。（注：形謂君子體貌尊

---

① （清）阮元等：《孟子注疏校勘記》，本文引用《孟子注疏校勘記》據《續修四庫全書》影印阮元文選樓刻本，下文不一一注明，若有特殊情況，則表而出之。

② 按，"刑"字位於八行本卷三上頁十一B行六末尾，而且此字爲後人補寫，非原刻。

嚴也。《尚書·洪範》"一曰貌色",謂婦人妖麗之容,《詩》云"顏如舜華",此皆天假施於人也。踐,履居之也。《易》曰"黃中通理",聖人內外文明,然能以正道履居此美形。不言居而言踐,尊陽抑陰之義也。)

十行本經文注文分合如此。八行本注"形謂"至"人也",在經文"天性也"下,注文"踐履"之後則在經文"踐形"之下。《四部叢刊》本、廖本與八行本分合同,惟"然能以正道"作"然後能以正道"不同。

　　《校勘記》卷十三下第61條:"天性也",注文宋本、廖本分兩段,"形謂"至"人也"在此經下,孔本、韓本與宋本同。

由《校勘記》卷十三下第61條可知,孔本、韓本、宋本、廖本等經注本的注文分合正與八行本同。

第三,注文文字歧異。這裏主要是指以上兩種異文之外的差別。例如:

《孟子·盡心下》"故王公不致敬盡禮則不得亟見之,見且由不得亟,而況得而臣之乎"之注文,八行本作:"……伊尹樂堯舜之道,不致敬盡禮可數見之乎?"十行本作:"伊尹樂道堯舜,不致敬盡禮而數見之乎?"此處一可參考《孟子注疏校勘記》的相關校記:

　　《校勘記》卷十三上第40條:"伊尹樂道堯舜",閩、監、毛三本同,廖本、孔本、韓本、《考文》古本作"伊尹樂堯舜之道"。

由此條校記可知,廖本、孔本、韓本、《考文》古本皆與八行本注文相同。

基於以上三點,我們可以進一步作出如下推論:

第一,八行本與十行本《孟子注疏解經》中注文的來源不同,而且這種差異往往與《孟子注疏校勘記》中所反映的經注本與注疏合刻本的差異類似。即是説,八行本《孟子注疏解經》的注文與經注本《孟子章句》更加接近。而十行本系統的《孟子注疏解經》中的注文應該另有源頭。關於這一點,我們還可以提供一個旁證。《文獻通考·經籍考》著録唐人陸善經注《孟子》七卷,云:"《崇文總目》:善經,唐人。以軻書初爲七篇,删去趙岐《章指》與其注之繁重者,復爲七篇云。"[1] 這説明至遲自陸善經始,趙岐《孟子章句》已有繁簡不同,且不限於《章指》之有無。當然這僅僅是一個旁證,八行本與十行本《孟子注疏》注文之差異,與陸善經之删減《孟子章句》有無直接關係,至今並無明證。

第二,八行本與十行本《孟子注疏解經》的疏文雖有差異,但遠不及注文差異顯著,因此我們推測,二者疏文的源頭是一致的。那麼這個一致的來源又是什麼呢?其中的可能之一就是單疏本。其他諸經如《周易》、《尚書》、《毛

---

[1] (元)馬端臨:《文獻通考·經籍考》,上海:華東師範大學出版社,1985年,第294頁。

詩》、《禮記》、《公羊》、《爾雅》均有單疏本傳世，南昌府學本《儀禮注疏》中疏文更是直接源自單疏本《儀禮》，而至今尚未發現有《孟子》的單疏本。當然這種差異本身亦只能作爲《孟子》單疏本存在的一個旁證。

三、八行本《孟子注疏解經》之校勘價值

上文已經指出，八行本與十行本《孟子注疏解經》屬於不同的版本系統，而我們今天所閱讀的《孟子注疏解經》主要是十行本系統的。以《十三經注疏校勘記》中的《孟子注疏校勘記》爲例，《校勘記》中利用的注疏合刻本底本爲十行本，校本爲閩刻本，北監本和汲古閣本，這四個版本的關係，傅增湘先生《藏園訂補郘亭知見傳本書目》卷一云："注疏有十行十七字附釋音者，係宋元舊刊，至明正德後遞有修補之頁，即明初南雍所集舊板也。……至嘉靖中，閩中御史李元陽等即用此十行本重寫，刊爲《十三經注疏》，每半頁九行，行二十一字，所謂閩本也。南監中諸經板仍十行之舊，其初本闕《儀禮》，以楊復《儀禮圖》補之，亦宋元舊板。嘉靖五年，陳鳳梧刻《儀禮注疏》于山東，以板送監，十行，行二十字。閩刻《儀禮》即據其本，經文佚脱數處，亦未能校補。後南監《周禮》、《禮記》、《孟子》板盡無存，餘亦多殘缺。神宗萬曆中，乃依閩板刻北監十三經。崇禎時，常熟毛氏又依北監板刊十三經，譌誤甚多，不及其十七史多據古本重刊勝於監板也。本朝乾隆初殿板，注疏句下加圈，校刻甚精。嘉慶乙亥，阮文達太傅巡撫江西，重刊十行本於南昌府學，共四百十六卷，後附《校勘記》，然不若單本《校勘記》之詳備。"① 顯然，四者屬於同一版本譜系，因此一個十行本系統之外的注疏合刻本的價值是不言而喻的。

我們在這裏用一組數字來説明這一點，以求對此問題有一宏觀印象。在《孟子注疏校勘記》中，共有校記2020條，其分佈如下：序及《題辭解》校記15條，各卷卷首題名校記9條，經文校記201條，注文校記1279條，疏文校記255條，輯校章指261條。

顯而易見，由於《孟子注疏校勘記》使用了大量的經注本，所以其中注文的差異較爲全面，而《孟子》全書共261章，疏文的校記卻僅有255條，平均每章不足1條。這之中有漏校的情況，但更主要的原因顯然與注疏合刻本的選擇有關。因此，八行本《孟子注疏解經》的校勘價值之一便是能夠提供疏文的異文，更加全面的反映疏文的差異。這裏，我們仍以一組數字并結合《孟子注疏校勘記》來説明這一問題，《校勘記》卷三上所記錄的疏文異文共18條，而八行本與十行本《孟子注疏解經》卷三上疏文異文卻有61條。《校勘記》全部

---

① 傅增湘《藏園訂補郘亭知見傳本書目》，第2頁。

疏文異文共255條,而八行本與十行本《孟子注疏解經》卷三、卷四、卷十三、卷十四的疏文異文的條數爲253條,也就是八行本僅四卷所揭示的疏文異文幾乎與《校勘記》全部疏文異文條目數量相等,而《校勘記》上述四卷疏文異文條目總數僅爲88條。① 我們還可以以具體的例子來進一步論證這一點:

《公孫丑上》云:"孔子曰:'德之流行,速於置郵而傳命。'"十行本疏文云:"郵,驛名,云境土舍也。……《説文》曰:境土行書舍也。"南昌府學本《孟子注疏解經》亦同。八行本"驛"作"釋",二"土"字作"上"。這三處異文在《校勘記》中都沒有反映,考閩本、毛本與十行本同,北監本當亦如是。按《釋名》中並未解釋"郵"字,故作"驛"或者"釋"存疑。然十行本之"土"當從八行本作"上",《説文·邑部》云:"郵,境上行書舍,从邑、垂。"又慧琳《一切經音義》引《文字集略》云:"郵,境上舍也,待使館也。"由此知"土"當作"上",二字當是形近而譌。

又如《公孫丑下》云"子噲不得與人燕,子之不得受燕於子噲",趙注云:"……子噲,燕王也。子之,燕相也。……"十行本《孟子注疏解經》解此注文云:"燕王不如以國讓子之,子之以謂堯賢者,讓天下於許由……三年國大亂,百姓憫恐。"八行本作:"燕王不如以國讓子之,人之謂堯賢者,以其讓天下於許由……三年國大亂,百姓恫恐。"以上疏文之異文,《校勘記》亦未出校,南昌府學本、閩本與十行本同,毛本與八行本相較,無"其"字,"恫"作"憫"。此段疏文乃引用《史記·燕召公世家》之文字,其與八行本正同,則此處當從八行本。

在補充異文這方面,八行本也可以補充注文的異文,本文結合《孟子注疏校勘記》,舉數例如下:

《校勘記》卷一上第21條:"以公孫丑等而爲之一例者也",閩、監、毛三本同,宋本、《考文》古本、孔本"以"作"與",無"而""之""者"三字,韓本與宋本同,有"者"字。

據《校勘記》,宋本等數本作"與公孫丑等爲一例也",韓本作"與公孫丑等爲一例者也"。今按,廖本無此段注文,而《續古逸叢書》、《四部叢刊》影印蜀刻本同宋本,而八行本此注作"與公孫丑等而爲之一例者也",與上述諸本皆不同。又如:

《校勘記》卷一上第97條:"率率獸而食人也",閩、監、毛三本上"率"字作"是",廖本作"是率禽獸以食人也",宋本、孔本、韓本、《考

---

① 這裏需要説明的是,八行本與傳世十行本異文數量的統計中容有遺漏,而且這其中包括明代的補版頁。

文》古本作"爲率禽獸以食人也",足利本與古本同,但"人"下有"者"字。

八行本此注作"爲率獸而食也人",與上述諸本皆不同。

其二,八行本《孟子注疏解經》可以糾正《孟子注疏校勘記》中一些因爲版本不足而得出的錯誤的結論。例如:

《校勘記》卷二上第2條:"梁惠王章句下",監、毛本此下有正義一段,閩本無。案,十行本缺一頁,計其篇幅當有正義,閩本無者,蓋李元陽所見十行本已有缺頁,别據經注本補足,故無僞疏也。又各卷卷上篇題下並有"凡幾章"字,閩、監、毛本此卷獨缺,蓋經注本本無也。又按,此下正義是監本所補,監本若别有注疏本可據,不應脱漏"凡幾章"字,然則十行本及閩本所缺之正義而監、毛本有者,疑是僞中之僞也。

《孟子注疏校勘記》據所見闕頁之十行本推測《孟子注疏解經》卷二上第一段疏文爲"僞中之僞",純是臆測之辭。"凡幾章"字由於刻工疏忽而脱漏不是完全没有可能,僅據此而推斷恐難以服人。而八行本《孟子注疏解經》這段疏文與阮刻本全同,且有"凡十章"字,則《校勘記》云云,並不符合實際情況。這顯然是由於没有見到更多的注疏本而得出了錯誤的結論。

八行本《孟子注疏解經》的價值是多方面的,這裹主要着眼於補充疏文異文和糾正前人錯誤結論兩個層面作舉例性的論述,以期説明其在校勘方面的價值。

王耐剛:北京大學中文系2009級博士研究生

明洪武蜀藩刻書三種

郭立暄

明代刻書中，某些版本直接摹刻自宋、元刊本，面貌接近底本，傳統著録往往混淆誤認。從目前發現的實例看，這類誤鑒的比率以洪武版爲高。日本學者長澤規矩也《明初刊本五種》文首先提出在洪武二十年後，福建地區的五種刻書過去一概被錯定爲宋、元本，已經引發學者對洪武翻版的關注。筆者在工作中發現，洪武蜀藩刻書中至少有三種書存在類似的誤鑒情況。

一

趙善璙《自警編》五卷，傳統著録中有所謂宋端平元年（1234）九江郡齋刻本，半葉十行，行二十字，白口，雙魚尾，左右雙邊，行間標識句讀。《中國古籍善本書目》子部第 8149—8150 號著録遼寧省圖書館藏有兩部"宋刻本"，即指九江郡齋本。兩部"宋刻本"中，一爲完本，經清翁方綱題款；一爲殘本，存甲集、乙集、戊集，凡三卷，經清宋實穎題款。二者同爲一刻，而有初印、後印之别，初印本文字脱誤處，後印本多爲改正。經宋實穎題款者爲初印本，經翁方綱題款者爲後印本，説詳康爾平文[1]。該本的字體風格與目前可見的宋版頗不一致，具有元、明之際刻書的意味，讓人懷疑它或許只是宋端平本的翻版。

---

[1] 康爾平《館藏宋刻〈自警編〉著録考》，《圖書館學刊》1982 年第 3 期，第 70—75 頁。

通過調查發現，此書還有兩種與遼圖本行款基本一致的明翻本，結合字體、序跋判斷，一爲明前期（不早於正統、不晚於弘治）刻本，一爲明嘉靖七年（1528）蜀藩刻本。通過版本實物覆核可知，瞿氏《鐵琴銅劍樓宋金元本書影》子部著錄之"宋本"今藏國圖（書號六九一二），實爲明前期翻本。楊紹和《楹書隅錄》卷三著錄之"宋本"，今藏國圖（書號七八九二），實爲嘉靖七年蜀藩刻本。《天祿琳琅書目後編》卷五著錄之"宋本"，今藏臺北故宮博物院（書號〇〇八—三四—四五），同爲嘉靖蜀藩本。

繆荃孫《藝風藏書再續記》卷一稱是書"宋刊分甲、乙、丙、丁、戊五卷，明洪武刻則九卷矣"。按此説未確。由傳世刊本觀，明人妄分九卷大致在嘉靖後，繆氏蓋得自傳聞，並無實據。

二

所謂宋端平本的宋諱貞、完、愼、敦、惇等字缺筆，而避諱不嚴。对于這一問題，陸心源曾專門作過討論：

  或以宋諱或缺或否爲疑。考周益公《文苑英華序》云："廟諱未祧以前當缺筆，而校正者或以商易殷，以洪易弘，唐諱及本朝諱仍改不定。"官書校刊尚有此失，況私家校本乎？無足怪也。岳刊《五經》在宋刊中爲最精，於諱字或缺或否，亦一證也。①

這段跋語反映出一個事實，對所謂宋端平本，與陸心源同時代或稍前的一些學者是有所懷疑的，依據是避諱不嚴。陸氏反駁説這類現象是私刻不嚴謹造成的，宋版中就有現成的例子，但他舉出的例證恰恰出賣了他。岳刊《五經》（實際上不止五種，更準確的説法是相臺本群經）經張政烺先生考定，爲元初義興岳氏據宋廖瑩中世綵堂本校正重刻，其刻版負責人爲岳浚。②

該本版心下記錄刻工，有苟道民（道珉）、謝友、梅保、王必文（必文）、劉志忠（志中）、劉志才（志才）、子秀、周宗貴（周宗、宗貴）、旱成、胡文、文民、友民、文恕、興才等。康爾平文舉《書志學》第二卷第二號長澤規矩也撰《宋刊本刻工名表初稿》所記静嘉堂藏宋刊本《自警編》刻工與遼圖本相同，因而認定這批刻工爲宋代人，這種推論有可商之處。因爲一旦長澤氏對於静嘉堂本的判斷有誤，則這批刻工的時間證據也將隨之動搖。

《自警編》的刻工又見於"宋刊本"《皇朝仕學規範》、《伊川擊壤集》中，

---

① 《宋版〈自警編〉跋》，陸心源《儀顧堂集》卷二十。
② 該説曾爲趙萬里先生引述，見《中國版刻圖錄》解題，1960年。

但後兩種所謂宋版在傳統著錄中幾乎存在與《自警編》一樣的爭議與混亂（説詳後），因而無法彼此互證。前代學者對這此已經有過懷疑，例如王肇文在他所編的《古籍宋元刊工姓名索引》一書中收錄了《自警編》（包括静嘉堂藏本），卻又在該書前的"編例"第七條特別申明："《宋刊皇朝仕學規範》、《宋刊自警編》，原書均注宋刊，雖有可疑之處，因無確證，照錄宋刊，待考。"明說只是遷就舊說。

上文說過，該本的字體風格具有元、明之際刻書的意味。另據方孝孺《遜志齋集》卷十二《仕學規範序》云："賢王殿下既重刻《自警編》以訓國人，復取《仕學規範》，將刻以傳示好學者。"可知《自警編》有洪武蜀藩刻本。那麼，該本會不會就是洪武蜀藩所刻呢？

三

目前我所見到的該刻諸印本，均未附入洪武年刊刻序。不過，中國國家圖書館所藏嘉靖七年蜀藩刻本，書前有洪武二十七年漢中府儒學教授方孝孺序，序云：

> 賢王治蜀，於經藝之餘，覽而甚嘉之，蘊焉爲寬仁之德，施焉爲清靜之政，充之爲精博之學，發之爲雄厚之文。既無愧於宋之大儒矣，而心猶歉然若有慕焉，而尚以未能化今之士皆若宋之君子爲憾，於是徧布是書於天下，將與人人共之。

據《明史·諸王傳》，朱元璋在洪武十一年（1378）封庶十一子椿爲蜀王，二十三年就藩成都府。方孝孺曾擔任蜀府儒學教授，爲蜀藩所刻的《蜀鑒》、《蜀漢本末》撰序，文見《遜志齋集》卷十二。

嘉靖七年蜀藩刻本有嘉靖戊子孟冬之吉大廷皇宗適庵"重刊自警編序"云：

> 予政暇檢閱諸集，見古人嘉言善行，輒欣慕愛樂，不容釋手。蓋義理悦心，猶芻豢悦口，出於人情所不能已者。間嘗讀《自警》之編，見所載宋世名公言行實錄，其中辭義嚴整，舉關治道，使人圭頌之餘，而警畏自生。因思所以命名，深有得于湯文殷武之懿範，其垂世立教之功大矣。惜乎舊版殘缺，不便觀覽，遂命工翻刻，徧及將來，使家傳人誦，以無負昔人編輯之志。

序末鐫有"希聖"、"皇帝宗派"、"聖神文武之裔"三木記。此跋説嘉靖本是翻刻舊版，卻沒說舊版究竟是何本。

嘉靖本後又有嘉靖戊子孟冬醴泉趙鶴"書重刊自警編後"云：

> 天佑一代帝王，必生聖子神孫，以蕃衛王室，而成佐理之績，如漢東平、宋德麟，詞章懿行，著於當時，而名於後世，逮今不衰也。我獻園治蜀，德運隆深。詩書禮樂之澤，昌厥後裔；而玉牒才賢之盛，遠過諸藩。浚哲相承，七葉而至今上，聰明仁孝，敬守先緒。雖處崇高之位，而無驕貴之習。每于政暇，博學洽聞，自經書子史之外，以至詩文藝翰，亦精絶過人，比于東平、德麟之賢不多讓焉。因閱《自警編》，謂宋世諸公言行政事可以規範斯世也，即命重刻廣傳，嘉惠將來。至哉王心，塞實淵深。臣雖愚賤，有以仰窺其保邦致治之意，運於聖經賢傳之中，一念所及，而功化無窮，其于世道非小補矣。方今德教洋溢，人才輩出，士君子急意于修齊治平之日，而是編復出，殆非偶然之故，讀者尚繹思自得、身體力行而後可。然此特一事耳，若夫奉藩秉禮，崇儒重道，可稱頌者，固不止此。膚淺之言，烏足以揄揚其萬一哉！

這段跋文對於依據的底本也沒有交待，令人惋惜。不過，我們知道，明代藩府刻書者存在一種現象，即明代中後期，各藩府往往取明初本府的刻本來翻摹，比如正德中楚府刻《劉向新序》，翻自洪武楚府本；嘉靖中周府刻《誠齋牡丹百詠》、《玉堂春百詠》、《梅花百詠》，翻自宣德周府本。嘉靖本《自警編》有嘉定甲申正月望趙善璙序，端平改元三月趙氏後序，洪武二十七年方孝孺序，當是直接或間接地從洪武蜀藩本翻出。

將嘉靖本與遼圖本的序文、正文一一比照可知，二者的字體風格、行款如出一轍，嘉靖本是在形式上較爲忠實的翻本。嘉靖本所附的方孝孺序可能是底本舊序，説明嘉靖本可能翻自洪武本。方序是寫刻上版的，帶有很强的摹仿意味，很可能保持了洪武本方序的原貌。

四

《自警編》除了遼圖本即所謂宋端平本外，還有明前期刻本、嘉靖蜀藩刻本兩種行款相同的本子。二本均有嘉定甲申正月望趙善璙序，端平改元三月趙氏後序，字體與遼圖本完全一致，摹仿之跡明顯。明前期刻本今藏中國國家圖書館（書號六九一二），刻工名有苟道民、謝友、梅保、王必文、劉志忠、劉志才、子秀、周宗、宗貴等，雖與遼圖本相同，但在版心處出現得很不規律，時有時無；嘉靖蜀藩刻本刻工有苟道民、謝友、梅保、必文、文民、子秀等，雖同爲一批刻工，但少了幾個人。這種現象常見於翻刻書中，刻書者本來要求亦步亦趨，從事具體操作的刻工卻自行其是地苟簡。

取校三本，凡遼圖本初、後印文字異同處，明前期刻本多從後印本，嘉靖刻本多從初印本，知二者各自直接從遼圖本翻出，不過明前期刻本依據的是後印本，嘉靖刻本依據的是初印本（詳表一）。

表 一

卷	葉	行	明洪武二十七年蜀藩刻本 初印本	後印本	明刻本	明嘉靖七年蜀藩刻本
甲	二十	三	何執中鄧洵	鄧洵武	鄧洵武	鄧洵
甲	六十四	九	陳忠肅公瓘雖閒居容止嘗莊	常	常	嘗
甲	七十三	後九	十圖紀年序	國	國	國
甲	一百二	後四	溫氏遺書	程	程	溫
乙	七	六	平居雖天甚熱，在父母之側不得去巾□□袴，衣服唯謹	襪縛	襪縛	襪縛
乙	七	七	行步出入，茶肆酒	無得入茶肆酒肆	無得入茶肆酒肆	無得入茶坊酒肆
乙	七	七	井里巷之語	市井	市井	市井
乙	十六	二	無宅起樓臺	地	地	宅
乙	十六	四	誰是無宅起樓臺者	地	地	宅
乙	六十一	九	秉齋記事	東	東	東
乙	六十五	七	仕官之家有父兄沒而不能歸者，皆移文以遣	宦	宦	宦
乙	六十九	八	澠水燕談，參見右徂徠集	石	石	石
乙	七十	後八	雖游定夫謝顯道諸大人行	丈	又	丈
乙	七十	後八	真如蟻蠓過前，何足道哉	蠓	蠓	蟻
戊	四十四	後九	司馬光以蒙眷之久	司馬公與王荊公書曰	司馬公與王荊公書曰	司馬公與王荊公書曰
戊	五十六	六	州命錄事參軍鞠之	鞫	鞫	鞫

從文獻記載看，嘉靖本的底本爲洪武蜀藩本；就文字校勘説，嘉靖本的文字特點顯然是從遼圖洪武本直接繼承下來的；由字體風格觀，遼圖本有元明之際刻書的意味。由此推斷，遼圖本當是洪武蜀藩所刻，其底本爲宋端平本。

明洪武蜀藩刻書三種　265

傳統著錄中所稱之"宋版"，陸心源《皕宋樓藏書志》卷五十八著錄者，今藏日本靜嘉堂文庫；丁日昌《持靜齋書目》卷三著錄者，後歸張鈞衡，張均衡《適園藏書志》卷八著錄，今藏臺北"央圖"（書號〇七五六八）；潘祖蔭《滂喜齋藏書記》卷二著錄者，今藏上海圖書館（書號八三三四七四—七八）；莫伯驥《五十萬卷樓群書跋文》子一著錄者，今藏中國國家圖書館（書號一三三二九）；劉承幹《嘉業堂善本書影》著錄者，今藏香港大學馮平山圖書館（書號善178/600）。我通過實物調查與書影比對後發現，以上五帙均與遼圖本同版。這就意味著，上述諸印本也應改定爲洪武蜀藩刻本。

五

遼圖本的身份已辨明，還有一個疑問需要解答：遼圖本是從宋端平本翻出的，那麽，其版心所記的刻工究竟是翻自宋本，還是新刻呢？如果是翻自宋本，則這批刻工應爲宋人；如果是新刻，則這批刻工當是明洪武時人。

要揭示這一秘密，應當先從瞭解歷代翻版的特點入手。照式翻版的現象宋代就有，南宋初年曾經集中翻過北宋監本，比如《通典》；南宋中期也曾翻過南宋初年刊本，比如《廣韻》。這些翻版在形式上不可謂不逼肖，有些連底本的避諱缺筆也如式摹刻，但是從沒有見到有將刻工照翻下來的，元代與明初的翻版也是如此。直到明弘治、正德以後，才漸漸有這一做法。這是因爲，早期的翻版立足點在文字内容，形式上的照搬是也是爲了保證文字不出現脫誤。版心刻上刻工名，是用來計算工錢的，底本的刻工屬於形式上的細節，與文字無關，沒有必要照刻下來。到了明代中期，情況不一樣了，古書版本尤其是宋版的文物性凸顯出來，翻版的立足點也轉爲如何將一部具有很高文物價值的古書如實地複製出來，只有在此時，照刻底本刻工名才有具有現實意義。

遼圖本爲洪武刻，從當時翻版的特點來看，照刻底本刻工的做法還沒有出現。考察現存的其他洪武翻版，也未見有這一情況。因此，我們可以確認遼圖本的刻工爲洪武時人，他們曾在洪武二十七年前後在成都府爲蜀藩刻過多種書籍。

六

張鎡《皇朝仕學規範》四十卷，有所謂宋淳熙三年（1176）刻本，半葉十二行，行二十五字，白口，單魚尾，左右雙邊。傳統著錄多定爲"宋刊本"，其中又以張廷濟藏本爲最著。張本卷三十三至四十有缺佚，已經補抄，莫友芝《宋元舊本書經眼錄》卷一著錄，後歸仁和朱學勤，《結一廬書目》列入宋版目，今歸上海圖書館（書號八二九〇二二—三一）；潘祖蔭《滂喜齋藏書記》卷二著錄者，有郁松年手書題識，今藏上圖（書號七五四三三八—四七）；張元濟《涵芬樓燼餘書録》子部著錄者，今藏中國國家圖書館（書號七五五六）[①]；李盛鐸木犀軒舊藏者（卷三十七至四十缺失，經人補抄完足），今藏國圖（書號七一九三）。潘祖蔭舊藏另一本，經坊賈割補，將書名改作"世學軌範"，曾爲上海書店博古齋收得。我經過調查，發現以上五本實爲同一版本。

張廷濟舊藏本鈐有"尚寶少卿袁氏忠徹印"朱文方印，又有袁氏静思齋引《顏氏家訓》六十五字藏書銘印。袁忠徹（1377—1459），字公達，又字静思，鄞縣人。明成祖時被封爲"尚寶司少卿"。則該本的刊刻時間當不晚於天順三年（1459）。該本的刻工有苟道民、陳雲、陳卿、周禹、李貴、喬恕、王必文、王梅保、余子云、史天保、劉興才、劉志中（劉中）、仁中、文民、文付、谷保、壬中等。其中苟道民、王必文、王梅保、劉志中、劉興才、文民等見於洪武蜀藩刻《自警編》，可知同爲洪武中蜀藩所刻。按方孝孺《仕學規範序》的説法（見本文第二部分末），《仕學規範》確有蜀藩刻本，刻在《自警編》之後，即洪武二十七年後。周弘祖《古今書刻》所載的明蜀藩刊本，或許也是這一版本。

潘景鄭先生曾于戊寅年（1938）對潘祖蔭舊藏本提出過質疑，認爲是明初蜀府覆本，他在當年撰寫的《明本仕學規範》跋中舉三證以明之："全書文字遇宋諱無闕避，一也；標識句讀，明人之陋習，宋槧所僅見，二也；書中每稱一本作某者，淳熙原本，無需別據，三也。"[②] 又説："至其字畫結構，板滯無生氣，識者自可領會之。"潘先生説該本字體風格不象宋版，很有道理。不過，對將該本定爲明初蜀府刻的依據所在，他並未加以交待。該本在1954年入藏上海圖書館，當時曾被誤定爲"清覆宋刻本"，而在1957年出版的《上海圖書館善本書目》卷三第十五葉，該本又被改定爲"明覆宋刻本"。現在通過與《自警編》刻工的排比，我們可以肯定該本爲洪武蜀藩刻，其底本或爲宋淳熙三年刻本。以上列舉諸家著錄之"宋刊本"，也應一併予以改正。

該本行間刻小圓來標識句讀，這一做法又見於洪武版《自警編》，現存宋版中未見有之。特殊的編葉碼方法是該本又一值得注意的特徵。一般古書編葉碼，多是一卷中葉碼自爲起訖，而該本卻是八卷中葉碼爲起訖：卷一至卷八、卷九至卷十六、卷十七至卷二十四、卷二十五至卷三十二、卷三十三至卷四十這五部分各自從第一葉開始連貫而下。五部分的版心也分別刻以"卷一"、"卷二"、"卷三"、"卷四"、"卷五"字樣。這種做法，是宋刻底本原來如此，還是

---

① 《中國古籍善本書目》子部第8123號以"宋刻本"著録。
② 潘景鄭：《著硯樓書跋》，上海：古典文學出版社，1957年，第203頁。

洪武翻版時作的改變，值得探究。這一特徵——下面會説到——與明洪武刻本《伊川擊壤集》有相似之處。

七

邵雍《伊川擊壤集》二十卷《集外詩》一卷，半葉十行，行二十一字，細黑口，雙魚尾，左右雙邊。相傳有宋版：黃丕烈《百宋一廛書録》著録者，爲季振宜舊藏，存卷三至卷六，有抄配，黃丕烈、孫原湘、邵淵耀、錢天樹等跋尾，繼歸張鈞衡，《適園藏書志》卷十一著録（書號一〇〇八〇）；傅增湘《雙鑒樓善本書目》卷四著録者，缺卷第一、二、三，有周良金、沈朗印（書號一〇〇八一）；張氏《菦圃善本書目》著録本，有富察昌齡、于右任藏書印（書號一〇〇七九）。以上三帙，現藏臺北"央圖"，曾由日本學者阿部隆一定爲"南宋末刊本"①，該館至今沿襲著録。又，瞿氏《鐵琴銅劍樓藏書目録》卷二十著録者，舊爲汪氏藝芸書舍插架物，後歸張蓉鏡，有張蓉鏡、邵淵耀跋，今藏中國國家圖書館（書號七〇三一），改定爲"明初刻本"。這些版本，通過書影比對，可確定爲同一版本。

瞿氏鐵琴銅劍樓舊藏本的刻工有王必文、梅保、谷保、興才、友民、子云、文民、壬中、榮子、文貴、洪輕、苟、胡、陳、志等，其中見於洪武版《自警編》的有王必文、梅保、文民、友民、興才等，見於洪武版《皇朝仕學規範》的有王必文、梅保、谷保、興才、文民、壬中、子云等。所以，該本應當也是洪武中蜀藩所刻。

中國國家圖書館著録有一種"元刻本"，存卷一至卷十八，其中卷二第九葉至卷末、卷三第一至二葉、卷十末二葉、卷十七第十一至十二葉、卷十八缺佚，已經補抄。鈐有"益王圖書"、"劉占洪印"、"東萊劉占洪字少山藏書之印"等印（書號七九〇一）。從該本字體風格判斷，當爲元代刻本無疑。瞿本與元刻本行款相同，字體在一些細節處理上也相仿，很像是照元刻本依樣葫蘆地翻出的。不同之處在於，元刻本的編葉方法是一卷之中，葉碼自爲起訖，而瞿本則是卷一至卷十連續編碼，卷十一至卷二十的葉碼重起。版心處也作了相應處理，卷一至卷十標識爲"卷上"，卷十一至卷二十標識爲"卷下"。這種做法，與洪武版《皇朝仕學規範》如出一轍，也許正是明初蜀藩翻刻古書時的一種習慣。

葉德輝《郋園讀書志》卷八著録了一種"元本"，後歸莫伯驥，載於《五十萬卷樓群書跋文》集二，今藏中國國家圖書館（書號一三四五六）。該本爲

---

① 阿部隆一：《中國訪書志》，東京：汲古書院，1976年，第C188—190頁。

上下粗黑口，表現出明代宣德以後、正德以前的刻書風氣。刻工也有王必文、梅保、洪輕，但僅此而已，且出現得時有時無；編葉方法與瞿本完全相同，也是葉碼在十卷中起訖。這些證據都説明，葉本係從瞿本翻出，而非直接出自元刻本。

結　語

明洪武時期，蜀藩刊刻過不少古書，其中《自警編》、《皇朝仕學規範》、《伊川擊壤集》三種很可能是以内府所頒宋、元本爲底本，兼之摹刻謹飭，紙墨俱佳，所以在傳統著録中多被認爲宋、元版。將這些版本個案辨别清楚，一方面有助於我們合理利用前人的著録成果，另一方面，也有助於我們加深對明初刻書風氣的體察和認識。

郭立暄：上海圖書館研究館員

金履祥詩文集版本源流考

王豐先

金履祥（1232—1303）字吉父，號次農，自號桐陽叔子。浙江金華人。宋元之際著名學者。自幼好學，凡天文、地形、禮樂、田乘、兵謀、陰陽、律曆之書靡不精研。初受學于王柏，後受學于何基。何基出自朱熹之婿黃榦之門，金氏遂成爲朱門嫡傳，而許謙後又從學於金氏。因何、王、金、許四人均係金華人氏，故世稱金華學派，又稱北山四先生。南宋末年，時局杌陧，遂絶意仕進。德祐初，爲宋廷以迪功郎、史館編校等職起，堅辭不受。尋應嚴州知州聘，主講釣台書院。入元不仕，專意著述。築室金華仁山下，講學於麗澤書院，學者尊稱爲"仁山先生"，許謙、柳貫皆出其門。元大德七年（1303）卒，至正年間諡"文安"。著有《通鑒前編》二十卷、《大學章句疏義》二卷、《尚書表注》四卷、《論語孟子集注考證》十七卷，並編有《濂洛風雅》。

金氏爲金華學派中堅，在學術思想上，雖宗主程朱一派，卻不守窠臼，其《論語孟子集注考證》，發朱熹之未發，多處顯與朱說抵牾，體現出其博學多識而不主故常的學風。清代全祖望稱之爲"明體達用之儒"。[1] 金氏選編《濂洛風雅》，承襲了理學家的陋見，如四庫館臣所云"欲挽千古詩人歸此一轍，所謂王之學華，皆在形骸之外，去之愈遠"。[2] 基於此思想認識，金履祥本人的詩文

---

[1] （清）全祖望：《宋元學案》卷八十二《北山四先生學案》，《黃宗羲全集》第六册，杭州：浙江古籍出版社，2005年，第214頁。

[2] 按"王之學華"，原誤作"華之學王"。（清）永瑢等：《四庫全書總目提要》，北京：中華書局，1965年，第1419頁。

創作自然也成就不高。只有王士禛《居易錄》極稱其《廣箕子操》頗工，引吴師道語云"辭旨悲慨，音節高古，真奇作也"。[1] 但即或是此作，四庫館臣亦尖銳地批評"其詩乃彷彿《擊壤集》，不及朱子遠甚"。[2] 但金氏集中不乏考證名物、制度之作，如《百里千乘説》、《深衣小傳》、《中國山水總説》、《次農説》，四庫館臣認爲金氏于經史之學研究頗深，其言有物，具有根柢，不失爲儒者之言。[3]

金履祥詩文集雖生前已有結集，但未刊刻。明代正德間已散佚，董遵予以重編，明代萬曆年間始有刊本。清代雍正三年、九年兩次刊刻金氏文集，但卷數不同，篇數多寡亦不同，從而導致金氏文集流傳上的若干問題。本文詳細介紹金氏詩文集的流傳刊刻情況，力圖解決金氏文集的相關問題。

一、董編本

金氏之著述，據其弟子柳貫云："所注書有《尚書表注》、《大學疏義指義》、《論孟集注考證》、《通鑒前編》，合若干卷，傳學者。雜詩文又若干卷，藏於家，而曰《昨非存稿》者，弱冠以後、四十以前之作也；曰《仁山新稿》者，辛未至乙亥之作也；曰《仁山亂稿》者，丙子以後之作；曰《仁山噫稿》者，壬辰以後之作。其自題曰自丙子之難而生前之望缺，自壬辰哭子之戚而身後之望孤，曰亂曰噫，所以志也。"[4] 可見，金氏生前，其詩文集業由金氏本人編訂爲《昨非存稿》、《仁山新稿》、《仁山亂稿》、《仁山噫稿》四集，藏於其家。柳氏又云："所注書僅僅脱稿而未及有所正，故悉以授許謙。謙尤能遵稟遺志，益加讎校，今皆刻板以傳。"[5] 柳氏此處所云"所註書僅僅脱稿而未及有所正"者，並非指其詩文集而言。觀其"所注"而非"所著"即可知曉。據《仁山遺筆》交代，金氏生前念念不忘者，實爲其《通鑒前編》一書，云其："用心二十餘年，平生精力盡於此，吾所得之學亦見於此矣。吾爲是書，固欲以開後學，殆不可不傳，然未可泛傳。吾且殁，宜命許某編次，録成定本。此子他日或能爲吾傳此書乎？"[6]可見，金氏臨終之際將生平最重要的著作《通鑒前編》托付於衣鉢傳人許謙，這説明《通鑒前編》的重要性遠在金氏文集之上。許氏有《書仁山先生集後》，通篇全論《通鑒前編》，[7] 而編者疏忽，誤題金氏文集

---

[1] （清）王士禛：《居易錄》卷一，景文淵閣四庫全書本。
[2] 《四庫全書總目提要》，第1419頁。
[3] 同上。
[4] （元）柳貫：《待制集》卷二十，四部叢刊景元本。
[5] 同上。
[6] （元）金履祥《仁山遺筆》，載雍正九年藕塘賢祠本《仁山先生文集》卷五。
[7] 許氏此文亦收入《仁山先生文集》卷五，雍正九年藕塘賢祠本。

序而收之。而金氏去世之後，其詩文集自然藏於其家。後吳師道訪金氏書，從其鄉人何謹仁處得金氏詩文集，云"其子孫不能有"，①又可見家藏之詩文稿已散佚。但吳氏所得金氏詩文集，既不提是否爲金氏原編，又不云卷數。明代弘治年間，東湖董遵於吳師道裔孫家借觀吳氏遺書，偶見金履祥手筆册者一編，亟求錄之，發現已非金氏原稿。於是，董氏在吳氏所藏金履祥手筆册基礎上，"拾遺得若干篇，又得仁山行狀挽章等篇，附錄於後，粗已成編"，總曰"仁山文集"。②先後請上虞潘府孔修、章品廷式二人爲序跋。③後董氏調官廣東感恩縣，間取而校之，編爲五卷，其前四卷爲金履祥作品，第五卷則附錄有關金履祥的他人文字。此爲金氏詩文之第一次結集。董遵《金文安公仁山書院記》末云："書院既成，趙公且將梓《仁山文集》以傳於世，皆可書也。"④但刊刻與否無明文。雍正三年（1725）金弘勳云：金氏文集"一刻於正德朝，再刻於萬曆中"，⑤認爲董遵輯本《仁山文集》當爲正德間刊刻，不知何據。同治間胡鳳丹《仁山文集序》"是編依明弘治間董道卿大令所編，文三卷，詩一卷，附錄一卷"，不提董氏刊刻與否，甚爲審慎。

二、萬曆本

現存金氏詩文集的最早刻本，當屬明萬曆年間金應驥刻本。此本《中國古籍善本目錄》有著錄，目前僅存一部，藏北京大學圖書館，一函四册。是本名《仁山文集》，半頁八行，行十八字，四周雙邊，無魚尾。是刻共三卷，據卷首標目，此本絕非殘帙，實爲完本。版心、卷端均題"仁山文集"，卷首首列"蘭溪仁山金履祥著"，次列"里後學東湖董遵編校"，最後列"裔孫：祠生金廷賓、庠生金廷對、金和、金廷采、金廷試、金復初、金日望、金日色、金應驥、金應朱、金應召刊"。是刻首爲同邑後學趙崇善序，作於萬曆二十七年（1599）。次爲南山潘府序，作於正德三年（1508）。再次爲徐用檢序，作於萬曆二十六年。按潘府序爲董遵本原序，故知萬曆刻本實來源於董遵所編本。據徐用檢《仁山先生文集序》交代作序緣由，云："兹歸自留都，嫡裔孫文學金應驥、祠生金有爲復持是集，以索愚序。"⑥其中所言金應驥與卷首所列刊刻人金應驥應爲一人無疑。徐氏又云："《昨非存稿》、《仁山新稿》、《仁山亂稿》、

---

① （元）吳師道《請鄉學祠金仁山先生》，《吳禮部集》卷二十，景文淵閣四庫全書本。
② （明）董遵《奏章廷式先生書》，載《仁山先生文集》卷五，雍正九年藕塘賢祠本。
③ 同上。
④ （明）董遵《金文安公仁山書院記》，載《仁山先生文集》卷五，雍正九年藕塘賢祠本。
⑤ 張體雲《仁山叢考》，《懷化學院學報》2003年第2期，第39頁。
⑥ 同上。

《仁山噫稿》皆出自正傳吳子家，而道卿董子補入多篇，匯以成集者。愚亦録而珍藏之。"① 足可見當時金氏文集尚以寫本流傳。據前所交代，董氏所編本實爲五卷，前四卷爲金氏作品，末一卷爲有關金氏及其詩文集的各種資料。但今萬曆刻本僅爲三卷，或又經刊刻者改編增删而成，未可知。

三、春暉堂本

清雍正三年（1725），金弘勳重刻金氏文集。因其版藏婺東春暉堂，故又稱春暉堂本。此本共四卷。卷首依次爲金弘勳序、徐用檢序、趙崇善序、宋濂題《仁山先生像》、《仁山自贊》、《元史·仁山金先生傳》，卷末有附録兩篇，一爲《金氏譜引》，一爲《文安公纂略》。首頁三行分題"桐溪金元功編輯"、"金仁山先生文集"、"春暉堂藏版"。半頁九行，行十九字，四周雙欄，白口，單魚尾。版心題"仁山文集"，而卷端題"仁山金先生文集"。據金氏序文交代："初得正德間寫本，旋又得萬曆間刻本，合校之。"② 但對比萬曆刻本與春暉堂本，就可發現兩本出入很大。萬曆本爲三卷，春暉堂本則爲四卷。萬曆本卷一爲金氏詩，按詩體排列，首四言古詩三首、五言古風九首、五言律六首、五言絶一首、七言並長短句古風三首、七言律三十首、七言絶三十二首，總計八十四首；春暉堂本除卷一爲詩歌外，卷二也有部分詩歌，其詩體順序是四言詩三首、五言古九首、七言古三首、五言律六首、七言律三十首、五言絶句一首、七言絶句三十二首。兩本所收詩歌分類相同，數量相同，只有詩體順序不同。萬曆本卷二所收，與春暉堂本卷二、卷三所收文體相類，而作品亦大致相同。不過，春暉堂本較萬曆本多三篇文章，即《中國山水總説》、《通鑒前編序》、《通鑒前編後序》。萬曆本卷三所收與春暉堂本卷四相同。問題是，尚不知萬曆本與正德寫本究竟孰爲春暉堂本的底本。

四、明抄本

其實，金弘勳春暉堂刻本所依據的並非萬曆刻本，而應該是其所謂的正德寫本，現存明抄《仁山金先生文集》，收入《宋集珍本叢刊》第八十八册。仔細比對兩者，不僅卷數同爲四卷，且正文卷次、篇次、篇目也完全相同。③ 尤

---

① （明）徐用檢《仁山先生文集序》，載《仁山文集》，明萬曆刻本。
② （清）金弘勳《仁山文集序》，載《仁山文集》卷首，春暉堂本。
③ 按現存明抄本卷二末尾增講義兩篇，字體與原抄不一，且講義類本在卷三中間，故知其爲後人附入，原抄本無。

其是春暉堂本所增入之三篇文章，其次第與此明抄如出一轍。但不知此明抄本是否即當年金弘勳所見正德寫本，抑或正德寫本之傳抄本。但此抄本自明末已屢經藏書家著錄。清李清馥《閩中理學淵源考》卷三十七云："乾隆壬午往浙，歸途於蘭邑書坊中購得金氏履祥先生文集鈔本共三卷。卷一首帙書'後學喻良能香山校'，下列刻門人十人，首曰熊鈇、熊瑞、林景熙、方逢辰、汪夢斗、陳淳、鄧虎、張侶、許棐、羅願。"[1] 李氏爲李光地之孫，其所見本爲三卷，似是李氏誤記。又陸心源《皕宋樓藏書志》卷九十三集部云："《仁山金先生文集》四卷。"下小字注云："舊抄本，曹倦圃舊藏。"其解題云："宋蘭溪金履祥仁山著，下有喻良能香山校，門人汪夢升、陳淯、林景熙、方逢辰、熊鈇、熊瑞、鄧虎、張侶、許裴、羅願刊等字，當是明人妄增。"[2] 按，曹溶（1613—1685），字秋嶽，又字潔躬、鑒躬，號倦圃，鉏菜翁，秀水（今浙江嘉興）人。明崇禎十年（1637）進士，官御史。著名藏書家。瞿鏞《鐵琴銅劍樓藏書目錄》卷二十二集部四云："《仁山金先生集》四卷，舊鈔校本。題宋蘭溪金履祥撰，後學喻良能校，明韓求仲藏本。以朱筆校過，與文瑞樓刊本微有不同。卷首有韓氏藏書、求仲氏二朱記。"[3] 韓氏，名敬，字簡與，號求仲，歸安人。萬曆三十八年會元。官翰林院修纂。因順天場事牽連，後辭官歸里，專事著述。[4] 由曹、韓二氏收藏的情況看，此四卷之《仁山金先生文集》淵源有自，其產生年代當不晚於明末。故可肯定，今存之明抄或源自金弘勳所見之正德寫本，或當爲正德寫本之源出。或因金弘勳見此抄本收文較萬曆刻本多三篇，且編次更優，故春暉堂本即據此刊刻。

此抄本多出之文，《通鑒前編前序》、《通鑒前編後序》係輯自金履祥《通鑒前編》無疑，而《中國山水總說》一文，其內容實見於金履祥《書經注》卷三與《通鑒前編》卷一，文字較抄本《中國山水總說》所收爲多。抄本所以收入此文，可能是因發現其單篇散見於他人著作，故徑直采入，而不暇辨其出處。實際上，此文見收于章潢《圖書編》卷三十，題爲"總論中國之水"。今題當爲輯者所改。按章潢，生於1527年，死於1608年，也即生於嘉靖朝，死於萬曆朝。其《圖書編》一百二十七卷，萬曆四十一年由其門人萬尚烈付梓成書。而此明抄本出現年代當晚於萬曆四十一年。而據前述，萬曆本刻於萬曆己亥，即萬曆二十七年。假如明抄源自萬曆本，其中的文字應該與萬曆本相同。今考明抄本，其天頭多有校語，而這些校語按之萬曆本，若合符契。故可肯定，此明抄本雖晚出於萬曆本，

---

[1] （清）李清馥《閩中理學淵源錄》卷三十七，景文淵閣四庫全書本。
[2] （清）《皕宋樓藏書志》卷九十三，光緒萬卷樓藏本。
[3] （清）瞿鏞《鐵琴銅劍樓藏書目錄》卷二十二，光緒常熟瞿氏家塾刻本。
[4] （清）鄒漪《韓修撰傳》，《啓禎野乘一集》卷八，明崇禎刻清康熙重修本。

似有更早的文本依據。正德間董遵編本五卷，末一卷爲他人文字，今抄本四卷，或係刪除董遵編本之第五卷他人文字而又因《圖書編》所收"總論中國之水"一文，加以重編。至於其卷端所列校刊人姓名，陸心源已指出其僞，不再贅言。

五、藕塘賢祠本

雍正七年，金履祥十八世孫金律，字孔時，"出其家藏手錄之書，得《大學疏義》、《論孟考證》及文集五卷"，① 于雍正九年鋟版行世。每卷卷端題云"後學東湖董遵編輯，十八世孫律重梓"。首頁三行分題"雍正辛亥年刻"、"宋金仁山先生傳集"、"郡東藕塘賢祠義學藏版"。按此處所謂"宋金仁山先生傳集"，並非金履祥文集的名稱，而是金律所輯刻的金履祥著作集的總稱。是刻依書口題名當爲《仁山先生文集》，而據卷端題名則是《仁山先生金文安公文集》，半頁十行，行二十字，白口，四周雙邊，雙魚尾。前有王崇炳序，作于雍正九年。其序云："又有文集四卷，囑予較訂。予爲之次其編帙，政其訛誤與其錯簡重出，而更定之。蓋將以此授梓。"按：王崇炳，字虎文，號鶴潭，東陽人。爲毛奇齡弟子。曾著《金華征獻錄》二十卷、《金華文略》二十卷。金律囑其校訂金氏文集，實爲得人。王氏敘述金履祥詩文集的傳刻情況云："先生文稿凡四種，聚而散、散而復聚者凡數次。其初輯而付之其家者，門人許白雲先生、柳文肅公也；其次購而藏之者，吳禮部也；又其次之萃散補遺而傳之者，東湖董道卿先生也；今于東湖原本之外，搜補遺脫而彙聚之者，蘭溪章藜照也。"其第一次編輯，前已辨正。其第二、第三兩次，信有其事。而第四次編輯者蘭溪章藜照事蹟莫考，但王氏既云"今"，知爲其同時代人無疑。而金律囑王氏者僅四卷，最後刻成卻爲五卷，由四卷變爲五卷，當是王氏據金律所提供的四卷，參考章藜照所編，彙聚而成者。今考是本，除去重復者，較萬曆本收文多講義十六篇、論七篇、序三篇、書傳各一篇，而少跋一篇、祭文四篇，共計多二十三篇。明抄本增補之《中國山水總說》一文，則未予收錄，疑是編者未睹春暉堂本，或睹而見其源出自金氏成書，故置之弗論。新增之講義十六篇，《四嶽舉鯀治水》、《命鯀子禹治水》、《帝命禹叙洪範九疇》、《太康尸位》、《王隨先王滅寒氏》、《伊尹既複政》、《西伯演易於羑里》《魯侯弟潰弒其君幽公》、《自衛巫監謗王》、《周衰自宣王始》、《盟於召陵》、《王使宰孔致胙於齊》、《齊侯使管夷吾平戎于王》、《晋侯侵曹》、《孔子如祭》、《九鼎震》，其實均爲金氏《書經注》與《通鑒前編》按語。多出之論七篇《論虞世譜系及宗堯論》、《三監論》、《郊鯀論》、《殷人立弟辯》、《西伯戡黎辯》、《微子不奔周辯》、《伯益

---

① （清）王崇炳《重刻金仁山先生文集序》，載《仁山先生文集》，雍正九年藕塘賢祠本。

辯》，除《微子不奔周辯》出自金氏《論孟考證》外，《沈氏學弢》亦收之，題曰《微子不歸周》，其餘六篇亦均爲金氏《通鑒前編》按語。另外，此七篇，此前曾見收于唐順之《荊川稗編》卷七《書》二，其順序依次爲《論虞世譜系及宗堯》、《論郊鯀》、《論伯益》、《殷人立弟辯》、《西伯戡黎辯》、《微子不奔周辯》、《論三監》。唐氏所採金氏文字，除此七篇外，尚有《論舜漁陶》、《論處殷民》兩篇，前者出自《通鑒前編》，後者出自《書經注》。編者或由於見唐氏之書，遂誤以爲金氏文字之單行者，不復溯其淵源而予以收錄。同一書之按語，或爲論體，或爲講義編入，殊爲乖舛。又多出之《玉華葉氏譜序》、《從曾祖曰九府君小傳》、《答葉敬之書》三篇確爲金氏遺文，理當收入。至於減損之祭文四篇：《代王姊夫祭亡考散翁文》、《代仲一諸侄祭其祖文》、《爲兄祭妹文》、《祭縣學土地文》，跋一篇《書包氏家訓後》，爲何刪去，無從知曉。故此次金氏詩文之結集刊刻，實有得有失。

雍正九年刻本，因其刻於婺東藕塘賢祠，而版已藏於此，故又稱藕塘賢祠本。而此本實系金氏所刻《率祖堂叢書》九種之一，故又稱《率祖堂叢書》本。光緒十三年，鎮海謝駿德據藕塘賢祠藏版重新刷印《率祖堂叢書》，金氏文集亦赫然在列。

六、退補齋《金華叢書》本

同治年間，金華胡鳳丹編刻《金華叢書》，據胡氏所云，據藕塘賢祠本重雕。《金華叢書》本金氏文集題名《仁山集》，有"退補齋開雕"字眼，卷首先是胡鳳丹《仁山集序》，作于同治十三年甲戌春三月。次爲藕塘賢祠本原序，也即王崇炳《重刻金仁山先生文集序》。單頁九行二十字，小字雙行，白口，四周雙邊，單魚尾，版心題"仁山文集"。每卷題下署"郡後學胡鳳丹月樵校梓"。由於是刻版式疏朗，字體方正，故民國時，商務印書館《叢書集成初編》本即據《金華叢書》本《仁山集》排印。但現存此刻及由此而排印的《叢書集成初編》本，卷二講義"復見其天地之心"章首缺三十六行，其中前兩行藕塘賢祠本爲三十三字，後三十四行行二十字當爲六百八十字，而《叢書集成初編》則云缺三十六行七百二十字，當是未能復核藕塘賢祠本所致。

七、四庫本

乾隆時，修纂《四庫全書》，亦收入金氏文集，稱其依據爲浙江巡撫采進《仁山集》六卷本。文淵閣《四庫全書》實際所收名爲《仁山文集》，僅爲四卷。驗其目錄內容，顯然與雍正三年金弘勳春暉堂本完全相同，可知其出於春暉堂本無疑。而張體雲因未能目驗春暉堂本，只是簡單地比較了文淵閣《四庫全書》本《仁山文集》與率祖堂本、《金華叢書》本的卷數與詩文編次順序的差異，從而推測《四庫》本是删削五卷本附錄而重加編次而成①。其實，《四庫全書》本與率祖堂本絕無關係，前已詳述，兹不復贅。

今人修《全元文》，僅以金弘勳春暉堂刻本爲底本，校以影印文淵閣《四庫全書》本，而據《率祖堂叢書》本《孟子集注考證》卷七補入《孟子集注考證跋》，據光緒刻《八編類纂》卷二補入《微子不奔周辨》兩篇文章。②《孟子集注考證跋》依文集編纂慣例自當補入。而《微子不奔周辨》如前所述，出自唐順之《荆川稗編》。此文本不當收入金氏文集，即便是輯録此文，依據者當爲萬曆本《荆川稗編》，而非《八編類纂》。因明天啓年間陳仁錫輯刻之《八編類纂》，實係丘濬《大學衍義補》、唐順之《史纂左編》、《右編》、《荆川稗編》、章潢《圖書編》、鄧元錫《函史編》、馮應京《實用編》、馮琦《經濟類編》的彙編本。至於雍正九年藕塘賢祠本多出之《玉華葉氏譜序》、《從曾祖曰九府君小傳》、《答葉敬之書》三篇文章實應收録，卻未能補輯，誠爲憾事。

王豐先：北京大學《儒藏》編纂與研究中心助理研究員

---

① 張體雲《仁山叢考》，《懷化學院學報》2003年第2期，第39頁。
② 見《全元文》第八册，南京：江蘇古籍出版社，1999年。

汪元量集之傳本系統及相關問題雜考

蔡淵迪

汪元量是宋元之交的一位重要詩人，作品多反映南宋亡國痛史，有"詩史"之目。然其文集長期以抄本形態流傳，版本情況比較複雜。近百年來，綜合討論其版本情況者主要有六：一、王獻唐《汪水雲集版本考》（1931）[①]；二、孔凡禮《關於汪元量的家世、生平和著述》（1982）[②]、《汪元量著述考》（1984）[③]；三、四川大學古籍所編《現存宋人別集版本目錄》之"汪元量"專條（1990）[④]；四、祝尚書《宋人別集叙錄》"湖山類稿（五卷）·水雲集（一卷）"專條（1999）[⑤]；五、陳建華《汪元量與其詩詞研究》上篇第六章第一節"著述之版本"[⑥]；六、杜澤遜《四庫存目標注》第4799專條[⑦]。其他零星論及

[①] 《雙行精舍校注汪水雲集》，濟南：齊魯書社，1984年，第203—225頁。
[②] 原載《文學遺產》1982年第2期，收《孔凡禮古典文學論集》，北京：學苑出版社，1999年，第428—437頁。
[③] 孔凡禮輯校《增訂湖山類稿》，北京：中華書局，1984年，第297—300頁。
[④] 四川大學古籍所編《現存宋人別集版本目錄》，成都：巴蜀書社，1990年，第342—343頁。
[⑤] 祝尚書《宋人別集叙錄》下册，北京：中華書局，1999年，第1444—1449頁；又祝尚書主編《中國古代詩文名著提要·宋代卷》"湖山類稿五卷水雲集一卷"條是在《宋人別集叙錄》相關條目的基礎上編撰而成，在版本介紹方面未有新進展（石家莊：河北教育出版社，2009年，第569—572頁）。
[⑥] 陳建華《汪元量與其詩詞研究》上篇，臺北：秀威資訊科技公司，2004年，第87—93頁。
[⑦] 杜澤遜《四庫存目標注》第5册，上海：上海古籍出版社，2007年，第2539—2543頁。省文起見，下凡引此書此部分，均簡作杜氏《標注》，頁碼亦不另行標注，此部分總共不到5頁，查對不難。

汪元量集傳本系統的文章尚有一些①，然均不出上列六種之範圍。其中，上述第二、四、五項研究成果側重探考汪元量作品集的原始形態，故勤於鉤稽元明兩代之著錄、稱引綫索而略於討論存世版本情況。第一、三項成果雖詳列傳世版本，然《汪水雲集版本考》初非定稿，乃後人整理刊出，多見紛紜叢雜，故自其刊行迄於今日，頗遭冷落②，其中真知灼見亦稍埋没；《現存宋人別集版本目錄》則本以羅列版本爲務，不主考訂源流，俱難稱意。第六項則羅列諸本最爲詳備，極見功力，然爲體例所限，未展開論述，而其間細節可以商榷者亦復不少，然則仍有探討之餘地。今欲在諸家研究之基礎上，參訂三百年來公私著錄，復時時稽覈各本書影，對於傳世汪元量集諸版本作一綜合梳理，得一簡明條理之印象。由此進而討論關於汪集版本的叢雜問題，無不澁然而解矣。

一、傳本汪集的四個系統

今傳汪集各本，大要出於二源，即成兩系統：其一出於錢牧齋（謙益）自雲間抄書舊册輯出之汪水雲詩，是爲《（汪）水雲詩（鈔）》（或稱《水雲集》）系統，一卷，有汪元量《湖州歌》、《越州歌》兩組大型組詩名作等，詞僅《鳳鸞雙舞》一首；其二出於汪森所得之劉辰翁批選本《湖山類稿》，是爲單本《類稿》系統，五卷，前脱四版，中間脱字者亦所在多有，前四卷爲詩，無《湖州歌》及《越州歌》兩組大型組詩名作等，第五卷收元量詞一卷。

康熙廿六年（1687），汪森取錢本《汪水雲詩》與《類稿》參訂，同者删去，《類稿》闕者存録，别輯爲《湖山外稿》一卷，附於《類稿》五卷之末③。其後《外稿》雖有單行者（今唯見一種④），大多乃附《類稿》而行，是則分出《類稿》、《外稿》合鈔一系統，可稱爲"汪本系統"。

清初期，以上三本並行不廢，而藏書家多能得其兩本以上者⑤。至乾隆三十年

---

① 如郁達夫《錢唐汪水雲的詩詞》（原載1934年11月5日《人間世》半月刊第15期，收吳秀明主編《郁達夫全集》第11卷，杭州：浙江大學出版社，2007年，第142—147頁）；程亦軍《論愛國詩人汪元量及其詩歌》（《廣西師院學報》1982年第1期，第60—61頁）；程瑞釗《汪元量及其詩詞之研究》，成都：巴蜀書社，1997年，第4—6頁。

② 張立敏《汪元量研究五題》亦謂王獻唐遺書《雙行精舍校注汪水雲集》自1984年刊行後，"長期受漠視、冷遇"（吉林大學碩士論文，2004年4月，第34—35頁注83）。

③ 汪森《〈湖山類稿〉後序》，見《增訂湖山類稿》第191頁。（以下引書凡不注出處者皆見於孔凡禮輯校之《增訂湖山類稿》）

④ 今存《外稿》單行者，似僅國圖藏黃丕烈校一本（國家圖書館圖書編號：1075）。

⑤ 如陸漻、吳焯、趙昱等均藏《類稿》及《汪水雲詩（鈔）》（或《水雲集》）兩本。見陸漻《佳趣堂書目》、趙昱《小山堂藏書目録備覽》（分別見林夕主編《中國著名藏書家書目匯刊·明清卷》第21册，北京：商務印書館，2005年，第72、315、363頁）及吳焯《汪水雲詩跋》。

(1765)，鮑廷博因不滿於汪森之輯録而謂其"於昔人持擇之意或未盡然"①，遂將《類稿》與《水雲集》兩本合刻。是又形成《類稿》、《水雲詩》合刻/鈔系統。因刊本對於書籍形態定型及標準化有著示範作用，故此一系統不妨稱作"鮑本系統"。

此處對鮑本所據之底本作一點推測，並附說鮑本之特點，以爲下文之論述張本。吳城《合刻汪雲詩序》云："兹刊者爲須溪選本，五卷，首脱四番，與先君子録本相同。"案：吳城爲吳焯之子，而吳焯本《湖山類稿》縱非趙氏小山堂抄本（即下文第二大類第3種），亦必據小山堂抄本轉録之本②，是則鮑本《湖山類稿》所據必非趙氏小山堂本，否則吳城不需多"與先君子録本相同"一語。今上海圖書館藏汪本系統抄本一種，有鮑廷博校（即下文第三大類第3種），疑即鮑本《湖山類稿》所據之底本。至於鮑本之《水雲集》，據鮑氏自跋，謂出自陸氏采薇堂舊鈔本，陸受之於史辰伯（兆斗），史借之於錢牧齋家。鮑廷博復取吳焯繡谷亭抄本《汪水雲集》及《湖山類稿》重出詩篇等參校，隨文夾出校語。

以上四個系統的版本又各有附録，附録内容、多寡各不相同，王獻唐謂是"抄者自輯自補"③，的是卓見。

此四系統可以簡圖示之如下：

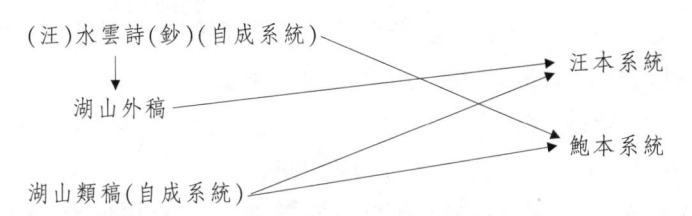

```
(汪)水雲詩(鈔)(自成系統) ──────→ 汪本系統
        ↓                    ╳
   湖山外稿           ────→ 鮑本系統
   湖山類稿(自成系統) ╱
```

四個系統的今存各本情況如下：

（一）（汪）水雲詩（鈔）系統：1. 明末抄本，毛扆校並跋，今藏國家圖書館（下簡稱"國圖"，1202④），《四庫全書存目叢書·集部》第20册有影印本⑤，下文於必要時簡稱"毛本"；2. 王乃昭本，黄丕烈手校並跋，又有金俊明題記，邵恩多跋，今藏臺北"國立中央圖書館"；3. 順治十七年葉氏抄本，有葉樹廉跋（1076），《增訂湖山類稿》卷首有此本書影一頁，下文於必要時簡

---

① 鮑廷博《〈水雲集〉跋》。
② 趙氏小山堂抄本《湖山類稿》今藏南京圖書館，曾爲吳焯遞藏，詳下文。
③ 《雙行精舍校注汪水雲集》，第215頁。
④ 各版本書號除北京大學圖書館藏一本明確注明該館索書號外，其他凡是國圖收藏者均附著國圖藏書編號，編號據《北京圖書館古籍善本書目》（北京：書目文獻出版社，1989年）；非國圖藏者則著《中國古籍善本書目·集部》順序號（上海：上海古籍出版社，1996年）；現藏臺北及日本者無編號。
⑤ 《四庫全書存目叢書·集部》第20册，濟南：齊魯書社，1997年，第387—408頁。

稱"葉本";4. 一粟齋抄本,王獻唐定爲康熙中葉以前抄本①,《中國古籍善本書目》著録之第4785號所謂"錢謙益家鈔本",實即此本(説詳下),今藏山東省博物館,《第二批國家珍貴古籍名録圖録》第5735號著録並附書影一頁,王獻唐嘗命秦玉章據之抄録一本,並將校語批於此本之天頭,今影印入《雙行精舍校注汪水雲集》;5. 清抄本,有李木齋據舊抄本朱筆校並墨筆抄補,今藏北京大學圖書館(北大圖書館索書號8479),蓋即孔凡禮《增訂湖山類稿》"參校各本"中的第五種"李木齋藏其曾祖像李有大(雍正庚戌進士)抄本;6. 吳焯繡谷亭鈔本,今藏南京圖書館(下簡稱"南圖",4791);7. 清抄本,黃丕烈校並跋,今藏國圖(9640),實即《蕘圃藏書題識》卷八所稱之"從騎龍巷顧氏得來"者也②,《祁陽陳澄中舊藏善本古籍圖録》第516號著録並附卷首書影一頁③,《宋集珍本叢刊》第90册有影印本④,下文於必要時簡稱"顧本";8. 清抄本,有邵恩多跋,今藏上海圖書館(下簡稱"上圖",4789);9. 清抄本,有章綬銜跋,今藏上圖(4790);10. 杜氏《標注》尚列出《皕宋樓藏書志》著録舊抄本,此本杜氏亦未經眼,推斷現藏於日本静嘉堂,然檢《静嘉堂文庫漢籍分類目録》實無此書。此系統的版本,除以上十種單行抄本之外,杜氏《標注》尚列出以下四種非單行的抄(刻)本:(1)康熙十年吳之振輯刻《宋詩鈔》本;(2)上圖藏清金氏文瑞樓鈔《南宋小集九家》本;(3)竹書室抄本,附《宋遺民録》後,今藏臺北"中央研究院"史語所;(4)宣統二年北京龍文閣石印《宋代五十六家詩集》本。就中除第(1)種《宋詩鈔》本外,其餘三種皆不甚重要。十種單行抄本中,第6種繡谷亭鈔本與《宋詩鈔》本必同出一源,第3種葉氏抄本與第4種一粟齋抄本必同出一源,此已由王獻唐的校勘成果作了充分的論證⑤。

(二)單本類稿系統:1. 舊鈔本,黃丕烈校並跋,又有楊保彝題識,今藏臺北"中央圖書館",案:《"國立中央圖書館"善本書目》著録此本爲"《湖山類稿》六卷",其末卷非是《外稿》,乃是附録,趙萬里嘗目驗此本,有題識⑥;2. 清鈔本,今藏國圖(6190);3. 趙氏小山堂抄本,有吳焯、丁丙跋,今藏南圖(4781)。案:此系統各本全是抄本。

(三)汪本系統:1. 舊鈔本,今藏日本静嘉堂文庫,此本杜氏《標注》著

---

① 《雙行精舍校注汪水雲詩》第218頁。
② 參蔡淵迪《國圖藏黃丕烈校清抄本〈汪水雲詩〉(9640號)考》(待刊稿)。
③ 國家圖書館、上海圖書館、中國嘉德拍賣公司編《祁陽陳澄中舊藏古籍善本圖録》,上海:上海古籍出版社,2006年,著録在第3册第167—168頁,圖版在第12册第584頁。
④ 四川大學古籍所編《宋集珍本叢刊》第90册,北京:綫裝書局,2004年,第533—560頁。
⑤ 參《雙行精舍校注汪水雲詩》第119、161頁。
⑥ 見王紹曾、崔國光等整理訂補《訂補海源閣書目五種》上册,濟南:齊魯書社,2002年,第476頁。

録爲"汪森手鈔本",恐未必可靠;2. 清彭元瑞知聖道齋抄本,今藏國圖(11186);3. 清抄本,鮑廷博校,今藏上圖(4782);4. 李一氓藏清抄本,即爲孔凡禮《增訂湖山類稿》取爲底本者。案:此系統各本亦全是抄本。

(四)鮑本系統:1. 鮑氏原刻;2. 四庫本;3. 丁氏《武林往哲遺書》本;4. 吳枚庵(翌鳳)抄本,今藏國圖(1074)。案:此系統中四庫本及吳枚庵本爲抄本,餘二本爲刻本。吳枚庵本,據其自跋知抄於乾隆四十年,"借張子充之抄本校録"①,則未必出於鮑刻,然亦是《類稿》、《汪水雲詩鈔》合抄本,故列於此大類中。四庫本及丁氏本皆從鮑本出。丁氏本除文字細節外,無甚改動;四庫本則文淵閣本多删削,文津閣本較爲完全,其餘二閣抄本情況未寓目,不知其詳。文淵閣四庫本删略之處主要有二:(1)鮑氏原刻缺字之詩;(2)鮑本所附清人題跋(此項文津閣本亦悉數删去)。有些詩篇既無缺字,卻仍被删去者,未必出於違礙,恐是抄手偷惰所致,如《湖山類稿》中《杭州雜詩和林石田》組詩,文淵閣四庫本竟有五首不載。而鮑本《水雲集》校語四庫本全部收入,幾乎分毫不爽,是知四庫本必出於鮑本也,非僅《提要》之明文可爲證也②。又,此系統諸本除四庫原本外,其餘兩本如今皆所在多有,而文淵閣四庫全書又悉數影印(其删削過分之處今《文淵閣四庫全書補遺》第4册《湖山類稿·水雲集》部分已作校補③),皆不難見到,故無勞再舉弆藏之家。唯國圖藏有王國維校跋鮑本(2938,《增訂湖山類稿》卷首附書影二頁)、傅增湘校丁本(409)、南圖藏有丁丙跋鮑本(4777)最爲善本。

二、汪集諸抄本的流轉遞藏情況

對於汪集諸抄本,藏書家早即以善本視之,與宋刊元槧等列④,題跋、著録累累,故詳稽各本流轉遞藏之跡,於其版本之考索當有助益,今爰就所知,略述於下,不知則付闕如。

---

① 吳枚庵跋見黃丕烈《蕘圃藏書題識》(屠友祥校注),上海:上海遠東出版社,1998年,第666頁。

② 《提要》"湖山類稿五卷水雲集一卷"條謂:"鮑廷博因復採《宋遺民録》補入辰翁元序,合《水雲集》刻之,以二本參互校訂,詩多複重,今亦姑仍原本焉。"王獻唐屢稱四庫本出於吳焯繡谷亭本,真不知何以疏忽至此,故於上面正文中稍作贅論。

③ 北京圖書館編《文淵閣四庫全書補遺——據文津閣四庫全書補》集部第4册,北京:北京圖書館出版社,2006年,第1—19頁。

④ 典型的如楊紹和《宋存書室宋元秘本書目》、楊保彝《海源閣宋元秘本書目》均名曰"宋元秘本",而皆著録汪集諸抄本。

据《荛圃藏书题识》（下简称《题识》）卷八知黄丕烈至少藏有汪集抄本六种①。分别是《汪水云诗》四本：

自骑龙巷顾氏所得本，《题识》著录（第661页），此本即上述第（一）大类中的第7种；

王㳫昭补录本，《题识》著录（第662—663页），此本即上述第（一）大类中的第2种，案：此本卷首有金俊明（耿庵）题识谓："壬寅端阳前三日，乐饥翁携赠。""乐饥翁"即王㳫昭，是则此本最先由王㳫昭、金俊明②递藏，黄丕烈则得自"郡城赐书楼蒋氏"（盖即蒋曾莹③），金俊明至蒋氏之间流转过程不详；

叶氏抄本，《题识》未著录，上王㳫昭补录本题识中言及，谓"乙亥花朝，收得《汪水云诗钞》，有叶石君跋者"（《题识》第662页），此本即上述第（一）大类中的第3种；

一粟斋本，《题识》未著录，上王㳫昭补录本题识中言及，谓"道光二年壬午正月十一日，余过胥门学士街书坊，见插架有钞本《汪水云诗》，卷端有王孝咏慧音图书，因携归"（《题识》第662—663页），此本即上述第（一）大类中的第4种。案：《楹书隅录续编》著录此本藏书印有"一粟斋④"、"王孝咏印"、"慧音"、"徵云之印"、"壹是堂读书记"、"复翁"、"百宋一廛"。"复翁"、"百宋一廛"二印固是黄丕烈之印，而前五印王献唐嘱秦玉章过录之一粟斋本——按原位置摹下印文⑤，故知《题识》所谓之"卷端有王孝咏慧音图书"之《汪水云诗》必是王献唐所称之一粟斋本矣。又《第二批国家珍贵古籍名录图录》第5735号著录山东省博物馆藏《汪水云诗》一种，谓是"钱谦益家抄本"，并附该抄本卷首书影一页，上钤藏印四八，自下往上分别是："壹是堂读书记"、"徵云之印"、"山东省博物馆藏书记"、"宋存书室"。其中"山东省博物馆藏书记"一印自是后来加盖，可以不论，其余三印位置与秦玉章转录之一粟斋本——吻合⑥，是知山东省博物馆藏所谓之钱牧斋家抄本实即王献唐所称

---

① 道光三年（1823）黄丕烈跋吴枚庵抄本《湖山类稿·水云诗钞》谓："余旧藏《汪水云诗》先有五本，本各异"（《荛圃藏书题识》第667页），然则，复合吴枚庵抄本本身，共有六本。时黄氏六十一岁，又二年，至道光五年（1824），卒。

② 王㳫昭、金俊明生平分别见杨立诚、金步瀛合编，俞运之校补《中国藏书家考略》，第25页（上海：上海古籍出版社，1987年），郑伟章《文献家通考》，第22—23页（北京：中华书局，1999年）。

③ 蒋曾莹生平见郑伟章《文献家通考》，第407页。

④ 原著录作"洲"，误，盖原印印文作"卅"（《双行精舍校注汪水云诗》第5页所摹字形即如此），原释印者不识，乃误作"州"，又误作"洲"。

⑤ 《双行精舍校注水云集》，第1、5页。

⑥ 《双行精舍校注水云集》，第1页。

之一粟齋本也。一粟齋本的來龍去脈在學界一直是個疑案①，如今一旦破解，喜如之何。

《湖山類稿》（或合鈔者）兩本：

舊鈔六卷本，《題識》著錄（第664頁），此本即上述第（二）大類中的第1種；

吳枚庵抄本，《題識》著錄（第664—667頁），此本即上述第（三）大類中的第4種。

此外，今國家圖書館藏《湖山外稿》單本一卷，清抄本，有黃丕烈校（1075），未列於上節四大類之中，恐亦是黃氏舊藏，然未見《題識》著錄或提及。

黃氏藏書散出後，大多爲長洲汪士鐘所得，汪氏藏書復散出，多爲聊城楊氏海源閣、菰里瞿氏鐵琴銅劍樓等藏家所得②，上舉七種黃丕烈舊藏汪集抄本，除第一、二種（騎龍巷顧氏本、王迺昭補錄本）之外，其後五種皆歸聊城楊氏海源閣。其中，《汪水雲詩》之葉氏抄本、一粟齋本，《湖山類稿》之舊鈔六卷本皆著錄於《楹書隅錄續編》之中，然著錄稍誤，王紹曾先生等已於《訂補海源閣書目五種》中一一指出。另外黃校《湖山外稿》一卷、吳枚庵抄本《湖山類稿·汪水雲詩》兩種，王先生等亦予以補錄③。海源閣自清末起迭遭毀損，藏書或毀或散④，所幸此五種曾經黃丕烈收藏的汪集抄本無恙：抄本《湖山類稿》六卷經南潯張氏之手，轉歸中央圖書館，今藏臺北⑤；一粟齋本終歸山東省博物館收藏；其餘三種今全歸國圖收藏。

顧本的來龍去脈蔡淵迪《國圖藏黃丕烈校清抄本〈汪水雲詩〉（9640號）考》已作了詳細的考證，此處僅簡述其流轉遞藏經過：此書傳自長洲顧槤（即黃跋所稱之"騎龍巷顧氏"），一傳至黃丕烈，二傳至陳墫，復經常熟趙氏小山樓祖孫遞藏，傳至烏程傳書堂（密韻樓）蔣氏父子，蔣祖詒復傳於南潯張珩。張珩書在抗戰中及抗戰後散出，此本爲陳清華（澄中）購得，復售於北京圖書

---

① 如王紹曾即謂一粟齋本"原本去向不明"（《訂補海源閣書目五種》，第479頁）；杜澤遜亦將山博藏本與一粟齋本列爲兩本，並疑上述第（一）大類第7種可能即爲一粟齋本（《四庫存目標注》第5冊，第2540—2542頁），實則冀淑英曾明確說過，國圖藏該本"係陳澄中舊藏，恐非王氏藏本（迪案：指王獻唐校過之一粟齋本）"（《二覆王紹曾書》，轉引自《訂補海源閣書目五種》，第480頁）；丁延峰《海源閣藏書研究》卷首附有山博藏抄本《汪水雲詩》的卷首書影，又於正文內兩次提到一粟齋本，而未指出兩者實則一物，可謂失之眉睫（《海源閣藏書研究》，北京：商務印書館，2012年，第522、548頁）。

② 潘祖蔭《〈士禮居藏書題跋記〉跋》，見黃丕烈著、潘祖蔭輯《士禮居藏書題跋記》，北京：書目文獻出版社，1989年，第327頁。

③ 王紹曾、崔國光等《訂補海源閣書目五種》上冊，第554—556頁。

④ 參丁延峰《海源閣藏書研究》第七章《藏書的散佚與歸宿》。

⑤ 王紹曾、崔國光等《訂補海源閣書目五種》上冊，第476頁。

館（後更名國圖），弆藏至今。

王迺昭本自黃丕烈流出後，中間流轉情況不知，至清末民國初爲蔣汝藻、蔣祖詒父子收得，著録於《傳書堂善本書目》、《傳書堂書目》①，而王國維先生編訂之《傳書堂善本書志》對此本詳加著録②。蔣氏父子藏書散出後，當爲南潯張乃熊收得（上有張氏"菦圃"印），張氏藏書之大綜後皆售於當時之中央圖書館③，是以此本今藏臺北"中央圖書館"。

吳綽舊藏之二種，即上述第（一）大類之第6種和第（二）大類之第3種，自吳綽手流出之後，嘗爲錢塘汪氏振綺堂收得，汪憲《振綺堂書目》著録④。汪氏書流散，此二本復由丁丙收得，著録於《善本書室藏書志》卷十五⑤。後來，丁氏八千卷樓所藏悉數售於江南圖書館，也就是後來的南京圖書館，弆藏至今。

今國圖藏毛扆校跋本，即上述第（一）大類之第1種，蓋即《汲古閣珍藏秘本書目》所著録之《汪水雲詩鈔》一本⑥。該書目"是毛扆在經濟困難的情況下，忍痛將其父毛晉畢生精力所搜得珍善本書轉讓給潘耒時的清單"⑦，然則此本當遞藏於潘耒。又該本鈐有"翰林院印"滿漢文大官印，是知其當爲四庫進呈之本。今《四庫全書總目·別集類存目一》著録此本稱"江蘇巡府採進本"，考《江蘇省第一次書目》著録《汪水雲詩鈔》一本⑧，當即此本。潘耒正是江蘇吳江（今蘇州）人，然則該本在上繳四庫之前一直在江蘇一省流通，很可能一直在潘氏家族手中。清廷內府和翰林院的圖書後多爲國圖繼承，此本亦未損毀，弆藏至今。此處尚需多說一句的是，《四庫全書總目》將此本列入別集類存目，實有不妥，因爲鮑本已包含了《水雲集》，其內容與此本《汪水雲詩鈔》無太大出入，鮑本既已收入四庫，於存目中理不當復出一單行《汪水雲詩鈔》，蓋因館臣一時疏忽，以爲彼鮑本只是《湖山類稿》耳。

三、汪集諸版本散論

以上已就汪元量集的傳本系統作了詳盡的疏理，關於汪集版本還有幾個比較零碎的問題需要探討，一並附列於此。

---

① 《中國著名藏書家書目匯刊·近代卷》第30冊第626頁，第31冊第163頁。
② 《王國維全集》第10卷，杭州：浙江教育出版社，2010年，第298—300頁。
③ 蘇精《近代藏書三十家（增訂本）》，北京：中華書局，2009年，第217頁。
④ 《中國著名藏書家書目匯刊·明清卷》第21冊，第503頁。
⑤ 《續修四庫全書》第921冊，上海：上海古籍出版社，2002年，第304頁。
⑥ 林夕主編，《中國著名藏書家書目匯刊·明清卷》第14冊，第525頁。
⑦ 來新夏《清代目錄提要》，濟南：齊魯書社，1997年，第36頁。
⑧ 吳慰祖校訂《四庫採進書目》，北京：商務印書館，1960年，第27頁。

（一）關於所謂"錢謙益家抄本"的問題

由於諸單行本《（汪）水雲詩（鈔）》源出於錢謙益，假如確定某本乃錢氏原抄，自然最有價值。是以研究者於此一問題多有推測，而藏家則往往標榜自家所藏即爲錢氏家抄本。

就我所見而言，嘗被推定爲或標置爲錢氏家抄本的起碼有以下三種：

（1）一粟齋本，即上述第一大類中之第 4 種，《中國古籍善本書目》、《第二批國家珍貴古籍名録圖録》均著録作"錢謙益家抄本"，杜氏《標注》亦仍之；

（2）王迺昭本，即上述第一大類中之第 2 種，黄丕烈《題識》就已認爲此本正文是錢牧齋手筆（補録部分則是王迺昭筆跡），杜氏《標注》徑謂"蓋明末清初錢謙益家抄本也"；

（3）騎龍巷顧氏舊藏本，即上述第一大類中之第 7 種，《宋集珍本叢刊》於此本之提要謂"是集爲錢氏上舊鈔本"①。

另，嚴紹璗《日本漢籍善本書目》著録靜嘉堂文庫藏《湖山類稿五卷外集一卷附録一卷》謂有"錢牧齋手識文本"，並全録牧齋的跋文。其意蓋謂其所録牧齋跋文乃牧翁親筆，果如是，亦非謂之錢氏家抄本不可。然此爲汪本系統，不可能出自錢氏家鈔，《標注》著録爲"汪森手抄本"雖也未必然，較之嚴氏之著録則遠勝矣。

上述三種號稱爲"錢氏家抄本"中，第（3）種最爲無稽，此本避康熙名諱，不可能是錢氏手抄，《宋集珍本叢刊》關於此條之提要紛亂錯雜，蔡淵迪《國圖藏黄丕烈校清抄本〈汪水雲詩〉（9640 號）考》已詳駁之，此不復贅。

第（1）種最爲言之鑿鑿，經《中國古籍善本書目》和《第二批國家珍貴古籍名録圖録》著録，儼然具備官定之資格。然細考之有四不合焉：a. 牧齋跋文已移至卷首作"汪水雲詩叙"。牧齋關於《汪水雲詩》一段文字，已收入《初學集》卷八四《題跋二》中，題作"跋汪水雲詩"②，唯文字稍有增益，而《初學集》乃牧齋生前刊行，然則該段文字確屬跋尾，而非叙文。跋文則當置於卷末而不當置諸卷首，今考諸本錢氏此跋均附於卷尾，則此本之置於卷首者必後來抄者之所爲，錢氏原本必不當如此。b. 收詩已稍加多。今存最爲可靠的明抄本當屬國圖所藏之毛扆校跋本，該本收詩僅至《題王導像》止，以下《生挽文丞相》、《浮丘道人招魂歌》二首不載。鮑刻所據之底本此二首亦不載（詳鮑刻《生挽文丞相》詩題下校語），而鮑刻所據之底本確出於錢氏家抄本，授受有緒，可以信賴。王獻唐謂"書内凡於題下標出何書者"，大概都是"自爲

---

① 《宋集珍本叢刊》第 108 册，第 294 頁。
② 錢謙益《初學集》下册，上海：上海古籍出版社，1985 年，第 1764 頁。

增補"，"牧齋原本未必如是"，①此判斷頗可據信。然則此本多出之詩，正是後人增補之證據，豈得謂錢氏原本哉？c. 劉辰翁序完整。今早期抄本若毛本、王迺昭補録本劉序皆不完整，騎龍巷顧氏本亦同，僅至"何其客之至此也"而止，頗叫人懷疑錢抄原本此序本不完整，否則，何以之後輾轉抄録之本皆不完整（從文字來看，以上三本又並非直系傳遞）？此本劉叙完全，豈錢本之舊觀乎？然此本亦屬早期抄本，王獻唐先生據抄本上"白髮青山老逸民"一印判斷其抄寫時間當在康熙中葉以前，②頗可信從。

上述第（2）種鈐有"牧翁蒙叟"、"錢謙益印"、"此君別館"諸印，本當最可據信爲錢氏家抄本，然王國維於《傳書堂善本書志》著録此本曰："卷末補録四葉，復翁定爲王迺昭書，然引及《日下舊聞》，恐非樂飢翁所及見，或孝章家子弟所補也。其'牧翁蒙叟'、'錢謙益印'、'此君別館'三印，均後人所加。"③然則王氏之意，大致以爲此本正文爲王迺昭抄出，而補録則由金俊明家子弟抄出，是此本亦非錢氏之家抄本也。

要之，吾輩生於三百年之後，而欲判定孰爲牧齋家抄之本，若無堅確之證據，終難定奪也。

（二）錢謙益二跋不同之原因

錢謙益抄成《汪水雲詩》後，附以一跋，後又收入《初學集》，唯隨書之跋文與收入文集之跋文於文字上多有不同。本來，文人學者收入自己文集之文字與其原初所作者稍有不同是很正常的事情，但錢謙益在明末清初是個十分敏感的人物，曾經都牽動了乾隆皇帝的神經，而兩篇《跋汪水雲詩》中的一篇又偏偏有着飽含民族情緒的文字，而另一篇卻又於此全部删削乾淨，於是錢氏兩本《跋汪水雲詩》之間的差異也就成爲了問題。王獻唐特別看重這一問題，花了很大的篇幅探討，周詳往復，推斷：錢藏《汪水雲詩》有兩本，一本是錢氏自抄本，一本是雲間舊本，其帶有民族情緒的那篇是跋於自抄本之後的，另一篇則是跋於雲間舊本之後，而以前者收入《初學集》。④王氏敏鋭的學術眼光和心細如髮的考證功力真心叫人欽佩，然而他推斷出的結論卻有所偏頗。

王氏據以推斷的論據事實上只有一個葉氏抄本，諸多抄本中唯葉氏抄本的錢跋與收入《初學集》者相同，這就陷入了孤證的危險境地。他的推斷邏輯是這樣的：葉抄本題作《汪水雲詩鈔》，"'詩鈔'二字與牧齋手抄意義關合"，於

---

① 《雙行精舍校注汪水雲集》，第214頁。
② 同上書，第218頁。
③ 《王國維全集》第10卷，杭州：浙江教育出版社，2010年，第298—300頁。
④ 《雙行精舍校注汪水雲集》，第218頁。

是推斷"牧齋於其自寫之本題爲《詩鈔》",既然葉抄本的跋文與《初學集》相同,那麼牧齋自寫之本上的跋文應該也是這篇。① 當然,以王氏之邃於學問,當然知道孤證不立的道理。他的另一條輔證是潘耒嘗有批駁錢跋的文字,而潘氏所針對的錢跋恰是與《初學集》所收者同,則説明潘氏所藏之《汪水雲詩鈔》所附錢跋當也與收入《初學集》者相同。

余初讀之下,歎其宛曲證説,苦心孤詣,及見毛斧季校跋之本,始知王氏之推論不攻自破。首先,該毛本很可能就是潘耒所收藏之本(詳上),而該本的錢跋與其他隨書錢跋一樣,並無帶有民族情緒的内容,然則潘耒撰文批駁之錢跋恐是從《初學集》中看來(潘氏之能讀到《初學集》是不成問題的)而非附於原書之跋文;其次,該毛本亦題《汪水雲詩鈔》,然所附跋文卻非葉氏本所附者,則並非題《詩鈔》者所附均是《初學集》之跋文。

所以,我的意見是,錢氏的隨書跋只有一種,是作於崇禎四年初抄出《汪水雲詩》之時。至崇禎十六年門人瞿式耜爲其刊行《初學集》,與初作跋文之時已距十二年之久,而這十二年正是明王朝風雨飄摇,急轉直下的時段。錢氏很有可能有感於時局之非,而對舊跋有所修改,終以修改本收入文集。考收入《初學集》之《跋汪水雲詩》引汪元量《湖州歌》第七十一首第三句作"酡酥割罷行酥酪",校勘汪集原文,此處"酡酥"必是"駝峰"之誤,想是牧齋追改前文,而未檢原書,遂致有此誤耳。另外,王獻唐所謂的錢藏兩本《汪水雲詩》,其一爲"雲間人舊鈔本",也基本可以説是子虚烏有。考錢氏跋文謂:"夏日晒書,理雲間人鈔詩舊册,得水雲詩二百二十餘首,録成一帙。"尋其文義,所謂"雲間人鈔詩舊册"未必正有《汪水雲詩》之單本,是方需錢氏加以綜理,而後"録成一帙"。收入《初學集》時,"雲間人鈔詩舊册"索性改成了"雲間人鈔書舊册",一字之改,文義更爲醒豁。至於葉氏抄本之跋文未始不能從《初學集》録入也,葉本抄於順治十七年,其時《初學集》決非難得之本。

(三)鮑刻本校語釋例

鮑刻《汪水雲詩》隨文夾注校語,考其校語有三類:一爲"吳本作某某",二爲"《類稿》作某某",三爲"一作某某"。

鮑氏跋《水雲集》謂:"今年春,從吳甌亭先生假繡谷遺書重加勘定。"吳甌亭即吳城,吳焯之子,所謂"繡谷遺書"於此處即指吳焯抄本《汪水雲詩》,是以鮑本所謂之"吳本"即是吳焯抄本。孔凡禮氏於《增訂湖山類稿》中將《宋詩鈔》簡稱作"吳本",而又未對鮑氏所引之"吳本"加以任何説明,頗惑讀者心目,彼"吳本"固非此"吳本"也。不過,巧的是,吳焯抄本與《宋詩

---

① 《雙行精舍校注汪水雲集》,第212—218頁。

鈔》本同出一源（詳上），在異文方面同多於異。

"《類稿》作某某"者最爲直觀，乃鮑氏據自藏本《湖山類稿》與《水雲集》篇目重複者進行校勘，列出異文。

"一作某某"者比較複雜。考集中下有"一作某某"校語的只有兩首，一爲《醉歌》之第五首"亂點連聲殺六更"，一爲《北師駐皋亭山》。孔凡禮徑以此爲鮑校，實則不然。今所見諸抄本：毛本、顧本、一粟齋本皆有此校語，王獻唐當年參校各本，亦謂"此首（此《醉歌》之第五首）中有夾注三句，各本同"①，然則鮑氏校語中之"一作某某"者乃前有所承，非別有所據也。至於此兩首校語究出於何人，已難於判定。唯《醉歌》之第五首"亂點連聲"下校曰："一作'花底傳籌'。"錢牧齋《跋汪水雲詩》（收入《初學集》者）謂"鄭明德所載'花底傳籌殺六更……'"，鄭明德即鄭元裕，著有《遂昌雜錄》，《四庫全書》收入，列於子部小説家類。王獻唐遂謂"亂點連聲"下校語出自鄭明德《遂昌山人雜錄》②（原如此，"山人"二字或爲臆增）。然檢《遂昌雜錄》諸本，"宋季琴士汪水雲"條下載汪氏詩三首：一爲《錢塘歌》之第二首"西塞山邊日落處"，二爲《北師駐皋亭山》，三爲《題王導像》③，而皆未載此《醉歌》之第五首。瞿佑《歸田詩話》、《西湖遊覽志餘》倒引及此詩，但首句作"亂點傳籌殺六更"④。遍考群籍，未有見牧齋所引作"花底傳籌"者，豈牧齋所見之《遂昌雜錄》今已不傳歟？另考王世貞《弇州山人四部稿》卷四七有《西城宫詞》十二首，其第五首首句作"花底傳籌到五更"⑤，而牧齋早年服膺王世貞，於《弇州山人四部稿》不僅能隨口舉誦，甚至都能"暗記其行墨"⑥，頗疑其追改前跋時，未檢原書（上述"駝峰割罷"句即是一證），憑記憶寫下，遂將《歸田詩話》所引之"亂點傳籌"誤記成王世貞之"花底傳籌"矣。

（四）《宋詩鈔》本《汪水雲詩鈔》之錯簡

爲解説方便先將相關三詩全録於下：

《湖州歌》
揚子江頭潮退遲，三宫船傍釣魚磯。須臾風定過江去，不奈林間杜宇

---

① 《雙行精舍校注汪水雲集》，第138頁。
② 《雙行精舍校注汪水雲集》，第138頁。
③ 《筆記小説大觀》，揚州：江蘇廣陵古籍刻印出版社，1983年，第11册第39頁上欄。《四庫全書》本、《學海類編》本於此全同。
④ 參《增訂湖山類稿》第14頁相關校語。
⑤ 王世貞《弇州山人四部稿》，臺北：偉文圖書出版公司，1976年影印明刻本，第5册第2406頁。
⑥ 孫之梅《錢謙益與明末清初文學（增訂版）》，濟南：山東大學出版社，2010年，第35頁。

啼。(原第廿一首)

蘆荻颼颼風亂吹，戰場白骨暴沙泥。淮南兵後人烟絶，新鬼啾啾舊鬼啼。(原第卅二首)

撥盡琵琶意欲悲，新愁舊夢兩依依。江樓吹笛三更後，細雨燈前醉玉妃。(原第卅三首)

第廿一首第四句孔凡禮校曰："吳本第四句作'新鬼啾啾舊鬼啼'。"第卅二首第四句孔校曰："吳本第四句作'新雨燈前醉玉妃'。吳本'其二十一'之後，接'其三十三'，順次至'其四十三'。'其四十四'以下同。"第卅三首第四句孔校曰："吳本第四句作'細奈林間杜宇啼'。"① 此三條校文，且不說其於異文全未正訂是非，其第二條校文論諸詩次第部分叫人實難於明了。孔校所稱"吳本"即《宋詩鈔》本(詳上)。

王獻唐於"不奈林間杜宇啼"下校曰：

> 吳本、《宋詩鈔》均作"新鬼啾啾舊鬼啼"。按："新鬼啾啾"句，原爲第三十二首末句。吳抄、《宋詩鈔》，誤以彼句移於此首尾句。此首"不奈林間"句，誤爲彼首末句，交相舛午。又譌"不"爲"細"……又"不堪回首"至"撥盡琵琶"十一首，吳抄、《宋詩鈔》皆移在此首後，下接"一半淮江"諸首，與此次序亦多不同②。

案：上引"此首'不奈林間'句，誤爲彼首末句"，誤。考《宋詩鈔》，"不奈林間杜宇啼"句誤作原第卅三首"撥盡琵琶意欲悲"末句，而原第卅二首末句誤作"新雨燈前醉玉妃"。雖有此誤，王校猶優於孔校，起碼王校對於異文正訂了是非，指出了《宋詩鈔》是"交相舛午"，而不是什麼別本異文。至於諸詩次第之不同，王亦無說。1986年中華書局標點刊行之《宋詩鈔》於此亦未注意到。③ 今細考《宋詩鈔》本《汪水雲詩》，此處實爲大面積錯簡。其錯簡情況是：自《水雲詩鈔》第3頁A面第5行起④，至第4頁A頁第2行止，共22行，當整體插入第5頁A面第1行之前。以圖示之，一目了然，下面圖1中用白色綫框圍起來的部分當整體插入圖2中白色綫標明的地方。

如此錯簡便涉及上列三首詩，使這三首詩的末句分別變成了"新鬼啾啾舊鬼啼"、"新雨燈前醉玉妃"、"細奈林間杜宇啼"。由於該三首詩韻腳正好俱用"支"韻，且平仄音節又皆相同，故其錯亂之後，仍不易被發現。然稍一細考，

---

① 分別見《增訂湖山類稿》，第40、43、45頁。
② 《雙行精舍校注汪水雲集》，第118—119頁。
③ 相關內容在第4冊第2939—2940頁。
④ 所據版本爲康熙十年洲錢吳氏鑑古堂《宋詩鈔》初刊本。

便知必是《宋詩鈔》本錯簡無疑。

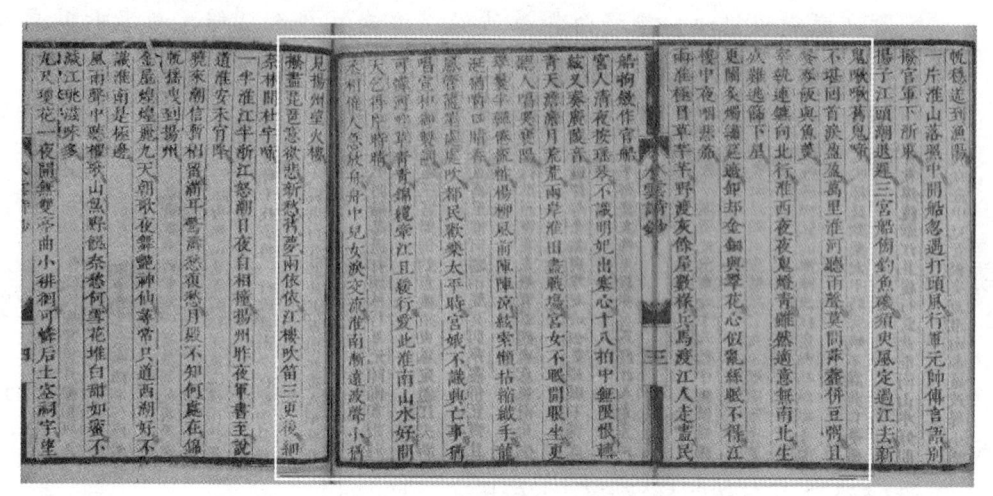

圖1　《宋詩鈔》本《水雲詩鈔》
第3頁A面——第4頁A面

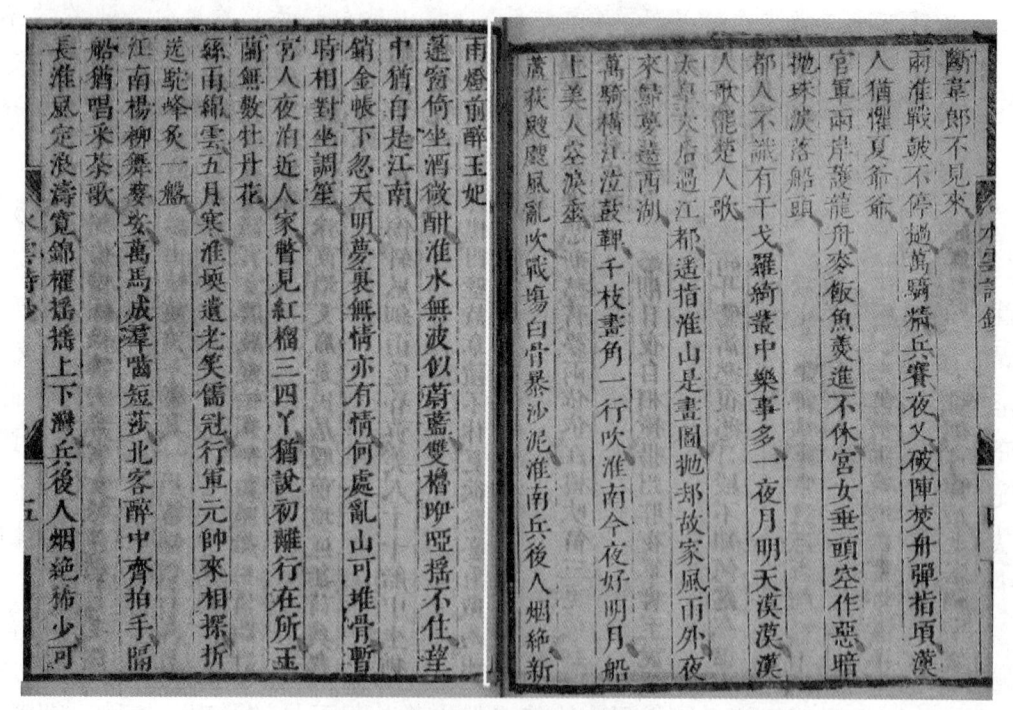

圖2　《宋詩鈔》本《水雲詩鈔》
第4頁B面——第5頁A面

　　案："新鬼啾啾舊鬼啼"一句於上列三首中，必是"蘆荻颼颼風亂吹"一首的末句，與該首第二句"戰場白骨暴沙泥"、第三句"淮南兵後人烟絕"相呼應，正因白骨暴沙泥，正因兵後人煙絕，如此方新鬼舊鬼一齊啼嚎也。唐人李華《吊古戰場文》有"此古戰場也,嘗復三軍,往往鬼哭,天陰則聞,傷心哉"句,[①] 其意與元量此詩相同,可參。倘若該句作"揚子江頭潮退遲"一首末句,則是謗君犯上,蓋該詩第二句謂"三宮船傍釣魚磯",名指三宮,末句若接新鬼舊鬼云云,豈非明指三宮皆鬼乎?水雲眷於故君,隨三宮北上,決不至狂悖若是。

且"細奈林間杜宇啼","細奈"二字不詞,王獻唐便説是"不"譌作"細"。然王氏知其錯,而不知其所以錯。今於上面錯簡示意圖可一目了然:此處之"細"字,實則爲"細雨燈前醉玉妃"之首字,錯簡之後,遂誤作"不奈林間杜宇啼"之首字。而"新雨燈前醉玉妃"一句句首"新"字,實亦爲"新鬼啾啾舊鬼啼"一句之首字而誤植於彼處。唯"新鬼啾啾舊鬼啼"一句,錯簡之後理當作"不鬼啾啾舊鬼啼",然作"不"之不通過於明顯,遂又將"不"字改作"新"字耳。

四、結　語

以上不殫繁瑣,圍繞汪元量諸集版本問題作了不少探討,意在爲汪集的校勘精練版本。掃除了版本問題的纏繞和障礙,會使相關的校勘更爲順利。文既冗長,估計錯誤也就隨之增多,此則有待於海内博雅君子匡我不逮了。

壬辰六月十四完稿 (12. 8. 1)
蔡淵迪:浙江大學古籍研究所博士研究生

[①] 《全唐文》卷三二一,北京:中華書局,1983年,第3256頁上欄。

校勘 版本目錄學研究第四輯

村本文庫藏王校本《白氏長慶集》
——走向宋刊本

平岡武夫撰　葉純芳　喬秀岩翻譯

【作者簡介】
平岡武夫（1909—1995），日本大阪人。曾任東方文化研究所研究員、京都大學人文科學研究所教授。著有《経書の伝統》、《平岡武夫遺文集》等。曾編《校本白氏文集》、《唐代研究指南》等。

一、版本的世界

　　讀中國古籍的時候，要用什麽版本？每個人都會有自己的選擇，但選擇的前提條件都是有限的，就像通行於明、清人之間的古籍，作爲有可能的選項，最常用的就只有明版書而已。
　　古籍不一定都很好理解，遇到文句講不通或者意境夠不上水準的地方，就要懷疑自己的學識不夠，懷疑文字有訛奪，懷疑作者有特殊語言習慣。爲了解決這些疑問，並且要避免主觀臆測，就有必要進行校勘，追求更好的文本。
　　明版源自宋刊本，經過反覆翻刻而來，在這個過程中，或有意，或無意，造成了文本的變化。明清人的校勘，以恢復宋刊本的原始狀態爲目的，不一定要追溯到更早以前的狀態。他們生活在版本的時代，然而版本的時代，與唐鈔本的時代是完全不同的世界。

宋人繼承唐代流傳下來的書，經過校訂，印刷出版。

唐代的書是手鈔本，裝幀是卷子的形式；宋人刻木版刷印，製成蝴蝶裝。

每個鈔本都有各自不同的個性，以同一個作者、同一部文集爲祖本，抄寫下來的結果，都會包含文字的異同。即使同一個鈔手，也無法鈔寫出兩本完全一樣的鈔本。形似、音近的文字往往被混淆，以致產生不同的文本。其實，連文字本身的大小、字體、筆意等，也都因不同的鈔手而各有特殊性。可見在鈔本的世界裏，很難成立"定本"。

讀書人追求一個可以信賴的文本，遇到文本的混亂，他們要求有一個準確的答案。宋人從唐、五代繼承了數量龐大、質量參差不齊的各種鈔本。他們蒐集這些鈔本，進行整理，並且意圖要製造定本。此時，宋人已自我意識到歷史賦予他們的角色，所以他們的校訂工作是非常認真的。宋人傾注他們的學養，投入理性與感情，從事校勘。對他們來說，這是非常有成就感的工作，甚至具有可以與作者相提並論的創造性。就是因爲如此，《白氏文集》在宋代也曾多次由不同的人校訂刻梓。

因爲是主動性的、創造性的行爲，所得出來的成果可以視爲宋代文化的一種表象。在這個過程中，也不能否認有脫離唐代原書的危險。我們拿流傳至今、爲數有限的唐鈔本來校對宋刊本，往往發現在兩者的文本之間，存在很大的差異。產生差異的原因，有可能是我們看到的唐鈔本，與宋刊本所據的唐鈔本，屬於不同的系統。但我認爲，最大的原因在於宋人並不是將他們繼承過來的唐鈔本照原文固定下來，而是蒐集多種鈔本，根據自己的知識和感覺，經過思考，校訂出一套他們理想中的文本。

唐鈔本與宋刊本之間，存在着唐代與宋代之間的距離。當我們在宋刊本上面閱讀唐代的文章時，必須留意這種距離的存在。但是，假設沒有宋代的校訂事業，讓我們直接接觸到唐末五代的鈔本的話，我們要去面對這些文字的繁雜，則不知該如何處理才好。並且，我們還是只能像宋人一樣，從校訂的工作入手。同時，我們應該也很難達到宋人的精確程度。宋去唐不遠，所留存的唐代資料比起後代更加豐富，生活習慣、思考習慣，各種感覺模式與唐人相近。面對唐代文獻時，宋代校訂者所擁有的各種條件，是之後任何時代都不可再有的。宋刊本雖非唐鈔本，但它經過宋人校勘、整理而產生的價值，並不是唐鈔本能夠取代的。

宋人不再想讓他們校訂好的文本以鈔本的形式存在下去。在他們心目中，作爲定本，鈔本形式應被克服，他們選擇的是版本形式。在鈔本的世界裏，無論從內容上還是在形態上，不可存在兩部完全一樣的本子，這就是宋人面對鈔本感到的麻煩，需要進行校勘的原因。在版本的世界裏，刻在木板上的文字不會變動，印出來的版本，都會有同樣的文本，無論在字體上還是內容上。這種文本有絶對的穩定性。不同的讀者，都能够看到同一條件的書。就是這種普遍的客觀性，才是定本之所以成爲定本的必要條件。

定本一詞，並不意味是原稿。此外，即使産生了某一本的許多傳鈔本，多到洛陽紙貴的程度，它也不等於是定本。先有不同的文本，經過校訂而成爲一個文本，才有定本的出現。定本一旦成立之後，自然要據此定本産生許多副本。版刻的形式，一方面能够保證文本的穩定性，另一方面又能够正確複製大量相同的副本。從這兩方面的意義來説，刻版非常適合作爲定本的形式。因此，自宋代以後至元、明、清時期，文本的流傳，皆以版刻爲主。但在刻版産生之初，主要的作用在於校訂文本的固定化，到了後來，重點卻轉移到大量生産的功能上。

版刻就是印刷，在今天我們的觀念裏面，印刷首先意味着大量生産，而且也關係到降低一部書的製作成本。這種觀念，往往妨礙我們理解中國版本的本質。

如上所述，版刻在其當初，是爲了滿足定本的要求所選擇的形式。換言之，爲了使某一部書真正作爲定本存在，必須要刻版。在上梓之前，即便已經謄寫爲定本，它仍然不過是一本"稿"而已。它經過刻版這個程序，就是因爲具備了刻版的形式，才能贏得作爲定本的信譽。在這裏，諸如印刷數量、成本等問題，並不重要，有時印數會極少，少到超乎我們的想象。在這種情況下，一部書的成本遠遠高於鈔本。

在當時，版刻首先在外在形式方面，必須能展現校勘的精度，而且足以象徵定本的權威性。宋刊本，尤其是最早期的宋刊本，書品優美的因素，即來自這種要求。我們無論從它的版面、墨色、紙質，都可以看到當時讀書人對定本的心理期待與要求。

版刻的出現，也改變了書籍的裝幀形式，鈔本時代的卷子形式已經無法維持。將一張紙的中心綫，疊合在一塊木板的中心綫，刷印出來，在版心左右兩邊，呈現文本，這樣算一葉。版刻的設計，原本是期待讀者將此一葉翻開，作爲一張整體的版畫來觀看。蝴蝶裝的形式，正是爲了滿足這種需求而産生的。這是寧可犧牲翻閱上的方便，而優先考慮版面藝術性的裝幀方式。書籍中的學術、文學價值，必須與美術價值結合在一起，才能流傳下去。

我們回顧中國的文字書寫，在殷代，完成於甲骨文，是涉及占卜的神秘的行爲；在周代，完成於銅器銘，是象徵着王者統治的權威性的行爲；到了漢代，刻在石頭上，他們相信石頭的堅固值得寄託文字的不朽；唐代的鈔本，成立在書法的發展成熟之上，楷書字體的確定，紙筆的發達，習字制度、書寫機構的完備，讀書人的增加等因素都與此有關聯。宋代的版本，在中國的歷史上，可與甲骨文、銅器銘、石刻、鈔本相提並論，成爲劃時代的文化形態。宋代的版本採用唐代現成的楷書作爲自己理想的字體；鏤刻木板的輕便，絕非石刻可比，足以應付各種著作的遽增。木板印刷技術具備了滿足讀書人對文字書寫不斷擴大的需求的條件。在此版本的世界裏，學術與文學的自我表現，取代了上述祖先的神聖、王者的權威，同時還克服了鈔本的不穩定性。宋人認爲，版本的形式才是文字書寫的最後完成形態，在此觀念下，亦任由唐鈔本散逸。

我們以《文苑英華》爲例，看看宋刊本的具體樣貌。這部書的裝幀也是蝴蝶裝。

《文苑英華》一千卷，與《太平御覽》一千卷、《太平廣記》五百卷、《册府元龜》一千卷，是宋初編纂的四大書籍。這些大規模的文獻整理工作，在宋王朝成立之後，馬上被提議並且付諸實踐。等待已久的時機終於成熟，蓄積已久的能量非常強烈。其中，他們對《文苑英華》投入了無比的熱情與精力。這部《文苑英華》，從編纂到刊行，有如下的經過。

　　太宗　太平興國七年（982）九月，開始編纂。
　　太宗　雍熙三年（986）十二月，編纂完成。
　　真宗　景德四年（1007）八月，改編修訂，模印頒行。
　　真宗　大中祥符二年（1009）十月，校勘。
　　　　　　　　　　　十二月，覆校。
　　孝宗　淳熙八年（1181）正月，周必大校勘。
　　寧宗　嘉泰元年（1201）春，周必大開始雕版。
　　　　　嘉泰四年（1204）秋，竣工。
　　理宗　景定元年（1260）十月，裝褙完成。

宋王朝始於太祖建隆元年（960），十七年之後，太宗即位的第二年，即太平興國二年（977）三月，國家事務正處於百廢待舉之際，《太平御覽》、《太平廣記》即奉命開始編纂。《太平廣記》在第二年八月、《太平御覽》在七年（982）十一月就完成了編纂。《文苑英華》在太平興國七年九月開始編纂，也就是説，《太平御覽》已經進入尾聲，不待其完成，即勤勉不倦地着手《文苑英華》的編纂工作，以四年四個月的時間，完成編纂。

真宗景德四年（1007）八月，對編纂不足之處，進行了修正、調整。《玉海》卷五十四記載了此事，又説此時"命直館校理校勘《文苑英華》及《文選》，摹印頒行"，接着説"祥符二年（1009）十月己亥命太常博士石待問校勘，十二月辛未又命張秉、薛映、戚綸、陳彭年覆校"。根據這條記載，應該認爲《文苑英華》此時已有印本。

景德刊本沒有一本流傳，各種書目從來都沒有記載，因此，傅增湘在《校本文苑英華跋》中懷疑此時沒有印本。可是，北宋刊本能夠流傳到今天的，不如説是例外。既然版刻的目的在於確定定本，不以批量生産爲目的，那麽，不妨考慮《文苑英華》景德刊本印數非常少的可能性。甚至只印一部、二部這種情況，是否也不能完全排除？約兩百年後的嘉泰四年，周必大在校刊此書時，很明顯地將普及化的問題考慮進去。儘管如此，現存的嘉泰刊本殘卷，總共一百數十卷，没有一卷重複，甚至連零葉都不重複，所有的傳本都是孤本。這種情況令人猜測當時的印數並不很多。另外，景德刊本在後來，或許在宋室南渡之際，或許在其他什麽情況下亡佚，也是有可能的。

我之所以這樣推測，是因爲從太平興國七年開始，花二十六年的時間，經過兩次編纂才完成的敕撰的書，最後卻不付梓，這種情況令人難以想象。只有經過刻版，編輯工作才算完成。又，宋初四大書籍的《太平御覽》在仁宗時期（1022—1063）、《太平廣記》在太平興國六年、《册府元龜》在大中祥符八年，都在北宋時期刻版印行。尤其是後二種，在編纂完成後不久即刊行。唯獨《文苑英華》被排除在外，令人難以理解。

距景德四年約一百八十年，周必大在"退老邱園"之後，"與士友詳議"，開始校勘此書。此時他們所用的底本，究竟如何？既然不可能直接使用秘閣藏本，那麽，他們的底本，一定是轉鈔本。而轉鈔的祖本，大概是經過大中祥符二年校勘的。

周必大的校勘到上梓，經過了二十年的時間。而一千卷的版刻，僅僅用三年半即完成。然而這一版刻的現存殘本，都是再過五十七年之後，由"裝背臣王潤"製成蝴蝶裝的。

開始編纂在宋王朝創業的第二十二年，到最後裝成蝴蝶裝，經過了二百八十一年。而且景定元年蝴蝶裝完成之後，僅僅十九年，宋王朝就滅亡了。應該可以説，我們今天所能看到的宋刊本《文苑英華》，是整整花了有宋一代的時間才完成的。如果從《文苑英華》的角度來看，甚至可以説宋王朝的存在，是爲了成就這一部書。

三百多年之後，明嘉靖四十五年（1566）六月，福建再刻《文苑英華》，以明代抄本爲底本。僅半歲時間，以驚人的速度，於隆慶元年正月竣工。應該承認主事者的熱心以及督工的嚴苛，但訛誤極多，使得宋刊本的面貌蕩然無存，蝴蝶裝也已經變成綫裝了。綫裝易於製作，翻閲的效率高，但這種形式把本來的版面分成前後兩半，兩張半片拼成一面來看，雖有實用的功能，卻因此而喪失了蝴蝶裝所原本具備的美術價值。

二、校宋本

明清人通常都用明版閲讀古典，當他們想要超越已有的條件，推進自己的學問時，首先要對明版進行校勘。因爲明版是從宋刊本經過多次翻刻的，所以他們懷疑明版的文本包含有意無意的各種錯誤，他們以追溯到宋刊本爲目標。宋刊本無論是在文本方面還是在外在形式方面都吸引了他們，宋刊本可以說是那些生活在版本世界的人們的心靈的故鄉。

在很多領域裏面，很多人都拿明版做底本，用宋刊本校正文字的異同，製造所謂"校宋本"。說起來是很機械的工作，其實不然。他們閱讀自己手中的明版，遇到讀不通、懷疑有誤脱等情況，總之，就是自己覺得有問題的地方，便與善本進行校勘，確認文字的異同。發現不同的文字，等於是發現一首詩、一篇文章的新的意義。重現古典原意的人，在此受到或驚訝、或喜悦的感動，這就是述而不作的學術傳統。

校宋本所受重視的程度僅次於宋刊本，清代藏書家的目錄，著錄校宋本與宋版並列，似乎有宋版一般的自傲。由宋刊本產生的校宋本，使更多人能夠通過校宋本進行校勘，間接的走近宋刊本。

我們把焦點放在《白氏文集》。

清代人通常閱讀的《白氏文集》版本，是明萬曆三十四年（1606）馬元調與《元氏長慶集》合刊的《白氏長慶集》。這種版本（簡稱馬本），是從宋刊本經過多次翻刻的版本，自然是需要進行校勘的對象。清代出色的藏書家往往記錄有些人以馬本爲底本，或直接、或間接的用宋刊本校對的情況。但是，當我們開始認真閱讀《白氏文集》的時候，宋刊本、校宋本都没能看到，只能參考汪立名與盧文弨的成果。

汪立名編《白香山詩長慶集》二十卷、《後集》十七卷、《別集》一卷、《補遺》二卷，康熙四十一年（1702）寫的序。他用來校勘的資料當中，有"泰興季侍御依宋刻手校本"。"季侍御"即季振宜，清朝最大的藏書家之一，據說江南舊家的善本多歸此人所有。"宋刻"指的是紹興刊本《白氏長慶集》，這一部宋版，我們現在可以看到影印本，上面就有"季振宜藏書"的印章。這就是說，此人自己擁有宋刊本本身，並且據此製造了校宋本。可見中國的藏書家並不單純的祕藏善本，欣賞它的古董價值。他們拿到善本書之後，要拿通行本對校，這樣才是玩味欣賞善本的樂趣。同時，這種行爲也是追求版本文字的真實型態的實事求是的學問。季振宜恐怕是拿馬本爲底本，與宋版進行校勘，自己拿朱筆在馬本上記錄宋版文字的異同。汪立名獲得這一部手校本，作爲自己校勘的參考資料。

盧文弨的《白氏長慶集校正》是以馬本爲底本，用"海虞葛氏依宋本影鈔者"進行校勘，收錄在《群書拾補》中。《群書拾補》的序寫在乾隆五十二年（1787）。

影鈔宋刊本也是走近宋刊本，欣賞宋刊本的一種行爲。宋刊本往往是"天壤間孤本"，對那些没有機會直接看到宋刊本的人來說，有了精密的影鈔本，比校宋本受益更大。

汪立名、盧文弨這兩個人，是從馬本出發，試圖走近宋刊本的優秀的先人。在一九五五年，文學古籍刊行社影印宋刊本廣爲流傳之前，我們專門依賴這兩位的成果。

可是，汪立名只提示經過他校勘、認爲準確的結果而已，偶爾不敢斷定，要表示愼重，也不過出注說"一作某"。汪立名用來參校的資料，本來不局限於季氏校宋本，他在凡例裏面明確記載的已經有"萬間堂校改本"、"苕溪草堂本"以及朱竹垞所藏鈔本。所以汪本對馬本的改動，有的依據季氏校宋本，有的依據其他版本，有的根據自己的判斷，都不知道哪個字是哪一版本的文字。

盧文弨的《校正》，是校勘記。只是將存在文字異同的地方抽出來記載，不像汪立名將校勘的成果融入在原文中。盧文弨的取捨，以及校訂結果固然值得尊重，但是盧文弨參考的也不僅僅是影鈔宋本，從《白氏諷諫集》到汪立名本，盧文弨參考了很多種資料。所以盧氏的校記裏面，有不少根據不太清楚的情況，例如：馬本卷三十五（那波本卷六十八）的開頭，第一行題"律詩一百首"五個字，第二行題"病中詩十五首并序"，從第三行開始正文"開成己未歲……"，各本都如此，然而，盧氏在此出校記："律詩 一百首 并序〇下'開成己未'即提行起，無'病中'八字題。"我們都看不到像盧氏所說的版本，無論影印宋本或汪校本都不是盧氏所說的。又如：《無可奈何》（馬本卷三十九。譯者按：原文每引白居易作品，下注四位編號，是作者整理白《集》自編流水號。爲使讀者方便閱讀，今改注馬本卷次及篇名。）盧氏云："何常疑嘗不一十去而一來。"緊接着又云："于云何不隨。"《群書拾補》的體例，用大字寫經過校勘認爲準確的字，用小字寫未校改之前的原文。就前者來說，影印宋本、馬本、汪本、《全唐詩》本、那波本皆作"何常"、"十去"。王校本同。《文苑英華》本、《唐文粹》本作"何嘗"、"一去"。在此，盧氏不取包括宋刊本在內的文集，而傾向於《文苑英華》本、《唐文粹》本。就後者來說，任何版本都不作"于何不隨"，都是"云何不隨"，這裏是盧氏臆改，或者更確切地說，是不小心的失誤。產生失誤的原因，在於上一句"于何不爲"，宋本作"于"不誤，馬本訛作"云"，汪本、《全唐詩》本因襲之。盧氏當改上句，而誤改下句。

又如：《故鞏縣令白府君事狀》（卷四十六）盧氏云："公諱鍠字確宋無鍾。"今案宋本固無"確"字，但空一格，則原當有某字。盧氏校語未免容易令人誤會。

我很尊重汪氏、盧氏的校正，並且仔細閱讀，正因爲如此，熱切地盼望能夠看到他們所據的校宋本、影鈔宋本。有可能的話，再追溯到宋刊本本身。

熱切的盼望，始終會被滿足的。結果我最後還是都看到了校宋本、宋刊本。我購買了文學古籍刊行社影印出版的紹興刊本，也就是當年季振宜收藏並且手校過的那一部。另外我在村本文庫當中發現有一部震澤王氏手校的校宋本。而且十分幸運的是，這兩部的文本系統互不相同，並不是說有其中一個可以不要另一個。這樣我自己一下子擁有了非常豐富的珍貴資料。

影印宋本經過印刷發行，大家都見過了。可是王氏校宋本只存在一部，爲了還沒機會看到這部書的人，下面稍微介紹一下。

三、村本文庫

村本文庫設置在京都大學人文科學研究所內。是村本英秀先生捐贈的。

村本先生大約在一九三八年左右做爲朝日新聞社的特派員，被派到華中，看到中國的古籍，因爲戰禍散亂嚴重，不堪痛惜，以自費購買，致力於保存。據說當時的特派員的津貼不敷用，借錢的結果，最後用退休金都無法償還。他買的書本來不是從書店裏選購整套的書，而是將那些正要散逸的書，只是因爲珍惜上面有文字的紙張，伸手保存。凡是當地人拿來的，就算是一冊兩冊的殘本，從來都不拒絕。等到回日本之後，他將這些古籍無償捐贈給舊人文科學研究所。

舊人文科學研究所受到捐贈，在心存感激的同時，非常困惑，因爲這是一堆極其混亂的、成堆的書山。小島所長命清田研三先生整理，清田先生不知如何是好。最後不得已進行整理，具體的做法是：首先，根據紙張的顏色和材質，大致分爲白紙和竹紙，然後再根據形狀分大中小，然後就像配對遊戲一般，憑感覺找相像的，拼湊出同一部書。有的書冊重複，有的怎麼也湊不到一冊，配不成一套，這種情況也不少見。後來，舊人文科學研究所和東方文化研究所合併成立新的人文科學研究所，這一批漢籍收藏歸人文科學研究所東方部所有。然後由倉田淳之助先生編撰《村本文庫目錄》，油印發行。

我當時以《白氏文集》爲研究課題，在《村本文庫目錄》中，看到"《白氏長慶集》七十一卷《元氏長慶集》六十卷《補遺》六卷　萬曆三十四年松江馬元調刊本"，與"《白香山詩後集》十七卷《別集》一卷《補遺》二卷　汪立名編訂　一隅草堂刊本"。汪立名本本來以《白香山詩長慶集》二十卷爲主體，現在僅存《後集》、《別集》、《補遺》，可以窺見村本先生當年搜集的情況。馬本以元、白兩集都完整的狀態保留下來，是非常幸運的，因爲這一套就是王氏的校宋本。應該說神明保護村本先生的愛書。

四、王德修的校宋本

村本文庫所藏馬本，在傳世馬本印本當中，屬於非常漂亮的印刷狀態。應該是版片刻成後，經過一小段時間的刷印，版片效果最佳的狀態。

在這馬本上面，包括元、白兩集，都有秀麗的朱筆記録文字異同的校記。透過這典雅的筆跡，彷彿能夠看到有人用眼睛欣賞善本書，用手享受比校的情景。我當時確信這一定是一位非常愛書的人，拿宋版放在桌上寫的校記。這樣的想法讓我内心激動不已。

每卷鈐有"王德修印"、"用儀"、"停云"、"震澤"四顆印（或用一種，或配套使用），前兩種是方形，"停云"是圓形，"震澤"是長方形，都是陽刻。除了"停云"筆法稍顯粗放之外，刀法都顯示着細膩的品味和性格。

通過這些印章，可知留下這朱筆校記的人，是震澤王氏，名德修，字用儀，號停雲。

震澤王氏是出色的名門，世傳《史記》震澤王氏刊本，版式疏朗，書品又佳，我特別欣賞這一版本。這是明代王延喆翻刻宋刊本。

"德修"這個名字，應該出於《周易》"損德之修也，益德之裕也"。"用儀"這個字，應該也出於《周易》的"鴻漸于陸，其羽可用爲儀，吉"。從校記的筆跡想象，此人應該没有辜負給他取這樣名字的人的願望。"停云"應該是"停雲"，陶淵明有《停雲》詩，序云"思親友也"，詩云"静寄東軒，春醪獨撫，良朋悠邈，搔首延佇"。"停云"的章用圓形，字體寬鬆，體現着《停雲》詩的意境。

此書除了王德修這四顆章之外，還有"浣華後裔"、"卧廬所得善本"、"淮陽杜氏藏書"（一方形，一長方形）共四種藏印，説明它的傳承。

王德修在每卷末尾，記録校勘日期，《元氏長慶集》從卷一"己巳四月初十日校起"至卷二十六"己巳六月七日校完"。《白氏長慶集》自卷一"己巳六月九日校起"至卷三十八"己巳八月十四日夜校完"。就是説，先從《元氏長慶集》校起，兩個月校畢，中間隔一天，馬上着手《白氏長慶集》，也僅用兩個多月的時間校畢，可以説很勤勉。

《白氏長慶集》的校記到卷三十八，《元氏長慶集》的校記到卷二十六，就"校完"，應該有理由。《白氏長慶集》卷一到卷三十七是詩篇，卷三十八是賦。《元氏長慶集》到卷二十五是詩，卷二十六是樂府。王德修想要校勘兩者的詩篇，先校《元氏長慶集》詩篇并樂府一卷，校到卷二十六而"校完"。因此，當校《白氏文集》時，除了詩篇三十七卷，又校一卷，校到賦。他並非完全不理睬散文作品，但對散文作品的校勘極其簡略，心不在焉。

下面逐録《白氏長慶集》的卷末題記以兹瞭解讀書人的生活。王氏校勘的進程如下：

| 卷一 | 己巳六月九日校起 | 卷二 | 己巳六月初十日校 |
| 卷三 | 己巳六月初十日燈下校 | | 庚午十二月三日呵凍復校一過 |

卷四	己巳六月十三日校	卷五	己巳六月十四日校
卷六	己巳六月十五日校	卷七	己巳六月十九日校
卷八	己巳六月二十日校	卷九	己巳六月二十日燈下校
卷十	己巳六月廿四日校	卷十一	己巳六月廿四日燈下校
卷十二	己巳六月廿五日校	卷十三	己巳六月廿六日校
卷十四	己巳六月廿九日校		
卷十五	己巳七月一日校　辛未正月八日重校		
卷十六	己巳七月三日校	卷十七	己巳七月四日校
卷十八	己巳七月五日校于胥江舟次		
卷十九	己巳七月五日校于胥江舟次		
卷二十	己巳七月六日校	卷二十一	己巳七月七日校
卷二十二	己巳七月七日燈下校	卷二十三	己巳七月八日校
卷二十四	己巳七月九日校	卷二十五	己巳七月十日校
卷二十六	己巳七月十一日校	卷二十七	己巳七月十二日校
卷二十八	己巳七月十八日校	卷二十九	己巳七月二十日校
卷三十	己巳七月廿四日校	卷三十一	己巳七月廿四日燈下校
卷三十二	己巳七月廿八日校	卷三十三	己巳七月廿九日校
卷三十四	己巳八月一日校	卷三十五	己巳八月初三日校
卷三十六	己巳八月九日校	卷三十七	己巳八月十三日燈下校
卷三十八	己巳八月十四日夜校完		

既然特別提到"燈下"、"夜",沒有注明的應該都是在白天專門從事校勘事業。

卷三"庚午"是"己巳"的第二年,卷十五"辛未"是第三年,卷十八、十九在胥江船中校勘,可見他在整年即使在旅途中,也沒有離開這部書。另外,卷三十五《對酒有懷　寄李十九郎中》,他寫按語引《容齋五筆》提出問題,後面題"庚午八月病中記",又是辛未九年之後。可見他反覆閱讀《白氏文集》。

"己巳"到底是那一年?因爲我們不了解王德修的傳記,無法確定。王德修所引用"何本",不知是否何焯(1661—1722)的校本。如果是的話,可以據此推論王德修校勘的時間,我們先看看何焯的校本。

王校本卷三《驃國樂》出校曰"翕言至三字　照何本改"。

何焯的《白氏長慶集》校本,我們不僅看不到傳本,也沒看到任何相關的記載。但另有何焯的《元氏長慶集》校本,見於《鐵琴銅劍樓藏書目錄》卷十九。一般來說,着手校勘《元氏長慶集》的人,往往連《白氏長慶集》都要校，以期"聯珠並秀，合璧同輝"，楊循吉（1456—1544）是如此，見瞿氏目錄，我們的王德修也是如此。何焯手上既然有馬元調合刊的元、白《長慶集》，那麽何焯的校勘由元《集》進行到白《集》，是很自然的假設。

如果王德修看的是何義門校本的話，時間自然可以限定，不可能在康熙二十八年（1689）己巳之前。這一年，何焯才二十九歲。據何焯的跋文，他在康熙三十九年（1700）才看到《元氏長慶集》黃虞稷手校本，而在那之前，已得陸敕先校本，對元《集》進行校勘。就算假設何焯校白《集》的時間比康熙三十九年更早，但如果認爲王德修在康熙二十八年已經看到白《集》何焯校本，未免太早了。

下一個己巳，是雍正十四年（1749）。

王德修的校語是用《才調集》、《文苑英華》、《唐詩紀事》、《萬首絶句》等書參校，但没有利用《全唐詩》。這種情況令人懷疑，在他校勘的時候，《全唐詩》還没刊行，或者他自己還没看到。可是，《全唐詩》是康熙四十五年（1706）十月編成，第二年刊行的，到雍正十四年，已經過四十年。難道震澤王氏還没有機會看到嗎？這是一個疑點。

當初我猜測吸引王德修讓他認真校勘的，應該是宋刊本的存在，後來證實我的猜測是對的，他的校記裏面出現"宋刻"、"宋本"等字眼。

（1）馬本卷一《諭友》"朱門有勳貴"的"貴"字，王校云"宋刻作'賢'"。"推此自裕裕"的"裕裕"，王校云"作'豁豁'"。

（2）馬本卷二十九《秋涼閑卧》、《酬思黯相公見過弊居戲贈》二首，王校云"宋刻在三十卷《狂言示諸姪》後"。

（3）馬本卷五十"劉總弟約等五人"的《制》中，"念義方之訓而不墮"一句，王氏校改爲"念其義方訓而不墮"，並云"宋本疑誤"。

（4）馬本卷三十《因夢有悟詩》"終爲崔常侍"下標符號"⌐"，云"已下宋刻缺"。卷三十一《嘗新酒憶晦叔》第二首末尾云"已上宋刻缺"。

（5）卷三十一《楊柳枝詞》第三首開頭云"此下宋本缺"。

王氏確實在看宋刊本。

那麽，王氏所校的宋本，和我們今天能够隨便翻閱的影印紹興刊本之間到底是什麽關係呢？就上列五條而言，除了（2）之外，其餘都與影印宋本一致，尤其是（4），王校本説"宋刻缺"的地方，在影印宋本上，相當於第五册第四十六頁到第五十七頁共十二頁，正好也缺，有補抄。（5）亦如此。王校只説到宋刻缺頁開始的地方，並没有説明缺頁到哪裏爲止。王校説缺頁開始的《楊柳枝詞》第三首，在影印宋本上，恰好從第五册第六十二頁第一行第一字開始，而且從此以下，影印宋本都是補抄。

這些符合曾經讓我懷疑王氏所校宋本與影印宋本是同一件，這些符合無法

村本文庫藏王校本《白氏長慶集》　*307*

認爲是偶然的巧合。但是（2）《秋涼閑臥》等二首，在影印宋本上，就在卷二十九《小庭亦有月》後，並不像王校所說的在卷三十《狂言示諸姪》後。原來《秋涼閑臥》等二首在金澤文庫本、那波本、朝鮮活字本、刻本都在卷三十，盧文弨曾用葛氏影宋鈔本，也説"《秋涼閑臥》及下首，宋本在卷三十《狂言示諸姪》後，當從之"。就這二首的位置來說，王氏所據宋本與盧氏所據宋本一致，而與影印宋本不一致。

可見王氏所校宋本有和影印宋本一致的地方，也有相差很大的地方，不能因爲缺頁情況一致，遽斷爲影印宋本。

王校本的文本，到底具有如何的特色，要瞭解其面貌，必須與其他各種主要的文本比較各自的特色。我們對《白氏文集》的校勘工作以那波本爲底本，用以下各本全面校對，包括那波本所據的朝鮮活字本、刻本，還有屬於中國刊本別集的影印宋本、馬本、汪本，以及屬於總集的《才調集》、《文苑英華》、《全唐詩》。再用屬於日本舊鈔本的神田本、金澤文庫本、《要文抄》本、《管見抄》本等進行校勘。王校本屬於中國刊本的範疇，所以我們要探討的是王校本在諸多中國刊本當中，具有如何的特色。

五、王校本的特色

王校本的文本，有不少不僅異於影印宋本，也不符合任何中國刊本，顯示了王校本具有獨特性的地方。下面舉例，仍以那波本爲底本（譯者按：作者標引白《集》文句照例注明作品流水號，本譯文仍用馬本卷次、篇名以代之。又，篇名過長則僅錄數字），但注用馬本。

"上心念下**民**"（卷一《賀雨》）、"舒之濟萬**民**"（卷一《讀張籍古樂府》）、"爲天果愛**民**"（卷一《哭孔戡》）的"民"字，注本皆如此，獨王校本作"人"，符合唐代原貌。恐怕因爲這一差異特別單純，不煩一一校改，所以王校至此三篇而止，以下不復出校。

《**月**夜登閣避暑詩》（卷一），王校本"月"作"夏"。此詩言夏夜酷暑，絕不涉及月亮。

"麟令名信陵"（卷二《秦中吟·立碑》注），王校本此下有"吳人"二字。

《答四皓廟詩》（卷二《和答詩十首》），標題下王校本有注云"元譏其出處不常"。按：元稹《四皓廟詩》末云"出處貴明白，故吾今有云"。

《答箭鏃詩》（卷二《和答詩十首》），標題下王校本有注云"元云'爲盜即當箭'"。按：今本元稹《箭鏃詩》作"爲盜即當射"。

"清**影**不宜昏"（卷八《宿藍溪對月》），王校本"影"作"景"，與蓬左文庫本合。按：白居易描寫月光即用"清景"二字，如"終夜清景前，笑歌不知疲"（卷五《首夏同諸校正遊開元觀因宿玩月》）、"豈無他時會，惜此清景前"（卷五《效陶潛體詩十六首》）、"步月憐清景，眠松愛緑蔭"（卷二十五《閑詠》）、"潭邊霽後多清景，橋下涼來足好風"（卷二十八《舟中夜坐》）等，皆其例。白居易用"清影"二字則爲松影，如"與僧清影坐，借鶴穩枝栖"（卷十七《題遺愛寺前溪松》）。

尤其《宿藍溪對月》詩，隔一句上云"新秋松影下"已用"影"字，則當以王校本爲是。

《除官去未間》（卷八），詩題"去未"王校本作"未去"，篇內正文同。作"未去"與道春本合。白居易儘管有"去未迴"（卷九《西明寺牡丹花時憶元九》）、"去未遲"（卷三十一《侍中晉公欲到東洛》）的說法，但並沒有"去未間"的說法，而且"去未間"本來不成文義。

《夢裴相公》（卷十），詩題下王校本注其名云"垍"。

"鬒鬒初有髭"（卷十《再到襄陽訪問舊居》），王校本"鬒鬒"作"髻玄"，"髻"是"鬢"的俗字。此句與隔一句的"髭鬢半是絲"成對，則王校本較優。

"四十四字成"（卷十《荅元郎中楊員外喜烏見寄》注），王校本"成"下有"篇"字。

《初入峽有感》（卷十一），王校本詩題下有"此後忠州路上詩"七字小注。白居易經常寫這種自注，如《初出城留別》（卷八），中國諸本皆無注，而蓬左文庫本有注云"自此後詩，赴杭州路中作"。此處王校本注的情況類此。

"東坡春向暮"（卷十一《東坡種花二首》），王校本"向"作"又"。如果作"春又暮"，所表達的是一種悽涼的感慨，就如同"一歲春又盡"（卷二十二《和新樓北園偶集》）。

"紫綬朱紱青布衫"（卷十二《王夫子》），王校本"布"作"衣"，與《唐文粹》本同。

"凡六百一十二言"（卷十二《琵琶引》），王校本"二"作"六"，與《文苑英華》本同。按：作"六"符合事實。

"友直每偲偲"（卷十三《代書詩一百韻寄微之》），王校本"偲偲"作"愢愢"。陸德明《論語音義》（子路第十三）云"偲偲，音絲，本又作'愢'"，王校本與"一本"合，應當有所依據。

"青巖新有鴬"（卷十三，《社日關路作》），王校本"鴬"作"鴈"。此詩云"涼風社日天"、"蕭條秋興苦"，可見是秋天，"鴬"是"鴈"之訛，沒有疑問。盧文弨也說"'鴬'當作'鴈'"。

《冬至夜懷湘靈》（卷十三），王校本"冬至夜"作"至除夜"，此詩前一首的題目除了馬本、汪本、《全唐詩》本之外，其他各本都作《邯鄲至除夜思家》，用"至除夜"的說法。將一陽來復的冬至比擬爲元日，因而冬至前夜也叫"除夜"，也就是說，除夜有兩種，這一問題《歲時廣記》卷三十八"號冬除"條有說。這兩首詩足以證明白居易當時也有這種風俗，並且叫做"至除"。《邯鄲至除夜思家》影印宋本、那波本、《才調集》本、《萬首絕句》本皆作"至除"，而馬本改此爲"冬至"。汪本、《全唐詩》本因襲之，是馬本妄改。至於《至除夜懷湘靈》這一首詩，影印宋本、那波本、《萬首絕句》本皆已竄改作"冬至"，只有王校本傳存舊貌。

"玉山峯下客"（卷十四《和錢員外早冬玩禁中新菊》），王校本"玉山"作"藍田"，玉山即藍田山。下接"客"字，"玉山"、"藍田"那一種更合適，不好判斷，但如果作"玉山"，"山峯"兩字並列，在語意上似乎有些太過接近。

"劍落鄭城獄"（卷十四《和夢遊春詩一百韻》），王校本"鄭"作"豐"，作"豐城"是常例，《白氏文集》亦云"豐獄劍生苔"（卷十五《酬盧秘書二十韻》）。

"折君官職是聲名"（卷十五《贈楊秘書巨源》），王校本"聲"作"詩"，《聞楊十二新拜省郎遙以詩賀》（卷十七）詩注引此詩，王校本仍作爲"詩名"。汪校本此處作"聲名"，《聞楊十二新拜省郎遙以詩賀》注作"詩名"，先後混亂。其他各本均作"聲名"，沒有混亂。當知原本有"聲名"、"詩名"兩種不同文本。"聲名"涵蓋"詩名"，可以包含"詩"以外的名聲，王校本選擇了涵義較明確的"詩名"。

"進士韜豪尋静盡"（卷十六《早春聞提壺鳥因題隣家》），王校本"静"作"净"，此句與下句"拾遺風彩近都無"爲對，可見"静"是助詞，意謂進士的豪放蕩然無存。助詞的重點是音，"静"和"净"經常通用，但就此處而言，應該是作"净"較優。"净盡"兩字連用的例子，有劉禹錫《再遊玄都觀詩》"百畝庭中半是苔，桃花净盡菜花開"，還有《朱子語類》卷六第一〇五條"做到

私欲净盡，天理流行，便是仁"，這兩個例子是入矢兄告訴我的。（譯者按：入矢義高）

"雨埋釣舟小"（卷十六《春末夏初閒遊江郭二首》），王校本"雨"作"烟"，與道春本合。

"暑氣常多秋氣微"（卷十六《秋熱》），王校本"秋"作"爽"，馬本改作"風"。

"冠帶皆慵只抱琴"（卷十六《詠懷》），王校本"只"作"肯"，白居易經常用"肯"字，這個肯字應該是"常愛"的意思，是俗語。另外，此句與"妻兒不問惟耽酒"爲對，"只"和"惟"語意太接近。

"**歲晚**深諳世俗情"（卷十六《香爐峯下新卜山居草堂（重題）》），王校本"歲晚"作"晚歲"，與上句"早年薄有煙霞志"爲對，"晚歲"對"早年"。讀耕齋本、《管見抄》本、一誠堂本作"近日"。

"雲**生**潤**户**衣裳潤"（卷十六《香爐峯下新卜山居草堂（重題）》），王校本"生"作"埋"，"户"作"閣"。

"兼將壽夭**任**乾坤"（卷十六《香爐峯下新卜山居草堂（重題）》），王校本"任"作"付"。白居易有"且進盃中物，其餘皆付天"（卷二十九《思舊》）的句子。

"綠絲文布**素輕裕**"（卷十七《元九以綠絲布白輕裕見寄》），王校本"素輕裕"作"輕容素"。此處欄外有批注：

> 《唐類苑》云："輕容無花薄紗也，王建宮詞有'嫌羅不著素輕容'句，見《齊東野語》。"
> 又云："《元豐九域志》'越州歲貢輕容紗'是也。"但"容"字不應重韻，想與"形容"之容兩音，不妨並用耳。

詩詞用的原詞應該是"素輕容"，上引批注也是對"素輕容"而發的。批注云"形容之容"，指的是此詩末句"折腰無復舊形容"。假如作"素輕容"，第一句與第八句用同一"容"字爲韻，是應當迴避的。王校本改作"輕容素"，是想要迴避重韻。又如影印宋本、那波本作"素輕裕"，是用不同字形來迴避重複。然而，金澤文庫本作"素輕庸"，應該是最原始的文本。其他都是由於"庸"、"容"二字相近而誤導校勘者產生過於深究的結果。

"夜深唯共阿**怜**來"（卷十七《湖亭與行簡宿》），王校本"怜"作"連"。"阿連"是人名，白居易將其弟行簡擬爲謝惠連，故稱。因此"連"字是確定的，金澤文庫本亦作"連"。那波本、影印宋本、汪本作"怜"，《萬首絕句》本、馬本、《全唐詩》本作"憐"，衆本皆誤。至於以"阿怜"或者"阿憐"作爲行簡的小字，這種看法則尤爲錯誤。同樣的例子可以見於卷二十三《夢行簡》。

"四絃不似**琵琶**聲"（卷十七《春聽琵琶兼簡長孫司户》），王校本"琶"的右上角有圈點，"琶"字的下面注"去聲"。金澤文庫本或影印宋本的《白氏文集》，都有若干的音注。估計其中有些是自注的，也有後人所加的。馬本刪除這些舊有音注的不少部分，反而自加大量音注。王校本對這些只有馬本有、宋本沒有的音注加朱點，表示刪除。此處"琶"的音注應該是王氏根據所校底本而補上的，但是不見於其他諸版本。王氏在"琵琶遣悶彈"（卷二十三《酬周協律》）以及"金屑琵琶槽"（卷三十四《司徒令公分守東洛》）兩句的"琶"字，同樣也補了"去"的注音。

"**技**筅闍船來"（卷十八《夜入瞿塘峽》），"技"，只有那波本作"技"，其他各本皆作"拔"。作"技"是錯誤的。王校本作"拽"。按：元稹《南昌灘》中有"渠江明净峽逶迤，舡到明灘拽筅遲"的詩句。

"燒酒初開琥珀**香**"（卷十八《荔枝樓對酒》），王校本"香"作"光"。令人馬上聯想到李白有"蘭陵美酒鬱金香，玉碗盛來琥珀光"的詩句。白居易又有對酒讚賞的"醍醐慚氣味，琥珀讓晶光"（卷三十二《答皇甫十郎中秋深酒熟見憶》）的詩句。"琥珀"本來是比喻顏色，因此作"光"是正確的。

"紫微星北承恩去"（卷二十《醉送李協律赴湖南辟命》），王校本"去"作"久"，盧校本同。

"勞心費目覓親知"（卷二十三《池上竹下作》），王校本"目"作"日"。"費目"以接"勞心"，似乎較爲自然。但是，此處作"費目"是不穩妥的。此詩實用《中論》"學者勞思慮而不知道，費日月而無成功"這兩句的詞，作"費目"屬於妄改。

"虛卧春窓夢阿憐"（卷二十三《夢行簡》），王校本"憐"作"連"。作"連"是正確的。已見上（卷十七《湖亭與行簡宿》）。

"涉江一章尤出"（卷二十八《哭皇甫七郎中》注），王校本"出"作"異"。

"菱谷紫紅皆小臧獲名也"（卷二十九《小庭亦有月》注），王校本無"菱谷紫紅"四字。

"胜肉生欲圓"（卷三十《題裴晉公女几山刻石詩後》），王校本"胜"作"胜"。宋本、金澤文庫本作"胜"，馬本、汪本、《全唐詩》本作"髀"。

"小奴搥我足"（卷三十《自在》），王校本"搥"作"搔"，下句作"小婢搔我背"。也就是説，據王校本，上下兩句均用"搔"字。以此相對，影印宋本、馬本上下兩句均作"搥"字。那波本、汪本、《全唐詩》本上句用"搥"，下句用"搔"，上下不同，金澤文庫本亦同。

"初見韋尚書"（卷三十《因夢有悟》），王校本"見"作"是"。盧校本同。與金澤文庫本、行成本一致。此詩依次列舉夢中出現的亡友："初是韋尚書"、"中作李侍郎"、"終爲崔常侍"。這就是這首詩的描述，所以我贊成"是"字。

《七月一日作》（卷三十），王校本刪這一首，在那個位置插入《雨歇池上》。那波本並收此二首，而"七月一日作"題下注"是一篇重出而小異，故依舊存之"。這條注是那波本所加，朝鮮本，包括活字本和刻本都没有這句注釋。影印宋本、馬本、汪本、《全唐詩》本將《雨歇池上》删去，保留《七月一日作》。與王校本做相反的處理方式。

"予爲翰林考覆官"（卷三十一《洛下送牛相公出鎮淮南》注），王校本"覆"作"覆"。盧校本同，與蓬左文庫本合。《文苑英華》的宋刊本與鈔本有此條注，字作"覆"。明刊本脱此注。

"秦聲是女工"（卷三十一《箏》），王校本"工"作"功"。盧校本同，與蓬左文庫本合。《文苑英華》本亦作"功"。

"落絮無風凝不飛"（卷三十一《酬李二十侍郎》），"凝"加入"去"的釋音。與蓬左文庫本合。其他刊本全部没有附上這個釋音。"舞繁紅袖凝"（卷二十七《想東遊五十韻并序》）、"翅凝高摩天"（卷三十《犬鳶》）、"舞急紅凝腰"（卷三十三《晚春欲攜酒尋沈四著作》）的"凝"，影印宋本也没有釋音。

"成都新夾纈"、"梁漢碎烟脂"（卷三十一《玩半開花贈皇甫郎中》），王校本"纈"作"襉"、"漢"作"苑"。"纈"與"襉"同音通用。考慮與"成都新夾纈"的對應，以及與"烟脂"的關係，"梁漢"與"梁苑"哪個比較能够符合白居易的詩意，不好判斷。"梁漢"不太適合這種情況的用法，"梁苑"雖然適合這種情況，可是作爲白居易的用例，似乎不能與"烟脂"連結。"成都"和"夾纈"二詞，也不知道白居易要讀者做什麼樣的聯想。

"樹根雪盡催花發"（卷三十三《歎春風兼贈李二十侍郎二絶》），王校本"盡"作"净"。作爲詩詞的用詞，"雪净"可以成立，並且有楊巨源《烏啼曲贈張評事》（《全唐詩》卷三百三十三）中"可憐楊葉復楊花，雪净煙深碧玉家"的例子。但此處作"雪盡"則容易理解。下句是"池岸冰銷放草生"，將"雪盡"與"冰銷"對，或嫌單純，但容易使用。《早春獨遊曲江》（卷十三《早春獨遊曲江時爲校書郎》）的"冰銷泉脈動，雪盡草牙生"也是如此。

"指點樓南覔新月"（卷三十三《三月三日》），王校本"南"作"西"。這首詩題作"三月三日"，三日的月在西邊，所以第二年三月三日的作品也有"夜歸何用燭，新月鳳樓西"（卷三十三《三月三日祓禊洛濱》）的詩句。

"林園亦要**聞**閑置"（卷三十三《以詩代書寄户部楊侍郎》），王校本"聞"作"乘"，汪本作"趁"。意義全部一樣。白居易屢次使用"聞健"一語（卷二十《歲假内命酒贈周判官蕭協律》、二十二《秋遊平泉贈韋處士閒禪師》、二十八《晚起》、三十一《十二月二十三日作兼呈晦叔》、三十三《尋春題諸家園林》），"聞閑"則無其他的例子。"乘閑"目前只有"張賈弟兄同里巷，乘閑數數來相訪"（卷十二《醉後走筆酬劉五主簿》）一個例子。王建也用"聞健"一詞，大概是從白居易的詩句借去的吧。王建的《冬至後招于秀才》（《全唐詩》卷三百一）的"聞閑走馬重來此"句，一本"聞"作"乘"。與白居易的例子是相同的。

"燕姬酌**蒲**萄"（卷三十四《司徒令公分守東洛移鎮北都》），王校本"蒲"字有音注"去"，其他諸本皆無。盧文弨云"蒲作去聲讀"。王校本又於"燭淚粘槃壘蒲萄"（卷十八《房家夜宴喜雪戲贈主人》）的"蒲"字附有讀作去聲的圈點，這是王德修所加。

《小**歲**日喜談氏外孫女孩滿月》（卷三十四），王校本"歲"作"新"。盧校本亦同。臘的次日稱"小歲"，又稱爲"小新歲"。此日進酒降神、修刺拜賀，即祭神、慶賀猶如元日，事見《四民月令》（十二月）。按：《四民月令》的文字，《荆楚歲時記》注所引作"小歲"，《玉燭寶典》（卷十二），《北堂書鈔》（歲會）所引作"小新歲"。可知白居易詩作"小新日"，亦有所本。前面介紹的"至除夜"，這裏的"小新日"，都會引起關心唐代歲時記的人們強烈的興趣。

"女喚妻呼**多**不應"（卷三十五《在家出家》），王校本"多"作"揔"。汪本作"都"。其他各本、包括影印宋本在内，全部作"多"。

"加籩仍異**粮**"（卷三十六《二年三月五日齋畢開素當食》），王校本"粮"作"糇"，盧校本同。此用《禮記·王制篇》"五十異粮"的用語。影印宋本與那波本作"粮"，仍是因形似而誤。但是馬本將此字改爲"糧"，汪本、《全唐詩》本都因襲之，終於與原來的字完全遠離。

"採蓮船破**五**廻修"（卷三十六《會昌二年春題池西小樓》），王校本"五"作"十"。上句的"三遍"與之相對的話，作"五廻"是比較通順恰當的。

"鹿若中箭發，即嚼豆葉食之，多消解"（卷三十七《禽蟲十二章并序》注），王校本"發"字上有"毒"字。"先銜一艾致其窠"（卷三十七《禽蟲十二章并序》注），王校本"艾"字下有"葉"字。"毒"、"葉"，都應該有其字。

這些例子，是王校本的文本與其他諸本相異，體現王校本特色的地方。不難看出王校的文本與影印宋本屬於別的系統。而且，除了其中一、二個例外，王校本的文本都較影印宋本要來得接近原貌。既然影印宋本是紹興刊本，王校本或許有可能是根據北宋本而來的吧。北宋本曾經藏在絳雲樓，雖然燒毀於庚寅一炬，但在此之前，肯定有人手校過此書，王德修應該看過那個校宋本。如果這樣的推測不誤的話，王校本可以説是今天最能保存北宋本面目、幾乎唯一的文本。

六、王校本與影印宋本

前章列舉了王校本與包含影印宋本在内的中國諸刊本不同的、獨特的地方。然而，其中影印宋本也有與其他諸刊本不同，過去一直被看作是影印宋本特殊的文字的地方。如今，拿王校本與之相比，這些文字有不少與王校本是一致的。

於是，影印宋本擺脫了孤獨的立場，不再是特殊的版本了。同時，王校本也因爲影印宋本，而得到了一種保障。這些只有影印宋本與王校本完全一致，而與其他諸本，包括明刊的馬本、《文苑英華》本，清朝的汪本、《全唐詩》本，或是朝鮮本、那波本等等不同的文字，可以被認爲是宋刊本本來的面貌。我們關注這些文字，不僅作爲文本內容的問題，同時對字體的癖好、用字的習慣等方面，都不能不加以注意。以下所舉的例子，仍以那波本爲底本。（譯者按：以下例句照錄撰者所用那波本的文字，括弧中的卷數與篇題則爲譯者據馬本所加。）

"閉在深寺中"（卷一《白牡丹和錢學士作》），王校本與影印宋本"閉"字皆作"問"。（王校本與影印宋本，以下簡稱"兩者"。）

"散在京華間"（卷一《傷唐衢二首》），兩者"華"字皆作"索"。盧校本同。"京索間"用《史記·高祖本紀》語。馬本、汪本、《全唐詩》本作"洛"，那波本作"華"，皆誤。

"秉筆手生胝"（卷一《悲哉行》），"胝"，兩者皆作"胝"。

"半日顏色哀"（卷一《諭友》），"哀"，兩者皆作"低"。

"鳥戀殘花枝"（卷五《首夏同諸校正遊開元觀》），"戀"，兩者皆作"思"。

"濟水澄而潔"（卷五《效陶潛體詩十六首》），"潔"，兩者皆作"絜"。

"新棗未全赤"（卷六《秋遊原上》），"棗"，兩者皆作"棃"，與金澤文庫本合。

"燭墮黃泥泉"（卷七《答崔侍郎錢舍人書》），"墮"，兩者皆作"憻"。

"復歎不逡巡"（卷十《秋槿》），"復"，兩者皆作"後"。

"楚山青簇簇"（卷十四《和夢遊春詩》），二個"簇"字，兩者皆作"蔟"。諸本中此二字往往混用，而影印宋本與王校本以作"蔟"字爲常例，金澤文庫本亦作"蔟"。

"近南光景熱"（卷十八《題郡中荔枝詩》），"景"，兩者皆作"影"。

"聽唱（各本作唱）陽關第四聲"（卷二十六《對酒五首》），"陽"，兩者皆作"楊"。

"慎勿頑愚似汝爺"（卷二十八《酬別微之》），"爺"，兩者皆作"耶"。

"調酥煮乳糜"（卷二十八《晚起》），"酥"，兩者皆作"蘇"，"蘇"與《管見抄》本合。

"盃香綠蟻新"（卷二十八《雪夜對酒招客》），"綠蟻"，兩者皆作"醁醾"。

"或乏擔石儲"（卷二十九《北窗三友》），"擔"，兩者皆作"檐"。

"維云社稷臣"（卷二十九《裴侍中晋公以集賢林亭即事詩》），"稷"，兩者皆作"禝"。

"冥鴻羈絆斷"（卷二十九《和皇甫郎中秋曉同登天宮閣》），"絆"，兩者皆作"䌥"，與《管見抄》本合。馬本、《全唐詩》本作"緤"，金澤文庫本同。汪本作"紲"。

"曾隨滅劫壞"（卷三十一《重修香山寺畢》），"滅"，兩者皆作"減（音陷）"。其他各本全部作"減"，沒有音注。從音注而言，則"滅"字爲誤。影印宋本與王校本同有此誤。下句云"今遇勝緣修"。

"催沽美酒敢辭貧"（卷三十一《三月晦日晚聞鳥聲》），"辭"，兩者皆作"辞"。

"對唱柳枝歌"（卷三十二《種柳三詠》），"柳"，兩者皆作"楊"。馬本、《全唐詩》本作"柳"，汪本作"竹"。

"盃觴興漸闌"（卷三十五《病入新正》），"漸"，兩者皆作"又"，盧校本同。上句是"風月情猶在"。

"惣而酬之"（卷三十五《病中辱崔宣城》），"酬"，兩者皆作"謝"，盧校本同。

"勸我令秉燭"（卷三十六《遊平泉宴浥澗》），"令"，兩者皆作"今"，兩者共同形訛。

"前日君**家**飲"（卷三十六《贈夢得》），"家"，兩者皆作"來"，下句是"昨日王家宴"。

"時**開**池上酌"（卷三十六《官俸初罷親故見憂》），"開"，兩者皆作"聞"，與《管見抄》本、天海本合。上句是"但對丘中琴"。

"家居雖**濩**落"（卷三十七《自詠老身示諸家屬》），"濩"，兩者皆作"穫"。

"**並**是佛經中説"（卷三十七《禽蟲十二章》），"並"之下兩者皆有"皆"字，盧校本同。與《管見》抄本、道春本合。

"京索間"、"顏色低"、"鳥思"、"光影熱"、"楊枝歌"、"興又闌"、"君來飲"、"時聞池上酌"、"並皆是"的異同以及"音陷"的釋文等，從内容的角度上值得注意。從字體的一致，可以看出宋刊本的一般習慣。

上面所列舉的是只有王校本與影印宋本一致，與其他諸刊本相異的例子。下面再補充只有王校本、影印宋本、那波本這三種一致，而與其他從明末至清代，在中國刊行的諸版本，包括馬本、汪本與《全唐詩》本等，處於相對立的例子。那波本與影印宋本屬於不同的系統，而在這些例子當中，卻與王校本、影印宋本一致，在這些地方，我們可以看出保存宋刊本的因素。

"可勸薄夫**淳**"（卷一《讀張籍古樂府》），"淳"，王校本、影印宋本、那波本三者（以下簡稱"三者"）相同。其他諸本作"敦"，《全唐詩》出注，録此異文。

"朱門有勳**賢**"（卷一《諭友》），"賢"，三者皆同。其他諸本作"貴"，《全唐詩》出注，録此異文。

"寒暑不能**忏**"（卷二《傷宅》），"忏"，三者皆同，其他諸本作"干"。

"傍織**巴**籬護"（卷二《買花》），"巴"，三者皆同，其他諸本作"笆"。作"巴"與《管見抄》本合。

"商嶺**采**紫芝"（卷二《答四皓廟》），"采"，三者皆同，其他諸本作"採"。

"**樓殿**相參差"（卷五《首夏同諸校正遊開元觀》），"樓殿"，三者皆同，其他諸本作"殿角"。

"終當解**纓網**"（卷五《題贈鄭秘書徵君石溝溪隱居》），"纓網"，三者皆同，其他諸本作"塵纓"。

"開**衿**當風前"（卷六《朝歸書寄元八》），"衿"，三者皆同，其他諸本作"襟"。

"**掃灑**施廉幃"（卷八《嚴十八郎中在郡日改制東南樓》），"掃灑"，那波本作"掃灑"，王校本與影印宋本作"掃洒"，其他諸本作"灑掃"。

"**如今**素絲色"（卷十《歎老三首》），"如今"，三者皆同，其他諸本作"今如"。

"依**俙**舊鄉園"（卷十一《過昭君村》），"俙"，三者皆同，盧校本同，其他諸本作"稀"。

"每日領**僮**僕"（卷十一《東坡種花二首》），"僮"，三者皆同，其他諸本作"童"。作"僮"與《管見抄》本、《文苑英華》本合。

"銷摧百錬**剛**"（卷十五《渭村退居寄禮部崔侍郎》），"剛"，三者皆同，其他諸本作"鋼"。《全唐詩》出注，録此異文。

"道在肯**惇惶**"（卷十五《渭村退居寄禮部崔侍郎》），"惇惶"，三者皆同，其他諸本作"徬徨"。汪本、《全唐詩》出注，録此異文。

"一酣暢**四支**"（卷二十九《裴侍中晋公以集賢林亭即事詩》），"四支"，三者皆同，其他諸本作"四肢"。作"支"字與金澤文庫本合。

"霽月當**軒**白"（卷三十一《重修香山寺畢》），"軒"，三者皆同，其他諸本作"窗"。

"白露滴**不**死"（卷三十二《對晚開夜合花贈皇甫郎中》），"不"，三本皆同，與金澤文庫本合，其他諸本作"未"。《全唐詩》出注云："一作不。"

"**圖**中殘舊穀"（卷三十六《官俸初罷親故見憂以詩諭之》），"圖"，三者皆同，盧校本亦同。其他諸本作"困"。

其中有關字體的異同，也能觀察從宋刊本傳來的面貌。

七、王校本與《全唐詩》本、汪立名本

《全唐詩》往往也有與影印宋本、馬本、汪本、那波本以及《才調集》本、《文苑英華》本、《唐文粹》本等先行諸版本——其中還包括《全唐詩》據以爲底本的版本——皆不同、始見於《全唐詩》本的文字。然而，這些獨特的文本，究竟有何依據，至今未明。

校訂者通常要盡力調整文字，使文句暢通，因爲不成文義的文本不足以稱爲定本，於是定本不免夾雜校訂者的主觀。《全唐詩》也有編者根據自己主觀的判斷，擅改文字，使之便於閱讀的可能性。因此，當我們開始校讀《白氏文集》時，儘管以《全唐詩》本作爲校訂資料之一，但對此本獨特的異文不甚重視。如今經我們仔細校對王校本，發現在這些《全唐詩》獨特的文本之中，也有一部分是與王校本一致的。既然如此，我們可以認爲《全唐詩》編者也曾見到王校本系統的文本，據以進行校訂。

下面列舉《全唐詩》本與王校本一致，而與其他諸本不同的若干例子。通過這些例子，我們可以推論《全唐詩》所據本之一，同時因爲這些文字仍然與影印宋本不同，可以補充第五章所列舉、體現王校本特色的例子。

"醉**暖**脱重裘"（卷二《歌舞》），"暖"，王校本與《全唐詩》二本作"煖"。與《管見抄》本合。

"誰謂蟲**至**微"（卷二《寓意詩五首》），"至"，二本作"之"，盧校本同。

"**妖鳥**聲音惡"（卷二《有木詩八首》），"妖鳥"，二本作"鳥妖"。與上句的"狐媚言語巧"形成對句。

"往年因旱**靈池竭**"（卷三《昆明春水滿》），"靈池竭"，二本作"池枯竭"。

"懸磴尤險**難**"（卷六《遊悟貞寺詩》），"難"，二本作"艱"，盧校本同。金澤文庫本的校本、《管見抄》本也同，作"艱"是正確的。下面有"弟子名楊難"一句，這句中"難"字是韻腳，所以前面不能有"難"字。

"勿輕一**盞**酒"（卷六《喜陳兄至》），"盞"，二本作"醆"。金澤文庫本作"盞"，《要文抄》本

村本文庫藏王校本《白氏長慶集》　315

作"盃",馬本、汪本作"杯"。
"蟄動萌草**拆**"(卷十《溪中早春》),"拆",二本作"坼",與卷十三《長安早春旅懷》的例子同。
"終棄**於**塞垣"(卷十一《過昭君村》),"於",二本作"出"。
"好**在**元郎中"(卷十一《哭諸故人因寄元九》),"在",二本作"狂",盧校本同,值得注意。那波本、影印宋本作"在",與《要文抄》本、《管見抄》本合。馬本、汪本作"懷"。
《東**澗**種柳》(卷十一),"澗",二本作"溪",盧校本同。
"泰來**猶**否極"(卷十一《遣懷》),"猶",二本作"由",盧校本同。與《要文抄》本、《管見抄》本、道春校本合。
"何**此溪上**翁"(卷十一《宿溪翁》),"此溪上",二本作"如此溪",盧校本同。
"**蔭**窗竹舊栽"(卷十三《題故曹王宅》),"蔭",二本作"陰"。
"風吹新緑草牙**拆**"(卷十三《長安早春旅懷》),"拆",二本作"坼"。與卷十《溪中早春》的例子同。
"縲囚每親**鞫**"(卷十四《和夢遊春詩一百韻》),"鞫",二本作"鞠",盧校本同。
"**鞫**獄之苦"(卷十五《李十一舍人松園飲小酌酒》),"鞫",二本作"鞠",此處盧校本沒有記載文字的校異情況。
"能無慚**矣**"(卷十六《東南行一百韻》注),"矣",二本作"哭"。
"寧辭浪**迹**遠"(卷十七《江州赴忠州》),"迹",二本作"跡"。與金澤文庫本、《管見抄》本合。
"北都莫作多時計"(卷二十六《送令狐相公赴太原》),"北",二本作"此"。《全唐詩》出注云:"一作北。"
"福降**自昇**天"(卷三十《題裴晉公女几山刻石詩後》),"自昇",二本作"昇自",盧校本同。
"初**見**韋尚書"(卷三十《因夢有悟》),"見",王校本、盧校本如前所述作"是"。《全唐詩》正文作"見",出注云:"一作是。"
"豈覺此**時衰**"(卷三十一《七年元日對酒五首》),"時衰",二本作"身贏",盧校本同。蓬左文庫寫有"時"與"身"的異同,"衰"與"贏"的異同則未提及,恐怕是疏忽遺漏了。
"遥**想**賀宴以詩慶之"(卷三十一《喜劉蘇州恩賜金紫》),"想",二本作"相",與蓬左文庫本合。
"香添**暖**被籠"(卷三十三《秋雨夜眠》),"暖"作"煖",《文苑英華》本亦同。
"祓事修初**畢**"(卷三十三《三月三日祓禊洛濱》),"畢",二本作"半",盧校本同。下句是"遊人到欲齊",作"初半",可以感受到情景的生動。
"一歳**中**分春日少"(卷三十五《春晚詠懷贈皇甫朗之》),"中",二本作"平",盧校本同。"四時平分"的概念與相關詞語已見於《楚辭・九辯》,經過六朝詩人傳承下來,白居易也有"上天有時令,四時平分別"(卷一《春雪》)的詩句,韓愈《感春》也有"皇天平分成四時,春氣漫誕最可悲"的詩句。因此作"平分"是正確的,作"中分"僅僅表示一分爲二。

　　汪本是汪立名利用季振宜校宋本等諸本校勘而成的定本,並沒有一一註明其文字的來歷。汪本有與影印宋本、馬本、《全唐詩》本不同的獨特文字,其中有與王校本一致的情況。這種情況説明汪本獨特的文字並非全出汪氏臆改,而是出於季振宜的宋本——與我們所見影印宋本不同系統的宋本。下列舉出若干例子。

"**自此**聊以適"（卷六《朝歸書寄元八》），"自此聊以適"，王校本與汪本皆作"以此聊自適"。宋本、馬本、《全唐詩》本與那波本同，但是《全唐詩》本出注云："一作以此聊自。"王校本、汪本與金澤文庫本、《管見抄》本合。"以此聊自"是一般常見的用法，白居易另有"持此聊自足，心力少營爲"（卷五《官舍小亭閒望》）、"以此聊自足，不羨大池臺"（卷三十六《自題小園》）的詩句。

"秋梨葉半**拆**"（卷八《鄧州路中作》），"拆"，二本作"赤"。與蓬左文庫本合。對應的文句是"秋薤花初白"。

"各**閉**一籠中"（卷十《感秋懷微之》），"閉"，王校本作"閑"，汪本作"閒"。《全唐詩》正文作"閉"，出注云："一作閑。"

"夕殞何**紛**紛"（卷十《秋槿》），第二個"紛"字，二本作"紜"。上句是"秋開已寂莫"。

"人道**秋中**明月好"（卷十三《華陽觀中八月十五日夜招友翫月》），"秋中"，二本作"中秋"。《全唐詩》正文作"秋中"，但出注云："一作中秋。"詩題作"八月十五日夜招友翫月"。

"令人見即**心**無事"（卷二十七《自遠禪師》），"心"，二本作"思"，盧校本同。

"**齋宮**前日滿三旬"（卷三十三《長齋月滿攜酒先與夢得對酌》），"宮"，二本作"公"。《全唐詩》本作"宮"，出注云："一作公。"

以上，分別列舉王校本與《全唐詩》本、王校本與汪本相同，而與其他諸本不同的例子。此外，王校本、汪本、《全唐詩》本三者一致，而與影印宋本、馬本以及那波本不同的例子也不少。

"無坎終難**至**"（卷二《和分水嶺》），"至"，三本皆作"止"。與後二條本合。上句是"有源殊不竭"，作"至"豈可通？

"冉**求**與顏淵"（卷七《詠懷》），"求"，三本皆作"牛"，作"求"爲誤。

"生爲**陳村**民，死爲**陳村**民"（卷十《朱陳村》），二個"陳村"，三本皆作"村之"。連下句的"村中"，我都認爲當從三本。"長羨**陳村**民"（卷十《朱陳村》），"陳村"，三本皆作"村中"，盧校本同。

"好鳥亦**棲來**"（卷十一《東坡種花二首》），"棲來"，影印宋本作"栖來"，三本皆作"來栖"。與道春本、天海本合。

"微之使**東州**"（卷十三《代書詩一百韻寄微之》注），影印宋本模糊不清，似作"東州"。馬本誤作"東原"。汪本、《全唐詩》本與王校本同樣作"東川"。白居易有"東川八十家，冤憤一言伸"（卷一《贈樊著作》）之語。但是道春本、盧校本作"東州"。

"**烟脂**掌中顆"（卷十八《題郡中荔枝詩》），"烟脂"，影印宋本作"燕脂"，馬本作"臙脂"，王校本、汪本、《全唐詩》本作"燕支"。"燕支"與蓬左文庫本同。

"百**納**頭陁任運僧"（卷十八《戲贈蕭處士清禪師》），"納"，三本作"衲"。作"衲"爲正。

"起向月**中**行"（卷二十二《香山寺石樓潭夜浴》），"中"，三本作"下"。下句是"來就潭上浴"。

"偶以二**絶**辨之"（卷二十五《思子臺有感二首》），"絶"，三本作"絶句"，盧校本同。

"甕揭**聞**時香酷烈"（卷二十六《詠家醖十韻》），"聞"，三本作"開"。下句是"餅封貯後味甘辛",應該從"開"字。

"燕脂含**笑臉**"(卷三十一《裴常侍以題薔薇架十八韻見示》),"笑臉",三本作"臉笑"。與下句"蘇合裛衣香"形成對句。

《和裴令公南莊一**絶**》(卷三十三),"絶",三本作"絶句",盧校本同。

"偶題五**絶**"(卷三十三《宅西有流水》),"絶",三本作"絶句",盧校本同。

"日日**暗**來唯老病"(卷三十四《洛下雪中頻與劉李二賓客宴》),"暗",三本作"多",盧校本同。下句是"年年少去是交親"。

"花助銀盃**器**"(卷三十六《春池閒汎》),"器",三本作"氣",盧校本同。與蓬左文庫本同。下句是"松添玉軫聲"。

汪本、《全唐詩》不取作爲祖本的馬本,而改從與王校本相同的文字,是他們認爲後者乃是。在上面所列的例子中,我們可以認同汪本、《全唐詩》二本的判斷,這也等於認同王校本的價值。

汪本的刊行在康熙四十二年,《全唐詩》的編纂在康熙四十六年。這兩者看來都參校了與王校本同屬一系統的文本。現在以王校本爲證據,汪本、《全唐詩》本當中這些有特色的文字,獲得了一種客觀性。

八、王校本與那波本

那波本以朝鮮刊本爲底本,其文本與影印宋本屬於截然不同的兩個系統。編排詩文的方式大不相同,故不難推測文本亦有較大出入。那波本的文本,亦有與影印宋本等諸本皆不同,卻與王校本一致的例子。

"推**遷**感流歲"(卷十《感秋懷微之》),影印宋本、馬本、汪本、《全唐詩》本等皆作"移",獨那波本與王校本作"遷"。

"抱琴榮啓**期**"(卷三十《洛陽有愚叟》),諸本并日本金澤文庫本、《管見抄》本皆作"樂",獨那波本與王校本作"期"。金澤文庫本"樂"字旁有墨筆小注"期",是其校者曾見一本作"期"。今據王校本知確曾有一系統文本作"榮啓期"。

"又不見**北闕**浩浩唯紅塵"(卷三十《雪中晏起偶詠所懷》),諸本皆作"西京",獨那波本作"北闕"。然王校本并《全唐詩》有校注云"一作'北闕'",證明那波本非杜撰。又,此例有力提示《全唐詩》編者曾見王校本系統之本子的可能性極高。盧校本亦作"北闕",金澤文庫本、《管見抄》本作"西京",蓬左文庫本云一本作"北闕"。

"開**衿**"(卷三十《開襟》),雖然不過是異體字問題,中國刊本一律作"襟",獨那波本與王校本作"衿"。金澤文庫本作"衿",旁注説明"摺本(指宋刊本)"作"襟"。

"夢**寤**俱非實"(卷三十六《夢上山》),王校本、盧校本同那波本作"寤",影印宋本、《全唐詩》本作"寐",馬本、汪本作"悟"。《管見抄》本作"寤"。

"晚**酒**一兩杯"(卷七《郭虛舟相訪》),那波本、《全唐詩》本、王校本、盧校本如此,影印宋本、馬本、汪本"酒"作"酌"。此例提示王校本與那波本以及王校本與《全唐詩》本文本之間的關聯。

"驅**鶴**遣乘軒"（卷二十八《歲暮言懷》），影印宋本、馬本作"鴈"，誤。王校本、汪本、《全唐詩》本同那波本作"鶴"。此例體現兩種宋本之差異，也可見明清刊本文字確有來歷。

九、黃校本

王德修又引"黃校本"。如在其馬本卷二十九末尾空白，墨書《城西別元九》、《陳家紫藤花下贈周判官》二首，就前一首云"此詩從黃校補錄"，就後一首云"黃校下注廬山本無此詩"，欄外朱筆云"此二首當補入律詩卷中"。按：此二首，影印宋本、那波本皆不收，而日本舊抄本有之。前一首見《要文抄》本、天海本卷十五，後一首見《要文抄》本、蓬左文庫本卷二十，而這些抄本卷十五、卷二十皆收律詩，可見王德修謂"當補入律詩卷中"，頗得其正。馬本卷二十九，内容相當於那波本卷六十二，即《白氏後集》歌行雜體，黃校本將此二首記於其末，實不合理，不知黃氏何所依據。黃校注中所言"廬山本"，當即錢謙益藏於絳雲樓之北宋刊本《白氏文集》。此本於順治七年（1650）火災中燒燼，詳參黃蕘圃《藏書題識》卷七。

王校本又於卷三十六末尾墨書《和裴相公傍水閑行絕句》、《夜題玉泉寺》二首，皆云"從黃校補錄"。前一首有墨筆旁注云"施宿注蘇詩'氣味'作'意味'"，蓋即黃校本所有。此二首影印宋本亦未收，而那波本分別收錄在卷五十五、卷五十七。那波本卷五十五、卷五十七相當於影印宋本、馬本之卷二十五、卷二十七，而王校本補錄此二首在卷三十六之末。此不可解，與上述卷二十九末尾補錄二首同。

王氏所引"黃校本"，恐怕是黃虞稷（1629—1691）校本。黃虞稷曾經手校《元氏長慶集》，後爲何焯所得，已見上文。筆者推測黃虞稷與楊循吉、何焯、王德修等人一樣，亦曾手校《白氏長慶集》，而王德修或許通過何校本間接地看到黃氏校記。今觀王氏據黃校本所補詩篇，其中文字對我們討論校勘問題，頗有參考意義。

《和裴相公水傍絕句》一首，爲馬本所不載，故王校本墨筆補錄之。影印宋本已無，汪本亦無，而屬於不同系統的那波本有此一首。可見那波本與黃校本之間關係較近。但那波本題目作"水傍"，而黃校本作"傍水閑行"四字，《全唐詩》作"和裴相公傍水絕句"，有注云"'絕'字上有'閑行'二字"。然則《全唐詩》本與黃校本之關係，較之那波本更密切。

《和裴相公水傍絕句》中有一句云"偷閑**氣味**勝長閑"，黃校本注云"施宿注蘇詩'氣味'作'意味'"，如上述。然《全唐詩》本於"氣味"下出注云"一作'意味'"。如此校注，非見黃校本則不可爲。吾輩今日見王校本所錄，始知《全唐詩》所謂"一作"乃據施宿注蘇詩所引。

《夜題玉泉寺》"玉泉潭畔松間宿"，那波本、汪本、《全唐詩》本同，黃校本"畔"作"上"。

《城西別元九》、《陳家紫藤花下贈周判官》二首，除黃校本與《全唐詩》本之外，其他中國、朝鮮諸刊本皆不見載，那波本亦不載。雖亦見《要文抄》本、天海本、蓬左文庫本等日本抄本，但此等抄本非《全唐詩》編者所見，且日本抄本均無"花"字。據此可知，《全唐詩》編者所見，與黃校本以及移錄黃校的王校本之間有值得注意的密切關聯。

十、王校本與《才調集》本

《才調集》十卷，前蜀韋縠編，唐人詩選集，收錄白居易詩若干首，文本往往與那波本等諸本不同。如諸本篇題《傷友》（卷二）、《立碑》（卷二）、《輕肥》（卷二）、《五絃》（卷二）、《啄木曲》（卷二十一），《才調集》本分別作"膠漆契"、"古碑"、"江南旱"、"五絃琴"、"四不如酒"。可謂屬於不同文本系統。

今校《才調集》文本，亦有不同於影印宋本、馬本、汪本、《全唐詩》本及那波本等諸版本，獨與王校本一致者，列舉如下。《才調集》文本今據《四部叢刊》影印影宋抄本。

"迴頭**忘**相識"（卷二《傷友》），諸本皆作"忘"，獨《才調集》本與王校本作"望"。下句云"占道上沙堤"。

"但見**山中**石　**立**作路旁碑"（卷二《立碑》），《才調集》本與王校本（以下簡稱"二本"）"山中"作"南山"，"立"作"刻"。"山中石"無以表現石之美。《唐文粹》本亦作"刻"，語義更鮮明，較"立"爲優。

"**銘勳**悉太公　**叙德**皆仲尼"（卷二《立碑》），二本"銘勳"作"勳名"，"叙德"作"德教"。《全唐詩》出注，錄此異文。

"紫綬**或**將軍"（卷二《輕肥》），二本"或"作"悉"。汪本與《全唐詩》出注，錄此異文。上句云"朱紱皆大夫"。

"誇赴**軍中宴**　走馬**去**如雲"（卷二《輕肥》），二本"軍中宴"作"中軍會"，"去"作"疾"。"中軍"當優於"軍中"。《全唐詩》出注錄"去""疾"異同。

"所以**綠**窗琴"（卷二《五絃》），二本"綠"作"北"，《唐文粹》本同，與《管見抄》本、後二條本合。《全唐詩》出注，錄此異文。

"**初登**典校司"（卷十三《代書詩一百韻寄微之》，下同），二本"初登"作"俱昇"，《全唐詩》出注錄此異文。元稹、白居易二人於貞元二年同爲校書郎。

"春**到**曲江池"，二本"到"作"滿"，《全唐詩》出注錄此異文。上句云"寒銷直城路"。"到""滿"二字優劣自明。

"徵伶**皆**絕藝　**選妓悉**名姬"，二本"皆"作"求"，"選"作"迎"，"悉"作"選"。汪本與

《全唐詩》出注，竝録三處異文。盧校本改"選"爲"迎"，餘皆不言及。

"鉛黛凝春態"，二本"黛"作"粉"，"態"作"艷"。《全唐詩》正文作"粉黛凝春態"，注云"'粉黛'一作'鉛粉'，'態'一作'豔'"。下句云"金鈿耀水嬉"。

"中第爭無敵"，二本"中"作"取"，《全唐詩》出注録此異文。下句云"專場戰不疲"。

"犄角搴降旗"，二本"搴"作"奪"，《全唐詩》出注録此異文。

"南國人無怨"，二本"怨"作"枉"，《全唐詩》出注録此異文。作"枉"與天海本合。下句云"東臺吏不欺"。

"理冤多定國　切諫甚辛毘"，二本"理"作"雪"，"切"作"犯"，《全唐詩》出注，竝録此二處異文。

"平生志在茲"，二本"茲"作"斯"，《全唐詩》出注録此異文。

"嗟予獨在斯"，二本"斯"作"茲"，《全唐詩》出注録此異文。

"無聊當歲杪"，二本"聊"作"悰"，與天海本合。影印宋本、馬本、汪本、《全唐詩》本均作"憀"，汪本、《全唐詩》出注"一作'悰'"。白居易又有《別元九後詠所懷》詩（卷九），云"況與故人別，中懷正無悰"，則此亦以"無悰"爲優。下句云"有夢到天涯"。

"計程今日到涼州"（卷十四《同李十一醉憶元九》），二本"涼"作"梁"，與道春本、一誠堂本合。《萬首絶句》本同。汪本、《全唐詩》本正文作"涼"，出注云"一作'梁'"。按："涼州"誤。

"蛟鼇浪不虞"（卷十六《東南行一百韻寄通州元九侍御》，下同），二本"蛟"作"鮫"。

"名聲逼楊馬"，二本"逼"作"敵"，《全唐詩》出注録此異文。下句云"交分過蕭朱"。

"長驅波卷白"，二本"長"作"急"，《全唐詩》出注録此異文。下句云"連擲采成盧"。

"滿卮那可灌"，二本"滿"作"漏"，《全唐詩》出注録此異文。天海本"滿"加圈點，則所見一本有異文。下句云"頽玉不勝扶"。

"雲高勢却孤"，二本"却"作"易"，《全唐詩》出注録此異文。上句云"日近恩雖重"。

"龍智猶經醢"，二本"智"作"聖"，"經"作"遭"，《全唐詩》出注，竝録此二處異文。下句云"龜靈未免刳"。

"況我身謀拙"，《才調集》《四部叢刊》本及汲古閣刊《唐人選唐詩八種》本均作"謀身"，王校本作"謀生"。《全唐詩》正文作"身謀"，出注"一作'謀生'"。此例亦可證《全唐詩》編者已見與王校本同屬一系統之文本。

"貧室如懸磬"，二本"室"作"活"，《全唐詩》出注録此異文。作"活"，與道春本、天海本合。

"時遭人指點"，二本"人指點"作"客答難"，汪本、《全唐詩》皆出注録此異文。二本與蓬左文庫本合。

"萬里拋朋侶"，二本"拋"作"離"，"侶"作"執"，汪本、《全唐詩》皆出注録此二處異文。作"執"與蓬左文庫本合。蓬左文庫本於"拋"字無校記，疑或漏校。

"謾寫詩盈卷"，二本"卷"作"軸"，汪本、《全唐詩》皆出注録此異文。

以上，皆王校本與《才調集》本相符之例。汪本及《全唐詩》編者對這些異文相當重視，其中多數皆出注記録。不僅如此，有不少地方，汪本或《全唐詩》本之正文反與王校本、《才調集》本同，以影印宋本、馬本、那波本等之文本爲異文，出注記録。其例如下：

"柳宛麴塵絲"（卷十三《代書詩一百韻寄微之》，下同），影印宋本、馬本同作"宛"，《才調集》本、王校本（以下仍簡稱"二本"）作"惹"。汪本作"惹"。《全唐詩》正文仍作"宛"，出注錄"惹"字。上句云"峯攢石綠點"，作"宛"恐不成對。

"當用道爲醫"，二本"當"作"應"，汪本、《全唐詩》本同。

"餘歡不可追"，二本"可"作"易"，汪本同。《全唐詩》正文仍作"可"，出注錄"易"字。上句云"舊里非難到"。

"草傍靜安衰"，二本"靜"作"靖"，汪本同。《全唐詩》正文仍作"靜"，出注錄"靖"字。盧校本作"靖"。長安坊名或作"靖安"，或作"靜安"，本無定字。但《白氏文集》例用"靖"字，若作"靜安"則屬例外。

"天低極海隅"（卷十六《東南行一百韻寄通州元九侍御》，下同），二本"極"作"接"，汪本同。《全唐詩》正文仍作"極"，出注錄"接"字。作"接"與天海本合。"天低"當以"接"字爲優。

"深知土產殊"，二本"產"作"俗"，汪本同。《全唐詩》正文仍作"產"，出注錄"俗"字。

"樓閣攢猖婦　隄喧簇販夫"，二本"猖"作"倡"，"喧"作"長"。前者，汪本、《全唐詩》皆作"倡"，與二本同，盧校本亦然。後者，《全唐詩》作"長"，與二本同，汪本仍作"喧"。

"見果多盧橘"，"多"字，王校本、《才調集》本、汪本、《全唐詩》本（以下簡稱"四本"）皆作"皆"。下句云"聞禽悉鸕鶿"，則作"皆"爲佳。

"月橋翹柱鶴"，"橋"字，四本皆作"移"。下句云"風泛颭檣鳥"。作"橋"不成文義。

"鼉鳴泉窟室　䗿結氣浮圖"，"泉窟室"四本皆作"江櫚鼓"，"結氣"四本皆作"氣海"。

"鐘儀徒戀楚"，"鐘"字，四本皆作"鍾"。

"定塲排漢旅"，"漢旅"，《才調集》本與汪本作"越妓"，《全唐詩》本與王校本作"越伎"。下句云"促坐進吳飮"。

"即日辭雙闕"，二本"即"作"望"，汪本同二本。《全唐詩》本出注錄此異文。

"溢浦帶繁紆"，二本"浦"作"水"，汪本同二本。作"水"合自注，蓬左文庫本亦作"水"。《全唐詩》本正文仍作"浦"，出注錄異文。

　　上列諸例可見，《才調集》本與王校本文字往往一致，且得以校正影印宋本、馬本及那波本之誤。汪本、《全唐詩》本正文與《才調集》本、王校本相合者，汪本、《全唐詩》編者以《才調集》本、王校本之文字爲是；汪本、《全唐詩》出校記錄《才調集》本、王校本異文者，所以備參考。

　　《才調集》由五代人編輯，今有影印影宋鈔本，固然寶貴。但若其異文僅見《才調集》，不見其他諸本，則即便認爲其字甚佳，可取，因爲是孤證，心存不安，對別人講也缺乏説服力。有些地方汪本、《全唐詩》本與《才調集》一致，但很這可能是汪本、《全唐詩》本採用《才調集》本的結果，不能增添新的證據。現在我們核對王校本，找到不少王校本與《才調集》一致的地方。在這些地方，《才調集》本已經不是孤證了，汪本、《全唐詩》本也獲得了客觀依據。

　　生活在刊本世界的中國讀書人，往宋刊本當中追求經籍真本。校宋本是那些在文章之道上不斷求真的人們留下的記錄。現在，我們面前有一位叫王德修的人留下的記錄。

《白氏文集》刊本有影印宋代的紹興刊本、明代的馬元調本、清代的汪立名本，朝鮮的活字本與刻本，日本的那波本，還有總集類的《才調集》本、《文苑英華》本、《全唐詩》本，以及盧文弨的校記等，已經有很多種版本可供參考。王德修的校宋本，在這麼多傳世版本的基礎上，還能爲我們提供何等新價值？

首先，筆者要指出，王氏手校本向我們提示又一種宋刊本的存在。他所據宋本的文本，與紹興刊本、盧校本都不同，是屬於另外一種系統的文本。不僅與紹興刊本不同，有些文字與上列任何版本都不一致，僅見於王校本。可見王校本具有明顯的獨特性，而且其獨特之文本，大都較其他刊本爲優佳。似乎較紹興刊本更接近《白氏文集》原始的文本。這是王校本的可貴之處。

其次，若論文本的獨特性，上列諸版本各自皆有僅見於該本的獨特文本。然而這些獨特的文字，往往難以辨識是有版本依據的文字，還是校定者根據自己意見修改的文字，還是無意中的訛誤。面對汪立名本、《全唐詩》本等清朝校定本，尤其困惑。現在以王校本對校，發現那些原本獨特孤立的文字，往往與王校本一致。這些文字，因爲有王校本的存在，可以確定爲有版本依據，被賦與客觀意義。

如上所述，王校本可以對《白氏文集》的文本校勘工作提供寶貴的貢獻。但王校本的價值不僅僅在資料信息的方面。更重要的是，王校本作爲校宋本，令所有拿到它的人感受到與中國讀書人共同讀古典的樂趣與艱苦。這才是王校本最大的價值所在。

【補記一】

最近有機會看到內閣文庫所藏《東坡集》。其序，即成化四年李紹寫的《重刊蘇文忠公全集序》中，有如下一段：

> 求其（歐陽修、蘇軾）全集，則宋時刻本雖存而藏于內閣，仁廟亦嘗命工飜刻，而《歐集》止以賜二三大臣，《蘇集》以工未畢而上升遐矣，故二集之傳於世也獨少。

不知《文苑英華》宋刊本的情況是否也類此，僅賜一二大臣而已。

【補記二】

當村本文庫在內的本研究所所藏漢籍目錄出版之後，研究所贈送一部給村本先生，村本先生寄來懇切的回信。那是1964年2月的事情。用卷紙墨筆寫的信中，有如下一段文字：

> 回顧起來，已經是二十五年前的事情。一介書生，作爲從軍記者被派

到華中戰綫。要從不正當的戰禍保護文化遺產，出於這樣單純的願望，沒有任何專業知識，不加甄別，盡力收購古籍殘本。後來帶回來，捐獻給貴校。如今經過專業的分類整理，並且冠以敝姓，妥善保存，感到十分榮幸。

學生當時在內地領俸七十五圓，戰地補貼共計約六百圓左右，年齡二十七歲。駐留在昔日以懷寧翰林繁榮的安慶市，眼看古籍被軍馬踐踏，憂心忡忡，曾經多次與軍方商談，都沒結果。不得已，只能靠自己，從朝日新聞社上海支部借款，能借多少借多少，經過真正字面意義的千辛萬苦，投入約八個月的所有業餘時間，才搶救到這些書。

回國之後不久，要辭掉朝日新聞社，不意報社要求還清所有貸款餘額五千七百圓。周章狼狽，求助於老家的父親，家父聞訊驚惶，竟試圖自殺，幸未喪命。人生巨測，居然演出這樣一齣悲劇來。

家父於上月七日剛去世，享年八十一。回去曠日已久的石川縣山村故里，辦完葬禮，再回東京，收到教函。因緣奇異，仔細回憶過去種種，不勝感慨。

這封信當時給我的強烈印象，至今仍鮮明。因此，今當撰此論文之際，特寫信問起居，并徵得村本先生同意附記當年來信中的一段如上。村本英秀先生，今姓中田，住東京中野區東中野。

【說明】日文原文載《東方學報》第四十五號，一九七三年九月，京都大學人文科學研究所。

葉純芳：北京大學歷史系中國古代中心講師
喬秀岩：北京大學歷史系教授

《春秋公羊傳注疏》校讀賸義

刁小龍

余既匯《春秋公羊注疏》之衆本①，又得諸家校勘文字②，對治文字，審其得失，研讀有日。雖間有所得集爲一編，然囿於校勘記之體例，往往不得詳言。賸義或有可取，敝帚不敢自珍，迻録數十條如此，示諸同好，並祈方家教正云耳。

一、隱公八年疏"上二年師展無駭"，浦鏜云當作"上二年帥師云展無駭"，此脱"帥"字。

---

① 諸本之詳臚列如次：余仁仲刻經注附音義本（余本）據四部叢刊本，撫州刻經注本（撫州本）據北京圖書館珍本叢刊本，單疏刻本殘卷（單疏殘本）據續古逸叢書本，單疏抄本（單抄本）據日本蓬左文庫本翻拍照片。其餘閩、毛本悉可見於日本東京大學東洋文化研究所漢籍網頁。同時參考北京大學整理校點本《春秋公羊傳注疏》。另諸版本之刊刻系統可參看拙文《春秋公羊經傳解詁版本小識》，收録《國學學刊》2010年第四卷。

② 阮元校勘記之外，尚有：《春秋公羊經傳注疏殿本考證》、浦鏜《十三經注疏正誤》（沈廷芳《十三經注疏正字》四庫全書本）、汪文臺《十三經注疏校勘記識語》、孫詒讓《十三經注疏校記》、杉浦豊治《公羊疏校記》、日本公羊注疏研究會《公羊注疏譯注稿》（一至七册）校勘記諸種文字。其中，浦説雖已束録入阮校，然去取或可商榷；《殿本考證》爲阮校所輕，實不乏可取之處。阮校之後諸本汪、孫二校爲北京大學整理點校本所收録，此其所以勝于阮校者。日人杉浦氏持日本單疏抄本與阮刻宋刊注疏本以施校勘，然所謂阮刻實非嘉慶刻本，其間文字頗有出入，不可盡據；公羊注疏研究會所作校勘記最爲精善，惜乎未能施諸全篇，且前五册未能參考撫州本，六、七册乃持以爲校本，以至仍有疏漏。此二種皆北京大學整理點校本所未知者。

龍按，單抄本、單疏殘本"師"字下空二字，"展"字上有"解云"二字。閩、監、毛及殿本諸本作"上二年師云"，脫"解"字。或疑單疏諸本以疏"解云"二字爲標起訖下疏文標識，遂有空格。然實大誤。"師解"二字當連讀，猶"師說"之義，不當空格，閩、監、毛及殿本諸本作"師云"，義同於此。又，若確言之，則疏中所見"師解"、"師說"者，乃指《公羊傳》文字。翻檢疏文可得諸下文例：

（一）桓公九年：諸侯來曰朝，此世子也，其言朝何？
注：據臣子一例，當言聘。
疏：隱十一年師解云爾，故此弟子執而難之。
【龍按："隱十一年師解云爾"即指隱公十一年傳"諸侯來曰朝，大夫來曰聘"之文】

（二）僖公十八年：十有八年，春，王正月，宋公會曹伯、衛人、邾婁人伐齊。
注：月者，與襄公之征齊，善錄義兵。
疏：正以侵伐例時故也。戰不言伐者，莊十年師解，故難之。
【龍按，"戰不言伐者，莊十年師解"即指莊公十年傳"戰不言伐，圍不言戰，入不言圍，滅不言入，書其重者也"之文。】

（三）文公九年：緣終始之義，一年不二君。
注：故君薨稱子某，既葬稱子，明繼體以繫民臣之心。
疏：莊三十二年師解云爾，故據難之。
【龍按，"莊三十二年師解云爾"指莊公三十二年傳"君存稱世子，君薨稱子某，既葬稱子，逾年稱公"之文。】

（四）文公十五年：傳：入不言伐，此其言伐何？
疏：莊十年師解云爾，故此弟子據而難之。
【龍按，"莊十年師解云爾"指莊公十年"戰不言伐，圍不言戰，入不言圍，滅不言入。書其重者也"之文。】

（五）昭公元年：大夫相殺稱人，此其稱名氏以殺何？
注：難八年事。
疏：大夫相殺稱人，文十六年宋人弒其君處臼之下師解，故此弟子取而難之。
【龍按，"文十六年宋人弒其君處臼之下師解"即指傳"大夫相殺稱人，賤者窮諸盜"之文。】

（六）文公九年：傳王者不書葬，此何以書？不及時書、過時書。
注：重錄失時。

疏：正以隱三年天王崩之下，師作解云："天子記崩不記葬，必其時也。"故此弟子據而難之。

【龍按，"師作解"即所引隱公三年傳"天子記崩不記葬，必其時也"文。】

（七）昭公十三年：大夫相殺稱人，此其稱名氏以弒何？

注：據經言弒公子比也。

疏：然則文十六年師有成解，故此弟子取而難之。注解云經言弒公子比，即是兩下相殺之文，而稱弃疾名氏，是以據而難之。

【龍按，"文十六年師有成解"指文公十六年傳"大夫相殺稱人，賤者窮諸盜"之文。】

（八）昭公十九年：傳賊未討，何以書葬。

疏：正以隱十一年傳云"《春秋》君弒，賊不討，不書葬，以爲無臣子也"。然則師有解爾。故此弟子據而難之。

【龍按，"然則師有解爾"即指上文引隱公十一年傳文"《春秋》君弒，賊不討，不書葬，以爲無臣子也"之文。】

（九）哀公四年：傳弒君賤者窮諸人。此其稱盜以弒何？

注：據宋人弒其君處曰稱人。

疏：文十六年，冬，宋人弒其君處曰之下，傳云"大夫弒君稱名氏，賤者窮諸人"。然則師彼解爾，故此弟子據而難之。

【龍按，"然則師彼解爾"即指上文引文十六年"大夫弒君稱名氏，賤者窮諸人"之文。】

據前揭諸例，知疏所云"師解"正指《公羊傳》文字。而文九年疏"莊三十二年師解云爾"，阮校謂"按當作莊三十二年傳云爾"，正由不知"師解"正指莊三十二年傳文所致。實則此校不必改作。義疏撰作之際，無傳文之明文，或仍稱"師"說者，乃以闕疑或推測之辭釋之，如：

（十）桓公十四年：夏五鄭伯使其弟語來盟。夏五者何？無聞焉爾。

疏：例不言月，而此言"夏五"，師所不說，何氏以五字或衍文，故如此解。

（十一）隱公三年：蓋通于下。

疏：蓋詁爲皆，若似蓋云歸哉之類，或者不受于師，故疑之。

（十二）哀公四年：社者……蓋揜之，揜其上而柴其下。

疏：公羊子不受于師，故言蓋也。

（十三）哀公十二年：蓋吳女也。

疏：公羊子不受于師，故疑之。

又按，以"師解"爲《公羊傳》文者實非始於疏文，何氏《解詁》是其權輿。昭五年"春王正月，舍中軍"，傳"然則曷爲不言三卿"下，何注云"等問不言軍云卿者，上師解言'三卿'，因以爲難"。此"師解"者即指襄公十一年傳"三軍者何？三卿也"，是何休以《公羊傳》之文爲"師解"之義。下傳"五亦有中，三亦有中"下，何注又云："如師解言益中，故下言舍中，爲其將復，據下中難上不言中，故解上以解下。"亦同指襄公十一年傳文所釋。是下疏乃承此説，"十一年傳云'三軍者何？三卿也'，然則今于此問何故不云'曷爲不言舍三軍而言卿'者，正以上文十一年時師解以爲'三軍者何？三卿也'，是以弟子因而難之"。

雖然，何氏《解詁》究竟所承"師説"文字甚夥，不僅《公羊傳》文而已。

（十四）隱公九年：傳：何以書？記異也。何異爾？俶甚也。

注：蓋師説以爲平地七尺雪者，盛陰之氣也。

【龍按，《公羊義疏》卷九陳立云，按左傳云平地尺爲大雪，蓋兩京師説有所受矣。《開元占經》引《考異郵》云，庚辰大雨雪，雪深七尺，何氏所謂師説與？】

是何氏之"師説"有據《春秋緯》文者。又據其《解詁序》所言"以講誦師言，至于百萬猶有不解"，疏云"此師謂胡、董之前公羊氏之屬也"，是指漢初傳公羊學諸師者。同序"恨先師觀聽不決，多隨二創"，疏云"此先師戴宏等也"，此則又以戴宏等爲先師，因其闕漏而作《解詁》之説。

二、莊十三年疏"即禮大帛以即戎也"

龍按，"禮"以下文字出《周禮·巾車職》文，今本作"大白以即戎"。翻檢日人加藤虎之亮《周禮注疏校勘記》，知類書若《太平御覽》等引《巾車職》文多作"帛"[①]，與此正同。

三、閔元年疏"其異一成一未"。阮元校勘記：異當作"義"。

龍按，此疏釋何注"嫌繼未逾年君義異故也。明當隱之如一"之文。此疏上文云"正嫌此繼未逾年之君，異于成君故也"，是此文"異一成一未"正重復上文之義，不必以"異"爲"義"之誤，阮説疑非。又《穀梁傳》"成君與未成君雖異，受國者視之如一"，正同此説，可爲證。

---

① 《周禮注疏校勘記》卷二十七。

四、《公羊傳》昭公三年何注："襄公上葬,諸侯莫肯加禮。"阮元校勘記:《穀梁》疏引作"葬襄公",不誤。

龍案:疏云"言襄公上葬者,謂上文葬襄公時也",文義自明;又諸本《解詁》皆同今本,上皆無"葬"字。疑《穀梁疏》增字解經,未必何邵公原文,而阮校據以爲説,亦未必是。

五、昭公二十五年"諸侯僭于天子,大夫僭于諸侯,久矣"。浦鏜云:鄭注《考工記·繪人職》引子家駒語有"天子僭天"句。阮元校勘記:《太宰》疏引無二"于"字,當爲衍文。《考工記》注無"于"字,可證。

龍案:鄭注《考工記》文字有與《公羊》文字出入者,兩存之可也,似不必據此非彼。凡此種種,亦可見注疏文字節引經傳文字,實不可坐實,以爲他校之據,如阮校所云者。又如下文設兩觀,下注"禮天子諸侯臺門",《周禮·太宰疏》引此注作"天子兩觀諸侯臺門",是又不同。

六、昭公三十一年何注引《易》曰:"君子見幾而作,知幾其神乎!幾者,動之微者,事之先見。"阮元校勘記:鄂本"者"作"吉",此本翻刻者"吉"誤爲"者"。

龍案:何注引《易》之文皆出《下繫辭》,疏並具引其文作:"幾者,動之微,吉之先見者也。"似可證阮説。然按《繫辭正義》,"諸本或有凶字者,其定本則無也"。是故本有作"吉凶之先見者也"。若云"吉凶之先見",則正與何注云"事之先見"義略同。説《易》者雖以定本爲説,然邵公所見未必然也。又鄂本孤證,今撫州本、余本皆作"事"。

七、昭公二十六年何注"起正居在成周"。阮元校勘記:鄂本"正"作"王",當據正。此本疏云"起成周爲王居",閩、監、毛本亦誤"正居"。

龍案:阮校非。此注撫州本、余本皆作"正居",下疏文單疏抄本亦同。且疏云:"初起成周爲正居,終實外天子,故云不言京師,起正居在成周,實外之也。"同年三十二年疏解云:"正以不言京師而言成周者,欲起正居在成周故也。"本文上下對文,皆言成周爲正居之所,亦可爲證。

八、昭公三十二年何注"言成周者,起正居,實外之"。阮元校勘記:疏中引注作"欲起正居",此脱"欲"字。

龍案:疏云:"言成周者,欲起正居,實外之,正以不言京師而言成周者,欲起正居在成周故也。言實外之者,正以王微弱,不能守成周,不是小事,猥苦天下,是以不言京師,實外天子。"然"欲起正居,實外之"一句是否即引注文

《春秋公羊傳注疏》校讀賸義　329

字,則難以確定,合觀上引二十六年條何注並云"起正居",亦無"欲"字。故浦鏜《正字》僅云疏中"欲"字爲注所無,而無決斷之辭。阮校似武斷。

九、定公十年疏"孔子相儀正欲兩君揖讓行盟會之禮"。阮元校勘記:此本翻刻者及閩、監、毛本皆作"正",按作"正"是也。

龍案:按疏上文云:

> 莊十三年曹子手劍而劫桓公,是以齊人歸我汶陽之田,何氏云"劫桓公取汶陽田不書者,諱行詐劫人也"。然則此亦威劫齊侯而得田邑,與彼不異,而書不諱者,正以曹子本意行劫以求汶陽之田,君子耻其所爲,故不書也。

前後對比,乃顯其異者。曹子"威劫齊侯而得田邑",是因盟事而行劫;而孔子本爲"相儀","于其本情,實非劫詐",與彼不若。作"止"字正明曹子與孔子之別。若作"正"字,則上文引曹子云云不知所謂。又單抄本亦作"止",可證。阮校非。

十、昭公二十五年何注"弔死國曰弔"。阮元校勘記:段玉裁云此"國"字衍。

龍案:何注云:"弔亡國曰唁,弔死國曰弔,弔喪主曰傷,弔所執紼曰綍。"亡國與死國對文,疑段説武斷,不可從。

又《禮記·曲禮上》"知生者弔,知死者傷。知生而不知死,弔而不傷,知死而不知生,傷而不弔",鄭注云:

> 人恩各施于所識。弔傷皆謂致命辭也。《雜記》曰,諸侯使人弔,辭曰:"寡君聞君之喪,寡君使某,如何不淑!"此施于生者,傷辭未聞也。説者有弔辭云:"皇天降災,子遭厴之。如何不淑!"此施于死者,蓋本傷辭。辭畢,退,皆哭。

鄭注所云爲喪禮中弔事,雖不盡同齊侯唁昭公事,亦可佐證其時弔唁之禮。其實通言之,謂之弔唁;散言之,或正如何、鄭注家所別唁、弔、傷、綍及知生、知死者。正所謂"對文則異,散文則通"之例[①]。

十一、昭公三十年何注"固有出奔可責"。阮元校勘記:宋本、閩、監本作"固",毛本作"因"誤。

[①] 散文、對文説參看蕭璋《文字訓詁論集》之《關於訓詁的兩個問題》,北京:語文出版社,1994年,第183頁。

龍案：撫州本作"因"，余本作"固"。阮校云宋本作"固"，未知何據①。又疏云：

> 吴滅州來，在上十三年冬；吴滅巢，在上二十四年冬。然則州來與巢，皆當所見世，而不書月以見之，至此乃月者，正以既滅其國，復奔其君，因責章禹不能死位，是以于二國皆不書月也。

據此，謂何注特出此月而不同于前二者，乃以徐子不死位而出奔楚之故。推尋文義，疏正以"因"字作解者。疑阮校非，而諸本從余本誤。毛本改字所據爲何，實耐人尋味，以毛氏所刻他經例之，其彙聚衆本，不乏版本特佳者，惜難得其詳；抑或其校勘之業如此精哉？

十二、定十二年疏"是以此傳文言其事矣"。

龍案：單抄本"文"作"又"，當從之。按疏云：

> 案上十年齊人來歸邑之下，傳云"孔子行乎季孫，三月不違"，以此言之，三月之外，違之明矣，故上有注云"定公貪而受之"，此違之驗。然則三月之後，必似違之，今此傳文復言之者，蓋不違有二，何者？案如《家語》，定十年之時，孔子從邑宰爲司空，十一年又從司空爲司寇。然則，爲司空之時，能別五土之宜，咸得其所，爲季孫所重，是以三月不違也，齊人遂懼，來歸四邑矣；及作司寇之時，攝行相事，設法而用之，國無奸民，在朝七日，誅亂政大夫少正卯，戮于兩觀之下，尸諸朝三日，政化大行，季孫重之，復不違三月，是以此傳文言其事矣。

此文述孔子前後行乎季孫，一者爲司空，一者爲司寇，兩行其事而三月之內皆不違之。檢覈上下文義，知其所解者，乃因上傳文已有"孔子行乎季孫"，此年又出之意。故云"是以此傳又言其事"。單疏本之可寶于此可見。

十三、定公十四年疏"言公者不受于朝也"。

龍按：單抄本"朝"作"廟"。上文疏云：

> 然則受朝之禮，禮當在廟。孝子歸美于先君，不敢以己當之。若不于廟則言公，即蕭叔朝公是也。今此會禮不在廟，魯侯受之于外，故言來會

---

① 拙文《春秋公羊經傳解詁版本小識》嘗謂阮校所云宋本，實指撫州本。然阮校是否真寓目此本，頗有疑問。鄙見謂其不過抄錄他說而已。

公矣。

據此，是知朝禮通例在廟。此因在外而言"公"，正法"蕭叔朝公"之例，與朝（廷）無涉。"朝"字于上下文意不協。

十四、僖公九年疏"二年秋九月……盟于貫澤是也。而此言'于貫澤'者，蓋地有二名也"。

龍案，今本二年經作"貫澤"，與九年同。與此疏所見本不同。又《左》、《穀》作"貫"（《釋文》云二傳無"澤"字），是此疏作者見本與陸氏所見不同。殆唐以下本諸本皆不知此異文。此又此《公羊疏》蓋作於唐以前之證也。

十五、僖公二十六年疏"哀七年傳曰……'絕之'，莊十年傳曰……'絕之'。以此二文言'絕之'"。

龍案，今本二傳皆無"之"字。疑此處"之"皆引述其文所衍虛字，未必實指，不必據此謂疏者所見本必與今本異。僖公二十一年經秋"執宋公"，冬"釋宋公"，傳云："執未有言釋之者，此其言釋之何？"是傳文釋經有增虛字之例，此即疏所本者。

十六、文十二年何注"河曲流，以據地明，故可以曲地"。阮元校勘記：《爾雅·釋水》注引《公羊傳》曰"河曲流，河千里一曲一直也"。疏云"此注以疏為流，又加一直字，誤也"。按郭氏所據《公羊》不與何本同。何本作"疏"不作"流"矣。又按此是"流"字，鄂本、唐石經作"疏"乃是訛字耳，邢昺所據已訛。（又下注阮校云鄂本"流"作"疏"）。

龍按，經文諸本同，作"疏"；又何注"流"字，撫州本、余本作"疏"，與鄂本同。俞樾《群經平議》云：

> 按《爾雅·釋水》注引此文作"河曲流，河千里一曲一直也"。阮氏校勘記因謂"疏"字誤，其實非也。此二句正答上文"曷為以水地"之問，蓋唯河曲疏闊千里而始一曲，非十里百里間所在皆有者，故得舉以目其地也。若作"流"字，于義全失矣。郭璞《爾雅》注所引以意增改，非《公羊》原文。何氏《解詁》曰"河曲疏，以據地明，故可以曲地"。其說甚明了，而"疏"字各本均誤作"流"，於是傳義愈晦矣。校勘記曰"鄂本'流'作'疏'"，當據以訂正。郝氏懿行《爾雅義疏》謂郭注兼引《解詁》文，則亦為誤本所惑耳[1]。

---

[1] 《續修四庫全書》第178冊，第374—375頁。

俞説可從。疑阮校據《爾雅》説與此不同。《公羊義疏》卷四十二前引阮校，以爲作"流"是而"疏"非；後文則全録俞樾文字，不加按語，未知去取，殊不可解。

十七、文十六年疏"窮諸人首"。阮校：閩、監、毛本移"賤者"以下四十二字作"賤者窮諸盜"之注，在"降大夫使稱人"之上。鄂本注無之，元年疏與此同，不誤。

龍按，撫州本、余本與鄂本同，《公羊義疏》謂此四十二字當爲疏文，因系上"毁泉臺"傳疏下，而閩、監、毛本誤據以爲注文者。説是。今北京大學整理點校本反據閩、監、毛本，以之爲注文，誤讀阮校甚矣。又按，宣公十五年疏引文十六年傳並注、襄十年并昭十三年疏引之并可爲證。

十八、宣公十五年疏"以此言之，則知大夫在君側，無遂道也。是以此注言等欲見大夫專平爲罪不勿貶但當言遂，亦足以見其專平矣。所以不言遂者，正以在君側無遂道故也。"

龍案："是以此注言等欲見大夫專平爲罪不勿貶但當言遂"句，今北大本于"不勿貶"句下逗，或不誤，然疑未中的。注云"言在下者，譏二子在君側，不先以便宜反報歸美于君，而生事專平，故貶稱人，等不勿貶。不言遂者，在君側無遂道也"。"在下"爲傳"平者在下也"發，釋經文"宋人及楚人平"之"平"字在"宋人、楚人"之下。是何注謂經文所以貶稱（宋、楚）人者，以二大夫專輒，未歸美于君也。故此，"貶稱人"即"等不勿貶"——"言與不勿貶相等，謂貶也"（《公羊義疏》卷四十八同條下語）。進而，何注又言經文所以無"遂"字者（若有當在經文"平"字上），因在君側無遂道之故。

是今疏解此注文，先引莊十九年傳文，證"大夫出境乃得專之"，"在君側無遂道"，因之，注文言"等"字，貶大夫專平爲有罪。又若以（不勿）貶者之例，經文適以"遂"字明之。然此又無"遂"字者，又因"在君側無遂道"，故不得用"遂"字。即因"在君側無遂道"之故，經文不用"遂"字，而以"宋人、楚人"在"平"字上之序，略與"貶"（不勿貶）同義，而譏貶二子之專平是也。

十九、襄二年注"諱伐喪也"疏："解云，考諸古本皆無此注，且與下傳文煩重。若有注者，是衍字也。"

龍案：據此疏云"與下傳文煩重"，是作疏者所見《解詁》舊本此句下原有"諱伐喪也"之注，而發覺其與下傳文"諱伐喪也"重複。是以，作疏之際當見或本有此注者，故如此解。今諸本無者，疑據疏所言删。考諸疏中，以有

《春秋公羊傳注疏》校讀賸義　333

所見本注爲衍字例者，多先于注中徑録其文，然後云乃衍文：

（一）桓公二年，春，王正月，戊申，宋督弒其君與夷，及其大夫孔父。

注：賢者不名，故孔父稱字；督，未命之大夫，故國氏之。

疏：此經之下亦有注云"賢者不名，故孔父稱字；督，未命之大夫，故國氏之"者，但考諸舊本，悉無此注，且與注違，則知有者衍文也。

（二）桓公三年：以喜書也。大有年何以書？亦以喜書也。此其曰有年何？僅有年也。

注：僅，猶劣也。謂五穀多少皆有，不能大成熟。

疏：舊本如是，其"穀"下云"皆有，不能大成熟"，"多少"二字或衍文也。若必字字解之，多謂麥禾，少謂豆之屬，是事皆有，但不能大熟也。

（三）桓公十八年：冬，十有二月，己丑，葬我君桓公。

注：上葬日者，起生者之事也。

疏：考諸古本，皆無"上"字，衍文。

（四）莊公四年：於讎者則曷爲將壹譏而已？讎者無時焉，可與通，通則爲大譏，不可勝譏，故將壹譏而已，其餘從同同。

注：其餘輕者從義與重者同，不復譏，都與無讎同文論之，所以省文，達其異義矣。凡二同，故言同同。

疏：考諸古本傳及此注"同"字之下，皆無重語，有者衍文，且理亦宜然。

（五）文公十二年：二月，庚子，子叔姬卒。

注：卒者，許嫁。

疏：舊本皆無此注，且理亦不須疑字。

（六）文公十五年：入郛書乎？曰不書。

注：圍不言入入郛是也。

疏：案諸舊本此傳之下悉皆無注。有注云"圍不言入入郛是也"者，衍字耳。

（七）宣公三年：葬鄭繆公。

注：葬不月者，子未三年而弒故略之也。

疏：考諸舊本皆無注，然則有者，衍字耳。

（八）成公十三年：公鑿行奈何，不敢過天子也？

注：時本欲直伐秦，塗過京師，不敢過天子而不朝，復生事修朝禮而後行，故起時善而襃成其意。使若故朝然後生事也。間無事復出公者，善公鑿行。

疏："生事"之上亦有"復"字者，衍文。

前揭皆是此例。所異者，唯下文二例而已：

（九）成公十六年：乙酉，刺公子偃。

疏：即僖二十八年注云"內殺大夫例，有罪不日，無罪日"者，正謂此文是也。考諸舊本，此經之下悉皆無注，若有注者，衍字耳。

（十）哀公四年：冬，十有二月，葬蔡昭公。

注：賊已討，故書葬也。不書討賊者，明諸侯得專討士以下也。

疏：考諸正本，何氏之注盡於此，若更有注者衍字矣。

又，"曷爲爲中國諱"句下有注"據莒伐杞取牟婁不爲中國諱"，阮校云：

> 按此注當衍。《釋文》本有此，疏本無之是也。《釋文》音傳"爲中"云"于僞反，下及注並下文鄭爲皆同"。此陸本有注之證。"解云正據莒人取牟婁不爲中國諱矣"，而何氏不注之者，以上文已據取牟婁，是以不能重出。此疏本無注之證。淺人襲疏語爲之，而未覺其與上復也。

阮校甚是。與襄二年例正同，乃據疏刪正或增補之未當，反失疏例者。據此，亦可知疏文之作當在隋唐之前矣。

二十、襄公二十三年注"見于郏婁者，自近始也"。阮校：昭廿七年疏引作"以近治也"，"始"當爲"治"之訛。當據正。按解云"正以地接于魯故先治之也"，是疏本作"治"。

龍案，諸本此文注並疏皆作"始"字。昭廿七年疏單抄本亦作"始"，閩、毛本已改作"治"。此下疏云"地接于魯，故先治之"，云"先"則實解"始"字，阮校謂解"治"字，疑未的。又《釋文》爲"以治"出音，"直吏反"，並引下注云"下見治、治之漸同"，並無"近治"字，是陸氏所見本亦不作"近治"。是阮校恐非是，而昭廿七年疏閩、毛本不可據也。又按，北京大學整理點校本昭廿七年校記據此阮校改定彼文作"自近治也"，亦誤。

二十一、成十三年經"公自京師"疏"'公'下'自'上有'至'字者衍文"。龍案，成十六年"言甚易也舍是無難矣"句下疏引此句有"至"字。按十三年經上云"公如京師"，"遂會晉侯"以下"伐秦"，無歸國文，若有"至"字誤甚，是疏如此云。十六年疏引有者大誤。十六年經"曹伯歸自京師"，何注"言甚易也，舍是無難矣"句下亦云"言歸自京師者"云云，亦無"至"字，是疏引十三年經文爲證。今諸本十六年疏皆誤，當刪"至"字。

二十二、成十三年疏："豈如惠伯但爲傅子赤而吝之，公子遂但欲弒子赤而殺之，不畏惠伯衛若，寧得類于孔父乎。"

龍案，"若"疑爲"君"字之誤。疏上文"孔父生存則殤公不可得而弒"，"孔父正色于朝，則人莫敢過而致難于其君"，而此惠伯傅子赤，公子遂欲弒子赤，而公子遂無畏惠伯之衛君，是以異于孔父之衛殤公。"若"、"君"疑形近而訛。

二十三、襄公五年注"所以抑鄫者，經書莒人滅鄫，文與巫訴"。阮校：鄂本作"文"，閩、監、毛本並疏作"又"，誤。
　　龍按，阮校之佞鄂本，前已有駁，此又一例耳。按《公羊義疏》云：

　　　　下六年"莒人滅鄫"注"莒稱人者，從莒無大夫也。言'滅'者，以異姓爲後，莒人當坐滅也"。是文爲惡莒也。上"叔孫豹、鄫世子巫如晋"注"主書者，善之得爲善者，雖揚父之惡，救國之滅可也"。是文爲善巫，則巫當存也。是二經皆無惡鄫文也。

是此文作"又"之義正指經文善巫如晋之事。今按撫州本、余本並作"又"，從下句讀。知阮校誤從鄂本，實不可取。

二十四、昭十三年"八月甲戌，同盟于平丘"下疏"知疑公如楚不肯與與公盟者，正以上七年三月公如楚，九月公至自楚之文。十一年公如晋，至河乃復，是其見疑，不得入晋故也"。
　　龍案，昭十一年無"公如晋，至河乃復"文，其事乃十二年。此"一"當作"二"。諸本皆誤，當據正。按，七年公如楚，九年至自楚，故十一年公如晋，爲晋所疑，辭而不見。後楚亂，故此平丘之會，公與會，仍爲晋所疑不得與盟，至乃擒魯大夫季孫隱如。

二十五、昭二十七年何注"不舉專諸弑者，起闔廬當國，賤者不得貶，無所明文"。阮校：鄂本"文"作"又"，當據正。又按依疏當作"文"，屬上讀。
　　龍按，阮校徘徊本校與理校之間，疑不能定。今按，撫州本、余本作"又"。與鄂本正同。經注本皆作"又"字，適可解阮校兩疑之惑。筆者嘗有文論余本爲今所見注疏匯刻本之祖本，疑注疏匯刻諸本之際，因二字形近，手民誤植，遂誤刻相沿。阮校作"又"字屬下文讀之説，《公羊義疏》解之云：

　　　　作"又"，爲是明不與專諸弑二義也。一則不足起闔廬當國，一則見欲盈爲季子諱也。

是作"又"字之義也。若作"文"字，依阮校"屬上讀"，則不辭之甚。古文通例"所"字之下接動詞，"明文"云云實不可通。然《公羊義疏》仍據阮校爲之強作詞曰：

　　　　桓二年宋督弑其君與夷，注督不氏者，起馮當國。則彼督爲大夫，得貶去氏，起馮當國。此專諸賤，若舉專諸弑，只合稱人，不見貶文，無以起闔廬當國，故曰文無所明也。故并没之①。

陳氏盜換次第，以"文無所明"替代"無所明文"，説雖明暢，義實已失。

二十六、定四年疏"言卒等有恩，當論遠近"。阮校：閩監毛本"卒"作"雖"，誤。

龍案，單抄本下"卒"字作"雖"，與閩、監、毛本同。當據正，阮校非。按此段疏文總論"若主會有恩禮者，即違例書卒"。此文之下又詳論其別者："蓋在主會之年卒者，恩而録之。若期外者，當從恩殺略之。"此文作"雖"字，正承上文"若主會有恩禮者，即違例書卒"之下引宰周公、單子、尹子不書卒例，解其所以與凡例異者；亦起下文"主會之年"與"期外"之別者。作"卒"則上文所引宰周公、單子、尹子者竟不知所謂，更無勝義。

二十七、哀公十四年疏"冬獵曰狩"。

龍案，單抄本、閩本同。毛本、阮刻本"曰"作"田"。作田則冬獵與田狩連語，義無所取。按，"冬獵曰狩"語出桓公四年傳文"冬曰狩"。《左傳·桓公四年》杜預注亦云"冬獵曰狩"。又，"冬獵曰狩"《毛詩傳》不一見。皆可證。

餘　論

曩治版本校勘之學者，有所謂善本之論。或謂刊刻年代早者，或謂文字精當者。以本文所論，則知二者皆有偏頗。阮校之佞鄂本，以撫州本、余仁仲本校之，知其武斷；即便宋刊單疏之再抄本亦非盡是。善本之不可盡依，有失若此。

又校勘之業固在審定文字是非，然其取捨絕非易事。即便有所依據，其異文或仍彌足寶貴，不可盡棄。非有確鑿理據不足爲之。陳援庵先生論校勘四法之理校嘗有云：

> 此法須通識爲之，否則鹵莽滅裂，以不誤爲誤，而糾紛愈甚矣。（中

---

① 《公羊義疏》卷六十七。

略）非有確證，不敢藉口理校而憑臆見也①。

理校如此，其他校勘之法或亦當如是。與其武斷誤判，毋寧以存異文、定是非爲校勘之鵠的。而存其異文，留待審定，或亦無過矣。是耶非耶，請諸高明。

壬辰年八月再定稿

刁小龍：中國人民大學國學院講師

---

① 《校勘學釋例》，上海：上海書店出版社，1997年，第121—122頁。

元刻本《道園學古錄》的探討及校釋

范邦瑾

一、編纂初印

《道園學古錄》是元代著名學者虞集的主要著作。全書五十卷，分《在朝藁》（卷1—20）、《應制錄》（卷21—26）、《歸田藁》（卷27—44）、《方外藁》（卷45—50）四編。除詩賦等文學作品外，還保存着大量碑、銘、墓志、行狀、傳、記、序、題跋、制誥等史料，在元史研究中具有很高的價值。是書之編撰，元至正二十年（1360）黄溍在《道園遺藁序》中認爲皆虞集手所編定，[①] 但據《道園學古錄》卷末門人李本跋記："至正元年（1341）十有一月，閩憲斡公使文公之五世孫炘來求記屏山書院，并徵先生文藁以刻諸梓。本與先生之幼子翁歸及同門之友編輯之，得《在朝藁》二十卷、《應制錄》六卷、《歸田藁》一十八卷、《方外藁》六卷。"[②] 與書中内容完全符合，因此《四庫提要》即云："黄溍所云之不足據，是編爲李所定無疑也。"[③] 傅增湘亦謂"黄氏之言爲悮記"，但他又說："證

[①]《道園遺藁·道園遺藁序》："公之詩文曰《道園學古錄》者，其類目皆公手所編訂。" 2005年北京圖書館出版社《中華再造善本》據北京大學圖書館藏元至正十四金伯祥刻本影印。

[②] 涵芬樓景印明景泰翻元本，上海商務印書館《四部叢刊·集部》。

[③]（清）永瑢修、紀昀等纂《欽定四庫全書總目》集部二十别集類二十，清宣統二年（1910）存古齋石印本。

以李本《學古録》後序（即跋）知，本實與翁歸同任編輯之役，則此集爲公身後所編。"① 然而李本跋撰於至正元年，跋文亦明記是書編輯在至正元年，而虞集卒於至正八年（1348），② 説 "此集爲公身後所編" 顯然不確，可能是因《道園遺稿》致誤（至正二十年黃溍序在《道園遺稿》，時虞集已卒）。

關於是書的元刻本，除上述至正元年編刻的福建刻本外，另有至正年間劉伯温刻大字本一説。明人葉盛跋《道園學古録》云："道園先生文集，往時鎦（劉）伯温所刻大字本有歐陽圭齋此序，今板已亡矣。"③ 清陸心源《儀顧堂續跋》記《道園學古録》曰："至正元年閩憲僉幹（斡之誤）克莊刻于福建。至正九年（1349）江西肅正廉訪使劉伯温改爲大字重刊之，大字版不久即亡。"④ 這裏的劉伯温並非一般熟知的輔佐朱元璋建立明朝的開國功臣誠意伯劉基，清初學者何焯初疑 "此伯温乃周伯琦字，非劉誠意也。劉在元時未嘗歷顯仕。" 然周伯琦雖字伯温，但非姓劉，故後又補充説："壬午春（康熙四十一年，1702），余讀余廷心詩，有《送劉伯温至江西廉使》一篇，中一聯云：'況我同鄉友，同館復離羣。' 則元季別有一劉伯温，俟考之他集也。" 仍未找到答案。此劉伯温身份到乾隆時錢大昕才搞清楚，考曰："劉伯温者名沙剌班，由宿衛起家，歷監察御史，江浙行省左右司郎中，江西肅正廉訪使，嘗與克莊同修遼金宋三史，兩公皆河西人，當時所稱唐兀氏也。" 但又認爲 "伯温所刻大字本、克莊新刻建本，兩刻無先後之別，俱係元本"。⑤

然而所謂元至正間劉伯温刻大字本《道園學古録》只是在明景泰覆刻建本時增補的序跋中提及，歷代從未見有實物存在或著録，葉盛跋亦僅稱 "道園先生文集" 有劉伯温刻大字本，並未明指是否是《學古録》，這一版本應該是虞集的另一部著作《道園類稿》所誤。《道園類稿》前有至正五年五月（1345）江西湖東道肅政廉訪司頒發撫州路總管府的《憲司牒文》云："伏睹前翰林侍講學士資德大夫虞集，閥閱名家，久居禁近，以文章道德，黼黻皇猷，……其所著詩文若干卷，前福建閩海道廉訪副使斡玉倫徒已嘗命有司鋟梓，然字畫差小，遺逸尚多。撫州路乃本官寓間之地，如蒙移文本路詳加編録，大字刊行，豈惟可以爲法後學，實足以彰國家制作之盛。"⑥ 末題有 "大中大夫江西湖東道

---

① 傅增湘《藏園羣書題記續集》卷四《明本道園學古録跋》，1938 年藏園聚珍仿宋刻本。
② （明）胡粹中《元史續編》卷十三：至正八年 "奎章閣侍書學士致仕虞集卒"。臺灣商務印書館影印文淵閣《四庫全書》本。
③ 傅增湘《藏園羣書經眼録》卷十五《道園學古録五十卷》，北京：中華書局，2009 年，第 1108 頁。
④ 陸心源《儀顧堂續跋》卷十三《明景泰本道園學古録跋》，清光緒十八年（1892）刻本。
⑤ 以上所引，均見傅增湘《藏園羣書經眼録》卷十五《道園學古録五十卷》，第 1108 頁。
⑥ 《雍虞先生道園類稾·憲司牒文》，2006 年北京圖書館出版社《中華再造善本》據中國國家圖書館藏元刻本影印。

肅政廉訪使沙剌班"即劉伯温。文内所稱"前福建閩海道廉訪副使斡玉倫徒已嘗命有司鋟梓，然字畫差小"的應指《道園學古録》，斡玉倫徒字克莊。《道園類稿》是以《道園學古録》爲基礎，將其中的《在朝稿》、《應制録》、《歸田稿》三部分的篇目重新按賦詩、應制、序記、説傳、題跋、碑銘等文體分類編次，删除了《方外稿》，增補了新資料，與《道園學古録》一樣也是編成五十卷。兩書卷數相同，内容有重複，書名均冠"道園"，作者同一人，刻印者一爲沙剌班又名劉伯温、一爲斡玉倫徒字克莊，兩人"同修遼金宋三史，兩公皆河西人"，年代又近，故兩書容易相混。邵章續録《增訂四庫簡明目録標注》即記"《道園類稿》五十卷……元至正六年（1346）刊本，十三行二十三字。元刊大字本，九行二十字，大黑口，雙邊，有至正五年牒文，元撫路總管詹天麟、經歷費天覺所刊，乃任邱邊氏（袖石）所藏，今歸宗子岱"。① 前者十三行二十三字本應是《道園學古録》，莫友芝《邵亭知見傳本書目》著録《道園學古録》五十卷云："元至正六年刊本，半頁十三行、行二十三字，藏花山馬氏。"② 刊年行字完全相同（此刊年作至正六年，亦疑因《道園類稿》誤）。後者元刊大字本才是《道園類稿》，今國家圖書館藏元至正五年撫州路儒學刻本③以及《中華再造善本》影印的元刻本均是九行二十字，大黑口，四周雙邊，行款版式與邵章所記相同，至正六年作五年則是據牒文所記。傅增湘《藏園羣書經眼録》載有二部《道園類稿》元刻本，均是"九行二十字，大黑口，四周雙欄"。④ 繆荃孫《藝風堂藏書續記》即指出："（陸心源）《儀顧堂》以《道園類稿》爲《學古録》之大字，均失之矣。"⑤《道園學古録》元代僅有至正斡克莊福建一刻應無疑義。

二、版本流傳

經元末明初戰争和社會動亂，元至正刻《道園學古録》傳至明景泰時已十分稀少。景泰七年（1456）昆山知縣鄭達於太倉興福寺得元建本，與主薄黃仕達捐貲覆刻於東禪寺，此即後人一般認爲是傳世最早的刻本景泰本，《中國古籍善本總目》著録最早的便是此本，商務印書館《四部叢刊》影印的也是此版

---

① 邵懿辰撰、邵章續録《增訂四庫簡明目録標注》卷十七，上海：上海古籍出版社，1979年，第788頁。
② （清）莫友芝《邵亭知見傳本書目》卷十四《道園學古録五十卷》，民國鉛印巾箱本。
③ 《中國古籍善本總目》集部，北京：綫裝書局，2005年，第1337頁。
④ 傅增湘《藏園羣書經眼録》卷十五《雍虞先生道園類稿五十卷》，第1106—1107頁。
⑤ 繆荃孫《藝風堂藏書續記》卷七《道園學古録五十卷》，民國元年至二年（1912—1913）刻本。

本。明景泰本完全按照元至正本影刻，不僅行款版式相同，異體字原樣照搬，原式照摹，每字筆劃走勢亦步亦趨，絲毫不爽。其異體字僅卷一所見，如"舍"字中間"干"下不出頭上出頭作"士"、"渴"字中間"人"作"一"、"步"字作"步"，"面"字作"面"，"京"字均作"京"等，兩本都完全一致，故人們認爲景泰本是用元刻印本直接貼到書板上覆刻的。① 其後明代又有二刻，一爲明嘉靖四年（1525）陶諧、虞茂刻本，一爲明刻本，與景泰本行款版式均同，② 皆是翻刻景泰本，也就是元建本的覆刻本。《四庫全書總目提要》即云：《道園學古錄》"自元暨明屢經刊雕，然皆從建本翻刻，亦閒有參錯不合，蓋多出後人竄改，要當以元本爲正矣"。③

《道園學古錄》"元代至正建寧初刊本傳世殊少"④，建國以來傾全國圖書館之力編纂的《中國古籍善本書目》未見著錄，只是在一些私家藏書目錄中偶現身影，如：繆荃孫《藝風堂藏書續記》："《道園學古錄》五十卷。元刊本。元虞集撰。每半葉十三行，行二十三字。高六寸四分，廣四寸一分。雙邊黑口，板心或作'道園學古錄卷幾'、或作'學古錄卷幾'、或作'學古幾'、或作'古幾'。首葉或作'※卷幾'、或作'卷幾'無花，或單作花。'學'多作'斈'、'錄'或作'彔'。"⑤ 邵懿辰《增訂四庫簡明目錄標注》："《道園學古錄》五十卷，元虞集撰……余在京師曾得元刊本，後歸馮魯川處。十三行，行二十三字。至元元年刊於建寧。"⑥ 至元應至正之誤。莫友芝《宋元舊本書經眼錄》："《道園學古錄》五十卷，元本。上海瞿氏藏。半葉十三行、行二十四字，絕似《柳文音義》。"⑦ 此記"行二十四字"與各家所記二十三字異，及至光緒辛卯（十七年，1891）他自己在吳收得元本，遂在《邵亭知見傳本書目》中改作"半葉十三行、行二十三字"，⑧ 可見前者爲借觀他人之書，不曾仔細查錄。以上繆荃孫經眼，馮魯川、上海瞿氏和莫友芝藏本今均不知在何處。

現存實物的據說南通市圖書館藏有一部，原係南通人孫儆所藏，1958年由其後人捐出。⑨ 但《中國古籍善本書目》收有南通市圖書館藏書卻並未錄此書元

---

① 參黃永年《古籍整理概論·影印》，上海：上海書店出版社，2001年。
② 《中國古籍善本總目》集部，第1337頁。
③ （清）紀昀等《欽定四庫全書總目提要》卷一百六十七，清宣統二年（1910）存古齋石印本。
④ 傅增湘《藏園群書題記續集》卷四《明本道園學古錄跋》，1938年藏園聚珍仿宋刻本。
⑤ 繆荃孫《藝風堂藏書續記》卷七，民國元年至二年（1912—1913）刻本。
⑥ 邵懿辰撰、邵章續錄《增訂四庫簡明目錄標注》卷十七，第788頁。
⑦ （清）莫友芝《宋元舊本書經眼錄》卷二，清同治十二年（1873）刻本。
⑧ （清）莫友芝《邵亭知見傳本書目》卷十四，民國鉛印巾箱本。
⑨ 《南通的藏書家和收藏家》：http://www.ntshys.com/show.aspx?vid=0&id=1158&cid=10。

刻本，是該本經復檢有問題還是編目時遺漏？存疑。另外北京翰海拍賣有限公司2011年秋季拍賣會亦曾出現一部據稱是元建寧刻本《道園學古錄》，① 未見原書，不敢論定。但如前述，由於明景泰本是據元至正本嚴格覆刻的，惟妙惟肖，幾可亂真，加上書賈謀利，多有作僞，後人常以至誤，甚至有些版本目錄學名家也會看走眼。如早期的有吳壽暘《拜經樓藏書題跋記》提到："《道園學古錄》五十卷。元刻本。每葉二十六行、行二十三字。前有至正六年歐陽玄（原作元，避康熙諱改）序，爲陳書崖先生藏本。有'劉氏家藏'、'陳氏家藏'、'書崖珍秘'、'天都陳氏承雅堂圖籍'、'陳書崖讀書記'、'陳氏藏書子孫永寶'諸圖記。先君子（吳騫）八分書題前云：予友鮑淥飲嘗云，生平見《學古錄》數本，獨未見此本。驗其楮墨之精，當屬元時初印本。"② 此書僅憑其楮墨之精，定爲元時初印本，未免武斷，然而元刻本是没有至正六年歐陽玄序的，繆荃孫即云"拜經樓以景泰本爲元刻"，③ 陸心源進一步指出"吳兔牀所藏本爲人割去葉盛跋歐陽札、鄭逵序題跋記，遂誤以爲元刊……不免爲書賈所愚也"。④ 此本應是明景泰初印本，迷惑了吳騫兔牀、鮑廷博淥飲和陳昂書崖等藏書大家。近期的有1918年傅增湘因周叔弢介紹，以三百金高價購得方地山藏元本《道園學古錄》，"除夕書至，細審之，實是景泰本而缺景泰七年鄭達重刊序。"且"中有翁覃谿題語"。⑤ 此書涉及的周叔弢、方地山、翁方綱等人也均是版本目錄學的翹楚，也都誤判，可見兩本之相像，鑒别之不易。《藏園羣書題記續集》另記傅增湘得一部："景泰七年崑山知縣鄭逵刻於東禪寺者，前有蘄陽鄭逵序、歐陽玄序、又致劉伯温書及葉盛跋，余兹帙皆佚去，豈肆賈撤去將以充元刊耶？"⑥ 前一部得自方地山，後一部收自書肆，看來還不是同一部書，卻都是假冒元刻。元本之難得，傅增湘孜孜以求終未果卻買了兩部景泰本，⑦ 感歎道："安得有元刻本一證之"，"元本面目益不可尋矣"。⑧

---

① 雅昌藝術網：http://auction.artron.net/showpic.php? ArtCode = art5010560533。
② 吳壽暘《拜經樓藏書題跋記》卷五，清道光蔣光煦刊别下齋叢書本。
③ 繆荃孫《藝風堂藏書續記》卷七《道園學古錄五十卷》，民國元年至二年（1912—1913）刻本。
④ 陸心源《儀顧堂續跋》卷十三《明景泰本道園學古錄跋》，清光緒十八年（1892）刻本。
⑤ 傅增湘《藏園羣書經眼錄》卷十五《道園學古錄五十卷》，第1107頁。
⑥ 傅增湘《藏園群書題記續集》卷四《明本道園學古錄跋》，1938年藏園聚珍仿宋刻本。
⑦ 傅增湘《藏園羣書經眼錄》卷十五即著錄兩部明景泰本《道園學古錄》，第1107—1108頁。
⑧ 傅增湘《藏園羣書經眼錄》卷十五《道園學古錄五十卷》，第1107頁。

三、元本概況

這一部《道園學古録》元刻本，存卷一（缺前五葉）、卷二、卷三、卷四十三（缺前十二葉）、卷四十四，合訂一册。其中卷三末葉鈔補，下書口題"千頃堂"。查《千頃堂書目》卷二十九有"虞集《道園學古録》五十卷"，未注版本，[①] 此葉不知是否爲黃虞稷鈔補。又卷四十四末葉鈔補，但無"千頃堂"字，與卷三末葉字體亦不同，應出不同人之手。版式爲四周雙邊，上下黑口，黑雙魚尾。版心中間鐫"學古録卷幾"，少量作"學古幾"，"學"多作"斈"、"録"多作"泉"。也有作"※卷幾"，但並不如繆荃孫所言僅見於各卷首葉，其他葉次也有。半葉十三行二十三字。版框高20.0、寬12.7厘米（以卷二葉一計），全書高26.7、寬15.3厘米。白棉紙印，每葉對折內襯紙裝訂。卷一首五葉佚去，卷二開端題"道園學古録卷之二　在朝藁二"，另行下署"雍虞集伯生"。卷前有手書內封一葉，中間題"道園學古録"，右上題"元刻元印"，左下題"餘姚王氏藏"。開卷爲手書《後跋》一葉，未署名，字體略長，筆劃方硬，書法與內封題字接近，可能同是餘姚王氏撰書。餘姚王氏是明代著名的家族，出了大儒王陽明，綿延數世。跋文提到《四部叢刊》，應是王陽明一族後人所題藏。跋云：

> 《四部叢刊》影印明景泰本目云："明崑山鄭逵以元/刻黏紙照刊，故神采無異，而收藏家亦珍視爲元/版云。"是刻取與影印本校，得字異之處甚多，而均/明刻詞順，蓋明刻校正，然足據以證此爲元刻元/印無疑。又是書詩集上間有硃印"采"字，檢《邵亭/知見目刻》載明汲古閣刻《虞伯生詩》一卷補遺/一卷，或即其所本歟？

這裹説字異之處"均明刻詞順"，其實不然，見本文下節校釋，還是元本正確的居大多。另外卷內鈐"采"字朱文豎橢圓印八枚，分别蓋在八條詩題之前：卷二《赤壁圖》，卷三《贈寶神清歸隱茅山》、《子昂墨竹》、《寄趙子敬平章》、《送玉泉長老栗木果》、《寄句曲外史張伯雨》、《宣和墨竹寒雀》、《題柯敬仲雜畫》十五首之九"峽口春雲重"。鈐印全都集中在詩，且硃色甚舊，作跋者推測此印乃汲古閣毛晉爲選編《虞伯生詩》時鈐蓋采選。所檢《邵亭知見目刻》應是莫友芝《邵亭知見傳本書目》，卷十四著録有"汲古閣《虞伯生詩》一卷補遺一卷"，[②] 查此本實應八卷補遺一卷，是明崇禎間毛晉汲古閣刻入《元四大

[①] （清）黃虞稷《千頃堂書目》，臺灣商務印書館影印文淵閣《四庫全書》本。
[②] 民國鉛印巾箱本。

家詩集》中的第一種，另三家爲楊載、范梈和揭傒斯，① 但這並不影響這些印章可能是毛晋選編時所鈐的推測。另有"范氏長春/室藏書"朱文長方印一枚。刻本的末葉有朱筆批點和校字。

雖然這是個殘本，但如前述，由於景泰本仿刻逼真，魚目混珠，真正的元刻全本實物尚未見今藏何處，故此本雖殘，或爲孤本（《中國古籍善本總目》及臺灣、日本、美國目錄均未載），仍足珍寶，由此可窺是書初刻原貌，尤其是其中異字，通過校勘考釋，釐清正誤，不僅可見版本源流，更可確立版本鑒定的重要標準。

圖1　《道園學古錄》書名葉

圖2　《道園學古錄》後跋

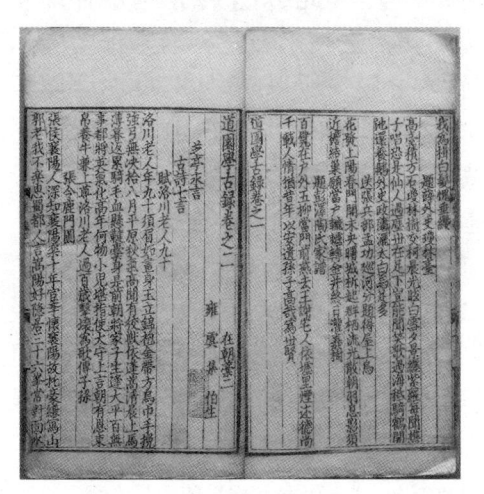

圖3　《道園學古錄》卷二首葉

圖4　《道園學古錄》鈐采字印

---

① 上海圖書館等十餘館有藏，見《中國古籍善本總目》集部，第1701頁。

四、校　釋

《道園學古錄》元至正刻本入明後即罕見，明嘉靖以後各刻多以景泰本爲藍本覆刻，影響較大，故本文採用上海涵芬樓景印明景泰本校勘，[①] 共得二十八條，分別編號。每條校文分兩部分，第一部分據元刻本先列卷次葉碼，次列篇名，再摘錄需要出校文字的前後文。第二部分先【校】，校景泰本文字異同。次【釋】，釋何本爲是，并略述淺見。不當之處望讀者指正。

1. 卷一葉十反面，《題李溉之學白雲半間》："栖檐候晨光，納牖作秋色。"

【校】景泰本："栖栖檐晨光，納牖作秋色。"【釋】以下句"納牖作秋色"對仗而言，"栖檐"與"納牖"相對，"栖栖"與"納牖"便不相稱；"候"與"作"均動詞，"檐"與"作"一名詞一動詞，不相諧。元本是。

2. 卷一葉十一正面，《吹笛圖》："女樂亦何有，逍遥以忘憂。"

【校】景泰本："逍摇以忘憂。""遥"作"摇"。【釋】《説文解字》（以下簡稱《説文》）云："遥，逍遥也，又遠也。从辵䍃聲，余招切。"[②]清鈕樹玉《説文新附考》云："逍遥，通作逍摇。"[③]"遥"與"摇"乃同聲部通借，元本是原字。

3. 卷二葉四正面，《題柯敬仲畫》："昔者老可守陵州，守居北山吾故丘。"

【校】景泰本："守居此山吾故丘。""北"作"此"。【釋】柯敬仲即元代畫家柯九思字，據此詩序云："予先世居隆州州治之後山石室，翁守郡時隆爲陵州州事，簡時來就吾家，拾故紙背作茅蘭竹木之屬，所得頗多。"此明言虞集家居後山。席世昌引唐顏師古曰："北，陰幽之處。"[④] 北山即後山。景泰本《詩序》亦作"後山"，詩句則作"此山"，擴大了範圍，不如元本準確。

4. 卷二葉四正反面，篇名同上："楊雄無家不歸老，蠛蜩蟋蟀寒相求。丹丘先生東海客，何以見我空山秋。"

【校】景泰本："丹丘朱生東海客。""先"作"朱"。【釋】丹丘爲傳説中神仙所居之地，《楚辭·遠遊》有"仍羽人於丹丘兮，留不死之舊鄉"。[⑤] 但此詩前句有"楊雄無家不歸老"，丹丘應是與楊雄相對稱的人名，即仙家丹丘子

---

① 收入上海商務印書館《四部叢刊·集部》。其牌記云："上海涵芬樓景印明景泰翻元小字本，原書板匡高營造尺六寸一分、寬四寸一分。"與繆荃孫藏元本"高六寸四分，廣四寸一分"相近。

② （漢）許慎撰（唐）徐鉉校定《説文解字》卷一下，明末毛氏汲古閣從宋本校刊本。以下所引均出該版本，不再出注。

③ （清）鈕樹玉《説文新附考》，清同治十三年（1874）湖北崇文書局刻本。

④ （清）席世昌《席氏讀説文記》八，清嘉慶刻借月山房彙鈔本。

⑤ （漢）王逸《楚辭章句》卷五，商務印書館《四部叢刊》景印明繙宋本。

或唐李白的道友元丹丘。景泰本作"丹丘朱生"或因明初著名道家，朱元璋第十七子寧獻王朱權號丹丘先生而誤。

5. 卷二葉八反面，《送張尚德》："江南歸宋玉，稷下謝荀卿。"

【校】景泰本："江南歸宋王。""玉"作"王"。【釋】宋玉是戰國後期楚國辭賦作家，宋王爲泛指概稱。荀卿即荀子，曾講學於齊國稷下學宫，他不僅是儒家代表人物，也可稱是辭賦之祖。此詩以對後句"荀卿"而言，元本"宋玉"爲是，景泰本"王"字乃形近通假。四庫文淵閣本和清康熙顧嗣立《元詩選》均作"宋玉"，從元本。

6. 卷二葉十一反面，《戲作試問堂前石五首》之三："舊夢遺波浪，閒情閱歲年。"

【校】景泰本："間情閱歲年。""閒"作"間"。【釋】《説文》無從日之"間"，只有從月之"閒"，《説文段注》："閒者，稍暇也。"① 元本是正字，"間"乃俗字。

7. 卷二葉十三正面，《贈別兵部崔郎中蹔還高麗即回中朝》："清宫風肅肅，驂乘火焞焞。帝所爲郎重，王家報礼醇。"

【校】景泰本："王家報礼焞。""醇"作"焞"。【釋】《廣雅·釋詁三》："醇，厚也。"言王家報禮豐厚，元本是。焞，《説文》："明也，從火享聲。《春秋傳》曰：'焞燿天地。'"景泰本作"焞"疑因前句"驂乘火焞焞"而誤。

8. 卷三葉四反面，《次韻馬伯庸寶監學士見貽詩并簡曹子貞學士燕信臣待制彭允蹈待制》其二："奉節通宵虎帳西，重光貫玉護文魁。"

【校】景泰本："重光貫王護文魁。""玉"作"王"。【釋】兩字《説文》均三橫一竪作"王"，"李陽冰曰：中畫近上王者"，"三畫正均如貫，玉也"。因形似，玉字多通作王。"貫玉"形容文章之美猶如成串的珠玉，應以元本爲是。

9. 卷三葉五正面，《鼇峰石（擬題）》："俯仰百年承雨露，等閑千尺接雲煙。"

【校】景泰本："等閑千尺接雲煙。""閉"作"閑"。【釋】以詩意推知，景泰本是，此元本疑脱"閑"字末筆。

10. 卷三葉九反面，《賦胡氏皆山》："朝徃莫歸勞杖屨，醉翁應不憶環滁。"

【校】景泰本："朝往莫歸勞杖屨。""徃"作"往"。【釋】清邵瑛《説文解字群經正字》云："今經典作'往'亦作'徃'，從《説文》本字而又省變。"② 是元本爲本字。

11. 卷三葉十五反面十六正面，《送歐陽元功謁告還瀏陽》："藍輿千里宜春

---

① （清）段玉裁《説文解字注》第十二篇上，上海古籍出版社 1981 年影印清經韻樓版。
② （清）邵瑛《説文解字群經正字》，清嘉慶二十一年（1816）刻本。

道，投老相求訪石霜。"

【校】景泰本："藍輿十里宜春道。""千"作"十"。【釋】歐陽元功即歐陽玄字，祖籍江西，係歐陽修族裔，至曾祖父歐陽新始遷居湖南瀏陽。《元史·歐陽玄傳》記其"歷官四十餘年，在朝之日，殆四之三。三任成均，而兩爲祭酒，六入翰林，而三拜承旨。修實錄、大典、三史，皆大製作"。① 他常任京官，自京還瀏陽遠不止十里，元本千里爲是。

12. 卷三葉廿一正面，《寄海南故將軍》："金盤丹荔生南國，玉椀清水出北州。"

【校】景泰本："王椀清水出北州。""玉"作"王"。【釋】玉、王二字通，見前。但以此文義，應元本是正字。因無斷句，明本因上句末"國"字誤以"王"字連接作"國王"。

13. 卷三葉廿一反面，《題康里子山尚書凝春小隱六韻》："人間應得函封帖，青李林禽繞舍栽。"

【校】景泰本："青李來禽繞舍栽。""林"作"來"。【釋】"青李來禽"典出晉王羲之《來禽帖》："青李、來禽、櫻桃、日給藤，子皆囊盛爲佳，函封多不生。"來禽一名林檎，《宋書·謝靈運傳》有"枇杷林檎，帶谷映渚"句，② 又作林禽，因果味甘香，果林能招眾禽至，故有來禽、林禽之名。兩本皆不誤，但以王羲之原文而言，景泰本爲正。

14. 卷三葉廿四反面，《題柯敬仲雜畫》之十二："平陸蒼龍起，近山生遠烟。前村三萬頃，明目水平田。"

【校】景泰本："明日水平田。""目"作"日"。【釋】此處清康熙顧嗣立《元詩選》作明日，同景泰本，康熙《御定歷代題畫詩類》又作明月。按此詩是描寫柯九思的畫作，"明目"講求的是水平田的視覺效果，應元本是。

15. 卷四十三葉十六反面，《劉宗道墓誌銘》："銘曰：墨莊之遺，播于金川。有苗有秀，有實粟堅。"

【校】景泰本："有實不堅。""粟堅"作"不堅"。【釋】此爲銘讚之詞，說其"有苗有秀有實"卻不堅，豈非貶義？景泰本顯誤。《說文》："粟，嘉穀實也。"與元本"有實粟堅"義合。

16. 卷四十三止於《故臨川黃君東之墓誌銘》，末尾葉十八後無增補，接卷四十四。

【校】景泰本卷四十三《故臨川黃君東之墓誌銘》後另增葉有《王母龔氏孺人墓誌銘》和《同安縣主簿周君仁甫墓誌銘》二篇，葉碼續編至廿一。此二篇編在全書總目後"重增目錄"內。【釋】"重增目錄"共三十四篇，爲景泰間鄭達覆

---

① 《元史》卷一百八十二，臺灣商務印書館影印文淵閣《四庫全書》本。
② 《宋書》卷六十七，臺灣商務印書館影印文淵閣《四庫全書》本。

刻元本時於集外搜得增補，另加葉編入各卷之末，嘉靖本則散入各卷之内。

17. 卷四十四葉一反面，《李仲華墓表》："新附未安之民，疑貳反惻，其禍有不勝言者。"

【校】景泰本："疑貳反側。""惻"作"側"。【釋】《説文》："惻，痛也，从心則聲。""側，旁也，从心則聲。"二字同聲旁通借，然以文義而言，《荀子·王制篇》有"遁逃反側之民"①，景泰本改"側"字爲是。

18. 卷四十四葉二正面，《李仲華墓表》："表其事干墓，足以爲世勸。"

【校】景泰本："表其事于墓。""干"作"于"。【釋】細審景泰本于字豎筆末有折不自然，後改刻。據文義，景泰本改刻爲是，元本缺末筆勾。

19. 卷四十四葉三反面，《故翰林學士資善大夫知制誥同脩國史臨川先生吳公行狀》："心神怡臕，萬境皆融。"

【校】景泰本："心神怡曠。""臕"作"曠"。【釋】《説文》："曠，明也，从日廣聲。"元本从月應同聲旁假借字。

20. 卷四十四葉五反面，篇名同上："程文獻公言於朝曰：吳澄不願仕，而所定《易》、《詩》、《書》、《春秋》、《儀禮》、《大小戴記》得聖賢之指，可以教國子，傳之天下。有旨江西行省遣官繕録，以進郡縣，以時教禮。"

【校】景泰本："以時敦禮。""教"作"敦"。【釋】敦禮，義尊崇禮教，爲泛指，如《孔叢子·陳士義》"當今所急，在修仁尚義，崇德敦禮"②、《後漢書·朱穆傳》"得小心忠篤敦禮之士"③ 等，此特指吳澄所定的具體經典，明言"可以教國子，傳之天下"，且頒旨遣官繕録作教本，元本"以時教禮"爲是。

21. 卷四十四葉七反面，篇名同上："新執政鑄錢貨，變鈔法以爲功。"

【校】景泰本："變紗法以爲功。""鈔"作"紗"。【釋】據前文"鑄錢貨"，此應"變鈔法"，元本"鈔"字爲是。

22. 卷四十四葉七反面，篇名同上："貴游之士，悵悵失所依。有流涕者長數十人，追至河上，懇留不從。朝廷亦遣人追留。"

【校】景泰本："有流涕者遣數十人。""長"作"遣"。【釋】據文義景泰本是，元本如作"有流涕長者數十人"則較通。

23. 卷四十四葉九正面，篇名同上："左丞曰：上命也，先生請俟駕還。"

【校】景泰本："先生請俟爲還。""駕"作"爲"。【釋】《禮記·曲禮上》：

---

① 《荀子》卷五，臺灣商務印書館影印文淵閣《四庫全書》本。
② （漢）孔鮒《孔叢子》卷中，臺灣商務印書館影印文淵閣《四庫全書》本。
③ 《後漢書》卷七十三，臺灣商務印書館影印文淵閣《四庫全書》本。

元刻本《道園學古録》的探討及校釋　349

"君車將駕。"① 此"請俟駕還"是對吳澄的敬稱,景泰本作"爲還"則無敬義。四庫文淵閣本和元吳澄《吳文正集‧附錄‧行狀》均作"駕",同元本。

24. 卷四十四葉九反面葉十正面,篇名同上:"初,先生與張蔡公同年告老。其再相也,力薦起光生。會蔡公又去,而士大夫多傳其辭云。"

【校】景泰本:"力薦起生生。""光"作"生"。【釋】光生、生生,於文義皆不通。此文四庫文淵閣本和《吳文正集‧附錄‧列傳》均作"先生",應是。

25. 卷四十四葉十一反面,篇名同上:"曾孫男四:亼、全、佥、侖,女二。"

【校】景泰本:"曾孫男四:仝、全、佥、侖,女二。""亼"作"仝"。【釋】四庫文淵閣本和《吳文正集‧附錄》内《行狀》、《神道碑》均作:"曾孫男四:亼、全、佥、侖,女二。"皆同元本,應無疑義。景泰本疑因"亼"字罕見改作"仝"。另《吳文正集‧附錄‧壙記》作"曾孫男九:亼、全、佥、侖、仝、鈺、銈、[金粟]、鏗,曾孫女七。""亼""仝"均列入成五人,又多出金字旁四人,可能非長房長孫一系。

26. 卷四十四葉十二反面,篇名同上:"其於易孝之五十餘年,其大旨宗乎周邵,而義理則本諸程傳。"

【校】景泰本:"而義理則木諸程傳。""本"作"木"。【釋】據文義,元本是。景泰本缺末筆顯誤。

27. 卷四十四葉十六反面,《陳炤小傳》:"兵至天慶觀,觀主不肯降,曰:'吾爲吾主死耳,不知其他。'遂箸其觀。"

【校】景泰本:"遂屠其觀。""箸"作"屠"。【釋】據文義,景泰本是。《説文》:箸"从竹者聲",屠"从尸者聲",亦可同聲部假借。

28. 卷四十四葉十六反面,篇名同上:"子四入:應鳳早卒,應黽、應麟皆鄉貢進士。"

【校】景泰本:"子四人。""入"作"人"。【釋】景泰本是,二字形近易誤。

范邦瑾:美國國會圖書館特約研究員

---

① 《禮記注疏》卷三,臺灣商務印書館影印文淵閣《四庫全書》本。

活字本
版本目錄學研究第四輯

對中國古代活字印刷技術的認識

劉向東

沈括《夢溪筆談》中關于北宋慶曆年間（1041—1048）畢升發明活字印刷術的記載，不過三百餘字，但是人類歷史上極爲重要的文獻。它證明活字印刷術在中國發明已近千年。在從未間斷的印製實踐中，歷代先民受《夢溪筆談》記載的啓發，先後嘗試用木材、泥、金屬等不同材質製作活字，並對活字印刷工藝不斷進行改進，印製了數量龐大的經史子集各類古籍，對古代文明的傳承發揮了極爲重要的作用；隨着印刷物和印刷技術的傳播，還先後影響東西方世界，對促進世界印刷術的發展也有非常重要的意義。

活字印刷術的源頭在中國，但由于中國古代社會歷來重文輕藝，在浩如烟海的古籍中，很少能找到關于活字印刷技術細節的記載。研究中國印刷史的專家學者數十年來不間斷地在古紙堆裏搜索尋覓，先後被發現的有關活字印刷術史料非常少，全部加起來不過數十條，據筆者估計不足萬字，其中記載有活字印刷技術、超過百字以上的文獻僅僅數條，更爲可惜的是對活字印刷技術的描述還往往語焉不詳。

傳統的活字印刷術，一百多年來逐漸被西方的機器印刷術代替。目前，除在極個別的偏遠鄉村見到它的遺存和風貌，在中國已基本見不到使用傳統活字卓有成效的印刷活動。在申報非物質文化遺産日益盛行以及古籍收藏古籍活字本價格颷升的今天，活字印刷的生存狀態以及活字實物等等，通過圖片和媒體文字窗口，通過大小文物市場，漸漸從小城鎮走上省市都會，比如揚州廣陵古籍刻印社恢復的銅、磁、泥、木活字印刷與浙江出現的印刷家譜所用的木活字等等。但細細推敲，今日的活字印刷僅僅是對古老印刷術的一種展示，它的實用功能已經嚴重弱化。而沒有實用功能的活字印刷，很多技術細節也都沒有生命力了。

印刷史研究者在閱讀和撰寫印刷史中關於活字印刷術時，既沒有明晰準確的文獻可征，又沒有活字印刷實踐可以考察，其中對活字印刷的各種問題，尤其是技術細節感到困惑的文字比比皆是，導致古代印刷史中關於活字印刷部分概念見仁見智，認識模糊矛盾。理論上的認識模糊，必然對活字印刷物的鑒定實踐帶來影響。

近幾年來，在活字本鑒定結果及方法方面出現了較大的分歧：多年被專家學者鑒定為明銅活字印本的結論似乎有些欠科學，清道光年間的泥活字印本《南疆繹史勘本》等被認為根本不是泥活字所印，更為重要的是幾乎被奉為圭臬的活字本鑒定方法也被屢屢質疑。總之是對活字版本鑒定的結果是否科學可靠，越來越讓人感到意見不一。這也是對活字印本工藝注意不夠，從而對印刷技術在印本上遺留痕跡的研究不夠造成的必然結果。

限于篇幅，僅僅敘述活字印刷技術之中和前人認識有異的部分；關于活字本鑒定方法的質疑及修訂，將另撰文敘述。

如前所說，歷史文獻中記載活字印刷技術的字數稍多的資料僅僅數條，他們是：《夢溪筆談》中關於宋代布衣畢升使用泥活字印刷的記載、附在《農書》中元代縣令王禎使用的木活字印刷方法、《欽定武英殿聚珍版程序》關於清代內府木活字印刷方法的詳細記載、《精訂綱鑒二十一史通俗衍義》書中記載的由清呂撫創造的獨特的活字泥版印刷方法、張秀民《中國印刷史》中關於廣東佛山鄧姓印工鑄造錫活字印書的記載，近來我又"發現"了一條：揚州廣陵古籍刻印社1964年編寫，用木活字印刷的"木活字工作總結"、"木活字操作規程初探"，全文約1.8萬字。尤其是"木活字操作規程初探"，雖是現代人用現代語言撰寫的木活字印刷工藝規程，由于當年刻印社恢復的活字印刷工藝完全未摻入現代技藝，其基本思路和工藝都非常傳統，給我們全面瞭解活字印刷工藝及流程提供了許多有文獻價值的珍貴數據。

其中，清呂撫的活字泥版（詳細工藝流程參見白莉蓉女士的《清呂撫活字泥板印書工藝》）① 是一種全新意義的活字印刷術，和傳統意義的活字印刷工藝有許多不同，限于文字，不在本文中敘述。關於揚州廣陵古籍刻印社編寫的"木活字工作總結"、"木活字操作規程初探"，其中蘊涵的豐富而且獨特的信息，尤其關於活字印刷工藝的細節記載，只有親身經歷此事、瞭解印刷史、有心且有文筆之人，才能撰寫，當在活字印刷史上占有重要的位置，可惜因為流傳稀少，至今未有人知曉其中奧妙。也擬專門撰文介紹。

---

① 白莉蓉：《清呂撫活字泥板印書工藝》，《文獻》1992年第2期。

一、對《夢溪筆談》中活字工藝的認識

《夢溪筆談》關于活字的記載，字數不多，但詳細記錄了活字造字、排版、印刷、拆版、補字等整個活字工藝過程，由于作者沈括非常熟悉（或者多次觀察）完整的印刷過程，才能如此準確的叙述，令人信服。由于這篇文獻以及記載的工藝在印刷史上的重要地位，幾乎所有的印刷史、版本學專業著作都有詳略不同的闡述。其中佼佼者有張樹棟等《中華印刷通史》、牛達生《西夏活字印刷研究》、黃永年《古籍版本學》、徐憶農《活字本》等等。

《夢溪筆談》因行文過簡，各家釋讀活字工藝，往往見仁見智，各各不同。若干年中，經過多次争論，結果漸趨統一。但至今尚有牽涉活字工藝的文字，雖各家都有詳盡解釋仍未見得合理，筆者將管見述之如下，供諸大家商榷：

（一）關于"薄如錢唇"的解釋

"薄如錢唇"，寥寥四字，多年來專家學者的解釋多種多樣，但多不使人信服。

活字印刷是對雕版印刷術的改進，其最基本的思路就是將活字組裝成類似雕版的版片用于印刷。因而可以説，活字印刷的本源就是雕版印刷。

瞭解雕版印刷基本技術的人都知道，在雕版或者校對過程中，遇有刻錯的字，刻工會在錯字處，剜去錯字成大約四方的凹處，再刻一大小相仿的木塊塞緊填實，上鏟平，寫字重刻。這一四方的小木塊，一般約3mm厚。上墨時棕帚擦拭偶有未粘牢脱出者，版片乾燥後也有脱落者，其形狀就是薄如錢唇的活字①，我以爲這也是宋代泥活字的雛形。即最初的泥活字，就脱胎于木質字丁。字身高度在3—4mm左右（揚州雕版師傅在木板上刻字的深度在1.5mm左右），宋代的銅錢厚度約2—3mm，沈括記載的"薄如錢唇"就是對最初創造活字大致形態的準確描繪。明强晟《汝南詩話》載，明正德年間，"汝南一武弁家治地，忽得黑子數百枚，堅如牛角，每子有一字，如歐陽詢體。識者認爲此即宋活字，其精巧非畢升不能作"。將"黑子"認爲是宋代活字，有些牽强，但我將此看做對早期泥活字形狀的描述當無大錯。

據推測，最初出現的活字就是木質的。而最初發明使用的固版方式是使用"松脂、蠟和紙灰之類"之類的填充物，必須經過加熱融化、冷却固版的過程，

---

① 揚州中國雕版印刷博物館和廣陵古籍刻印社保存有數十萬版片。我們現在也會在版庫裹發現有從版片中脱落的四方形（一個字）和矩形（兩字以上）的字丁。它們絶類"薄如錢唇"的活字。古代因錯字剜挖嵌補字丁時，往往不用膠，也許當年使用的是從天然動植物中提取的膠，易溶于水。久被水墨濕潤，黏性逐步下降，因此，當版片乾燥後，未嵌牢的小字丁就會有脱落的可能。現在的刻工在將剜字補版的字丁嵌入槽内時，都加用木工膠水，以防脱落。

印刷過程又經水墨的浸潤，木質活字"文理有疏密"，變形明顯，儘管雕版工匠非常擅長用木材製造活字字丁、更擅長在木質活字上奏刀刻字，但是限于用藥泥作爲固版材料，無法有效解决木質活字在排版印刷過程中的變形，以致對印刷物質量造成影響；再加上木質活字和"松脂、蠟和紙灰之類"合成的藥泥有粘連，拆版不易，于是改木爲泥。這也合理解釋了《夢溪筆談》中有"不以木爲之者，文理有疏密，沾水則高下不平，兼與藥相粘，不可取"的記載，實際是失敗經驗的總結。因爲在印書實踐中不能很好的解决木質活字熱脹冷縮、濕脹乾縮的問題，改用泥質活字並取得了成功，故沈括寫到："印數十百千本，則極爲神速。"使用活字進行印刷活動，就不可避免的要排版、拆版，幾乎沒有高度的字身，薄如錢唇的活字在排版拆版過程中的抓取是非常不方便的。在對活字印刷工藝進行改進時，必然會對沒有字身的、抓取不便的活字作出改進。

至遲到元代王禎發明木活字時，活字已經確定有了較高的、便于抓取的字身。"薄如錢唇"幾近沒有字身的活字被後來出現的、改進的活字所替代後，就永遠退出我們的視綫，乃至我們無法想象曾經出現過沒有字身的活字。"無法想象"不等于不存在；"沒有字身"的活字並不是真正的沒有字身，而僅僅是字身較低；不方便取拿不等于不能用于印刷。

(二) 關于鐵範的形狀

從文字上看，鐵範就是用鐵澆鑄的一長方形鐵框。黄永年描述"板上放個長方形的鐵框即所説的鐵範"[①] 就是代表。這種説法值得商榷。我查找了所能見到的宋元版書書影，乃至明初的書影，除佛經外，幾乎都有版心行綫魚尾[②]。可以認爲，當時**書籍的規範形式**是必須有版心行綫的，否則就不合乎刻印書籍的必須遵守的規範。因此有理由説，鐵範是用鐵澆鑄的、有着版心行綫魚尾、長方形的框形物。將這種鐵範置放在"以松脂、蠟和紙灰之類冒之"的鐵板上，再將泥活字按行排入（因爲有行綫，活字容易排列整齊），版心內容也用泥活字排入，"以一平板按其面，則字平如砥"，印刷後就是有版框、有行綫、有版心，有魚尾的一頁書。製作帶有版心行綫的鐵范，對商周時期就掌握成熟的金屬鑄造技術的先民來説，多些綫條或少些綫條，在鑄造技術方面完全没有難度。

---

① 黄永年：《古籍版本學》，第 179 頁。
② 僅見宋刻本《嘯堂集古録》（國家圖書館藏）、明洪武三十一年刻《瓊林雅韻》（南京圖書館藏）有中縫魚尾，但没有行綫，它們的共同點是需要將文字作爲圖形處理，使用行綫會阻隔變形的文字，影響閲讀。其餘宋元版書，都有中縫魚尾和行綫。據劉明最新考證，北宋時期書籍的版式只有版心没有魚尾，並進一步認爲北宋時間的書籍大部分没有魚尾（見 2010 年 8 月 16 日《藏書報》劉明文章）。因北宋刻本傳世稀若星鳳，此觀點的可靠與否尚需證實。筆者則深以爲是。如果當時没有魚尾，鐵範就是將版心欄綫等一併澆鑄的矩形框狀物。

元代對活字印刷術充滿興趣的王禎就有對這種鐵范或泥範的描述，"以鐵（或泥）爲印盔，界行內用稀瀝清澆滿（或薄泥）"，總是界行連着盔，盔連着界行。我查閱了明代不少號稱用"銅板"活字印刷的書影，從書影中清楚地看到，版框四角、行綫上下、版心魚尾旁毫無縫隙，即版框中行綫、魚尾、版心内容等都是整體澆鑄而成的①。這可以幫助我們觀察到《夢溪筆談》記載"鐵範"的具體模樣。

反之，如果鐵範果真是一個矩形的框狀物，又由于當時的固版技術採用的是藥泥充填方法，中間没有版心、魚尾、文字間没有欄綫，試想這樣的印刷物，無論是四周的邊欄留不留下印迹，還像有着非常謹嚴的書籍制度的宋代生産的書籍嗎？因爲對鐵範的形狀理解有誤，諸家不僅叙述有誤，中國印刷博物館在恢復泥活字的實驗性印刷的印刷物《畢升活字版印實驗研究》上，留下的也無版心無魚尾、無欄框的泥活字印文，根本不像書籍，更像是佛經，因爲陰差陽錯的裝裱成經折裝，倒也看不出破綻。

（三）其他細節

1. 泥活字

泥質。普通黏土經過淘洗錘煉即可。不過，必須多次反復淘洗，泥中雜質越少越好。雜質過濾不清會在加熱陶化過程中引起泥字爆裂變形。很多人以爲"薄如錢唇"的泥質活字可能因爲强度不够，不能印書，其實，經過高温燒烤的泥字已經成爲陶字，而陶質活字的大小並不是决定强度大小的關鍵，關鍵在于火燒的温度高低。合適的温度燒烤出的泥活字完全可以達到"堅如骨角"的硬度，勝任印工印書時使用墨帚、擦帚對活字施加的並不太大的壓力，印出合格的書頁。

2. 造字方法

普通黏土經過淘洗錘煉，延展成 3—4mm 厚的**片狀**，切割成合適字體大小的**條狀**，待其幹濕合適時，刻陽文反字，再切割爲四四方方的活字，"火燒令堅"。這麼厚薄的活字，能够做到"以草火燒，瞬息可成"。

按：請注意王禎先刻字後切割的工藝流程的記載。對泥活字而言，先刻字，後切割成塊，非常方便；先切割成塊，則因難于固定 3—4mm 的薄泥塊，增加刻字的難度。據推測，王禎的造木活字法明顯受泥活字造字方法的影響，先刻字，後切割成字丁。

3. 藥泥

以"松脂、蠟和紙灰之類"按一定比例調和，配方的比例文獻記載較爲含糊。除沈括記載外，王禎記載則有用"稀瀝清"者，甚至有用"薄泥"者。説明這種藥泥的配方，可以多種多樣，不强求一律，只要能有效固版就行。中國印刷博物館的

---

① 目測明活字印本《石湖居士集》、《小字録》、《西菴集》等活字印本，四角無縫隙，魚尾和行綫間無縫隙，行綫和版框間無縫隙，明顯用的是整體澆鑄的金屬版盤。

專家依據《夢溪筆談》記載的配方，按不同的比例混合，經實驗，固版取得成功①。

4. 鐵範

（1）鐵範的形狀。如上文所述，應該是有版心魚尾、欄綫的矩形物。

（2）鐵範的高度。因爲我國的活字印刷最基本的工藝思路就是完全複製的雕版印刷形式：鐵板在下，鐵範在上，上下合用，中置藥泥，藥泥上排放活字，經排字固版壓平後，應該和一片雕版相仿。故此，根據古代版片的大致高度推測鐵範高度大約 2.5—3.5cm。

（3）鐵範的尺寸。依據活字大小、行款多少設計。一經設定、鑄造，便不易更改。

按：活字印本有着天生的局限，就是需要根據活字大小、行款多少設定"鐵範"尺寸。一般設定後很少更改。因爲改變活字大小是不可能的，行款是可以更改，但必須重新製造新"鐵範"與之相適應。古代書籍的行款並無一定之規，我所見過的古籍最少半頁4—5行，最多的半頁16—17行②，聽說還有更多至半頁 20 行的。行款字數多少除可能對視覺上有些影響外，對成本產生影響的才是實實在在的。官、私、坊家，一般都通過改動書籍行款使之適應自製的"鐵範"，而不會通過製作大小不一的"鐵範"來適應書籍行款。比如著名的金屬活字印家華燧印製的《會通館校正宋諸臣奏議》等一批書籍，采用的都是尺寸固定、行款固定（半頁 9 行、行 17 字）的"範"。

二、對《農書》中活字的工藝的認識

（一）王禎對活字工藝的描述

王禎附在《農書》中關于活字印刷的記載，是迄今爲止能見到的最早的木活字印刷技術實錄。全文傳遞的重要信息有：

——在王禎改進木活字印刷術以前，各種活字印刷術同時使用的狀況。

——木活字具體的製造工藝。

---

① 實證檢驗結果還證明遵畢升原法用"松脂，蠟和紙灰"排版固字效果並不差，活字不會掉下來。……有趣的是課題組在配製固字粘藥的實證階段中，由於開始缺少經驗松脂蠟和紙灰的用量比例掌握不好，粘藥粘度過大致使拆版取字增加了難度。……實驗證明粘藥不同的配比便會產生不同的粘度。——見《"畢昇活字術發明實證研究"回顧》，尹鐵虎，《印刷工業》2007 年第 2 期。

② 清巾箱本《韋蘇州集》5 行 11 字（見《藏書家》12 輯田濤文章）、清乾隆刻《冬心先生續集自序》4 行 12 字（見陳先行《打開金匱石室之門：古籍善本》）、明洪武十年鄭濟刻《宋學士文粹》16 行 27—28 字不等、宋淳熙二年鎮江府學刻《三禮圖集注》16 行 30—31 字不等、元刻《重校正地理新書》17 行 30 字（見《北京大學圖書館藏善本書録》）。

——造輪盤儲字排字法。

——跋文中關于用木活字印製《旌德縣志》的記載。

其實，我覺得其中藴涵的豐富信息還需認真解讀。

解讀前，有必要對活字排版專用器具以及製造工藝做明確的命名，以利叙述。

1. 版盤

關于活字版盤的名稱，古今叫法極不規範。有的叫"板"，有的叫"版"，有的叫"槽版"，有的叫"印盔"、有的叫"盔"；現代則叫"刷版"、"印板"、"排版盤"。製造版盤的材質史料記載就有鐵、銅、泥、木等等，製造技術也有若干差别，但不管其名稱、材質、製造技術有何不同，它就是排列活字、嵌裝行綫、版心以及頂木等填充物，使之成爲書版用于印刷的盤狀物。作用有二：一排版，二印刷。故此，筆者稱之爲"版盤"。

活字版盤的材質，有記載可考的四種。

（1）鐵制：《夢溪筆談》云"先設一鐵板，其上用松脂臘和紙灰之類冒之，欲印，則以一鐵範置鐵板上"、《農書》云"以鐵爲印盔界行"。

（2）銅制：《廬陵周益國文忠公集》云"近用沈存中法，以膠泥**銅板**，移换摹印，今日偶成《玉堂雜記》二十八事"；明清兩代活字印本往往印有"銅板活字""活字銅版"等字樣，據詞義，"銅版"就是指銅制的裝排活字的版盤。

（3）木制：《農書》云"造板木作印盔"、《欽定武英殿聚珍版程序》云"用陳楠木做方盤（槽版）"、張秀民《中國印刷史》中關于廣東佛山鄧姓印工鑄造錫活字印書的記載："把活字一個個排列在光滑堅固的花梨木字盤内。"

（4）泥制：《農書》云"以泥爲盔"。

版盤的製造工藝因材質不同而有着明顯差異。

泥質版盤僅見于《農書》記載，按"以泥爲盔，界行内用薄泥，將燒熟瓦字排之，再入窑内燒爲一段"，文意應該是用泥土做版盤，填入泥活字後整版入窑燒制，準確説應該是陶（瓦）製版盤，除清康熙年間的泰山徐志定磁版似乎采用了類似工藝，其他再未見記載，對活字印刷技術發展關係不大，因此本文對泥質版盤的工藝忽略不談。

木制的版盤和金屬製造的版盤（鐵質和銅質版盤均屬于金屬版盤，除材質區别外，在鑄制工藝方面並没有多少差别，故歸于一類叙述）相比：木製版盤是木工製作，形式多種多樣。一般的形式是四面固定（根據所用活字大小及行款多少）的長方形木框[1]，也有三面版框固定，一面（右邊）爲活欄的[2]，還

---

[1] 走鄉串鎮的譜匠使用的版盤多是四面固定的。現在民間活字收藏家中不難見到這種木質版盤。

[2] 《農書》"用平直乾板一片，量書面大小，四圍作欄。右邊空，候擺滿盔面，右邊安置界欄"，揚州廣陵古籍刻印社《木活字工作總結》"我們這次用的是木制呆盤（三面呆欄，一面活拴）"，根據記載都使用的是三面版框固定，一面（右邊）爲活欄的版盤。

有直接在木質平板上按設計版面大小，圍以四片護欄，加以固定，中置版心、魚尾、欄綫、頂木等，作爲版盤；木製版盤的欄框四角易有縫隙，且較明顯；其中版心、魚尾、欄綫（用木、竹製成）大都是隨着活字的排入擺放的，欄框之間，魚尾和欄綫之間縫隙明顯，一經着墨受潮，木質縮率不一，縫隙更加明顯，欄綫也會在受墨後隨着水分浸潤因縮率不一致造成高低不平、左右彎曲；

金屬版盤多是整體澆鑄的長方形盤狀物，欄綫、版心、魚尾等一並澆鑄，其欄框四角没有縫隙，欄綫和版框之間、魚尾和欄綫之間都没有縫隙，版盤上墨受潮後不變形；也有的銅版僅僅是銅制的盤狀物，專門用于裝配式排版，中間置放活字、欄綫、魚尾等等；這種版盤的印痕表現爲四角無縫隙，但魚尾旁、欄在綫下等處有縫隙。金屬版盤中，銅質版盤比鐵質版盤更耐腐蝕，不易生銹，且表面更爲緊致光滑，加熱時導熱性能更好，但古代銅價高，用銅也有一定的限制，銅版也就更爲珍貴。

我每每見明清活字本中標有"銅版"字樣，都有見到現代廣告的感覺，總覺得主人往往在炫耀，不一定使用的都真的是銅版（必須指出，"銅版"没有表示活字材質的意思，"銅"強調的是製作版盤的材質）。當然，銅版是一定存在的，而且宋代就有。比如"近用沈存中法，以膠泥銅板，移換摹印，今日偶成《玉堂雜記》二十八事"（見宋周必大《廬陵周益國文忠公集》）的銅版應該就是，又如清内府銅活字印本《古今圖書集成》就是使用的銅版作爲版盤。我們見到的明代活字本，許多都是用金屬版盤排版的，可以從四角毫無縫隙、魚尾旁没有縫隙判斷出來，其中肯定有相當部分用的是銅版。但要從印刷物上留下的印迹去準確區分銅、鐵或其他材質的金屬版盤，目前大概没有好辦法，依筆者私見，將來辦法也不多。但是有些標注爲"銅版"的明清活字印本，如《中國古籍善本書目》著録的明嘉靖三十年芝城銅活字印本《通書類聚克擇大全》、明嘉靖三十一年芝城銅活字印本《墨子》、明萬曆二年周堂銅活字印本《太平御覽》、清康熙二十五年吹藜閣銅活字印本《文苑英華律賦選》等等，書中確實也有"銅版"字樣，而觀測出版物，版框四角縫隙很大，魚尾旁、欄綫上下均有縫隙，細細觀察版框，還隱約可見木紋的痕迹。這類版盤應該是木制的，不是金屬版盤，更不會是銅質版盤。

之所以提出要研究版盤（版盤中除排放活字外，還要排放若干如欄綫、頂木、夾條等物件，這些物件有的在版面上會留下印迹，如欄綫；有的就不一定會留下印迹，如頂木、夾條。研究版盤應該是研究組成版盤的各種物件的總體，因爲考慮到行文清晰，暫將有些物件在此文中隱去不加叙說），一是版盤的製作是活字印刷術中一道重要工序，值得重視。二是因爲版盤對于活字本的鑒定極爲重要。版盤的材質、形狀及其製作方法，各各不同，在印刷物上留下的各種痕迹也頗有差別，對于活字版本鑒定，有着極爲重要的關係。因爲前人一直没有注意版盤的工藝特點，更不瞭解不同版盤在活字印刷物上留下的不同痕迹，因此影響活字鑒定方法的總結以及鑒定是否活字本的準確性。

2. 固版

固版有兩種含義：對于雕版印刷而言，就是將雕好的版片固定在工作臺（桌面）上，以利印刷。固版方式有多種：可用白膏泥墊四角；可用印書的廢頁折叠後墊四角；日本、韓國的版片往往加有插片，插槽，可以很方便的固版；現代的工匠則用小鐵釘圍住版片四周釘在臺上，使之不動等等。而對于活字印刷，除將版盤固定在工作臺上的含義外，將活字和版框、欄綫、版心、頂木、夾條等等固定在一起，形成可以印書的板盤，也叫固版。這種固版，從另一個意義上說，又可叫做排版方式。本文所説的"固版"，專指活字排版方式。

古代在使用不同材質的版盤時，也創造了不同的固版方式。

最初畢升的"設一鐵板，其上以松脂、蠟和紙灰之類冒之。欲印，則以一鐵範置鐵板上，乃密布字印，滿鐵範爲一板"的固版，是既將版盤固定在工作臺上，同時將活字固定在版盤裏。如上所說，"範"即金屬版盤，其排版方式主要是用"松脂、蠟和紙灰"作爲固版用填料，在固版填料上置放活字，經過加熱、平版，即可印刷。後來整體澆鑄的金屬版盤，比如"以鐵爲印盔，界行內用稀瀝清澆滿"的固版，儘管使用的固版填料改爲"稀瀝清"、"薄泥"，但其固版原理和使用"松脂、蠟和紙灰"時應該同樣是將活字固定在版盤裏，我們稱爲"填壓式排版"；木製版盤的排版大都是將活字、欄綫、頂木、夾條、版心、魚尾逐行裝配成可以印刷的書版，這種裝配的目的是將活字固定在版盤裏，我們將之稱爲"裝配式排版"。

版盤的材質和固版方式的搭配的一般規律是：早期的金屬版盤多用"填壓式排版"工藝，稍候出現的木質版盤則多用"裝配式排版"。但是在近千年的印刷實踐中，特殊的情況也能見到：比如用金屬版盤來裝配木質的活字、版心、欄綫等，四角無縫隙，印刷效果也不錯。

（二）王禎對活字工藝的重大改進

提到王禎的對活字工藝的改進，幾乎各家著作都説是"輪盤儲字排字法"。其實將輪盤儲字排字法放在活字工藝的大環境下考察，實際意義在排版拆版過程中引進了機械裝置，提高了排版拆版取還活字的效率，和活字印刷工藝關係並不大。

王禎的對活字印刷工藝的最重要的改進具體表現在變填壓式排版爲裝配式排版。改進後的排版過程，因爲舍去"松脂、蠟和紙灰之類"的固版所用的填充物，改用竹制行綫以及木屑固版，采用竹木作爲固版材料，就無需對固版材料進行加熱冷却，因此減小了熱脹冷縮對木活字因爲"文理有疏密"產生的變形，順理成章的把金屬版盤改爲木質版盤①。從而最大程度地克服了畢升時代木活字"文理有疏密，沾水則高下不平，兼與藥相粘，不可取"的弊病，這個改進有着巨大的意義。

因此，我認爲王禎最重大的貢獻是：

首先是在實踐中將五花八門的、必須多工種匠人參加的活字印刷工藝（鐵爲印盔界行、稀瀝清澆滿、燒熟瓦字、以泥爲盔界、行内用薄泥填充、入窑燒爲一段、鑄錫作字、以鐵條貫之作行、嵌于盔内），還原爲僅僅只用木工就能完成的印刷工藝，活字、版盤、行綫（竹制）全部使用竹木製造，使得大量本來就熟悉雕版印刷的工匠可以迅速掌握活字印刷工藝，同時還輕而易舉的解決了金屬活字和泥活字着墨不均勻的難題。

其次是王禎對活字印刷術有超乎同時代人的認識。理解在他之前出現的各活字工藝存在的種種弊病；較爲合理地使用了包括固版方式在内的整套木活字印刷工藝；將技術細節記錄下來，始得流傳。

此後的若干年裏，王禎記錄並實踐中改進的木活字印刷工藝，經過和其他活字工藝的比較，雖然後世工匠在實際操作中還有一些改進，最明顯的是清武英殿的標準化製作等，但王禎最主要的工藝思路，摒棄使用諸如金屬加工工匠、泥瓦製造匠等不熟悉印刷行業的工匠及其技術，只用木、竹爲工藝原料，由於其最爲省錢省力，最爲雕版印刷工匠熟悉，被印刷業作爲主流技術之一使用數百年，並占據了中國活字印刷工藝的主導地位。

當然，也許正因爲其他工種的工匠參與不了印刷活動，使活字印刷工藝進入了單一的木工工藝的胡同中，因此造成數百年未能產生飛躍發展，也未可知。

（三）王禎活字製造、印刷技術細節

1. 造字

據《農書》"造活字印書法"載："雕板木爲字，用小細鋸鎪開，各作一字，用小刀四面修之，比試大小高低一同。"

按：王禎造木活字的方法極類似泥活字造字法，先刻字，後製成字丁。據估計，王禎所造木活字字身應該比"薄如錢唇"的泥活字要高，高4—5mm左右，但不如後世的木活字字身高。字身太低排版拆版時抓取不便，更爲重要的是排版時"排字作行，削成竹片夾之"頗爲不便；字身太高則"用小細鋸鎪開"時也不方便。應該說，木活字的字身是由低到高發生變化的。經過明代工

----

① 金屬版盤也可用於木活字排版。因爲採用裝配式排版，不用"松脂、蠟、紙灰"三合一填充物固版，也就不用加熱，木活字因此變形較小。再加上金屬版盤整體澆鑄，四角及魚尾欄綫等處沒有縫隙，印刷效果除着墨稍差外其他諸項比木質版盤要好。但是，其成本頗高。

匠的摸索，木活字字身在實踐中慢慢增高，最終定型在合理的高度。太高不利加工、容易變形、還浪費材料。到清武英殿刻聚珍版叢書時，木活字字身已經高過 10mm，實際高 18mm 左右①，被學者普遍注意的武英殿改進了王禎的木活字字丁製造工藝的順序，其實是字身變高的必然結果。武英殿決定用 18mm 左右字身的木活字，就必須先造字丁後刻字，否則，次品率必然過高，因爲無法在"用小細鋸鎪開"時保證字丁不歪斜。

活字字身由低向高的變化是活字成熟過程中的趨勢。原因大致是：初創的泥活字字身低一是脫胎于雕版剜補錯字字丁，二是因爲"火燒令堅"的特殊需要；此後出現的金屬活字字身低可以省些材料，再加之活字印刷術創始時期使用的是填壓式排版，字身低些也可少用藥泥，故此，中國早期活字的字身大約都偏低。而在元代木活字（重新）出現後，裝配式排版對字身的要求是有合適的高度更方便固版、排版拆版時方便抓取、木質也決定字身高低對造價沒有大的影響，因此木活字字身的高度從最初的 3—4mm 逐漸長高，最終被確定爲 10—20mm（據筆者實測清末以來留存的 10 多副木活字字身的高度所得），基本適應活字印刷術的操作。過高的字丁，如是木質的，受墨後容易變形；如是金屬的，則需花費更多的材料，乃至增加製作成本，在實踐中也被淘汰。

2. 轉輪擺字

王禎發明的轉輪擺字法，往往是印刷史上每每被提到的發明。王禎創造轉輪排字盤的核心意義在于"以字就人"，其實質是借助機械大大降低了排版人的勞動強度。王禎所造轉輪的形式比較適應他製造"六萬餘字"活字規模。這種所謂的"轉輪"形式不一定非用不可，因此後世造活字者基本未見有造轉輪的記載。著名的武英殿儲存木活字就采用 12 隻字櫃、每隻字櫃有抽屜 200 只，擺放活字；走鄉串鎮的譜匠則更加簡單，統一尺寸製造木質字盤若干，擺放活字，成摞放在木制籠子內，以便運輸，也方便到目的地迅速鋪排在桌子上檢字還字。可見由于封建社會落後的生産關係決定了在後世的活字印刷實踐中，人們並不重視運用機械來提高效率，後人只是接受了王禎"分韵擺放"、"以字就人"的理念。

另外，後世理解王禎轉輪擺放活字方法可能也有一點偏差。細細推敲原文，

---

① 據《武英殿聚珍版程式》："（槽版）用陳楠木做方盤，外口面寬九寸五分，徑長七寸七分，高一寸六分；裏口面寬七寸六分，徑長五寸八分八厘，深五分。""裏口"尺寸即爲排放木丁的版盤實際尺寸。"深五分"即爲字身高度。爲了檢驗清代的尺是否和現代的尺是否一致，我檢測得武英殿聚珍版叢書的半頁版框最大值爲 19.5×12.7cm，最小值爲 19.1×12cm，故以 19.3×12.5cm 爲標準值，推算"深五分"的字身高度，約是 1.66cm，和現代"五分"換算 1.65cm 基本一致。另外，字身必須比槽板高一點，印刷時，槽板邊沿才不會在印刷物上留下痕跡。因此，字身高度必須高於 1.66cm。

王禎是在做轉輪的同時，還做了若干個"板面"，即"木盔"，即擺放活字的字盤。將"木盔""排于輪上，依前分作五聲，用大字標記"。王禎的轉輪上不會直接擺放活字（也有專家提到，兩個有固定尺寸的輪盤上無法擺放"六萬餘字"），而是擺放的字盤，字盤中裝的才是活字。他寫到"上置活字板面，各依號數，上下相次鋪擺"。《農書》的插圖限于水平，上面用文字裏八個外十六個，標注了二十四個"板面"的擺放方法，並未畫出"板面"的實際形狀。因爲受《農書》轉輪插圖的影響，現在見到所有描繪轉輪的圖片都千篇一律没有"板面"。但是中國印刷博物館復原展示的轉輪，也和圖片一樣只僅僅是轉輪支架就不對了，轉輪上應該有擺放活字的版盤（板面），未見復原，所以只好將活字擺放在圓輪中。揚州中國印刷博物館因此也同樣複製了没有裝"板面"的版盤，都不對。

三、對《欽定武英殿聚珍版程序》中活字的工藝特點的認識

乾隆武英殿用木活字出版了《聚珍版叢書》，主持此事的金簡專門撰寫了《欽定武英殿聚珍版程序》，圖文並茂的記録了木活字的工藝的方方面面，爲中國活字印刷史上最著名的文獻之一，實際也是官方頒發的木活字工藝的"國家標準"。通過對《聚珍版叢書》的目測，以及對《武英殿聚珍版程序》的研讀，我們對武英殿製作的木活字工藝幾乎稱得上瞭如指掌：棗木活字、陳年楠木版盤、梨木套格、松木夾條、裝配式排版方式、套印法印刷、先造木丁後刻字等等。

《欽定武英殿聚珍版程序》中記載的活字印刷技術細節異常豐富，且圖文並茂。匠人們如果粗通文字，就可以按照文字記載所標尺寸，按照圖形直接施工製作木活字，就能取得成功。

由于清代活字印刷已經大行于世，木活字工藝更是基本定型，加之《程序》的寫作也十分詳細，故後世對《程序》所記活字工藝的文字解讀歧義不多。

以下是武英殿聚珍版活字製造細節的兩個方面。

（一）造字

武英殿聚珍版**活字**基本**工藝**和元代王禎《造活字印書法》差別不大。活字製作工藝經過明代清代工匠的改進，最顯著的變化就是先做木丁，後刻字。應該指出，王禎先刻字，後製作字丁的方法確實有不合理之處。刻字難，做木丁易，費力刻好字，切割成字丁又因爲差錯形成次品，很不划算。自武英殿將造木丁的方法作爲製造活字的首要工序後，大概不再有人先刻字，後分割字丁了。

有史料説，清代就産生專門製造木丁的行業。中華人民共和國建國後，南京還有木匠店專門製造木丁出售①就是明證。這就將木活字的製作又進一步分工成專門的木工製造木丁和刻書匠人專門在木丁上寫刻活字。

（二）套版印刷

爲了解決木製版盤四角有縫隙，魚尾旁有縫隙，影響版面美觀的難題，武英殿使用了套印術的方法來解決，一次用整版印版框，一次印内容。從印刷結果看，欄綫四角等緊密連接，和雕版毫無二致，達到設計效果，是一次成功的嘗試。但是，其增加的成本一般私家刻書、書坊刻書都承擔不起，故此儘管知道用套印法可以有效解決木製版盤的縫隙影響作品美觀的問題，仍然少見有人使用②。

四、對其他的活字工藝的認識

（一）木製版盤的製造技術

由于木工製作技術有高低優劣，各地製作習慣差別較大，所以木製版盤的形態各各不同。最好的工藝是用楔榫技術做的版盤，剛剛製作的版盤做得嚴絲合縫。因爲裝配式排版時，必須用活字、版心、魚尾、欄綫、頂木等將版盤塞得盡可能的緊密，使得活字丁在印書時不能上下左右移動，而印書時被墨水浸泡的木制字丁等會脹大，做得再嚴密的版盤也會在印刷過程中逐漸産生間隙；簡易的版盤則可能有匠人們用鐵釘簡單拼合，甚至用細繩纏繞在木欄四周的都曾有過，只要將活字等項塞滿版盤也能進行印刷活動。

觀察木活字印刷物的邊欄四角以及魚尾旁，往往有明顯的縫隙。根據欄框四角的縫隙留下的不同痕迹，也可窺見版盤製作的不同工藝：有四角有45°的縫隙；有上下兩欄蓋住左右兩欄的縫隙；有左右兩欄夾住上下兩欄的縫隙；也有右邊兩角縫隙極小，而左邊上下角縫隙很大（這是三面固定邊欄，待組裝完活字等後，再裝右邊木欄留下的痕迹）等等。

---

① "據瞭解南京洪武路有家專門生産字釘的合作社，品質比我們攪（搞）的好得多。只是太貴了，每個售價二分半，我們自製的每個成本不足一分。他們怎樣生産？至今還不知道，以後有機會到是要去學習學習。" 1964年揚州廣陵古籍刻印社木活字印本《木活字工作總結》。

② 當然，現有至少兩例模仿使用武英殿聚珍版的套版法的證明：一是書坊——清光緒二年北京聚珍堂活字印本《紅樓夢》，見陳正宏、梁穎《古籍印本鑒定概説》第76頁。二是官方——艾俊川指出的光緒十二年活字印本"山西省屯留縣應徵光緒十二年銀總數民欠未完散數征信册"，見"且居且讀"博文《活字本續》。

對于組成版盤的更爲細小的組裝件，比如頂木、夾條、欄綫、書口（比如印迹爲黑口的夾條）等等，在製造工藝和組裝工藝方面往往在不同的時間和地點都有差別，形成的印迹也各不相同。限于字數，此中更爲細節的工藝本文不再贅說。

總之，對于需要仔細研究印刷形成的痕迹的古籍版本鑒定來說，通過對在活字印刷物上留下種種印迹來研究版盤及其製造工藝，有着極爲重要的意義。

（二）金屬活字印書用墨

傳統的雕版印刷使用的是水溶性的烟墨。在古代中國的印書歷史中，儘管宋代烟墨的質量似乎優良于元明時期，各地製作的烟墨質量也參差不同，但古代印製的古籍歷經千百年的時間考驗，墨色仍然恒久清純，說明先民製作的烟墨，非常適用于木質版片，也同樣適合作爲木活字印刷的用墨。

泥活字只要燒制溫度合適，也因爲有微小的毛孔，使用烟墨印刷也比較合適。

金屬活字則因爲緊致光滑的表面，水溶性的烟墨不是均匀附着在金屬活字表面，而是在字面上形成點滴狀的墨水，導致印刷物的字迹明顯濃淡不一，筆劃斷斷續續，甚至由于調製的烟墨不理想，在紙面上形成落髒，一摸這種印刷物，手上都能見到黑印。據目驗，中國最早的金屬活字印刷物，明弘治印本《會通館校正宋諸臣奏議》這種情形就非常明顯。後來出現的金屬活字印本墨色有了改進，但是着墨仍然不如木活字印本。

揚州廣陵古籍刻印社的師傅們告訴我，解決金屬活字的印墨問題並不難。他們在印刷實踐中已經較好的解決了金屬活字着墨不理想的問題。但是他們也說，金屬活字的印刷較雕版的印刷難度要大：主要是上墨不容易均匀，調製的墨質幹些，時常一半尚濕另一半邊就幹了；調製的墨質稀些，又容易在字迹上形成泅痕。

（三）儲字方式

活字印刷的活字儲存非常繁瑣，這在很大程度上影響了活字印刷的進一步發展。不親歷其事，很難知道其中的艱難。將數萬個字丁怎樣排列組合儲存，才能在需要時快速準確的取字，還字時要嚴格按照既定的方法存放，保證再次取字時依舊快速準確，是活字印刷工藝的重要環節。

我很奇怪，極少找到的關于活字印刷的文獻中，往往對活字製造細節惜墨如金，而對儲字方式却如數家珍，不惜筆墨。例如：《農書》附"造活字印書法"全文約 2000 字，其中就用 367 字詳細記錄排字的音韵："一東……二冬……三鍾……四江……五支……"；《精訂綱鑒二十一史通俗衍義》附文總共約2000字記載活字泥版的工藝，其中就用550字詳細記錄如何按部首擺放字格的方法："一乙爲一格，｜亅、丿爲一格，二亠爲一格……"；《木活字操作規程初探》中也用800字介紹廣陵古籍刻印社自行設計的"十八部類"儲字法："一虛字部、二數量部、三時節部……"；今天的浙江瑞安的譜匠，也有儲字的五字訣："君王立殿堂，朝輔盡純良……"160字及七字訣："鳳列盤岡體貌鮮……"56字①。説明古今工匠都對此道工序非常重視，都將自己的儲字方式通過記載試圖流傳下來。

然而，我們看到的是結果却是，誰也未對前代的儲字方法進行簡單的繼承，而是隨着時代的發展結合自己的操作實踐不斷變化：元代的按音韵儲字，清代的按康熙字典部首儲字，清乾隆吕撫自創的類似康熙字典部首的筆劃部首儲字，清末一直使用至今的瑞安譜匠自創的儲字"五字訣"、"七字訣"——實際也還是部首儲字，上世紀六十年代廣陵古籍刻印社自創的分部類儲字，互相之間都不是簡單的繼承。

按照一定的規則和方法去儲字，排字工必須熟悉這個規則和方法，最終達到能快速準確、高效率的取還字，才是決定使用何種儲字方式的根本原因。

五、結　語

中國古代活字印刷術發明至今有近千年歷史，但技術發展十分緩慢。從至今仍然保存于浙江瑞安譜匠中的木活字印刷術的技術以及細節來看，其原理是宋畢升發明的活字印刷術，其工藝和元王禎改進的木活字印刷術的造字、排版、印刷、拆版還字、活字儲存等幾乎一致。我們還可以通過對《武英殿聚珍版程序》記載技術的解讀，完全的依照武英殿的木活字印刷的程序製造並順利使用木活字進行印刷。揚州廣陵古籍刻印社在上世紀六十年代對《適園叢書》采用木活字工藝進行補版的實踐，就是再現武英殿木活字印刷術的成功試驗。本世紀中國印刷學院和中國印刷博物館遵循畢升泥活字印刷記載進行的實證試驗，也成功的從理論到實踐都復原了畢升的泥活字印刷術。由此可見，中國活字印刷術雖歷經近千年，中間出現過不同材質的活字，不同材質和製作方式的版盤，不同方式的排版工藝等等差別，但其基本原理和基礎技術一脉相承，幾乎千年不變。

---

① 這類儲字訣也叫"排字訣"、"檢字訣"等。實質是儲字、取字、還字時都必須熟記口訣，才能快速有效進行活字排版、拆版還字活動。現在能見到記載的口訣有多種：文中採用的是吴小淮2010年《梨墨春秋—里安木活字印刷影像志》中的記載，張秀民《中國活字印刷史》第72頁有嵊縣譜匠140字儲字訣，楊菁《里安東源—木活字印刷的最後守護者》有150字的儲字訣等等。仔細讀來，大同小異。

難怪古代幾乎所有提及活字印刷工藝的文獻都會不約而同寫到：活字技術源自《夢溪筆談》記載的畢升發明的活字印刷術。再將視野擴大到韓國、日本，他們的活字印刷儘管在某些時期出現較爲優秀的作品，比如韓國在使用的金屬材質的活字印刷方面取得過突出的成績，但是，從對他們的活字製造、版盤製造、固版方式等主要技術來考察，毫無疑問也來源于畢升發明的活字印刷術，並且，通過他們對活字印刷技術進行改造的思路[①]分析，仍舊源自中國工匠。

　　　　　　　　　　　　　　　劉向東：揚州市圖書館研究館員

[①] 比如韓國工匠在活字印刷實踐早期使用的是畢升創造的填壓式排版方法，因爲印刷時活字有搖動現象，需不停的固版，印刷量非常低。見到王禎改進的裝配式排版法後，也才改進了排版方法。見曹炯鎮《中韓兩國古活字印刷技術之比較研究》，臺北：學海出版社，1986年。

活字本鑒別與著録的幾個問題及思考

姚伯岳

在古籍的各種版本類型中，活字本近年來得到了社會上越來越多的關注，圍繞着活字本開展的研究也越來越深入。作爲一個古籍編目工作者，筆者在實際工作中也碰到了一些關于活字本的問題，並在活字本的鑒別和著録方面有一些新的認識和思考，所以撰寫這篇小文，借此中文古籍整理與版本目録學國際學術研討會的寶貴機會，求教于各位方家大德。

一、活字本的翻刻、覆刻問題

筆者曾在沈乃文先生主編的《版本目録學研究》第一輯和第二輯上分別發表過《論覆刻本》和《古籍版本鑒別和著録中的内封、牌記依據問題》兩文。現在看來，筆者在這兩篇文章中所作的結論也都適用于活字本的鑒別和著録。

按照本人在《論覆刻本》一文中所述，覆刻本是將古籍原書拆成散葉，直接粘貼到木版上作爲版樣，照其版式、字劃原樣雕鎪，製成新的書版後刷印而成的本子。而依據此説，活字本是最有可能會被用來作爲覆刻的底本進行複製的。因爲活字本一般不保存印版，即使是原出版者，再印也需要重新排版，在版權意識尚不突出的中國古代社會，複製一部活字本圖書，如果采用覆刻的方法，也就是將其原書葉拆散直接上版刻印，無疑是最爲簡便易行的。

活字本有覆刻，其實早已有專家指出。例如魏隱儒先生在其《古籍版本鑒定叢談》第八章"活字本的鑒定"中就曾説過，明銅活字本《錦綉萬花谷》、

《會通館印正文苑英華辨證》和《蔡中郎集》這3部書都有覆刻本傳世（書中稱覆刻爲"影刻"）。其中《錦綉萬花谷》覆刻本將原書版心"會通館活字銅版印"字樣改刻爲"徽藩崇古書院"六字；而《蔡中郎集》僅在卷六第十葉版心上端刻有"蘭雪堂"三字，未有其他任何説明，書葉中有斷版痕迹，説明其爲刻本無疑。而明銅活字本《會通館印正文苑英華辨證》的覆刻本，除國家圖書館有藏之外，北大圖書館也存有一部。

韓國曹炯鎮先生在其所撰《中韓兩國古活字印刷技術之比較研究》（臺北學海出版社1986年版）一書中也曾提到，朝鮮銅活字中，癸未字印本有兩種覆刻本（第108頁），庚子字印本有四種覆刻本（第109頁），甲寅字印本有兩種覆刻本（第110頁），乙亥字印本有十種覆刻本（第112頁）。曹先生的書出版得較早，書中所説的"覆刻"，是否是筆者意中的覆刻，還有待于進一步證實；但即便如此，也起碼是用雕版印刷方式所進行的一種翻刻。

《武英殿聚珍版叢書》編印出版後，乾隆四十二年（1777），有詔將該部叢書頒發到東南五省，並准所在翻板通行。江、浙、贛、粵乃奉敕重鋟，世稱外聚珍。翁連溪先生在其《清代內府刻書概述》一文説："此書翻刻本有大小兩種，原大本多爲用內府聚珍本原書貼版影雕。"這就是説外聚珍中的大本應該是覆刻本。但實際上江蘇和浙江兩省翻雕，均爲小本；江西、福建兩省所謂大本，係照原書大小重新寫樣上版。據魏隱儒先生説，只有後來廣東廣雅書局所刻之聚珍版各書，才是采用了覆刻也就是翁氏所説的"用內府聚珍本原書貼版影雕"的方法（見魏隱儒《古籍版本鑒定叢談》第八章"活字本的鑒定"）。這也許是因爲各省只收到很少的複本，也可能只有一部，非常珍貴，不捨得或者是不敢將原書毀壞，所以只好重新寫樣上版了。

筆者近年來負責CALIS（中國高等院校文獻保障系統）三期重點項目"高校古文獻資源庫"的具體實施工作，其發布平臺名爲"學苑汲古"，其上共有24所高校圖書館幾乎全部的館藏古籍書目記錄約63.4萬條。檢索一部古籍，就會有各個館的相關書目記錄顯示出來。這樣一來，各館著錄的差異也就凸顯出來了。活字本的情況也不例外：同書同著者，出版年也相同，但有的著錄爲活字本，有的著錄爲刻本。"學苑汲古"上還有各館提交的古籍書影圖像約24萬幅，我們查看相應的書影圖像，發現不少著錄爲活字本的古籍其實是刻本；準確地説，應該是活字本的翻刻本，甚至就是覆刻本。

例如《平定粵匪紀略》十八卷附記四卷，在"學苑汲古"上可以看到，北京大學、人民大學、南開大學、山東大學、蘇州大學、廈門大學、鄭州大學等校圖書館都有所謂同治十年（1871）京都聚珍齋撿子板的收藏（見圖2），除山東大學圖書館外，各館都提交了書影圖像，經比對應爲同一版本。但各館在版本類型上著錄不一，有的著錄爲活字本，有的著錄爲木活字本，有的甚至非常謹愼地著録爲印本，更多的藏館則著録爲刻本。筆者調出北大圖書館藏本細細察驗，發現雖然該本内封題"京都聚珍齋撿子板"，版式風格也頗類活字本，但雕版印刷的各種特徵極爲明顯，其爲刻本毫無疑問。少數幾個館將之著録爲活字本，是上了内封所鎸"京都聚珍齋撿子板"幾個字的當。

北大圖書館還有該書一個同治八年（1869）群玉齋的活字本。在"學苑汲古"上檢索，看到上述各館也幾乎都有該本收藏，都著録爲活字本，而且也大都提交有書影圖像。筆者經過仔細比對，確認各館所藏爲同一活字本。有意思的是，當我將北大館所藏群玉齋活字本和所謂的"京都聚珍齋撿子板"兩個本子放在一起比對時，發現二者竟然驚人地相似！不僅字體非常近似，版式行款完全一樣，而且版框尺寸也都是21公分。

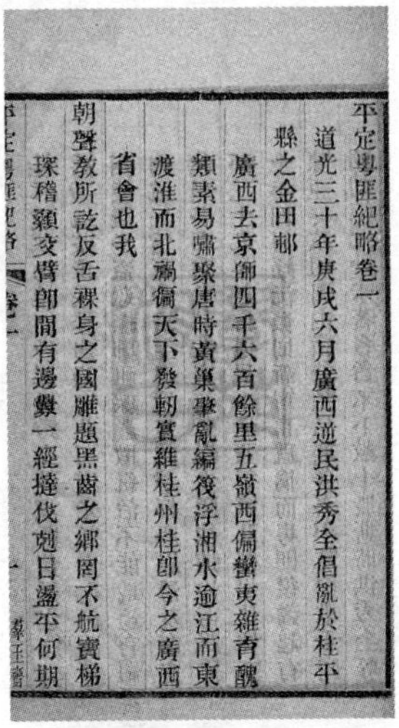

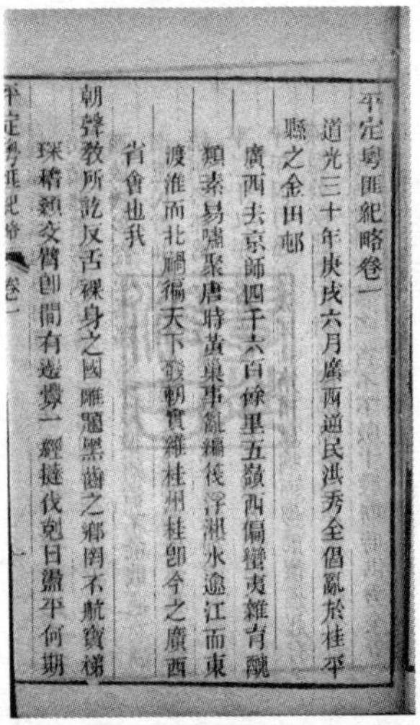

圖1　同治八年群玉齋活字本《平定粵匪紀略》　　圖2　同治十年京都聚珍齋撿子板《平定粵匪紀略》

圖3　群玉齋活字本《平定粵匪紀略》内封　　圖4　京都聚珍齋撿子板《平定粵匪紀略》内封

在没有看到群玉齋活字本之前，我曾經設想應該是先有一個真正的"京都聚珍齋撿子板"，但因其印數有限，而此書社會上需求量很大，于是其他書商據該本翻刻，甚至連内封的文字也不改换，就像今天的盜版書一樣。但在看到群玉齋活字本之後，我不敢這樣説了。因爲聚珍齋的活字不可能與群玉齋的活字一一對應地那麽相像，説明絶不是聚珍齋用自己的活字重排了《平定粤匪紀略》。據我所知，聚珍齋只有一部真正的活字本傳世，那就是光緒四年印行的《吴興合璧》（見圖5、圖6）。蘇州大學圖書館收藏有該活字本。將其字體與群玉齋《平定粤匪紀略》的字體相比，就可以發現聚珍齋的活字稍顯瘦長，而群玉齋的活字更趨方正，二者整體上的風格是不同的。

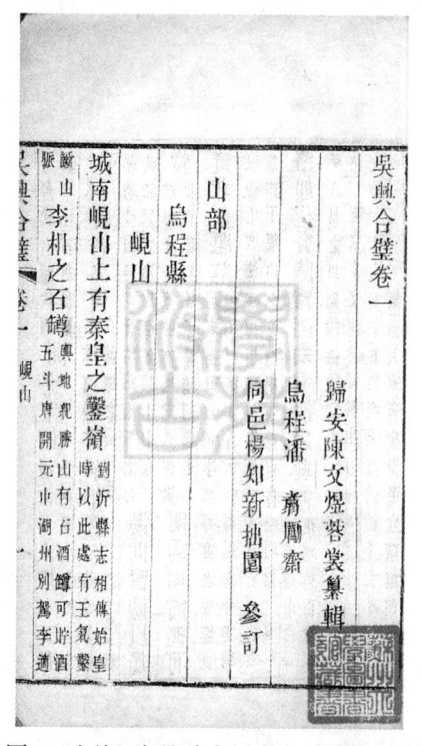

圖5　光緒四年聚珍齋活字本《吴興合璧》　　圖6　光緒四年聚珍齋活字本《吴興合璧》内封

　　這樣一來，結論只可能有兩個：一個是聚珍齋翻刻或覆刻了群玉齋的活字本《平定粤匪紀略》，一個是其他書商假借聚珍齋的名義翻刻或覆刻了群玉齋的活字本《平定粤匪紀略》。

　　除了"聚珍齋撿子板"之外，還有一件很奇怪的事情，就是所謂的"都城琉璃廠半松居士排字本"，目前我們所知所見的都是刻本，没有一部是真正的活字本！

　　例如《明季北略》二十四卷，人民大學圖書館和北大圖書館都有收藏，二本確屬同一版本，但北大館藏本版面邊欄界行多有殘損，顯然是刷印在後（見圖7至圖10）。這種現象證明，這兩個藏本應該是同一刻本的前後印本。

圖7　人大圖書館藏琉璃廠半松居士排字本　　圖8　北大圖書館藏琉璃廠半松居士排字本

圖9　人大圖書館藏琉璃廠半松居士排字本牌記　　圖10　北大圖書館藏琉璃廠半松居士排字本牌記

　　而且我們還進一步發現，即使是都有"都城琉璃廠半松居士排字本"牌記的同一部書，也可能是不同的版本。例如《貳臣傳》十二卷，下面圖11至圖

活字本鑒別與著錄的幾個問題及思考　*373*

14所示分别是北大圖書館和廈大圖書館關于該書的卷端頁和牌記，兩個本子雖都號稱排字本，其實都是刻本，而且還不是同一個版本。但是版式風格字體又極爲相似，顯然有極爲密切的關係。

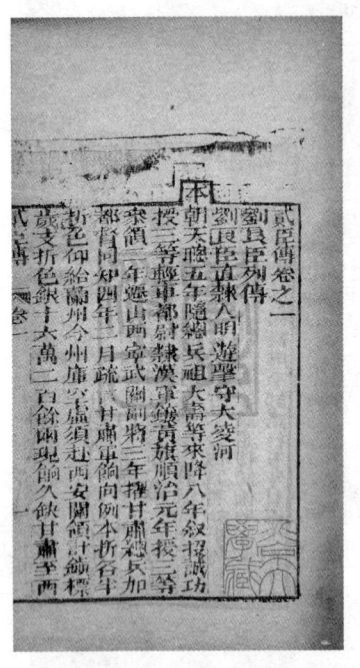

圖11　北大藏《貳臣傳》卷端頁　　　　圖12　廈大藏《貳臣傳》卷端頁

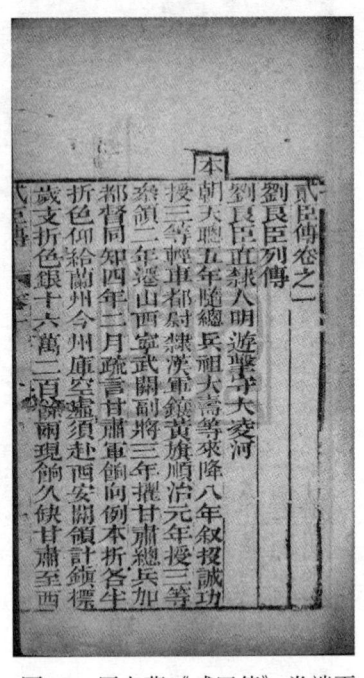

圖13　北大藏《貳臣傳》牌記　　　　圖14　廈大藏《貳臣傳》牌記

又如都有"都城琉璃廠半松居士排字本"牌記的《明季南略》十八卷，筆者將北京大學圖書館、人民大學圖書館和四川大學圖書館3個藏本相比對，發現竟然是3個不同的刻本！

圖15　北大藏半松居士排字本　　　圖16　人大藏半松居士排字本

現在困擾我們的，是天底下到底有沒有琉璃廠半松居士的活字本這種東西？是純屬虛構？還是當初確曾有過一個名副其實的"琉璃廠半松居士排字本"，然後其他書商據其翻刻或覆刻？迄今爲止，我們還沒有發現《明季南略》的任何一個活字本，所以也無法查證所謂的"琉璃廠半松居士排字本"是否是翻刻或覆刻了其他的什麼活字本。還有一個問題是：既然不是活字本，爲什麼要在牌記上標明爲"排字本"？

鑒于內封、牌記有被原樣翻刻或覆刻的可能性，我們在鑒定活字本時，確實需要有翻刻、覆刻的意識存在，不能僅據書上的一二處活字本的特徵，就貿然斷定其爲活字本，更不能輕易相信書上內封或牌記中的說明，一定要看全書的版式風格，在進行綜合鑒別之後，才能最後下結論。

圖17　川大藏半松居士排字本

活字本鑒別與著錄的幾個問題及思考　375

最後要提醒一下：就上述所舉各本而言，既然已經斷定其不是活字本，那麼對出版項的著錄當然也不能依據其内封或牌記上的文字了。例如有的藏館著錄爲都城琉璃廠半松居士刻本，好像鑒別得很準確，但其實未必。因爲對翻刻本或覆刻本來說，出版者大多已經發生變化了。應該著錄爲清末刻本，内封或牌記的情況可放到附注項去詳細描述。

二、怎樣看待斷版、裂版現象？

在活字本的鑒別上，版本學界有個共識，就是活字本絕無斷版、裂版現象。因爲活字印書，版面各個部分相對獨立，不會像雕版那樣因存放年久或氣候乾燥而出現斷版、裂版情況。

2010年8月，中國社會科學出版社出版了鄒毅先生的《證驗千年活版印刷術》一書。作爲一個非專業人士，作者花費5年的艱苦卓絶的努力，專心致志地投身于活字印刷術的研究、探索，其精神和毅力令人感佩。作者在書中提出了"活印綫"的説法。什麽是"活印綫"？照鄒毅先生的説法，就是版面上水平方向筆直穿破所有界欄和兩端邊框的白道子。這種白道子不是因雕版印刷中的裂版、斷版而產生的，而是活字印刷時因使用浸了桐油的捆版繩橫向將活字版緊緊捆住所致。

鄒毅先生論述"活印綫"的意圖在于告訴人們，今後在版本鑒定時，不要再僅憑版面上有所謂的裂版、斷版，而不敢將在各方面都具備活字本特徵的版本鑒定爲活字本了。

活印綫的説法是否成立？我在看到鄒先生《證驗千年活版印刷術》一書後，對此説法很感興趣，從此特別留心尋找相關的證據，以證其説。但我在屢次試圖驗證鄒毅先生的説法時，都失敗了，因爲這些看起來似乎可以用"活印綫"來解釋的本子，其實都是活字本的翻刻本甚至是覆刻本。

例如，北大圖書館藏有一部所謂"聚珍齋擺字"的《忠武侯諸葛孔明先生全集》五種，11册1函，内封右上角鐫"同治元年秋月"6字，左下角鐫"聚珍齋擺字"5字（見圖18）。觀其版式字體和版面神氣，也確實有活字本的特徵。但該書幾乎每葉靠下方大約在版框三分之一的地方，都有一道白綫橫貫版面，並穿破版框（見圖19）。起初，我曾試圖用鄒毅先生的"活印綫"理論來解釋這個現象，但發現許多白道上方或下方的文字扁平而且變形，説明係采用了

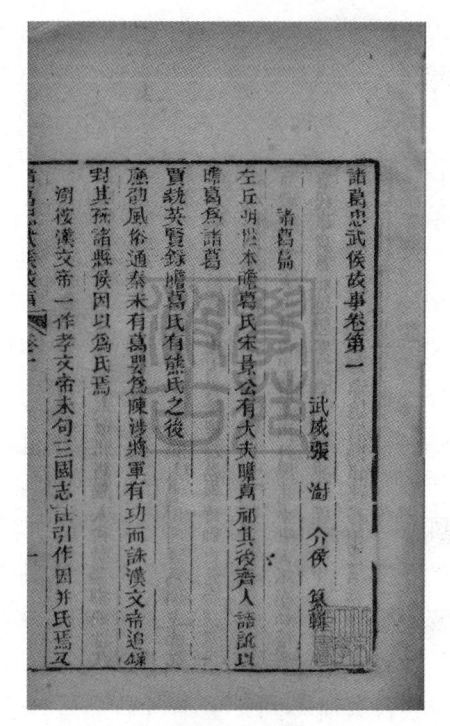

圖18　北大藏《忠武侯諸葛孔明先生全集》內封　　圖19　北大藏《忠武侯諸葛孔明先生全集》卷端頁

拼版的方法，即用兩塊甚至幾塊小木版拼成一個完整的書版，在刻版時，爲了避開拼版中的裂縫，不得不改變文字的大小形狀。如果是因"活印綫"而形成的白道，就不會發生這種情況了。此外，書中還有一些葉面出現角上大片字迹殘缺不全的現象，分明是版面殘損所致，這是雕版印刷的特徵。"高校古文獻資源庫"中遼寧大學圖書館著録該本爲"翻刻本（根據聚珍齋活字本）"，大概也是發現其絶非活字本，才這樣描述的。于是，我本想用這個本子來證實鄒毅先生"活印綫"説法的願望又落空了。

鄒毅先生還進一步説一些近代的鉛印本上也有這種"活印綫"，這就更令人疑惑了：假如説，因爲中國古代印書所用墨中油的成分較少，所以捆版綫在桐油中浸泡過，可以不沾染墨迹；那麽近代的鉛印本是用油墨印刷的，是否捆版綫就應該用水來潤濕呢？而水是很容易蒸發掉的，如果印的時間長了，那捆版綫不就沾上油墨了嗎？那不就很容易印出一道道黑綫了嗎？

筆者以爲，捆版綫在一些活字印刷中可能是應用了的，但應如李致忠先生在其《古書版本鑒定》中所説，捆版的方法應該是從版框四周來捆扎，而不是將綫繩横貫版面來捆扎。"活印綫"的説法，有待于進一步的認證。

鄒毅先生在其《證驗千年活版印刷術》一書的第四章中還提出，活字本也有"斷版"現象。但所舉例子都是一些版面上局部的、細微的裂紋，有的是因紙張皺褶而產生，有的是因木活字產生裂紋所致。這些裂紋不是"斷版"，在

活字本鑒別與著録的幾個問題及思考　377

具體的鑒別中，人們是能夠輕易識別的，不應與雕版印本中的"裂版"現象等同齊觀。而如果版面上的裂紋真是裂版甚至斷版，那就一定不是活字本。

例如，我在編目時，碰到清內府印本《御製欽若曆書》上編十六卷下編十卷表十六卷一書，發現其版式字體酷似清內府銅活字本《古今圖書集成》，因而懷疑其爲活字本。查翁連溪先生編《清代內府刻書圖錄》書後附《清代內府刻書概述》一文，也說康熙雍正間內府銅活字本中有《御製欽若曆書》一書。再查北大、中山大學、人民大學、復旦大學圖書館的書目記錄，都有該書康熙雍正間內府本，但都著錄爲刻本。而且該書印出後隨即改名爲《御製曆象考成》，故各館藏本版心上方"御製欽若曆書"中的"欽若曆書"4字均用墨塗去。而各館所藏《御製曆象考成》內府印本，除版心已改爲"御製曆象考成"外，其他正文文字與《御製欽若曆書》完全相同，毫無二致。筆者仔細觀察，發現各本版面有程度不同的輕微裂痕。如全書正文首頁次行"曆象"二字中間對應的右邊框，在《御製欽若曆書》本上只微現裂痕（見圖20），到《御製曆象考成》本上，此裂痕已穿破"曆"、"世"二字，甚至有向左延展至"月"、"欲"二字者（見圖21），各館藏本僅在裂紋長短上有些微差異。如果是活字本，重印時需重新排版，版面、字體必會有所不同，更不會有裂紋擴大的現象，可見其必爲雕版印本無疑，事實上，也確實沒有一個藏館將內府本《御製曆象考成》著錄爲活字本的。就這樣，《御製欽若曆書》因爲這個版面上的輕微裂紋最後被鑒定爲刻本。至于是否確實有銅活字本的《御製欽若曆書》存在，那就有待于日後的尋找和發現了。

圖20　清內府本《御製欽若曆書》卷端頁　　圖21　清內府本《御製曆象考成》卷端頁

三、關于活字本字與字之間的筆劃交叉問題

過去的版本學著作，包括本人所著的《中國圖書版本學》一書，都很肯定地說，活字本字與字之間筆劃絕不交叉，否則就不是活字本。鄒毅先生《證驗千年活版印刷術》第四章中指出，活字本字與字之間筆劃可以交叉。鄒毅先生主要的論據有二：第一，某些金屬活字丁並非是上下規格一致的立方體，而是不規則的異形活字丁。他舉了曹炯鎮、艾俊川、劉大軍三位先生的著作或文章作爲支持。第二，木活字規格不一，排版時如出現排不下的情況，可以用刀切削字丁的空白部分，使字丁與字丁之間相互榫接，從而產生上字與下字之間的筆劃交叉現象。我對以上觀點表示贊同。

鄒毅先生還指出，出現上下字筆劃交叉的另一個可能，就是連字印的使用。他舉了史金波先生鑒定寧夏靈武出土的元代木活字本西夏文《大方廣佛華嚴經》的例子。筆者這裏可以再追舉兩個例子。

如1991年在寧夏賀蘭縣拜寺溝方塔出土的西夏文佛經《吉祥遍至口和本續》，被認定爲木活字本，但書中出現了上下文字之間連筆甚至筆劃交叉的現象，如卷五的漢文頁碼，"十一"、"十六"等，上下二字相連；、"二十二"、"二十五"、"二十九"、"三十三"中的後兩個數字，均爲二字相連；"廿七"上下筆劃交叉。這些現象應該是將二字或三字刻在一個字丁上所致。

20世紀初在黑水城遺址和1987年5月在甘肅武威亥母洞出土的西夏文佛經《維摩詰所說經》，被認定爲泥活字本。但其卷首有西夏仁宗尊號題款"奉天顯道耀武宣文神謀睿智制義去邪惇睦懿恭"一行西夏字，其中有的上下字有相接或交叉現象，字左右部的撇捺，特別是右部的捺伸出較長，筆端尖細，且文字書寫風格相同，爲一人手筆，字體與經文正文風格迥異，與活字本的特點不相符合，推斷此行字是被刻在一整塊長條木印上，檢字排版時，將整條木印嵌于活字版內。因爲仁宗的這個尊號可能不止出現在一個地方，而且文字較多，如果以字爲單位進行檢排則費時費力，所以就采用了這種連字長條木印嵌入的方法。

其實這種連字印的做法在漢文活字本中也是被經常使用的。如家譜中經常需要用墨圍表示世系的"××世"如"第七世"、"十七世"等，就常常刻在一個字丁上。其他一些特殊類型文獻中使用頻率較高的詞語如日期、年號、人名、官名、地名，等等，都有可能刻在一個字丁上，成爲連字印，並有可能出現上下字之間的筆劃交叉。由此看來，古代活字的製作不一定完全以字爲單位，還可以是二個字、三個字，甚至十幾個字，完全視其使用的頻率而定。所以活字本中出現上下文的筆劃交叉並不是不可理解的。

由此看來，以往那種認爲活字本活字與活字之間的筆劃絕不交叉的觀點，確實是顯得武斷了一些。

四、活字本是否包含鉛印本？

活字本的類型雖然很多，有泥活字本、銅活字本、錫活字本、木活字本，甚至鐵活字、瓢活字本，但都可以活字本概括稱之。問題在于，近代出現的采用西方鉛印術印刷的鉛印本能否作爲鉛活字本而歸入活字本的行列？

表面上看，鉛印本當然是活字本，稱之爲鉛活字本沒有問題。在鉛印本最初出現時，人們就是這樣認識的，所以在鉛印本的内封、牌記上仍然沿用過去傳統活字本的各種說法。如：清咸豐十一年（1861）上海墨海書館鉛印本《大美聯邦志略》，其内封仍題"滬邑墨海書館活字板"（見圖23）。

圖22　墨海書館鉛印本《大美聯邦志略》卷端頁　　圖23　墨海書館鉛印本《大美聯邦志略》内封

清宣統二年（1910）上海華美書局鉛印本《阿裏巴巴遇盜記》，内封題"上海華美書局擺印"。清同治十二年（1873）中華印務總局鉛印本《普法戰紀》十四卷，内封背面牌記題"同治十二年歲次癸酉秋七月中華印務總局活字板排印"（見圖25）。

圖24　中華印務總局鉛印本《普法戰紀》卷端頁　　圖25　中華印務總局鉛印本《普法戰紀》牌記

　　像這樣的本子，過去各家著錄編目時，也常常順着書上的說法，將其著錄爲活字本。例如江澄波先生的《江蘇活字印書》一書，收錄明清兩代及民國時期銅、木、泥、鉛各種活字本圖書1800種，書中設"清代鉛活字印書"、"民國鉛活字印書（綫裝本）"兩節，明確將鉛印本稱爲"鉛活字本"而歸入活字本。我們在"學苑汲古——高校古文獻資源庫"中，也常常看到對這類本子五花八門的著錄方法，有稱"鉛印本"的，有稱"鉛活字本"的，有稱"活字本"的，還有稱"排印本"的。

　　現代一些論述活字本的專著也在某種程度上加劇了這種混亂。例如徐憶農所撰《活字本》一書（江蘇古籍出版社2002年版，《中國版本文化叢書》之一），以介紹中國古代的活字本爲宗旨，但在最後却加入了鉛印本的內容：印刷出版機構重點介紹了19世紀中期著名的上海墨海書館；期刊出版印刷詳細描述了《格致彙編》的編印情况；圖書則舉當代有代表性的鉛印本《新華字典》爲例；書中甚至還以"當代——活字印刷術的變革時代"爲題，用相當篇幅介紹了20世紀80年代王選院士的激光照排。這對人們瞭解活字印刷術的發展史來說是有益的；但對於人們清楚認識活字本的概念和界定活字本的範圍，則是不利的。

　　圖書館古籍編目是一項規範性很强的工作，古籍的版本類型也應該是概念準確，界限分明，不能模稜兩可，讓人無所適從。中國活字本的印刷方法是手工刷印，而鉛印本的印刷方法是機器壓印，所以在紙面字迹的凸凹感覺和墨迹、墨色方面二者都有明顯的區别。活字本和鉛印本之間各種不同的版本特徵，每

活字本鑒别與著錄的幾個問題及思考　　*381*

一個合格的古籍編目工作人員都是知曉的，是可以輕易識別的。他們需要的，只是一個明確的規定。

　　從古籍編目的角度出發，筆者不贊成稱鉛印本爲鉛活字本。據文獻記載，中國古代確曾有過鉛活字本，但那是屬于中國傳統活字印刷技術的產物，與用西方鉛印術印刷的鉛印本不是一回事。鉛印本這個概念專指那些使用西方鉛印術印刷而成的圖書，它跨越古今且數量龐大。而活字本的概念只在中國古籍或者采用中國傳統活字印刷技術的印本範圍內使用。在古籍編目中，活字本和鉛印本應該是兩個各自獨立的版本類型，它們是並列的關係，不是包含或交叉的關係。在現在的古籍書目數據庫系統中，如果將鉛印本著錄爲鉛活字本，會影響活字本的檢索結果，造成混亂，這也是我們需要嚴格區分鉛印本和活字本的一個重要原因。

注：

　　本文中所有圖片均采自"學苑汲古——高校古文獻資源庫"，故圖中均有"學苑汲古"水印。特此說明。

參考文獻

1. 學苑汲古——高校古文獻資源庫. http://rbdl.calis.edu.cn:8086/aopac/jsp/indexXyjg.jsp
2. 鄒　毅. 證驗千年活版印刷術. 北京：中國社會科學出版社，2010.
3. 徐憶農. 活字本. 南京：江蘇古籍出版社，2002.
4. 曹炯鎮. 中韓兩國古活字印刷技術之比較研究. 臺北：學海出版社，1986.
5. 張秀民著，韓琦增訂. 中國印刷史（插圖珍藏增訂版）. 浙江古籍出版社，2006.
6. 上海新四軍歷史研究會印刷印鈔分會編. 活字印刷源流. 北京：印刷工業出版社，1990.
7. 江澄波. 江蘇活字印書. 南京：江蘇人民出版社，1997.
8. 牛達生. 西夏活字印刷研究. 銀川：寧夏人民出版社，2004.
9. 史金波. 西夏出版研究. 銀川：寧夏人民出版社，2004.
10. 魏隱儒. 古籍版本鑒定叢談. 北京：印刷工業出版社，1984.
11. 姚伯岳. 中國圖書版本學. 北京大學出版社，2004.
12. 姚伯岳. 論覆刻本. 版本目錄學研究（第一輯）. 國家圖書館出版社，2009.
13. 姚伯岳. 古籍版本鑒別和著錄中的內封、牌記依據問題. 版本目錄學研究（第二輯）. 國家圖書館出版社，2010.
14. 翁連溪編著. 清代內府刻書圖錄. 北京出版社，2004.
15. 翁連溪. 清代內府刻書概述. 見：清代內府刻書圖錄. 北京出版社，2004.
16. 張樹棟，龐多益，鄭如斯. 簡明中華印刷通史. 桂林：廣西師範大學出版社，2004.

　　　　　　　　　　　　姚伯岳：北京大學圖書館古籍部研究館員

上海著易堂書局鉛雕版印本《聊齋志異》

唐驚生

  中國古籍多用木雕書版，刷印成書。以金屬板雕成印版、刷印成書的極爲少見。鉛雕版印本《聊齋志異》[①]，16 卷，采用鉛平板單面雕刻成書版，印刷用紙爲竹（黃色）紙，水墨刷印；每半頁 10 行，行 33 字；版框高爲 12.5 厘米，寬爲 9.4 厘米，四周雙邊；框上有批語，單邊；書的裝幀形式爲綫裝，16 册，2 函；由上海著易堂書局印行，書中未注明出版時間。經查證有關的出版史料，光緒四年（1878）上海著易堂書局已經使用鉛活字印行小説[②]。而到光緒十年（1884）上海著易堂書局又采用木雕版朱墨套印和近代中文鉛活字兩種印刷方法，同時重新出版了兩種不同印本的《聊齋志異》[③]。參照上述的出版史料與實物，鉛雕版印本《聊齋志異》的出版時間不會晚於光緒四年，其刷印時間不會晚於光緒十年。
  上海著易堂書局是國內最早使用鑄鉛版印書的民辦印刷出版機構。鑄鉛版

---

  ① 蒲松齡：《聊齋志異》16 卷，上海著易堂書局印刷出版，出版時間約爲清同治末年至光緒初年之間，刷印時間約爲光緒初年，本人有存。
  ② 《兒女英雄傳》40 回，清光緒四年（1878），上海著易堂鉛印本，王清原等編纂：《小説書坊録》，北京：北京圖書館出版社，2002 年，第 105 頁。
  ③ 蒲松齡：《聊齋志異》16 卷，清光緒十年（1884），上海著易堂刊印，朱墨套印本，竹（黃）紙印，每半頁 10 行，行 33 字；版框高爲 13 釐米，寬爲 9.5 釐米；白口，四周雙邊；版心雙魚尾，書口上爲書名《聊齋志異新評》，中爲卷次、篇名、頁數，下爲全版刻字數及朱色印卷次、頁數，綫裝 16 册，1 函，本人有存。

印書的方法是："以泥覆于排成活版之上，壓成陰文，以鉛等混合金屬熔澆其上，即成陽文鉛版，用之印刷，兼有活版及木版之長而無其弊。此法確于何時輸入我國，無從稽考，大概隨歐式鉛字流入中土。澳門之花華聖經書房（1884年設立）及上海字林西報館、著易堂及申報館，初倡之時，即有此鉛版印刷之法。"① 上文提到的四家印刷出版機構，只有上海著易堂書局是民辦的印刷出版機構，其餘三家均爲外資創辦的印刷出版機構。鉛雕版印本《聊齋志異》爲上海著易堂書局仿西法印書初期時的產品。仔細觀察鉛雕版印本《聊齋志異》的書頁，可以見到書頁上的大小字互相交錯，字與字有相連之處。其印版應爲先鑄成鉛平板再雕刻而成，還不是由活字排版後，再利用"泥版"製成的整鉛印版。

鉛雕版印本《聊齋志異》的印刷方法與木雕版印書的方法基本相同。由印書工人采用手工操作，刷印印書而不是用西式機械壓印印書，印刷用紙爲竹紙，印書用墨爲中國傳統印書墨，而不是近代西方油墨，裝幀形式爲傳統綫裝形式。若非書的末頁牌記上印有"上海著易堂書局塗紫巢仿西法校印整鉛板發兌各省同行"的字樣，則很難將它與用木雕版印成的書區分開。

在中國，印刷術的應用有一千三百多年的歷史，雕版印刷術應用的時期最長，至少有一千二百多年的歷史，是印刷技術的主流。在中國古代印刷史上，也曾應用過金屬版印刷技術，有不少銅版印書的記述，元人岳浚在其《刊正九經三傳沿革例》的"書本"一節中曾說，爲了校刻《九經》，"今以家塾所藏唐石刻本、晋天福銅版本、京師大字舊本、紹興初監本……合二十三本，專屬本經名士，反復參訂，始命良工入梓"②。這裏就提到了"晋天福銅版本"。在同一書的"音釋"一節中，岳浚說"唐石本、晋銅版本、舊、新監本、蜀諸本與他善本，止刊古注，若音釋則自爲一書，難檢尋而易差誤……"，又一次提到了"晋銅版本"，一本書中兩次提到"晋銅版本"，絕不會是筆誤，應當有這樣記述的理由。

明崇禎刊本的《夢林玄解》中，收有北宋孫奭自撰的《圓夢秘策》序言。文中記述："奭雖蠢愚……獨恨占夢之經闕然。……丙子春二月，偶經蘭溪道上，遇一羽衣，……因出其書八卷，稽道授愚，辭舟而去……用不敢私，鐫金刷楮，敬公四海，亦冀後之君子有心兹事者，因其書而詳會變通焉。……景祐三年（1036）四月上浣休休老人孫奭述于《圓夢秘策》之端。"③ 其中"鐫金刷楮"，應也是金屬版印書的記述，但早期用金屬版印成的書還沒有發現

---

① 賀聖鼐、賴彦于：《近代中國印刷術》，上海新四軍歷史研究會印刷印鈔分會編：《中國印刷史料選輯—裝訂源流和補遺》，北京：中國書籍出版社，1993年，第374頁。

② 轉引自李致忠：《古籍版本知識500問》，北京：北京圖書館出版社，2001年，第34頁，但李致忠先生認爲當時不可能製銅版印書。

③ 同上。

過實物。

另外，宋、金、元三朝都曾用過金屬版印刷紙鈔，迄今尚有印鈔用的金屬版存世。"在明朝，江蘇句容縣有個叫楊饅頭的人，爲謀取暴利，他和一個銀匠合夥用錫製作寶鈔印版，印刷假鈔，後來被官府發現，按律斬首。"① 楊饅頭因印刷假鈔被殺，可用"錫版"印出的僞鈔"文理分明"，技術上是成功的。

以上都是應用金屬版印刷技術的記述，但金屬版的製造技術，即金屬印版是鑄造的還是刻制的，在印刷史的研究中還有爭論，我個人認爲軟金屬的印版，如錫、鉛等金屬的印版都是雕刻製成的。至于銅印版有可能是利用已經刻成的木雕版，翻沙鑄造的。但經觀察、研究清代遺存下來的銅活字，會發現清代的銅活字都爲刻制，尚未見到過鑄造的②。本人通過對自藏的清乾隆時期的銅活字進行研究分析，認爲清代製造銅活字的方法及程序應是：（一）首先將黃銅加熱，用鐵錘鍛打成 10 毫米見方的方銅條；（二）把方形的黃銅條加熱後，用鐵錘和鑿子將方銅條製成 15—20 毫米長、10 毫米見方的方銅柱；（三）磨平兩端，在比較平的一端（銅活字的另一端只簡單打磨，不平整）像刻印章一樣刻字。整個銅活字的製造過程中，沒有使用過鋼鋸、鋼銼等近代的鉗工工具。③

在對中國古代各種金屬版（包括蠟版）及各種金屬活字印書的研究中，還

---

① 張樹棟：《我國古代的紙幣印刷》，上海新四軍歷史研究會印刷印鈔分會編：《中國印刷史料選輯—雕版印刷源流》，北京：印刷工業出版社，1990 年，第 334 頁。

② 北京各拍賣公司上拍銅活字情況匯總：中國嘉德國際拍賣有限公司：

1999 - 04 - 20；拍品編號：540；清代銅活字；估價 RMB10000—12000（元）；成交價 REM49500（元）；清中期刻；一盒 373 枚銅。

2000 - 11 - 05；拍品編號：694；清代銅活字；估價 RMB10000—15000（元）；成交價 REM11000（元）；雕刻；銅質一盒 373 枚。

北京翰海拍賣有限公司：

2001 - 07 - 01；拍品編號：1178；清乾隆銅活字；估價 RMB12000—15000（元）；成交價 REM12100（元）；清乾隆雕刻；一盒 436 枚銅質。

中國書店海王村有限責任拍賣公司：

2000 - 05 - 06 日；拍品編號：235；清中期銅活字；估價 RMB20000—25000（元）；未成交；此銅活字字體爲仿宋體；清中期雕刻；一盒 412 枚銅質。

2000 - 05 - 06 日；拍品編號：236；清早期銅活字；估價 RMB30000—35000（元）；成交價 REM20000（元）；此銅活字字體爲手寫體；清早期雕刻；一盒 489 枚銅質。

2000 - 11 - 05 日；拍品編號：213；清銅活字；估價 RMB35000—40000（元）；未成交；清代雕刻；一盒 302 枚銅質。

③ 本人自藏的銅活字共 33 枚，黃銅質，清乾隆時期雕刻，字體爲方型宋體，銅活字長短參差不齊，大小不等。其中，最長的字爲 20 毫米，最短的字爲 15 毫米；最大的字有 11.5 毫米見方，最小的字 9 毫米見方。

上海著易堂書局鉛雕版印本《聊齋志異》　*385*

應該重視印書的用墨及印刷的工藝。凡是采用中國古代傳統的印書墨①，由印書工人手工操作，采用刷印印書工藝印成的書，應歸屬于中國古代印刷技術的研究範疇。而應用近代西方油墨，用西式機械壓印印成的書，則應屬于中國近代印刷技術的研究範疇。

通過對整鉛版印本《聊齋志異》的研究，可以確認上海著易堂書局使用近代中文鉛活字印書之前，有一個短時期曾用鉛雕版印刷術印書。即在民營印刷出版企業模仿學習應用西方近代凸版印刷技術的初期，市場上沒有成品鉛活字和活字字模出售，企業小也沒有足夠的財力及技術自製活字字模用于澆鑄鉛活字，采用鉛雕版印刷術直接雕刻鉛版印書是最簡便易行的方法。鉛雕版印刷術與木雕版印刷術相比較，製作鉛平板要比木板容易，刻字的難易程度基本相同，故刻板的人工費用變化不大。使用鉛雕版印刷術印書，最初投入的資金比用木雕版印刷術印書多，但用過的鉛雕版熔化後可重複製版使用，而木雕版則不能改制成其他書的印版。總體來說鉛雕版印刷術印書比用木雕版印刷術印書成本低。民營印刷出版機構是一種私人營利企業，企業主必然要追求利潤的最大化，所印之書不可避免地會作爲追求利潤的工具。降低印刷成本，對民營印刷出版企業至關重要。這就是鉛雕版印刷術當時在國內民營印刷出版業中得以應用的原因。隨着近代中文鉛活字的推廣使用，鉛活字和活字字模成爲商品進入市場，民營印刷出版企業購買鉛活字或活字字模澆鑄鉛活字用于印刷，印刷成本比用鉛雕版還低。鉛雕版印刷術即被淘汰。近代西方油墨替代中國傳統印書墨，新型壓印式印刷機械替代人力刷印，使古代印刷術最終轉變爲近代印刷術。

中國古代印刷術如何轉變爲近代印刷術，是中國印刷近代史研究的課題之一。因這個轉變期的時間短，留存下來的民營印刷出版企業的技術資料缺乏，有代表性的出版物更是難得一見。進行學術研究時，學者們不得不以外資印刷出版機構的出版物作爲研究對象，故得出的結論與當時國內民營印刷出版企業實際應用過的印刷方法存在差別。目前已經出版的《中國印刷近代史》（初稿）中，只提到了近代中文鉛活字的引進。但對國內民營印刷出版企業凸版印刷技術的改革，因没能見到有關的印刷品實物，故也無法對這種凸版印刷技術的改革作具體的描述。上海著易堂書局鉛雕版印本《聊齋志異》，是民營印刷出版企業應用近代中文鉛活字技術之前，模仿學習西法，改革中國古代"金屬版"

---

① 據中國書店的老師傅介紹，古代用銅等金屬活字或金屬版印書時，印刷用墨裏要加入一定量的植物油替代水作稀釋劑，但具體的添加數量没有記載。韓琦先生寫的《中國的蠟版印刷》中也記述：蠟版印刷用墨，是用煙墨（lampblack）與價廉的菜油混合而成。上海新四軍歷史研究會印刷印鈔分會編：《中國印刷史料選輯—裝訂源流和補遺》，第162頁。

印刷技術，使用整鉛雕版印行的出版物。它的出現，爲我們提供了研究中國古代印刷術是如何轉變爲近代印刷術的印刷品實物。

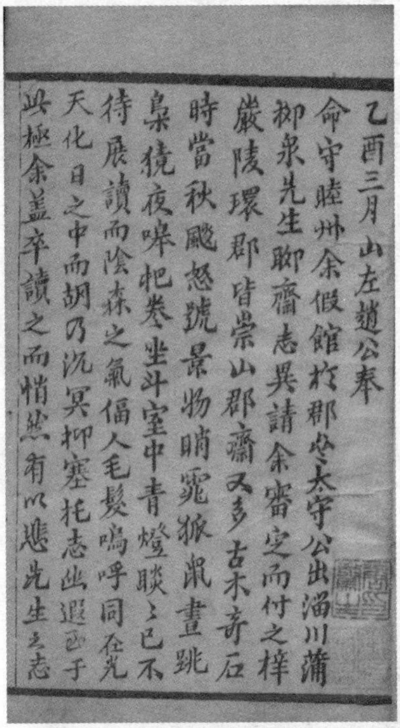
乙酉三月山左趙公奉
命守睦州余假館於郡齋太守公出淄川蒲
柳泉先生聊齋志異請余審定而付之梓
嚴陵環郡皆崇山郡齋又多古木奇石
時當秋飈怒號景物晦冥狐鼠晝跳
梟鴟夜嘷把卷坐斗室中青燈睒睒已不
待展讀而陰森之氣偪人毛髮嗚呼同在光
天化日之中而胡乃沉冥抑塞托志幽遐至于
此極余蓋卒讀之而悄然有以悲先生之志

圖 1

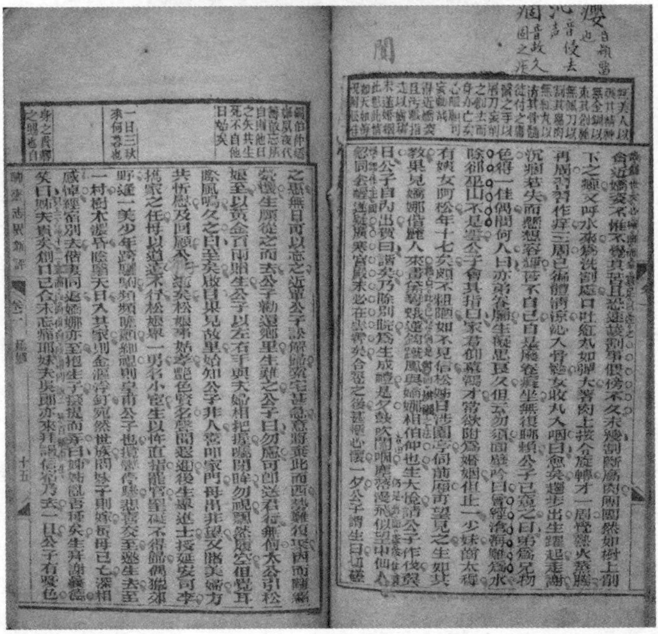

圖 2

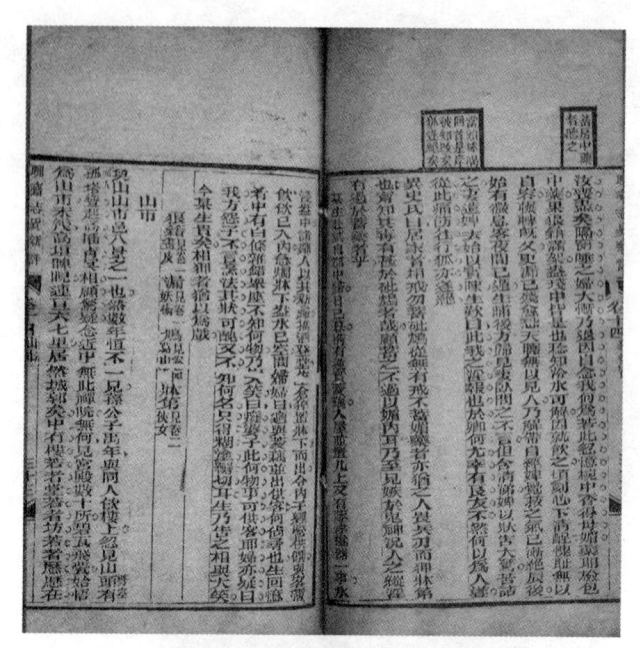

圖3

圖4

唐鷲生：北京海澱工程師

版畫 版本目錄學研究第四輯

漫話巨幅版畫傑作《萬壽盛典圖》

宋平生

《萬壽盛典圖》是中國古代美術史上的巨幅傑作，有繪本，也有刻本。其繪本深藏故宮，難得一見。而刻本雖亦珍稀，但在古籍市場上還能驚鴻偶現。本文所討論的主要就是木刻本的《萬壽盛典圖》。首先，我們看看有關專家對木刻本《萬壽盛典圖》的評價。

郭味蕖："由畫家宋駿業、王翬、冷枚、王原祁等合作的，刊於康熙五十二年（1713）的《萬壽盛典圖》和刊於乾隆卅一年（1766）的《南巡盛典圖》，及刊於乾隆六十年（1795）的《八旬萬壽盛典圖》及《避暑山莊圖》、《圓明園四十景詩圖》、《皇清職貢圖》等等，也都是版畫遺產中的珍寶。每一部插圖，多至幾百幅，畫面的人物，多至幾千人，而又層疊佈置了殿閣、園囿、溪橋、村市、埠頭、城閣的背景。若將《萬壽盛典圖》中的一百四十八圖伸展開來看，就是一個最偉麗的長卷。其中如'慈雲寺恭諷萬壽經'、'江南十三府戲臺'、'福建等六省燈樓'、'暢春園大市街'等段，結構細密，刀法爽朗，實在是別具風範。"[①]

王伯敏："這是康熙時代皇家的巨制，也是統治者作爲自我誇耀的精心傑作。爲畫計一百四十八頁。如果給以相連伸展，便是一幅長約二十丈的偉麗長卷。繪畫者初爲宋駿業及冷枚等，於康熙五十年（1711）又詔王原祁補成，其中人物，頗多冷枚手筆，而所繪山水，便由王原祁總其成。從繪畫的佈置來說，

---

① 郭味蕖《清代初期的版畫》，1956年《版畫》第2期。

這不能不說它是一幅巨構,也是宮廷集體創作的示範作品。此畫鐫刻者仍爲朱圭,至康熙五十二年(1713)才鐫刊完工,影響極大。乾隆六十年(1795)所刊《八旬萬壽盛典圖》,幾乎全部摹仿《萬壽盛典圖》而作,很少見其獨創,而刻工也不及朱圭之精了。"①

鄭振鐸:"更爲浩瀚的是《萬壽盛典圖》,刻於康熙五十二年(1713)。繪者初爲宋駿業,後由王原祁等補成之。這卷子除寫皇家的鹵簿儀仗外,並把當時北京的城内外的社會生活,民間情況的形形式式,都串插進去了,是重要的歷史文獻。繪者固盡心竭力以爲之,刻者也發揮其手眼的所長,精巧地傳達出這畫卷的意境來。在美術史,這樣長的綿綿不斷的畫卷,是空前的,其所包羅的事物景象的多種多樣,也是空前的。從山水、花卉、界畫、人物到馬、牛、道、釋無一不有,該有多麽大的魄力和修養才行啊。我們老祖宗的魄力之大,往往出人意外。不要説政治、經濟、文化的建設,就是藝術創作也往往是高人一等的。像這樣的弘偉的長卷恐怕世界上是不會有二的。"②

上列三位是研究中國古代版畫史最權威的專家,他們精當的評論,足以引起人們對《萬壽盛典圖》的重視與研究熱情。同時,我們也看到,前輩對《萬壽盛典圖》的作者、創作過程、版本情況等問題,還有一些混淆或訛誤之處。現據有關資料,略作考辨如下。

一、歷史背景與創作過程

康熙五十二年(1713)三月十八日,是康熙皇帝六十壽辰,清廷決定爲此舉行規模空前的慶典活動。

從三月一日始,自紫禁城神武門經西直門,到北京西郊的暢春園,沿途三十餘里長的街道,按照統一尺寸和規格進行修整,路上鋪滿細軟的黄沙。街巷兩側,分别搭建了龍棚、經棚、燈樓、戲臺、茶坊、書肆等,全部朱漆彩繪,並飾以萬字、壽字、福字形圖案,十分光鮮耀目。而高懸的對聯與彩燈,還有隨風飄揚的旗幡,更是烘托出喜慶的氛圍。

三月十七日,康熙皇帝乘涼步輦奉皇太后自西郊暢春園回鑾紫禁城,皇子、皇孫二十五人,扶輦隨行。街道兩側,紅燈高懸,彩旗飛揚,各省搭建的彩繪戲臺上,百戲雜技輪番上演,熱鬧非凡。王公大臣、士民百姓夾道跪迎聖駕,歡呼聲此起彼伏,響徹四野。

---

① 王伯敏:《中國版畫史》,上海:上海人民美術出版社,1961年。
② 鄭振鐸:《中國古代木刻畫史略》,上海:上海書店出版社,2010年。

三月十八日，壽誕慶典正式開始。皇子、諸王、大臣一同進表行禮；外省入覲的督、撫、提、鎮大員，以及致仕給還原品官員，各依照品級隨班拜賀。其後，一系列隆重的慶祝活動也隨即展開。

四月一日，兵部右侍郎宋駿業上奏"恭請繪圖，以昭盛典"。[①] 宋駿業計劃在劃卷中再現三月十七日，康熙皇帝從暢春園返回紫禁城時，沿途受到萬民歡呼慶賀的盛況。但他僅畫了一半便去世了。

五月三日，"養心殿監造趙昌等傳旨發下兵部右侍郎宋駿業所畫萬壽圖稿"，命戶部侍郎王原祁繼續完成此畫。王原祁"隨即率同冷枚，更選工畫人物、界畫者，就私寓繪畫"。[②] 作爲一代畫壇宗師的王原祁，顯然對宋駿業的畫稿難以認可，他在閏五月初三日的奏章中寫道："臣細閱已鉤稿中，其長短疏密尚未有盡善處，臣愚識斟酌，指示另爲鉤稿。其未鉤者，亦爲續鉤。"[③] 很明顯，王原祁不想在宋駿業畫稿的基礎上續畫，而是另起爐灶，帶領自己的助手冷枚等人重畫。所以，有人在完整的《萬壽盛典圖》作者中，著錄有宋駿業是錯誤的。當時王原祁已年逾七旬，不可能全程親自參與繪畫，真正的主畫者應是冷枚。至康熙五十二年十二月，第一幅完整的《萬壽盛典圖》畫卷竣工，隨即進呈康熙皇帝審閱。後來，有的中國版畫史專著與一些古籍目錄便據此將雕印本《萬壽盛典圖》著錄爲"康熙五十二年（1713）刻本"。其實，當時王原祁所獻的《萬壽盛典圖》，只是尚待康熙皇帝審定的手繪畫稿而已。雕印《萬壽盛典圖》是兩年後與《萬壽盛典初集》一起進行的。

康熙皇帝對《萬壽盛典圖》畫稿十分滿意，隨即批准"即領絹鉤摹正本"。受到鼓勵的王原祁，在康熙五十三年（1714）元月八日又上奏建議纂修《萬壽盛典初集》，並毛遂自薦由自己來主持纂修工作。他的建議順利獲得批准。這樣，王原祁就要組建三套班底同時進行三項工作。其一，遴選徐玫、金昆等人協同冷枚等十二人，領絹三十丈，在絹上勾摹《萬壽盛典圖》正本。其二，推薦查嗣瑮、王世琛等人，協助自己編纂《萬壽盛典初集》。其三，親率冷枚、王敬銘等，依樣另畫《萬壽盛典圖》木刻畫稿。木刻畫稿後編爲卷四十一、卷四十二，刻入一百二十卷本的《萬壽盛典初集》中。作爲年逾七旬的老人，顯然無法勝任如此重負，王原祁未及看到最終結果，便於康熙五十四年（1715）病逝了。後續工作由他的堂弟王奕清主持完成。

---

① 《萬壽盛典初集》卷四十，清康熙刻本。
② 同上。
③ 同上。

關於《萬壽盛典初集》及《萬壽盛典圖》的刊刻時間，據王奕清《校刊恭紀》所云："《萬壽盛典初集》於康熙五十四年春正月開雕，越明年冬十一月校刊告竣。計二千七百三十五版，五十三萬四千四百八十八字，爲書一百一十八卷，合畫圖二卷，爲書一百二十卷。"又據卷前所刻康熙五十六年馬齊等人《進書表》，可以確定爲康熙五十四年（1715）至康熙五十六年（1717）。負責組織刊印事宜的是刑部雲南司郎中趙之垣等，刻工是朱圭等人。

根據上引《萬壽盛典初集》卷前，以及卷四十中王原祁、王奕清等人的奏摺等資料，可以厘清《萬壽盛典圖》共有如下五種版本：

一、康熙五十二年宋駿業繪未完稿本。

二、康熙五十二年王王原祁、冷枚等繪稿本。

三、康熙五十三年王原祁、冷枚等絹繪正本。

四、康熙五十三年王原祁、冷枚、王敬銘等繪木刻稿本。

五、康熙五十四年至康熙五十六年刻《萬壽盛典初集》本。亦有將《萬壽盛典初集》中的《萬壽盛典圖》抽印單行者。

以上諸本中，除了宋駿業繪未完稿本，其餘幾種的主持者，雖然皆爲王原祁，但真正的主畫者，應是冷枚。只因他官品不高，竟然在纂修職名表找不到他的名字，這實在有失公允。幸虧在王原祁、王奕清的奏摺中，對他的工作屢有提及，才使他的重要貢獻不至於湮沒無聞。

二、《萬壽盛典圖》特點與價值

（一）名家畫稿，其格自高。在中國古代版畫史上，凡是最經典的版畫傑作，大多會有專業畫家的參與。尤其是著名畫家不同凡響的藝術品位與創作才華，自然會提升版畫的格調與水準。他們的畫稿，無疑是版畫成功的先決條件。此圖畫稿者的名望與地位之高，參與畫稿者人數之多，都是前所未見的。儘管《萬壽盛典圖》的畫稿是衆人合作的結晶，但有兩個人居功至偉，不能不提，他們就是王原祁與冷枚。

王原祁（1642—1715），字茂京，號麓台、石師道人，江蘇太倉人。著名畫家王時敏之孫。康熙九年（1670）進士，官至戶部侍郎，以畫供奉內廷。其既承董其昌及王時敏之學，又深受康熙皇帝寵信，領袖畫壇，影響廣被，爲婁東畫派宗師。與王時敏、王鑒、王翬合稱"四王"，加上吳曆、惲壽平又稱"清六家"。以他在畫壇的地位與資歷，出任繪畫《萬壽盛典圖》的主持者，應是當時最佳人選。

冷枚（約1669—1742），字吉臣，號金門畫史，山東膠州人。焦秉貞弟子。善畫人物、界畫，尤精仕女。畫法得力於西畫寫生，兼工帶寫，別具一格。曾協助焦秉貞完成《耕織圖》，爲一時傑作。與焦秉貞、沈喻三人，是康熙晚期享有盛名的宮廷畫家。由於《萬壽盛典圖》中需要大量的界畫與人物畫，這些皆非王原祁所長，所以，他請來擅長此道的冷枚做自己的高級助手，可謂是最明智的選擇。而冷枚也不負衆望，用高超的技藝與嚴謹的作風，爲《萬壽盛典圖》的成功，作出了至關重要的貢獻。

（二）名工操刀，惟妙惟肖。瞭解古代木刻版畫的人都知道，若想將優秀的畫稿變成優秀的版畫，優秀的刻工乃是最關鍵的環節。《萬壽盛典圖》的主刀者，就是在康熙朝享有盛名的朱圭。

朱圭，字上如，吳郡（今江蘇蘇州）人。善繪事，尤工雕版，技藝精絕，一時無出其右者。康熙間選入養心殿供事，以效力授鴻臚寺叙班。曾刻有《凌煙閣功臣畫像》、《無雙譜》、《耕織圖》、《御制避暑山莊圖詩》等，皆爲清初版畫精品。由他帶領內府的刻工雕刊《萬壽盛典圖》，無疑是最佳人選。有人曾用其所刻《萬壽盛典圖》與繪本比對，竟然是惟妙惟肖，幾可亂真。鄭振鐸對朱圭的評價極高，稱朱圭"是這個時代的驕子"。他在評價朱圭對《萬壽盛典圖》的貢獻時説："鐫圖者是朱圭，可能不是出於他一個人之手，而是集合許多吳郡名手，在他監刻之下完成之的。朱圭使這樣的巨制，化身千百，成爲不朽之作，而他自己也隨之不朽了。"[①]

（三）長幅巨構，規模空前。《萬壽盛典圖》共計146頁，爲雙面連式，編爲二卷。若首尾相連，竟至五十米之巨，遠遠超過長達十余米的明代汪廷訥所刻版畫長卷《環翠堂園景圖》，成爲規模空前的版畫巨構。而其中人物之衆多，屋宇之密緻，景物之繁複，場面之宏偉，構圖之嚴謹，亦一時無匹。僅就《萬壽盛典圖》的規模而言，當時不僅在國內，即使是放到世界藝壇上，都是卓然無雙的。

（四）文獻寶庫，內容豐富。由於《萬壽盛典圖》是一幅寫實性的巨幅歷史畫卷，所以，它不僅全景式地再現了三月十七日康熙皇帝從暢春園返回紫禁城時，沿途受到萬民歡呼慶賀的盛況，還給我們留下了豐富的圖像資料，具有很高的文獻價值。

例如，關於清初北京城內"後市"的具體位置，孫承澤所著《天府廣記》與吳長元在《宸垣識略》中所記略有不同，令人無所適從。後來，有人通過《萬壽盛典圖》證實《宸垣識略》所云"內市在禁城之左（東面），過光禄寺入內門，自御馬監以至西海子一帶皆是"的記載是正確的。

關於當時北京城內的商鋪，《萬壽盛典圖》反映得尤其詳盡。"西四牌樓一帶，有糧店、飯鋪、糕點鋪、雜貨鋪、布店、煙鋪、酒店、油漆店、錢莊等；

---

① 鄭振鐸《中國古代木刻畫史略》。

西華門至西直門，有菜局（即菜店）、糕點鋪、酒鋪、雜貨鋪、布店、裁縫鋪、中藥鋪、香料鋪、蠟燭鋪、金店、當鋪、錢莊銀號、佛具店、刻書鋪、古玩鋪、油漆店及大車店等等。這些店鋪還多有字型大小招幌，如正元號、新豐號、天成號、廣源號、仁得堂、萃生堂、聚寶齋、勝蘭齋、露香居、甘露居、華國樓等等。臨街店鋪，没字型大小招幌的，從畫面場景也能看出是糧店、肉鋪、菜店、水果店、煤鋪、鞋店、皮貨店、木器店、傢俱店、修車鋪等等。除了坐商，還有小商小販走街穿巷。"[1] 用最直觀的方式，反映出康熙年間，京城商業的一派興盛繁榮景象。（參見附圖1）

圖1

清制，禁旅八旗的基層軍事單位稱爲"汛"，汛下面設栅欄和堆撥。在汛、栅欄、堆撥執勤的是八旗步軍營。栅欄和堆撥遍佈内城，是基層執勤單位，起着維護治安、緝捕盜賊、防範火災的作用。當時的栅欄和堆撥是什麽樣式？具體設置在什麽位置？今人已難以回答。但通過《萬壽盛典圖》可以看到，栅欄一般都設在大街兩旁的胡同入口處，裝有可以開啓的木栅門，早開晚閉。堆撥通常設在鬧市旁邊，建有執勤班房，以供執勤士兵使用。（參見附圖2）

---

[1] 袁家方《清初的鼓樓商業街區》，http://blog.sina.com.cn/s/blog_6b4a20810100o7be.html。

圖2

此外，大凡清初經濟、建築、民俗、禮儀、服飾等方面的研究者，均可從《萬壽盛典圖》中找到有用的資料。隨着越來越多的不同學科的學者加入到研究利用《萬壽盛典圖》的行列中，《萬壽盛典圖》的文獻價值必然會隨之愈加凸顯出來。

宋平生：中國人民大學圖書館古籍研究所研究館員

收藏 版本目錄學研究第四輯

傅增湘與顧鶴逸交往事略舉隅

王藹

　　傅增湘與過雲樓顧鶴逸爲南北著名藏書家①，彼此交往頗多，今略舉數端，以見其追求與情誼。

　　諸事之中，首推《［洪武］蘇州府志》之收藏。

　　1911 年秋天，傅增湘作爲南北和議隨員，跟隨唐紹儀到上海。和議談判不順利，滯留上海數月。此期間，傅增湘偶然購買到宋刊本《新刊諸儒批點古文集成》②，乃汪啓淑進呈四庫本，從此開始聚書，又遍交沈曾植③、楊守敬④、

---

① 傅增湘（1872—1949），字潤沅，號沅叔，四川省江安縣人。清光緒二十四年（1898）中二甲第六名進士，選翰林院庶起士。二十九年（1903）以散館考試一等一名授職編修。其一生以文化教育事業爲己任。其藏書之所，取蘇東坡"萬人如海一身藏"詩意，定園名爲"藏園"。顧麟士（1865—1930），字諤一，號鶴逸，晚署西津，江蘇元和人。繼承祖父顧文彬過雲樓書畫藏書，有《顧鶴逸所藏舊槧書目》傳世。

② 《藏園群書題記》（上海古籍出版社，2008 年）卷八有長跋，載書之流傳、購書過程、諸公題跋。

③ 沈曾植（1850—1922），字子培，號乙庵，清浙江嘉興人。清晚期文壇名人。

④ 楊守敬（1839—1915），字鵬雲，號惺吾，別署鄰蘇，湖北宜都人。著名學者。其觀海堂藏書，先已有部分流失，1915 年殁於京，傅增湘長教育部，希望其書歸於國家，袁世凱以五萬三千金收購之。

莫棠①、徐乃昌②、張元濟諸公③，相與討論，鑒定版本眼力日長。至翌年三月，傅增湘哀集千餘册舊籍，滿載北歸④。

北歸之前曾至蘇州，書賈楊馥堂攜一箱書來，其中有《［洪武］蘇州府志》一部，傅先生檢視一番，初不以方志爲重，經楊馥堂勸說，因其爲蘇州古志，又經汲古閣鈔補缺葉⑤、宋賓王填補損字⑥、石韞玉凌波閣⑦、郁泰峰收藏⑧，遂以四十金購得。數日後拜訪過雲樓主人，顧先生已知藏園剛剛斬獲一部《［洪武］蘇州府志》，因是鄉邦文獻，遂相商轉讓。傅先生難以割捨，應允異時若有所見，必爲致力。顧先生以爲是畫餅充饑之説而已。

豈料1912年春回到京城之後，藏園先生就在北京琉璃廠翰文齋又見到一部《［洪武］蘇州府志》，馳書往告，並以百金得之。是年秋，再到蘇州，將此書鄭重交付⑨。不過，顧君雅愛鄉先賢手澤，欲以新獲之本交換，而傅先生亦因先得之本遞藏有緒，曾經名人校補，終難割愛。

1930年，顧鶴逸托章鈺返京時⑩，帶回《［洪武］蘇州府志》，請藏園先生就凌波閣藏本作對刊補正，忽忽經年，尚未著手，而顧鶴逸遽歸道山。惆悵之情，縈繞于傅先生心間，於是爲文《跋顧鶴逸藏洪武蘇州府志》⑪，文末曰："把卷回思，愧負良友。兹緣汪君孟舒還鄉之便⑫，仍以原書奉諸嗣君。延陵掛劍，殊有愧於前賢，相如返璧，幸能完夫故物。爰述源流，附之簡末，俾知吾兩人生死之誼，與二十年往復之情，咸藉此書傳諸後禩。"南京圖書館藏本上亦有藏園手跋，其曰："壬子春，余游吳門於鳴琴室。楊馥堂手收得洪武本《蘇州府志》，喜其版刻古樸，雅近元刊。初未以爲珍也。翌日顧君鶴逸見訪，披觀再四，愛不釋手，欲以他書相易，余婉謝焉，具語之曰：'他時若再見此本，當

---

① 莫棠，字楚生，又字楚孫，貴州獨山人，莫友芝從子。有藏書室名銅井文房。
② 徐乃昌（1866—1943），字積餘，號隨庵，安徽南陵人。甚富藏書，有《積學齋藏書目》。
③ 張元濟（1866—1959），字筱齋，號菊生，浙江海鹽人。與傅增湘之兄傅增淯同爲光緒十八年（1892）進士。於近代出版業最有貢獻。
④ 見《藏園居士六十自述》，民國年間石印本。
⑤ 明末清初常熟著名藏書家毛晉藏書之所。
⑥ 宋賓王，字蔚如，江蘇婁縣人，生活在清康熙至乾隆年間。雖爲賈人，篤好詩書，得暇便吟詠抄錄不輟。
⑦ 石韞玉（1756—1837），字執如，號琢堂，蘇州人。有《凌波閣藏書目録》，今存其自序。
⑧ 郁松年（1800—1866），字萬枝，號泰峰，上海人。家富藏書，有《宜稼堂書目》傳世。
⑨ 據南京圖書館徐憶農先生告知，此本《［洪武］蘇州府志》現在南京圖書館。
⑩ 章鈺（1864—1934），字式之，江蘇長洲（今蘇州）人。近代藏書家、校勘學家。光緒二十九年（1903）進士，官至外務部主事。辛亥革命後，久寓天津，以收藏、校書、著述爲業。家有藏書室名"四當齋"。其金石藏品多移藏國家圖書館。與顧鶴逸爲至交。有《章氏四當齋藏書目》。
⑪ 詳參《藏園群書題記》卷四。
⑫ 汪孟舒，清末民初琴家、書法家、畫家、收藏家。

爲君收之。'君笑曰：'公何言之易耶？此書各家著錄多屬傳鈔，若明初刊本，祇海虞瞿氏、吳興陸氏有之，並此鼎峙成三。且此帙爲石琢堂殿撰脩府志時所閲，於吾郡尤有雅，故君爲此言慰我，得毋類於畫餅充飢耶？'相與一笑而罷。洎癸丑春余入都閲肆，於翰文齋忽覯此帙，欣喜過望，急馳函告君，以百金議成。其秋即載以相付。君旋以書抵余，欲以新收易余舊藏，余因藏本爲宋賓王校補，頗難割愛，已而君舉全書二十巨册，交章君式之賫以北來，屬余爲臨宋氏校補文字。人事紛冗，未遑開卷，而君於前歲遽歸道山，宿諾未償，愧負良友。頃以汪君孟舒還吳之便，仍檢原書歸之其家，並志其始末於卷耑，後之覽者可見吾兩人嗜古之情，與夫頻年往復之故，且留此一段因緣，爲書林異時之佳話。延陵掛劍，或有愧於前賢，相如返璧，幸能完於故物。生死交誼，擲筆愴然。甲戌六月望，藏園居士傅增湘識。"① 文字與《題記》多有異，然主旨相同，惟稍簡略。

  《［洪武］蘇州府志》作者盧熊，曾從學於元代著名學者楊維楨，爲吳縣學官時毅然擔當修志重任。該書字體厚重，刊工古樸，有元代風範。《四庫全書》未收。明初刻本極爲罕見：皕宋樓所藏，曾爲士禮居插架之物，今在日本静嘉堂；鐵琴銅劍樓所藏，三十年代進入北平圖書館；藏園1912年收得一册，翌年又爲過雲樓收得一册，舉世四部而已。

  其次爲《許丁卯集》自日本回流。

  清末，日本島田翰於1905—1906年間②，到江南訪書，曾經到蘇州，拜訪俞樾③、顧鶴逸，又至皕宋樓觀閲藏書，對該處藏書售至日本，起到促成作用。在過雲樓，曾借走多部珍籍，有元刻本《古今雜劇》、明本雜劇《十段錦》、殘宋本《聖宋文選》等④，從此追索不回，加之後來島田翰因偷足利學校善本而自殺，更是無處尋蹤⑤。不過，在藏園先生校勘《丁卯集》題跋中，可見其中零本下落。1914年傅增湘以李盛鐸所藏元刊本校勘⑥，繼而又以原藏過雲樓之

---

  ① 徐憶農先生特爲抄録，又經沈燮元先生校核。
  ② 島田翰（1879—1915），日本漢學家，著有《古文舊書考》。詳參錢婉約《島田翰生平學術述論》，《中國文化研究》2009年第3期。
  ③ 俞樾（1821—1907），字蔭甫，號曲園居士，浙江德清人。晚清著名學者。
  ④ 見顧廷龍校閲《藝風堂友朋書劄》下册（上海：上海古籍出版社，1981年），張元濟信中曰："島田翰來，至顧鶴逸家購去士禮居藏元刊《古今雜劇》、明本雜劇《十段錦》、殘宋本《聖宋文選》，出資皆不少，令人爲之悚懼耳。"
  ⑤ 據顧鶴逸之孫顧篤璜先生講，這些書爲借出，並無出售。參見沈慧瑛《過雲樓舊聞新韻——訪顧文彬玄孫顧篤璜》，《檔案與建設》，2007年第8期。
  ⑥ 李盛鐸（1858—1934）字椒微，號木齋，江西德化人。著名藏書家，其藏書後大部歸北京大學圖書館。可參見張玉範整理《木犀軒藏書題記及書録》。《藏園居士六十自述》稱"余自辛亥解官始事校讎，初請益於椒微先生"云云。

汲古閣毛氏寫本再校，卷下目録末葉藍筆跋曰①："景宋本十行十八字，原出棚本，上卷詩一百九十三首，下卷詩一百十首，較木齋師所藏宋本，首數既少，次第亦異，其篇中異字與席刻所稱宋本作某者，只六七合，不知席所見宋本究爲何本也。此書舊藏蘇州顧鶴逸家，日本人島田載以東渡，董授經同年收之②，假得對勘一過，與前校宋元兩本字句同者，圈識其旁，以清眉目，兩本所無則徑改之。甲寅七月二十六日，沅叔識。"③ 顧鶴逸藏本著録于《藏園羣書經眼録》，舊爲錢曾藏書，傅增湘1912年所見。想來是董康收歸後，重入過雲樓庋藏。董康《書舶庸譚》所述爲其廿年代之後在日本所見，故不見此書。

再次爲宋刊本《龍川略志》、《別志》之影寫與影印。

蜀人李鴻裔任江蘇按察使時④，因耳疾請開缺，於是徙家居蘇州。他曾收藏有宋刊本《龍川略志》、《別志》，身後是書轉入過雲樓⑤。藏園先生曾登過雲樓獲觀其書。1926年，顧先生影寫一部寄至京城，藏園據此校勘稗海本《龍川別志》，並且題識曰："丁卯六月十七日，晨起校影宋本四卷畢，原本藏吳門顧鶴逸，其詳別記之。藏園居士。"⑥ 同時也撰寫長跋《校影宋本龍川別志跋》，收録在《藏園羣書題記》中，其中曰："辛亥以還，余數數往來吳中，因識鶴逸於怡園，獲觀是書，昨歲更影寫一本相寄……"此影寫本今存國家圖書館善本部，曾經校勘，書眉有小字，指出脱字、誤字⑦。稗海本《龍川別志》有四條誤析爲二，故爲五十一條，與宋本四十七條不同，單詞隻字依宋本糾正共六百五十五字。後來傅增湘依這部宋刊本《龍川略志》、《別志》加以影印，收入他所編輯《蜀賢遺書》十二種之中，國家圖書館今存此影刊本之朱印本和藍印本。

最後簡述《顧鶴逸所藏舊槧書目》事。

過雲樓藏書目録因經傅增湘保存得以傳播。現國家圖書館文津街古籍館存《顧鶴逸所藏舊槧書目》抄本一册，卷末書曰："江安傅氏舊藏，國立北平圖書館重抄。"⑧ 1928年7月，國民政府大學院通知國立京師圖書館改名爲北平圖書

---

① 此跋文在國家圖書館善本部藏清康熙席氏琴川書屋刊唐詩百名家全集本《唐人百家詩》上，書號317。
② 董康，字授經，又作綬金，自署誦芬室主人，江蘇武進人。清光緒十六年（1890）進士。有《書舶庸譚》，傅增湘爲之序。董康與島田翰甚有交往，曾爲其謀職中國向繆荃孫説項，見《藝風堂友朋書劄》，上海：上海古籍出版社，1980年。
③ 此跋文之末，藏園先生又録該本藏印。
④ 李鴻裔（1831—1885），字眉生，號香岩，又號蘇鄰，四川中江人。精書法。
⑤ 據徐憶農先生告知，此宋本《龍川略志》、《別志》今在南京圖書館。
⑥ 此稗海本《龍川別志》今存國家圖書館善本部，書號203。
⑦ 國家圖書館善本部書號11347。
⑧ 國家圖書館古籍館書號目400/802。

館。故此，該本傳抄時間不會早於1928年夏天。該目録刊于《國立北平圖書館館刊》第五卷第六期，時爲1931年11—12月，此時顧鶴逸辭世已一年又半。

此目録是否藏園所撰？有此一説①。但是，就《國立北平圖書館館刊》第五卷第六期所刊者而言，在《丁卯集》之上括弧内寫"已去"二字，然《藏園群書經眼録》"丁卯集"一書記載曰："明末汲古閣毛氏寫本。鈐有'述古堂'、'西畇草堂'各印。（顧鶴逸藏書，壬子二月觀。）"説明這些括弧内的文字，不是藏園所批，且早於1912年，因爲上文已經説過，《丁卯集》係1905—1906年間被島田翰帶回日本，而後由董康又購回。各條書目之記則更早於括弧内文字，其非藏園所編，就不言而喻了。至於説該目録所編，其體例甚不合于傅氏一貫文風，可以參見陳先行先生《有關過雲樓舊藏古籍的幾點認識》一文②，本文不擬再作評説。

行文至此，不由得産生些許遺憾。過雲樓藏書大部分於1992年已進入南京圖書館③，至今二十年尚無目録面世，供學界使用。2012年拍賣結果，過雲樓另一部分藏書亦歸於南京，爲進一步編一部完整目録提供機會，在藏園曾藏之鈔本書目基礎上再進行編目，當有可爲。希望南京圖書館早有計劃。

在此特録章鈺詩爲小文作結。詩題爲"傅沅叔屬題雙鑒樓圖圖爲顧鶴逸隱君作"，詩曰："萬葉元槧百衲宋，藏園藏書此星鳳。年年香火長恩供，陸沈故園今重遊。百城言言君其侯，賞奇同憶雙照樓。豈況富藏更富校，當年研削曾同調。君兮江海我行潦，琅嬛福地今何托。畫中山水差不惡，出塵我羨西津鶴。"④

參考文獻

1.《藏園群書題記》，上海：上海古籍出版社，2008年。
2.《國立北平圖書館館刊》第五卷第六期，1931年11—12月。

王菡：國家圖書館編審

---

① 劉薔《蘇州顧鶴逸藏書考》，《中國典籍與文化》1998年第1期。
② 見《"過雲樓"藏書研討會論文集》，北京匡時國際拍賣有限公司，2012年，内部發行。
③ 劉薔《蘇州顧鶴逸藏書考》寫道："其大部分約500餘部，3300册於1992年售歸南京圖書館，目前正在編目整理之中，將成立'過雲樓藏書專室'向社會開放。"《中國典籍與文化》1998年第1期。
④ 見章鈺《四當齋集》卷十三（臺北：文海出版社，1986年）。顧鶴逸晚署西津。

藏園書魂永不散

——傅增湘先生與國家圖書館及館藏善本書之淵源考略

向 輝

我們尋找一個事件與其前件的聯繫，於是史學家根據過去發生在某時某地的經過做出一系列判斷對這個事件進行描述。[①] 對古籍保護工作而言，我們需要對物、人、事三者進行審慎地回顧與分析。古籍保護之目的爲物品與內容之不朽與傳承。其中，物（古籍）具有延續性，可以流通、互換，多數故物雖經歲月，基本上還能有大概的模樣，特別是那些得到精心保管之典冊以及與書籍相關之物件。時光流轉，物是人非，加之書籍太過複雜，很多曾經與古籍保護相關的人與事都慢慢湮沒了，或只知其大略，或渺不可考，無論博學鴻儒、達官貴人還是普羅大衆，其人其事幾十年之後大都已語焉不詳。事實上，人類社會的關鍵問題並不是某些故物，而是行動者，正是他們完成了無以數計的活動，社會秩序通過這些活動不斷地進行着再生產，不斷地進行着變革。[②] 因此，如能從大量資料中爬梳出某人某事則對今天之古籍保護工作亦有相當之鏡鑒意義。

藏書史或藏書家史或文獻家史，或從藏書目錄、或從版本校讎、或從藏書理念等面向粗略討論私人藏書家的藏書經歷，缺乏對個人與圖書館之密切關係

[①] 阿隆：《論治史》，梅祖爾編著，馮學俊、吳弘渺譯，北京：生活·讀書·新知三聯書店，2003年，第135頁。

[②] 布爾迪厄：《國家精英》，楊亞平譯，北京：商務印書館，2004年，第3頁。

的梳理；而圖書館館史則多談館中大事，略記購買、捐書事宜，對圖書館與個人的關係缺乏細緻考察。如傅增湘與國家圖書館（簡稱國圖）的淵源，目前似未有深入考索者。李致忠先生編著之《中國國家圖書館館史資料長編》僅載屈指可數幾條：1918年12月，教育部擬將京師圖書館移至午門，但被教育總長傅增湘否決；[1] 又，1931年6月26日，傅增湘致函蔡元培、袁同禮，爲祝賀新館落成贈書（贈正統道藏本書籍四種）；[2] 又，1943年傅氏任"國立北平圖書館"（此北圖爲僞華北政務委員會接收原在京北平圖書館，並更名爲"國立北京圖書館"[3]）圖書館目錄編印委員會委員。[4]

公、私兩端均漠視了個人與圖書館之間的緊密互動關係，古籍保護中的重要互動就付諸闕如，不免令人遺憾。若能將古籍保護工作的相關人、事、物進行一系統考察，則可鑒往知來，不負前人。鄭偉章[5]認爲，傅氏爲近現代文獻大家，堪稱宗主；柳和城等[6]認爲，"在近代文獻學家的行列中，傅增湘是位重要人物"；崔春青[7]認爲，傅增湘在力所能及的範圍内保護古籍，在當時私家藏書中，不論數量還是品質，均可稱第一流。但到目前爲止，諸如藏書史、藏書家傳記、文獻家考、圖書館館史諸書中，對傅先生與圖書館僅略著文字，隻言片語，其與圖書館的密切關聯則付諸闕如，有鑑於此，筆者不揣冒昧，嘗試對傅增湘先生與國圖及館藏善本之淵源進行初略考察，祈能抛磚引玉。

一、學界對傅增湘先生的評價

  海内外書胥涉目，雙鑒已成芻狗陳。取之博者用以約，不滯於物斯至人。
  篇篇題跋妙鉤玄，過目都留副本存。手校宋元八千卷，書魂永不散藏園。

這是倫明[8]《辛亥以來藏書紀事詩》中詠傅增湘先生的兩闋。傅氏作爲近

---

[1] 李致忠：《中國國家圖書館館史資料長編（1909—2008）》，北京：國家圖書館出版社，2009年，第51頁。
[2] 同上書，第163頁。
[3] 同上書，第351頁。
[4] 同上書，第356頁。
[5] 鄭偉章：《文獻家通考（清—現代）》，北京：中華書局，1999年，第1408頁。
[6] 柳和城等：《藏書世家》，上海：上海人民出版社，2002年，第275頁。
[7] 崔春青：《雙鑒樓主傅增湘》，《閱讀與寫作》2003年第8期，第26頁。
[8] 倫明：《辛亥以來藏書紀事詩》，楊琥點校，北京：北京燕山出版社，1999年，第50—51頁。

代私人藏書家代表人物①，无愧此评。

傅增湘（1872—1949）先生，字潤沅，後改字沅叔，又字淑和，號藏園、書潛、雙鑒樓主、藏園居士、藏園老人等，四川江安人。清末光緒二十四年（1898）戊戌科二甲六名進士，選庶起士，散館授翰林院編修。入教育界，于天津先後創辦若干女子學堂，"頻歲之間，連辟三校。……北洋女學駸駸馳譽于全國，諸生學成而歸者亦傳衍於南北行省。已而名徹九重，遂拜總理京師女子師範之命"。② 又任直隸提學使。後曾參與南北議和事宜。辛亥革命後辭職家居，遠走江南，訪求古籍。後又任約法會議議員、王世珍内閣之教育總長（教育部長），因抵制北京政府罷免北京大學校長蔡元培而辭去教育總長職。③ 民國十六年至十八年（1927—1929）任故宫博物院管理委員會委員，兼任故宫博物院圖書館館長。其後專事書業，校讎不已，"蓋身際亂離，自維才力譾薄，既無益于世人，惟拼命校讎，于古人微有匡正，庶差免虚生之誚耳"。④

傅先生因家藏百衲本宋刻《資治通鑑》與元刻本《資治通鑑音注》，號其藏書樓爲"雙鑒樓"，1928年收得南宋内府寫本《洪範政鑒》取代元本《通鑑音注》，仍稱"雙鑒"。傅先生一生窮搜苦求，得書極富，達二十餘萬卷，其中善本三萬餘卷，⑤ 宋金刊本達一百五十種，四千六百餘卷，元刊本數十種，三千七百餘卷⑥。所居之室則以蘇東坡"萬人如海一身藏"之句，顏之曰"藏園"。⑦ 其藏書目錄有《雙鑒樓善本書目四卷》（1929）、《雙鑒樓藏書續記二卷》（1930）、《雙鑒樓珍藏秘笈目錄》（或爲《雙鑒樓珍藏宋金元秘本書目四卷》）、《藏園外庫書目》、《藏園校書錄四卷》等。其孫傅熹年整理其遺稿，先後付梓有《藏園群書題記》（1989）、《藏園群書經眼錄》（2009）、《藏園訂補郘亭知見傳本書目》（2009）、《藏園批註讀書敏求記校證》（2011）等。

與傅先生同時代的日本同道多以其爲一流的版本學家，神田喜一郎認爲"就是推其爲當今北京第一藏書家也不爲過"。⑧ 近人余嘉錫稱其"丹黄不去手，

---

① 鄭偉章：《一代藏書校書宗師傅增湘》，《中國圖書館學報》1994年第6期，第22頁。
② 傅增湘：《藏園群書題記》，上海：上海古籍出版社，1989年，第570頁。
③ 沈乃文：《藏園落英在北大》，載沈乃文：《書谷隅考》，上海：上海古籍出版社，2011年，第245頁。
④ 傅增湘：《藏園群書題記》，第717—718頁。
⑤ 傅熹年：《記先祖藏園老人與北京圖書館的淵源》，《北京圖書館館刊》1997年第3期，第49頁。
⑥ 鄭偉章：《文獻家通考（清—現代）》，第1411頁。
⑦ 余嘉錫：《藏園群書題記序》，載傅增湘：《藏園群書題記》，第1頁。
⑧ 神田喜一郎：《中國訪書談》，載内藤湖南等：《日本學人中國訪書記》，錢婉約等輯譯，北京：中華書局，2006年，第160頁。

矻矻窮日夜不休";① 倫明贊其"搜書之勤，藏書之富、版本之精，爲近代藏書家之首";② 今人則稱之爲"中國近代一位大學者、大藏書家、版本目錄學家，爲搜集、整理、研究中國古文獻做出了重大貢獻，留下了輝煌的業績";③ 鄭偉章更感歎傅先生爲"一代藏書校書宗師",④ 其雙鑑樓藏書、校書影響甚大，堪稱巨擘;王余光認爲包括傅增湘在內的傳統藏書家，有條件接觸大量文獻典籍，其成就偏重於目錄、提要、版本及文獻收集、編纂諸端，具有很高的實用價值，體現了傳統文獻學的延續性;⑤ 沈乃文則稱傅氏爲上世紀前半葉成就最高的版本目錄學家之一和大藏書家之一。⑥

但也有人覺得他只是一個老式的"藏書家老爺"、"古董家數"⑦ 而已，黃裳並舉出魯迅爲了賣書給傅先生跑了三四趟的故事，又說傅看書有點"買櫝還珠"，沒有超過乾嘉學派的孫星衍、顧千里、錢大昕等人，並認爲傅著《藏園群書題記》在版本學者看來不足爲訓,⑧ 當然黃也認爲傅著記錄了很多相當有趣的文獻，值得一讀。王汎森認爲傅增湘本人是清季最有名的藏書家之一，和同時代的大多數人一樣，對於像內閣大庫之類的檔案並不看重，認爲除了混在其中的宋版書之外，其他的毫無價值，他們視書本文獻之價值高過一切，也就與歷史學家的追求完全不同。⑨ 蘇精認爲傅先生致力於鄉邦文獻的搜集、刊刻，其精神實在令人敬佩;⑩ 嚴佐之認爲傅先生的"這種目錄學的實踐活動，堪稱前無古人，後無來者，在中國藏書史上是值得特書一筆的"。⑪ 至於傅先生的自我判定，從其致張元濟先生的一通信中可見一斑：傅先生撰《六十自述》，隨後有致信張，云："二十年來，南北官私之藏皆得遍及，獨潘韓二氏未見耳。自揣學問遠不逮前人，而聞見似過之，此時會爲之，差足自慰耳。"⑫

---

① 余嘉錫：《藏園群書題記序》，載傅增湘：《藏園群書題記》，第1頁。
② 倫明：《辛亥以來藏書紀事詩》，楊琥點校，第50—51頁。
③ 范鳳書：《中國私家藏書史》，鄭州：大象出版社，2001年，第507頁。
④ 鄭偉章：《一代藏書校書宗師傅增湘》，《中國圖書館學報》1994年第6期，第22頁。
⑤ 王余光：《文獻學與文獻學家》，北京：國家圖書館出版社，2008年，第165頁。
⑥ 沈乃文：《藏園落英在北大》，載沈乃文：《書谷隅考》，第245頁。
⑦ 黃裳：《傅增湘》，《讀書》1983年第7期，第123頁。
⑧ 同上書，第125頁。
⑨ 王汎森：《傅斯年：中國近代歷史與政治中的個體生命》，北京：生活·讀書·新知三聯書店，2012年，第103頁；亦見王汎森：《中國近代思想與學術的譜系》，長春：吉林出版集團有限責任公司，2010年，第355—356頁。
⑩ 蘇精：《近代藏書三十家（增訂本）》，北京：中華書局，2009年，第107頁。
⑪ 嚴佐之：《近三百年古籍目錄舉要》，上海：華東師範大學出版社，2008年，第231頁。
⑫ 張元濟、傅增湘：《張元濟傅增湘論書尺牘》，北京：商務印書館，1983年，第267頁。

二、利用國圖館藏善本

傅先生很早就開始利用國圖館藏善本，並與國圖及其館藏善本有着深厚的淵源。傅云："至於海上之涵芬樓，舊京之北平、東方兩館，時爲訪書，與有雅故，志乘之富，冠絕一時，新舊駢羅，余可按圖而索焉。"① 此北平館，即現今國圖之前身，當時名爲北平圖書館。國圖從創立之初便極力蒐集各種書籍，並向公眾開放，爲我國早期的社會教育事業做出了貢獻。在《北平圖書館善本書目序》中，傅先生說"憶自癸丑（1913）入都，僦屋西涯，晨鈔暝勘，歷夏涉秋，孤籍異書，咸得寓目。"② 這裏再次回憶了傅先生 1913 年在北圖看書的情況。傅先生還專門寫了一篇題爲《西涯校書記》的文章專門記載他在京師圖書館（北平圖書館前身）看書、校書的經歷。③ 在該文中，傅云："癸丑之歲，……思就京師圖書館讀書聊以遣日。……余遂以六月朔隻身入都，翊晨詣館，請於主者，請許攜書往校。"④ 原與二三同好約定同去國圖，但最終他人爽約，只好獨自到國圖，開始幾個月的看書、校書生活。當時的國圖名爲京師圖書館，地點在廣化寺別院，東臨北海，北崖即古之西涯，西涯是什刹海西北角玉河水圍之地，處於什刹海的核心地帶。明代李東陽（號西涯）生於此地，他將此地稱之爲"西涯勝地"。其《西涯雜詠十二首》中有"城中第一佳山水，世上幾多閒歲月。何日夢魂忘此地，舊時風景屬誰家"云云。傅先生回憶此地閱書是一種娛樂與享受：每天早上先教兒子讀一段書，然後從廣化寺南廊出發，帶着硯臺，夾着一堆舊書，伴着晨鐘進圖書館，到閱覽室，邊看邊寫，有時候寫的手酸腕疼，一天下來大概看三五卷的樣子。週末放假就帶着兒子去京城遊覽諸如什刹海、李公橋、西山等等。晚上回到廟裏聽着和尚們念經、敲鐘，頓悟："塵世榮名等於空花夢幻，惟文字積習藏多生識中，苦不能忘。"⑤ 每天置身"琅嬛福地，凡文淵晉府之藏，皆得俳日批尋，從容考覽。琳琅滿架，未遑編事丹鉛。然爲日甫歷十旬而積卷逾三百，于平生之願望，幸慰良多"。⑥ 這次看書大概校閱了三百多卷古籍，其中有不少是珍本、善本書。

這段北圖的看書經歷，在傅先生與張元濟先生的通信裏面也有較爲詳細的

---

① 傅增湘：《藏園群書題記》，第 1055 頁。
② 同上書，第 1079 頁。
③ 傅增湘：《藏園老人遺稿》，1962 年，載韋力：《古書題跋叢刊（二十八）》，北京：學苑出版社，2009 年。
④ 同上書，第 256 頁。
⑤ 同上。
⑥ 同上。

記載。1913年傅致張："若南行不成，擬入都住圖書館校書以度日。"① 此處所提圖書館即爲北圖。"月半後擬入都，至圖書館校各書。"② 其後又有信件提到"湘入都住圖書館，校書已半月。頃始歸，後日又將往矣。"③ 此信寫於1913年7月20日。同月22日傅致張："頃到京住館校書。"④ 其後一信中詳細地報告了他在北圖看書的情形："前於六月初一日入都，十五日回津一行，十九日又入都，七月七夕回津，計住京一月。校得《蘇文定集》、《蘇文忠集》、《嵇康集》、《温庭筠集》、《趙清獻集》、《賈長江集》、《容齋隨筆》、《四筆》，共約八十卷。又校《范史》一半，約五十卷。後日尚須入都，再校《范史》及《宋書》等。大要恐須八月乃回津也。住廣化寺，即在圖書館旁，甚清爽寂静，忘其在戒嚴城中也。"⑤ 此爲1913年8月10日。隨後有信提到校書情形："此間前後兩月校得十餘種，只蘇文定及《范史》爲大書，他皆小種，共計二百卷矣，此後天漸涼，又晷短，亦擬歸矣。"⑥ 此爲8月28日。隨後10月20日傅致張："天寒晷短，亦不能從事。然計入都前後逾百五日矣。"⑦ 由此可見當時傅先生在國圖看書的情形，書海泛遊，實在是人生一大快事。

國圖遷至北海之後，傅先生更是國圖常客："及新屋落成，衡宇相望，蹤跡益稠，一瓻往還，殆無虛日。"⑧ 後來，隨着其爲藏書家的名聲遠播，以及其學術地位的提升，傅先生和與國圖人關係的愈發熟稔，更能將圖書借出國圖從事校勘。這些在其著作中多有記録，如"頃北平館中新得嘉靖甲子劉大昌刻本，極爲罕見，因從趙君斐雲（即趙萬里）許假借歸，以廖刻對勘一過。自八月二十二日起，至十月二十三日止，凡閲兩月，僅乃訖功。行止不常，丹鉛屢輟，良用自恧，然全書訂正之字多至四百有奇，咸前人所未發，又殊自憙矣"。⑨

在國圖看書的傅先生對國圖的藏書是相當熟悉，故張元濟先生曾多次與之通信討論如何利用國圖善本書，特别是張先生在印製百衲本二十四史的過程中，他們討論國圖所藏相關善本書版本情況相當細緻，如1925年張致傅："《新五代史》……北京圖書館如較清朗，甚望代爲補照，若相差無幾，則不必矣。"⑩ 傅氏

---

① 張元濟、傅增湘：《張元濟傅增湘論書尺牘》，第42頁。
② 同上書，第43頁。
③ 同上書，第45頁。
④ 同上書，第45頁。
⑤ 同上書，第45—46頁。
⑥ 同上書，第47頁。
⑦ 同上。
⑧ 傅增湘：《藏園群書題記》，第1079頁。
⑨ 同上書，第142頁。
⑩ 張元濟、傅增湘：《張元濟傅增湘論書尺牘》，第122頁。

回信今未見，緊接着是張致傅又一通："《五代史》補照缺葉樣本蒙寄還，已收到。京師圖書館既無可補，只得將就用此翻板矣。"① 傅先生似已按照張先生的要求，去國圖看了相關書籍的情況。1927年張致傅："其餘五史已將北京圖書館所藏盡數照出，然所缺尚多，以三朝本補配，甚不滿意，不知尚有別覓殘宋元刊補入。"② 1928年傅致張："又宋元人類書收有全篇文字者，尊處有何秘笈，亦盼開示。趙汝愚《諸臣奏議》書樓中有否，能先以目見假何如。北京圖書館有殘本，無目錄，此書所收蜀文不少，可得一助。"③ 1930年張致傅："續得五月四日手書，並抄示北平圖書館所藏殘宋本魏書卷帙，至為感幸。"④ 1931年張致傅："近見十八年七月至十九年六月《北平圖書館館務報告》，第十二頁採購，第四頁有宋殘本《册府元龜》、《蘇文忠公集》、《陳書》。又十九年《圖書展覽目錄》，二十一葉小說家類有《夷堅志》十卷，萬曆金陵書肆唐氏刻。以上各書吾兄想均見之，版本若何，究有卷葉若干？又《夷堅志》與弟前所參校之本是否不同？並祈見示。……衲史所用之本，除《金史》借照北平圖書館一部分外，其餘均用蔣氏轉讓之本。"⑤ 隨後不久，傅致張："京館所購《陳書》殘本為列傳第十四卷，《夷堅志》為萬歷本十卷，並不佳，曾送來看過，但未校耳，得暇容抽校一二卷再聞。敝藏元本《遼史》已售去，只存《遼史》二函、《金史》四函，均殘本，印本亦不清朗。視京館所藏乃別一刻，或是翻板也。"⑥

國圖善本是傅先生進行校勘的重要依據："余頻年南北所見寫本不下六七，未曾着手比勘，……日前獲見京館藏淡生堂寫本，……訝其當有佳異，因對讀一過，乃知新刻偽繆，殆不可勝計。"⑦ "前日北平館善本庫中見曹倦圃家鈔《詩集》六卷，因假得手勘一通，訂譌補脫凡三百餘字。"⑧ "北京圖書館藏眉山本《北齊書》凡二十六卷，内閣大庫舊物。存者自卷三十六至五十終。……余取武英殿本對勘，每卷改訂少者數字，多至十餘字。然其字句亦同多有可疑者。"⑨ "北平館有殘本三十五卷，為内閣大庫舊儲，第以余詳審之，皕宋樓所藏有章大醇序，已屬淳祐重刊，北平館所藏亦同。"⑩ "《黃楊集》……北京圖書館藏澹生堂鈔本，不

---

① 張元濟、傅增湘：《張元濟傅增湘論書尺牘》，第123頁。
② 同上書，第180頁。
③ 同上書，第197頁。
④ 同上書，第229頁。
⑤ 同上書，第256—257頁。
⑥ 同上書，第257—258頁。
⑦ 傅增湘：《藏園群書題記》，第713頁。
⑧ 同上書，第791頁。
⑨ 同上書，第90頁。
⑩ 同上書，第131頁。

分卷，前有成化十八年安成彭華序，爲刻本所無，因取以對勘，則淡生堂本所溢出者，……都二百十四首。尤可異者，其各卷題目相同者，而字句往往大異。"①"京師圖書館藏有吳匏庵手校本《嵇康集》十卷，與世行本不同。欲取校對，苦無底本。嗣謁木齋夫子（李盛鐸），取此本（萬曆汪士賢刻本《嵇中散集》十卷）命爲校勘。……癸丑（1913）十一月十四日傅增湘謹識。時京師圖書館以部令停辦，已匝月矣。"② 這種記錄在其題跋中頗夥。

在《藏園訂補邵亭知見傳本書目》中，傅先生也多有採用北京圖書館藏書，如《虎鈐經》補云"北京圖書館藏元寫本，紙背爲元大德間公牘，鈐有'晋陽世家印'及'項子京印'，取校此本，可補卷末缺文及後序，卷中亦訂正極夥"③、補《藝文類聚一百卷》云"據北京圖書館藏譚儀臨馮舒校宋本校。……譚校底本亦爲胡贊宗本"④、補《宋呂觀文進莊子義十卷》云"蘇聯亞細亞博物館藏，新以影本贈北京圖書館，因以示余，並屬余爲跋報之"⑤、補《密菴稿十卷》爲北京圖書館藏明天啓五年粵中刻本⑥。傅先生四處看書，其中最爲重要的一個去處就是國圖，基本上國圖有的善本書，他都會瀏覽一過，重要的版本都會記錄在案，以備校勘。

傅先生與張元濟先生多次通信討論到了《册府元龜》一書。1930 年傅致張："《册府元龜》何時開印？侍所校之一百八卷多數存北平圖書館，其餘亦可蹤跡，容開卷數寄呈。"⑦ 1937 年張致信傅："《册府元龜》……北平圖書館有抄本二部，亦不全，想與坊間售本有別。兄曾借校否？並乞示及。"⑧ 傅先生隨後似即與查實，但沒有相關文獻記錄。後來《册府元龜》未能印行，傅先生頗爲感慨："余生平所見宋刊都一百三十卷，大抵皆內閣大庫所流出者也。其歸於北京圖書館者九十八卷，入南北藏書家者三十有三卷，而余所得六卷即在其內。合公私所藏與皕宋樓舊有者，去其重複，其存於今日者共得五百九十四卷，計全書十分有六矣。昔年涵芬樓曾有彙集宋本印行之議，僅影成底版，遇變輟工，煌煌鉅編，未得與《御覽》並行於世，良可嘅也。"⑨

《文苑英華》一書爲傅先生晚年鍾愛之物，曾傾力校勘此書若干年，最後

---

① 傅增湘：《藏園群書題記》，第 818 頁。
② 沈乃文：《藏園落英在北大》，載沈乃文：《書谷隅考》，第 251 頁。
③ 傅增湘：《藏園訂補邵亭知見傳本書目》，北京：中華書局，2009 年，第 533 頁。
④ 同上書，第 770 頁。
⑤ 同上書，第 908 頁。
⑥ 同上。
⑦ 張元濟、傅增湘：《張元濟傅增湘論書尺牘》，第 252 頁。
⑧ 同上書，第 351—352 頁。
⑨ 傅增湘：《藏園群書題記》，第 476 頁。

將兩部刊本捐給國圖了。在其校跋中,他寫道:"嗣于京師圖書館見宋刊本一百卷,爲内閣大庫舊物,即竭月餘之力校録於刻本上。此即胡氏所謂掌之中祕,不可得見,余於數百年後匪特目而玩之,更得手校之,亦云幸矣。……宋本佳勝,無待繁言,館藏之百卷爲卷六百一至七百,收尾銜接,次第井然。"① 另外他一直關注着該書的流布情况:"《文苑英華一千卷》補清季藏内閣大庫,現僅存十四册,内十册自大庫轉入京師圖書館,今在北京圖書館祕庫中,爲卷六百一至七百。"②

有的書可能當年去校勘過,後來發現新版本,即刻從圖書館借出再校,如"北平圖書館中舊藏内閣大庫所存宋本《陳書》數册,近歲又續收坊肆殘本,通得二十有二卷,又零落不成卷者十餘葉。余癸丑秋曾以新覆殿本略校一過。頃收得武英殿原刻,因從館中假得,重事勘正,雖敗葉慘篇亦所不遺。未踰旬而畢"。③ 或手頭有一本,而國圖購進它本,也會借去校勘一番,並發現一些問題,如:"頃聞北平圖書館中新收得萬曆刻本,爰亟假觀。……與余所傳葉東卿本咸相和吻合。取以比較,則鈔本脱落文字頗多,……夫以葉氏所鈔,其行格一遵萬曆原刻,而所校諸人又皆當時學流,宜其可以傳信於後。今以原刊勘之,乃其漏落僞舛,指不勝屈。然則凡讀古書者,設非目見原書,固有不可盡信耶!"④

看書、校書之外,傅先生也積極爲國圖收購的古籍善本書做鑒定工作,"前日北平圖書館新收得一校本(《唐文粹》),謂是張石洲手勘,以余審之,當爲清初人手筆,第有石洲藏印耳"。⑤ "頃趙斐雲來訪藏園,出(《袁海叟集》)舊刊本見示,……今觀兹帙,其筆致疏古,刀法樸拙,尤是正統以前風氣。……可斷爲祥澤張氏所刻,絶無疑義。……余乃無意而觀之,抑何幸耶!"⑥ 正是因爲不斷擴大看書範圍,他才能"談板本異同,如數家珍"。⑦

傅先生還設想充分利用國圖善本,如1913年傅致張:"湘倡議欲將圖書館罕見之宋元本書各影照一二葉,仿留真譜或用珂羅版印成。"⑧ 張元濟回信説極願贊成,並附一股。此事未知結果如何。

---

① 傅增湘:《藏園群書題記》,第896頁。
② 傅增湘:《藏園訂補邵亭知見傳本書目》,第1516頁。
③ 傅增湘:《藏園群書題記》,第87頁。
④ 同上書,第172—173頁。
⑤ 同上書,第933頁。
⑥ 同上書,第839頁。
⑦ 余嘉錫:《藏園群書題記序》,載傅增湘:《藏園群書題記》,第5頁。
⑧ 張元濟、傅增湘:《張元濟傅增湘論書尺牘》,第49頁。

三、助國圖購書及其與國圖人的交往

　　傅先生作爲當時大藏書家、學者，對國圖的購書活動相當關心，並有幫助國圖購書的記載，如 1926 年傅致張："今年爲北京圖書館購得鈔本《明史》一百册，與殿本及王本詳略不大同，卷數（四百餘卷）分類亦有異。許繼香謂是萬繼野初稿。"① 1930 年，傅致張："四川兩明志聞已爲北平館購得，趙萬里有信來告也。韓氏照片趙萬里取去，渠南行不知置何所，或亦攜之行篋耶。"② 從此兩通信函我們大致可以看到傅先生與國圖館藏善本的淵源。

　　國圖相關工作人員似也常將重要古籍送傅處鑒定，如傅致張："京館所購……《夷堅志》爲萬曆本十卷並不佳，曾送來看過，但未校耳，得暇容抽校一二卷再聞。敝藏元本《遼史》已售去，只存《遼史》二函、《金史》四函，均殘本，印本亦不清朗。視京館所藏乃别一刻，或是翻板也。"③

　　傅、張等均很關心國圖的購書情況。張致傅："韓氏之書終必散出，其主人近又逝世，有人還價之説恐未必確。石銘之子頗嗜書，聞曾有接洽，弟與此君不相習，不能知其詳情也。趙萬里曾往看過。北平圖書館力足以舉之，盍慫恿徐森翁成就此一大事因緣乎。"④ 傅回云："松江書聞劉惠之擬收之，非弓長也。北平館因積債太多，無力辦此。清華有力而無人辦，奈何。"⑤

　　《永樂大典》現爲國圖四大專藏之一。傅先生當年也相當關注此書。他提到"近頃北平館趙萬里君自南中搜得四庫館原稿本，因假歸校勘，改訂殆千餘事，補文九首。……余嘗言凡《大典》輯出之書苦無别刻本可校，若能尋得館中初録原本，未經館臣潤色者，其視後來流傳聚珍、七閣之本必有佳盛可尋。今以趙君新收諸集證之，則余言可自信矣"。⑥ 通過《大典》進行校勘也是傅先生的愛好："余曩從朱翼盦許假閱此集（《蚓竅集》），因録副本。適北平館中新收永樂原刊，爰取以校之，凡改訂二百單五字，其吳勤序及《全菴記》爲鈔本所無者，並録存焉。"⑦ "頃趙君斐雲自南中搜得四庫館當日原編清本，每册均鈐有翰林院大官印，因以所録閣本攜入頤和園中，坐湖西臨河殿對校一過，凡

---

① 張元濟、傅增湘：《張元濟傅增湘論書尺牘》，第 136 頁。
② 同上書，第 242 頁。
③ 同上書，第 257—258 頁。
④ 同上書，第 253 頁。
⑤ 同上。
⑥ 傅增湘：《藏園群書題記》，第 747 頁。
⑦ 同上書，第 838 頁。

改正一百一十八字。"①

至於《大典》的流布情况，傅先生更是了然於胸："殘餘之物點付教育部者，祇六十有四册。余領部務時，署中圖書室存留四册，餘發給圖書館收藏。迨新館落成，先後由副館長袁守和（袁同禮）增收者約得二十餘册。守和又博訪南北藏家、公私館庫及流出東西海外者，詳記其卷第、韻目、門類，編成目錄。其蹤跡可考者共三百五十册，而余藏此册乃不在其内，意其深藏而不出者不下數十册，則存於今世者殆不過四百册耳。"② 後來教育部的四册也歸於國圖。③ 如今，我們只知道國圖藏了《大典》若干册，但對於當年傅先生、袁先生爲了《大典》而奔走的情况就知之甚少了。從傅先生的記載裏面，我們仿佛又能找出當年他們爲了《大典》而努力的一些痕跡。

在傅先生任教育部長期間也較爲關注圖書館的活動："余長部務時，頗欲鋭志經營，以繼崇文、集賢之軌，丁國多故，事與願違，第手訂閱覽，寫録條章，增給售書歲額而已。"④

傅先生也積極推動其他藏書家把書捐贈或出售給國圖，如"余辛未殘臘，於廠肆得觀此洪武本，驚爲罕祕，亟以善價收之。已而與夏閏枝前輩晤談，知其亦藏有十卷本，其付梓則已在天啓五年，余爲作緣，俾歸之北平館庫"。⑤ 在楊氏海源閣古籍流出之後，傅先生又寫了一篇《海源閣藏書紀略》的文章，爲海源閣藏書問題而大聲呼喊，他自己也購進了一些海源閣的藏書，這些藏書最後和傅先生其他善本書一起捐給國圖，成爲國圖館藏善本庫的插架之物。⑥

傅先生是國圖的常客，而且經常買書、賣書，故與圖書館人有著比較親近的關係，如與袁同禮（字守和，1895—1965，1926 年任北京圖書館圖書部主任，1929 年任北平圖書館副館長，1943 年任館長）、徐森玉（1881—1971，名鴻寶，字森玉，曾任北平圖書館採訪部主任）、趙萬里（字斐雲，1905—1980，趙氏 1930 年代曾赴寧、滬、蘇、杭訪求古書，⑦ 曾任國圖善本部主任）等都有很密切的交往，特別是和趙萬里的交往更可以從其與張元濟的書信往來中看到。

張元濟在滬影印古籍時，很多版本底本採用了國圖善本，而查驗版本的工

---

① 傅增湘：《藏園群書題記》，第 761 頁。
② 同上書：第 487—488 頁。
③ 王祖彝：《京師圖書館回顧録》，《中華圖書館協會會報》第 7 卷第 2 期，第 5—6 頁，載李致忠：《中國國家圖書館史資料長編（1909—2008）》，北京：國家圖書館出版社，2009 年，第 73 頁。
④ 傅增湘：《藏園群書題記》，第 1078 頁。
⑤ 同上書，第 825 頁。
⑥ 丁延峰：《傅增湘與海源閣遺書》，《國家圖書館學刊》2006 年第 4 期；劉波：《海源閣舊藏珍本入藏國家圖書館經過》，《文史知識》2009 年第 7 期。
⑦ 李致忠：《中國國家圖書館館史資料長編（1909—2008）》，第 167 頁。

作很多讓傅先生負責了，傅儼然張在京之代理，極力促成張與圖書館的合作事宜，傅先生又極力推薦國圖的工作人員給張先生。1930年，張致傅："續又接得六月廿三日手書，系趙君萬里攜來者。……趙君於版本目錄之學確有心得，承公介紹，弟已切托同人，在館之書，恣其翻閱。至寄存銀行之書，俟其赴南京歸來，再往啓篋，自必竭我所能，以靨其意。但時日無多，撿取不易，恐不能盡見所欲見耳。"① 趙萬里後來似爲傅與張的重要中間人，張云："四川總志兩部，均由趙君萬里爲北平圖書館購去矣。韓氏書片問趙君，云已交還，乞再查。"② 同年張致傅："本月十日趙君萬里北旋，托帶呈抄本《五百家播芳大全》，計當到達。"③ 其後，傅致張："頃趙萬里回平，道及在申縱覽珍儲，飽飫眼福，極感盛意。攜來《播芳大全》，明日即送到。"④ 傅先生與趙萬里的交情似乎非比一般，傅先生曾提到："頃承趙君斐雲以明人寫本一册相贈，因更取以對勘，次第與各本咸不同，而其中異字較之宋本轉爲佳勝，雖寥寥數葉，而珍奇祕異逾於十朋，良友之意，當什襲以儲之。"⑤

傅先生較爲認可袁同禮先生，對其人品學識相當肯定。1926年傅致張："《明史》……複印叢刊，以此易殿本《明史》最好。已向主任袁同禮言之，允假印。公可來信一請，無不諧者。"⑥ 其1931年致張云："北平館《文苑英華一百卷》已面與袁守和商定借照，日内當告伯恒，即往辦，若久延又恐生枝節矣。守和極慷慨，報酬以鄙意告之，言印行時以全部一部奉贈，渠頗欣然。"⑦

傅先生多次提及徐森玉先生："今春（1943），友人徐森玉自南來，爲移家計，盡鬻其藏籍。時余方園居，未之知也，及返城訊之，則悉爲廠賈分攜俱盡矣。一日謝君剛主袖書過訪，披函視之，正刻本《知非堂稿》，且語余曰：'此森玉舊藏，趙斐雲見之，謂此爲公所夙求者，故敢以奉。'余感其意，欣然受之。"⑧ "其締交差晚而往還邐密者，爲吴興徐森玉、吴江沈無夢及庚樓年兄，所謂藏園三友是也。是三君者，識力精能，見聞廣博，頻年搜討，貺我實多。或偶逢罕祕，爲目所未經，或創獲珍奇，而力不克舉，相與流傳鈔白，校定丹黄，時補佚文，共商舊學。緣斯密契，遂訂久要，風誼相期，載歷年祀。"⑨

---

① 張元濟、傅增湘：《張元濟傅增湘論書尺牘》，第243頁。
② 同上書，第244頁。
③ 同上書，第245頁。
④ 同上書，第245—246頁。
⑤ 傅增湘：《藏園群書題記》，第603頁。
⑥ 張元濟、傅增湘：《張元濟傅增湘論書尺牘》，第136頁。
⑦ 同上書，第279頁。
⑧ 傅增湘：《藏園群書題記》，第790頁。
⑨ 同上書，第876頁。

傅先生的學術活動也與圖書館有著密切關係。1928年傅致張："近時寫群書校勘記，借北海圖書館月刊（此爲北圖館刊，1928年北京圖書館更名爲北平北海圖書館①）發佈。一年中擬出書百種，此亦近來慰心之一事也。"②

四、出售、捐贈善本與國圖

傅先生頗感"人生百年，暫同寄寓，物之聚散，速於轉輪"。③ 在那個年代，他們經歷了太多，看過太多，"天一散若雲煙，海源躓於戎馬，神物護持殆成虛語。而天禄舊藏，重光藜火，液池新築，突起岑樓，瑶函玉笈，富埒琅嬛。信知私家之守不敵公庫矣"。④ 故1933年傅致張："藏書不能終守，自古已然。吾輩際此亂世，此等身外物爲累已甚，兼以負債日深，勢非斥去一部分不可。"⑤

傅先生非一般藏书家，而是不斷購書、藏書、賣書，今日買書，或許明天就賣，"於書隨棄隨收，所謂役書而不爲書所役"。⑥ 傅先生在世是否有將其藏書售予國圖暫無確切資料，但1928年7月傅致張："京宅頗思售去，而無受主。於是不得不出於賣書一途，若能售出一小部分，得三萬元，則一面收小局面，方有支持之法。第目下安得有嗜書如我輩者而語之乎。若售之外人，則全部同去，未始不可得善價（刻下東方、北海兩館無意購大批古書）。然數十年精力所聚，而舉以委之外人，私心固所不欲，清議亦殊可畏也。"⑦ 此處北海館似指北平圖書館。似乎從很早傅先生就有意將其藏書售予國圖。這種出售的方式有明確記載的是其哲嗣先後四次將其所藏善本出讓售予國圖。⑧

在其《藏園群書題記》中還記載了他曾經收藏的善本書輾轉到國圖的事情。傅先生曾購得明洪武本《貞觀政要》，還沒有校讎就重金賣與書商，隨後二十年未曾見到此書，直到某年聽聞書販有賣，但還沒來及得買，已被國圖購去："聞已入文津官庫。因從趙君斐雲假出，留此校本，以彌生平疏失之憾。然

---

① 李致忠：《中國國家圖書館館史資料長編（1909—2008）》，第175頁。
② 張元濟、傅增湘：《張元濟傅增湘論書尺牘》，第197頁。
③ 傅增湘：《雙鑒樓藏書續記二卷》，1930年，載韋力：《古書題跋叢刊（二十九）》，北京：學苑出版社，2009年，第72頁。
④ 同上。
⑤ 張元濟、傅增湘：《張元濟傅增湘論書尺牘》，第289頁。
⑥ 鄭偉章：《文獻家通考（清—現代）》，第1413頁。
⑦ 張元濟、傅增湘：《張元濟傅增湘論書尺牘》，第193—194頁。
⑧ 傅熹年：《記先祖藏園老人與北京圖書館的淵源》，《北京圖書館館刊》1997年第3期，第51頁。

昔爲什襲之藏，今爲一瓻之借，斯亦足慨已！"①

早在二十世紀三十年代傅增湘就曾捐書與國圖：1931年6月26日，傅增湘致函蔡元培、袁同禮，爲祝賀新館落成贈書（贈正統道藏本書籍四種）。② 1932—1933年度、1933—1934年度、1934—1935年度向國圖贈書名單中亦有傅先生。③ 至於捐贈善本給國圖則與當時藏書家的思想有着密切關係，1946年，傅致張："邇者以徇兒輩之請。擬將藏園校定群書遺贈北平圖書館，公諸於世，借留鴻印。"④ 對於傅先生此舉，張先生非常贊同，1947年張致傅："承示將以校定群書移贈北平圖書館，既可永久保存，且能裨益後學，成爲一舉兩得之事，聞之至爲欣忭。"⑤ 1947年7月，傅增湘先生捐給北京圖書館373部，約四千三百册古籍，⑥ 但據傅熹年回憶，數量爲337種，3581册。⑦ 國民政府認爲傅增湘慨捐大宗圖書，嘉惠士林，洵堪嘉尚，並撥發四千萬元作爲象徵性獎金。⑧ 教育部還發了"有功文獻"的匾額。

老一輩國圖人對傅增湘先生給國圖捐書的情況較爲熟悉，如冀淑英先生著《冀淑英古籍善本十五講》中第二講爲《傅增湘與北京圖書館的善本書》，文中主要介紹了現存國圖的傅增湘先生藏書，特別介紹了他捐贈的"雙鑒"（宋刻本《資治通鑒》爲紹興二年至三年［1132—1133］兩浙東路茶鹽司公使庫刻本，宋抄本《洪範政鑒》爲宋内府寫本）。冀先生道，傅氏去世後，其家屬按照遺命將其平生校過的書捐贈給北圖，數量有500種之多，其中有四部大書《太平廣記》、《太平御覽》、《册府元龜》和《文苑英華》，連同相片、硯臺和書桌都給了國圖。⑨ 而傅氏之的普通古籍運到北圖後，北圖先挑選了一批，其餘運到四川，捐給四川省圖書館；其他一些書則給了山西文管會。⑩ 冀先生談到，新中國成立後，北圖還曾購進一部分傅先生藏書，是傅家藏書的精華。這部分書中有許多宋元版書是絕無僅有的，比如南宋慶元年間潯陽郡齋刻本《方言》、北宋刻本《范文正公文集》、宋慶元二年（1196）周必大刻本《歐陽文忠

---

① 傅增湘：《藏園群書題記》，第149頁。
② 李致忠：《中國國家圖書館館史資料長編（1909—2008）》，第163、228頁。
③ 同上書，第229、230、231頁。
④ 張元濟、傅增湘：《張元濟傅增湘論書尺牘》，第392頁。
⑤ 同上書，第393頁。
⑥ 《中華圖書館協會會報》第二十一卷第三四期合刊，第6—7頁，載蘇精：《近代藏書三十家（增訂本）》，第102頁。
⑦ 傅熹年：《記先祖藏園老人與北京圖書館的淵源》，第51頁。
⑧ 李致忠：《中國國家圖書館館史資料長編（1909—2008）》，第388—389頁。
⑨ 冀淑英：《冀淑英古籍善本十五講》，北京：國家圖書館出版社，2009年，第24頁。
⑩ 冀淑英：《冀淑英古籍善本十五講》，第27頁。

公集》等。① 另據傅熹年先生回憶，1948 年傅先生又因經濟困難兩次出讓若干明刊本與名家鈔校本約 79 種給國圖。② 傅先生過世後，其哲嗣先後四次將若干古籍轉讓國圖，數量約爲 285 種。又，1953 年 2 月 18 日，文化部社管局第 584 號通知，撥交傅氏雙鑒樓藏書 7 種，由國圖典藏。③ 不過，目前從國圖連綫公共目錄查詢系統中只能查到百余種傅先生批校本子，其中包括傅先生自己的著作。時至今日，傅增湘捐贈善本書目仍未出版，未嘗不是一件憾事。

"文字典籍，天下公器"④ 是傅先生秉持的藏书理念。終其一生，傅先生莫不爲他心中的那些珍貴典籍而奔走，也與國圖結下了不解之緣。如今，國圖善本書庫浩如煙海的古籍中，有多少曾經他老人家目驗一過，逐漸不爲人所知。但循着當年那些文字，我們或能略窺一斑。

向輝：國家圖書館　國家古籍保護中心辦公室館員

---

① 冀淑英：《冀淑英古籍善本十五講》，第 33 頁。
② 傅熹年：《記先祖藏園老人與北京圖書館的淵源》，《北京圖書館館刊》1997 年第 3 期，第 51 頁。
③ 李致忠：《中國國家圖書館館史資料長編（1909—2008）》，第 415 頁。
④ 傅增湘：《雙鑒樓藏書續記二卷》，1930 年，載韋力：《古書題跋叢刊（二十九）》，第 71 頁。

人物 版本目錄學研究第四輯

燕國長公主小考

劉金業

豐潤天宮寺塔出土《大方廣佛花嚴經》卷第十末頁題記云："大契丹國燕國長公主奉爲先皇御靈冥資景福，太后聖壽，永保遐齡，一人隆戴斗之尊，正后叶齊天之筭。太弟公主更析派於銀潢，親王諸妃長分陰於玉葉。次及有職，後逮含情。近奉慈尊，遠成佛緣。特施淨財，敬心彫造小字《大花嚴經》一部，所冀流通，悉同利樂。時重熙十一年（1042）歲次壬午孟夏月甲戌朔雕印記，燕京左街僧錄崇祿大夫檢校太保演法通慧大師賜紫沙門瓊煦提點雕造。"[1]

考題記內容，據《遼史·興宗本紀一》記載，"重熙（1032—1054）"乃遼聖宗子興宗年號，此時稱先皇，則燕國大長公主當是遼聖宗之女[2]。又據《遼史·欽哀皇后傳》載，其"（興宗）重熙元年（1032），尊爲仁慈聖善欽孝廣德安靖貞純寬厚崇覺儀天皇太后。清寧（1055—1064）初，尊爲太皇太后。崩，曰欽哀皇后"[3]；而《遼史·皇子表》記載聖宗次子耶律重元，興宗封爲皇太弟，則更證題記中燕國大長公主乃聖宗之女[4]。《遼史·公主表》"聖宗女"條下則無一獲封此爵號者[5]，欲知其人，當另尋綫索。

---

[1] 原件收藏在唐山市豐潤區文管所，題記文字據原件照片錄。
[2] 《遼史》卷第十八"興宗本紀一"，中華書局點校本。
[3] 《遼史》卷第七十一"列傳第一"，中華書局點校本。
[4] 《遼史》卷第六十二"表二"，中華書局點校本。
[5] 《遼史》卷第六十三"表三"，中華書局點校本。

所幸《遼史·地理志一》上京道"頭下軍州"條下記:"懿州,廣順軍,節度。聖宗女燕國長公主以上賜媵臣戶置。在顯州東北二百里,因建州城。西北至上京八百里,戶四千。"①《遼史·地理志二》云:"懿州寧昌軍,節度。太平三年(1023)越國公主以媵臣戶置。初曰慶懿軍,更曰廣順軍,隸上京。清寧七年(1061)宣懿皇后進入,改今名。"②而《遼史·聖宗本紀七》太平三年載:"辛巳,賜越國公主私城名曰懿州,軍曰慶懿。"③三者相互參證,知聖宗女燕國長公主頭下軍州懿州廣順軍與聖宗女越國公主私城名曰懿州"軍曰慶懿"為一地,則燕國長公主與越國公主當為一人,爵號有異,記載時間不同所致。

回看《遼史·公主表》,恰好見此爵號:"聖宗十四女。欽哀皇后生二女。槊古,第三,封越國公主,進封晉國。景福初,封晉蜀國長公主。清寧初,加大長公主。下嫁蕭孝忠。"④《契丹國志》卷八"興宗文成皇帝紀"載,(聖宗)元妃"又生楚國公主,燕國公主",此記載可為旁證。又《遼史·蕭孝忠傳》載:"開泰中,補祗候郎君,尚越國公主,拜駙馬都尉,累遷殿前都檢點。太平(1021—1030)中,擢北府宰相。重熙七年(1038),為東京留守。……十二年,入朝,封楚王,拜北院樞密使。"⑤

重熙七年張濟撰《耶律元妻晉國夫人蕭氏墓誌銘并序》載蕭孝惠為"北宰相,殿前都檢點,楚王"⑥;重熙十四年(1045)楊佶撰《遼秦國太妃晉國王妃墓誌》載蕭孝惠為"樞密使,守太保兼中書令,楚王,贈楚國王"⑦;咸雍四年(1068)《蕭知行墓誌》載蕭孝惠為"駙馬都尉"⑧。綜合比勘,可知《遼史》卷八十一有傳的蕭孝忠實為墓誌銘中出現的蕭孝惠,據《晉國夫人墓誌》亦知其即遼聖宗欽哀皇后之弟。

檢《遼史·宣懿皇后傳》載:"道宗宣懿皇后蕭氏,小字觀音,欽哀皇后弟樞密使惠之女。……清寧初,封為懿德皇后。"⑨知此處蕭惠與墓誌中楚王蕭孝惠同為欽哀皇后之弟,實為一人,則蕭孝惠(忠)乃懿德皇后之父。既然上文引《公主表》知越(燕)國公主下嫁蕭孝忠(惠),由此可推知聖宗女越

---

① 《遼史》卷第三十七"地理志一",中華書局點校本。
② 《遼史》卷第三十八"地理志二",中華書局點校本。
③ 《遼史》卷第十六"圣宗本紀七",中華書局點校本。
④ 《遼史》卷第六十五"公主表",中華書局點校本。
⑤ 《遼史》卷第八十一"列傳第十一",中華書局點校本。
⑥ 閻鳳梧主編,賈培俊、牛桂琥副主編:《全遼金文》,上,太原:山西古籍出版社,2002年8月,第277頁。
⑦ 萬雄飛撰《遼秦國太妃晉國王妃墓誌考》,《文物》2005年第1期。
⑧ 向南、李宇峰譯注:《遼代石刻文續編》,瀋陽:遼寧人民出版社,2010年。
⑨ 《遼史》卷第七十一"道宗宣懿皇后蕭氏傳",中華書局點校本。

（燕）國公主乃懿德皇后之母。

又遼乾統八年（1108）即滿撰《妙行大師行狀碑》載："有秦越國大長公主，乃聖宗皇帝之女，興宗皇帝之妹，懿德皇后之母。"①《公主表》記載："欽哀皇后生二女：岩母堇，第二。開泰七年（1018），封魏國公主，進封秦國長公主，改封秦晉國長公主。清寧初，加大長公主。下嫁蕭啜不，改適蕭海里，不諧，離之；又適蕭胡睹，不諧，離之；乃適韓國王蕭惠。"② 而《遼史》卷九十三蕭惠傳載："重熙十七年（1048），尚（興宗）帝姊秦晉國長公主，拜駙馬都尉。""清寧二年（1056）薨，年七十四。"則重熙十七年時蕭惠年四十七，正合公主屢次改嫁才下嫁的年齡；而爵號相同，此又一證。但是，其爲興宗之姊與秦越國大長公主爲興宗之妹顯非一人。

而綜合上文知越（燕）國公主與秦越國大長公主同爲懿德皇后之母，當爲一人，亦即豐潤出土遼版佛經題記中的大契丹國燕國長公主。

關於燕（秦越）國長公主的生平事蹟，據《妙行大師行狀碑》："重熙十三年（1044）也，公主爲師陳言乞戒，興宗御批許登戒品□□嚴制。……清寧五年（1059），大駕幸燕，秦越長公主首參大師，便云：'弟子以所居第宅爲施，請師建寺。'……（同年）公主薨變，懿德皇后爲母酬願，……寺成之日，道宗御書金榜，以'大昊天'爲之名。"③ 此外金大定二十年（1180）沙門廣善撰《妙行大師碑銘并序》記："清寧五年十月初旬，車駕幸燕，有大長公主以宅爲施。後懿德皇后爲母酬□□，……蒙御書寺額。"④ 咸雍三年（1067）王觀撰《燕京大昊天寺碑》"中有先公主之館第，改而爲寺。"⑤ 壽昌末孟初撰《燕京大昊天寺傳菩薩戒故妙行妙行大師遺行碑銘》："清寧五年，秦越大長公主捨棠蔭坊第爲寺，土百頃，……既成，詔以大昊天寺爲額，額與碑皆道宗御書。"⑥ 清寧五年《昊天寺石塔記》："秦越大長公主發心造十三級石浮圖一座，高二百尺，昊天寶塔。"⑦ 禪門高僧，文苑名流，備述此盛事，頌公主之功德。

秦越國大長公主爲懿德皇后之母，而清寧七年（1061）懿德皇后進入越國公主私城；秦越國大長公主居住活動于燕京，而雕印《大方廣佛華嚴經》由"燕京左街僧錄崇祿大夫檢校太保演法通慧大師賜紫沙門瓊煦提點"，也爲拙考

---

① 閻鳳梧主編，賈培俊、牛桂琥副主編《全遼金文》，上，第614頁。
② 《遼史》卷第六十五"公主表"，中華書局點校本。
③ 閻鳳梧主編、賈培俊、牛桂琥副主編《全遼金文》，上，第614頁。此處原文錄爲"重和十三年"，或應爲"重熙十三年"之誤。
④ 同上書，第619頁。
⑤ 同上書，第285頁。
⑥ 同上書，第540頁。
⑦ 同上書，第742頁。

論證燕（越）國長公主即是秦越國大長公主提供了重要的佐證。

綜上所考知燕國長公主聖宗始封爲越國公主，興宗重熙十一年（1042）時爲燕國長公主，道宗清寧年間加封爲秦越國大長公主。舍燕京私宅建大昊天寺，虔誠佈施，佛緣甚深，爲兩代皇帝所崇敬，此經帶千字文號，或許表明曾入遼藏，但裝幀特殊，且題記中明言"雕印小字一部"，可見非遼藏原本，當是傳刻本，此經雕印於重熙十一年，則小字本遼藏至遲雕印於此年之前。且大昊天寺雖是國家大寺，但始建于清寧五年，顯然不是此經及小字本遼藏的開板寺廟。

關於此經的詳細雕印背景，當時未能考明，引以爲憾，積疑難以釋懷，今日偶得綫索，茅塞頓開矣！

《遼史·興宗本紀二》記載："（重熙十一年十二月）乙酉，以（景宗）宣獻皇后忌日，上與皇太后素服，飯僧於（燕京）延壽、憫忠、三學三寺。"① 又《遼史·禮志一》記載，"以先帝、先后生辰及忌辰行禮，自太宗始也。"②《禮志二》記載："忌辰儀，至日，應拜大小臣僚並皁衣，皁囀帶，四鼓至時，於幕次前，在京於僧寺，班齊，依位望闕叙立。"③ 知遼代每年有忌辰儀，並在僧寺舉行佛事活動。而此經雕印乃是"奉爲先皇御靈冥資景福"，應該是興宗重熙十一年爲聖宗舉行忌辰儀的產物，此事不見《遼史》記載，可補史之缺。無獨有偶，關於瓊煦的佛教因緣，據《江蘇圖書館學報》1995年第六期披露，尚有南京圖書館古籍樓珍藏遼代泥金寫本《大方廣佛華嚴經》，此書乃興宗景福四年（?）齊國太妃"特捨己財"請僧人瓊煦所抄④。考上述《遼秦國太妃晉國王妃墓誌》記載："乙亥歲，上兩殿之徽名，……再追封爲晉國王妃進册爲齊國太妃。"⑤ 燕國長公主之夫蕭孝惠乃齊國太妃之幼子，則此鴻雪留痕，千秋聖寶之遼代佛經雙璧，同出懿州蕭氏家族，今又同流傳於世，誠爲無上因緣。

劉金業：1989年生河北豐潤民間青年

---

① 《遼史》卷第十九"興宗本紀第十九"，中華書局點校本。
② 《遼史》卷第四十九"禮志一"，中華書局點校本。
③ 《遼史》卷第五十"禮志二"，中華書局點校本。
④ 未見原件。興宗景福僅有一年，此處記爲"四年"，不知何故，待有機會閱覽原件後再研究。
⑤ 萬雄飛撰《遼秦國太妃晉國王妃墓誌考》，《文物》2005年第1期。

日本新出《徑山佛鑒禪師行狀》考論[*]

定 源

中日兩國有着長期而友好的交流歷史。隋唐以來，我國文化大量輸出日本，尤其是佛教典籍的東傳對日本文化的形成影響極大。在日本各大博物館、圖書館以及公私文庫都藏有不同數量的中國佛教典籍，其中不乏稀珍善本，有些甚至在國內已經散佚。

近幾年，筆者在日本從事敦煌學研究以及參加調查日本古寫經之餘，主要致力於收集散藏在日本的中國佛教佚存文獻，即中國本土已經散佚，而僅存於日本的佛教文獻，同時亦關注中國方面雖有現存，而日本藏本較佳，或是同類文獻中的另一種異本資料。

2009 年 7 月 15 日，筆者與石川重雄先生一同考察了京都國立博物館現藏的兩種徑山佛鑒禪師行狀——德如撰《佛鑒禪師行狀》與道璨撰《徑山佛鑒禪師行狀》[①]。這兩種行狀均是徑山無準師範（1177—1249）的傳記文獻。前者是無準圓寂之前十年，由無準侍者德如所撰。管見所及，此文獻在中國本土已經亡

---

[*] 2012 月 8 月 21 日，本文内容於杭州市佛教協會、杭州徑山萬壽禪寺共同舉辦的"徑山與中國禪宗文化國際學術研討會"上作過口頭發表，題爲《日本藏道璨撰〈徑山佛鑒禪師行狀〉考論》，今改此題，並作了部分修訂，謹此説明。

[①] 考察時，承蒙文物原藏單位京東福寺以及京都國立博物館學藝課企劃室羽田聰先生的好意與協助，謹此致謝。考察之後，石川先生發表有《東福寺藏〈佛鑒無準禪行狀〉——南宋寺院制度補論》一文，對兩種文獻作了簡要介紹，並從南宋寺院制度史的角度進行了探討（《國際社會科學雜誌》[中文版]，中國社會科學雜誌社，2009 年 9 月，第 164—179 頁）。

佚，日本所藏是目前僅存的孤本。有關它的詳細情況，可參看石川先生發表的《東福寺藏〈佛鑒無準禪師行狀〉——南宋寺院制度補論》與拙稿《日本藏無準師範傳記新資料及其價值》① 兩文，此不贅述。

至於道璨撰《徑山佛鑒禪師行狀》，迄今爲止，大家所熟知的有《無準和尚奏對語錄》② 卷末與道璨文集《無文印》卷四③所收本。此兩種文本內容相同，屬同一系統文獻。然而，有趣的是，京都國立博物館藏道璨撰《徑山佛鑒禪師行狀》（以下簡稱"京博本"）與前兩書所收本的內容差異頗大。通過比對，顯然它是另一種異本。兩者文字的異同情況，可參見筆者整理的《〈徑山佛鑒禪師行狀〉兩本對照》④ 一文，文前解題中并交待了"京博本"的大致情況。只是當時解題內容過於簡略，對於一些問題未能展開討論，留有遺憾。爲此，本文擬從文獻學的角度對"京博本"作進一步考述，藉以彌補此前解題不足的同時，希望爲研究無準生平提供一份新的資料。

一、"京博本"之書誌概要

"京博本"現藏在一個木盒子裏，盒蓋上方墨書題"徑山行狀"四字，館藏編號爲"B252"。其書誌概要如下：

［首題］徑山佛鑒禪師行狀
［尾題］無
［裝訂］卷子本（纸本墨书）
［狀態］良好
［紙質］麻紙
［字體］行書

一卷，共17紙，全長799.4cm，首尾二紙較短，首紙空白無字，除了最後一紙之外，每紙抄16行左右，每行13字前後不等。有淡墨天地界，無烏絲欄。書寫年代不明，從紙質及書寫字體、形式看，大約抄於日本室町時代（約十四世紀前後）。寫本紙面有幾處脱誤的補正，詳細情況是：

第七紙"三年，衛王當國以卧護爲已任"的"卧"字，行外訂正作"外"字，屬形似致誤。

第八紙"三年，被旨移育王，力行方丈職事，外崇而閣"的"而"字右下

---

① 《國際社會科學雜誌》（中文版），中國社會科學雜誌社，2011年12月，第142—148頁。
② 《續藏經》卷七十，第277—279頁。
③ 《無文印》，北京：北京圖書館出版社，2006年6月。
④ 方廣錩主編：《藏外佛教文獻》第2編總第14輯，北京：中國人民大學出版社，2010年8月，第428—445頁。

方粘貼紙寫"兩歟"二字，以示"而"乃"兩"字之形誤。

第八紙"是歲，少林嵩散席徑，朝議以師補之"的"徑"字下方有一小句點，旁邊粘貼紙寫"山字脱乎"，以示"徑"下脱一"山"字。

第十紙"接待雲水堂殿觀"的"殿"字下方有一小句點，於行外補"樓"字，以示"殿"下脱一"樓"字。

第十一紙"實由北師置田千畝"的"北"字右邊粘貼紙寫"此"字，以示"北"乃"此"字之誤。

第十二紙"脾疾適作春不愈"的"作春"二字之間右邊行外補"涉"字，以示"作"下脱"春"字。

第十五紙"因思曉雲之狀浮山圓鑒，寂音之狀石門雲庵"兩行之間粘貼紙寫"瑩歟"二字。從前後文意看，"瑩"當是訂正"曉雲"之"雲"字。"雲"之繁體寫法與"瑩"字極爲相近，因而致誤。"曉瑩"爲人名，與"寂音"對。

如上這些訂正文字與本文字體風格稍有不同，當是後來閱讀者或校勘者所爲。此外值得注意的是，首題下方以及第二紙的第十三行與第十四行之間兩處，分別鈐有"普門院"三字陽文朱印。"普門院"係京都東福寺的一個別院，由東福寺開山聖一國師圓爾辯圓（1202—1280）於寬元四年（1246）所建，正嘉二年（1258）改爲書庫，收藏經論、章疏、語錄、儒典、醫書等各種典籍。

普門院的藏書情況，東福寺僧大道一以（1292—1370）編《普門院經論章疏語錄儒書等目錄》[①]所載甚詳。在歷史上，普門院曾遭受過多次火災，其所著錄文獻有些已經燒失或散佚。該目錄依中國傳統千字文序號而編，從"天"至"珍"字。在"冬"字號下著有"無準行狀二卷"。此所謂二卷，當指德如撰《佛鑒禪師行狀》與道璨撰《徑山佛鑒禪師行狀》各一卷而言。的確，我們在德如撰行狀中亦可看到"普門院"三字朱印。由此表明，京都國立博物館所藏的這兩種無準行狀原來都是東福寺普門院的藏品。

東福寺普門院所藏經論、章疏、語錄等文獻的主體部分是圓爾辯圓從南宋攜回的典籍。據《聖一國師年譜》載：圓爾辯圓於端平二年（1235）四月入宋，淳祐元年（1241）三月歸國，在宋凡六年，攜回佛、道、儒三家等書籍達一千餘卷，其中包括德如撰行狀[②]。至於道璨所撰行狀，如後所述，由於該行狀寫成於淳祐九年（1249），所以它不可能是圓爾辯圓的攜來品。其東傳時間，當是淳祐九年行狀寫成之後，大道一以應安三年（1370）圓寂之前的一百二十年之間。

從寫本形態學的角度，"京博本"在抄寫形式上有一些值得注意的地方。

[①] 本目錄京都東福寺現藏有大道一以的手抄本。《昭和法寶總目錄》第三卷有錄文（第968—973頁），可參看。

[②] 詳細情況，可參考拙稿《日本藏無準師範傳記新資料及其價值》一文。

比如，行狀開頭"師諱　師範　號無準"中的"師範"二字前後留有餘空，這種現象一般稱爲"敬空"。此外，行狀中意指南宋理宗的"上"字，以及遇到"皇帝"或"旨"字時均采用換行書寫，這表示對帝王的尊敬。相反，行狀末有兩處"道璨"自稱，此二字的字形比前後文字較小，這表示作者自謙。

我們知道，中國傳統文化非常強調尊卑有序以及自謙的美德，"京博本"即是這種傳統思想在書寫格式上的表現。行狀末所署"淳祐己酉中夏參學道璨拜書"，表明道璨撰成行狀之後，還自行抄寫。從"京博本"的筆蹟來看，雖然難以認爲它是道璨的親筆本，但我們可以肯定它是由東傳的原抄本轉寫而成，因爲"京博本"的抄寫形式基本保持了中國寫本的固有形式。

二、道璨與無準

道璨，俗姓陶，字無文，號柳塘，隆興府新建縣人（今江西省南昌市），生於嘉定七年（1214），卒於咸淳七年（1271）。有關他的生平事蹟，日本花園大學加藤一寧先生曾發表題爲《無文道璨略傳》[1]一文，有比較詳細的研究。本節擬在加藤先生研究的基礎上，介紹道璨其人，並着重探討他與無準之間的關係。

有關道璨的傳記文獻，目前未見有單行本傳世。作爲他生平傳記的第一手資料，我們祇能從他現存著作《無文印》（二十卷）、《柳塘外集》（四卷）以及《無文和尚語錄》（一卷）中得知一二。其實，《柳塘外集》除了卷三所收《上方侍郎蛟峰書》一文之外，其餘内容均見於《無文印》。而《無文和尚語錄》作爲禪宗語錄著作，很難作爲傳記資料來使用。也就是說，在道璨的著作中，可用以考察其生平事蹟的最豐富資料祇有《無文印》一書。

道璨的家世情況，依《無文印》卷四《先妣贈孺人吴壙誌》一文可知：父名陶躍之（？—1257），母吴氏（1188—1266），膝下四男一女，道璨爲次男。他出家之前，《無文印》卷首附咸淳九年（1273）李之極序載：

> 東湖無文師，方弱冠時，天資穎脱，出語輒驚人。坐白鹿講下，師事晦静湯先生，雅見賞異。一再戰藝不偶，即棄去從竺乾氏遊。

道璨自幼聰穎，語出驚人，二十歲左右就學於白鹿洞書院[2]朱子學者湯晦静門下，深得湯晦静賞識與器重。上文"一再戰藝不偶"一句語意不明，或指與湯晦静的學術看法不合，或指他自己多次科舉不中。總之，由此舍俗從佛。

---

[1]《禪學研究》第81號，2002年12月，第159—205頁。

[2] 位於江西九江市星子縣之北，廬山五老峰麓。五代十國南唐升元年間（937—942）始建學校，至宋代改名爲白鹿洞書院。

關於道璨出家，《先妣贈孺人吳氏壙誌》自述："道璨少也魯，去從釋氏，先妣留莫可，則曰：'既服僧服，當盡僧業。'"此文表明，道璨舍俗從佛他父母是持反對態度的。而道璨出家意願堅固，其母未能挽留，最終祇好希望他能作一位合格的僧人。從弱冠時道璨就已舍俗從佛計算，其出家時間當在端平元年（1234）之後不久。《無文印》卷八《橘林詩集序》道璨自稱："端嘉間，余漫遊閩浙。"所謂"端嘉間"，係指端平與嘉熙（1234—1240）前後之七年時間。"漫遊閩浙"應該是指他出家後的早年參學經歷。道璨的參學情況，《無文印》卷十四《辭免清涼申省》云：

> 出入笑翁、無準、癡絕三老間，逾二十年，鉆堅仰高，僅得其概焉而已。

笑翁、無準、癡絕，分別指笑翁妙堪（1177—1248）、無準師範與癡絕道沖（1168—1249）。此三人主要活動於江浙地區，歷任江南各大禪林住持，比如無準住過徑山，笑翁住過育王，癡絕住過靈隱，道璨既然往來於笑翁、無準、癡絕三人之間長達二十餘年，不難想象，其參學期間主要是在江浙地區。同時亦表明其禪宗法系是繼承大慧宗杲一脈而來。《無文印》卷十《書趙騰可雲萍錄》一文説：

> 東湖僧道璨，姓瞿曇氏，釋迦老子五十三世孫。曾大父妙喜宗杲，大父無用淨全，父笑翁妙堪。

他的禪宗法系是：大慧宗杲→無用淨全→笑翁妙堪→道璨。道璨嗣法於笑翁，同時又參無準、癡絕，在江浙二十餘年的參學過程中，依止無準的時間共有多少年？有關這個問題，無準圓寂後道璨撰有《祭無準和尚》一文，其中有載：

> 璨也未至，師徯其來？亦既至止，師謂不才。相從三年，思意千萬。從行侍坐，朝夕無間。

據此可知，道璨奉侍無準左右，朝夕不離共有三年。無準於淳祐九年（1249）三月圓寂，圓寂之前長期住在徑山。所謂"相從三年"，應該是指在徑山依止無準修學時間的總和。道璨具體哪一年到徑山？《無文印》卷十四"跋御書發願文"云：

> 淳祐五年，時和歲豐。國家間暇，皇帝遊詠翰墨，臨晉王羲之道源書發願文，賜徑山臣某。龍跳虎卧，精神百倍羲之也。

上文"徑山臣某"乃道璨自稱，説明道璨自淳祐五年（1245）開始就已到了徑山。此外，明確談到道璨住在徑山的資料，《無文印》卷八《橘林詩集序》云："淳祐丁未，予客徑山。""淳祐丁未"爲淳祐七年（1247）。由此看來，從淳祐五年至淳祐七年，道璨可能都住在徑山。淳祐七年之後，《無文印》卷八

《送一侍者歸日本序》載：

> 淳祐戊申，余自西湖來四明，既哭笑翁老子，遂訪樗寮隱君於翠巖山中，留十日，復歸徑山作夏。

淳祐戊申即淳祐八年（1248），是年三月笑翁於寧波阿育王寺示寂。爲此，道璨自西湖赴四明（寧波）悼念，並至翠巖山訪樗寮隱君張即之。在翠巖停留十天後，再回到徑山結夏安居。上文雖作"自西湖來四明"，但從文末"復歸徑山"的表述看，所謂"西湖"當泛指徑山而言。另外，道璨在徑山期間，除了去過四明之外，我們知道他還去過建業（南京）看望癡絕。如《祭無準和尚》云："我省癡翁，久留建業。歸來問安，喜泛眉睫。"由於淳祐八年道璨尚在徑山結夏安居，此所謂"久留建業"，最多不過是指淳祐八年七月十五解夏之後至淳祐九年三月無準師範圓寂之前。

通過上述可知，道璨至少從淳祐五年至淳祐九年的四年期間，除了旅居四明十日與滯留建業之外，其餘時間都應該住在徑山，這與道璨自己所說的相從無準三年的時間基本吻合。

笑翁、無準、癡絕分別圓寂於淳祐八年三月、淳祐九年三月與淳祐十年三月。據《無文和尚語錄》載：寶祐二年（1254）六月道璨入住江西饒州薦福寺，之後遷居廬山開先華嚴禪寺等。即道璨出家後先在江南一帶參學，從四十一歲至五十八歲示寂，他的活動地域主要轉向他自己的老家江西。

道璨之所以離開浙江回到江西，或許與笑翁、無準、癡絕三人前後相繼示寂有關。總之，道璨長期往來於此三人之間的參學經歷，無疑爲他後來住持江西饒州薦福寺、廬山開先華嚴禪寺等弘化一方打下了堅實基礎。此三人圓寂後，道璨先後撰有《育王笑翁禪師行狀》、《徑山無準禪師行狀》與《徑山癡絕禪師行狀》。這三種行狀現均收入《無文印》卷四，它爲我們研究笑翁、無準與癡絕的生平事蹟提供了寶貴資料。

三、《徑山佛鑒禪師行狀》的撰述目的與時間

道璨之所以執筆無準行狀，道璨撰《祭無準和尚》一文有所交待：

> 我出處，子合叙之；九天遺奏，子合具之。

這段文字是無準的原話。"九天遺奏"是否指上呈理宗的奏表，不得而知，但從"我出處，子合叙之"一句看，道璨撰寫行狀顯然是受無準身前的囑托。關於這一點從行狀末的道璨自跋可以得到印證：

> 道璨朅來徑山，間侍圓照老師座，師不鄙其愚，凡其家世之本支、出處之次第、師友之淵源，詳以見教。道璨竊聽緒餘，佩服惟謹。因思曉瑩（瑩）之狀浮山圓鑒、寂音之傳石門雲菴。起居言動，纖悉不遺。其師生之義，浮於翰墨。（此依"京博本"錄文）

無準告訴道璨自己生平的內容主要有三個方面：即"家世之本支"、"出處之次第"與"師友之淵源"。可見道璨所撰行狀的大部分內容是由無準親自口授的。詳審行狀，文中的確記載了無準的家世本末，出家因緣以及參學諸師等內容，尤其詳細介紹了參學諸師的經過。當然，其中不免含有一些道璨的個人見聞，上文所謂"竊聽緒餘"者，蓋指此而言。

此外，從上文看，道璨所撰行狀還受到"曉瑩之狀浮山圓鑒、寂音之傳石門雲菴"的啟發。曉瑩，字仲溫，南宋臨濟宗僧人，著有《羅湖野錄》、《雲卧紀譚》等。他所撰浮山圓鑒禪師傳記，《雲卧紀譚》卷一收[①]。寂音，乃惠洪（1071—1128）之號，他一生著述頗豐，主要有《石門文字禪》、《禪林僧寶傳》與《林間錄》等傳世。他所撰"雲菴真淨和尚行狀"現收入《石門文字禪》卷三十[②]。曉瑩師從浮山圓鑒，惠洪師從雲菴真淨，兩人均爲其師述傳，即道璨所謂"師生之義，浮於翰墨"。道璨雖嗣法於笑翁，但在無準門下修學多年，所撰行狀通篇以"師"相稱，無準與道璨之間的師徒情誼由此可見一斑，正如行狀所載：

> 昔人謂："前輩言行不見傳記，後世學者無所矜式。"蓋當世門人弟子之罪，故編以大概，以俟後之良史云，謹狀。（此依"京博本"錄文，下綫部分爲它本所無）

作爲無準門人之一，道璨引古人之言認爲：若不把前人的嘉言懿行記録下來，後世學人則失去模範，無所依憑。因此，道璨撰寫行狀，除了受無準身前囑托之外，顯然有傳頌無準身前道德功績之意。此外，行狀中還提到：

> 暇日因叙次所聞，以付侍史，爲它日大書深刻張本。

上文表明，道璨撰寫行狀的另一目的是付給侍史作爲參考之用。通過考察，所謂侍史，可能是指南宋文學家、詩人劉克莊（1187—1269）。他歷任將仕郎、侍郎官乃至龍圖閣學士，撰有《徑山佛鑒禪師墓誌銘》，該文現收入《後村先生大全集》卷一六二。至於道璨與劉克莊是什麽關係？爲何會由劉克莊撰寫墓誌銘？對於這個問題，該墓誌銘中有所交待：

---

① 《續藏經》卷86，第670—671頁。
② 《嘉興藏》卷23，第726—727頁。

余友竹溪翁父子，及師之徒白雲深、無文餐激發余曰："劉、柳不銘曹溪乎？"余愧於其言，乃叙而筆之。

竹溪翁父子，係指林希逸與林泳父子。林希逸（1193—1271），字肅翁，號竹溪，福建福清人，他與劉克莊同鄉，兩人之間交遊甚密①。值得注意的是，上文"無文餐"的"餐"字應是"粲"字之形誤。"無文"乃道璨之號，無文粲就是道璨，如《無準和尚奏對語錄》所收本的撰號即作"粲無文"。至於"白雲深"，目前還不清楚到底是誰，或指無準之徒妙深②。總之，從上文可知，劉克莊所撰墓誌銘是受林希逸父子以及白雲深與道璨的激發，他們舉唐人劉禹錫撰《大唐曹溪第六祖大鑒禪師第二碑》③與柳宗元撰《曹溪第六祖賜諡大鑒禪師碑》④爲例，希望劉克莊也能爲無準撰銘，以傳不朽。其實，劉克莊並不認識無準，墓誌銘明確交待"余不及識師"。正因爲劉克莊與無準沒有直接來往，對無準的生平事蹟不甚了了，所以劉克莊撰墓誌銘時才需要一定的參考資料。道璨既然邀請劉克莊撰銘，他把自己所撰的行狀提供給劉克莊作參考之用是完全可以理解的。

有關道璨撰行狀的時間，《無準和尚奏對語錄》與《無文印》所收本均沒有記載，而"京博本"最後則有"淳祐己酉中夏參學道璨拜書"。"淳祐己酉中夏"，即淳祐九年（1249）五月，時年道璨三十六歲。前面已述，無準圓寂於淳祐九年三月，本行狀是無準圓寂兩個月後所撰。問題在於本行狀完稿之後，劉克莊是否真的有所參考？對此，我們不妨比較一下兩者的内容。

---

① 劉克莊死後，林希逸撰有《後村先生劉公行狀》，其中亦談到他與劉克莊之間的來往，可參看。

② 據現存資料可知，無準師範臨終前，曾囑托妙深寫信給日本圓爾，希望圓爾支持開版《無準禪師語錄》。該書信現藏於日本常盤山文庫。1983 年《新指定重要文化財》第八册中刊載了影印照片和錄文。此書信可能是有關妙深的唯一現存資料，其中記錄了無準臨終前的遺願，頗爲珍貴。現將全部内容轉錄於此，以供研究。"妙深頓首再拜，上覆/爾老堂頭大禪師，別德之久，每切敬仰。竊知/足下佩/佛鑒正印，榮歸上國，坐大寶坊，力行/老師之道，仰羨々々。妙深謬妄無取，今春老/師俾歸後板至，春末適丁老師順寂。末後光/明，非紙筆能盡。衣鉢侍者謙兄書中已詳及。/但老師臨行時，面囑妙深及謙侍者，乃云：'老僧/末後開語錄一事，約費萬餘。唱衣鉢津送外/必無示及此。若能侍者浙東面，可委曲令作書與/爾長老及禪定長老，必能爲我成此一事。'又以分付/爪髮，令謙侍者受業建塔。蜀中兵火之餘，不/空稽緩，想以法義之故，必能了此勝事。使大法/流通，法門幸甚。便武率易，控此遐想。靈山精爽，不勝飛越。敢冀以/斯久，萬々珍護，是請不宣。/淳祐己酉四月望日，大宋臨安徑山首座妙深拜覆。"

③ 《劉禹錫全集》卷四，上海古籍出版社，1999 年，第 30—31 頁。

④ 《柳宗元全集》卷六，上海古籍出版社，1997 年，第 43 頁。

表一

京博本	墓誌銘
祖父以積善爲家法，世度僧一人，植德流祉。其後宜大陰平昭慶院僧王八師，有高行，誦《華嚴》不絕口，與師祖父往來稔甚。淳熙丁酉，年七十二，無疾説偈而化，未幾師生，或謂王再來。	世積善，初昭慶院老僧王八師，道行高，誦《華嚴》不絕口，與師父祖善。淳熙丁酉，無疾化去已而師生，時謂王師再來①。

"京博本"上表文字主要講無準俗家祖輩信佛，曾供養昭慶院僧王八師，淳熙丁酉（1177）王八師去世，不久，無準出生，於是時人認爲無準是昭慶院僧王八師的轉世。墓誌銘所載與此基本相同。我們認爲，這些內容若沒有具體參考資料，作爲文人的劉克莊是很難編撰的，即使發揮想象進行編撰，兩者內容很難如此巧合一致。這只能説明劉克莊撰墓誌銘時的確有參考過道璨所撰行狀。另值得注意的是，"京博本"上表這段文字完全不見於《無準和尚奏對語録》與《無文印》卷四所收本，由此進一步説明劉克莊不僅參考過道璨所撰行狀，而且參考了還是"京博本"系統的內容。"京博本"與《無準和尚奏對語録》與《無文印》所收本的內容上的差異，是一個有趣的問題，詳細情況下節再談。

四、版本異同及其原因分析

迄今爲止，大家所熟知的道璨撰行狀主要是《無準和尚奏對語録》（《續藏經》卷七十，以下簡稱"續藏經本"）所收本。《無文印》卷四雖然也有收入，但該書本身流傳不廣，不爲大家所注意，且內容與"續藏經本"幾乎相同，可認爲是同一個系統的文本②。然而，這一系統的文本與"京博本"之間卻存在許多不同，由於"續藏經本"流傳甚廣，爲了叙述方便，下文僅以"續藏經本"舉例説明。首先，將"京博本"與"續藏經本"的主要不同歸納如下：

（一）兩者題目不同。例如："京博本"題作"徑山佛鑒禪師行狀"，題下無作者名，而"續藏經本"作"徑山無準禪師行狀　粲無文撰"。

（二）"京博本"末尾署有"淳祐己酉中夏參學道璨拜書"，"續藏經本"則無。

（三）"京博本"有些文字完全不見於"續藏經本"。其多出部分的文字，

---

① 《後村先生大全集》卷162，四部叢刊初編，第1435頁。
② 《無文印》卷四所收本與"續藏經本"之異文共有四處，此四處異文，本文最後一節有舉（詳後），可能均是"續藏經本"錄文時因字形相近疏忽所誤。此兩本不存在文本系統上的差別。

請參看拙稿《〈徑山佛鑒禪師行狀〉兩本對照》一文，此不煩舉。

（四）有些文字所表達的意思雖然相近，但表述上則有不同，例如：
1. "京博本"作"印不義訓，與之解釋，師不肯其説"。
   "續藏經本"作"印以義訓解，師笑而已"。
2. "京博本"作"久病，師爲供給湯藥"。
   "續藏經本"作"久病，師爲執侍湯藥"。
3. "京博本"作"時雖年少"。
   "續藏經本"作"師年方二十"。
4. "京博本"作"擲筆而逝"。
   "續藏經本"作"移頃而逝"。

在表述方面，尚需注意還有，行狀中提到僧名時，字與號的排列往往次序不一。例如：

"京博本"作"秀巖瑞"、"肯常充"、"無證修"、"遜庵演"、"息庵觀"、"雲窠巖"、"高原泉"、"石溪月"、"借庵真"、"少林嵩"。

与上文對應，"續藏經本"則作"瑞秀巖"、"肯常充"、"修無證"、"觀息庵"、"巖窠雲"、"泉高原"、"月石溪"、"真借庵"、"嵩少林"。

（五）前後内容順序不同。例如：

"京博本"作"賜金襴僧伽黎，侍僧數十人同賜齋，殿上宣詣慈明殿升座，上垂簾而聽焉。師舉揚徑正，奏對詳明，上爲之動色"。

"續藏經本"作"師奏對詳明，上爲之動色。賜金襴僧伽黎，仍宣詣慈明殿升座，上垂簾而聽"。

這裏有一個疑問，即同一書同一人所撰，在不同版本中爲何會出現如此大的差異？要解答這一問題，首先要了解"續藏經本"的來源，也就是需要考察它的底本情況。"續藏經本"末有刊記云：

> 此録舊板已漫滅者，命工重刊，置於龜山金剛禪院，伏願佛種不斷，世世建光明幢，祖印親傳，人人開無盡藏。應安庚戌季夏，天龍東堂比丘妙葩題①。

妙葩（1311—1388），號春屋，爲日本室町時代的臨濟宗僧人，歷任京都南禪寺、相國寺與天龍寺住持。他一生主要致力於五山版的刊行事業，尤其是禪籍的開板。"續藏經本"的底本爲應安三年（1370）所刊，此時距行狀成立時間已有120餘年，重刊的原因是舊板漫漶。筆者原以爲，不見於"續藏經本"的部分文字，或許是底本殘損所致。然而，詳審"京博本"與"續藏經本"的

---

① 《續藏經》卷七十，第279頁。

異文部分，很難説後者是舊板漫漶的一種殘本，因爲許多異文顯然是經過人爲臆改的結果。比如"師不肯其説"與"師笑而已"、"師爲供給湯藥"與"師爲執侍湯藥"、"擲筆而逝"與"移頃而逝"等，這些文字差異不可能是因爲殘損，或在轉抄、刊印過程中由形似或音近而導致的異文。

"續藏經本"非殘本的推測，我們可以根據《無文印》卷四所收本進一步加以論證。

《無文印》是道璨弟子惟康所編，共二十卷，書名來自道璨之號。該書所收內容按先後順序爲：詩、記、行狀、墓誌、塔銘、銘、道號序、序、字説、題跋、四六、祭文、雜著、書劄等。其中詩107首，文373篇。《無文印》一書國內傳本極少[1]，據筆者管見，僅遼寧圖書館藏有一部[2]。該藏本2006年已由北京圖書館出版社影印出版，共六冊。此書與日本國立國會圖書館藏南宋刊本近似[3]，左右雙邊，有界，每半頁11行，每行20字。從遼寧圖書館藏本書影看，卷十二之後實非原刻，而是以手鈔補之。有關該書的刊行，卷一首咸淳九年（1273）李之極所寫之序云：

> 辛未二月示寂後，其徒惟康萃遺稿二十卷，請於常所來往之有氣力得位者助而刊之，囑予爲之序。

咸淳七年（1271）二月道璨圓寂之後，其徒惟康匯輯遺稿梓印，并請李之極作序。雖然《無文印》在道璨圓寂兩年之後於咸淳九年就已刊行，但文稿的編輯工作其實在他自己身前就已經開始。這主要是根據物初大觀（1201—1268）《物初賸語》卷十三所收的另一種"無文印序"，此序有點長，由於《無文印》未收，茲録全文如下：

> 於斯時也，吾友粲無文崛起。以參爲主，以學爲張。振南浦、西山之英氣，追寂音、浯溪之逸響。歷掌笑翁、無準、癡絶三老之記，三老咸敬愛之。健筆若建瓴間，以稿曰《無文印》。爲示余，得而備覽之。簡而足，繁而整，於理脱灑，於事調鬯。蓋假文以明宗，非專文而背宗也。噫！僧史斷缺，英才不生。網羅遺逸，放失舊聞，此吾黨之責也。余嘗以此責加

---

[1] 此書在日本存有多種。據駒澤大學圖書館編《新纂禪籍目録》（1962），其中列出四種。此外，據筆者考察，日本國立國會圖書館藏有宋版，以及東京大學圖書館、京都大學圖書館谷村文庫、花園大學禪學研究所並藏有貞享二年（1685）和刊本。其中，筆者僅見過日本國立國會圖書館與谷村文庫藏本，其餘諸本均未見。

[2] 據《北京大學圖書館善本書録》（北京大學出版，1948年）載，北京大學藏有一部日本貞享二年（1684）刊本，十冊。

[3] 日本國立國會圖書館藏本，版心可見"何"、"牛"、"洪"等刻工名字。卷二十末有"寶宋閣珍藏"、"向黃邨珍藏印"以及"希□"三方朱印。

諸無文，它日將取償焉。則今之述作，又未遽充余之才腹也。無文性耿介，重然諾。秕糠乎聲利。於朋友交，和而不同，論士則先節概後事業。蓋躬允蹈之，非自恕以責人，人亦敬服焉。余謂無文從事乎筆墨間，文采爛然矣。敢問《無文印》果安在哉！①

據上文內容，至少可歸納以下幾點：

1. 道璨與物初大觀之間交往甚深。
2. 道璨善文，歷任笑翁、無準、癡絕三老之書記。（此內容與前節所述相符）
3. 道璨生前親自把自己的文稿定名爲《無文印》，呈物初大觀。
4. 物初大觀讀過文稿後，對道璨的文章、人品極爲贊賞。

《物初賸語》一書卷首附有物初大觀咸淳三年（1267）自序，表明該書於此前出版，"無文印序"當撰於該書出版之前。也就是說，至少道璨圓寂前之五年，他就着手編輯自己的文稿，只可惜道璨身前未能完成文稿的出版計劃。既然《無文印》於咸淳九年就已刊出，我們很難想象在道璨圓寂兩年之後，其所刊行的內容就成了殘本。若殘本的推測不能成立，與《無文印》卷四所收相同系統的"續藏經本"也就不可能是殘本。其實，倘若一種文獻是殘本的話，在文意上必然不通。可是詳審《無文印》卷四所收本與"續藏經本"，除了個別文字由於形似致誤難解之外，基本上並沒有特別不順之處。

倘非殘本，它與"京博本"的異文又如何造成的呢？考慮異文部分存在人爲臆改的因素，筆者認爲"續藏經本"或許是一種修訂本。不過，對於這種推測至少又面臨兩個問題：是道璨之徒惟康或其他人修訂的呢？還是道璨自己修訂的呢？筆者的答案傾向於後者。因爲，"京博本"末有兩處"道璨"自稱，這兩處自稱"續藏經本"一處作"其"，一處作"某"，而《無文印》卷四所收本均作"某"，即"續藏經本"的前一處"其"字乃"某"字之誤（詳後）。無論作"道璨"，還是作"某"，都是道璨自身的口吻。況且，道璨素以翰墨著名，弟子惟康或他人想修訂他的文章可能性不大。還有，行狀撰於淳祐九年五月，從淳祐九年至咸淳七年（1271）道璨圓寂共有二十二年。行狀撰成之後不久，即咸淳三年（1267）之前道璨就已着手編輯自己的文集出版，在編輯過程中對自己早年的文章有所不滿而進行修訂是完全可能的。基於此，筆者認爲行狀之所以存在版本上的差異，是經道璨自身修訂的結果。若這種推測無誤，其結論是："京博本"爲初稿本系統，"續經藏本"爲修訂本系統。

---

① 《物初賸語》一書，國内藏本甚少，而日本有多種傳本，今據駒澤大學國書館藏本錄文。

五、行狀的資料來源與影響

關於道璨撰行狀的資料來源，第三節中已有涉及，即主體部分是無準親自口授的。在此，值得一提的是，道璨撰行狀成立之前十年，即嘉熙三年（1239），還有一種同樣由無準親自口授，侍者德如執筆的無準行狀（以下簡稱"德如本"）。既然"德如本"成書在前，那麼道璨是否參考過它呢？

基於"京博本"系統保留了初稿本形態的推測，要談道璨撰行狀的資料來源自然要以"京博本"爲準，尤其對有異於或不見於"續藏經本"的部分文字，有助於找出它的資料來源。爲了説明問題，現將"德如本"與"京博本"的相近文字，而與"續藏經本"相差較大的部分舉例如表二。

表二

德如本	京博本	續藏經本
父祖樂善，一門度僧三人。師誕日，適俱會集，相顧而言曰："又添一僧耳。"	祖父以積善爲家法，世度僧一人，植德流祉。其後宜大陰平昭慶院僧王八師，有高行，誦《華嚴》不絕口，與師祖父往來稔甚。淳熙丁酉，年七十二，無疾説偈而化，未幾師生，或謂王再來。	（無）
至九齡，願求出家，父母不違其志，遂依昭慶院僧道欽脱白，即第前第三人也。	兒時厭處俗，父母不能奪其志，九歲依外兄昭慶道欽爲師，所謂王八師者，即其太師祖也。	九歲，依陰平山僧道欽出家。
師請問坐禪之要，堯曰："禪是何物，座底是誰？"師默領旨，晝夜參究。至於廢寢，一是如廁，手提淨桶，似忘所以，忽置桶有所感發，乃悟堯所示之語。	師從其請益坐禪之要，堯曰："禪是何物，座底是誰？"師受其語，晝夜體究。一是如廁，提前話，於放桶次，忽有省。	師請益坐禪之法，堯曰："禪是何物，座底是誰？"師受其語，晝夜體究。一是如廁，提前話，有省。
夜夢一官人，以把茆授師。	忽夜夢官員相訪，以把茅見授。	忽夜夢偉衣冠者，持茅把見授。
遂得旨而往，至則安衆行道之餘，修弊起廢，樓閣耽耽，舉寺爲之一新。越六年，紹定壬辰夏，紺殿前方池中忽出瑞蓮，蕚大而莖勁，脱穎亭亭，人以爲異。	三年，被旨移育王，力行方丈執事，外崇兩閣，闢衆寮，舉一寺而新之。越六年夏，殿前蓮池，一幹而花，聲直芳潔，逾月不萎，衆皆異之，而莫知爲何祥也。是歲，少林嵩散席徑山。	三年，被旨移育王。三年，嵩少林散席徑山。

(續表)

德如本	京博本	續藏經本
上御修政殿引見，祝香敷演，賜金襴袈沙（裟），仍賜從與參侍五十人，同齋於殿。又宣押至慈明殿師升座，宏唱宗乘，上大悦。	上御修政殿引見，師升座謝恩畢，都知太尉張延慶宣旨，請敷演。師播揚大教，旁通治道，上大悦，賜金襴僧伽黎，侍僧數十人同賜齋殿，上宣詣慈明殿升座，上垂簾而聽焉。師舉揚徑正，奏對詳明，上爲之動色。	上御修政殿引見，師奏對詳明，上爲之動色。賜金襴僧伽黎，仍宣詣慈明殿升座，上垂簾而聽。

通過上表對照顯示，與"續藏經本"相比，"京博本"内容更接近於"德如本"。也就是説，道璨撰行狀存在參考過"德如本"的痕跡。雖然"京博本"與"德如本"的主體部分均由無準口述而來，兩者内容相同不足爲奇，但是"續藏經本"同樣是道璨所撰，它與"德如本"之間的内容差異，説明道璨所撰行狀内容本身有過一定的演變，這種演變只能是從"京博本"系統修訂爲"續藏經本"系統。

除了"德如本"之外，我們發現"京博本"還參考過紹定六年（1233）七月十五日無準入内的奏對内容。此奏對内容現存於《無準和尚奏對語錄》之中。上表最後一則所記述的内容大致就是當時的情形。兹將《無準和尚奏對語錄》中的相應部分文字摘録如下：

> 紹定六年七月十五日，皇帝御修政殿引見，師領本寺僧衆山壽畢，提舉都知太尉張延慶引見祝皇帝壽，……都知太尉云：請長老敷演，……即奉聖旨賜金襴袈裟，謝恩畢，仍賜坐僧衆同齋[1]。

上文内容，與"京博本"相近，與"續藏經本"差異最大，"德如本"則介於兩者之間。其中提到無準入内由都知太尉張延慶引見，並由他邀請無準敷演一事僅見於"京博本"。由此可見，"京博本"的確參考過奏對内容。此外，道璨撰行狀中還可看到以下一段文字：

> 敞室東西偏，奉祖師與先世香火，遇始生及得度日，爲飯僧佛事，以贊冥福。蓋自逆韃犯蜀，師之先祀遂絶。天性至愛，有不可解於心者，故爲是舉。上聞而嘉嘆。賜扁"圓照"。詳見待制李公心傳所記。（據"京博本"録文）

---

[1]《續藏經》卷七十，第274—275頁。

所謂"逆韃犯蜀",係指蒙古軍攻打四川的這一歷史事件。我們知道,南宋紹定四年(1231)至寶祐四年(1256)的二十多年中,蒙古軍先後多次大規模入侵四川。僅端平三年(1236)一次,蒙汗次子闊端率五十萬大軍入蜀,成都城內被屠軍民就達一百四十萬人。期間無準父母亦遭蒙古軍殺戮。爲此無準在徑山供奉先世牌位,每遇父母誕辰及忌日便飯僧供佛,以祈冥福。理宗贊嘆無準孝舉,題匾"圓照"懸於香火之室。關於此事的詳細情況,上文末道璨自己交待可詳見李心傳(1166—1243)所記。李心傳一生著述頗豐,其歷史學代表作有《建炎以來系年要錄》二百卷與《建炎以來朝野雜記》四十卷等。如上記事具體出於李心傳哪種著作?有待查核。總之,道璨撰寫行狀時也參考過李心傳的著作。

接着附帶談一下行狀對後世的影響。

前已論及,行狀寫成之後,作爲參考資料曾提供給了劉克莊,因此,行狀對劉克莊撰墓誌銘的影響不言而喻。然而,有趣的是,宋代以後的禪宗史書,比如《大明高僧傳》卷八、《續傳燈錄》卷三十五、《南宋元明禪林僧寶傳》卷七、《增集續傳燈錄》卷三、《續燈存稿》卷三、《佛祖綱目》卷三十八、《補續高僧傳》卷十一等雖然也爲無準立傳,但他們所依據的文獻都屬於"續藏經本"系統,而沒有受到"京博本"系統影響的痕跡。比如後世資料中對無準的家世情況僅一筆帶過,如《大明高僧傳》卷八"師範傳"云:

> 釋師範,字無準,蜀之梓潼雍氏子也。年九歲,依陰平山道欽和尚出家,讀書過目成誦。南宋紹熙六年,始腰包遊於成都正法寺,請益堯和尚坐禪工夫。堯曰:"禪是何物,坐的是誰?"師於是晝夜體究。一日如廁,因提前話,有省。①

上文內容顯然是依"續藏經本"系統改寫而來。有關"京博本"開頭談到的無準家世信佛,且爲王八師轉世的逸話則完全不見於後世文獻。"續藏經本"系統對後世影響之大,可能是因爲它收入《無準和尚奏對語錄》中流行較廣,爲大家所習見。相反,"京博本"除了日本僅存孤本之外,未見有別本傳世。當然,若"京博本"系統是初稿本的話,當有了修訂本之後,初稿本可能就被逐漸淘汰。同樣的,"續藏經本"系統若是修訂本,後出轉優,後人所據自然以修訂本爲準。不可思議的是,大有可能被淘汰的文本,居然東傳至日本,且完好保存至今,可見中日佛教文化交流之重大意義。

---

① 《大正藏》卷50,第932頁。

六、"京博本""續藏經本"互校舉隅

　　任何一種文獻，在轉抄或刊刻過程中都難免出現一些誤訛，祇是誤訛的程度不同而已。本文所討論道璨撰行狀也不例外。"京博本"的訛誤，雖然原寫本已有若干補正，但文中誤脱依然存在。至於"續藏經本"，儘管我們推測它保持了修訂本的面貌，但這並不意味着它没有錯誤。通過比較，"京博本"與"續藏經本"之間，除了内容增删之外，在同一句子中兩者文字各存優劣。有些錯誤明顯是因字形相似，或在轉抄與刊印過程中而導致的。爲了更好的利用"京博本"與"續藏經本"，最後，我們將兩者文字可爲互校的部分舉示如下：

　　（一）依"京博本"校"續藏經本"例：

　　1. "見嶽松源於靈隱，往來南山；屢入充肯堂室，棲遲此山。"

　　按："此"，"京博本"與《無文印》卷四所收本均作"北"。"此"與"北"二字字形頗近，筆者懷疑"續藏經本"可能是録文時疏忽致誤。"北山"與"南山"對。上文意指：無準於南山靈隱寺依松源崇嶽，於北山浄慈寺依肯堂彦充。

　　2. "又三年，破庵過天童掃密庵塔，偕師絶紅。"

　　按："絶紅"二字殊不可解，"京博本"作"絶江"，甚是，爲形似致誤。上文意指：破庵祖先從靈隱去天童掃密庵咸傑塔時，偕無準同往。"絶江"即渡錢塘江之意。"續藏經本"上文之前即有"已而絶錢塘，見嶽松源於靈隱"，可參證。

　　3. "又六年復燬，師不驚不變，不徐不亟。荆、湖制師孟侯珙，蜀之思、播二郡，與夫海外日本，皆遣使委施。"

　　按："荆、湖制師孟侯珙"一句，"京博本"作"荆、湖制帥孟侯珙"。孟珙（1195—1246），南宋優秀軍事家，抵抗蒙古軍名將代表，曾任荆州、湖州軍事統帥。元·劉一清撰《錢塘遺事》卷三"孟保相"條云："孟珙號無庵，兄弟中第四，故稱'四孟'。機略沈鷙，世罕能及。嘗攻大金，公統兵四萬，至蔡州滅之，由是威名浸盛，爲荆湖制帥。"依此可證"師"乃"帥"字之形誤。上文意指：紹定六年（1233）徑山發生火災，爲了災後重建，得到名將孟珙及無準四川老家乃至海外日本的踴躍布施。

　　4. "洞霄介臨安在，衲子登山者，必抂道而過之。"

　　按："在"，"京博本"與《無文印》卷四所收本均作"左"，"在"與"左"二字字形頗近，筆者懷疑"續藏經本"可能是録文時疏忽致誤。"洞霄"指大滌山與天柱天之間的道教洞霄宫，位於臨安之南，"洞霄介臨安左"即指此而言。另，"抂"，"京博本"與《無文印》卷四所收本均作"枉"，古通。

5. "大風一夕而仆。"

按:"仆","京博本"作"作",甚是。

6. "其謁來徑山,間侍師座。"

按:"其","京博本"作"道璨",《無文印》卷四所收本作"某"。此"其"當是"某"字之形誤,系指道璨而言。"某"者系道璨自稱。"其"作第三人物代詞,於文意固然可通,但行狀乃道璨所撰,不可能稱自己爲"其"。"續藏經本"此文後有"某竊聽緒餘,佩服惟謹"。此"某"者"京博本"亦作"道璨",可參證。

7. "因恩曉瑩之狀浮山圓鑒、寂音之傳石門雲菴。"

按:"恩","京博本"作"思",甚是。

(二)依"續藏經本"校"京博本"例:

1. "有純顛者,於入室次,橫機不讓,破庵打至法嘗,且欲逐去,師解之曰:'禪和家爭禪亦嘗事。'"

按:"法嘗","續藏經本"作"法堂"。又末句"嘗事",殊不可解,"續藏經本"作"常事",甚是。此兩處均爲形似致誤。

2. "時破庵居第一座,齊餘同遊石筍庵。"

按:"齊","續藏經本"作"齋",甚是。"齋餘"指齋飯之後。

3. "三月且,昇堂示衆曰"

按:"且","續藏經本"作"旦",甚是。

4. "雖丙丁大厄,而施復舊貫。"按:"丙","續藏經本"作"兩"。"施","續藏經本"作"旋"。"丁"作遭逢解。"貫"疑是"觀"字之音誤。校改後,上文意指:徑山曾遭兩次火災(紹定六年與淳祐二年),後經無準努力,旋即恢復了舊貌。

七、小　結

我國從唐朝開始就有不少佛教文獻通過各種渠道陸續東傳日本,在這些東傳的文獻中,保存至今的無論是原本,還是轉抄本,都具有不可忽視的史料價值。值得注意的是,有些東傳文獻在中國本土已經亡佚,有些文獻中國雖有保存,但日本所藏爲一種異本。僅南宋禪僧無準的行狀而言,日本則藏有德如撰《佛鑒禪師行狀》的佚存本與道璨撰《徑山佛鑒禪師行狀》的異本。本文主要對後者進行了文獻學考察,其結論是:道璨作爲無準的門人之一,依止無準至少三年以上。他爲無準作傳,乃是受無準身前親自所托,同時也爲南宋文人劉克莊撰寫無準墓誌銘提供了一份參考資料。當然,作爲一種傳記文獻,不免有歌頌傳主身前的豐功偉績之意。考察顯示:道璨撰寫行狀之前,除了一部分由無準親自口述之外，還參考過此前的德如撰行狀以及紹定六年（1233）七月十五日奏對內容與李心傳的著作。另，審視"京博本"與"續藏經本"之間的差異文字，筆者認爲"京博本"是初稿本系統，"續藏經本"是修訂本系統。而修訂者，筆者認爲是道璨自己。當然，這種看法僅是筆者個人的臆測，尚須進一步分析與求證。倘若這種推測無誤，那麼道璨爲何要對前稿進行修訂？僅是單純的文字修飾？還是刪改的背後另有隱情？尚待進一步考察。但基於本文的推論，無準行狀文獻的先後影響關係，可以圖示如下：

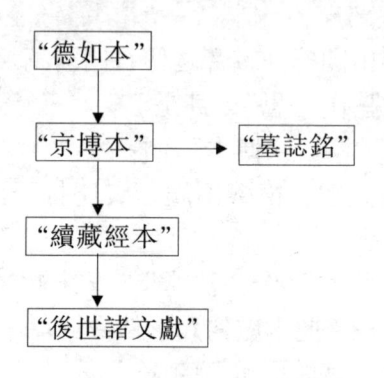

```
         "德如本"
            ↓
         "京博本" → "墓誌銘"
            ↓
        "續藏經本"
            ↓
        "後世諸文獻"
```

定源：日本國際佛教學大學院大學
文部科學省·私立大學戰略
研究基盤形成支援事業研究員

《王文成公年譜》訂補

永富青地

　　王守仁以及晚明陽明學思想的研究無疑是明代思想史研究的中心課題。但是長久以來，王守仁及其思想的研究基本上是以《四部叢刊》收錄的《王文成公全書》爲主要資料。當然，以錢德洪爲主的王門弟子所編纂的《王文成公全書》是王守仁著作最有代表性的總集，其中附錄的《王文成公年譜》（以下簡稱《年譜》）也是錢德洪等人付出極大努力鉤稽編輯而成，因此，在研究王守仁其人以及其思想時自然應該充分重視和利用《王文成公全書》所收錄的作品以及書後所附《年譜》。不過，隨著《四庫全書》、《續修四庫全書》、《四庫全書存目叢書》等多種大規模古籍影印叢書先後問世、海内外古籍收藏信息越來越爲公衆所知，現在一般研究者利用各種古籍資料的環境比以前有了極大的改善。在這種條件下，有必要在進一步發掘新資料的基礎上，從多方面對《年譜》以及以其爲依據的王守仁形象做進一步的分析和考察。本文出於這一目的，試根據筆者近年對王守仁文獻的研究所見，對《王文成公全書》所附《年譜》的訛謬、疏漏略加訂補，希望得到方家的指正。

　　〇成化十九年（1483）"嘗問塾師曰：何爲第一等事。"［王守仁十二歲］
　　本年，王守仁住在北京，在父親王華（龍山公）的嚴格監督下爲科舉應試做準備。一般認爲，此時他對聖賢之學也早已有所關心。作爲具體例證，《年譜》中列舉了他和塾師之間以下的問答以及他與父親王華的對話。

　　嘗問塾師曰："何爲第一等事。"塾師曰："惟讀書登第耳。"先生疑曰："登第恐未爲第一等事，或讀書學聖賢耳。"龍山公聞之笑曰："汝欲做聖賢耶。"

出現在這裏的塾師是一位把科舉的成功視爲學問目標的俗人的代表，而王華（龍山公）的態度則是一位旁觀者。

但是這個故事還有另外一種文本。

鄒守益（東廓）於嘉靖三十六年（1557）刊刻的《王陽明先生圖譜》（中國科學院圖書館藏）對此事的記叙如下：

> 自是對書靜坐，思爲聖學，而未得所入。公怪，問曰："不聞書聲。"曰："要做第一等事。"公曰："舍讀書登第，又何事耶。"對曰："讀書登第還是第二等事，爲聖賢乃第一等事。"

《年譜》與《圖譜》叙述的顯然是同一件事。但是在《圖譜》中，認爲讀書登第纔是最有價值的人不是塾師而是龍山公王華。那麼《年譜》與《圖譜》的記載究竟哪一種更接近真相呢？

在考慮這個問題的時候，首先要對《年譜》與《圖譜》的成書過程有所瞭解。

王守仁去世後不久，王門弟子商討爲其編寫《年譜》。最初計劃由各人分年分地搜集成稿後交給鄒守益總裁。此時錢德洪分擔撰寫王守仁誕生到謫赴龍場之間的部分，並於嘉靖二十九年（1550）將初稿寄給鄒守益。隨着歲月流逝，最初參與其事的弟子有些已經去世，所以鄒守益寫信請錢德洪繼續撰寫龍場以後的部分。不過，由於鄒守益嘉靖四十一年（1562）去世，錢德洪未及將這一部分寄交鄒守益。

《圖譜》完成於嘉靖三十六年（1557），從時間上看，鄒守益是有可能參考錢德洪寄來的王守仁誕生到赴龍場時期的《年譜》初稿的。所以，在分析《圖譜》關於王守仁到龍場之前的記述時，凡是其內容與《年譜》一致的部分，很難確定其根據的是鄒守益原有的資料還是參考了錢德洪的《年譜》初稿。同理也可以判斷，《圖譜》關於這一時期的記述中與《年譜》不同的內容所根據的應該是鄒守益原有的資料。

具體到上述關於王守仁少年時期對科舉考試的認識的叙述，錢德洪寄給鄒守益的《年譜》初稿中很可能也記述了同一故事。但是有沒有可能是鄒守益將錢德洪寄來的《年譜》初稿中王守仁與塾師的對話改寫爲他與龍山公王華的對話呢？應該說這種可能性是微乎其微的。這是因爲，如果這段對話並非王守仁與王華之間的對話，作爲王守仁的直傳弟子和編纂《年譜》的總裁，鄒守益不可能特意將只看重讀書登第的俗學的言論强加在自己最爲尊敬的老師的父親王華身上的。

因此我們認爲，雖然現在已經難以分辨這段故事根據的是錢德洪還是鄒守益收集的資料，但是可以判斷，是鄒守益忠實地保留了原始資料中王華重視科舉登第的言論，而錢德洪或許是顧慮到讀者會將王華視爲俗人，所以將其改爲塾師之語，而讓王華作爲旁觀者。

以上事例告訴我們，在利用《年譜》研究王守仁傳記時，需要對其叙述進行分析。《年譜》初讀時雖然容易給人以客觀記述的印象，但從上述事例也可以看出，實際上其中的叙述多多少少經過錢德洪有意無意的加工和修正。因此在閲讀《年譜》時，需要利用其他資料對相關紀事進行核實考證。

此外，在閲讀上述故事時，還有一點值得注意的是少年時期的王守仁與其父親王華之間的緊張關係。根據《圖譜》記載，王華曾經將王守仁關在房間中強迫其讀書，從其他一些記述也可以看出，王守仁與王華之間的關係並不是很好。從總體上看，少年時期的王守仁從家庭受到的積極影響更多地來自其祖父王倫（竹軒），而他對父親王華則有明顯的反抗。

○弘治十年（1497）"是年先生學兵法。"［王守仁二十六歲］

王守仁是明代屈指可數的軍事家，在種種軍事實踐中建樹了無數功勳。但是，關於他的兵學思想，《年譜》只在本年有以下簡單記述：

> 是年先生學兵法。當時邊報甚急，朝廷推舉將才，莫不遑遽。先生念武舉之設僅得騎射搏擊之士，而不可以收韜略統馭之才，於是留情武事，凡兵家秘書，莫不精究。每遇賓宴，嘗聚果核列陣勢爲戲。

這段叙述雖然記録了王守仁研究兵法的動機和熱心，但遺憾的是，對他經過努力鑽研而形成的兵學思想並無具體説明，《王文成公全書》也未收録有關方面的著作。因此，在探討王守仁兵學思想的時候，必須參考《王文成公全書》以及其中的《年譜》以外的資料。

在撰者冠以王守仁之名的兵學著作中，現在已知尚存於世的有以下三種：

①《兵誌》（不分卷，明鈔本，上海圖書館藏）
②《新鐫武經七書》（五卷，明天啓元年刊，日本尊經閣文庫藏）
③《陽明兵筴》（五卷，明崇禎四年刊，日本尊經閣文庫藏）

上面的三種著作中，①《兵誌》是王守仁從《戰國策》、《史記》、《左傳》中抄録有關資料編成的，據管見現在只有上海圖書館收藏的一部明鈔本。卷中有"此書爲王陽明先生纂録，未有刊本。予/從清臣處借閲録之。其昌"兩行題識，從筆跡、題識末"其昌"二字署名及鈐印看，應當是董其昌的手跡。②《新鐫武經七書》是王守仁對《武經七書》的註釋。③《陽明兵筴》是後人從《王文成公全書》等文獻中輯録王守仁軍事方面的文章和言行録重新編纂而成的著作。

在以上三種著作之中，①具有備忘錄的性質，不能算是王守仁的獨創性的著作物。③也是後人編纂而成，真正可以視爲王守仁軍事方面著作的只有②《新鐫武經七書》。以下，我們通過《新鐫武經七書》，分析一下王守仁兵學思想的特色。

日本尊經閣文庫藏《新鐫武經七書》爲明末流行的朱墨二色刷套印本，印刷、保存狀態狀態均佳，足稱善本①。其中王守仁評語包括欄上的頭註和附在各篇篇末的總評二種，共計七十三處。這些王守仁的評語應該説是《新鐫武經七書》一書的最重要的特色。

首先，這些評語中給人印象最深的當屬王守仁對《孫子·始計第一》中"校之以計而索其情"一語的重視。在這些文字並不很多的的頭註、總評中，他引用此語竟達七次，這樣的情況在本書中是絶無僅有的。《孫子》這句話本來談的是軍事偵察以及在事前詳細收集有關情報，並在此基礎上對現狀進行冷静分析的必要性，綜合上述各註的内容可知，王守仁對此語的涵義有着正確的理解。此外，對照王守仁的經歷，也可以看到他在實際的軍事實踐中强烈地意識到這一論述並付諸實戰的實例，其最典型的事例可以舉出他在平定寧王宸濠叛亂時的行動。當時，王守仁在處於十分不利的形勢下，對宸濠今後的行動進行了非常冷静的分析，認爲宸濠直接進攻北京、南京會給官軍帶來最大的不利，因此，他派人給宸濠親信遞送僞信，用離間之計造成宸濠君臣間的矛盾，由此創造了獲勝的機會。

此外也有很多能够反映出王守仁富有豐富實戰經驗的冷静的解釋。特別如《吴子》卷末有這樣一段總評：

> 吴子握機揣情，確有成畫，俱實實可見之行事。故始用於魯而破齊，繼入於魏而破秦，晚入於楚而楚伯。身試之，頗有成效。彼孫子兵法，較吴豈不深遠，而實用則難言矣。想孫子特有意於著書成名，而吴子第就行事言之，故其效如此。

這段孫、吴比較論明確地指出注重實戰的《吴子》與雖然用意深遠卻不適合實用的《孫子》的不同，顯示出王守仁絶非紙上談兵而是有實戰經驗做背景的冷静的分析力。

當然，儘管如此，我們仍不能僅僅將此書作爲一位軍事實戰家的冷徹的兵

---

① 關於此書的詳細情况，請參考筆者《尊經閣文庫藏〈新鐫武經七書〉について——王守仁の〈武經〉註釋》（《人文社會科學研究》第46號，早稻田大學理工學術院複合領域，2006年3月）。

法書。因爲在本書之中，王守仁也絕沒有放棄以儒家仁政爲第一的觀點。例如，《尉繚子·兵令下第二十四》中有"古之善用兵者能殺士卒之半"一語，對殺士卒過半的用兵者加以肯定。對此，王守仁激烈地批判道："殺士卒之半，立言太奇慘。而以歸言之善用兵者，不已誣乎。"

總之，在《新鐫武經七書》一書中，王守仁從儒家的立場出發，盡可能從實戰的角度展開其兵法論，這一點應該說是王守仁兵學思想的一大特色。

○弘治十二年（1499）"賜二甲進士出身第七人。"［王守仁二十八歲］

這一年王守仁第三次參加會試並成功考取進士。關于這次考試，《年譜》只是在"舉進士出身"條中簡單地記載曰：

是年春會試。舉南宮第二人，賜二甲進士出身第七人，觀政工部。

但是，根據上海圖書館藏《弘治十二年進士登科錄》，可以對此次考試的情況有更詳細的瞭解。《弘治十二年進士登科錄》首先記載了本年殿試讀卷官至供給官等有關官員的姓名，然後記錄了這次考試的詳細日程：

三月十五日　　殿試。
三月十八日　　發表合格者。
三月十九日　　禮部賜宴。
三月二十一日　賜狀元朝服冠帶及賜進士寶鈔。
三月二十二日　狀元率進士向皇帝謝恩。
三月二十三日　狀元率進士至孔廟參拜，禮部奏請在國子監建立石碑記載合格者姓名。

在記錄殿試日程之後，按照"第一甲三名賜進士及第"、"第二甲九十五名賜進士出身"、"第三甲二百二名賜同進士出身"的順序，詳細記錄了這次殿試合格者的姓名。在這部記錄了合計共有三百人的殿試合格者名單中，首先在"第一甲三名"中列舉了倫文叙、豐熙、劉龍三位的姓名，王守仁的名字出現在第二甲最初名單之中，其排列順序依次是：

① 孫緒　② 林庭㭿　③ 羅欽忠　④ 楊廷儀　⑤ 陸棟　⑥ 王守仁

也就是說，在本書中，王守仁並不是像《年譜》所記載的那樣是"賜二甲進士出身第七人"而是"第六人"。那麼，這兩種記載哪一種更正確呢？我們認爲《弘治十二年進士登科錄》應該比《年譜》更加可信。《弘治十二年進士登科錄》雖然並沒有記載刊刻時間，但是從報導殿試合格者名冊這一要求時間性的特殊性質考慮，該書應該是在弘治十二年（1499）殿試結果公布後不久刊行的，而根據《王文成公全書》，《年譜》原型的成書要晚到嘉靖四十二年（1563），從弘治十二年殿試結束已經經過了六十四年。因此，王守仁此次考試結果中的序次應該是"賜二甲進士出身第六人"。

《弘治十二年進士登科錄》中關於王守仁的記錄全文如下（[　]內爲雙行小註）：

> 王守仁　貫浙江紹興府餘姚縣，民籍。國子生，治《禮記》。字伯安，行一，年二十八，九月三十日生。曾祖傑［國子生］，祖天叙［贈右春坊·右諭德］，父華［右春坊·右諭德］。母鄭氏［贈宜人］，繼母趙氏［封宜人］。具慶下。弟守義、守禮、守智、守信、守恭、守謙。娶諸氏。浙江鄉試第七十名。會試第二名。

其中記載的鄉試、會試的名次以及科舉時選擇《禮記》等信息都不見於《年譜》等其他文獻，在研究王守仁參加科舉考試的具體情況時，需要利用此書纔能夠瞭解這些基本史實。

○正德三年（1508）"春，至龍場。先生始悟格物致知。"［王守仁三十七歲］

正德元年（1506），王守仁因爲上書觸怒宦官劉瑾被貶謫到貴州龍場，並在當地確立了自己的學問。這一經歷被稱爲"龍場大悟"，在《年譜》中得到大書特書，成爲王守仁人生中最爲著名的故事。《年譜》對這段經歷是這樣叙述的：

> 春，至龍場。先生始悟格物致知。龍場在貴州西北萬山叢棘中。蛇虺魍魎，蠱毒瘴癘。與居夷人，鴃舌難語，可通語者皆中土亡命。舊無居，始教之範土架木以居。時瑾憾未已，自計得失榮辱皆能超脫，惟生死一念尚覺未化。乃爲石槨，自誓曰："吾惟俟命而已。"日夜端居澄默，以求靜一。久之，胸中灑灑。而從者皆病，自析薪取水，作糜飼之。又恐其懷抑鬱，則與歌詩。又不悦，復調越曲，雜以詼笑，始能忘其爲疾病、夷狄、患難也。因念聖人處此，更有何道。忽中夜大悟格物致知之旨，寤寐中若有人語之者，不覺呼躍，從者皆驚。始知聖人之道，吾性自足，向之求理于事物者誤也。

順便提一下，這段文字中的"範土架木"的"土"字，《四部叢刊》所收萬曆年間重刻本《王文成公全書》誤作"上"。《四部叢刊》所收《王文成公全書》，學者一般根據其卷前刊記"上海商務印書館縮印明隆慶本"誤認爲該本底本是明隆慶六年（1572）刊刻的初刻本，但實際上該本底本並非隆慶本而是萬曆年間重刻本，這一點井上進《書林の眺望》（東京：平凡社，2006年，第60頁）中也已經指出。隆慶六年初刻本除井上進書中提到的日本國立公文書館（舊內閣文庫）藏本之外，臺灣"中央圖書館"亦藏有一部。

讓我們回到龍場悟道的故事。幾乎所有關於王守仁的傳記都會講述這個著名的故事，但是這段敘述顯然不是出自王守仁自己的記述而是弟子們的傳聞。《全書》卷三十七收錄的黃綰《陽明先生行狀》也有幾乎相同的記述，但其記述顯然和《年譜》一樣，也是根據弟子的傳聞。那麼，王守仁自己對這段經歷是如何敘述的呢？

值得慶幸的是，王守仁到龍場之後創作的詩文作品在當時被匯輯成集，並且被保存至今。這部被命名爲《居夷集》的詩文集是現存王守仁詩文集中成書最早的的一種，從《居夷集》這一書名也可以看出，該書只收錄王守仁在貴州期間的詩文作品。據筆者淺見，現在只有中國國家圖書館、上海圖書館、臺灣故宮博物院圖書文獻館三處圖書館收藏，其中上海圖書館藏本是嘉靖三年（1524）由丘養浩在貴州刊刻的[①]。刊刻者丘養浩在卷前序文《叙居夷集》中云："先生之資明睿澄徹，於天下實理，固已實見而實體之。而養熟道凝，則於貴陽時獨得爲多。"也就是説，他認爲王守仁學問的成熟最重要的是來自包括龍場時期在內的在貴州的體驗，《居夷集》正是從這一觀點出發收錄編輯的王守仁在這一時期的詩文集。丘養浩正德十六年（1521）在餘姚拜王守仁爲師，這與錢德洪成爲王門弟子的時間、地點基本相同，錢德洪撰寫《年譜》初稿時能夠得到的資料丘養浩應該也能夠得到。也就是説，丘養浩基本上是在與錢德洪相同的出發點上進行《居夷集》的編輯工作的。那麼，在《居夷集》中王守仁自己有没有提到"龍場大悟"的言論呢？對這個問題的回答是否定的。本書收錄的不少詩文作品表達了王守仁在龍場時期的心境，其中還有一首《王文成公全書》未收錄的逸詩，但是卻没有任何作品涉及後年《年譜》中記述的所謂"龍場大悟"。

事實上，在上文提到的對王守仁生平事蹟潤色較少的初期的王守仁傳記、即鄒守益編《王陽明先生圖譜》中，曾經引用王守仁的語言對龍場時期的情況做了以下記述：

> 嘗語學者曰："吾年十四五時有志聖學，顧於先儒格致之説無入頭處，遂至因循。後讀二氏書，於吾儒反若徑捷，便欣然究竟其説。然措諸日用，猶覺闕漏矣。歸及居夷處困，恍見良知頭，直是痛快，不覺手舞足踏。此學數千百年，想天機亦要發明出來。"

這段自述概括了王守仁少年時代以後的學習思考的過程，對在龍場期間對良知之學的體驗也有形象的描寫。但值得注意的是，這段自述中隻字未提錢德

[①] 關於《居夷集》的詳細情況可參考筆者《現存最古の王守仁の詩文集——北京・上海兩圖書館藏の〈居夷集〉について》，《東洋の思想と宗教》第19號，早稻田大學東洋哲學会，2002年3月。

洪在《年譜》中描述的"中夜大悟"以及"寤寐中若有人語之者"那種近似宗教性的經驗。按照王守仁自己的叙述分析，所謂的"龍場大悟"，應該並没有那麽戲劇性。事實是王守仁在物質困乏、精神上缺少交流與溝通的艱苦環境下對長年以來不斷追求思索的聖人之道有了更加深刻的體悟，終於認識到"格物致知之旨"（錢德洪語）的根本在於人自身的"良知"，因此也明確意識到需要確立不同於朱熹格致之説的新學説的必要性。在經過艱苦的思考得出這一結論的瞬間，他一定感到歡欣鼓舞，以致手舞足蹈。但是，這一經歷並不像《年譜》中經過錢德洪的加工潤色所描述那樣戲劇化，所以我們在匯輯王守仁這一時期詩文作品的《居夷集》中見不到任何印證《年譜》相對應戲劇化的記述。

○正德十三年（1518）七月"門人輩近刻之（《朱子晚年定論》）雩都，初聞甚不喜。"［王守仁四十七歲］

以往，在討論王守仁對門人刊刻《朱子晚年定論》一書的態度時，可以依據的王守仁自己的叙述只有《王文成公全書》卷四收録的《與安之》一文。王守仁在此信中提到《朱子晚年定論》時説："門人輩近刻之雩都，初聞甚不喜。"也就是説，王守仁對弟子們將此書刊刻流傳的行動並不贊成，這與《年譜》所記相同，應該是錢德洪撰寫《年譜》時的依據。但是，筆者近年注意到上海圖書館藏有一部嘉靖十四年（1535）在貴州刊刻的《新刊陽明先生文録續編》，是以往王守仁研究者從未注意到的天下孤本，而且其中包含多篇《王文成公全書》未收録的逸文[1]。值得特别注意是，該書卷一收有《王文成公全書》未收録一封書信《答汪仁峰》，其中也言及門人刊刻《朱子晚年定論》一事，透露出與《與安之》不同的態度。其全文内容如下：

答汪仁峰

遠承教劄，見信道之篤，趨道之正，喜幸何可言。自周、程後學厭道晦，復四百餘年。逃空寂者，聞人足音，跫然喜矣，况其親戚平生之歡乎。朱、陸異同之辯，固某平日之所以取謗速尤者。亦嘗欲爲一書，以明陸學之非禪見、朱説之猶有未定者，又恐世之學者先懷黨同伐異之心，將觀其言而不入，反激怒焉。乃取朱子晚年悔悟之説，集爲小册，名曰《朱子晚年定論》，使具眼者自擇焉，將二家之學，不待辯説而自明也。近門人輩刻之雩都，士夫見之，往往亦頗有啓發者。今復得執事之博學雄辯，闡揚剖析。烏獲既爲之先登，懦夫益可魚貫而前矣，喜幸何可言。承以精舍記見責，未即奉命，此守仁之罪也，悚息悚息。然向雖習聞執事之高名，而于學術趨向之間，尚有未能悉者。今既學同道合，同心之言，自不容已矣。

---

[1] 詳見拙稿《關於上海圖書館藏〈新刊陽明先生文録續編〉》，《版本目録學研究》第一輯，2009年10月。

兵革搶攘中，筆劄殊未暇。乞休疏已四上，不久歸投山林，當徐爲之也。盛價立俟回書，草草作此，不盡不盡。

令人感到意味深長的是，關於門人在雩都刊刻《朱子晚年定論》一事，與已知的《與安之》中表示當初自己對此事並不贊成的態度不同，此信認爲該書流布之後對士大夫們頗有啓發，對弟子們的做法表示了更爲積極的態度。

從這兩封書信的不同態度可以看出，王守仁當時對門人刊刻《朱子晚年定論》的態度實際上懷有非常矛盾的心情。但是，由於《全書》只收錄了《與安之》而未收《答汪仁峰》，所以《年譜》正德十三年（1518）七月"刻朱子晚年定論"條也只引用了《與安之》一文。實際上，《文錄續編》刊刻於嘉靖十四年（1535），也就是說，早在隆慶六年（1572）刊刻《王文成公全書》前三十七年就已經問世。那麼錢德洪在編纂《全書》時爲什麼沒有收錄或引用這封書信呢？當然，有一種可能是，《文錄續編》刊刻於當時位於偏遠地區的貴州，所以錢德洪並不知道此書的存在。但是更大的可能性是，由於《朱子晚年定論》後來引起朱子學者的強烈批判並造成擁護朱子的學者與王門弟子之間的摩擦，爲保證王門學派的存續，有必要強調王守仁自己對該書的刊刻並不完全贊成的態度。因此錢德洪在編纂《王文成公全書》時只選錄了《與安之》一文，而對言語間流露出對弟子們的做法的贊賞的《答汪仁峰》則未予收錄。無論怎樣，收錄於《新刊陽明先生文錄續編》的這篇書簡反映了王守仁在《朱子晚年定論》刊行後的複雜心情，值得王守仁及《朱子晚年定論》的研究者的重視。

○嘉靖六年（1527）"先生遊吴山、月巖、嚴灘，俱有詩。"［王守仁五十六歲］

嘉靖六年九月八日，王守仁帶病前往廣西思恩、田州平定叛亂，走上了他最後的遠征之途。在王守仁出發前，錢德洪和王畿前去紹興看望老師，師弟之間在天泉橋圍繞四句教進行了討論，這就是著名的"天泉問答"。分別後不久，錢德洪和王畿感到對老師的學說尚有疑問，於是追趕到嚴灘，在當地再次進行討論。這此討論被稱爲"嚴灘問答"。這兩次問答在理解王守仁晚年境遇和思想時具有極爲重要的意義。根據《年譜》可知，"天泉問答"是在王守仁出發前一天的九月七日進行的。而關於嚴灘問答的日期，《年譜》"（九月）甲申，渡錢塘"項中僅記"先生遊吴山、月巖、嚴灘，俱有詩"，沒有具體的記載。此外，《王文成公全書》中也只有卷三十七收錄的《訃告同門》中的"（嘉靖六年）冬初，追送於嚴灘"是唯一的綫索。因此，曾對嚴灘問答做過最爲詳盡研究的陳來博士在其《有無之境》（北京：人民出版社，1991年）中也只根據此處"冬初"的記載推測其在本年十月初。

其實，解決這一問題還有另外一條綫索，這就是做爲書法作品已爲書法愛好者們所知的王守仁親筆撰寫的書信原件。這封以"即日舟已過嚴灘"開頭的書信（無題，紙本，高26.5cm）的照片曾先後收入日本出版的《書道全集》（東京：平凡社，1956年）和計文淵編《王陽明法書集》（杭州：西泠印社，1996年），兩書分別由編者擬以《家書》、《寄正憲男手墨卷》的標題，並分別附有木村英一和計文淵的釋文。這封書信的資料之所以沒有受到王守仁研究者的特別重視，是因爲其内容與已經收入《王文成公全書》卷二十六的《寄正憲男手墨二卷》之首的内容基本上是一致的。但是，值得注意的是，此書簡真跡的末尾附有《王文成公全書》收錄資料中未見的三十一字。此信全文如下：

> 即日舟已過嚴灘，足瘡尚未愈，然亦漸輕減矣。家中事凡百，與魏廷豹相計議而行。讀書敦行，是所至囑。内外之防，須嚴門禁。一應賓客來往及諸童仆出入，悉依所留告示，不得少有更改。四官尤要戒博，專心理家事。保一謹實可託。不得聽人哄誘，有所改動。我至前途，更有書報也。九月廿三日嚴州舟次，父守付，正憲收。老嬭及二老嬭處，可多拜上，說一路平安。（《王文成公全書》所收無"九月廿三日"以下三十一字）

古人在編輯著作集時，通常會將書信末尾的地點、日期以及作爲附言加寫的一些私事、瑣事省略不錄。《王文成公全書》收錄此信時應該也是按照這一慣例省去了結尾的文字。但是根據真跡資料可以推知，王守仁在九月二十三日已經過了嚴灘，將繼續前行，由此可知"嚴灘問答"的時間應該在九月二十二日以前。

由這一具體事例還可以看出，儘管近年王守仁資料的整理出版已經有了長足的進步，王守仁真跡資料也在一定程度上公佈於世，特別是計文淵先生二十餘年前編輯整理的《王陽明法書集》在相當程度上網羅了流傳於中國和海外的王守仁真跡資料，但還是有必要再次強調，這些資料除了文物和書法鑒賞的意義之外，在思想史研究方面也有着重要的意義，值得思想史研究者的關注。

本文利用近年對王守仁相關文獻的研究，對《王文成公全書》所收《王文成公年譜》進行了若干訂正、補充，筆者希望以這些事例說明，充分調查、利用包括王守仁著作的各種版本、傳世的王守仁書跡等各種文獻資料，在研究王守仁的傳記、思想以及王門後學對其思想的接受和傳播過程等陽明學發展的歷史時有着重要的意義。

永富青地：早稻田大學理工學術院教授

《笠澤堂書目》撰人小識

王天然

　　據筆者所知，明人的《笠澤堂書目》在大陸地區共存四部。一，山東大學圖書館藏張鏡夫千目廬舊藏民國間傳抄本。北京圖書館出版社《稿抄本明清藏書目三種》、中華書局《宋元明清書目題跋叢刊》均據此本影印，最爲易得。此本頗有疏漏之處，除漏字、誤字外，還有兩處重裝時産生的"錯簡"。二，北京大學圖書館藏抄本。此本較山大本更劣，但尚有可正山大本錯訛處、有可補山大本遺漏處。三，南京大學圖書館藏傳抄本，抄寫也不精善。[①] 四，浙江圖書館藏民國抄本，此本據長興王氏詒莊樓藏本傳抄。[②] 這四部《笠澤堂書目》均未題寫撰人，所以人們對它的著者有不同的看法。

　　張長華先生早在 1987 年即發表了《〈笠澤堂書目〉跋》，考證此目撰人。張先生首先在此目《古蒙莊子》條下查得小注"家大人在蒙任時所刻"。復查《明代版刻綜録》，知此書爲長興王繼賢於明萬曆三十九年刊。又檢《千頃堂書目》，知王繼賢字弓若，有《笠澤堂文集》。再查《（光緒）長興縣誌》卷二十三人物門，得王繼賢與其子王道明小傳。進而得出此目出自明萬曆間長興王道明之手的結論。[③] 張雷先生在《〈笠澤堂書目〉的"發現"及其價值》一文中

[①] 南京大學于溯學長代檢此本，特此致謝。
[②] 中國美術學院陸蓓容學友代檢此本，特此致謝。
[③] 見《津圖學刊》1987 年 3 期，第 57—60 頁，後轉第 53 頁。

即用其説，但措辭尚留有餘地，只言"暫定爲王道明所編"。① 北京圖書館出版社《稿抄本明清藏書目三種》據山大本影印此目時，便採用了此説。②

而中華書局在影印山大本時，態度則更謹慎，其影印説明云："《（同治）長興縣誌》有王繼賢及其二子傳記。二子一名道明、一名道隆。不知是目爲道明或道隆所編。因著爲'明王道□撰'。"③

筆者認爲以上兩種意見尚有疏失，它們均未充分考慮到《笠澤堂書目》的作者與民國時期著名藏書家王修之間的關係。此目曾著錄於長興王修《詒莊樓書目》卷四中："《笠澤堂書目》二册，舊寫本，清王道隆編，乃謄於帳册者。"④ 我們只要讀過王修《詒莊樓書目自序》就可以得到這樣一條重要的綫索："……樓名詒莊，壬戌六月廠賈以明刻《古蒙莊子》來索重值。余繹覽，竟見爲先七世祖笠雲公知蒙城時所刻。以初未知有此刊本驚喜欲狂，視同鼎彝，如其償留之，更屬有見必以獻。不半載果迭得兩部，一以八十餅，其一已霉損，猶費六十餅，并先得者而三。迺意搆詒莊二字，乞樊山老人作擘窠書，授彝罌韞藏。他日於泉園起書樓，用此署牓，所以追懷祖德，而仍本先大夫述廬之命意也夫。"⑤ 由此可知，王繼賢爲王修七世祖，王修詒莊樓的命名也與收得繼賢所刻《古蒙莊子》一事有直接關係。而王修的著錄意見也就應該得到特別的重視。

如果順着這條綫索探求我們不難發現，王修對長興家邦文獻的搜集、整理、刊印都用功甚多。王修的表兄金濤也是長興著名藏書家，他在《詒莊樓書目跋》中説："先生名修，號楊盦，清光緒二十四年戊戌生。宏識博聞，著作極富。已刻有《長興詩存》四十卷，《箬溪藝人徵略》四卷，《漢安瓴甋專錄》一卷。未刻有《長興先哲遺著徵》十卷，《楊盦集》如干卷。"⑥ 檢《箬溪藝人徵略》，此書記有長興王氏藝人事蹟若干條。⑦ 現列出與王修有直系血緣關係者：卷一，王繼賢，修之七世祖；卷二，王沅，修之曾祖；卷四，王毓奎，修之祖父；卷四，王承湛，修之父。王修在輯錄這些材料時，屢引《王氏家譜》。《徵

---

① 見《圖書與情報》1999年第1期，第67頁。
② 《稿抄本明清藏書目三種》，北京：北京圖書館出版社，2003年。此影印本卷首又有"明王道明藏編"墨字一行，當是後來添寫。
③ 《宋元明清書目題跋叢刊》，第5册，北京：中華書局，2006年。此影印本還同時删去了"明王道明藏編"這行墨字。另，筆者檢同治《長興縣誌》，得王繼賢、王道明二人傳，但並未檢得王道隆傳。
④ 《中國著名藏書家書目彙刊》近代卷，第38册，北京：商務印書館，2005年，第67—68頁。
⑤ 《中國著名藏書家書目彙刊》近代卷，第37册，第328—329頁。
⑥ 《中國著名藏書家書目彙刊》近代卷，第38册，第369頁。
⑦ 《箬溪藝人徵略》四卷，王修輯，民國長興王氏刊本。

略》卷首引用書目中稱，此譜的編撰者即王修的祖父王毓奎。

綜上所述，我們似可推斷，王修對長興王氏家族的情況非常熟悉。他將《笠澤堂書目》題作"清王道隆編"，應當自有其可靠的文獻依據。[①] 又王道明爲明清之際人，其雁行名道隆者，也應爲明清之際人。此目或爲入清後編撰，王修題作清人，未嘗不可。

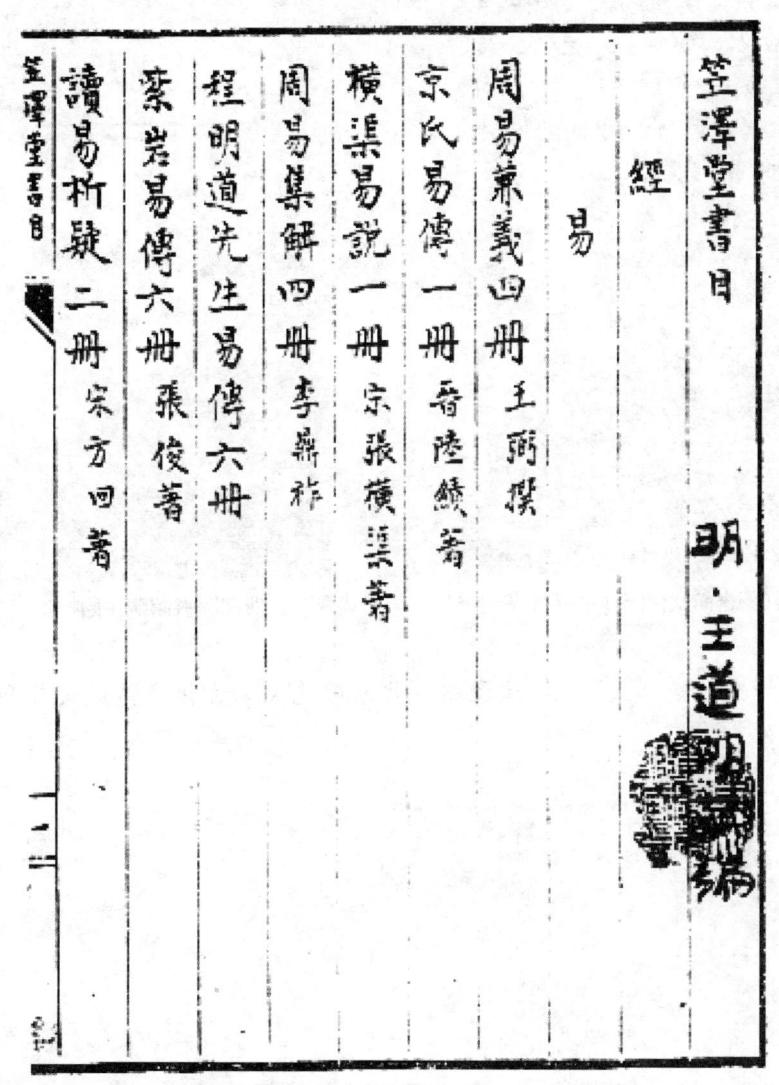

書影一：《稿抄本明清藏書目三種》影印
山東大學圖書館藏抄本《笠澤堂書目》

[①] 王毓奎所撰《王氏家譜》與王修所撰《長興先哲遺著徵》，現恐均已亡佚，若存天壤間，一時也難以尋覓。此二書或許載有相關文獻，可以作爲繼續考查的綫索。

書影二：浙江圖書館藏民國抄本《笠澤堂書目》　　書影三：浙江圖書館藏民國抄本《笠澤堂書目》

王天然：北京師範大學古籍與傳統文化研究院

俞曲園致繆筱珊手札六通考實*

柳向春

江陰繆荃孫（1844—1919），字炎之，又字筱珊（或作小山），晚號藝風老人。光緒二年（1876）進士，散館授編修。至光緒二十年（1894）辭官返鄉，歷主江陰南菁書院、濼源書院、南京鐘山書院、常州龍城書院等講席。光緒二十七年（1901）任江楚編譯局總纂。次年，以籌辦新式學堂，赴東洋考察學務。光緒三十三年（1907），受聘創辦江南圖書館（今南京圖書館），任總辦。宣統元年（1909），組建京師圖書館（今中國國家圖書館），任正監督。民國三年（1914），出任清史館總纂。晚年寓滬，爲友人助刊叢書多種。著述亦富，有《藝風堂藏書記》、《藝風堂金石文字目》、《藝風堂文集》、《藝風老人日記》等。又刊有《雲自在龕叢書》、《國朝常州詞錄》、《續碑傳集》①、《藕香零拾》、《遼文存》等。民國八年（1919）於上海辭世。筱珊以名翰林而游幕、講學，大名早著，如其同年戴鴻慈於致其函中，曾有"負海內經師之望，廣吳中學派之傳"語②，雖係私評，然筱珊之人望，亦可藉知。既享盛名之後，筱珊交遊

---

* 本文寫作之際，承北京國家圖書館《文獻》雜誌編輯部編審張燕嬰博士惠示其未刊大作《俞曲園年譜》，且與南開大學文學院副教授楊洪升博士同於此文初稿多所教正，特此致意，并謝二兄高誼。

① 按：據楊洪升兄見告，此書繆氏刊至三十餘卷，以卷帙繁重，無力接續，乃由兩江總督端方以之歸江楚編譯局續刊。

② 《藝風堂友朋書劄》戴鴻慈函，顧廷龍校閱，《中華文史論叢》增刊本，上海：上海古籍出版社，1980年，第82頁。

益廣，知交半天下，多係一時勝流，今藉存世之《藝風堂友朋書劄》，可窺大概。然筱珊當日友朋往還之筆墨，實遠過於此書所收，溢出此中者，亦恒有見①，其生平所往還之人，固多未見於此書中者，德清俞樾，即其著者。

俞樾（1821—1907）字蔭甫，自號曲園居士，浙江德清人。道光三十年（1850年）進士，散館授編修。咸豐五年（1855）河南學政任上，被劾罷官。退而居家治學，以經學爲尚，旁及子史、戲曲、詩詞、小説、書法等，有《春在堂全書》四百九十六卷行世。曲園歸里之後，歷主蘇州雲間書院、紫陽書院、杭州詁經精舍、歸安龍湖書院、上海求志書院等，海内外慕名問學之士絡繹不絶，弟子中尤知名者，如定海黄以周、義烏朱一新、餘杭章炳麟、吴興崔適等，時有"門秀三千"之目，允爲一時儒宗。

筱珊與曲園，年輩懸絶，相差二十三歲。往者雖以筱珊《藝風老人日記》及《俞先生行狀》所載，知二人早結忘年之交，於曲園晚年往還尤密。然《日記》、《行狀》之寥寥數言，多語焉不詳，彼此交誼之具體經過，仍付闕如。今幸得曲園致筱珊手翰六通，藉知二氏相知相交之大概，足見前輩風尚，故乃忘其菲薄，聊爲考核，姑以略表敬意云爾。

筱珊於曲園逝後次年，曾以曲園遺屬之請，爲撰行狀，中嘗追述一己之情云②："荃孫於光緒丁丑初見先生於曲園，奉手受教。先生因與先君子丁酉同譜，誨之尤切。後每過蘇，必侍談數次。先生成書，必先遺之。荃孫有所撰述，亦必郵呈訓誨。去年九月，猶侍談三時之久，窺見先生精神强固，言語貫串，私心自喜，以爲可繼伏生之長壽，爲後進之導師。别後，又兩奉手書，而孰意竟不及再見，嗚呼，悲矣！"可知兩人相識於光緒三年丁丑（1877），且直至曲園辭世前夕，尚多函牘往來。而所云逝前侍談及别後奉書之事，則又可見於此處所録之函，文字互勘，於二人交遊之狀，固可詳明矣。

兹承楊洪升兄見示繆筱珊致俞蔭甫函釋文一通云③："蔭甫年伯大人鈞座：客歲吴門繫棹，馬帳摳衣，仰承訓迪，殷殷不以尋常後輩見待，談經講義，茅塞頓開，舉十餘年來讀古人書而未得其徑，並讀《春在叢書》而未窺其涘者，心領神會，目擊道存，幾幾乎如王粲之遇中郎，和仲之見六一也。奉辭後倏忽半載，料皋比早返聖湖，道體康娛，凡百增勝。邇來詁經諸弟子諒又蒸蒸日上，六橋花柳，盡在春風，遠望經帷，曷勝忻羨。荏于歲除夕方抵成都，西抹東塗，坐荒樸學。幸遊子言旋，庭闈健飯，晨羞夕膳，且賦閒居。約計開到梅花，重蹈宣南鴻雪，

---

① 如現存尚有歸安陸心源致筱珊函兩通等，詳參拙文《歸安陸存齋致江陰繆筱珊函兩通考釋》，《版本目録學研究》第二輯，北京：國家圖書館出版社，2010年，第590—599頁。

② 筱珊《續碑傳集》卷七十五"儒學五"，《清碑傳合集》本，上海：上海書店出版社，第2898—2899頁。

③ 此函見於《俞曲園手札·曲園所留信札》下册，上海圖書館編，2011年，第231—232頁。

彼時道經江浙，或可再謁講堂。此間尊經師席尚復虛懸，將來所主非人，誠恐漢學源流，淄澠淆雜，萬仞門牆，未能束受，犍爲文學，吳會英才，相去真不可以道里計矣。專此，敬候起居，諸維垂察不宣。年愚侄繆荃孫謹啓。"據《藝風老人年譜》（下簡稱《年譜》）光緒三年條①："八月乞假回籍掃墓，仍由鄂中水道返成都。"光緒四年條②："在成都，五月出省……十月仍由重慶水道至武昌，自此不復入蜀，思之黯然。附輪至鎮江、揚州，售書甚多，美不勝收。十一月從東大道入都，途中瞻望泰山，未能往游也。十二月到京，仍寓永興寺。"則此函當係筱珊光緒三年初見曲園，返回成都後，於次年春間所作，爲兩人文字往復之初始。至函中所言返京時"道經江浙，或可再謁講堂"一事，則以文獻闕如，未知是否遂願？惟此後十年，曲園與筱珊則以南北暌隔，似少機緣面晤，以未見相關文字，未敢遽言。而今存之記錄，則始自光緒十四年。

第一通：
筱珊仁兄館丈世大人閣下：昨承惠顧，暢談爲快。前奉太夫人之訃，未及稍伸束芻之意，甚歉然。今聞大葬有期，敬呈番佛二尊，聊助執紼，伏乞鑒存。手此，敬頌禮安。再走談不壹。世愚弟俞樾頓首。二十日。

今按：筱珊《日記》始於光緒十四年（1888）三月朔，故其早年經歷，綫索甚罕，多所難詳。而其間與曲園往來之狀，今亦多不可知。惟據筱珊《藝風老人日記》（下簡稱《日記》），光緒十四年戊子三月十八日③："校《春在堂文集》，選入《經世文》。"則筱珊於曲園雖罕覿面，然頗留意於其文。

又據筱珊《年譜》，咸豐五年（1855），藝風十二歲，其生母棄世，"先患瘧，後轉痢，遂以不起"。④ 次年，其繼母薛恭人來歸。則曲園此函中所言之太夫人，必爲筱珊之嗣母薛夫人可知。至光緒十四年，筱珊繼母薛恭人棄世。據《年譜》，該年正月"向患嗽疾，自冬至今不癒，荃孫稍痊而恭人陡加喘逆，遂不起，時二十七日也"。⑤ 至八月，"先繼母薛恭人及（藝風原配）莊宜人兩柩由海道回里門，暫停宗祠"。⑥ 此函言及"太夫人之訃"，故當作於光緒十四年。再據《藝風老人日記》光緒十四年十月十九日⑦："拜俞蔭甫年丈。"與此函對

---

① 繆荃孫撰：《清代民國藏書家年譜》本，北京：北京圖書館出版社，第六册，第124頁。
② 同上書，第124—125頁。
③ 繆荃孫：《藝風老人日記》，北京：北京大學出版社，1986年影印，第9頁。
④ 《藝風老人年譜》，第104—105頁。
⑤ 同上書，第131頁。
⑥ 同上書，第134頁。
⑦ 《藝風老人日記》，第75頁。

勘，則此函當即作於次日，即該年之十月二十日。又筱珊十月二十日《日記》有①："晚入城，俞蔭甫年丈招飲，屺懷、子馥、建霞、叔來、季文同席。"則筱珊收得曲園之贈佛之後，必曾登門道謝，故曲園又有延客招飲之舉。

另函中之稱謂云"館丈"者，則可參清阮葵生《茶餘客話》所載②："翰林前輩稱後輩曰館丈。必四科以前之前輩，或有師生之誼者則可，否則無是稱。近見翰林一經散館授職，與新庶常作札，輒曰館丈，醜甚。"可知曲園所以云云者，以筱珊於己爲翰林後輩耳③。又筱珊之父煥章（字仲英）於道光十七年丁酉（1837）舉賢書，而此年曲園則於杭州應省試，中副榜十二名，與仲英誼屬同年，故稱筱珊爲世大人。

第二通：

筱珊仁兄世大人閣下：連日陰雨，弟明日即有杭州之行，未及趨候爲歉。附去《自述詩》一本，自道平生，只算預分行述耳。一覶，手此，敬頌台安。世愚弟俞樾頓首，初九日。

今按：據筱珊《日記》，光緒十五年己丑（1889）八月三十日，筱珊抵蘇州。次日，即九月初一日④："出拜俞蔭甫樾年丈。"而蘇州自九月三日始，即陰雨連綿，直至十日方晴。又該年五月，曲園之《曲園自述詩》一百九十九首七言詩壽梓面世。綜上所述，可知曲園此函即作於光緒十五年九月初九。又曲園光緒二十九年（1903）復有《曲園自述詩補》一卷，今行世之《春在堂全書》中，或有附錄者⑤。

第三通：

筱珊仁兄世大人閣下：昨承賜新刻各書，皆精絶，奉持把玩，欣喜無量。玆附上拙著《茶香室三鈔》一部，未知去年曾以呈教否？實則瑣瑣，不足登大雅之堂也。所刻《經説》十六卷，記已奉覽矣。手肅，布請開安。世愚弟俞樾頓首。二月廿七日。

今按：據函中曲園所言，此函當作於《茶香室三鈔》、《茶香室經説》付梓之後。今考光緒六年（1880），曲園《茶香室叢鈔》、《續鈔》、《三鈔》凡八十卷次第成書，《茶香室經説》十六卷亦於是年釐定。至光緒十四年年初，《茶香室三鈔》二十九卷刻竟。同年，《茶香室經説》亦刻成。故此函之作，必在是

---

① 《藝風老人日記》，第76頁。
② 《茶餘客話》卷二，光緒十四年鉛印本，第1A頁。
③ 按：曲園爲道光三十年科進士，筱珊爲光緒二年科進士，二者相差十二科。
④ 《藝風老人日記》，第173頁。
⑤ 如上海圖書館藏本即收此，并收曲園臨終詩，其爲曲園逝後增補，自不待言。

年之後。今考筱珊行程，光緒十四年之後至於光緒三十二年（1906）曲園辭世之年，二月而寓居蘇州者，僅光緒十六年（1890）一年。筱珊《日記》光緒十六年庚寅二月二十日有①："拜客，晤……俞蔭老……"可知筱珊此次蘇州之行，確曾與曲園往還酬答。雖此函中所云云者，《日記》并未記錄，然此函作於該年二月廿七日，庶幾可以確證。函中又有云"未知去年曾以呈教否"語，所謂"去年"者，所言或即寫作上函之光緒十五年九月上旬。

　　第四通：

　　筱珊仁兄館丈世大人閣下：極擬走談，陰雨未果。弟今年重游泮水，戲取當日院試題再作一篇，刻《重游試草》，分貽知好，以爲笑噱，謹以一卷呈覽。又拙著《雜文》第五編八卷，文雖卑下，然近時名公頗有見於鄙文者。又《經課續編》第四卷，皆説經之作，近時所吐棄者。然"有婦人焉解"一首，自謂極確。並以呈教。從者留吳下尚有幾日？天色晴和，再當走候。先此，敬問起居。世愚弟期俞樾頓首。

　　今按：光緒二十二年丙申（1896），曲園七十六歲。時距道光十六年丙申（1836）曲園入庠，恰逢甲子一周。回思往事，賦詩感興，曾有詩云②："一出黌門首屢回，今年泮水又重來。刻成試草教人看，六十年前老秀才。"乃將當年院試之題重作一篇付梓，是爲《重游泮水試草》。函云"今年重游泮水"，則必作於是年。又細繹函文，知作函之時，筱珊亦旅吳中。今考諸筱珊《年譜》、《日記》，知其居蘇州之日爲十一月二十二日至二十九日，則是函必作於前後。據《日記》十一月二十六日載③："謁俞蔭甫年丈長談。"則曲園所謂"擬走談"者，當爲回拜。今考《日記》所記前後天氣，其十一月二十九日云"雨竟日……申刻抵無錫"④，則筱珊離開蘇州之時已是陰雨可知，故以情理度之，此函當即作於光緒二十二年十一月二十九日⑤。而筱珊既已去蘇赴寧，故此函輾轉近一月，方始送達。據筱珊十二月二十二日《日記》⑥："接……俞蔭甫年丈信，寄《文編》并《試草》。"

　　《雜文》五編，即《春在堂雜文》五編。時以曲園年高大德，人皆以得其

---

① 《藝風老人日記》，第232頁。
② 見於《曲園自述詩補》，光緒間刻本，第4B頁。按：此係《曲園自述詩》中句，本年所賦者爲《余於道光丙申年入縣學至光緒丙申六十年矣追念前塵憮然有作》七古，見於《春在堂詩編》卷十五，光緒二十五年刻本，第23A—24A頁。
③ 《藝風老人日記》，第911頁。
④ 同上書，第912頁。
⑤ 按：此點承楊洪升兄指正，今從其説。
⑥ 《藝風老人日記》，第918頁。

文字爲榮，故求文者日衆，其集故亦隨之每有增益。《雜文》五編中，卷一有《彭楊二公祠記》、《盛氏留園義莊記》等，卷四有《廣東巡撫劉公神道碑》、《三等男爵長江水師提督黃武靖公神道碑》等，卷五有《曾惠敏公墓誌銘》、《廣東巡撫劉公墓誌銘》等，卷六有《彭剛直公奏議序》、《彭剛直公詩集序》等，所記類皆一時名流，故曲園又有"近時名公頗有見於鄙文者"之言。

《經課續編》第四卷"有婦人焉解"者①，語出《論語·泰伯》："舜有臣五人而天下治。武王曰：'予有亂臣十人。'孔子曰：'才難，不其然乎？唐、虞之際，于斯爲盛。有婦人焉，九人而已。三分天下有其二，以服事殷。周之德，其可謂至德也已矣。'"曲園以爲古注"婦人"爲"文母"即"文王之后太姒也"非是。"婦人"當指《史記·秦本紀》所謂"酈山之女，爲胥軒妻"者也。此説又見曲園《小浮梅閒話》中論驪山老母實有其人條②，可見並非晚年新説。

又函尾曲園所以署名云"期"者，未知何故？今考光緒二十年（1894）夏，曲園長孫婦彭見貞（彭玉麟孫女）病逝。彭氏奉侍翁姑惟謹惟孝，殁年僅二十九齡，曲園爲之痛悼不已，爲賦《哭孫婦彭氏》七絕四章③。則其所以期服者，或出此乎④？然期服至此已滿一年，此時當已釋服，或以關愛之甚而又有所延續乎？疑不能明。

第五通：

筱珊仁兄世大人閣下：去年承惠顧敝寓，老病未克倒屣，良用歉然。比聞清望日隆，雖以七品歸田，仍是中興霖雨，佩甚羡甚。弟病狀如前，杜門不出，既不敢談經濟，并不敢談學術，病中惟以吟詠自娛，每年可得詩一卷，今年自正月至六月，已得半卷，附呈請正。所謂雖多奚爲者，不足通人一噱也。聞新刻有《中吳紀聞》，求賜一冊。又聞尊處有鈔本《今古奇觀》，能寄借一看否？老不著書，惟以閒書消日也。手肅布泐，敬請著安。病筆草草，并希亮恕。館世愚弟俞樾頓首。八月廿五日。

今按：筱珊自光緒二十年甲午（1894）去職，即南返定居。然其初時與曲園交往，似非密邇。馴至光緒末年，二人之往還則漸較親密，此可按諸《日

---

① 按：《經解續編》未見，此條承張燕嬰博士代檢，特此致謝。
② 《曲園雜纂》第三十八，光緒間刻本，第5A—6A頁。
③ 見曲園《春在堂詩編》卷十五，光緒間刻本，第11A—12A頁。
④ 據南京師範大學王鍔教授見告，"祖、長孫互爲齊衰不杖期"。《大清會典》卷五十四"禮部"："曰齊衰不杖期者，祖爲適孫……"文淵閣《四庫全書》本。

記》者。《日記》自光緒十七年之後，即絕罕曲園之相關記録①，直至光緒三十二年丙午（1906）九月三日，始有②："接俞蔭丈信。"而此信，正即此處所録之函。又數日之後，即九月九日《日記》載③："發俞蔭甫年丈信，寄文集及《中吴紀聞》。"正可與函中求書之舉對勘。

函言"去年承惠顧敝寓"者，實爲曲園誤記，光緒三十一年（1905）筱珊並無蘇州之行。今考筱珊《日記》光緒三十年（1904）十一月二十三日有④："辰刻到蘇州……再拜俞年伯……"又《年譜》亦有⑤："十一月……午帥到蘇，又調湖南，偕劉聚卿觀察赴蘇送之。"知筱珊之登門拜訪，乃係三十年十一月之事。又云"以七品歸田"者，以筱珊辭官時，仍係翰林院編修，正爲七品。據筱珊《藝風堂文漫存·辛壬稿》卷一《題竹垞圖》之三⑥："著書翻是還家樂，我亦歸田七品官。"自注云："甲午歸來，刻'以七品官歸田'小印，慕先生也。"則曲園此處云云者，正以投筱珊所好也。

"今年自正月至六月已得半卷"者，當即《春在堂詩編·丙午編》。本年入春以來，曲園以老邁衰病，平居僅以賦詩自遣，迨後整理成編，即名《丙午編》，此當係曲園晚年最後文字之一。

又《中吴紀聞》一書，此時雖已付梓，然恐並非定本，據筱珊《年譜》宣統元年條⑦："爲家薇甫刻《中吴紀聞》并撰劄記。"則此書刊行竣事，乃在數年之後。然《日記》光緒三十一年八月十六日即有⑧："發……蘇州陳中丞信，并《中吴紀聞》兩本。"蘇州陳中丞者，爲貴陽陳夔龍。曲園曾有詩題云⑨："女婿許子原自松江移守蘇州三載有餘矣。今年陳筱石中丞來撫三吴，其妹婿也，依例迴避，遂拜贛州之命……"則知陳氏與曲園本有葭莩之親，則其致函筱珊索此書者，或即得訊於陳氏。而此時筱珊贈予者，則或係樣本而已。曲園函中又索借鈔本《今古奇觀》一書，今以文獻闕如，未知筱珊如何回覆？然據

---

① 光緒十六年十月二十日，筱珊之父見背，次年八月扶柩回里。光緒十八年正月四日，"葬二親於本邑謝園鎮"。（《年譜》，第139頁。）又據光緒十七年辛卯二月二十日《日記》："接俞蔭甫年丈信并挽聯。"（第338頁）而此後筱珊《日記》即絶少有關曲園之記載。此或可證筱珊與曲園之交遊，最初當全係其父之影響。
② 《藝風老人日記》，第1897頁。
③ 同上書，第1899頁。
④ 同上書，第1714頁。
⑤ 《藝風老人年譜》，第152頁。
⑥ 《藝風堂文漫存》，民國刻本。
⑦ 《藝風老人年譜》，第163頁。
⑧ 《藝風老人日記》，第1893頁。
⑨ 《春在堂詩編》二十三卷"丙午編"。

俞曲園致繆筱珊手札六通考實　467

筱珊光緒三十三年丁未四月十八日《日記》①："拜……俞梯青……俞世兄還《警世通言》來。"則當日曲園所請，或者未曾落實，筱珊乃以《警世通言》爲代，上諸曲園，以供消日。

第六通：

筱珊世仁兄館丈惠鑒：九月十七日曾由局布復一箋，未知得塵青睞否？項承賜漬各書，無不精美，足徵嘉惠盛心，表尊美意，欽佩無量。弟龍鍾日甚，然每日飯後尚使人昇至外齋小坐半日，如得暇惠然肯來，當可一圖良晤也。拙刻《全書》已無存者，今檢呈數種，聊以報復，並請鑒正。手肅，敬請台安。館世愚弟俞樾頓首。

今按：覈諸俞函所云，九月十七日曲園曾有回函予筱珊，惜今未見。函又云"如得暇惠然肯來，當可一圖良晤也"，則作函時，筱珊當旅吳中。今考《日記》光緒三十二年丙午九月二十九日②："送《叢書》及《藕香零拾》、《續碑傳集》、《對雨樓》四種呈俞曲園年丈，謁曲園并採青編修……曲園送文、詩集來。"則曲園此函當即作於此日，幾無疑義。筱珊返寧之後，仍將所刻之書陸續寄吳，送呈曲園鑒賞，如《日記》十月十八日③："上蘇州俞梯青信，送《邇言》與曲園先生。"又十一月二日④："俞梯青編修來，贈以《金石目》一部。拜梯青。"梯青者，曲園文孫陛雲，時與曲園同居蘇州。筱珊與曲園，交誼可謂有始有終，至丙午十一月九日，筱珊仍"發俞曲園年丈信"。⑤而曲園亦於十一月二十三日回覆，筱珊日記云："接祿保信、俞蔭甫信。"⑥再一月整，至十二月二十三日，曲園即撒手人寰，享壽八十有六。

《春在堂全書》翻印多次，不斷增補，常見者，即有光緒三年、五年、七年、九年、十五年、二十三年、二十五年及光緒末之匯印本，而以最後之匯印本最爲全帙⑦。所以屢屢翻印者，正見曲園文字當日爲人推崇之盛況，此亦曲園函中言其已無《全書》之故所在。

曲園故後未幾，筱珊即收得噩耗，《日記》光緒三十三年丁未正月十日⑧：

---

① 《藝風老人日記》，第1958—1959頁。
② 《藝風老人日記》，第1905頁。
③ 同上書，第1911頁。
④ 同上書，第1914頁。
⑤ 同上書，第1916頁。
⑥ 同上書，第1920頁。
⑦ 參謝超凡《游心與呈藝：晚清文化視域下的俞樾及其文學著述》附錄三"《春在堂全書》流傳情況"，北京：人民出版社，2009年，第333—337頁。
⑧ 《藝風老人日記》，第1933頁。

"發俞梯青信，寄挽聯。"筱珊此時，聲名漸隆，亦稱一時耆宿，故至二月十三日①："俞梯青寄曲園丈事略來。"而所以寄事略者，乃以曲園行狀爲請耳，此皆可見諸《日記》所載：丁未三月十七日②："撰俞曲園先生行狀。"次日，"以曲園先生行狀求李審言編初稿"。二十四日，"李審言送俞曲園行狀來"。③不惟如此，民國肇興，清史館立，以筱珊爲總纂，"儒林"一傳，正由筱珊主筆。據民國四年乙卯四月廿二日筱珊《日記》④："撰俞樾、孫詒讓兩傳。"則曲園身後之名，筱珊出力甚多，此亦可見筱珊不負死友之狀。

柳向春：上海博物館副研究員

---

① 《藝風老人日記》，第1941頁。
② 同上書，第1951頁。
③ 同上書，第1953頁。
④ 同上書，第2839頁。

王欣夫先生編年事輯稿

李 軍

王欣夫（1901—1966），名大隆，字欣夫，號補安、補庵，後以字行。齋名學禮齋、抱蜀廬、蛾術軒。早年從金松岑、曹元弼、胡玉縉諸先生游，曾歷任蘇州女子中學、上海聖約翰大學教職，1952年因院系調整，轉入復旦大學中文系，講授文獻學，著有《文獻學講義》、《補三國兵志》、《蛾術軒篋存善本書録》、《黄蕘圃先生年譜補》、《鵑心詞》等，編印《黄顧遺書》、《箋經室遺集》、《八年叢編》，並爲胡玉縉整理出版《許廎學林》、《四庫全書總目提要補正》等遺稿，爲近世著名的文獻學家。

先生家世居嘉興府秀水縣新塍鎮，祖上自允震公始遷吳江盛澤鎮。允震公子兆盛公以絲業起家，子二①。長元松字翠亭，號薇娛，報捐國子監生，先生高祖也。次元相字輔廷，號西泉，與元松俱席父業，分東西兩莊，富甲一方，同以好善聞于時。元相同治十二年（1873）卒，年八十七。

元松長子朝佐，字用九，號秋樵，同知銜候選州同。次子師晋，字以莊，號敬齋，監生，師事平湖顧廣譽，官至光禄寺署正，光緒庚辰（1880）卒，年六十七。

元相長子亨謙，字芹薇，例捐同知，同治甲子（1864）積勞以卒。次子恩壽字蓀齋，刑部山西郎中，以父殁致疾，營葬畢數日卒，年五十六。

朝佐子偉楨，字宗諤，號仙根，以師晋年四十無子，以祖命出嗣師晋後，

---

① 葉昌熾《奇觚廎文集》卷下《内閣中書恩賞舉人王君仙根墓誌銘》，民國刻本。

附貢生，咸豐八年，輸金助餉，賜舉人，以內閣中書候選，不就職，杜門養親，避亂海上。偉榮字雪汀，候選知府，從張勤禾西征，以勤能著，光緒三年（1877）卒，年未四十，贈光祿卿。清瑞字菱庭，號幼樵。

偉楨生于道光庚子三月六日，卒于光緒戊戌五月十四日，年五十九歲，配吳江殷氏，前署奉賢縣訓導殷兆銓之女，子四：祖錫（1858—1908），字二朗，號夢齡，又號惕安，優行廩生，花翎分省同知；祖慶，附貢生，三品銜分部郎中；祖詢，辛卯優貢，朝考一等；祖馨，附生，中書科中書銜。女二：長適吳縣丙子舉人、內閣中書潘志案，子名承謀（省安）；次殤。

先生父祖詢（1869—1907）原名祖培，字慕唐，號次歐，又號蟬廬、璞庵，光緒辛卯優貢，壬辰朝考用知縣，光緒三十三年感時疫而殁，家有二十八宿硯齋藏書。子三：長大文，字廣華，幼穎異，年十三而殤；仲大森，字直夫，號蔭嘉、蒼蚪、殷泉，生於光緒十八年；次大隆，即先生也。

先生妻黃翠雲，後先生數年卒。子四：長君衡，次健興，啟焯，啟棟。長子嗣為仲兄後。

一九〇一年（光緒二十七年辛丑）一歲

是年五月十五日（西曆六月三十日）子時，先生生於蘇州城內西花橋巷三十五號王宅。

王氏祖籍浙江秀水，後遷蘇州府盛澤鎮，同治三年（1864）先生王父仙根公奉曾王父敬齋公由盛澤遷居蘇州城內鈕家巷，割舊顧氏鳳池園之半以居。本生曾王父以下支亦聚居焉。遷蘇二十七年後，即光緒十六年（1890），因丁齒日繁，所居漸不能容，仙根公乃別卜新宅于西花橋巷，外王父吳公子實實恕顏其堂曰衣德，于十二月朔遷入焉。故先生生於西花橋。

譚獻（仲修）卒，年七十二。

滕固（若渠）生。

一九〇二年（光緒二十八年壬寅）二歲

是年先生在蘇州家中。

吳大澂（清卿）卒，年六十八。

龍榆生（沐勛）生。

一九〇三年（光緒二十九年癸卯）三歲

是年先生在蘇州家中。

謝章鋌（枚如）卒，年八十四。

吳汝綸卒，年六十四。

一九〇四年（光緒三十年甲辰）四歲

是年先生在蘇州家中。

周星詒（季貺）卒，年七十二。

王鵬運（半塘）卒，年五十七。

范當世（伯子）卒，年五十一。

文廷式（道希）卒，年四十九。

顧廷龍（起潛）生。

一九〇五年（光緒三十一年乙巳）五歲

是年先生在蘇州家中

六月二十一日，次歐公赴京謁選，未遇。

九月十四日，次歐公自京返家。

十一月，惕安公迎養大母往福建將樂縣任所，次歐公送至滬，即再赴京。

費屺懷（念慈）卒，年五十六。

李希聖（亦元）卒，年四十二。

盧前（冀野）生。

陳運彰（蒙安）生。

一九〇六年（光緒三十二年丙午）六歲

是年先生在蘇州家中。

春，姑丈秦綏章來蘇，暫寓先生家。

六月二十三日，次歐公選授湖北通城縣知縣。

十月三日，次歐公赴鄂報到，謁鄂督張之洞，面諭先赴日本考察政學。

十二月初五，次歐公返家。

俞樾（曲園）卒，年八十六。

一九〇七年（光緒三十三年丁未）七歲

是年在蘇州家中，入蘇州小學就讀。

春，次歐公東渡日本考察政學。

秋，次歐公整裝赴鄂任，忽感時疫，不治而歿。年僅四十二歲。

汪鳴鑾（柳門）卒，年六十九。

呂貞白（傳元）生。

潘景鄭（承弼）生。

一九〇八年（光緒三十四年戊申）八歲

是年先生在蘇州家中，讀小學。

張鳴珂卒，年八十。

王文韶卒，年七十九。
孫詒讓卒（仲容），年六十一。
黃紹箕（仲弢）卒，年六十。
蘇淵雷（仲翔）生。
錢仲聯（萼孫）生。

一九〇九年（宣統元年己酉）九歲

是年先生在蘇州家中，讀小學。
張之洞（香濤）卒，年七十三。
陸儼少生。

一九一〇年（宣統二年庚戌）十歲

是年先生在蘇州家中，讀小學。
錢鍾書（默存）生。

一九一一年（宣統三年辛亥）十一歲

是年先生在蘇州家中，讀小學。
汪康年卒，年五十二。

一九一二年（民國元年壬子）十二歲

是年先生在蘇州家中，讀小學。

一九一三年（民國二年癸丑）十三歲

是年先生在蘇州，畢業于蘇州小學。然報考高等小學未被錄取，遂延師于家塾授先生學。

夏，趙學南滬上峭帆樓遭火災，藏書七十餘箱並付一炬，不得已退居崑山舊宅。

黃人（摩西）卒，年四十八。
吳保初卒，年四十五。

一九一四年（民國三年甲寅）十四歲

是年先生就讀家塾。

家中有隨怡堂，兩楹有先生王父摹刻阮文達（元）所書之八分聯，其語云："種樹類求佳子弟，擁書權拜小諸侯。"先生出入必誦之，至老猶能熟背。

先生家自王父以來即富藏書，次歐公二十八宿硯齋藏書聞名當時，其精華具載先生與仲兄所編《二十八宿硯齋藏書目》中，其中宋本《陶淵明集》最有名，已由次歐公于生前贈予張之洞，餘則如小字本《通鑑紀事本末》（後歸傅增湘雙鑑樓）、余仁仲本《周禮鄭註》（後歸周叔弢自莊嚴堪）、《陳伯玉集》（《四部叢刊》即據此本影印）等凡三十餘種。先生課餘發楹書繙讀之，其中即有《淵雅堂集》初印本及先生父親手校《漢書》等。《漢書》上臨有陳倬（培之）校語，先生由此即心儀其人，留意其著述，後以其所撰《香影餘譜》刊入《庚辰叢編》。

先生讀馮集梧刻本惠棟《後漢書補注》，見書前有李保泰序文，後于冷攤上遇李撰《入蜀記》，因購存之。（《書錄》第1454頁①）

陸潤庠（鳳石）卒，年七十五。

鄒福保（詠春）卒，年六十四。

麥孟華卒，年四十一。

一九一五年（民國四年乙卯）十五歲

是年先生在蘇州，讀書家塾。

賈人以《道咸諸賢致潘功甫尺牘》與徐枋"俟齋"、陳焯"湘管齋"兩牙章攜示，先生方讀書家塾，囊無餘資，摩挲不釋手，草錄一過，留信宿而還之。（《書錄》第1418頁）

先生于歸錢塘許氏從姊家借得舊鈔本《廣卓異記》，有"白堤錢聽默經眼記"朱印。塾師戴子才見而好之，爲手錄一本贈先生，惜其書有舛誤，而無從是正。戴子才名成，吳縣諸生，兄錫鈞以進士官大名知府，并以工時文名。戴氏館先生家十餘載，先生昆季皆從學焉。（《書錄》第883頁）

一九一六年（民國五年丙辰）十六歲

是年先生在蘇州。

王闓運（壬秋）卒，年八十二。

盛宣懷（杏蓀）卒，年七十三。

袁世凱（慰亭）卒，年五十八。

朱學浩（季海）生。

一九一七年（民國六年丁巳）十七歲

是年先生在蘇州。

葉昌熾（鞠裳）卒，年六十九。

湯壽潛（蟄庵）卒，年六十一。

惲毓鼎（薇孫）卒，年五十五。

一九一八年（民國七年戊午）十八歲

是年先生在蘇州。

先生喜于冷攤拾殘書。懸橋巷鳴琴室老書賈楊馥堂收歸安沈秉成藕園藏書，

---

① 王大隆《蛾術軒篋存善本書錄》，上海：上海古籍出版社，2002年，以下括注均簡稱"書錄"。

先生于其架上見《大唐六典》，塵封已久，乃斥三十金購之。家人與同輩皆笑之，先生不以爲然。（《書錄》第 945 頁）

閱月，先生由友人程瞻廬介紹，受業于吳江金松岑。進謁時，金松岑對座客説："是子即知購鈔本《唐六典》者。"可見頗贊先生之好學也。同學有范鏞（煙橋）、王銓濟（巨川）、王謇（佩諍，見右圖）、高圭（君介）、徐麟（泉孫）、柳炳南（蔚青）、金國寶（侣琴）、薛壽衡（頤平）、陳旭旦（雅初）等。（《書錄》第 945 頁）

先生既從金松岑學，仿王夫之《讀通鑑論》撰文百篇。（《書錄》第 1505 頁）

先生仲兄蔭嘉大病初愈，養病之餘，擇家藏善本若干种，各爲簡明解題，編成《二十八宿硯齋珍藏書目》。蔭嘉自作緣起，文極恣肆。目中所載明刻若干種猶是先生十四歲時，節餅餌之資購于冷攤者。（稿本，復旦大學圖書館藏）

江春霖（杏村）卒，年六十四。

鄭文焯卒，年六十三。

沈瑜慶卒，年六十一。

一九一九年（民國八年己未）十九歲

是年先生在蘇州。

三月三日（舊曆中和節），先生昆季在滬請姑丈秦綬章爲去年編訂的《二十八宿硯齋珍藏書目》作弁言。（《書錄》第 962 頁）

秋冬間，先生往虞山探視大姊，因與丁國鈞有姻聯，遂得日與邵松年、鄒純福等老輩茗話于枕石軒。丁國鈞告以瞿氏鐵琴銅劍樓藏書之美富，並出所錄勞季言手校《書目》見示，先生遂得傳錄一過，先生自言"余之略知目錄板本之學，丁先生此書實以啓之"。（《書錄》第 1234 頁）時《蕘圃題識》十卷、《補遺》一卷、《蕘圃刻書題識》一卷附《補遺》甫印行，丁國鈞代先生購賽連紙印本一，并言繆荃孫氏有售版意，慫恿先生得之。先生幼聞士禮居藏書之風，得此酷愛之，時以他書所載校讀，乃脱譌累累。由是萌生補輯《題識》之意。（《書錄》第 1516 頁）丁氏復教以讀書研史之法，先生後之研讀史籍，亦始于此。

年底，先生返蘇州，與丁國鈞相約明春同往海上謁繆荃孫，至南京助校杭州丁氏所藏宋本《晋書》。

繆荃孫（筱珊）卒，年七十六。

梁鼎芬（節庵）卒，年六十一。

一九二〇年（民國九年庚申）二十歲

是年先生在蘇州。

一月九日（陰曆己未十一月十八日），丁國鈞去世。訃音至，先生不勝唏噓。先生既由丁秉衡授以校史之法，是年遂校讀《通鑑》，並整理族兄王大綸（毓仙）校本。（《書錄》第1505頁）

先生由業師金松岑介紹，轉從金松岑之師曹元弼（叔彦）學，曹氏精於經學，尤深通三禮之學。曹氏爲述群經傳授源流。先生書齋以"學禮"顔之，蓋由於此也。先生承曹叔彦之教，以鄭君《詩箋》、《禮注》及諸佚書，依陳奐《毛詩傳義類》、朱駿聲《說雅》例，編成《鄭雅》一書，而加以疏證。（《書錄》第776頁）

既治經學，先生竊慕吳中惠氏四世傳經之風，欲爲編譜，以志嚮往。然遍徵硯谿（惠周惕）志傳及家譜，均不載其生卒年，爲之廢然。（《書錄》第1035頁）

從師問學之餘，繙閱家中舊藏典籍，于楹書中得仙根公業師顧廣譽（訪溪）評校本《讀韓記疑》，惜佚首二卷一册。後又得鄧廷楨（嶰筠）讀本，喜皆出名人手校。（《書錄》第1008頁）

先生偶遇《寰宇貞石圖攷》稿本于常賣家，驚喜欲絶，亟斥巨資贖歸。（《書錄》第1530頁）是書乃先生叔祖星農公所撰。星農公名寶瑩，光緒歲貢，黃巖訓導，改官山西知縣，民國三年卒于漣水縣任所。生平讀書，多經手校，邃于金石之學。後先生所得者皆朱墨爛然。（《書錄》第356頁）

約是年，先生從王佩諍（謇）借楊沂孫撰《說文叢說》手稿本録副。（《書錄》第57頁）

陸恢（廉夫）卒，年七十。

易順鼎（實甫）卒，年六十三。

李瑞清卒，年五十四。

劉師培（申叔）卒，年三十七。

一九二一年（民國十年辛酉）二十一歲

是年先生在蘇州。

是年金松岑爲先生學禮齋作《記》，有云：

> 秀水王生大隆篤志向學，從余遊三年，語以治平之略、當世之務而不好也，頗頗惟經訓是求，貢之復禮師之門，學益進，行益端，已乃字其所居之齋曰"學禮"，而求文於余。余悲夫政教凌遲，戎夷接迹於中國，士無頑若秀，苦禮法之修謹，相與裂冠毁冕以躪其迹，仁義充塞而倫紀喪亡，雖晉、唐之季，完顏、奇渥溫之朝，不若是昏穢也，意乾坤或幾於息乎？既承復禮師之教，端居誦習，欲修明禮法以待將來，喜生之志於學而吾道庶幾乎不孤也。學問之道，始乎章句訓詁，達乎大義，通乎微言，而一代

制作之精，又必化裁通變，升降協乎其時，生其涵泳而推求之，三揖三讓而躋乎堂，其於宗廟百官之美富，遊心肆目以晰其制焉不難矣。

徐震爲撰《學禮齋銘》云：

> 禮奚由起。起于人之常情爾。人之常情，莫不美忠信。故《記》曰：忠信，禮之本也。制以典章，著以器物，表以儀節，此其末也。末不可以拘滯。故典章也，器物也，儀節也，皆因時而變者，惟忠信則不可改。知此義也，庶幾得其大者焉。今夫沒溺于私欲，求逞于當前，而無卹其他。此可謂喪失本心，反易常情矣。名之曰恣睢狂惑人，不爲過也。若然者，宜其以禮爲屬己，必欲毀之而後快。亦有務其末而棄其本，此與恣睢狂惑者何異。嗟乎！學者于此不可不辨也。余友王子欣夫與余交十餘年，始相識時皆二十許人。而君獨端凝，無少年輕妄氣。其後，吾鄉呂誠之、莊通百、吳伯喬、陸認騫諸君子，因予得交于君，咸推許之，以爲溫恭有德也。君學文于金先生松岑，受經于曹先生叔彥，尤篤志于三禮，因名其齋曰學禮齋，請余爲銘。余惟禮之大端有八：恕以待人，謙以處己，和以治心，寬以容物，仁以利衆，義以定分，儉以自克，勤以將事。所以爲忠信者統是矣。君之立身行己，固常以此爲蘄向，縱不以三禮爲專業，亦云能得其大者矣。可不謂之善學禮乎。若乃晰于舊文，精于訓詁，審于名物，在君爲學問之餘事。蓋樂其本而愛其末，亦情之所以宜然也。豈曰學禮之意專在於是哉。爲之銘曰：
>
> 維學之本，在美其身。發爲光輝，乃施及人。亹亹王君忠信是踐。爰舉學禮，永以自勉。世亂道喪，人失其常。縱慾敗度，天地晦瞑。振我心志，是裦是穮。弗植弗耘，何有稼苗。匪獨行之，宜共明之。凡百君子，敬而成之。十二月。

一九二一至一九二四年間，先生返蘇度歲，必造訪王大昕（冰鐵）談藝。（《書錄》第140頁）

沈曾桐（子封）卒，年六十九。

一九二二年（民國十一年壬戌）二十二歲

是年先生在蘇州。

先生斥百金于吳市得《儀禮註疏》，紙墨精好，頗自珍祕。（《書錄》第379頁）

先生僚婿劉遯夫（詒慎）以其父玉海樓所刻《鉅鹿東觀集》十卷贈先生。（《書錄》第1013頁）

夏，向吳興沈期仲（佺）借《清儀閣日記》原稿一箱讀之，不忍釋手，時在老屋，樓下正釵釬雜遝，樗蒲聲徹宵不止，先生被擾不能寐，則發興節錄之，夫人旁坐縫紉爲伴，樓上樓下儼隔一世界。逮樓下客作鳥獸散，而先生亦摘鈔《日記》畢，命名爲《清儀閣筆記》。(《書錄》第193頁)

冬，先生大母逝世，暫借三松堂作青廬。先生得登園中擷芳亭，其時舊額猶存。(《書錄》第1627頁)

沈曾植（子培）卒，年七十三。

一九二三年（民國十二年癸亥）二十三歲

是年先生在蘇州家中。

先生向孫宗弼（伯南）借其所藏乃父孫傳鳳之《說文古本補証》手稿，移錄爲二卷。(《書錄》第832頁)

臘月十七日，致函孫宗弼，還所借汲古閣本《說文解字》六册，並言《說文古本攷》過錄已畢，尚須校對，約明年奉趙。(原札)

曹元忠（君直）卒，年五十九。

陳衡恪（師曾）卒，年四十八。

一九二四年（民國十三年甲子）二十四歲

是年先生在蘇州。

陽湖周閌（孟興）范湖草堂藏書散在吳市，王謇得未訂文稿一疊，無作者姓名。先生見其中多考據文，從之借讀，乃攷得爲羅鏡泉（以智）所作。當時又傳錄《恬養齋文鈔》。一經道破，相與拊掌稱快。(《書錄》第1387頁)

先生于存古齋得周氏所藏周香岩（錫瓚）手校汲古閣《儀禮註疏》，全書朱筆燦爛。(《書錄》第1123頁)

夏，張仲仁（一麐）、李印泉（根源）及金松岑（天羽）等創設學社，延聘通人，每逢日曜，假觀前青年會禮堂，公開講學，以時在黎明，故號平旦學社。聽講者暑假還鄉學子外，邑之耆宿，亦多拄杖來臨，時章太炎先生寓蘇，亦贊成之。後遂擴而成學會。(《書錄》第1435頁)

林紓（琴南）卒，年七十三。

張錫恭（聞遠）卒，年六十七。

姚永概卒，年五十九。

羅惇曧卒，年五十三。

一九二五年（民國十四年乙丑）二十五歲

是年先生由業師金松岑介紹任太湖水利工程局書記。

夏，與章太炎、吳梅等共同授課于蘇州平旦學社，少年績學，聲播士林，

與同邑王謇有"王氏雙鳳"之目。(傳略①)

是年,先生始致力研究目錄版本之學。

金武祥卒,年八十四。

吳慶坻卒,年七十八。

周樹模卒,年六十六。

高旭(天梅)卒,年四十九。

一九二六年(民國十五年丙寅)二十六歲

是年先生經同學薛頤平介紹,赴滬任聖約翰大學附屬中學國文教員。

五月,跋丁校《集韻》,云"前年,其族人丁載庵君曾約孫伯南先生(宗弻)欲爲理董付梓。伯南先生更來慫恿襄助爲理,卒以斯事體大,荏苒至今。頃從張仲仁先生(一麐)假得此書,係丁先生手校曹刻本,以贈海寧許勉夫先生(克勤)者,蠅頭精楷,一筆不苟"。(丁校《集韻》跋,鈔本)

秋,見曹君直先生手校金陵局本《三國志》,定價十六元,葉景葵以先生欲得之,遂以之相讓。(葉景葵書跋)

張謇(季直)卒,年七十六。

況周頤(夔笙)卒,年七十二。

劉世珩(蔥石)卒,年五十二。

一九二七年(民國十六年丁卯)二十七歲

是年上半年先生任教聖約翰大學,下半年回蘇任教于蘇州女子中學校。

三月二十八日,受北伐戰局影響,聖約翰大學停辦。部分師生組織"丁卯學社"。由沈嗣良主持。

六月三日,聖約翰大學發生學潮。隨即停辦,先生請假返蘇。由同學王佩諍介紹,兼任省立蘇州女子中學校國文教員。

是年,先生經友人周左寬(德裕)介紹,得《積書巖摹古帖》前半。(《書錄》第1524頁)

康有爲(長素)卒,年七十。

葉德輝(奐彬)卒,年六十四。

張鈞衡(石銘)卒,年五十六。

王國維(靜安)卒,年五十一。

一九二八年(民國十七年戊辰)二十八歲

是年先生任上海聖約翰大學大專國文教員。現存日記始于是年。

夏,先生研經之餘,以讀黃蕘圃題識爲遣,見題識爲江標所未見者尚夥,

---

① 吳格師《吳縣王大隆先生傳略》,《書目季刊》第35卷第1期,2001年,第43—49頁。

且江標編輯《黄丕烈年譜》也不無舛誤之處，隨手箋補，間加案正，得七百餘條。（黄丕烈年譜補自序）先生友好知先生致力搜羅百宋一廛遺事，往往以所藏相涉者或寄或鈔以贈先生。

秋，從張一麐（仲仁）心太平室借得許克勤手校《説文解字注》三十卷《部目分韻》一卷，傳録一本，至明年夏始竣其事。（《書録》第823頁）

冬，劉慎詒遺書散出，先生購得讀畫齋初印本《文選理學權輿》三册、《文選李注補正》一册，審係顧千里手校。中夾揚州玉書堂書坊書單一紙，有"批校《文選》五册，價十六元"，則原有《文選考異》一册，三種本全，乃遍檢不得，不知遺落何所，深爲惋惜。後數年于書坊觀獨山莫氏銅井文房藏書，忽見無名氏校臨顧校《考異》二册，大喜過望，持不釋手。賈人因疑爲顧千里真跡，索值殊昂，力不能得，則商請持歸録副。猝求讀畫齋原本不得，因臨于張祥齡《受經堂叢書》本上，竭一宵之力畢事，三種之分而復合，爲之躊躇滿志。（《書録》第1408頁）

是年，有華姓學生來聖約翰大學就讀，以所藏家傳《積書巖摹古帖》後半歸先生，而索值頗奢，夫人爲典質釵珥始成議。先生喜其延津復合，遂爲學禮齋中鎮庫之寶。（《書録》第1524頁）

一九二九年（民國十八年己巳）二十九歲

是年先生任教上海聖約翰大學。

一月一日，沈嗣良出任聖約翰大學副校長。

春，以友人建議，整理去夏抄録黄蕘圃題識，自定體例，廣搜故實，補缺正譌，並加附録：《清史列傳》卷七十二文苑傳，葉昌熾《藏書紀事詩》，楊立誠、金步瀛《中國藏書家攷略》及蔣鏡寰《吴中先哲藏書攷録》。（黄丕烈年譜補自序）

又，從黄蕘圃後裔字燕謀者得觀《同人分題咸宜女郎詩册彙編》，即《玄機詩思圖》之第二册。（《書録》第680頁）

三月九日（陰曆元月廿八日），先生重閲史部舊鈔之屬，在《釣磯立談》上加墨一過。有題語曰："釣磯立談，朱竹垞舊鈔本校曹棟亭刻本。"（臺灣《"國家圖書館"善本書志初稿》史部《釣磯立談》條，第229頁）

四月九日，先生與仲兄蔭嘉致書張元濟，附所藏書目一紙。詢東方圖書館藏《東萊文集》事。

四月底，接張元濟函及贈書若干種。（《張元濟書札》①）

孟夏，將黄氏識語依次排比成册，自加案語先從刪落，留待以後董理全書

---

① 張人鳳編《張元濟書札》（增訂本），北京：商務印書館，1997年。

再行詳載。編《黃蕘圃年譜補》既成，撰自序弁首。旋刊于《省立蘇州圖書館館刊》。

五月十六日，覆張元濟書，請鈔涵芬樓書目。並寄張元濟欲借觀之書：《幾何原本》稿本兩册，清本一册。（《張元濟書札》）

同日，致函濟南王獻唐，論山左許瀚、王筠、郝懿行、牟庭諸家著作事。（《王獻唐師友書札》①）

六月三日，函王獻唐，論及海源閣楊氏刻書及山左許、王、郝、牟等著作事。（同上）

六月下旬，得張元濟十九日復函，稱書已收到，然《幾何原本》因故不克收入《四部叢刊》，題字歸還，而涵芬樓書目則尚未編定，暫無法抄寄。又云："新得《南濠居士文跋》及孫貝手校諸書，不勝健羨。訪書之暇，又治管子書，輯惠、黃兩家年譜，可謂精力過人，無任企仰。惟惠松崖、顧千里在他書題識所見極罕，黃蕘圃之校跋則于章氏續輯本外殆亦寥寥。敝處所有，已均錄送章氏採輯無遺。即《南濠居士文跋》涵芬樓亦無其書，皆無以厭垂詢之意。"（《張元濟書札》）

夏，常熟丁祖蔭攜書移家蘇州城内，與先生訂交。先生方治惠氏學，兼徵黃、顧題跋，丁氏以《吕氏春秋》見示，其書硃墨爛然，古香可挹，遂乞錄副，丁氏許以四日。先生乃與仲兄蔭嘉分工迻錄，晝夜不休，衆事均置不顧始畢其役。其本為盧抱經及近人徐維遹所未見，是為先生輯校《松崖讀書記》之發軔。（《書錄》第563頁）

未幾，獨山莫氏銅井文房書散，善本秘籍，琳瑯滿目，先生與仲兄蔭嘉及鄧正闇（邦述）、宗耿吾（舜年）、丁初我（祖蔭）、潘博山、景鄭兄弟等日徘徊其間，商榷討論，各擇所好。先生與仲兄見《三朝北盟會編》，《書目》註明十八册，有跋。乃又缺第十五册，為卷一百八十六至二百〇五，仲兄蔭嘉雖遍檢其書，亦未得，賈人因其為殘本，不甚重視，卒歸先生。（《書錄》第1181頁）又有《新書》善本二：一為成化癸卯喬縉刻本；一為黃蕘圃手校喬本于盧氏抱經堂本上，衹首四卷。喬本歸先生家二十八宿硯齋。此次先生昆季告貸典質，共得數十種，甘苦備嘗。（《書錄》第565頁）

九月十三日，覆張元濟書，寄新著《黃蕘圃年譜補》五册，告以所藏《古列女傳》有萬曆刻書序，可補《叢刊》本之缺，《定盦文集》有鄭文焯校勘手稿，願輯其校語抄寄附于《叢刊》本後行世，並言家中藏有顧廣譽校閱之書若干種。詢涵芬樓是否收藏明初本《管子》及《海鹽圖經》等書事。（《張元濟書札》）

---

① 安可荇等編《王獻唐師友書札》，青島：青島出版社，2009年。

九月下旬，得張元濟十九日復信。（《張元濟書札》）

冬，韓氏讀有用書齋藏書有意出讓，其善本書目入集寶齋主人孫伯淵手，先生遂從借錄一本。（《讀有用書齋善本書目》《書錄》第1247頁）貴池劉遜夫遺書散出，先生購得讀畫齋初印本《文選理學權輿》三冊，《文選李注補正》一冊，審係顧千里手校。（《書錄》第1408頁）

十二月十二日至十五日，聖約翰大學舉行五十周年校慶。

是年，先生友人崑山趙學南（詒琛）編輯《顧千里年譜》，不三月而成，先生與潘聖一（利達）等助成之。潘氏係趙學南表弟也。（原書）

約是年，先生遍求惠校本書，輯《松崖讀書記》，從江蘇第二圖書館館長陶小汦（惟坻）借葉昌熾輯《毛詩正義惠校錄存》錄副。未幾，陶氏物故，載經喪亂，其本遂不知流落何處。（《書錄》第1118頁）

一九三〇年（民國十九年庚午）三十歲

是年先生任教上海聖約翰大學。

先生得活字本《周易說略》于海上書坊，友人傳觀，咸詫爲版本中未發之祕。是書首扉頁闌上橫列"泰山磁版"四字，次刻書自序，題"康熙己亥四月泰山後學徐志定書于七十二峰之真合齋"。次正文，有闌無直綫格。（《書錄》第1493頁）

端午，姚石子（光）將以趙學南《顧千里年譜》付鉛印，跋語言及"秀水王君欣夫（大隆）、吳縣潘君聖一（利達），均助搜採考訂，確實字字有來歷，此則余以信趙君等而信是書者也"。

夏，先生以自藏莫氏臨程鴻詔校本《説文解字》紙敝墨渝，另臨一本，以備繙讀。以朱筆臨汪文台校，墨筆臨莫友芝校。（《書錄》第821頁）

秋，先生得王實齋（聘珍）殘存經學手稿二冊，有翁覃谿（方綱）、桂未谷（馥）校籤及手跡，《夏小正》篇尚全，與仲兄蔭嘉得之校邠廬者略同。後此書失去。（《書錄》第1500頁）

一九三一年（民國二十年辛未）三十一歲

是年先生任教上海聖約翰大學，升任副教授。

三月，爲容安作《謝宣城詩注序》。（《約翰聲》第四十二卷）

春，先生借趙學南本補鈔王學浩（椒畦）撰《易畫軒詩錄》，遂使家藏殘稿得成完璧。未幾，常熟丁祖蔭（初我）以巨值收得一本，攜至桂芳園茗座，先生復從借鈔，一時遂有鈔刻四本。時先生方有意蒐萃畫人詩集也。後又得椒畦爲阮芸臺畫積古齋、琅環仙館兩圖橫幅。（《書錄》第1485頁）

八月十七日，徐震致函先生，論《金母顧太夫人墓碑》文字。（《哲東文稿》，稿本）

八月，趙學南重加校訂《顧千里年譜》，再刊之，因自作題識亦言及先生與潘利達之襄助之功。先生並有跋。

十月，先生訪徐積餘（乃昌）于圖南里滬寓，見有據校黃省曾刻本《嵇中散集》，因借歸傳錄。（《書錄》第 1539 頁）

是年，皖人士輯印《安徽叢書》，聘先生爲編審委員，并徵未刊遺書。先生舉程銘詔校本《説文解字》以告。徐乃昌言程校原本在其處，先生借歸對勘，兩本小有異同，莫本闕者數十條，據以補入。又莫本有"程鴻詔曰"一條，而彼本反無之，因知其書不真，卒以條輯不易，未能付印。（《書錄》第 821 頁）

由於校友宋子文先生之斡旋，約大圖書館獲贈盛宣懷藏書六万六千六百〇七册。後由周子美整理編目，得先生幫助。（《周子美學述》①

朱祖謀（古微）卒，年七十五。

馮开（君木）卒，年五十九。

一九三二年（民國二十一年壬申）三十二歲

是年先生任教滬上聖約翰大學。周子美經友人介紹亦入約大任教，任國文系教員，周氏晚年回憶云："與王大隆欣夫先生最契合。王先生長於校勘之學，造詣極深，著作甚多，乃余之摯友也。教學之餘，相與切磋，受益匪淺。時均深感研究社會科學者，必須從文獻着手，而學子局限于對舊籍的了解不多，難以迅速抓住要領，以撰一文獻學入門書，遂合寫《文獻學要略》。其中目錄這一部分由余撰寫，版本由兩人合寫，校勘則由王先生撰寫。草稿初無資本，直至王先生故世，亦未能刊行，1980 年才以油印本的形式面世"。（《周子美學述》第 27 頁）

四月三日，先生與蔡正華同訪避難來滬之表兄吳梅，談二時許。（《吳梅日記》② 第 116 頁）

孟夏，大埔溫廷敬（丹銘）來滬，與先生訂交。攜示所輯周處《陽羨風土記》及《校勘記》各一卷，先生因請錄副備考。溫氏在滬時，常絜幼孫過先生寓舍，縱論古今學術甚暢。（《書錄》第 943 頁）

六月二十四（陰曆五月二十一日），金松岑生日，先生與友人李根源、趙學南、高吹萬等在蘇州爲之祝壽。（《高燮集》附繫年③）

秋，章太炎來蘇州講學，遂有成立國學會之議。下半年籌備完成，會址選于大公園（王廢基）吳縣圖書館二樓。初期由李根源任主任，王佩諍任副主任

---

① 徐德明等編《周子美學述》，杭州：浙江人民出版社，1999 年。
② 王衛民編《吳梅全集·日記卷》，石家莊：河北教育出版社，2002 年。
③ 高銛等《高燮集》，北京：中國人民大學出版社，1999 年。

幹事。金松岑實主其事。國學會宗旨爲"本聲應氣求之義，商討國學，如經史文學藝術等均在其列"。出版《國學商兌》，後改名《國學論衡》，又出版《文藝捃華》。此會持續至抗戰，會員達五百餘人。（《記王佩諍先生》[1]）先生及周子美皆入會。（《周子美學述》）

一九三三年（民國二十二年癸酉）三十三歲

是年，先生任教聖約翰大學。先生與來滬之鐵琴銅劍樓後人瞿鳳起訂倦圃（曹溶）流通之約。先生以所藏張金吾之《愛日精廬文稿》借瞿氏傳録，瞿鳳起報以張金吾之《絲纏積聞》、《釋龜》二種。（《書録》第995頁）

一月六日，致函王獻唐，言山東省立圖書館館刊並請留意抄録楊氏海源閣藏黄跋。（《王獻唐師友書札》）

一月二十四日，函王獻唐，求山東省立圖書館書目。（同上）

一月，章太炎爲《國學會會刊》作《宣言》。（《章太炎全集》五）

先生于書肆見《麗情集》，索值奇昂，因從商借手録之。（《書録》第1373頁）

春，先生借高吹萬藏《讀有用書齋善本書目》鈔本校自藏鈔録本一過。（《讀有用書齋善本書目》書録）

于海上書肆遇《爾雅舊注》，以名人遺稿，且屬名校，賈人居奇，先生卒典質屏當三百金獲之。（《書録》第423頁）

仲春，先生檢出舊録本《道咸諸咸致潘功甫尺牘》一卷重付清寫。（《書録》第1418頁）

三月十四日，函謝王獻唐録示《王福碑》，並請代拓《王佑碑》。（《王獻唐師友書札》）

五月一日，抄《春融堂集》内《十三行跋》一文寄王獻唐。（同上）

五月，先生訪徐乃昌，于其處見《癸巳遺稿》，因借歸録副。（《書録》第1548頁）

六月，先生偕鄒百耐至松江，由韓氏親戚守山閣後人錢選清之介，往觀韓氏讀有用書齋藏書。悉其精華皆儲之滬上金城銀行，因踵至海上。（《書録》第1247頁）

七月四日午後，先生與吳湖帆、鄒百耐、潘博山等同至金城銀行保管庫閲韓氏藏書，所有宋元本及明鈔校本都百餘种，最佳者爲北宋《荀子》及《戰國策》、《東坡集》（殘），又有宋刻《晋書》、《禮記》、《三國志》、《昌黎集》、《壼山集》，多殘本，然皆極精。元刻《夢溪筆談》極佳。還有毛鈔宋詞五册，

---

[1] 甘蘭經《記王佩諍先生》，《蘇州文史資料選輯》（九），1982年。

雖精，惜非影宋。（《吳湖帆日記》）先生復兼録各書中黄、顧題跋，雖德甚而興彌盛。（《讀有用書齋善本書目》，復旦大學圖書館藏）

十二月一日起，韓氏讀有用書齋藏書在滬賃屋陸續出售，日出十餘種，各標價，鄒百耐經濟之。先生與葉恭綽、張乃熊（芹伯）、陳澄中、吳湖帆、蔣穀孫、潘博山及北平書估日往觀。歸則以所見證之所藏《讀有用書齋書目》，知脱誤甚多，且有目所不載者，并以所聞及標價隨手加注，後返蘇以之示仲兄蔭嘉，蔭嘉又以所知者補注之。時蔣穀孫代潘明訓與陳澄中競購甚烈，宋元本皆歸二家。北平書賈爲周叔弢擇若干種，張芹伯則專收蕘圃校跋本。先生奪得叢書堂鈔本《陸士衡集》，價五百金，彷徨終宵，款無所出，卒仍歸張乃熊，爲之悵惘累日。因惠士奇、棟父子校跋本《易傳》爲經學之書，時人所忽，亦最廉，先生方治惠氏學，喜而購之。其後先生與仲兄蔭嘉合力又得小品十餘種，然因貧多不能守。（《讀有用書齋善本書目》書録）

十二月十三日，致函周叔弢，乞抄自莊嚴堪所藏黄跋，並以《蕘圃藏書題識續録》一部。（《弢翁藏書年譜》第 73 頁①）

冬，先生董理《蕘圃藏書題識續録》四卷《褦著》一卷畢，請鄧邦述題簽付梓，由先生子啓璿校字。（本書前）

是年，先生受《安徽通志》編纂處之邀，分纂《藝文志》。

宗舜年（子戴）卒，年六十九。

一九三四年（民國二十三年甲戌）三十四歲

是年先生任教聖約翰大學。

是年先生與友人趙學南、王保諡等組織甲戌學會，會員每人繳年費十元，每年可取書數部。當時入會者有金松岑、吳梅、徐行可、王謇等。此會延續至辛巳，共編成《叢編》八集。

學會簡章：

一、采輯宗旨以詁經訂史、小學掌故、藝術説部等類，向無刻本，或曾刻而未流傳者均應搜集。嘉道以來詩文集浩如煙海，概不録取，惟名人著作有關實學，與尋常集部不同者，不在此例。至生存人所作，無論何種，嚴行屏絶。

二、如有家藏稿本秘籍，願印入本編者，請將原書寄下，由同人審定去取，即行具覆。

三、每股國幣十元，可依下列地址，由郵局匯寄：蘇州護龍街郵政局交發起人查收。即日填具正式收據，寄奉不誤。

發起人：趙詒琛（學南）、王大隆（欣夫）同啓

---

① 李國慶編《弢翁藏書年譜》，合肥：黃山書社，2000 年。

通信處：趙學南　蘇州大井巷十號；王欣夫　上海梵王渡聖約翰大學

一月八日，跋張鳴珂《江行日記》抄本，云"友人王佩諍得其金石題識手稿，頃已校刊入《藝海一勺》，他日或有餘貲，此册亦極宜早爲刊傳也。手稿已別爲裝潢庋藏"。（原書）

五月，先生假鐵琴銅劍樓藏惠氏父子臨葉奕、何焯本明世德堂本《荀子》，照臨于浙江書局翻謝埔本上。（《書錄》第559頁）

六月，先生從張元濟（菊生）借薄自崑（啓源）錄何焯校本《吳郡圖經續記》，過錄校語于自藏同治癸酉江蘇書局本上。（《書錄》第922頁）

又錄惠棟校語于光緒元年浙江書局覆宋乾道本《韓非子》上。（《書錄》第978頁）

六月初，先生請友人瞿鳳起向徐兆瑋索《常熟藝文志》一部，約定以《黃蕘圃題跋續錄》交換。

六月中旬，許兆瑋復函以《藝文志》一部寄滬。先生隨後即托瞿鳳起將甫裝訂畢之《黃蕘圃題跋續錄》二册寄贈徐兆瑋。（瞿鳳起函）①

立夏，仲兄蔭嘉以洞庭翁栻手鈔本《東觀集》校先生藏劉氏玉海樓刻本，既竟，跋之。（《書錄》第1014頁）

夏，先生返蘇度暑假。先生居憂無俚，向瞿鳳起借得顧千里手校《管子》兩本，統校于浙局本（當即《二十二子》本）上，以墨筆校宋，以朱筆錄惠松崖語，顧千里語亦用墨筆。（《書錄》第1259頁）

七月十五日，吳梅寄信與先生及蔡正華，以清涼山圖書館事告先生。（《吳梅日記》第440頁）

七月十九日，先生訪吳梅，以《黃蕘圃題識續錄》一册相贈。吳氏讀後，讚曰："皆在江建霞、吳伯宛、章式之外者，可謂勤矣。"（《吳梅日記》第442頁）

歲暮，來青閣從慈谿收得林頤山父子叢稿盈尺，並有密校《十三經注疏》、《水經注》等，索值千金，先生見之徘徊展誦，不忍釋手，時近年關，囊空不克購置，徒呼負負。未幾《注疏》、《水經》均售去，而《經述贅稿》破爛叢殘無問津者，書賈奢望稍殺，又以先生好之篤，乃貶值至三百金，不得已告貸于友人，抱書而歸，旁人竊笑不顧也。（《書錄》第1157頁）

---

① 《鐵琴銅劍樓研究文獻集》載《瞿鳳起與徐兆瑋來往函》之一瞿鳳起致徐兆瑋："蘇友王欣夫（蔭嘉之弟）輯錄蕘圃題跋得百餘篇，已籌諸梓，殺青有期矣。渠欲得吾邑藝文志，因爲接洽交換一部，如荷同意便請寄城轉下，所有應得俟裝訂後即行寄奉。……民國二十三年六月六日。鳳起住滬地址：上海愛文義路1475弄11號。"之二徐兆瑋復鳳起："六月函讀悉，王君欲以續蕘圃題跋易藝文志，今奉上一部送尊處轉寄，望接洽。……六月十一日。"之三徐兆瑋復鳳起："來札并《蕘圃題識續錄》二册收到，勿念。……七月十三日。"

是年，蘇州黃堯頌（鈞）卒，其藏書散出，先生于市上得張鳴珂手鈔葉奕鈔校本《毘陵集》。（《書錄》第619頁）

一九三五年（民國二十四年乙亥）三十五歲

是年先生任教上海聖約翰大學。

一月，先生從劉公魯（之泗）處借得章宗源輯、陳鱣補正之《埤倉》一卷，錄副。公魯又出《芳林秋思圖》共賞，並以圖上《題詠》鈔本相贈。（《書錄》第1627頁）又自高吹萬假其所藏《韓詩遺說補》傳抄，並以顧震福輯本比較。（《書錄》第731頁）

孟春，先生撰《倭情考略》跋刊入《叢編》，云：于今日之軍民，庶幾作之氣而振其疲，倘有萬一之效乎。

春，先生讀書常熟瞿氏鐵琴銅劍樓，有舊鈔題宋王應麟輯《古文春秋左傳》二十卷，勞季言謂實出惠定宇而託名者，先生區對乾隆丁未二西齋本，大致無異。（《書錄》第1436頁）

春，友人吳承仕《淮南舊注校理》刊成，自北平寄贈一册。（《書錄》第575頁）

二月初，先生寄本南京盋山圖書館，請柳詒徵傳錄丁氏善本書室舊藏《熊氏經說》。二十日，傳錄既竟，柳氏爲跋于後寄還。

二月，先生回蘇州度歲。劉承幹已移居蘇城，頗得友生交游之樂。又去信瞿鳳起商借惠棟校本《論語鄭注》，過錄一遍。（《書錄》第404頁）

三月初二日，借讀業師曹元弼《禮經校釋》稿本。（原稿題跋）

四月六日，致函濟南王獻唐，勸其輯印山左先哲遺書。（《王獻堂師友書札》）

四月，借涵芬樓藏陸時雍刊、王伯申（引之）評點本《楚辭榷》，照臨于汲古閣刻本上。（《書錄》第213頁）又借何焯校本《法書要錄》臨一過，據此考訂譚公度（應徵）、公亮（應明）事跡，可補葉昌熾《藏書紀事詩》之未備。（《書錄》第1003頁）

清明，跋褚亨奭《姑蘇名賢後紀》，刊入《叢編》。跋文有云：此書原稿藏吳縣王氏（佩諍）海粟樓，朱墨塗乙，本非定本。趙君學南重爲編次，而去其與孫符書雷同者，別以顧云美所作文肅弟及子行狀與傳增附于末，遂蔚然可觀。（本書）

五月二十六日，晨先生至桂芳園早飯，遭趙學南、吳梅、祝心淵（秉綱），心淵出漁洋集句《梅花詩》，或云柳如是集，先生與趙學南皆不能立斷之。（《吳梅日記》第576頁）

五月二十九日，函王獻唐告《乙亥叢編》之編輯辦法，並稱顧千里《思適

齋書跋》四卷已付刊，求示館藏惠棟書目。(《王獻堂師友書札》)

夏，先生返里度暑。從過雲樓後人顧公碩假丁泳之（士涵）手校、並臨惠定宇、段茂堂、顧千里校本《廣韻》，照錄一過，惠校用藍筆，書于每葉下方，顧校書于上方，段校及與黃本同者，用綠筆，並圈識之，丁校則用紫筆。(《書錄》第838頁)

八月三日，中午先生宴請徐子明（光）、徐哲東（震），招吳梅、王謇父子等作陪。席間談大汶口賈某，其人據聞能包治百病云云。(《吳梅日記》第594頁)

八月四日，先生望青年會早餐，同至者有金松岑、徐子明、徐哲東、汪旭初、王佩諍、潘景鄭、吳梅父子等。(《吳梅日記》第594頁)

八月，跋明人許元溥《吳乘竊筆》，以備刊入《叢編》。

八月十四日，晚先生在桂芳園晚餐，同座有趙學南、王嚴士，後吳梅來，聚談甚久。(《吳梅日記》第600頁)

八月中旬，顧廷龍自北平返蘇，先生遂請其代校顧嗣立之《春樹閑鈔》，將刊入《叢編》，顧先生並錄諸家題識示先生，先生因嘆"起潛之勤勤以布先世遺書為志，誠不可及也"。

仲秋，先生撰《鄭易馬氏學》跋，附入《叢編》。

葉景葵借陳澄中藏周香岩臨段校本《集韻》，其書經邵亭父子彙錄諸家校，較前年所得劉氏嘉業堂本多陳慶鏞、汪遠孫、嚴杰、馬釗、錢泰吉、唐仁壽諸家，先生得共賞，然未及補入自藏本。(《書錄》第1161頁)

九月八日，題光緒九年浙江書局刻本《論語古訓》。(原書)

九月，先生整理《思適齋書跋》且畢，去信津門，請章式之（鈺）為作弁言。章式之來書附到題辭云："欣夫忠信學禮，軼出時賢，收亡理紛，勤勤如此。一雲可作知，不發蕭條異代之悲矣。欣夫于顧、黃兩家外，又輯陳碩甫先生《三百堂遺文》印行，聚惠定宇先生校讀書，案條錄出，成《松崖讀書記》稿本，中吳舊學，賴青箱世業而傳。鞠老與君直往矣，晚交畏友，欽尚彌襟慄護不自已，非敢當此書序也。"

十月，先生自撰《思適齋書跋》題識云：大隆夙好墳籍，景仰先哲，每見手跋，輒錄存之，建德周叔弢（暹）、常熟瞿君鳳起（熙邦）助為搜集，裒然成帙，用付剞劂，以廣其事。是書刊印，先生之子啓璠校字。(本書跋)

十一月初，先生去函北平，贈傅增湘書，請其為《思適齋書跋》作序和題簽。

十一月七日，傅增湘致函先生，謝先生所贈《黃蕘圃題識續錄》，附到《思適齋書跋》題簽與序文。

臘月，徐行可從漢口寄來《輿地廣記》，蓋知先生素留心黃、顧校本，然

王欣夫先生編年事輯稿　489

其書索價奇昂，先生無力購買，僅錄副而寄還之。（《書錄》第918頁）

冬，永嘉張宋廎從王仁俊校本《管子》摘錄案語寄贈先生，雖疑其非全帙，然勝義紛綸，多出諸家校本之外。（《書錄》第1290頁）

仲冬，以江標手校《說文解字》示祝秉綱，祝氏作跋而還之。（《書錄》第438頁）

歲末，得吳項儒本《意林》五卷，有朱墨筆校。（王蔭嘉批注瞿目）

孫雄（師鄭）卒，年七十。

黃侃（季剛）卒，年五十。

一九三六年（民國二十五年丙子）三十六歲

是年先生任教聖約翰大學。

二月，顧廷龍以所藏顧嗣立撰《閭邱自定年譜》付先生刊入《叢編》，先生跋曰："其閭邱故居，距余家一牛鳴地，每爲憑弔遺墟，緬想餘風而不忍去。"

三月十一日，致函王獻唐，贈其《三百堂集》、《昔夢詞》，並詢惠氏父子校本《楚詞》。（《王獻堂師友書札》）

仲春，先生據《文藝雜志》所印本《荷香館瑣言》輯入《丙子叢編》，後見手稿，頗有異同，當是後定。（《書錄》第998頁）適丁氏楹書不守，散在坊肆，購得手校《洪氏四史發伏》，朱墨爛然，遍于眉端，此時重展手跡，如見故人。（本書跋）

季春，先生借吳興劉氏嘉業堂藏青浦王蘭泉家鈔本《兩漢訂誤》印入《叢編》，跋之。

四月，楊壽祺于舊書肆獲端方撰《陶齋古玉圖》殘稿，因鳩集友人爲刊印之，先生爲之作序。（本書）

借友人藏沈大成校本《廣韻》照臨一過。（《書錄》第840頁）

五月五日，致函儀徵劉氏後人劉次羽，詢劉師培《玉㫺攷》事，其文云：

次羽先生大鑒，茲郵贈《稽愆集》一部二冊，乞哂納。泰華先生近在何處，請將通信處詔知。近編端陶齋《古玉圖》，中有引申叔先生《玉㫺攷》二篇，查《左庵集》中未載，致無從補錄，不知尊輯本有其文否？又恭甫先生集，聞久已編定付印，不知何日出版，渴望早日得讀。頃與友人集資彙印先哲遺書，印有緣起，附奉一紙。其已出甲戌、乙亥兩編，三馬路來青閣書坊尚有存書，可訪購也。（揚州葛星明藏）

五月，先生從葉景葵處借得《孔子家語》，以校自藏汲古閣本。（《書錄》第1259頁）

仲夏，以葉景葵對《集韻》存疑諸事就己所知者告之："仁壽姓唐，甘泉

鄉人弟子，與張文虎同校書于金陵局，與莫郘亭同時。吳崧甫名鍾駿，馬校是馬釗所校。"（葉景葵書跋）

以劉尚友《定思小記》印入《叢編》，跋之。（本書跋）

夏，先生返蘇州度暑假。向葉景葵借得吳芸閣臨沈沃田傳録惠半農、定宇父子校本《周禮註疏》並句讀傳録。復借得盧雅雨、余仁仲校並有盧抱經案語本參校。半農用朱筆，定宇用緑筆，抱經亦朱筆而標名。至明年四月始告竣。（《書録》第733頁）

八月十六日，先生與仲兄蔭嘉訪歸里度暑之表兄吳梅，以新得明刻沈璟《紅蕖記》示之，吳瞿安詫爲孤本。見吳瞿安案頭有《三國志補註》，因互借讀之。（第762頁）

九月中旬，胡玉縉自都中歸吳下。（《積微翁回憶録》第121頁）先生以年家子摳衣晉謁，胡氏盛德謙哀，言無不盡，先生獲益良多，並被許爲畏友。胡氏又以草稿叢殘，多未寫定，約先生相助爲理。

仲秋，先生董理《思適齋集補遺》二卷畢，請董康題簽付梓，有啓璿校字。（本書）

十一月，以所印《叢編》寄漢口徐行可處。

臘月，葉景葵來函，商借羅以智《恬養齋詩鈔》。

冬，先生借吳檢齋校本《尚書孔傳參正》臨之，復從徐行可借黃季剛、陳季皋（尊默）本，分以朱筆、緑筆録之。皆屬其任于徐振之。（《書録》第716頁）

徐乃昌（積餘）卒，年七十六。

一九三七年（民國二十六年丁丑）三十七歲

是年先生任教上海聖約翰大學。

一月八日，以《爨龍顏碑攷釋》、《資敬堂家訓》、《遼廣實録》寄贈濟南王獻唐，並附《叢編》緣起一紙，謀求贊助。（《王獻堂師友書札》）

一月二十日，函謝王獻唐贈《封泥叙録》、《館刊》，並談《叢編》編印事。（同上）

二月五日，先生在桂芳園晤祝心淵、吳梅，長談。（《吳梅日記》第840頁）

三月，葉景葵向先生假傳録自常熟丁國鈞過録丁氏善本書室藍格抄本《鐵琴銅劍樓藏書目録》。先生旋以羅以智詩稿贈葉景葵，與王謇所贈文稿遂成合璧。（《葉氏雜著》第124頁）

六月初，先生北游。（《王獻堂師友書札》）

六月十九日，中午顧廷龍于燕京大學設宴，同席者爲謝國楨、錢穆、郭紹

虞、田洪都、陳歷農、朱士嘉及顧頡剛父子。飯後，先生與錢穆由顧頡剛送回城中寓所。（《顧頡剛日記》①）

七月一日，謁見曹元弼，贈以曲阜孔廟孔子照片及孔林蓍草一束、泰山摩崖大書集聯。（《復禮堂日記》稿本）

七月十六日，致函王獻唐求《熹平石經》殘石拓本。（《王獻堂師友書札》）

八月六日，謁見曹元弼。（曹日記）

八月十六日，聖約翰大學因抗戰軍興，發出停學通知。

九月十六日，約大校董會決定將學校遷至位于公共租界之大陸商場，與之江、滬江、東吳三校共同辦學。

蘇州淪陷，張一麐心太平室藏書散佚，祝秉綱于冷攤得張氏舊藏許克勤校本《説文解字注》原本，已佚首册，知先生藏有臨本，遂割愛相讓，俾得補完。（《書錄》第823頁）

日寇陷浙，平湖葛氏守先閣藏書與居宅同付一炬。葛書徵（涉）痛心于祖若父累世之積聚燬于一旦，繪圖徵詩，以志敵愾之仇。先生爲題二絶句，時猶未見其目也。（《書錄》第1251頁）先生編有《當湖葛氏守先閣善本書目》，今存。

李盛鐸（木齋）卒，年八十。

陳三立（散原）卒，年七十九。

章鈺（式之）卒，年七十三。

戴姜福（綏之）卒，年六十七。

一九三八年（民國二十七年戊寅）三十八歲

是年先生任教聖約翰大學。

正月初六，致函劉承幹，言北平人文科學圖書館求借抄書事。（《歷史文獻》第五輯第91頁）

夏初，丁祖蔭藏書散出，先生于上海來青閣買得馮氏校邠廬舊藏《唐詩鼓吹》。

五月，《松崖讀書記》編輯粗畢。②

八月十五日，先生致函胡樸安，述《叢編》宗旨，誠邀胡氏入會，並附《戊寅叢編》擬目、集印《戊寅叢編》緣起及《簡章》等。（《歷史文獻》第三輯第171頁）

八月，爲周叔弢收得明抄本《雞肋集》卷二十一至末。（《弢翁藏書年譜》

---

① 顧潮等編《顧頡剛全集·日記》，北京：中華書局，2011年。
② 夏承燾《天風閣日記》一九四一年十一月四日云：心叔謂王欣夫輯《惠松崖讀書記》，舉債數千金刊之。按：《惠松崖讀書記》未見刊印，恐係誤傳。

第118頁)

十月，約大校董會決定將學校遷歸梵王渡。

孟冬，跋曹元忠校注《蒙韃備錄》手稿。(原書，上海圖書館藏)

十一月十九日，下午聖約翰大學舉辦聯誼茶會，邀請之江、滬江、東吳大學教職員參加，先生與會，晤蔡正華、朱維之、徐益藩及新來滬避亂之夏承燾。(夏日記第62頁①)

十一月二十七日，中午先生在維也納飯店與友人談編《戊寅叢編》事，到者有瞿鳳起（邦熙）、屈伯剛（彊）、金立初、王巨川（銓濟）、夏承燾等。（夏日記）

十一月，爲周叔弢收得抄本《樂圃餘稿》四冊。（《弢翁藏書年譜》第119頁）

一九三九年（民國二十八年己卯）三十九歲

是年先生在上海，任教聖約翰大學。先生應同事周子美之請撰詩文贈之。周氏于1946年將所集友人詩畫編爲《翰墨因緣》一書，上冊所收爲1937年至1939年，有潘嗣曾、沈尹默、金天翮、柳詒徵、葛昌楣、劉承干、施維藩、曹承履、沈家權、蔣維喬、余霖、高時敷、吳鈺及先生凡十四人。（《周子美學述》第166頁）

新正，先生以舊鈔本《知希庵稿》四卷借予葉景葵傳錄，葉氏倩人傳錄畢，復囑顧廷龍校正文字，既而各撰一跋還先生。（《書錄》第1026頁）

正月，爲周叔弢收得明抄本《書苑菁華》六冊。（《弢翁藏書年譜》第123頁）

三月，向葉景葵假得沈彤校並錄何義門校宋本《周禮注疏》傳錄，書上有立夫案語，不知誰氏。至四月而畢。（《書錄》第733頁）

四月，月初先生致函夏承燾，示《戊寅叢編》目。（夏日記第90頁）先生以曹元忠所校《清真詞》借冒鶴亭，冒氏即檢《群芳備祖》補校數則。先生復請冒鶴亭撰《戊寅叢編》序。（冒鶴亭先生年譜）

又，傅增湘寄到朱大韶《炳燭齋隨筆》及長跋一篇，並附到爲《辛巳叢編》所撰序。瞿鳳起以鄉人著述，借歸錄副，適有康熙原刻本，爲校一過。（《書錄》第1314頁）

五月初先生致函友人，約七日在聖約翰大學行餞春之集。（夏日記第97頁）

五月七日，中午先生與諸友人飲于學禮齋，爲餞春之集，來者有金松岑、高吹萬（燮）、楊無恙（冠南）、姚石子（光）、王巨川、周子美、潘伯彥（嗣

---

① 夏承燾《天風閣日記》，《夏承燾集》，杭州：浙江古籍出版社，1998年，下均簡稱"夏日記"。

王欣夫先生編年事輯稿　493

曾）、陳蒙安（運彰）、夏承燾等。既而由楊無恙作圖，諸友人爲題詩詞紀念。（夏日記第98頁）

高燮題四絕句：

小倚危欄酒半醺，春波水漲綠繽紛。四圍紅雨鋪如織，疑是沙場戰血紋。

大好園林景物芳，蘼蕪中有小滄桑。落紅畢竟遮難住，一任東風取次狂。

今年春更可憐生，風景依然舉目呈。檻外江聲聽不得，一樽醉後夢屠鯨。

老樟千載鬱成林，巨臂橫伸十畝陰。學禮齋頭好延佇，留將春住日沉吟。（原註：園中樟樹一株，千年物也。）（《高燮集》第656頁）

金松岑詩云：

江鱝跳渚銀刀闊，庭藥綻葩紅錦鮮。亦知兵甲滿天地，且復朋歡醉此筵。

東君掉頭去不回，王郎酒酣歌莫哀。捉得楊家反騷筆，醉鄉兀兀寫池臺。

楊無恙詩云：

旧壘难寻燕敢瞋？缤纷红雨坐芳茵。江头蒲柳为谁绿？眼底风花非我春。隔岸黯伤舆地尽，（苏州河北即日寇防地。）当筵深唱岁时新。鬱金酒劝东皇醉，（觞客以鬱金香酒。）樱笋安排意苦辛。

夏承燾《歸國謠》一闋（八月十六日寄來）曰：

哀曲，听雨听风愁断续。为君挥尽醽醁，去轮无四角。望中曲池高阁，梦归春似昨。翠蛾休怨飘泊，远山无际绿。

姚光《己卯夏至，避地在滬。王子欣夫于其客館招集儔侶，爲餞春之會，繪圖徵題，荏苒未就，行逾年矣，重撫流光，慨然成詠》（庚辰）：

會非永和比，人同幾復親。繁英看滿眼，共葆歲寒身。世亂殊未已，吾懷何所之。流光容易逝，珍重昔年時。（《姚光集》第264頁）

金兆蕃《水龍吟》（王欣夫學禮齋餞春圖爲楊無恙作）：

若爲留得殘春，千金一刻從天買。殷勤酒盞，纏綿詞筆，客何爲者。如此平原，餘霞猶綺，碧雲無罅。忍茫茫對坐，百端交集。傷心語，春歸也。

> 春去春重來也，更料理、燕嬌鶯姹。定應不是，燈明酒釅。今年今夜，戶外桃花，能經幾度，隨風開謝。嘆流光如馳，籠櫻劚筍，又晴和夏。（《藥夢詞》，近代史料叢刊續208第183頁）

午後，先生與夏承燾同過兆豐公園看玫瑰。夏臞禪記先生云：

> 欣夫溫溫，接之不厭，見其所爲《補三國兵志》二卷甚精，任教約翰十二年矣。（第98頁）

六月六日，晨先生與夏承燾同訪金松岑于白克路。金松岑囑夏承燾問之江講席。先生告夏氏自抗戰後金老家境不佳，故有此托。先生請夏承燾代詢孫詒讓後人，孫氏身後遺稿及玉海樓藏書，欲假其校本。（夏日記第104頁）

夏，以《國粹學報》載鄭廷焯《南獻徵遺》附鄧秋枚案語"光緒時廣州曾刊行足本《諧聲譜》"一事告葉景葵。葉氏聞之欣喜，然加意訪求，但終未見，而以爲先生"絕非讕言"。又謂"欣夫近在咫尺，喜研國故，還當從容討論之"。

先生向瞿鳳起借其家藏《續攷古編》傳抄一本，鳳起復據傳本用朱筆勘之，益臻完善。（《書錄》第1309頁）

七月一日，夏承燾復信告先生，詢問孫延釗（孟晉）得知玉海樓藏書因避亂移存鄉間，先生所欲借鈔各書暫不能應命。（夏日記第109頁）

七月初，因葉景葵欲借校《華陽國志》，先生以所藏寄滬。（《書錄》第885頁）

七月八日，先生向葉景葵借其校本臨校語。（《書錄》第885頁）

七月九日，先生訪劉承幹，在劉家遇來滬之鄧邦述，因與暢談目錄版本之學，鄧氏精神尚佳。（《書錄》第885頁）

七月十七日，顧廷龍自北平到滬，將參加合衆圖書館的創辦與管理。（《顧廷龍年譜》[1]）

七月二十日晚，葉景葵招飲，同坐有顧廷龍、王謇、姚光、陳陶遺、陳漢弟、陳叔通、潘博山、潘景鄭。（顧譜）

七月二十九日，先生遇潘博山，得知鄧邦述于二十七日中風逝世，頗驚悼。（《書錄》第885頁）（夏日記第117頁：夏訪冒鶴亭，知有《四聲破謎》一書已成，爲先生取去未還。）

八月二日，先生在晉隆飯店請客，來者有顧廷龍、冒廣生、瞿良士、高燮、姚光、呂思勉、張芹伯、錢穆、施維蕃、潘博山、潘景鄭。（顧譜）

---

[1] 沈津編《顧廷龍年譜》，上海古籍出版社，2004年，下簡稱"顧譜"。

八月二十七日，先生應夏承燾、徐益藩約，中午往榮康酒樓午餐，同座者有趙萬里（斐雲）、李佩秋、龍榆生等。席間趙萬里談董康逸事及海源閣藏書事。先生言及最近見《靖康稗史》，乃從亡諸臣所作日記，詳載徽欽北行路途間事，記被掠人數及金國詔書、二帝謝表，咸淳閒人編，從未見著錄。因與時下形勢太相似，刊印恐有意外，夏承燾極力慫恿先生早印。（夏日記第126頁）

九月二十六日，夏承燾交來十五元以刊印叢編，其中十元爲李佩秋所出。（第134頁）先生旋以收條相寄。

九月三十日，夏承燾來還所借《四當齋集》。且相約明日午後同訪瞿良士家。

十月一日，午後如約與夏承燾訪瞿良士，見汪旭初（東）、瞿鳳起，校毛子晉抄本《樂府補題》。（夏日記第135頁）

十月七日，十時先生往訪夏承燾，謂徐積餘（乃昌）去年中風昏迷，今聞已愈。夏承燾因請先生寫一介紹片。（夏日記第139頁）

十月，葉景葵借先生所藏曹元忠手稿殘册錄副。曹氏原稿雖由先生編定，但在去年因倭寇陷蘇州而失落，既而由曹元弼尋得，先生鳩集同人，擬出資刊刻。

季冬十三日，跋任銘善藏王紹蘭《儀禮圖》稿本。（原書，上海圖書館藏）

十一月中旬，接夏承燾永嘉信及孫延釗所贈之《括蒼叢書》。先生復函請代借玉海樓校本書，並囑問張宋廥《叢編》集款事。（夏日記第153頁）

十二月九日，先生請顧廷龍跋所藏之《知希庵稿》。（《顧廷龍文集》第285頁）

冬，于冒鶴亭處見《鮚埼亭集校箋》輯錄本，因假歸錄副。（《書錄》第638頁）又，向葉景葵假得錢警石跋本《日知錄》校自藏佚名臨嘉興李集、李富孫校本。（《書錄》第586頁）

歲暮，先生于海上來青閣見《山東金石志稿》，索巨值，先生彷徨數日，卒舉債得之。（《書錄》第1256頁）

是年，曹元忠藏書盡散，先生亟物色之。得《集韻》及馬遠林（釗）校勘記稿于常賈家。是書從毛鈔本影鈔，末有段茂堂（玉裁）跋，爲《文集》所不載。（《書錄》第459頁）

吳承仕卒，年五十六。

錢玄同卒，年五十三。

一九四〇年（民國二十九年庚辰）四十歲

是年先生任教聖約翰大學。

一月九日，先生訪夏承燾談，告以余嘉錫有《四庫提要辨證》二厚冊，已在北平刻過，于經史子匡正最多。余嘉錫方任教輔仁大學。而胡玉縉先生有《補四庫提要稿》數十冊，用功四五十年，今已望七，一子尚幼，居鄧尉山中，其稿堪虞。又聞日人所辦東方文化學會，亦延攬我國學人補修《四庫提要》，然真爲盡心者少。胡翁之稿往年亦有一部分被購去。復有霸縣高步瀛撰有《文選李注義疏》，極繁重。曾見孫渠田題姚燮《倚梅圖》，錄得其詩，當贈夏承燾收入《永嘉詞徵》。（夏日記第166頁）

正月，葉景葵購得《嘉禾徵獻錄》原稿，向先生借新刻本以校之。

春，向高吹萬借馮登府撰《詩異文釋》六卷《補遺》一卷，鈔錄一本。（《書錄》第720頁）

又、傅增湘自北平寄贈手鈔張宸《平圃雜記》，先生又據金山錢氏鈔本補逸三則，印入《庚辰叢編》。（《書錄》第1510頁）

二月十四日，夏承燾過聖約翰大學先生寓所，借余嘉錫《四庫提要辨證》六冊，曹君直校《白石詩》一冊。（夏日記第178頁）時先生方爲曹君直校遺文，以成四五冊，尚有未董理者一大包，皆散條雜紙，零亂不可讀。夏氏因嘆"身後子雲，乃得欣夫"。復于先生處見日本東方文化研究院所印《尚書正義定本》。（夏日記第178頁）

三月二日，先生過訪顧廷龍，估鄧邦述書三种，價略同于顧氏。與顧廷龍長談，言及傳聞林則徐、翁方綱皆有日記，均藏葉恭綽處。（顧譜）

四月二十一日，訪顧廷龍于家，暢談。（顧譜）

五月十二日，中午先生與金松岑、王巨川、高介子（君介）、黃龍光、夏承燾、李佩秋等釀資賀冒鶴亭六十八歲壽。席上冒鶴亭談龔自珍、半倫父子事。席散，先生與夏承燾、王巨川同閱來青閣、中國書店。（夏日記第200頁）

五月十五日，中午，聯辦四大學開國文系會議。既而先生訪顧廷龍，贈以《己卯叢編》。是日，先生四十初度，仲兄以所藏《樂府雅詞》爲壽。與先生原藏曹元忠精校《梅苑》，得此遂成二美，先生爲之欣然。

五月二十六日，冒鶴亭于大華飯店答謝金松岑及先生等，在座者有金巨山、高吹萬、王巨川、黃龍光、陳病樹等，久待夏承燾不至。（冒年譜第440頁、夏日記第204頁）

五月三十日，早晤夏承燾，以《四庫提要辨證》見還。（夏日記第204頁）

六月二十六日，訪葉景葵，遘顧廷龍于座。

六月，胡玉縉卒，年八十二。藏書悉散，先生檢得許廎颺《詩契齋駢體文鈔》及《賸餘稿》殘本。（《書錄》第1391頁）

七月二十七日，晚赴劉承幹宴，同座有劉詩孫、顧廷龍、潘博山、潘景鄭、葛詠梧、周子美、施維蕃、沈剛父。

八月八日，午後訪顧廷龍，請書扇面。告以儀顧堂藏金石拓本約二萬元，陸氏幼子正求售，顧氏乞借觀其目。

仲夏，先生以潘道根著《儀禮今古文疏證》請任心叔（銘善）校正，其事既竟，任氏作長跋評之。（《書錄》第745頁）

夏，跋金山姚氏抄本張錫恭《禮學大義》。（原書，上海圖事館藏）

九月，傅增湘以丙子年春游吳所得《五石瓠》寫本寄先生，復作長跋（見《藏園群書題記》卷八第442頁），囑爲刊印。全書通一百九十二則，較刻本溢出兩倍強。（《書錄》第1472頁）先生因加跋語，刊入《庚辰叢編》。

九月八日，中午王巨川招宴成都川菜館，同席金松岑、李佩秋、夏承燾、黃龍光。席散先生與夏承燾、李佩秋往青年會訪趙萬里，不值。復與夏承燾訪吳眉孫（庠），暢談，先生言及編輯陳碩甫（奐）《三百堂集》因緣，爲出於十四五歲幻夢。章式之（鈺）有《宋史》校記，顧廷龍已爲整理成書。（夏日記第228頁）

秋，從封文權借得《實事求是之齋文集》原稿，囑朱景增傳抄一本存之。又，從瞿鳳起假蔡德晋撰《敬齋禮説》錄一本，因其所説兼及《易》、《書》、《詩》，故爲重名編次，改題作《敬齋經説》。（《書錄》第787頁）

十月，顧廷龍爲先生所藏程敬銘輯《畫扇齋叢錄》手稿撰跋。（《書錄》第1006頁、文見《顧廷龍文集》第74頁）

十月中旬，去信顧廷龍，請篆黃丕烈遺像題尚。

十月十日，午後吳眉孫約往其寓所茗談，到者有夏承燾、呂貞白、陳運彰，至晚方歸。夏氏記"每見欣夫，熙熙如游春臺"。（第337頁）

十一月，先生借徐積餘（乃昌）藏《硯谿先生遺稿》原稿刊入《叢編》，先生撰跋，有云：惜《硯谿文集》吳志忠所謂刻本書法雋逸精好者，吳翌鳳編《文徵》、朱琇編《古文匯鈔》皆得見之，而今則若存若亡，大隆求之二十年，終未之遇也。海內同志，如有藏弆，慨然惠假，則將繼是而刊行之。（庚辰、本書跋）及此書印行後，先生見孫殿起《販書偶記》記有一本，並附半農所撰《行狀》，定宇所撰《遺事》。然書市流轉，無法蹤跡。（《書錄》第1035頁）

十一月二日，先生過訪葉景葵，言胡玉縉書爲董金榜購得，來青閣亦已收得其藏印之書。復告以曹元忠遺書已排好四卷，以《辛巳叢編招股啓》畀之，並附招胡玉縉《鄦廎遺書》股份。

十一月十日，霸縣高步瀛（閬仙）卒。先生回憶：高氏以數十年精力撰《文選李注義疏》，煌煌巨帙，業已寫定，余納交少晚，知先生藏有胡玉縉校陳倬《文選筆記》手稿，來假讀，深嘆考據之精，用功之勤，欲採用所著書中，並許撰序，乃旋歸道山，忽忽未果。後先生欲將之印入《叢編》，以古字別體，鉛字多闕而止。（《書錄》第1077頁）先生曾特廣搜顧千里論學制諸文，請曹叔彥、胡綏之、高閬仙、吳檢齋等爲定讞，並博采諸家，以廣《段顧校讎編》，

僅閬仙以舊作《平議》一篇見示，他皆謂斯事體大，荏苒未就。（《書錄》第794頁）

十一月二十三日，夏承燾來函，請先生二十七日往之江文學會演講，並問借詞籍題跋諸書。先生辭講演，約休日于榮康茶室相見。（夏日記第248頁）

十二月一日，在榮康茶室待夏承燾，未晤。

十二月十日，致函夏臞禪，約休日于榮康茶室見面，復告以有《樂府雅詞》校本極好，可相借。

十二月十五，中午如約于榮康晤任銘善、夏承燾。以《四當齋集》借夏承燾，告以有曹君直所校之書尚有《樂府雅詞》及《宋詞》二種，另日相借。席間談《詩經》古韻等事。（夏日記第254頁）

十二月二十八日，訪顧廷龍，長談。

十二月二十九日，陶湘卒，年七十。（蘇精①第68頁）

冬，先生訪葉景葵，商排印《曹君直遺集》事，並告胡綏之文稿已得一部分。（《葉景葵襍著》第183頁）

是年，友人陸清澄（惟鎏）纂《平湖經籍志》，向先生借讀朱爲弼《論語經解》稿本二卷。（《書錄》第1644頁）

林鉄尊卒，年六十九。

瞿良士卒，年六十七。

一九四一年（民國三十年辛巳）四十一歲

是年先生任教上海聖約翰大學，升任教授。

一月，約大校長卜舫濟辭職，改任名譽校長。其職後由沈嗣良出任。

春，冒鶴亭得見明劉績刊本，借先生所藏吳承仕《淮南舊注校理》參校。于榮康茶室晤面時以原書奉還，先生啓視之，則眉端校文已遍，不但爲讀《淮南子》之善本，而鉛筆書又爲校勘所創見。（《書錄》第575頁）同時見者有高欣木（野侯、時顯）攜來之譚復堂（獻）《淮南鴻烈解舉正》稿本，瞿鳳起攜來之顧千里校本《淮南子》，先生遂得與吳眉孫等同案欣賞。（《書錄》第577頁）先生復從高欣木借譚獻稿本錄之。（《書錄》第1298頁）

又，先生觀書于劉承幹處，獲見《一老庵文集》鈔本，字體方正，似從刻本影鈔者，有陳仲魚藏印。（《書錄》第1544頁）驚爲祕笈，因借鈔之。並從張乃熊（芹伯）借得《一老庵詩集》鈔本，亦陳仲魚舊藏，合印入《辛巳叢編》，藉與《居易堂集》并傳。（《書錄》第258頁）

二月，先生偶過冒鶴亭處，見潘弇侯臨本《玉篇》，冒效魯方在傳錄，並

---

① 蘇精《近代藏書三十家》，臺北：傳記文學出版社，1983年。

有顧千里校，先生遂假錄之。

二月十五日，先生訪顧廷龍，暢談，商曹元忠《文集》印刷事，因排印工加價，籌得之款尚不足，顧氏建議改用石印，請好書手書正，款行字數可稍密，則須費可較省。先生告以胡玉縉手稿已領得兩冊，正覓人繕寫。（顧譜）

二月二十三日，在榮康茶室見夏承燾，久談。告以有弘治本白皮紙初印《林霽山集》，極少見。周廣業有《三餘撫錄》稿本一厚冊，考紹興六陵事極詳，下周可相借。又有常州李祖年聖譯樓所刊《梅苑》亦可相借。先生復言近整理曹君直遺稿成書，不日付印，但須數千元。（夏日記第278頁）

三月二日，先生往榮康茶室，晤夏承燾，以周廣業《循陔雜纂》一冊相借。（夏日記第280頁）

三月九日，先生在榮康茶室，晤冒鶴亭、胡宛春（士瑩）、任心叔（銘善），夏承燾與徐一帆（益藩）來，還所借之《循陔雜纂》。（夏日記第282頁）

四月十四日，午後訪顧廷龍與談，在座者有王重民、單鎮等。（顧譜）

四月十七日，午後王重民與顧廷龍來聖約翰大學圖書館訪先生，先生帶領參觀約大圖書館。（顧譜）

四月十八日，先生致函夏承燾，附《辛巳叢編》擬目及《徵刻胡鄘廎遺書啟》，《遺書》包括《四庫未收書提要續編》、《新序注》、《說苑注》、《論衡注》、《群書答問》等。（夏日記第296頁）

四月二十八日，先生訪顧廷龍，告以孫伯淵新收書大宗，有"文素松"印。（顧譜）

孟夏，先生借張乃熊（芹伯）適園藏五硯樓鈔本明徐晟撰《存友札小引》刊入《叢編》，因爲撰跋。（本書跋）

六月二十日，致函葉恭綽，言《叢編》集資不敷用，並談及曹元弼、曹元忠著作刊印，及自輯《五代文》事。（《歷史文獻》第五輯第217頁）

七月二十九日，先生致函胡樸安，言叢編資金有限，以印行小部之書爲主，並附《庚辰叢編》收支清賬。

七月三十一日，夏承燾致函先生，商借吳伯宛（昌綬）校《樂府雅詞》。（夏日記第323頁）

八月三日，先生到榮康茶室，夏承燾來借曹君直校《樂府雅詞》去，晤龐次淮（樹階）、冒鶴亭。（夏日記第324頁）

九月，先生過訪葉景葵，以曹元忠遺集樣本示之。

九月二十一日，夏承燾來還先生《樂府雅詞》，爲作跋文附于後。（《書錄》第696頁，夏跋）

秋，嘉興金兆蕃（篯孫）平生服膺錢衎石（儀吉）詩，搜羅已刻未刻者幾備，先生因以所藏未刻《北郭集》等兩種借金氏錄副。（《書錄》第1057頁）

秋，自滬電告周叔弢，上海來青閣擬售宋余仁仲萬卷堂刊本《禮記》。（《弢翁藏書年譜》第138頁）

十月，先生撰《一老庵文鈔》跋，刊入《叢編》。

十月二日，夜先生與友人集静安寺路清華同學會舉行龔定庵百年祭，到者有王瑗仲（蘧常）、錢仲聯（萼孫）、任心叔（銘善）、徐一帆（益藩）、夏承燾、朱大可、王巨川、任芝孫、唐堯夫、吳偉治、盧景純、王紹唐〔疑爲"曾"字之訛〕、胡宛春、勝白、小山、其石、昺衡等凡二十人，勝白主祭，仲聯作祭文。席間先生云曾在徐積餘處見定庵、孝拱手批段注《説文》，定庵尚整飭，孝拱則亂圈。十時始散。（夏日記第338頁）

十月二十五日，先生訪顧廷龍，贈以《蕘圃藏書題識再續》。

十一月，傅增湘以《荔村隨筆》相寄，先生爲撰跋，附入《叢編》。

十二月一日，訪顧廷龍，與談。（顧譜）

是年，高燮《吹萬樓詩集》十八卷出版，先生作序。（本書）

是年，黃蕘圃後人與先生友人宜興潘伯彥（嗣昌）家聯姻，其家因以所藏《玄機詩思圖》請潘伯彥轉囑先生題詞，先生得留觀玩月餘，盡録其題詠，先生復題八絶。

其一：香薰一卷女郎詩，珍重千金苦護持。好待兕觥歸趙日，試拈湘管再題詞。（注：宋槧《魚玄機集》，汪閬源欲得之，蕘圃翁以千金不易爲拒。後入長沙周海珊家，展轉歸袁寒雲，今在南海潘氏寳禮堂，題詠甚多，此蓋第二册，今猶世守。）

其二：一門文采耀江南，賓從聊翩盡杞枬。夢想當年盛文讌，倘持鞭鐙許同參。（注：道光乙酉七夕同叔招同朱西生等十四人于學耕堂爲詩社，即以《魚集》爲題，各有詩詞録入册中。而蕘翁自識之。文采風流，怳在目前。令人想望承平不已。）

其三：生來瘦骨自崚崢，攬鏡鬚眉莫漫驚。宋槧曾披《揮塵録》，因緣兩度見先生。（注：蕘翁得喬昱刻"生來瘦"石章及青銅鏡，胡駿聲爲繪鏡中影小像。事見册中自記。宋槧《揮塵録》殘本，卷首亦有蕘翁小像。舊藏顧氏鶴廬，余曾從借攝一幀。）

其四：劫火東南幾度紅，廟灣藏稿已俄空。遺詩珠玉搜羅遍，萃錦重吟集句工。（注：石渠題《問梅詩社圖册》，謂蕘翁三代詩集皆在廟灣司墓者某姓家云云。累經劫火，早已無存，余輯得蕘翁詩數百首，而册中集《魚》詩句廿餘首，尤天衣無縫，己巳年吳穎芝姻丈蔭培作介曾觀，已録入輯本。）

其五：潘江鄉里得薪傳，題識霜根集宋塵。我亦心香同致敬，一編收拾付彫鎪。（注：潘鄭盦、江建霞先後刻《士禮居藏書題跋記》，章式之偕繆藝風、吳印臣合輯《題識》十卷，余于癸酉亦輯得諸家未見者百餘種，刻《續録》四

王欣夫先生編年事輯稿　501

卷。頃又得八十餘種,刻《再續錄》三卷,于蕘翁題識,十得八九矣。)

其六:擷芳亭子已成埃,詩夢難尋況問梅。一代風流零落盡,披圖根觸故人來。(注:己巳年在吳穎芝姻丈處觀《問梅詩社圖》,圖爲與潘榕皋、吳枚庵諸人擷芳亭探桂唱和之作。今吳丈等先後物故,回首前塵,不覺黯然。)

其七:霜崖弦索付沉淪,一曲當筵夢不真。苦憶天南魂未返,卷中遺跡已成陳。(注:吳瞿安表兄梅曾據此册本事,譜《無價寶》雜劇,刻入《霜崖四劇》中。己卯年病歿于滇南,萬里招魂,迄今未返。回憶當年尊前嘌唱,渺不可得。展册中題字,不勝悽感。)

其八:絕代收藏士禮居,承平風氣藉吹噓。堪欣一事先生似,飽讀人間未見書。(注:余所見蕘翁手校善本不下三百種,經藏者不計。書緣眼福,頗足自詡,亦與蕘翁有前因也。)(《書錄》第680頁)

又,先生得清初鈔本《南來堂拾遺》,取去年友人王培孫所刊《南來堂詩集》及《補編》互校,得逸詩四十首與韓四維撰《齒塔記》一篇。急攜示王氏,培孫大喜過望,將爲《補遺》一卷,而老病逡巡,旋即謝世。先生回憶:培孫晚年謝學校事,寂處小樓,余時往訪,則擁書萬卷,二女弟子分侍錄稿,對客語喃喃不休,去必送至門口。(《書錄》第628頁)

一九四二年(民國三十一年壬午)四十二歲

是年先生任教梵王渡聖約翰大學。《從編》自辛巳後,籌印維艱,遂用中輟。(《書錄》第758頁)

一月,先生向吳眉孫借臨吳兔床校本《鄭志》照錄一本。吳氏名庠,鎮江人,博學多通,手校群籍,與先生論學最契。(《書錄》第774頁)

二月二十日,訪顧廷龍暢談,言及桂坫由九龍孑然赴廣州,先世遺稿及自著皆付之一炬。(顧譜)

二月二十六日,訪顧廷龍于合衆圖書館,欲以印書所剩紙張寄存,顧氏未允。(顧譜)

三月十一日,以信交李宣龔帶交顧廷龍,囑以《箋經室集》書款交瞿鳳起代收。(顧譜)

三月二十九日,中午先生與王巨川在巨川家爲唐長孺、任銘善、夏承燾餞行,同席者蔡正華、王謇、陳運彰、陸維釗。(夏日記第380頁)

四月七日,夏承燾以《蝶戀花》一闋寄先生。(夏日記第381頁)

四月十二日,先生往榮康茶室,晤錢仲聯、瞿鳳起、夏承燾。(夏日記第384頁)

五月八日,去信顧廷龍,請從存合衆圖書館之百部《箋經室集》中取出三部,寄籀經堂抵賬。(顧譜)

六月，先生去書雙甸，邀任銘善來聖約翰大學任教。（夏日記第403頁）

九月十九日，跋丁炳章所藏丁泳之手抄《集韻校勘記》而還之。（原書，南京圖書館藏）

十二月四日，訪顧廷龍談。（顧譜）

是年，先生介紹避難滬上之胡士瑩（宛春）到聖約翰大學兼課，胡氏至一九四六年始辭去約大事。（《宛春襍著》附事略第344頁）

一九四三年（民國三十二年癸未）四十三歲

是年先生任教聖約翰大學。

一月，先生于郭石麟處盡得胡玉縉抄校本。

春，先生從單束笙（鎮）處借得十家箋識本《辛臼簃詩讞》（葉昌熾著）傳錄。友人蔣蘇庵（國榜）又借先生本轉錄，既而鈐"蘇庵經眼"一記。（《書錄》第1072頁）

葉恭綽欲編《全五代文》，先生曾從事于此，凡方志、石刻均有所採，此部分工作適爲葉氏所未作，遂欲托先生料理此事。《五代十國文》凡列載《葉遐庵年譜》民國卅三年（民國三十五年鉛印稿）。（顧譜）

季春，跋諸仲芳藏焦循《里堂家訓》手稿。（《歷史文獻》第七輯第55頁）

三月八日，訪顧廷龍，談話中知其校《吉雲居書畫錄》，因告以瞿鳳起處有之。（顧譜）

五月，葉恭綽以陳碩甫（奐）所萃師友手札《流翰仰瞻》殘本贈先生。全書原有一百九十二人，茲僅得十之一。此書原爲江標之子江小鶼一九三六年贈葉氏者。江標于光緒己亥（一八九九）曾就書內汪（喜孫）、胡（培翬）二家合刊入《靈鶼閣叢書》，未及校正而歿。賈人清理殘板得之，先生亟刷印數冊，後復于市上得其書《小傳》。既得此書，先生因嘆曰："蓋《小傳》與江刻一若爲此冊歸余之朕兆者，洵前緣也。"（《書錄》第600頁）

七月，先生致函任銘善，附詞一闋。（夏日記第505頁）

八月，先生以曹元忠校《授時曆故》抄本贈合衆圖書館。（顧譜）

秋，先生于海上中國書店見《歷代建元表》十卷，《建元類聚考》二卷，亟以鉅價得之。適遇徐積餘（乃昌），喜謂："余閱肆五十年，所獲祇一部，尚有缺葉，今子獨有取此，可稱鉅眼。而余亦得補鈔所闕矣。"越日開示所闕卷四第十七葉，並言重第十八葉，而檢此本則適闕第十八葉，而重第十七葉，各得補全，爲之狂喜，即損裝以十七一葉贈之，而丈老病逡巡，延未作答，未幾謝世。此本遂終闕十八一葉，因以嘆物之遇合，有非人情所能期者。即如既勤（錢東垣）所著《孟子解誼》等書，據金鳳詔跋，稿本具在，以當時物力及錢氏昆季之嗜學，非不能付梓，而竟至散失。（《書錄》第558頁）

十月，金兆蕃（籛孫）搜訪鄉里文獻，過訪，先生以《養真齋長物記》稿本及《漢書考異》鈔本相示，金氏借觀之餘，綴跋于後。（《書錄》第615頁）

十二月二十八日，訪顧廷龍暢談。（顧譜）

約是年，常熟王振聲（文村）藏書散于滬市，先生往觀，北賈與顧客盈室，所攜已悉售去，待客去後于枕邊索得王文村所著《切韻指掌圖校勘記》及《遺稿》二種。（《書錄》第1069頁）

友人胡士瑩爲先生作《題王欣夫抱蜀廬圖》詩云：

君家傍虎丘，山水夢中綠。光景掠衣襟，恍如飲醍醐。誅茅此結廬，顏之曰抱蜀。茲焉息心魂，天放趣自足。插架富縹緗，所懷洵珠玉。親炙鄉先進，學養彌醇樸。生平治校勘，精嚴如鞫獄。斯道溯皇古，實昉自孔卜。玄豕齵牴牾，旁通類可觸。炎漢有中壘，青藜燃天祿。集成鄭高密，通德門何肅。降唐得失紛，未易論誰孰。惠王與錢顧，尤君夙膺服。鑽研故紙堆，古魂若可掬。千元拾叢脞，百宋搜祕軸。群經及諸史，下逮稗官屬。句讀訂譌奪，同異條篇目。聲假既云通，舛漏審之確。短長分寸間，頗發前人覆。題跋刊蕘翁，別秉纂叢錄。衆本燦几案，丹黃色斑駁。張皇補苴勤，日昃繼以燭。樂此誠忘疲，寄意圖一幅。穆然山水深，有蘋石松竹。豈宜把古芬，而亦慕芳躅。走也愧不才，靡騁嗟戚戚。與君深投契，海塵驚萬斛。抱殘復守闕，于願亦已足。君懷鸞鳳姿，寧屑雞鶩逐。潦倒客新愁，往來鄉夢熟。荏苒二十年，筆與頭俱禿。歸來讀漢書，一醉忘榮辱。（一九四三年作）（《宛春襍著》增訂本）

潘博山（承厚）卒，年四十。

一九四四年（民國三十三年甲申）四十四歲

是年先生任教上海聖約翰大學。

一月十四日，訪顧廷龍長談，在座有徐森玉、諸仲芳。（顧譜）

二月十九日，致函郭則澐，論《經學博采錄》及文廷式評點本《東塾雜俎》事，並求題校書圖。

四月二十七日，夏承燾致函先生，爲孫延釗問曹君直代溥玉岑聘孫仲容入禮學館書。（第552頁）

秋，馬叙倫因校訂其《説文六書疏證》，向先生假莫氏臨校本《説文解字》，用訖，略加題識以還先生。（《書錄》第52頁）

十月十三日，致函冒廣生，求題《抱蜀廬圖》。

十月十四日，訪顧廷龍，以金天翮贈顧氏之《文言》一部轉交。（顧譜）

朱希祖卒，年六十六。

一九四五年（民國三十四年乙酉）四十五歲

是年先生任教上海聖約翰大學。

暮春，跋同治十年刻本《戴氏論語注》，並云"庚寅五月，友人陳君蒙庵以此書及魏正始石經、錢獻之篆書《防護昭陵碑》兩拓本同歸余齋"。（原書）

三月十五日，先生去信夏承燾，謂生活迫促，日甚一日，長處憂傷憔悴中。並寄示數詩，有《食覷嘆和松岑翁》一首，起句云：閉關日日柴米愁，相過剝啄多貧游。（夏日記第598頁）

七月十五日，張壽鏞（詠霓）卒，年七十。先生于劉氏嘉業堂見萬斯同《明史列傳稿》舊鈔本，詫為季野史稿真本，乃久致湮沒。時張詠霓方刊《四明叢書》，力足以舉之。因慫恿其付梓，張亦欣然，全文校字，閱時數載，至張氏謝世，其事遂不果。（《書錄》第1570頁）

八月十五日，日本政府宣布無條件投降，抗戰八載，至此方告勝利。

冬，先生書市偶見《二項先生詩》，因收之。（《書錄》第1388頁）

陳群（人鶴）卒，年五十六。

一九四六年（民國三十五年丙戌）四十六歲

是年先生任教上海聖約翰大學。同事周子美曾借鈔張乃熊（芹伯）藏施國祁《禮耕堂詩集》三卷《外集》一卷，將刊入《南林叢刊》二集，旋以戰事中輟，而此稿幸存。先生因從之傳錄一本。（《書錄》第650頁，《周子美學述》）

一月，倪葆春代理聖約翰大學校長，不久辭職，由刁信德接任。

二月八日，先生因夏曆正月初五日為陳奐歿世百六十年，晴窗無事，展玩《仰翰流瞻》，附記其始末于書後。（本書第75頁）

五月九日，刪訂《鵑心詞》手稿，自記云"此冊共五十闋，與陳蒙庵兄商酌刪存二十四闋，其百字令八闋，擬入附錄"，"續稿至去年勝利時止，得二十闋，刪存十六闋，并為四十闋，題曰鵑心詞，又韓為作鵑心詞意圖，將合和作十餘闋，倩蒙庵寫成長卷以存之"。（原書）

夏，先生返蘇度暑，臨周香岩（錫瓚）、段玉裁、顧近圻、臧庸校并跋本《周禮注疏》校語于劉刻本上，時如皋任心叔（銘善）方治《禮經》，聞而假讀。（《書錄》第1123頁）

八月十六日，晚間與凌敬言宴請金松岑、任銘善、顧頡剛、錢太初、朱季海、蔡元鼎。（《顧頡剛日記》）

九月五日，顧頡剛宴請先生等，同席者張子祺、錢太初、潘聖一、嚴曉白、汪叔棣。（同上）

十月，涂羽卿出任聖約翰大學校長。文理學院分為文、理兩學院。其他各院亦改組。

冬，于蘇市得王劼書札二通，又殘一通，皆可補入《流翰仰瞻》。（《書錄》第600頁）

王克敏（叔魯）卒，年七十四。

一九四七年（民國三十六年丁亥）四十七歲

一月九日，顧廷龍午後來聖約翰大學訪先生，不值。（顧譜）

一月十日，先生業師金松岑卒于蘇州，年七十四。先生與同門諸君述其學行，議謚曰"貞獻"，金元憲撰《伯兄貞獻先生行狀》。先生復請徐震撰《貞獻先生墓表銘》，有云：貞獻先生之卒，吾友王大隆書來告哀，且曰："哀刻遺著，我任之；墓石之文，以屬吾子。"旋先生以刊刻金松岑遺書《啟》分寄友好，共襄其事。據祁龍威《金松岑先生遺集序》稱：門弟子輩謀裒集先師未刊之作，以貽後世。於是王大隆（欣夫）輯政論，陳旭旦（雅初）輯詩及詞，祁龍威輯古文辭，由金國寶（侶琴）等醵金爲之刊行。

金氏卒後，其選鈔本數十種家人皆視爲廢紙論斤賣去，先生于冷攤得《籜石詩選》、《籜石詩雋》及《黎二樵詩選》等數種。

三月十八日，顧廷龍偕任銘善于午後來訪。（顧譜）

四月二十日，訪顧廷龍于合衆圖書館，假閱王伯申批《管子》。（顧譜）

九月二日，下午與金松岑哲嗣及錢君同至孔副司巷費璞庵（玄韞，費孝通之父）家，與清華大學圖書館長潘光旦商議金松岑藏書出售事。最後定價四千五百元。（《潘光旦日記》第286頁）

九月十六日，訪顧廷龍，暢談。（顧譜）

十一月初，鈔曹君直代溥良聘孫仲容爲禮學館總纂書及致黃鮮庵書寄任銘善轉交孫延釗。先生復告以修禮之舉，定條例，延通儒，咸由君直主持，婁張（錫恭）、錢（同壽）左右之，而胡玉縉稍持異議。（夏日記第734頁）

金松岑爲《抱蜀廬校書圖》題詩：

> 天人相乘除，學益道則損。聃也守柱史，竹帛富琛賮。一朝擺落去，快若馬脫靮。抱蜀式天下，獨見乃無朕。夷吾亦道宗，立說泯畦畛。王生學求實，玄言夙所擯。鄉先惠若顧，瓣香自鬠齓。壯歲成巨績，問書笑指囷。讎勘癖更美，作圖謝丹粉。結廬名抱蜀，此意酷深隱。詩人握經旨，恫念宗周隕。戎夷主中夏，小雅廢已盡。匪風下泉思，日望迴西軫。抱經即抱蜀，循條得大本。猗嗟淪胥悲，我亦茹荼堇。

高燮爲先生題《抱蜀廬校書圖》，詩云：

> 王子抱蜀顏其廬，二字出自夷吾書。說者以蜀解祠器，毋乃于義良多疏。王子命名亦奚取，索解定不如其紆。蜀之與獨原非二，古字省假同合

符。可知抱蜀即抱獨，管氏此義通于儒。王子素耽校讎學，惠錢王顧思步趨。望文精義神能入，嗜古卓識道可缺。貫串經子有至樂，豈惟跡象窮魯魚。得一差同老氏旨，慎獨無異聖者徒。從來讀書貴得閒，蠹簡中多玉與珠。篤好不已托之畫，吾輩結習聊自娛。廬固不必有是廬，畫卻不可無此圖。圖中之人亦何事，丹黃兀兀長勤劬。對影俯仰未嫌寂，廢寢忘食心怡愉。精誠所至凝而靜，光氣上燭彌三吳。

葉景葵爲先生《抱蜀廬校書圖》題詩云：

　　獨抱遺經求大義，箴膏起廢意如何。懸知獨善須兼善，黌舍英髦濟濟多。抱蜀不言天下治，夷吾逃死爲蒼生。勸君擲次毛錐子，化作人間金石錄。

是年，友人郭則澐卒，年六十有五。郭氏生前曾向先生索文廷式評點本《東塾雜俎》付雕，此事以其病逝未果。（《書錄》第185頁）

董康（綏金）卒，年八十一。

一九四八年（民國三十七年戊子）四十八歲

是年先生任教聖約翰大學。

一月二十九日，訪顧頡剛。（《顧頡剛日記》）

六月三日，聖約翰大學學生于抗議集會中被毆傷，引起混亂。事後，校長涂羽卿引咎辭職。

七月一日，跋祝秉綱所托付之光緒七年刻本《吟秋館詩存》云："梅生詩雖不可與乃兄方駕，然清澹處自是一家法乳。晉之眷懷先德，欲廣傳佈而未果，及病篤，以交心淵。心淵今有以衰邁，鄭重付託，謬以予爲能傳前人文字也。然頻年物力艱難，無可措手，前遺遺著其價值有十百倍於此書者，尚閟篋衍，正不知何日得如所願耳。卷中復堂晚年手痕，亦可寶也。民國三十七年九月一日王大隆。"（本書，蘇州市圖書館藏）

九月九日，以《吟秋館詩存》寄存滄浪圖書館。（同上）

秋，先生業師金松岑遺稿《鶴舫中年政論》刊印，先生跋之曰：先師貞獻先生之即世，同門謀續刊遺著，而屬大隆以搜輯之役。……校讀之餘，恍見當日盱衡抵掌，意念深遠，而山頹木壞，音容不可復接矣。嗚呼唏已！（《鶴舫中年政論》）

十月四日，卜其吉出任副校長。

盧靖（勉之）卒，年九十三。

一九四九年（己丑）四十九歲

是年先生任教聖約翰大學。

一月十日，趙修鴻出任聖約翰大學代理校長。

四月，葉景葵卒，年七十六。

四月十五日，先生訪顏惠慶，請其爲王季烈書作序。（顏日記第 1054 頁）

四月十八日，聖約翰大學舉行聚會，先生遇顏惠慶，談及王季烈之劇本及作序事。（顏日記第 1054 頁）

四月二十日，顏惠慶致函先生。（顏日記第 1055 頁）

五月，上海解放。

七月，劉承幹訪先生，于案頭見《逍廬雜記》，詫爲祕笈。先生指跋尾"乙丑孟秋之月垢幢居士跋"十一字爲歸安朱古微（祖謀）所書，筆跡確然。以劉氏熟于清代掌故，請其考作者姓名，因攜去。數日，貽書先生告曰："作者姓名考得爲程恩培。恩培字紹周，安徽阜陽人，爲長江水師提督程壯勤公文炳字從周子。當值內庭時，官戶部主事，後改浙江候補道，曾署杭嘉湖道。辛亥後復爲杭州關監督。當癸丑、甲寅間在滬，時弟往復，未久即赴杭監督任。數年後即故，年未六十也。""查戊戌縉紳錄，戶部主事程姓無二人，證以朱古微跋'幼承門蔭，備官農曹'二語，其爲恩培無疑。"（《書錄》第 1187 頁）

八月，聖約翰大學再度改組，成立十五人校政委員會，楊寬麟、潘世茲分別出任正副主任委員。

十月，先生簡招非社諸君子汪旭初（東）、楊潛庵（廙）、蔣蘇庵（國榜）、嚴載如（增）、朱大可（奇）、鄭雪耘（翼）、呂貞白（傳元）、陳蒙安（運彰）集抱蜀廬爲陸放翁補作生日，酒後出錢儀吉《澄觀集》手稿本各題名于後。（《書錄》第 1059 頁）又約題放翁像。汪東分韻得心字，作《鷓鴣天》云：

> 入蜀還吳歲月深，散關惟向夢中尋，一生儘費憂時淚，九死南償復國心。絲欲繡，鑄須金，高風長想鑑湖陰。莫言此社元非社，累我攢眉學苦吟。（《夢秋詞》第 143 頁）

先生從兄韶九（大成）卒，其孫以精品數千件捐獻江蘇博物館，餘則出以易米，先生從書肆買得明嘉靖六年許宗魯芸窗書院刻本《荀子》，以爲紀念。（《書錄》第 165 頁）

十二月二日，謁見曹元弼。《復禮堂日記》云"屬其一切，慨然許諾，深感之"。

傅增湘（沅叔）卒。

顧燮光（鼎梅）卒。

一九五〇年（庚寅）五十歲

是年先生任教聖約翰大學。

八月初，夏承燾致函先生，代龍榆生問聖約翰大學兼課事。先生告以無希望。（夏日記第 110 頁）

十二月，中共中央政務院頒布《關於處理接受美國津貼的文化教育機構及宗教團體的方針的決定》後，約大與美國聖公會完全脫離關係。

一九五一年（辛卯）五十一歲

是年先生任教聖約翰大學。

正月初二日，跋蕭穆《敬孚遺稿》抄本。（上海博古齋 2012 年春拍 879 號）

是年，于同事寶禮堂後人潘世兹處見《玄機詩思圖題詠》，先生嘆爲"誠世間劇跡"。（書錄第 680 頁）

一九五二年（壬辰）五十二歲

是年全國院系調整，聖約翰大學被裁撤，先生遂轉入復旦大學任教。

九月二十五日，聖約翰大學與震旦大學調入復旦大學之師生到復旦報到。

先生之到復旦伊始，校中尚甚照顧其生活，除配給一套日式住房外，復于隔壁另配一室以供其藏書之用。

冬，先生借屈彊（伯剛）《讀管小言》、《管子韻語》錄副。準備他日有機緣，爲謀刊行。（《書錄》第 1519 頁）

丁福保卒，年七十二。

一九五三年（癸巳）五十三歲

是年先生任教上海復旦大學。

先生固深諳流略之學，然當時尚無專門課程之設立，先生遂暫與劉大杰教授合授中國文學史課。先生于教學工作極爲認真，編有講義課本數種，皆文學作品之選讀與註釋之作，雖流傳不廣，然甚便學生之閱讀。先生于課後陸續分批招學生至家中，詢問生活學習狀況，復授以讀書之法。（《兩部大書的腥膻與苦澀》①）

二月下旬，任銘善來函，詢復旦大學教席事。（夏日記第 312 頁）

夏，先生返蘇度暑假，謁見業師曹元弼，深談繾綣，臨別以未能再見爲憂。

七月十三日，郭紹虞偕顧頡剛來訪。（《顧頡剛日記》）

九月十五日丑時，曹元弼卒于蘇州，享年八十有七。

十月，得趙懷玉《亦有生齋文集》，錄《書吳縣諸生獄》一文於家藏趙學南手鈔《吳中秀才案》卷首。（原書）

一九五四年（甲午）五十四歲

是年先生任教復旦大學，與劉大杰共同講授《中國文學史》。

二月十八日，顧頡剛來訪，時蔣天樞在座。（《顧頡剛日記》）

---

① 潘旭瀾《兩部大書的腥膻與苦澀》，《文匯報》2004 年 6 月 21 日。

春，先生撰《吳縣曹先生行狀》，述業師曹元弼生平事跡、學行著述綦詳，以傳信于後世。

五月七日，先生往見劉承幹，爲劉氏售書復旦事也。（《求恕齋日記》，稿本）

五月十二日，劉承幹致函先生，商售書事。（《求恕齋日記》）

六月四日，先生往訪劉承幹，商定其售書事。（《求恕齋日記》）

六月九日，劉承幹致函先生，有云："賣書之事復勞代爲計劃，尤深感慨。書目四册托崔叔榮兄帶來，請勿與人看，弟只此一份，日後仍希望見還。"（《求恕齋函稿》，稿本，上海圖書館藏）

六月二十六日，早上先生與圖書館長潘世兹往劉承幹處將介紹復旦收購之書點清運回復旦，先生留下與劉承幹長談。（《求恕齋日記》）

九月四日，先生往劉承幹處，買鈔本書六十八種，共四百九十册，價一百萬元。（《求恕齋日記》）

向復旦大學圖書館借讀莫氏臨清黎簡評校本《韓昌黎詩集》。此書乃先生于一九二九年莫氏書散時收得，後忽失去者。今得捧讀，如逢故人。（《書錄》第225頁）

唐文治（慰芝）卒，年九十。

蔣汝藻（孟蘋）卒，年七十八。

一九五五年（乙未）五十五歲

是年先生任教復旦大學。

返蘇州，于換碗擔上獲殷兆鏞撰《春明日記》。（《書錄》第129頁）

一月，仲兄蔭嘉藏書之精善者讓歸北京圖書館，先生爲作《二十八宿研齋鬻書記》，並序云："二十八宿研齋者，先父曾獲端溪硯，有鴝鵒眼二十八，上應列宿，因以名齋，而爲余兄弟讀書之所也。余早失怙，及稍長，讀楹書，即篤嗜縹緗，與仲兄蔭嘉朝夕研討，於鄉賢士禮居、思適齋尤深景仰，宋刻元槧既力有不逮，則留心於名人鈔校善本，每得一書，如獲至寶，評騭摩挲，往往忘倦。日月既久，所貯漸富。當抗戰時，兄旅食淞濱，資用告匱，隨手斥售。後又移其所好於歷代古泉幣，每以古籍相易，精騎幾爲一空。今距兄之殁，忽忽已六年，嫂氏處境稍困，余又無力相助，則出篋藏，共有善本數十種，售之北京圖書館。其中刻本如沈詞隱之《紅葉記》，爲三百年來久佚之書，不但全書完善，而圖繪精緻，可稱人間孤本，曲海奇珍。弘治本《陳伯玉集》、天順本《林霽山集》、嘉靖本《惠州府志》均爲最早刻本，不見諸家簿錄。鈔本如周曰東、金亦陶、張充之、魚虞岩、薄自昆、潘晚香等，校本如呂無黨、馮定遠、何義門、孫潛夫、宋賓王、葉石君、周香嚴、顧抱沖等，藁本如黃琴六、趙悲盦等，均屬收藏家罕見珍品，即置諸瞿、楊、丁、陸四家藏書志中，亦當列甲等。因各述其大概，並及藏弆源流，草錄一目，以備省覽。而回思當年晴窗共讀光景，已渺不可得，又不禁涕泗汍瀾已。"（稿本，復旦大學圖書館藏）

三月三十一日，劉承幹致函先生，欲以所藏清《國史》、《實錄》二書售予復旦圖書館，請先生代爲洽商。（《求恕齋函稿》）是日，劉氏爲謝先生介紹售書事，以乾隆十八年秦氏最初刻本《五禮通考》八十册、《讀禮通考》二十册相贈，與先生所藏原稿本連成合璧。（《書錄》第1136頁、《求恕齋日記》）

四月十七日，劉承幹致函先生言售書事，並送來與印本不同的光緒甲午實錄四册、庚子實錄五册，請復旦當局審查。（《求恕齋函稿》）

五月十二日，先生往訪劉承幹，告以《國史》、《實錄》二書復旦當局還價三千元，比劉氏預期之八千元相去甚遠，劉氏頗爲失望。（《求恕齋日記》）

七月十日，劉承幹再致函先生，以急需用錢，托先生向復旦當局探詢售書之事。（《求恕齋函稿》）

七月三十一日，劉承幹又致函先生言出售《國史》、《實錄》事，願貶價至七折售之，希望先生代爲詢問。（《求恕齋函稿》）

既而，復旦經商議，決定以四千元收購劉氏二書，並轉告劉氏因經費問題，須到年底始能成交，劉氏考慮多方面因素，請先生致意復旦當局：能否提前成交，並能否在現有金額基礎上追加若干。（《求恕齋函稿》）

夏，跋吴昌碩《缶廬詩》稿本，云"此倉石詩稿真跡，大都已刻入詩集卷三中，而逸篇尚不少或當時所删汰者"。（原書）

九月上旬，先生致函杭州任銘善、夏承燾，告以陳運彰因毒瘤逝世，方與友人醵資爲蔡正華刊《味逸遺稿》。（夏日記第479頁）

十月，先生據敦煌所出唐寫殘本十六題景本及常熟瞿氏所藏宋刻《白氏集》第三、四兩卷，統校于光緒十九年武進費氏刻本《新雕校證大字白氏諷諫》。（《書錄》第1615頁）

十月十五日，跋《清儀閣筆記》抄本云"今夏至蘇，結束老屋，將藏書全部整理，以備求售。而此册忽見，驚喜過望，如逢老友，而當日鈔書之綠鬢少年，經滄桑屢變，人事全非，亦垂垂老矣，真有不堪回首者"。（原書）

十月二十八日，先生訪劉承幹，告以《實錄》、《國史》二書校方已允購，並加五百元，適值校中經費緊張，不能再加，勸其就此脱手。（《求恕齋日記》）

十月二十九日，劉承幹再函先生，懇請于四千五百元基礎上再加五百。（《求恕齋函稿》）

十一月九日，先生復函劉承幹，告以復旦已允再加一百元，然已極勉强。劉氏旋來函表示同意。（《求恕齋日記》）

十一月十七日，先生往訪劉承幹，告以《國史》、《實錄》兩書，復旦以四千六百元收購，已經定議。擬四天後來取書，但因劉氏要申請購書款免税事，

須推遲十日。(《求恕齋日記》)

余嘉錫（季豫）卒，年七十二。

一九五六年（丙申）五十六歲

是年先生任教復旦大學，加入民主同盟會。

春，先生于滬上書坊見《竹雲題跋》四卷《虛舟題跋》十卷《補原》三卷，雖《虛舟題跋》爲重刻，然不失先正典型，又爲先生伯父鏤香閣舊物，遂收之插架。(《書錄》第1526頁)

二月十九日，劉承幹致函先生，希望向復旦當局説明其欲出售手邊鈔本書之意。(《求恕齋函稿》)三月，復旦以每册二元購下劉氏鈔本。

六月十九日，夏承燾自杭州致函朱東潤，附一詩與先生，《寄欣夫乞清真別傳》（見於明人譜牒者）：

清真遺事萬家傳，別傳求君錄副看。不用新詞訴離別，定山風月滿江干。（原注：清真墓在定山，距予所居六和塔不遠。）(夏日記第537頁)

夏，先生返里度暑，于蘇市見《重修唐韻考》五卷，因收之。(《書錄》第461頁)

秋，先生游古籍書店收購處，于架上見《惠氏四世傳經圖》，驚喜欲絶，乃斥巨資得之。先生致力惠氏學數十年，此圖之歸，得其所也。先生于《書錄》中云：“余生平服膺惠氏學，遍讀其遺書，嘗欲纂三惠年譜，遍考元龍生卒不得，近得半農所撰《行狀》，始知生於明崇禎十四年，卒于康熙三十六年，年五十七歲。而惜遭喪亂，初稿散失。幸撫今追昔，《松崖讀書記》已寫有清本待刊。”“竊謂生平夢寐傾倒于紅豆山莊，豈冥冥中以此慰其景仰之殷，搜輯之勤耶？經師名跡，楚弓楚得，爲之歡喜讚嘆而珍藏焉。”(《書錄》第1566頁)

九月六日，午後先生往訪劉承幹，看預備出讓復旦之書。(《求恕齋日記》)

九月二十六日，劉承幹致函先生，寄到書目一册，將以售復旦大學。(《求恕齋日記》)

十月七日，爲盧弼《慎園文選》撰序，謂昔曾以《補三國兵志》求教于盧氏云云。(原書)

十二月十六日，劉承幹寄到書目第二册。(《求恕齋函稿》)

返蘇，得《説文引經攷》于武進劉脊生家，脊生名權，執教蘇州工業學校，家于蘇。(《書錄》第442頁)又，得袁廷檮貞節堂鈔本《素問六氣玄珠密語》。(《書錄》第180頁)

一九五七年（丁酉）五十七歲

是年，先生任教復旦大學，始開設古典文獻學講座。

一月二十一日，先生訪劉承幹，看預售復旦之書。告以收購事須至開學後始克進行。（《求恕齋日記》）

二月，復旦開學後，劉承幹致函先生，關於藏書出讓事請先生代爲探詢當局之意。若無希望，則囑將書目寄還，以便向別處聯繫。（《求恕齋日記》）

三月，徐震堮（聲越）以方扶南（世舉）、程夢星評本《昌谷詩》請先生審定。先生因以手頭蔣汝藻密韻樓刻本照臨一過。（《書錄》第234頁）

七月底，先生致函夏承燾，寄去黃蕘圃《楊太后宮詞跋》。三十一日，夏承燾來信致謝，並贈《唐宋詞論叢》一册。（夏承燾第629頁）

秋，請盧弼爲《鰅廎遺書》撰序。

九月二十九日，跋新得莫氏銅井文房舊藏抄本《洪武蘇州府志》。稱昔有胡氏琳琅秘室舊藏之本，曾借王佩諍，助其成《平江城坊考》。後爲友人借失，今見此本，索價五百元，適售去藏書百篋，尚有餘資，亟如值收之。

十一月九日，先生整理胡玉縉《許廎學林》將出版，爲撰跋文。

冬，先生以《郭沫若先生〈管子集校叙錄〉之商榷》一文投《學術月刊》，發表于第六期。先生之治《管子》垂三十年，著有《管子校釋》一書未刊。此文針對郭沫若《管子集校》一書"叙錄"及"所據《管子》宋明版本目錄"中談到之《管子》宋刻"楊忱本"之版本問題與《管子補注》著者劉績之時代問題，先生所見略有不同，因詳加考定，作爲商榷。

是年，先生整理胡玉縉《許廎學林》畢，交中華書局出版。

一九五八年（戊戌）五十八歲

是年先生任教復旦大學。

二月三日，夏承燾寄所撰《唐宋詞人年譜》贈先生。（夏日記第663頁）

二月十七日（丁酉除夕），先生函告夏承燾：吳江翁廣平《聽鶯館文鈔》有《秋笳附編序》，書乃張廷濟編，如有傳本，可補其所作《金縷曲徵事》。（夏日記第666頁）

三月廿七日，跋潘道根抄本《白泉詩鈔》。（原書）

八月，於來青閣購得顧觀光《武陵山人雜著》手稿，爲高吹萬葩廬舊物，跋之。（原書）

九月二十三日，先生作《通過學習〈改造我們的學習〉批判我的資產階級學術思想》以應愈演愈烈之"五反"運動。

鄭振鐸卒，年六十一。

莫伯驥（天一）卒，年八十一。

杜肇綸（經侯）卒，年七十六。
呂思勉（誠之）卒，年七十四。
錢基博（子泉）卒，年七十一。

一九五九年（己亥）五十九歲

是年先生任教復旦大學。

夏，先生返蘇州度暑假，于市上見《重修唐韻考》五卷，因收之。

八月十四日，張元濟卒，年九十三。

十月中旬，先生致函夏承燾，附寄十年前夏氏所撰《曹君直校樂府雅詞跋》。（夏日記第777頁）

十月十七日，夏承燾來函，商借曹君直校《樂府雅詞》。（夏日記第778頁）

十二月七日，先生所撰《文獻學講義》將刊行問世，先生撰《後記》，其語有云："文獻學這門學科應該注重于搜集和整理材料的方法，這對於接受我國文化遺產和進行研究工作是有所幫助。……因教學工作的需要，我着手編寫這份講義。試學班固的方法，多採用前人的材料而加以整理，大都註明它的來源，而附以自己的管見，有時閉門造車，卻不免有暗合與他人的地方。"其語頗自謙，卻正道出著作之不易及其學術之自信。

一九六〇年（庚子）六十歲

是年先生任教復旦大學。開始撰寫《蛾術軒篋存善本書録》。

夏，謝國楨以《一鐙精舍甲部稿》鈔本相贈。

十月一日，朱季海赴杭訪夏承燾，告以先生今年出售一明鈔傳奇，得二千元。（夏日記第837頁）

十二月，跋《金鄂岩先生辭翰》稿本。（原書）

一九六一年（辛丑）六十一歲

是年先生任教復旦大學。繼續撰寫《蛾術軒篋存善本書録》。

一月九日，胡玉縉遺著《四庫全書總目補正》[①] 一書整理編輯完畢，將由上海古籍出版社刊行，先生因作跋語曰："先生雖年臻八十有二，而仍草稿叢殘，未有定本，遺命以見委，余受命惕若，搜輯補綴，寢饋于斯十餘載，又得吳興朱君五峰景增之繕録，潮安鄭君雪耘翼之校勘、標點，皆助我實多，始克

[①] 胡玉縉未刊稿存于復旦圖書館者有《讀説文段注記》、《釋名補疏》、《獨斷疏証》、《新序注》、《説苑注》、《論衡注》、《群書問答》、《金石萃編補正》等，均手稿自訂。《四庫未收書目提要續編》、《許廎經籍題跋》、《續修四庫全書總目提要禮類稿》三種已由吳格師整理編為《續四庫提要三種》，于2002年出版。

底于成。然于《提要》猶未及十一也，繼斯有作，則在後之學者！"先生于《書錄》中回憶往事云："綏之先生遺命以手稿付託傳世焉。家人外，衹函告其摯友盧慎之先生。邑有某人者，好收前人稿本而錮藏之。及胡書散出，求遺稿不得，而聞在余處，則大憾。遂騰謂余掠奪而乾没之。傳到北京，汪君孟舒聞之，孟舒曾爲綏之先生作《雪夜校書圖》，多一時名流題詠，卷留彼處，即據傳聞識于卷末，而措詞甚嚴。不知者皆咎余。一日再乞題于慎之先生，先生見之則大詫，俱以本末告孟舒，而致函謂非速刊無以解群惑。先是謀刊資于諸友好，既得數百元存銀行。值時局變化，惡幣貶值，數百元悉化烏有。於是又有謂余借此斂財者，負謗負疚，與日俱深。至五八年，始先以《許廎學林》交中華書局出版，誹謗漸息。"（《書錄》第1229頁）

四月，得《大學管窺》附《管窺圖說》二册。（《書錄》第31頁）

劉承幹晚年居滬上，生活漸趨困頓，以鬻書爲計。以所藏雍正癸丑初印本《冬心先生集》讓于先生。（《書錄》第1046頁）

先生于古籍書店見潘邑侯錄段、顧兩家校《玉篇》原本，既成議矣，爲徐行可豪奪去。（《書錄》第836頁）

先生閱肆，于架上見乾隆乙卯懷息草堂刻本《漢書正誤》，書上有陳澄中（清華）藏印，亟抱歸。先生憶及二十年前陳氏以收藏此書見告，先生躍然起，索快讀，陳氏諉以藏之金庫，未果。今日無意中得之，喜嘗夙願。（《書錄》第859頁）

一九六二年（壬寅）六十二歲

是年先生在復旦大學，參與朱東潤主編之《中國歷代文學作品選》，與顧易生、李慶甲註釋先秦諸子部分。繼續撰寫《蛾術軒篋存善本書錄》。

春，先生整理《顧黄遺書》將畢，以所撰《顧千里遺集》與《黄蕘圃書跋》導言分別名爲《校讎學家顧千里》、《大藏書家黄蕘圃》發表于《復旦大學學報》第一期。先生在顧千里一文中云："近人爲顧千里編寫年譜的已有數家，以故友趙詒琛所撰的爲較詳。刻入《對樹書屋叢刊》，然據今天已發現的材料來看，須加訂補的還很多，所以這裏没有印入。"其與故友眷眷之情溢于紙閒，而于學術猶報極其嚴謹之態度，于此可見一斑。黄蕘圃一文則云："我輯蕘圃藏書題跋，在前人已有的基礎上，在同志協助的努力下，獲得了八百又七種，這些題跋，豐富地詳盡地叙述了古書的版本和收藏源流，校勘的内容和價值問題，對於研究版本，目録，校勘的學者們，是有一定用處的，可惜瞿中溶替他編的《所見古書錄》二十卷稿本，相傳從歸安陸氏的皕宋樓流往日本岩崎氏静嘉堂，竟至今没有消息，不知那一天得發現刊行？是我編完這部書跋後的熱烈想望。"

四月末，任銘善自杭州寄來《大戴禮記》長跋一篇，義據堅確，定其爲戴

（東原）校無疑。（《書錄》第386頁）

五月初六日，與朱象甫、尹石公、陳子康、沈慈護、周子美、高君賓、嚴載如、徐眉軒於華山飯店邀劉承幹晚餐。（《求恕齋日記》）

十二月十八日，致函蘇州文管會沈維鈞，以松江封氏家藏邦彦畫像二幀薦售，並詢太平天國史料出版事。（原札）

十二月二十九日，致函沈維鈞，以封氏藏畫象二幀寄蘇，並言影印本祝枝山手書《興寧縣誌稿》及購太平天國史料事。（同上）

是年先生遷居徐匯校舍，藏書與俱，鄰居頑童見累累者以爲奇貨，竊二包去，臨惠松崖校本《論衡》、惠松崖校《李氏易傳》、錢竹汀校《金石錄》及先生十年所記日記在其中，遂致毀失。（《書錄》第1596頁）

一九六三年（癸卯）六十三歲

是年先生任教復旦大學。仍撰寫《蛾術軒篋存善本書錄》。

三月二十三日，嘉業堂主人劉承幹逝世，壽八十二。先生與交數十年，相與論學，其樂融融，一旦斯人遽逝，悲不自勝，作挽聯曰："嘉業舊名堂，三千卷梨棗精雕，應垂不朽。琅環今返駕，四十年金蘭雅契，忍溯前塵。"

先生編撰書錄，至《硯谿先生遺稿》，因憶及北方書籍多歸北京圖書館書庫，乃致函北圖趙萬里詢《販書偶記》所記本《硯谿先生遺稿》事。未幾，趙萬里復函，以惠半農所撰《行狀》，惠定宇所撰《遺事》二文鈔寄。先生爲之狂喜，蓋《行狀》一文明言："公以前明崇禎十四年正月十八日生于東渚舊宅。"則惠周惕生于一六四一年無疑。（《書錄》第1035頁）

先生偶過葛書徵（渻）居，出《當湖葛氏守先善本》一卷見示，復謂惜首册未取出，致非完帙。先生客座展閱，未盡一二。嗣兩家連爲姻婭，而書徵謝世。越年，由子婦維寰攜閱，先生遂有不勝人琴之感。（《書錄》第1252頁）

一九六四年（甲辰）六十四歲

是年先生任教復旦大學。撰寫《蛾術軒篋存善本書錄》，成《甲辰稿》。

二月，檢得張一麐借丁士涵手校以贈許克勤之本，並許校數十條謄入卷中，足成十家。（《書錄》第1160頁）

六月，先生六十四歲生日，友人蔣國榜持《乾隆府廳州縣圖志》及《水經注釋》並手稿兩種三書贈先生以爲壽。（《書錄》第1027頁）蔣氏復有詩云：

> 不假邯鄲枕，閱人判何世。所懷素心人，夙夕縈夢寐。抱璞肩斯文，傾倒合師事。梅雨勇可追，償諾喜把臂。示疾容小休，上藥令嗣寄。百城尚癡擁，銷憂豁蒙蔽。校讎軍令嚴，微管業擅繼。松崖兼顧黃，遺書輯勿替。旁涉金沙翁（注：鄉先生汪梅村居寧金沙井），脈水籀功細。不厭要論定，傳否漫預計。積蘊茹頓吐，相印不遐棄。樸學殿在昔，育才樂無藝。

一椽徑未荒，蜀葵憑檻麗。講舍溯舊蹤，古樟撫偉異。標枝庇野鹿，濃蔭廣布地。美材罹劫灰，圖存枉雪涕。絃誦闃無聲，器界等幻翳。頹齡重自嗟，鮑繫久如贅。甘坐陽裏疢，萬有奚芥蒂。安時共望天，金石壽永契。

胡玉縉之《四庫總目提要補正》出版，先生因嘆"以百萬言鉅著，往日固無法籌刊資，今則國家倡明文化，得大量印刷，綏之先生一生精力既不致湮沒，余亦得完諾責，又得整理費以償前捐資人，且分助其後嗣。一舉而四得，此誠當永矢弗諼者矣"。（《書錄》第 1230 頁）

七月，先生以胡玉縉之《四庫總目提要補正》印本贈潘景鄭，潘氏許以所藏《群書札記》借讀，先生因囑封章炟照臨一本。（《書錄》第 1327 頁）

七月三十一日，編定《當湖葛氏守先閣善本書目》，並序之。（原書）

一九六五年（乙巳）六十五歲

是年先生任教復旦大學。《蛾術軒篋存善本書錄》粗畢事，猶有零篇撰寫。

十一月一日，跋清鈔本《復社紀略》。（原書）

一九六六年（丙午）六十六歲

是年先生任教復旦大學。

清明左右，任銘善爲先生所藏舊鈔臨戴震校語本《大戴禮記》作長跋，寄示先生，因附錄于《書錄》之後。（第 1642 頁）

六月六日，"文化大革命"爆發。先生與吳中傑等十七人一同被關入"牛棚"。

秋，先生以肺炎遽逝。藏書被賤售上海古舊書店，經門人徐鵬搶救，精善者得以保存于復旦大學圖書館。

王欣夫先生編年事輯稿一卷，係數年前舊稿，屢經刪訂，仍不免掛一漏萬。猶憶壬午夏游姚江，訪陽明、黎洲諸先生遺跡，行篋無書，僅以欣夫先生《文獻學講義》相隨，未歸吳門，閱已終卷。先生先世自浙遷吳，已歷數代，固吾鄉前輩也。後於仲夏，冒暑往西花橋巷訪其故居，竟不可得，然其舊宅與葉鞠裳緣督廬同在一衖，相去不遠，可逆而知之。葉鞠裳作古時，欣夫先生年僅七齡，似不及親接葉氏欬聲，然其與仲兄蔭嘉補注《藏書紀事詩》，則景仰之情、私淑之意隱約可見也。壬午歲杪，欣夫先生遺稿《蛾術軒篋存善本書錄》問世，亟購讀之，嘆其爲書林津筏，而吾吳文獻之淵藪，陸續研讀，摘記其事，數年始成初稿。丙戌冬，欣夫先生《學禮齋日記》手稿廿八冊，不幸流散滬市，此後蹤跡杳然。此編年稿亦束之高閣，久不顧問。戊子秋，負笈申江，從吳師致之游，欣悉師蓄志編次欣夫先生年譜已久矣，嘗通讀《學禮齋日記》，詳爲札記，惟慎於著述，譜稿遲遲未肯殺青，而先纂述《吳縣王大隆先生傳略》，並輯録《蛾術軒書跋》等，篳路藍縷之功，洵不可没。又有同門日本三浦理一郎博士，秉承師訓，撰《王欣夫先生與他的古代文獻學》一文，紹介欣夫先生學行于東瀛。第不虞斯人竟於乙酉春孟遽逝于滬瀆，思之令人腹痛。予入復旦後，獲親檢學禮齋舊藏之書，數年之間，若有所得，即作摘鈔。去夏歸吴，重檢歷年筆記，絲治益棼，因就此稿，依次札訂，粗具事實而已。一旦吴師譜稿殺青問世，兹編自當覆瓿矣。然九易其草，不忍遽棄，敝帚雖微，亦足自珍，不揣譾陋，以饗同好，聊作引玉之磚可爾。壬辰初秋，李軍謹識。

李軍：蘇州博物館館員

形制與裝潢 版本目錄學研究第四輯

編輯部告讀者

　　《版本目錄學研究》第三輯刊出的方廣錩先生所作《談梵夾與梵夾裝》（上）的後續部分，將在第五輯接續刊出。

　　耑此敬告，請予期待。

版框尺寸：描述與記録的歷史

石 祥

　　如所周知，版框尺寸是古籍版式的重要組成部分。它之所以重要，乃是因爲不同版本多有行款、版框樣式、魚尾、書口相同者，這類情況在屬于同一版本系統、尤其是具有直接原刻/翻刻關係的版本中尤爲常見。因此，單靠以上幾項，有時是難以區分版本異同的（在無法獲觀諸本原書或圖像時，尤爲困難）。這一現象不僅在缺乏現代圖像技術的近代令研究者困擾，即便是圖像與網絡技術高度發達的當下，也未能完全克服。①

　　然而有趣的是，即便是字體版式最惟妙惟肖的翻刻本，版框尺寸却也很少與原本一致。兹舉一例爲證：《歐陽文忠公集》一百五十三卷本，在明代曾多次刊刻，其中天順六年程宗刻本、明正德七年劉喬刻本，版式均爲每半葉十行二十字，黑口，四周雙邊，版框尺寸分别爲 19.8 厘米 × 12.8 厘米、20.5 厘米 × 13 厘米。② 因此，將版框尺寸列入版本考察的觀測範圍，並在著録版本特徵時記録版框尺寸的數據，就不失爲區别版本的有力孔道之一；進而，隨着版框數據的大量積累與記録，在遇到字體版式極爲近似的版本時，研究者還可以依

---

　　① 這是因爲：儘管獲取高清紙本/數字書影用於版本比對已經越來越便利、普遍，但是仍然大量存在著無從獲得圖像、只能依賴書志書目的情況；即便能獲得書影，也不能直接反映版框尺寸，仍有很多細節問題無法單憑圖像比對徹底解决。

　　② 以上兩本的版式特徵與版框尺寸來自《第二批國家珍貴古籍名録圖録》，北京：國家圖書館出版社，2011 年。

據版框尺寸迅速判斷其是否有可能爲某一版本。

如上述，版框尺寸在區分判別版本時具有版式中的其他項目所不及的特殊功用，且迅速便捷，以常理推想，測量並記録版框尺寸，自是版本學論著的應有之義。在現今的版本學實踐中，版框尺寸已然成爲重要的版本特徵要素，不少書志、目録、圖録乃至部分圖書館的古籍書目數據庫都已將之列爲著録項目，甚至時下頗爲熱門的古籍網絡拍賣也經常在拍品介紹中將其標明，因此可以説，測量、記録版框尺寸在當下已經是行之普遍、人人皆知的版本學操作手法。

那麽在版本學實踐的歷史中，對于版框尺寸的關注始于何時？對其加以測量並在版本學論著中予以著録又在何時？版框尺寸被引入版本學研究的過程是一蹴而就，抑或緩慢前行呢？這些問題似乎尚未得到系統清理，本文擬對此給出初步回答。

一、從比較大小到記録尺寸：描述版框尺寸的開端

明末清初的版本學者諸如錢謙益、毛晉、毛扆、錢曾、何焯等人，已開始大量寫作以書籍内容、形式爲中心話題的題跋，其中錢曾還撰寫了開版刻鑒賞風氣的《讀書敏求記》。此類題跋、著述已體現出版本的鑒別意識、觀察物質形態等版本學觀念與方法，但却未曾關注到版框尺寸，遑論觀測記録。之後的康熙、雍正兩朝直至乾隆前期，也未見談論、記録版框尺寸的文獻記載。晚至乾隆後期，以上局面才有緩慢改變的迹象。

就筆者見聞所及，談及版框尺寸，似乎首見于乾隆四十年前後成書的《天禄琳琅書目》，該書至少有 8 處談及此事，具體形式是：只言不同版本的尺寸有異，並不記載具體數據，如：

（元版）大廣益會玉篇
此書較宋版《大廣益會玉篇》尺寸加贏，紙色墨光遜其古潔，篇目字數兩書相同，而此多《玉篇廣韵指南》一卷。

（宋版）玉台新咏
……此書與前部系出一版，密行細字，仿巾箱本式而尺寸加盈，制極精雅，其摹印亦屬良工，故清朗照人，可謂合璧。①

雖然在是否記載具體尺寸、是否普遍關注各種版本的版框尺寸這兩點上，尚與當代的版本學實踐存在決定性差異，但天禄群臣已知比較各本版框大小，

---

① 于敏中、彭元瑞等《天禄琳琅書目》，上海：上海古籍出版社，2007 年，第 133、87 頁。

並注意到不同版本間存在差異，説明他們已初步具有版框尺寸爲版式特徵之重要一端的意識。天禄琳琅的豐富收藏也爲比對提供了極大便利，二百年之後，我們仍可懸想當時館臣們將諸本一一列于幾案，品鑒比對，不時留意于諸本版框大小的情形。

更可關注的是《天禄琳琅書目》中的以下一例，它似乎暗示了對于版框大小，天禄諸臣可能不止于簡單目測，而已有實際測量：

> （宋版）南華真經
> 是宋時巾箱本盛行于世。此書版高不及半尺，較之經部中《五經》及《東萊家塾讀詩記》尺寸尤縮小……①

判斷此宋本《南華真經》相對于《五經》、《東萊家塾詩記》的版式盈縮，固可列于案上，一目而決；但要探得該本"版高不及半尺"，雖然也有可能通過目測而知，但同樣也不能排除實際測量的可能性。同時，這也是《天禄琳琅書目》乃至乾隆時代最接近實際著録版框尺寸的實例。

至于踵繼此編的《天禄琳琅書目後編》，其對于版框尺寸的觀念一仍前編之舊，但言兩本尺寸有異而不記録具體尺幅，如：

> （宋版）東萊先生晉書詳節
> 此本與前十七史全本正同，但標題微異，尺寸較寬大，每行多二字。卷一有"建安慎獨齋刊"一行，乃建陽書坊以前本翻刻者。②

毋庸置疑，《天禄琳琅書目》、《後編》反映的是乾嘉之交宫廷學者的版本學理念，由于二書鑒定版刻屢屢失當，後人多有訾言，至有謂天禄諸臣實未通此道者。以實言之，謂天禄諸臣未精此道則可，謂其對此蒙昧無知，則不盡然。《天禄琳琅書目》及《後編》中體現的諸多版刻研究理念、方法、技巧與術語，與當時一流版本學者所持者並無二致，惟實踐時有精粗高下之分而已。以版框尺寸而言，當時一流版本學者亦止略言各本大小不一，而不記録具體尺寸。

例如，乾隆五十七年冬（1792），周春購得顧湄舊藏宋刻本《尚書表注》，作跋以紀，談及此宋刻本與通志堂本及其翻刻本的版框尺寸有異：

> 乾隆壬子孟冬，購得《尚書表注》，爲顧伊人所藏本，後歸吾邑花山馬氏道古樓，馬氏售于武林吴氏瓶花齋，即此書也。何義門謂書有殘缺，顧伊人意爲補全，未可盡信，細校此書，方知意爲補全之處，且與通志堂刊本微有異同。案：《仁山先生集》有《尚書表注序》，而伊人抄補之序，

---

① 于敏中、彭元瑞等《天禄琳琅書目》，第46頁。
② 同上書，第475頁。

亦複刪節不全，今並存之。近時婺郡以通志堂本重刻，版樣縮小，以致標題位置多訛，又缺其下方，大非表諸四闌外式矣。松靄周春記。

周春是乾嘉年間饒富聲名的藏書家，豪奪張燕昌藏宋刻本《湯注陶詩》之舉曾哄傳書林，他與吳騫、黃丕烈等當時頂尖的版本學者皆有交往。按照一般推想，周春的版本鑒別水準宜在宫廷文士之上，但他對待版框尺寸的方式却與天禄諸臣相同，這不禁令人訝然。由此可以推斷，但言版框大小不同而不記録具體尺寸，實爲乾隆晚期至嘉慶初期版本學界的普遍態度。

在這一時期，也有記載具體尺寸的文字記録，但實例極少，筆者所見僅王昶（1724—1809）《春融堂集·跋宋本春秋左傳》一例：

……共三十卷，止載杜注。長四寸餘，寬不及三寸，古雅可愛。

不過"長四寸餘，寬不及三寸"，究竟是書册尺寸，還是版框尺寸，王昶未明言，因此尚不能確定此例係記録版框尺寸。

孫星衍《平津館鑒藏記書籍》無疑是嘉慶時代最爲重要的版本學論著之一，書中有2處語及版框尺寸，分别是：

纂圖互注荀子二十卷
標題、行數、字數、序文、圖説俱與前巾箱本無異。唯每版稍高一分，字畫亦有減省之異，當是南宋中重刊别本。

增廣注釋音辯唐柳先生集四十三卷
……此本與前本行款毫髮無異，惟前本目録後有别集、外集、附録、目録，此本雖有别集而無目録，亦無别刻之葉。一一細審之，版式與前本差減一分，間有字畫減不減之異。又紙色頗不及前，故知其模刻當在後也。①

《平津館鑒藏記書籍》共著録善本338部，却僅有2部言及版框尺寸，似可説明孫星衍對于此事態度冷淡，不認爲它是言版本者必究心的重要項目，只是比對版本時偶一及之的"次要選項"。且如引文，孫氏對于版框尺寸的有限關注，也只停留在簡單比較兩本大小的程度上，在方法論上與天禄諸臣如出一轍。不過也有一處細節值得注意：在比對時，孫星衍的觀察極爲細緻，首先要判斷甲本有無"别刻之葉"，再與乙本"一一細審之"，方才得出結論。

此外，饒有趣味的一點是，無論天禄諸臣，抑或孫星衍，這一時期的版本學者在觀察版框大小時，泰半將注意力投向高度。如前引文，他們屢言"版高

---

① 孫星衍《平津館鑒藏記書籍》，上海：上海古籍出版社，2008年，第24、29頁。

不及半尺"、"每版稍高一分",却不談版寬如何,有時統稱"版式高廣"云云,似乎將寬度包括在内,但實際仍偏重於高度。如前引《天禄琳琅書目》"東萊先生晋書詳節"條,先言"尺寸較寬大",隨即稱"每行多二字",因此所謂"尺寸"還是指高度,否則當言"每頁多幾行"才是。

之所以如此,乃是與當時對於版框尺寸基本停留於單純比較大小、確認異同的層面。在高度、寬度二者之中,只需確認一項有所不同,就足以完成粗略比較兩本大小的任務,得出兩本版框大小不同的結論。在這樣的情況下,對高度、寬度均加以考量,反而有畫蛇添足的味道,而在這兩者之中,版框高度更易目測觀察。换言之,如果没有記録版框尺寸的目的在先,就無需實際測量其高度、寬度,既然這一時代尚未出現記録版框尺寸的情況,那麽忽略版框寬度,也就順理成章了。

最早明確言及版框寬度者,乃是乾嘉時代最偉大的藏書家黄丕烈。嘉慶二十三年(1818),黄氏出資翻刻嘉靖本《周禮》、《禮記》,爲作札記,並序曰:

> 重雕嘉靖本校宋周禮札記序
> ……舊藏嘉靖本字大悦目,頗宜老眼,末有經注字數,其出宋本無疑。仿此開雕,行款悉遵而<u>幅式稍狹</u>……嘉慶戊寅孟冬,吴郡黄丕烈識。①

一般而言,論高不能稱狹,論寬則可,是以"幅式稍狹"當指版框寬度。不過總體而言,黄丕烈談及版框尺寸,大多仍是約略言之,而不標明具體的尺寸數據。例如:

> 王右丞文集十卷宋刻本
> 此宋刻《王右丞文集》十卷二册,頃余友陶藴輝從都中寄來而得之者也。……十月十三日,毛二榕坪過訪士禮居,余知其能識古書,出此相質,榕坪並爲余言,向見桐鄉金氏本,<u>板刻差大</u>……②

不過,在黄丕烈的版本學實踐中,也曾涉及具體的版框尺寸,此事同樣發生於嘉慶二十三年,見黄氏爲宋刻本《文苑英華纂要》所撰題跋:

> 越歲戊寅四月十四日,晨起,有書友邵鐘琳携書二種就余質證,云是伊友從太倉得來,欲求售者。其一爲<u>七寸板</u>蘇老泉先生《嘉祐集》十四卷,其一爲會通館活字本《文苑英華纂要》也。③

雖然只標明了此《嘉祐集》的版框高度數據,但較之天禄諸臣的"版高不

---

① 黄丕烈《蕘圃藏書題識》,上海:上海遠東出版社,1999年,第878頁。
② 同上書,第513頁。
③ 同上書,第789頁。

及半尺",已精密了一步,是當時極爲罕見的版框尺寸的具體記録。同時,黄跋中僅此驚鴻一現,可知測量並記録版框尺寸之于黄丕烈,乃興之所至,偶一爲之。

同時代藏書家記録版框尺寸者亦寥若星鳳,吴騫、顧廣圻等一流文獻學者甚至未見有談及版框尺寸的文字,遑論記録具體數據。據所見材料,最早完整記録版框尺寸的,竟是名聲遠遜前舉諸人的海寧收藏家胡爾榮,見所著《破鐵網》卷上:

> 宋版《監省選編萬寶詩山》三十八卷,季滄葦藏書。袖珍本,板心長約四寸,闊前後約六寸。首行大字所題即寫此名目,次行即云"書林葉氏廣勤堂新刊"。有目,無序。每頁共三十行,行十五字。①

胡氏的生卒年不詳。案,管庭芬于道光元年獲見《破鐵網》稿本,這是胡爾榮主動出示的,管庭芬爲之作跋,稱當時胡氏已老,家道中落。由此可以推測,胡爾榮主要活躍于嘉慶年間,《破鐵網》的撰寫宜在此時。

有趣的是,早期記録版框尺寸的另一實例,同樣是于道光初元由不甚知名的藏書家完成的:

> 右影宋槧鈔本唐陸元朗《經典釋文》三十卷,版長七寸,博九寸有奇,白棉紙,烏絲闌,紙色、墨色光潤如鑒,洵書工之良也。……道光元年辛巳秋九月十有二日,大興朱錫庚識。②

除此之外,晚至嘉道之交,記録版框尺寸的文獻實例極爲稀少,這説明當時的版本學者對此不甚究心。從乾隆四十年前後的《天禄琳琅書目》,至道光元年的朱錫庚題跋,其間約有五十年之久。就已掌握的文獻材料來看,這半個世紀是版框尺寸被引入版本學研究的起點,但是過程相當緩慢,幅度極爲有限,不惟記録具體尺寸的文獻記載少之又少,即便是簡單比較版框大小的實例也相當有限,顯然當時的版本學者對於版框尺寸的關注度是相當有限的。

二、晚清時代:記録頻率的逐漸提高

自咸同以降,情況開始有了明顯而又緩慢的變化,版框尺寸在版本學文字中的出現頻率日漸提高,以下擇取這一變化中的若干關鍵"節點"加以論述。

先看同治時代,同治帝享國不永,加之太平天國戰争的影響,版本學著述的數量較少,兹以楊紹和《楹書隅録》、莫友芝《宋元舊本書經眼録》爲考察

---

① 胡爾榮《破鐵網》,瀋陽:遼寧教育出版社,1998年,第1頁。
② 《"國立中央圖書館"善本題跋真跡》。

對象。前者著録海源閣的善本菁華，是同治時期重要的善本書志，書中至少有一處記載了版框尺寸：①

  宋本通鑒紀事本末四十二卷八十册四函
   右宋本《通鑒紀事本末》四十二卷，凡八十册，宋袁樞撰。<u>版長九寸，博尺四寸有奇</u>。②

儘管《楹書隅録》中記録版框尺寸，僅此一次，但此例極爲重要。之前胡爾榮、朱錫庚記録版框尺寸，稱"板心長約四寸，闊前後約六寸"、"版長七寸，博九寸有奇"，都是測量整葉版框的尺寸，而《楹書隅録》此例測量時取半葉的寬度、高度，已與現今通行的方法相同。

莫友芝《宋元舊本書經眼録》同樣問世于同治年間，共著録善本134部，中有4部明確記録了版框尺寸：

  春秋經傳集解三十卷　宋淳熙小字本
  每半葉十行，行大十八字，小二十二字。<u>板心高今營造尺五寸弱</u>。

  漢書一百卷　宋湖北提舉茶鹽司小字本
  半葉十四行，二十七字或二十六、二十八、二十九字不等。注行三十四字或三十三、三十五字不等。<u>板高今七寸弱</u>。

  萬寶詩山三十八卷　宋巾箱本
  ……每卷約五十葉，葉三十行，行二十三字。……<u>其板廣五寸許，上高三寸半</u>。

  書傳集解　殘本，未詳卷數
  ……半葉八行，行二十四字。<u>板縱橫不及五寸</u>，而刻印精朗，似元佳本。③

此外，《宋元舊本書經眼録》中還有多處稱某本版式寬大或比較兩本版框大小，這又與前述乾嘉道時期的版本學者的做法相同，兹舉較爲典型的一例：

  唐書　宋嘉祐杭州本
  ……同治乙丑五月，嘉興馬氏持售于上海，僅尾三卷《逆臣傳》，以

---

 ①　另有一處記録了書册尺幅，爲卷三"金本道德寶章"條，稱"書高二尺一寸有奇"云云，見王紹曾等《訂補海源閣書目五種·楹書隅録》，濟南：齊魯書社，2002年，第193頁。
 ②　同上書，第119頁。
 ③　莫友芝《宋元舊本書經眼録》，上海：上海古籍出版社，2009年，第22、29、46、65頁。

湊別一舊本。謂別本爲宋刻，此三卷爲元刻。以余審之，<u>此三卷宋刻，其別本之全乃元、明間刻耳。別本板心校此高、廣各一指許</u>。①

與乾嘉時人但言版框高度不同，莫友芝還關注了版框寬度，"別本板心校此高、廣各一指許"的記載，相比"版高不及半尺"，雖不過數字之差，但由此透露出的版本學研究日漸精密的趨向，宛然可見。

活躍于光緒時代的學者楊守敬，亦以版本學知名，所著《日本訪書志》及其藏書題跋中有零星的版框尺寸記録，大致共有以下幾處：

  古鈔本《毛詩鄭箋》二十卷，卷首題"毛詩卷第一"，次行"周南關雎詁訓傳第一"、"毛詩國風鄭氏箋"，款式與山井鼎《考文》所載合。弟十卷末有經、注字數，弟二十卷末有篇數、章數、句數、字數。每半葉九行，行二十字。<u>界長六寸强，幅四寸六分</u>。……光緒壬辰春，楊守敬記。②

  集韵十卷宋刊本
  缺首卷。楓山官庫藏本。<u>篇幅甚大，高約九寸，闊約一尺二寸</u>。每半葉十行，行三十一二字不等。

  莊子郭注殘本三卷日本鈔本
  ……余此三卷即小島學古所傳録之本也。<u>界長七寸六分，幅七寸八分</u>，每行十六、七字不等，注雙行。

  毛詩鄭箋二十卷日本古寫本
  每半葉九行，行二十字。<u>界長六寸强，幅四寸六分</u>。③

不過，楊守敬更多采用乾嘉以來的"舊式方法"，即比較版框大小而不記録尺寸，此類實例頗多，兹舉其一：

  大廣益會玉篇三十卷元刊本
  ……每半葉十二行，四周雙邊，<u>篇幅較至正本、鄭氏本尤廓</u>，無刊板年月，蓋亦元槧。④

此外值得注意的是，相比其他人多以"版式"、"版心"指稱版框尺寸，楊

---

① 莫友芝《宋元舊本書經眼録》，上海：上海古籍出版社，2009年，第30—31頁。
② 楊守敬《日本訪書志·日本訪書志補》，瀋陽：遼寧教育出版社，2003年，第36頁。按，此爲楊守敬藏書題跋，不在《日本訪書志補》之内，而被附録於後。
③ 楊守敬《日本訪書志》，第45、106、5頁。
④ 同上書，第36頁。

守敬的術語運用顯得別具一格，所使用的"篇幅"、"界"等語彙未見他人運用。

皕宋樓主人陸心源是晚清四大藏書家之一，在當時的版本學領域當然是占據一席之地的，但其書志、題跋中未見記載版框尺寸，僅有零星幾處談及比較版框大小，兹舉一例：

> 宋淳佑建州槧朱文公集跋
> ……此乃閩本，明初版存福建藩廨，成化中黄仲昭以浙本勘訂，補刻劾奏唐仲友數狀，又修補缺數百葉。此則成化後印本也，<u>凡明補之葉，框格較高，字形較小，一望可知，約不過宋刊百分之一二耳</u>。①

光緒時代的書志著作中記録版框尺寸較多者，當推葉昌熾爲潘祖蔭代撰之《滂喜齋藏書記》。此書著録善本 130 部，提及版框尺寸的有 4 部，絶對數量雖然不多，但均記録了具體尺寸。

其中最可關注的是卷三"宋刻殘本萬寶詩山"條，該條引用莫友芝《宋元舊本書經眼録》的版框數據，以相稽核：

> 宋刻殘本萬寶詩山二卷二册
> <u>莫子偲《經眼録》</u>載是書三十八卷，書林葉氏廣勤堂刊。每葉三十行，行二十三字。<u>板廣五寸許，高三寸半。此本行款一一相合</u>……②

此例從側面説明，至光緒時代，版本學者已經初步認識到書志題跋記録版框數據的意義：前人留下的尺寸數據，使後人在無法獲見原書的情況下，可有參稽考核的便利。

《滂喜齋藏書記》之外較爲重視記録版框尺寸的善本書志，應屬《鐵琴銅劍樓藏書目録》，該書記録了 4 部書籍的版框尺寸（共著録善本 1339 部），均完整記載了半頁版框的高度、寬度，兹舉一例：

> 婺本點校重言重意互注尚書十三卷宋刊本
> ……<u>卷止四寸，寬不及三寸</u>。每半葉十行，行廿字。傅用夾注。③

在記録版框尺寸逐步普及于版本學論著的過程中，清末民初重要的版本學者繆荃孫起到了相當重要的作用，所著《藝風藏書記》、《續記》、《再續記》記録版框尺寸的條目較之前的諸家書志，有了較爲明顯的增長。

兹以《藝風藏書再續記》爲例，此目著録善本 110 部，其中 13 部記録了版

---

① 陸心源《儀顧堂書目題跋彙編·儀顧堂續跋》，北京：中華書局，2009 年，第 419 頁。
② 潘祖蔭《滂喜齋藏書記》，上海：上海古籍出版社，2007 年，第 107 頁。
③ 瞿鏞《鐵琴銅劍樓藏書目録》，上海：上海古籍出版社，2000 年，第 42 頁。

框尺寸，比例較之前的諸家書志有明顯提高。但與此同時，繆氏記錄版框尺寸時，具有明顯的偏向性，以上 13 部書分别爲宋刻本 7 部、元刻本 4 部、明刻本 1 部、影抄本 2 部，而《再續記》著録各類版本的具體情况爲：宋刻本 9 部、元刻本 4 部、明刻本 18 部、舊抄本 19 部、校本 26 部、影抄本 6 部、抄本 28 部。由此可見，繆氏不認爲所有版本均有必要記録版框尺寸，而應根據貴重程度擇要記載，因此在實踐中，繆荃孫就表現出明顯的"宋元本中心觀"的偏向。儘管如此，在拓展記録版框尺寸運用範圍的過程中，繆氏仍是首位較多記録版框尺寸的知名版本學者，引領風氣之功，不可輕忽。

如上所述，在同治光緒時代，記録版框尺寸已較之前有一定程度的增加，但絶對數量仍然非常有限，運用範圍也局限于宋元本一隅。而在爲數不多的尺寸記録中，多往往使用"幾寸弱"、"幾寸强"此類有欠精確的表達。以上兩點説明，直至清末，版框尺寸仍是版本學領域中關注度有限的項目。至于版框尺寸得到較爲廣泛地記録以及數據標稱的進一步精確，則要晚至民國方才部分實現。

三、民國至現代的版框尺寸記録

民國時代對于普及記録版框尺寸而言關係重大的事件之一，是當時興起的古籍影印浪潮，其中尤以《四部叢刊》爲鉅。

《四部叢刊》影印時爲求各冊開本整齊劃一而采用縮印，是以大多在卷前牌記注明原書版框尺寸，以留原本面目。記録尺寸時，《四部叢刊》以營造尺或厘米爲單位，測量半框尺幅，印本稱"版匡"，如《唐李推官披沙集》的牌記即稱"上海涵芬樓借上元鄧氏群碧樓藏宋刊書棚本景印原書板匡高營造尺五寸四分寬四寸一分"；寫本則稱"葉心"，如《河汾諸老詩集》的牌記即稱"上海涵芬樓借烏程劉氏嘉業堂藏景元寫本景印原書葉心高營造尺五寸七分寬三寸八分"。

由于《四部叢刊》所具有的良好聲望、較大的規模以及在知識界的高度普及，不難想象，它記録版框尺寸的行爲會對版本學者帶來怎樣的影響與便利。在此不妨舉例證之：1926 年，有學者在正德刊本《歐陽行周文集》上撰跋，稱自己將《四部叢刊》本牌記所記載的版框尺寸與此正德本相核對，再佐以其他證據，最終認定此正德本與《四部叢刊》所用底本版本相同：

涵芬樓借平湖葛氏明正德本《歐陽行周集》影印行世，<u>所記原書板匡高營造六寸二分，寬三寸八分</u>，字體格式一一相符，原書本傳在前，此誤訂在尾。丙寅夏日記。①

事實上，《四部叢刊》之後，影印古籍須注明原書尺寸已逐漸成爲不言自明的規範，之後較爲知名的古籍影印叢書如《清人別集叢刊》、《續修四庫全書》乃至新近的《中華再造善本》等，均以各種方式注明原書版框尺寸。

與《四部叢刊》遙相呼應，民國時代的版本學者記錄版框尺寸的意識同樣明顯增強，這一變化尤其體現于當時的書志題跋中，不僅版框尺寸的記載越來越多地見于書志題跋，奉行此道的版本學者也日漸增多。

董康是繼楊守敬之後最爲著名的赴日訪書的學者，所著《董康東游日記》因大量記載在日所見善本，而被視爲版本學的重要史料。根據日記體裁的特性，我們可以認爲，日記所載都是對作者而言相對重要的事物，而《日記》中版框尺寸的記載在在可見。以卷三爲例，該卷記事範圍爲1927年3月，共抄錄其間董氏所撰書跋47篇，其中記錄版框尺寸者27篇，基本均爲宋刻，僅有1部爲元刻，1部爲日本古抄本。② 這或許可以說明，董康認可版框尺寸之于版本學研究的重要功能，但同時他心目中版框尺寸的適用範圍相當有限，與繆荃孫類似，還是以宋元刻本爲中心的。

版本學名家傅增湘也較爲重視記載版框尺寸，所著《藏園群書經眼錄》、《藏園群書題記》、《藏園訂補郘亭傳本知見書目》中，版框尺寸的相關記載屢屢可見。以《藏園群書題記》爲例，涉及版框尺寸的約有20條，其中具體記錄尺寸的計11條。與《四部叢刊》相同，傅氏記載版框尺寸，大多標記精確數值，少有"約×寸"、"×寸强"、"×寸弱"這等模糊之語，相比同光時代，有了明顯進步。兹舉最具代表性的一例：

> 百衲宋本資治通鑑書後
> 《資治通鑑》二百九十四卷，用宋刊本七種合成，内紹興二至三年兩浙東路茶鹽司公使庫刊本約居三分之二，大字建本約居五分之一，餘卷以密行小字宋本五種及鈔本八卷足成之。各本行款列後：
> 第一種：版匡高六寸六分，廣四寸七分。……
> 第二種：版匡高六寸二分，廣四寸四分。……
> 第三種：版匡高五寸六分，廣四寸一分。……
> 第四種：版匡高六寸二分，廣四寸四分。……

---

① 《"國立中央圖書館"善本題跋真跡》。此外，傅增湘也有類似的例子，見《鈔本劉隨州集跋》："此舊寫本，昔年得之南方，前有正德十二年隨州州判湯敎序，後有州訓導陳清跋，皆出影摹，蓋刻自隨州者。其版幅高四寸餘，意其爲巾箱本也。項以涵芬樓影印者核之，其版高六寸五分，始知此本實爲縮寫。"《藏園群書題記》，上海：上海古籍出版社，1989年，第587頁。

② 董康《董康東遊日記》，石家庄：河北教育出版社，2000年，第70—134頁。

第五種：<u>版匡高六寸三分，廣四寸五分</u>。……
　　第六種：<u>版匡高六寸六分，廣四寸三分</u>。……
　　第七種：<u>版匡高五寸七分，廣四寸二分</u>。……①

　　當然，傅增湘有時仍只比對版框大小而不記載具體尺寸，可見乾嘉以來的舊傳統在當時仍有相當深厚的影響力，例如：

　　明萬曆洗墨池刊本薛濤詩跋
　　……考此刻傳布極稀，各家書目均不著錄，惟嘉慶時沈綺雲有重刻本，據卷尾牌子所記，云"嘉慶庚午雲間古倪園沈氏從吴門士禮居黄氏借本翻行"。行格悉與此同，末葉正有洗墨池一行，乃知從此本覆雕者。……沈氏翻本絕精麗，頗爲世重，惟字仿率更體，與此不類，<u>板匡四周縮小寸許</u>……②

　　此外，傅增湘記錄版框尺寸的最大特點仍與前人相似，所記者多爲宋元刻本，例如記錄尺寸的 11 部書中宋刻達 7 部，此外影元抄本、元刻本、校宋本、抄本各 1 部，顯露出非常明顯的"宋元本中心觀"。

　　如上所見，儘管在民國時代，記載版框尺寸已較晚清有了較爲明顯的普及，但所記錄對象仍主要局限於少數宋元刻本（其中又以宋本爲重），而版框尺寸之于考索版刻的功用却絕不因版本貴重與否而有任何不同，因此這樣的記錄版框尺寸遠未達到最利于版刻鑒定的理想境地。

　　在記錄版框尺寸的普及過程中，最值得一提的莫過于王重民《中國善本書提要》，此書雖晚至 1980 年代方才正式出版，但原稿大部分作于民國時期，因此固可視爲民國時期的版本學論著加以論述。此書的最大特點是：但凡刻本，不論版本爲何，基本均記錄版框尺寸③，並且統一格式，以厘米爲計量單位，爲版框尺寸成爲版本學論著的必備著錄項提供了典範。同時，這也意味着將版框尺寸在版刻鑒定中的地位大大提升，王重民的垂範之功值得高度評價與肯定。

　　當然，民國時代出現的記錄版框尺寸比例明顯提升的趨勢，絕不意味着記錄版框尺寸已經得到版本學者的普遍青睞，成爲版本學研究的必備著錄項。事實上，大量民國時代問世的書志題跋，並不像《中國善本書提要》通篇著錄版框尺寸。例如，版本學名宿張元濟編撰的《寶禮堂宋本書錄》著錄宋元本 118 部，僅有 3 部記錄了版框尺寸。又如書業巨擘王文進所撰《文禄堂訪書記》，也

---

① 傅增湘《藏園群書題記》，上海：上海古籍出版社，1989 年，第 103—105 頁。
② 同上書，第 601 頁。
③ 《中國善本書提要》之所以基本不著錄寫本的版框尺寸，一方面，可能是因爲王重民對此不太重視，另一方面，部分寫本使用了無版框的素紙，無從測量。

是民國時期知名的善本書志，書中根本未談及版框尺寸，遑論登載具體尺寸。

不過，即便在當代的版本學實踐中，版框尺寸也並未完全成爲版本學論著的必備項目。舉例而言，當代三部由舊書業老手所撰寫的善本書志——嚴寶善《販書經眼錄》、雷夢水《古書經眼錄》、江澄波《古刻名抄經眼錄》均不記錄或基本不記錄版框尺寸。

此外，在數量衆多的公共圖書館、大學圖書館及文博機構的館藏善本書目中，有不少是記載行款、書口、魚尾等版式特徵的，但有相當多數不記錄版框尺寸。可見時至今日，在版式諸項中，版框尺寸所受到的關注仍遠遠不及行款、書口等項。

以上是善本方面的情況，至于普通本，對其版框尺寸的關注度更要遜色一籌。例如，中國國家圖書館的網絡古籍書目檢索系統，對于普通古籍，提供行款、邊框樣式、魚尾等版式特徵，却無版框尺寸。浙江大學圖書館的古籍書目查詢系統更爲明顯，對于善本，各項版式特徵一並俱全，描述細緻，普通本則根本没有版式記錄。可見直至今日，以版刻貴重程度爲準繩的衡量標準仍在相當程度上左右著人們的思維，不過是由"宋元本中心觀"擴大至"善本中心觀"而已。

儘管如此，現代版本學中記錄版框尺寸的比例仍在顯著提高，不僅新近成書的諸多善本書志中版框尺寸已經成爲必備著錄項，相當數量的善本書目、書影圖錄中也有版框尺寸的記載。而在民間的古籍網絡拍賣中，越來越多的傳統意義上的普通古籍也得到了記錄版框尺寸的"待遇"。一葉落而知天下秋，這種種迹象都説明：隨着版本學的日趨精密化，版框尺寸真正普及于版本學研究已是不可逆的趨勢。

四、小　結

綜上所述，版框尺寸這一在今日看來頗爲普及的版本學考察要項，其進入版本學的過程却意外的緩慢曲折。

大致來説，它最初被引入版本學考察範圍，是在乾隆後期的《天禄琳琅書目》。但在早期，人們不記錄版框尺寸的具體數據，長期停留在基本只以目測方式比對各本版框大小的層面上。由於目測的緣故，因此版框大小在當時又往往被約化爲版框高度的大小。黄丕烈開始關注版框寬度，並首次以具體數值標明了版框高度，嘉道之交的胡爾榮、朱錫庚最早完整記載了版框尺寸的高度、寬度數據。從關注版框大小到記錄具體尺寸，其間耗費了約半個世紀，而且在這半個世紀中，版框大小問題是版本學者很少提及的，可知當時研究者在此方面的意識相當淡漠。

同治光緒年間，一方面版框尺寸的記録開始零星出現于書志題跋，另一方面，單純比較版框大小而不記録尺寸的情況也多有存在。總體來説，版本學文字中有關版框尺寸的内容，較之前一時段，緩慢而有限地增多；特别是光緒後期開始活躍的繆荃孫，開始較多地在書志目録中標注版框尺寸，但基本限于宋元本。此外，這一時代記載版框尺寸，大多使用約略數據，這説明同光時代對于版框尺寸的關注，不惟適用範圍有限，精確程度亦有所欠缺。

　　民國時期直至現代，延續了同光時代業已出現的趨勢，版框尺寸的運用範圍不斷擴大，精密度也有提高。《四部叢刊》樹立了大規模記録版框尺寸的先例，並且使用了"×寸×分"這樣較爲精確的數據表達。傅增湘則在自己的版本學實踐中，特别留意各本的版框尺寸，其廣度與深度皆有超越前修之勢。王重民的《中國善本書提要》更具典範意義，它不僅極大擴展了版框尺寸的記録範圍（宋元本—善本），同時更是通篇記録版框尺寸的先行者，此外還開始以公制計量單位取代傳統的尺寸計量。直至今日，版框尺寸的記録，在範圍上或許有所擴大，但基本仍是在遵循王重民創立的範式。突破"宋元本中心觀"與"善本中心觀"，測量並記録普通本的版框尺寸，則是近年漸露端倪的新趨勢。

　　　　　　　　　　　　石祥：天津師範大學文學院講師

瓜州東千佛洞泥壽桃洞出土一件西夏文獻的裝幀

高　輝

2012年7月7日至16日，筆者去寧夏大學參加了由中國社會科學院和寧夏大學舉辦的第二期西夏學培訓班。雖然參加的是初級班的學習，但課程進行中間有幸拜讀了高級班部分學員提交的論文，從中獲益不少。其中一篇名爲《瓜州東千佛洞泥壽桃洞西夏文兩件印本殘頁考釋》[①]的文章引起了我的興趣。該文對瓜州博物館所藏兩件西夏文獻作了詳細的考證，並根據文獻圖版[②]判定瓜州東千佛洞泥壽桃洞西夏文一號文書是印本，裝幀形式是典型的蝴蝶裝，原因是該葉面保存完整的一葉，中心版心處有綫裝孔痕迹。筆者對文中説到的這件一號文書《金剛般若波羅蜜多經》的裝幀提出疑義，認爲它不是蝴蝶裝，而與古籍縫繢裝極爲相似。因爲該葉版心中間從上至下有六個明顯的裝訂洞孔，古籍蝴蝶裝是不用綫的，這在古籍裝幀的論文和專著中都已有論述[③]。文章以下

[①] 作者張多勇，隴東學院歷史文化學院教授、西北師大在讀博士；于光建，武威市博物館館員、寧夏大學西夏學在讀博士。

[②] 《甘肅博物館巡禮》，甘肅省文物局編，蘭州：甘肅人民美術出版社，2011年。

[③] （清）葉德輝：《書林清話》，上海：復旦大學出版社，2008年9月；1993年9月中國書籍出版社出版的《裝訂源流和補遺》中李景新文《中國書籍裝潢小史》，李文裿文《中國書籍裝訂之變遷》，張鏗夫《中國書裝源流》，李致忠、吳芳思文《古書梵夾裝、旋風裝、蝴蝶裝、包背裝、綫裝的起源與流變》，張樹棟文《我國古籍裝訂形式的演變》等。

将從與綫有關的幾種古籍裝幀形式進行分析。

中華民族有五千年的文明史，自有文字就有書籍的裝幀①，正如李景新在《中國書籍裝潢小史》中所説："我國書籍裝潢之形式，往往因其所用之材料與各時代用書之方法而有更變。書籍之質料爲甲骨，則有甲骨裝；書籍之質料爲竹木金石，則有方策玉版裝；書籍之質料爲縑帛，則有卷摺旋葉裝；書籍之質料爲紙，則又因其爲内折外折單葉全帙之不同，而有旋風葉裝、蝴蝶裝、包背裝、綫裝、平裝、精裝之别。"西夏是以黨項民族爲主體建立的少數民族政權，建國于1038年，于1227年被蒙古所滅，如果算上立國前的獨立政權，基本與唐後期及兩宋相始終。西夏文化受中原文化影響非常大，其國書籍裝幀形式同樣脱不了唐宋時古籍裝幀的窠臼。那麽本文在論證瓜州博物館藏的這件金剛經書葉的裝幀時將不再過多提及我國古籍裝幀的所有形式，只是分析比照唐末及兩宋時流行的書籍裝幀形式。

一、唐末及兩宋時主要流行的書籍裝幀形式

隋唐時代，書籍裝幀流行卷軸裝和旋風葉裝。卷軸裝的形式和現代的卷軸書畫相類。關于旋風葉裝，李景新在《中國裝潢小史》中説的言簡意賅："旋風葉者，蓋出于卷子之變，夫卷子之制，每讀一書檢一事，紬閲展舒，甚爲煩數，于是後世取卷子叠折成册，兩折一張褾紙，概粘其首尾于褾紙……其翻飛之狀，宛轉如旋風，而兩兩尚不相離。"這種裝幀有點像我們今天財務的粘貼發票。唐末、五代時期，粘葉與縫繢比較流行，這種裝幀在敦煌遺書中有存②。

宋代統一以後，雕版印書事業得到空前的發展。爲適應這種雕版印刷所産生的書葉，蝴蝶裝出現了。蝴蝶裝適應一版一葉，單面印刷，版中心留出約一厘米寬的行距，一般刻寫書名、頁數等内容，有時爲了增加美觀，還畫上魚尾裝飾。從版心中間折葉，一葉一折，有字的一面向裏折，一册書印完折好後，從折痕處碼整齊，以此作爲書背，塗抹糨糊，用一條稍寬于書背的紙條粘住，然後包上書皮，蝴蝶裝的裝幀就結束了。因爲書口爲單頁③，翻看時如蝴蝶翅膀，上下翻飛，故而古人給起了這樣形象的名字。《文獻學大辭典》對蝴蝶裝的解釋是：蝴蝶裝，裝幀術語。印本書最初訂成册的形式。把書頁依照中縫將

---

① 李致忠：《簡明中國古代書籍史》，北京：國家圖書館出版社，2008年11月；李景新：《中國書籍裝潢小史》，選自《裝訂源流和補遺》，北京：中國書籍出版社，1993年9月。

② 杜偉生：《中國古籍修復與裝裱技術圖解》，北京：北京圖書館出版社，2003年，2006年第2次印刷。

③ 本文中"葉"與"頁"之區别："葉"指單獨的一張，如果是印刷品，即一版；"頁"指成書後的一張，比如一版爲一葉，對折後則爲兩頁。

印有文字的一面朝裏，一張張對折起來，使之版心向内，單口向外累積下去。再用一張整紙，順着折縫的一邊，從封面包到封底，並將每頁折縫逐一粘在包紙上，然後在封面、封底粘上硬紙板，就成了一册書。因它翻閲時，中間粘着，兩邊各半頁如蝶翅般展開而得名。蝴蝶裝盛行于宋代，是卷軸裝的發展。優點是使書口不外露，免受損傷；缺點是讀完一頁後，須連翻兩頁才能讀到下文。且版心折縫處容易脱落。① 這種裝幀的基本特點是單面印寫、向内對折、糨糊粘接。因爲不用綫縫，所以在書葉上看不到穿綫打孔的痕迹。也正由于不用綫縫或紙拈穿訂，所以翻看久了，糨糊失效，書頁特别容易散開，所以這種裝幀後來就被另一種裝幀形式——包背裝所代替。

包背裝大約出現在南宋後期，經元曆明，一直到清朝末年，也流行了幾百年。明清時期，政府的官書幾乎都是包背裝②。包背裝和蝴蝶裝都是單面印刷，一版一葉，包背裝是書葉有字的一面外折，版心作爲書口，在版心另一端書頁空白處打孔紙拈穿訂，然後包上書皮，這樣書就非常結實了，除非拈斷，否則不會散頁。由于這種裝幀以紙拈裝訂，仍然經不起反復翻閲，仍然容易脱葉散亂。于是一種新的裝訂形式——綫裝就出現了。

綫裝書是在明清兩代定型的，其折葉與包背裝相同，只是裝訂時不用紙拈，也不用整紙包裹書背，裁剪兩張與書頁大小一致的書皮，上下各一張，在書背處與書皮一次打眼穿綫裝訂。這種裝幀形式既美觀莊重，便于翻閲，又堅固耐用，不易散破，直至今天，用宣紙影印古籍還采用這種裝幀形式。

通過以上對唐末及兩宋書籍裝幀形式的梳理，大致可知這個時期書籍的裝幀形式有卷子裝、旋風葉裝、縫繢裝、粘葉裝、蝴蝶裝、包背裝等。

因爲瓜州博物館藏的這件《金剛般若波羅蜜多經》書葉，版心有縫綫的洞孔，所以在此只分析與綫有關的裝幀。上述幾種裝幀與綫有關的只有縫繢裝和包背裝。而包背裝的穿拈打孔處在書背處，並不在版心，故可排除在外。那麽只有縫繢裝符合條件。

二、現代關于縫繢裝的著述

國家圖書館古籍修復師杜偉生老師在其著作《中國古籍修復與裝裱技術圖解》③ 一書中，以國圖所藏唐末、五代時的敦煌遺書爲例，用圖文並茂的形式説明縫繢裝的式樣及特點。寧夏社科院的牛達生老師在其論文《從拜寺口方塔

---

① 趙國璋、潘樹廣主編：《文獻學大辭典》，揚州：廣陵書社2005年12月，第1074頁。
② 李致忠：《簡明中國古代書籍史》。
③ 杜偉生：《中國古籍修復與裝裱技術圖解》。

出土西夏文獻看古籍中的縫繢裝》①，論證古籍裝幀中的縫繢裝及其與明清時綫裝的不同。方廣錩文《談粘葉裝》②，舉中、日兩國現存古籍，通過蝴蝶裝、粘葉裝、縫繢裝的對比，分析它們各自的特點。中國國家圖書館《中國古代書籍史知識》中《敦煌古書縫繢裝和粘葉裝》一文，擇取敦煌遺書中三種與綫有關的裝幀，比較論證縫繢裝之特點。《中國藏西夏文獻·内蒙古卷》M11. 015、M11. 016 西夏文寫本《佛頂放無垢光明入普門觀察一切如來心陀羅尼經》上下卷也是縫繢裝③。筆者也有一篇小文《武威市博物館藏西夏文獻的裝幀》④，認爲館藏的一件《〈呼金剛王八智變化八天母爲生順〉等多種經集》也是縫繢裝。

三、縫繢裝的特點

關于縫繢裝這種裝幀的古籍，已出土或流傳的實物相較其他的裝幀少見，這應跟這種裝幀流行時間較短有關。目前所知的縫繢裝實物遺存只在唐末、五代時的敦煌遺書及西夏文獻中有。況且由于理論記載少，後人對它認識不太清楚，也有早期綫裝一説⑤。關于縫繢裝，目前所知的記載是宋代張邦基在《墨莊漫録》中引用的王洙的一段話。該書卷四這樣説："作書册粘葉爲上，久脱爛苟不逸去，尋其次第足可抄録。屢得逸書，以此獲全。若縫繢，歲久斷絶，即難次序。初得董氏《繁露》數册，錯亂顛倒。伏讀歲餘，尋繹綴次，方稍完複，乃縫繢之弊也。"《繁露》即《春秋繁露》，漢代董仲舒所撰。王洙是北宋嘉祐以前的人，字原叔，進士出身，一生爲官，但多與書打交道，他以切身的經驗體會，説出了粘葉裝的優點與縫繢裝的弊端。關于粘葉裝，因爲跟本文要談的裝幀關係不大，故暫不談。但縫繢裝到底是怎樣的一種裝幀形式，書中没有説清，他只説到了縫繢裝的缺點：只要綫一斷，書葉散亂，就很難恢復原來的順序了。這個問題在蝴蝶裝、包背裝以及後來的綫裝等的裝幀形式中是不存在的，這些裝幀形式是書葉單葉對折，每葉文字内容連貫，即使散葉，也很容易根據頁碼或内容連接起來。這就説明縫繢裝在書葉的排列上和上面列舉的這些裝幀形式不同。

---

① 牛達生：《從拜寺口方塔出土西夏文獻看古籍中的縫繢裝》，2000 年《文獻》季刊 4 月第 2 期。

② 方廣錩：《談粘葉裝》，《國家圖書館學刊》2002 年西夏研究專刊。

③ 中國藏西夏文獻（16）【M】. 蘭州：甘肅人民出版社，敦煌文藝出版社，2005 年出版。

④ 《武威市博物館館藏西夏文獻的裝幀》，版本目録學研究第三輯，北京：國家圖書館出版社，2012 年 1 月。

⑤ 李致忠：《簡明中國古代書籍史》。

隨着宋代出土文獻的增多，尤其是西夏文獻的不斷出土和公布，其裝幀形式逐漸引起了大家的重視。西夏是少數民族中對文字貢獻最爲出類拔萃的一個民族，它不但創造了自己的文字，而且用自己的文字翻譯了全部的大藏經，在與宋朝的交往中，留下了許多書籍和社會文書，爲後人研究突然消亡的西夏民族提供了比較多的珍貴資料。西夏是一個非常重視漢文化的民族，從所出土的文獻看，宋時流行的蝴蝶裝、經折裝及漢書少見的縫繢裝，在西夏文獻中都有反映。

筆者曾經親手做過一册縫繢裝的書册，書做好後寫上了一篇文字，然後又拆斷縫綫，打亂書葉，再整理内容，確如王洙所説，很不容易將順序找正確。現舉我所做的書册中的一折爲例。我的一折爲四葉，兩面都有文字。將此四葉摞在一起對折，我把最外邊的書葉稱爲第一葉，那麽由外向内，書葉的次序依次是二、三、四葉。對折以後，一張書葉就被劃分爲四面，標上頁碼以後是：第一葉的四面分别爲1、2頁和15、16頁；第二葉的四面分别爲3、4頁和13、14頁；第三葉的四面分别爲5、6頁和11、12頁；第四葉的四面依次爲7、8、9、10四頁，在四張書葉中，第四葉也就是最裏面的一葉是唯一的一張文字内容連貫的書葉。這種裝幀不適合一葉一折的印本書籍的裝幀，故而在宋代開始大規模雕版印刷流行以來，這種裝幀就很快消失了。

從目前所掌握的縫繢裝的出土實物及已發表的各位學者的論述中，縫繢裝的特點是：數葉摞在一起作爲一折對折（而不是單葉對折），一般一册書是三折或四折，每折葉數不等，根據一册書的内容決定。在折痕處從上至下打四至六個透眼，用綫將幾折反復連綴縫合，縫綫在書葉折痕上（而包背裝及明清時流行的綫裝都釘在離書背約1.5厘米的地方），如圖1所示。

縫繢裝的縫綫在書葉正中間　　明清綫裝書訂綫在書背處

圖1

四、結　論

　　此瓜州東千佛洞泥壽桃洞西夏文書《金剛般若波羅蜜多經》書葉，經甘肅省文物鑒定委員會鑒定是西夏時期的實物遺存，寫本（單面墨書）。殘存兩頁，單頁縱17，橫10.5厘米。四邊單欄，中間無界欄，每頁六行，滿行15字。除葉面左右兩邊下部殘損較嚴重外，葉面其他地方保存均較好。版心正中上西夏文𘜶𘀗（金剛）二字，下爲西夏文𘅝𘓄（十一）。根據文獻內容，其爲《金剛般若波羅蜜多經》的"無爲福勝分第十一"和"尊重正教分第十二"的部分內容。那麽，版心上部𘜶𘀗（金剛）二字應爲經名簡寫，下部𘅝𘓄（十一）二字是頁碼還是內容分節標識，因爲只殘存一面，沒有比較，故而不好判斷。在版心的正中部位，從上到下有很明顯的六個間距相對勻稱的穿綫洞孔。根據以上文章分析，在版心縫綫的古籍裝幀目前所見到的只有縫繢裝。而且，在殘存葉面兩邊也無穿拈打孔的痕迹，説明它不是包背裝。那麽此葉應爲縫繢裝無疑。

　　該書葉的內容爲金剛般若波羅蜜經的"無爲福勝分第十一"的"是諸恒河沙寧爲多不"至"尊重正教分第十二"的"一切世間天人阿修羅"部分。録文如下：

1. 𘜶𘄡𘀃𘝯𘃡𘅎𘋢𘌄𘄡𘋢𘀞𘙇𘂤𘉑
2. 𘚴𘉋𘟙𘕕𘉋𘛮𘋢𘓄𘓨𘉾𘚘𘜶𘄡𘐥𘊐
3. 𘌄𘟭𘎳𘋢𘄊𘝯𘈐𘚻𘄯𘓡𘉖𘟅𘐥𘌅
4. 𘓡𘓡𘅇𘟗𘅅𘄟𘂒𘋦𘚴𘎳𘛺𘁝𘌝
5. 𘁝𘛺𘑱𘏑𘀍𘑆𘟊𘌤𘍙𘅕𘜓𘋑𘘶
6. 𘃡𘋢𘁩𘋢𘌄𘝯𘋢𘌄𘄡𘚴𘎳𘋢𘝯𘓨𘌄
7. 𘐥𘌅𘓡𘓡𘅇𘟗𘅅𘄟𘋦𘂱𘟊𘜓𘋑𘘶
8. 𘓑𘓡𘐥𘂟𘈒𘉋𘌤𘘶𘀜𘕋𘄈𘛺𘎳
9. 𘊝𘋮𘛷𘜴
10. 𘔆𘔍𘕘𘟩𘌦𘓨𘌤
11. 𘋦𘂱𘋢𘝯𘑆𘈀𘋦𘆲𘜓𘚿𘔿𘂟
12. 𘋑𘘶𘝯𘅕𘐀𘊐𘋦𘐤𘞙𘟦𘇉𘅇

　　兩頁內容經與中國藏西夏文獻甘肅卷之敦煌研究院收藏的一件較爲完整的西夏文《金剛般若波羅蜜多經》[①] 比較，此件殘存的內容爲107頁從右往左數第二行倒五字至108頁從右往左數第六行第六字止。文字完全相同，內容連貫，

[①] 中國藏西夏文獻（16）【M】蘭州：甘肅人民出版社，敦煌文藝出版社，2005年，該文獻編號G11.035 [D.0669]。

看來它們來自同一個翻譯底本。敦煌研究院藏的這件金剛經爲經折裝，高20厘米，寬18厘米，上下單欄。經文107面，面五行，行12字，是一部完整的金剛經。根據上述分析説明的縫繢裝多葉對折、每折只有最中間一葉的内容是連貫的的特點，那麼瓜州這件金剛經殘葉就是縫繢裝一折中最中間的一葉！

從目前所發現及公布的縫繢裝的文獻來看，都是手寫本，因爲它獨特的裝幀不適合一版一葉的印刷體。那麼這件瓜州博物館藏的金剛經是寫本還是印本呢？圖版説明中説是墨書，那就是寫本了，這是甘肅省文物鑒定委員會作的定論，無可非議。但仔細與甘肅省博物館藏《金剛般若波羅蜜多經》字體及版式風格比對，發現它們有印刷體共同的特徵：筆劃規整，字迹清晰，行間距匀稱。瓜州金剛經略有不同的是，書葉中有的字迹深淺不一，大小也不太一致，而這都是活字印刷的基本特徵。筆者由此猜測，這是否就是活字印刷的縫繢裝遺留？如果這個猜測得到證實的話，那麼縫繢裝的實物遺留文獻就不只是寫本了。這對研究古籍的裝幀將會更有意義。

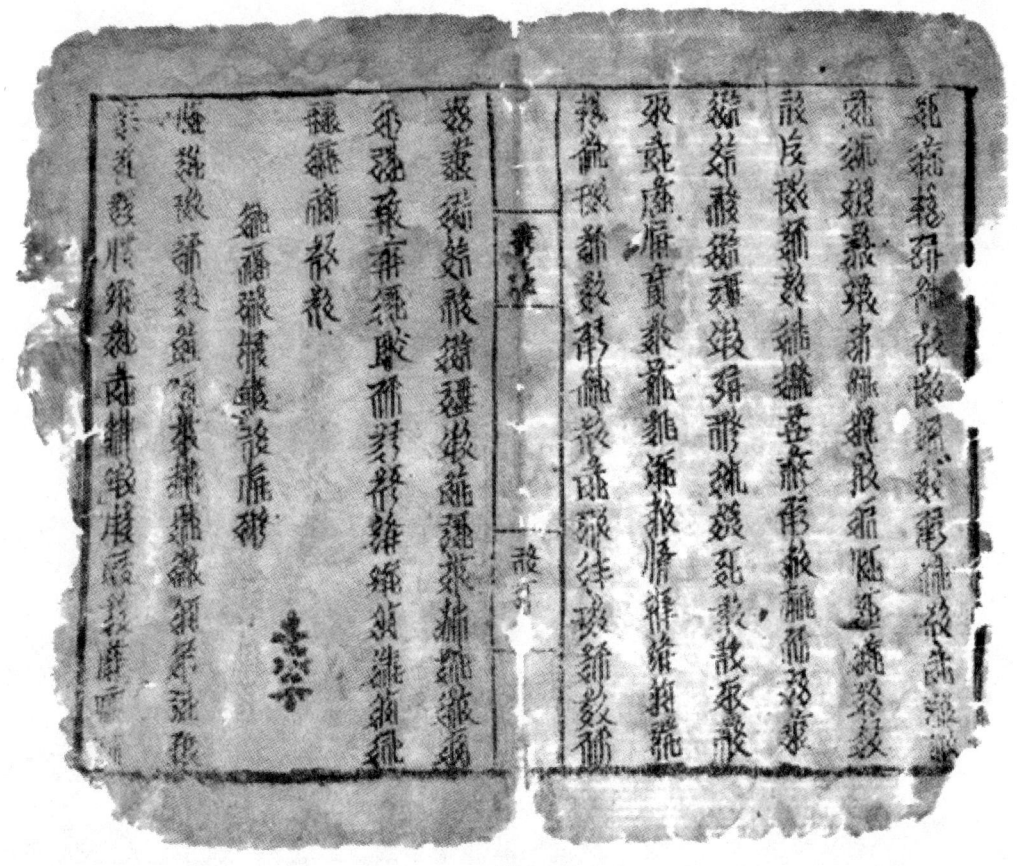

圖2

參考文獻

1. 牛達生《從拜寺口方塔出土西夏文獻看古籍中的縫繢裝》，2000年《文獻》季刊4月第2期。
2. 《裝訂源流和補遺》，中國書籍出版社，1993年9月。
3. 《談粘葉裝》，方廣錩，《國家圖書館學刊》2002年西夏研究專號。
4. 《文獻學大辭典》，趙國璋、潘樹廣主編，廣陵書社2005年12月。
5. 李致忠《簡明中國古代書籍史》國家圖書館出版社，2008年11月。
6. 杜偉生《中國古籍修復與裝裱技術圖解》，北京圖書館出版社，2003年，2006年第2次印刷。

高輝：甘肅武威市博物館館員

感言

版本目錄學研究第四輯

文獻學的具體與概念

橋本秀美

　　記得胡適有一篇小文章，説中國是"名教"的國家。通常説名教是古代封建道德，胡適則針對近現代社會到處貼標語、喊口號的現象，戲稱"名"教。上世紀七八十年代，文史研究也少不了貼標籤，對古人首先要定性，要麽是政治集團，要麽是學派，儒家法家、唯物唯心，名目繁多，即便不突出特點，至少也要追封"封建學者"等頭銜，以免失禮。孔夫子早已強調"必也正名"，"名"無疑很重要，但重視"名"的結果勢必陷入"名""實"乖離的問題。

　　編纂古籍目録的關鍵也在妥善調整名實關係。試問古籍目録爲何堅持四部分類？圖書館的綫上目録都提供書名、作者、關鍵詞檢索，但我們對古籍部分還要求有獨立的分類目録，這又爲何？古籍與當代著作不同，不少古籍無法確定作者，同一部書會有不同的名稱，書名往往不直接體現内容，也就是名實之間有一定的距離，所以僅憑書名、作者名，經常查不到想要看到的書。於是有必要設計一套依據内容的分類體系，使每一種古籍按内容歸類。分類體系首先需要合理，能够給每一部古籍相對精確地指定一個歸類，而且這種規則必須爲讀者容易接受。所以古籍目録的編者都要利用傳統分類法的大框架，在細節上各自進行調整。

　　版本學的研究對象是非常具體的版本實物，給人印象似乎是扎實客觀的研究。其實在研究的過程中，學者的思慮不斷地穿梭在名實之間，甚至可以説版本學真正研究的是版本相關的各級概念。例如《儀禮經傳通解》有宋南康軍刊本，有清代吕氏寶誥堂本，有梁萬方重編本。梁萬方重編本儘管同樣遵照朱熹原意編纂，書名仍用《儀禮經傳通解》，但我們認爲是不同的書；宋刊本與寶誥堂本之間，即使存在不少文字異同，但我們認定爲同一部書。陸心源獲得元刊《續卷祭禮》殘本，即拿寶誥堂本對校，謾駡呂留良竄亂文字。多年之後才認識到元刊《續卷祭禮》是楊復重編本，與宋刊本、寶誥堂本的《續卷祭禮》部分又是不同的書，不能直接拿來對校。又如《北堂書鈔》有陳禹謨刻本，也有清末孔氏刻本。陳禹謨刻本經過徹底校改，面目全非，學者認爲盡失原書之文獻價值，但還不至於認爲是另外一部書。文字內容有所差異，我們有時認定爲同一部書，有時認爲是兩部不同的書，兩種情況之間並不存在客觀標準。

一套版片使用幾十年幾百年，版面磨損，或有抽換版片的補版，或經局部修補，都有大大小小的變化。補版文字往往包含大量訛誤，有時也會經過校改，文字內容與原版不同。我們概括這些不同時期的印本，認爲是一種版本。一種版本概念下面可以再分某次修本、某時印本等概念。例如宋刊元修本、宋刊宋元明遞修本，或者更詳細到某年代修本之類，都是細分同一種版本的概念。然而，就在同一種版本的同一次修本之間，也還有不小差異。仍以《儀禮經傳通解》爲例，大約十年前，《經籍訪古志》著錄的《儀禮經傳通解》宋版殘卷重出人間，筆者當初翻開首兩葉與傅增湘舊藏本仔細對比，確定所用木版不同，誤以爲不同版。後來才認識到那只是原版與補版之差異，兩部是同版不同修本，並非不同版本。傅增湘舊藏本與張鈞衡舊藏本則不僅同版，補修情況也基本一致，印製時間相差不遠。其第一卷第一葉確實用同一張元代補版印製，而首行標題卻截然不同，前者作"儀禮經傳通解卷第一"，後者作"儀禮卷第一"。

版本的世界千變萬化，沒有兩部完全一樣的印本，客觀的具體世界就是如此。我們面對這種變化無窮的具體世界，爲便理解，經過一定的分析，進行概念化整理。兩部印本，符合一定條件則認爲是同一次修印本。兩種不同次修印本，符合一定條件則認定爲同一種版本。兩種不同版本，符合一定條件則視爲同一部書。版本鑑定就是確定這種歸屬關係的行爲。在這過程中，最關鍵的是如何認定同一次修印本、同一種版本、同一部書的界限。所以版本學家一方面調查盡可能多的傳本，另一方面也要考證刊刻、補修的歷史經過，積累多年的研究，建立某一部書、某一版種、某一次修印的概念。鑑定一部印本是宋版還是元版，是宋版元修還是元覆宋版等問題，並非單獨分析那一部印本即可解決的問題。正如某一部書在內容分類上屬於哪一類，并非該書本身固有的屬性，而要取決於目錄學家如何建立分類概念。

劉向、劉歆他們搜集當時傳存朝廷內外的大量文獻資料，進行歸類，校訂目錄與文本。或將以不同名稱、不同形態流傳的各種文本，歸納爲一部書，整理編訂爲一部書，如《戰國策》。或對同一部書的各種文本進行分析，歸納爲幾種類型，分別校訂爲同一部書的幾種不同文本，如《論語》。他們在自己觀察研究那些材料的基礎上，建立每一部古籍以及不同類型文本的概念，編輯出該書、該種的文本，再用目錄來説明他們對這些書、文本類型的概括性認識。他們同時創造出經過整理的古籍文本與認識古籍的整套概念體系，一手確定古籍的名與實，簡直像上帝創造世界一般，是空前絕後的奇跡。不難想象，他們在這樣大膽整理古籍的過程中，忽視、淘汰掉太多太多東西，無數亂七八糟的文獻、同類文獻無數的異文都被消滅掉。不過上帝既然無所不能，我們也怪不得他們。

對鄭玄來説，經書文本已經相當固定，古文今本，齊魯韓毛，都是社會公認的既定事實，由不得鄭玄再次創造。鄭玄創造的是解釋經書的體系性理解。清代學者雖然推崇鄭玄，他們也經常不認同鄭玄的具體解釋。筆者最近閲讀《周禮正義》，發現江永、金鶚、王引之、黃以周、孫詒讓等清代學者經過自己的研究，對周代制度、經書語言等内容形成一套體系性理解，往往據以否定鄭玄的解釋。反觀鄭玄的解釋，固然也有體系性理論，但他的理論以對經書文本具體細節的密切關注爲基礎。體系性理論認識與具體文本的解釋之間，自然存在循環互證的過程，不可能是單方向的，但就重點而言，清人以抽象形成的理論認識爲出發點，據以解釋具體文本，方向是從上而下；鄭玄以具體文本的微觀解釋爲出發點，據以形成理論，方向是從下而上。

文獻學始終離不開抽象化、概念化，拿最簡單的文字來説，兩個字跡是否同一個字的判斷，是很複雜的認識過程，必須對一個字形成明確的概念，才能够判斷是異體字還是不同的字。文字、文本、修印、版本、書，一層一層都要經過廣泛觀察，建立概念。在這些文獻學、版本目錄學範疇之上，又有内容相關的各種理論概念，涉及歷史、制度、語言、思想等諸多領域。層次越高，抽象化的程度越高。例如當代很多史學家，閲讀正史只看中華書局的校點本，不關注其他版本的具體情況，好像認爲有分工，文獻的問題可以交給文獻學家，史學家無需親自過問。他們很少考慮自己引以爲據的句子在具體世界中存在多少種異文，變化的幅度有多大。又如孫詒讓等清人與鄭玄觀點相左的問題，當代學者大體上傾向於認同清人。依筆者鄙見，清人的推論畢竟是積累多層抽象化、概念化形成的觀念，絶不能等同於事實。但他們利用經書研究周代制度，迷入歷史觀念的抽象世界，流連忘返，結果忽視了經書文本的具體世界豐饒複雜，不像抽象世界的平滑單純。學者常以學界通行的概念、觀念爲出發點，據以閲讀歷史文獻，尋找相關材料，建立新的論述。這好比根據各種示意圖討論現實問題，研究越深入，離實際情況越遠。

文獻學唯一的現實基礎就是具體書本，我們的研究再發達，也不能乖離這個現實基礎。我們需要時刻返回到具體書本，反復不斷地檢驗我們建立的一層層概念，看看哪些地方合適，哪些地方有問題。筆者心中浮現鄭玄學術的印象，是從經書具體文本出發，探索解釋，建立壯麗無比的經學理論體系，最後仍以經書文本的完美理解爲終究目標。由經文始，至經文終，這才是經學，而且是實學。希望我們也能够迴避概念的實體化，腳踏實地立足於具體書本，從這具體世界一層一層建立自己的學術理論，最後再回到更好的理解具體書本這一終究目標。

橋本秀美：北京大學歷史系教授

《版本目録學研究》（第五輯）徵稿啓事

《版本目録學研究》每輯設立本輯專欄，以及典籍、目録、寫本、版本、校勘、活字本、版畫、收藏、人物、形制與裝潢、保護與修復、感言十二個長期欄目，舉凡版本目録學領域的考論文章，均所歡迎。

第五輯以紀念王重民先生誕辰一百一十周年專欄冠首。計劃于 2013 年 12 月出版。論文具體要求如下：

1. 行文通順簡練，言之有物，論之有據，不襲舊説，不蹈空言。
2. 請發繁體字版（包括圖版説明），並請認真核對繁簡體字，認真核對引文。
3. 題目（包括英文題目）用 4 號字，宋黑體。
4. 姓名（包括英文名稱）用小 4 號字，宋體。
5. 内容提要用第三人稱寫法，用小 4 號字，宋黑體。
6. 關鍵詞 3—5 個，用小 4 號字，宋黑體。
7. 正文用 5 號字，宋體。
8. 正文層次序號爲一、（一）、1、（1），層次不宜過多。
9. 正文數字執行 GB/T15835－1995《出版物上數字用法的規定》，夏曆、歷代紀年及月、日、古籍卷數、葉數等數字，作爲語素構成的定型詞、詞組、慣用語、縮略語、臨近兩數字並列連用的概略語等，用漢字數字。公元紀年及月、日、各種記數與計量等用阿拉伯數字。
10. 正文中盡量少用圖表，必須使用時，應簡潔明瞭，少占篇幅。
11. 主要參考文獻用小 4 號字，宋體。
12. 引用文獻隨文注釋，每頁單獨編號，編號用帶圈的阿拉伯數字，如①②③……注釋文字一律采用小 5 號宋體。
13. 文末請附作者簡介，包括姓名、出生年月、工作單位、職務、職稱、聯繫地址、郵編、手機號碼、Email 地址。用 5 號字，宋體。

姓名、單位、職稱將隨文刊出，聯繫方式用於聯繫和郵寄。

14. 入選論文作者，將在出版後，得到樣書 1 册，並由出版社支付稿酬。
15. 每年投稿日期截止于 10 月 31 日。
16. 凡經審稿確定暫時不擬刊出的稿件，編輯部將盡快通知作者。凡未接到不擬刊出通知的稿件，皆在審校刊發之中。
17. 請將稿件以 Email 發至《版本目録學研究》編輯部。

    張麗娟 zhanglijuanpku@126.com
    劉薔 roselau@tsinghua.edu.cn
    電話：010－62759824

歡迎積極投稿。

Contents（英文目錄）

Bibliographical Studies of Traditional Chinese Texts No. 4（2012）

Column

In honor of Prof. SuBai's 90 birthday
Editor's note
I learned about edition identification from Prof. SuBai
Zhang Yufan
Prof. SuBai passed on to me how to distinguish Buddhist sutra
Luo Zhao
The contents of *mu jing* (Timberwork Manual) and its literature value, the practice effects on the architecture of the Northern Song
Feng Jiren
Thoughts of Su Bai's 90 birthday
Wang Ran

Column——Classics

An introduction to Ming Poets' Anthology, the Preface to Poems & Essays Collection of Ming Dynasty
Shen Naiwen
A study on *bai xiang shi* printed in Qing Dynasty
Yang Zhu

Column——Bibliography

A study on The Literature and Art Records of Ming Dynasty compiled in the first edition of *xi tang yu ji*
Wang Xuanbiao
On the compiling style and its characters of Catalogue of the Tianlu Linlang Library
Liu Qiang
Collection of inscriptions By Yuan Kewen for rare books on literary
Li Hongying
A brief study of the partial manuscript of *zi zhi tong jian* (Comprehensive Mirror to Aid in Government) collected in the National Library of China

Zhao Qian

A Descriptive Catalogue of rare local gazetteers on the Three Northeast Provinces in the Jilin University Library

Zhu Yonghui & Dong Runli

Column——Edition

On the encyclopedia *jin xiu wan hua gu* (Splendid Valley of Million Flowers) from Guoyunlou (Pavilion of Passing Cloud)

Zhang Lijuan

Another edition of *Jinxiuwanhuagu xuji* and its value: A diacassion centering on the "addendum" volumes

Li Geng

A study on the song edition of *dong guan yu lun* (Odd Jottings of Dongguan)

Shi Rui

A study on the emendation value of the eight-line edition of *meng zi zhu shu jie jing* (The Book of Mencius with Commentaries and Annotations)

Wang Naigang

On the three publications by the Shufan during the Hongwu reign of the Ming Dynasty

Guo Lixuan

The edition research of Jin Lvxiang's Anthology

Wang Fengxian

On the editions of Wang Yuanliang's work

Cai Yuandi

Column——Collation

An introduction of *bai shi chang qing ji* (Bai Juyi's Work) with Wang's collation from Muramoto collection

Hiraoka Takeo (author), Ye Chunfang & Qiao Xiuyan (translator)

Notes on the book *chun qiu gong yang zhuan zhu shu* (Commentaries on Gong Yang's Commentary on Spring and Autumn Annals)

Diao Xiaolong

A study on the Yuan edition of *dao yuan xue gu lu* (Records in Leaning the Ancient Traditions) and its annotation

Fan Bangjin

Column——Movable Type Edition

An understanding of Chinese ancient movable-type printing
Liu Xiangdong

Opinions on edition distinction and bibliographic description of movable type edition
Yao Boyue

On thelead-carved edition of *liao zhai zhi yi* (Strange Tales from a Scholar's Studio) printed by Zhuyitang publishing house in Shanghai
Tang Jingsheng

Column——Block printing picture

A talk about Painting of Long-living Ceremony, the large-size masterpiece
Song Pingsheng

Column——Collection

A brief history of relationship between Fu Zengxiang and Gu Heyi
Wang Han

A brief history of Mr. Fu Zengxiang's original relationship with the rare book collection of the National Library of China
Xiang Hui

Column——People

On the Great Princess of Yan State
Liu Jinye

New discovered Brief Biographical Sketch of Master Fojian from Jingshan in Japan
Ding yuan

Revision and Supplement to *wang wen cheng gong nian pu* (Chronicle of Wang Shouren)
Nagatomi Seiji

An introduction to the author of *li ze tang shu mu* (Bibliography of Lizetang)
Wang Tianran

A study of 6 letters by YuYue to Miao Quansun
Liu Xiangchun

Manuscript compendium of a chronology of Wang Xinfu
Li jun

Column——Format

The description history of the format size
Shi Xiang

The binding format of a document in Xixia script unearthed in the Muddy-longevity-peach Cave at the East Thousand-buddha Cave, Guazhou county
Gao Hui

Column——Thoughts

The concrete concept of the study of documents
Hashimoto Hidemi